Der Deutsche Künstlerbund im Spiegel seiner Ausstellungspraxis

Tanja Moormann-Schulz

Der Deutsche Künstlerbund im Spiegel seiner Ausstellungspraxis

1903-1936

PL ACADEMIC RESEARCH

Bibliografische Information der Deutschen Nationalbibliothek
Die Deutsche Nationalbibliothek verzeichnet diese Publikation in der Deutschen Nationalbibliografie; detaillierte bibliografische Daten sind im Internet über http://dnb.d-nb.de abrufbar.

Zugl.: Hamburg, Univ., Diss., 2015

Umschlagabbildung:
Gründungssitzung des Deutschen Künstlerbundes im Oberlichtsaal des Großherzoglichen Museums für Kunst und Kunstgewerbe in Weimar, 15./16.12.1903, Foto Louis Held, Foto-Atelier Louis Held

D 18
ISBN 978-3-631-71569-7 (Print)
E-ISBN 978-3-653-06941-9 (E-PDF)
E-ISBN 978-3-631-70497-4 (EPUB)
E-ISBN 978-3-631-70498-1 (MOBI)
DOI 10.3726/978-3-653-06941-9

PL Academic Research ist ein Imprint der Peter Lang GmbH.

Peter Lang – Frankfurt am Main · Bern · Bruxelles · New York · Oxford · Warszawa · Wien

Diese Publikation wurde begutachtet.

www.peterlang.com

für Henry

Inhalt

Anhang

I. Einleitung

Es gibt keine Einrichtung, deren geschichtliche Entwicklung nicht maßgebend wäre für ihre Beurteilung.[1]
(Heinrich Deiters)

Im Dezember 1903 wurde in Weimar der Deutsche Künstlerbund gegründet – eine Vereinigung von Künstlern, Kunsthistorikern und Kunstinteressierten, deren Anliegen es war, die Fesseln der restriktiven Kunstpolitik Kaiser Wilhelms II. zu lösen. Auf zwei Besonderheiten muss sogleich verwiesen werden, die den Deutschen Künstlerbund bis heute als eine der traditionsreichsten Künstlervereinigungen Deutschlands erscheinen lassen. Zum einen war er neben der 1856 gegründeten Allgemeinen Deutschen Kunstgenossenschaft der einzige *überregionale* Zusammenschluss von Künstlern. Zum anderen erstreckte sich sein Bestehen über eine Periode, die geprägt war von einschneidenden politischen Ereignissen und Veränderungen (ausgehendes Kaiserreich, Erster Weltkrieg, Weimarer Republik, Nationalsozialismus).

Wie auch schon bei den kurz zuvor entstandenen regionalen Sezessionen ging es bei der Gründung des Deutschen Künstlerbundes darum, die strikten ästhetischen Vorgaben der kaiserlichen Kunstpolitik aufzubrechen, denen die Allgemeine Deutsche Kunstgenossenschaft so voll und ganz verpflichtet war, und einen liberaleren Kunstbetrieb zu ermöglichen.[2] Dabei wollte sich der Bund allen modernen Richtungen der Zeit gegenüber grundsätzlich offen zeigen und machte es sich zur Aufgabe, durch mehr oder weniger regelmäßige Ausstellungen einen möglichst umfassenden Überblick über das künstlerische Geschehen im gesamten deutschsprachigen Raum zu vermitteln. Das ist ihm fraglos gelungen, wenn man sich die Namen der Künstler vor Augen führt, die im Laufe der 33 Jahre seines Bestehens an den Ausstellungen des Bundes teilgenommen haben oder zu seinen Mitgliedern zählten.[3]

Anders als die Sezessionen, die mit dem aufkommenden Expressionismus an Relevanz verloren haben, wirkte der Künstlerbund weiter und spielte bis zu seiner Zwangsauflösung durch das nationalsozialistische Regime 1936 eine Rolle im deutschen Ausstellungswesen. 1950 wurde der Deutsche Künstlerbund unter anderen von Karl Hofer in Westberlin wiedergegründet. Der Bund existiert bis heute. Die vorliegende Arbeit konzentriert sich jedoch allein auf die Jahre bis 1936, ohne dass darauf weiter verwiesen wird.

1 Deiters [1903], S. 3.
2 „[…] nie wurde das Regieren weniger künstlerisch betrieben als heute!", beschrieb Karl Scheffler einmal die kunstpolitische Situation unter dem letzten deutschen Kaiser. Vgl. Scheffler 1907, S. 466.
3 Vgl. die Mitgliederliste im Anhang und sämtliche noch vorliegende Ausstellungskataloge des Deutschen Künstlerbundes (wie im Anhang aufgeführt, S. 407–409).

Besonderheiten

In seiner inneren Struktur barg der Deutsche Künstlerbund einige Besonderheiten, die ihn von anderen Zusammenschlüssen unterscheiden. So war er damals die einzige Vereinigung moderner Künstler, deren Existenz längere Beständigkeit hatte. 33 Jahre war der Verein aktiv, bis es zu einer Unterbrechung kam, die allein durch äußere politische Umstände begründet war. Im Fall des Deutschen Künstlerbundes scheint diese Beständigkeit eher ungewöhnlich. Schließlich handelte es sich nicht um eine Lehranstalt im Sinne einer Akademie oder einer Schule und ebenso wenig um den Dachverband einer Berufsgenossenschaft wie die Allgemeine Deutsche Kunstgenossenschaft, sondern vielleicht eher um einen Interessenverband. Interessen aber sind selten beständig, sie ändern sich im Laufe der Zeit, wie die allgemeine Kurzlebigkeit der damaligen modernen Künstlervereinigungen gezeigt hat.[4]

Eine weitere Besonderheit liegt in der nationalen Überregionalität des Bundes, die sich nicht allein in der Zusammensetzung seiner Mitglieder und Ausstellungsteilnehmer niedergeschlagen hat. Der Künstlerbund wollte sich zudem im Laufe der Zeit durch wechselnde Veranstaltungsorte im ganzen Reich präsentieren. Auch die Allgemeine Deutsche Kunstgenossenschaft war überregional ausgerichtet und führte ihre Ausstellungen an verschiedenen Orten durch. Sie hatte aber in allen Regionen lokale Ortsgruppen. Der Künstlerbund war zentral organisiert, mit Sitz in Weimar und später in Berlin, und versuchte, die sonst konkurrierenden Kunstzentren zu vereinen. In der Überregionalität sah Harry Graf Kessler, der wohl engagierteste Mitbegründer des Bundes, einen entscheidenden Vorteil gegenüber den Sezessionen:

> „Der Künstlerbund wird [...] die Aufmerksamkeit von ganz Deutschland auf Eine [...] Ausstellung hinlenken. Und da diese Ausstellung zwischen Nord-, Süd und Mitteldeutschland wechseln wird, so kommt trotzdem ein ebenso großer und noch größerer Kreis mit ihr in nahe Berührung. Der Markt wird zugleich einheitlicher und weiter werden."[5]

Darüber hinaus ist die Zusammensetzung der Mitglieder und Teilnehmer bemerkenswert. Nicht Wenige von ihnen gehören heute zu den Protagonisten der Klassischen Moderne. Die Mitgliedschaft beschränkte sich überdies nicht auf Kunstschaffende und Kunsthistoriker. Auch private Sammler und Förderer – Rechtsanwälte, Ärzte, Bankiers und Industrielle – traten dem Bund als Mitglieder bei.

Aufgaben des Deutschen Künstlerbundes

Zur Gründung des Deutschen Künstlerbundes kam es im Dezember 1903, nachdem der Konflikt zwischen traditionellen und progressiven Vertretern der bildenden Kunst im Zuge der Vorbereitungen des deutschen Kunstbeitrags für die Weltaus-

4 Wenn die regionalen Sezessionen auch teilweise bis heute bestehen, hatten sie doch gerade in den Jahren kurz vor Beginn des Ersten Weltkriegs große innere Spannungen zu bewältigen, die zu immer neuen Abspaltungen oder Umstrukturierungen führten.

5 Kessler 1904, S. 193 (hier abgedruckt im Anhang).

stellung in St. Louis unlösbar kulminiert war. Die Gründung des Bundes war damit zunächst ein direkter Protest gegen ein bestimmtes Ereignis, das, wie so oft bei Kulturfragen, allein politisch gelöst worden ist. Der Bund wollte aber keinesfalls eine Eintagsfliege bleiben. Erklärtes Ziel war es, langfristig ein Gegengewicht zur konservativen Allgemeinen Deutschen Kunstgenossenschaft zu bilden. Dies schien sich tatsächlich zu bewahrheiten. Die Gründung des Deutschen Künstlerbundes schlug ein wie eine Bombe und war zwei Tage lang Thema im deutschen Reichstag.[6] Grundlage der Debatte war ein Aufsatz, den Kessler unmittelbar nach der Gründung des Bundes verfasst hatte, um die Ambitionen der neuen Gesellschaft vorzustellen.[7] Sie lassen sich in fünf Punkten umreißen: 1. künstlerische Freiheit, 2. Talentförderung unter qualitativen Maßstäben, 3. Wirtschaftlichkeit, 4. internationale Konkurrenzfähigkeit und 5. die Schaffung eines modernen Kunstmuseums. Erreicht werden sollten die genannten Ziele mittels des Mediums Ausstellung.

Unbedingtes Kriterium war es, jede künstlerische *Eigenart* zu gewähren, ohne eine Richtung zu bevorzugen oder auch strikt abzulehnen, dabei aber niemals den Qualitätsmaßstab aus den Augen zu verlieren. Der Anspruch bestand darin, *Talente* zu fördern. Diese Zielvorstellungen haben sich auch nach der Neugründung 1950 nicht verändert, was ihre Gültigkeit bestätigt.[8] Dem Künstlerbund ging es um die Schaffung autonomer Arbeitsbedingungen und die besondere Förderung talentierter, junger, auch eigenwilliger Künstler. Dies diente nicht nur dem Selbstzweck der Vereinigung. Auch der ökonomische Aspekt spielte zunehmend eine Rolle, seitdem sich in der zweiten Hälfte des neunzehnten Jahrhunderts der Kunsthandel zu einem aufstrebenden Wirtschaftsfaktor entwickelt hatte. Umso wichtiger war es, auch das internationale Ansehen der deutschen Kunst wieder anzuheben und ihre Konkurrenzfähigkeit im internationalen Kunsthandel zu sichern.

Kessler hatte also den Ehrgeiz, mit dem Künstlerbund in den Kunstmarkt einzugreifen, ihn bestmöglich mitzubestimmen. Zu diesem Zweck strebte er explizit „Elite-Ausstellungen“[9] an, die jede Durchschnittlichkeit übertreffen sollten.

Kesslers Absichten reichten bis in die Museumspolitik, indem auch lebenden Künstlern nun der Weg ins Museum geöffnet werden sollte. Seine Idee blieb keine Vision. Die ersten Museumsleiter, die sich dafür engagierten, ihre Häuser der modernen Kunst zu öffnen, waren zu einem großen Teil Mitglieder im Deutschen Künstlerbund: Alexander Dorner, Richard Graul, Ludwig Justi, Walter Kaesbach, Alfred Lichtwark, Gustav Pauli, Hans Posse, Fritz Wichert.

---

6 Vgl. hier Kap. III.1.4.

7 Kessler 1904.

8 Bei der Neugründung des Bundes 1950 wurde desgleichen betont, es handele sich beim Deutschen Künstlerbund um „eine freie und geistig unabhängige Vereinigung der besten bildenden Künstler Deutschlands. [...] Die geistige Unabhängigkeit möge auch in jener Unparteilichkeit und Unvoreingenommenheit gesehen werden, die keine Richtungen, sondern nur geistig fundierte Qualität der künstlerischen Arbeit kennt.“ Aus: Karl Hofer, in: Bochum 1989, S. 32.

9 Kessler 1904, S. 193.

Die Forderung nach künstlerischer Freiheit war 1903 nicht mehr neu. Seitdem sich Mitte des neunzehnten Jahrhunderts die Kaufkraft für Kunstgegenstände mehr und mehr auf private Sammler verlagert und der Staat keine Monopolstellung mehr als Förderer und Auftraggeber hatte, konnten die Künstler endlich abrücken von nationalästhetischen Sujets, die ihre neuen Auftraggeber oder potentiellen Kunden nicht mehr interessierten. Stilistisch aber waren sie weiterhin an den allgemeinen Kunstgeschmack gebunden, wenn sie ihre Arbeiten auch verkaufen wollten. Hinzu kam, dass das neunzehnte Jahrhundert ein enormes Überangebot an akademisch ausgebildeten Künstlern hervorgebracht hatte. Qualitätvolle Arbeiten gingen in den Massen unter. Im Großen und Ganzen herrschte ein Künstlerproletariat vor, „das eine große Zahl von Mittelmäßigen und wenige der Besten umfaßte", das war „typisch für das 19. Jahrhundert."[10]

Schon in der ersten Hälfte des neunzehnten Jahrhunderts hatten sich lokale Kunstvereine gebildet, die eine erste Demokratisierung des Kunstbetriebs vorzeichneten, wie 1829 der Kunstverein für die Rheinlande und Westfalen oder 1844 in München der Künstler-Unterstützungs-Verein. Diese ersten Zusammenschlüsse dienten der Kommunikation unter den Künstlern und der Schaffung einer solidarischen Künstlerschaft. Es lag ihnen aber noch völlig fern, für einen künstlerischen Individualismus zu kämpfen. 1903 ging es um mehr. Insbesondere Kessler wollte eine Künstlerorganisation schaffen, die unabhängig von Staat und Regierung agieren konnte. Er sparte in seinem Aufsatz nicht an Hohn, wenn er auf den ärgsten Gegenspieler der modernen Kunstbewegung Anton von Werner anspielte: „Denn es steht fest, dass in der Kunst nur die Ausnahme Wert hat; kein Fleiß, keine Gesinnung, keine Richtung, nur die Eigenart. Alles Andre ist nicht nur weniger wert, sondern Nichts wert. Es ist Nichts und hat kein Recht, wie Etwas behandelt, berücksichtigt, gehängt zu werden.".[11]

Kessler war aber auch diplomatisch genug, seinen Aufsatz am Ende zu entschärfen und den Staat zur Partnerschaft aufzufordern: „So wird denn dieses Prinzip auch im Staatsleben zur Geltung gebracht werden müssen. Denn der moderne Staat befasst sich mit Kunst. [...] hier sind in Wirklichkeit die Dinge, um derentwillen alle Politik überhaupt da ist." Und er argumentierte ganz eingängig: „Da der Staat die Kunst in seinen Bereich zieht, so muss man verlangen, dass die Kunst auch in der Politik nach ihrer richtigen Bedeutung geschätzt und nach dem richtigen Prinzip, dem der Freiheit, behandelt wird."[12]

Die Ausstellungssituation war in der zweiten Hälfte des neunzehnten Jahrhunderts trostlos. Zu groß war das Angebot, zu politisch die Auswahlkriterien. Es war nur eine logische Folge, dass sich Gruppen abspalteten, um ihre eigenen, kleinen

10 Nikolaus Pevsner, in: Academies of Art, Past and Present, New York 1973, S. 222–223, zit. aus: Paret 1981, S. 296, Anm. 4.

11 Kessler 1904, S. 193.

12 Beide Zitate aus: Kessler 1904, S. 195.

Schauen zu veranstalten.[13] Auch wenn diese kleineren Expositionen zunächst noch im Schatten der großen offiziellen Schauen standen, darf man ihre Wirkung nicht gering schätzen. Denn gerade dort wurden die Gegenpositionen zur akademischen Kunst aufgestellt und nachhaltige Tendenzen sichtbar. Die „partikulare Selbstorganisation von Künstlergruppen als Ausstellungsgemeinschaften wurde zum Vehikel der Avantgarde", wie Ekkehard Mai konstatierte.[14]

Auch der Deutsche Künstlerbund hat sich dieses Mediums bedient. Grundsätzlich sollte es eine jährliche Ausstellung von Gemälden und Skulpturen geben. Diese angestrebte Regelmäßigkeit wurde jedoch immer wieder unterbrochen. 1907 wurden zusätzliche Grafikschauen eingeführt, die allerdings noch unregelmäßiger stattfanden. In manchen Jahren gab es daher zwei Ausstellungen, in anderen gar keine. Anhand der noch existierenden Ausstellungskataloge sowie durch Hinweise in der zeitgenössischen Presse weiß man heute von insgesamt 24 Ausstellungen, und zwar 15 Gemälde- und Skulpturenschauen sowie neun Grafikausstellungen.[15]

Um seinen Zielvorstellungen gerecht zu werden, Talente zu entdecken und zu fördern und damit einen möglichst umfassenden Überblick über das Kunstschaffen in den deutschsprachigen Regionen zu vermitteln, wurden in den Ausstellungen nicht nur Mitglieder des Bundes gezeigt, sondern grundsätzlich alle Künstler, deren Arbeiten der Berücksichtigung wert waren. Was dem Künstlerbund so wichtig war, die Würdigung der stilistischen Vielfalt, wurde in konservativen Kreisen gerne als Strukturlosigkeit und Mangel an Kritik ausgelegt. Dabei wollte der Künstlerbund gerade das vermeiden. Er wollte mit seinen Ausstellungen aufräumen im bunten Allerlei der großen Kunstausstellungen und den Blick für Qualität schulen. Vor allem sollte das Publikum ernsthaft auf die neuen Tendenzen eingestimmt werden. Es sollte nicht schockiert oder seines Spießbürgertums überführt werden, sondern tatsächlich verstehen lernen. Auch diese Bestrebungen waren nicht wirklich neu, sondern eben sezessionistisch. Was beim Künstlerbund aber über den sezessionistischen Gedanken hinausging, war das generationsübergreifende Künstlerspektrum, das er zeitlebens angeboten hat. Von Beginn an wurden immer auch Vertreter einer älteren Generation an den Ausstellungen beteiligt. Manche Mitstreiter der ersten Stunde waren bis zuletzt eingebunden. So wurde die Bandbreite seiner Schauen über die Jahre immer größer – zuweilen auf Kosten der Übersichtlichkeit.

---

13 Nicht nur in Deutschland kam es um die Jahrhundertwende zu zahlreichen Neugründungen und Sezessionen. In Paris wurde, ebenfalls 1903, mit Gründung der Societé du Salon d'Automne der Pariser Herbstsalon eingeführt, eine den Künstlerbundausstellungen vergleichbar liberale Ausstellungsreihe. Auch die Societé du Salon d'Automne gibt es bis heute.

14 Mai 1981b, S. 110.

15 Vgl. auch die Angaben auf der Webseite des Deutschen Künstlerbundes in: Deutscher Künstlerbund, Historie (Archiv 1903 bis 1936). http://www.kuenstlerbund.de/deutsch/historie/archiv-1903-bis-1936/ausstellungen/index.html (abgerufen am 25.3.2014).

In der Kaiserzeit konnte der Deutsche Künstlerbund seine liberale Stellung offiziell durchsetzen und sie auch in der Weimarer Republik behaupten. Gegen den Übergriff der Nationalsozialisten aber war er machtlos – wenn er mit seiner letzten Ausstellung 1936 in Hamburg auch noch einmal ernsthaft versucht hat, dem politischen Druck standzuhalten. Hier hat sich der Wirkungskreis des Künstlerbundes geschlossen. Zur Zeit seiner Gründung war er die erste gesamtdeutsche Initiative gegen die damalige offizielle Kunstpolitik. An der nächsten politischen Autorität ist er gescheitert. Seine Verdienste bis dahin schlagen sich aber in einer Feststellung Ernst Geitlingers nieder, der die „Neugründung des ‚Deutschen Künstlerbundes' [...] als wichtigstes Nachkriegsereignis im Kunstleben Deutschlands" bezeichnet hat.[16]

Der Deutsche Künstlerbund in der kunsthistorischen Forschung

Die Geschichte des Deutschen Künstlerbundes ist bislang kaum erforscht, was wohl in erster Linie dem Umstand geschuldet ist, dass sein Archiv seit dem Ende des Zweiten Weltkriegs als verschollen gilt. Primäre Quellen sind offensichtlich nicht mehr vorhanden, es gibt keine Vereinspapiere, keine Sitzungsprotokolle, Mitgliederlisten liegen nur von drei Jahrgängen vor. Vor mehr als sechzig Jahren rief Edwin Redslob dazu auf, eine der wichtigsten Künstlervereinigungen des zwanzigsten Jahrhunderts vor dem Vergessen zu bewahren.[17] Redslob war innerhalb des wiedergegründeten Vereins einer der Wenigen, die ernsthaft an der Dokumentation des Bundes interessiert waren. Im ersten Ausstellungskatalog des Bundes nach der Neugründung 1951 rief er dazu auf, alle noch auffindbaren Unterlagen zum Bund aus der Zeit vor seiner Auflösung 1936 zur Erstellung einer Chronik an die Geschäftsstelle des Deutschen Künstlerbundes zu senden.[18] Offensichtlich stieß er auf keine große Resonanz, denn es liegen nach wie vor nicht alle Kataloge an einer Stelle gesammelt vor, von anderen Unterlagen ganz zu schweigen. In seinem Aufsatz vermittelte Redslob zumindest einmal die *Idee und Geschichte des Deutschen Künstlerbundes* und zitierte den langjährigen Prä-

---

16 Künstlerstimmen, in: Bochum 1989, S. 125. Der Maler Ernst Geitlinger (1895–1972) hat in München bei Karl Caspar studiert. Er hat 1931, 1932 und 1936 an den Ausstellungen des Deutschen Künstlerbundes teilgenommen.

17 Vgl. Redslob 1964, S. 16 u. ders. 1989. Edwin Redslob (1884–1973) war von 1920–1933 Reichskunstwart und in dieser Position höchster Entscheidungsträger in staatlichen Kunst- und Kulturfragen. Spätestens seit 1929 war er Mitglied im Künstlerbund. 1936 ist sein Name nicht mehr verzeichnet. Vgl. die Mitgliederliste im Anhang.

18 Kleingedruckt schloss er seinem Aufsatz die Bitte an, „ihm unter der Adresse der Geschäftsstelle des Deutschen Künstlerbundes 1950, Berlin-Wilmersdorf, Wiesbadener Straße 32, Berichtigungen und Ergänzungen zuzustellen. Die Geschäftsstelle ist auch für jede Zusendung früherer Ausstellungskataloge, von denen ihr noch viele fehlen, dankbar, ebenso für die Zusendung aller Veröffentlichungen und Kritiken über die Veranstaltungen des Deutschen Künstlerbundes seit dem Jahre 1904." Aus: Redslob 1989, S. 122. Der Katalog zur ersten Ausstellung des Bundes nach der Wiedergründung 1951 in Berlin wurde 1989 in einer Faksimileausgabe neu herausgegeben: Bochum 1989.

sidenten Kalckreuth mit noch immer währender Gültigkeit: „Der Künstler weiß, was Qualität ist, er setzt sich daher für das Neue ein, wo er es findet. Bekämpft er es, so handelt er nicht ehrlich."[19] Diese Worte, die sich damals gegen die Gegner des Expressionismus richteten, nahm Redslob „geradezu als die Maxime [...], welche die Tätigkeit des Deutschen Künstlerbundes"[20] nach wie vor bestimmte – die Offenheit nämlich gegenüber allen Richtungen, solange die Qualität garantiert war. Dass auch unter den Künstlern der Glaube an eine erfolgreiche Fortsetzung des Bundes vorhanden war, zeigt sich darin, dass bei der ersten Künstlerbundausstellung nach der Neugründung 1951 mehr als die Hälfte der Teilnehmer dem alten Bund entstammte. An der Zweckbestimmung des neuen Bundes sollte sich denn auch nichts ändern, wie der Abdruck von Auszügen aus Kesslers damaliger Gründungsschrift belegen sollte, die „nichts an Bedeutung und Aktualität verloren" hätte.[21]

Wie sich der Aussage einer Zeitzeugin entnehmen lässt, wurden sämtliche alte Akten des Deutschen Künstlerbundes im Jahr 1951 noch „im Ostsektor von Berlin" gelagert.[22] Ein konkreter Ort ist nicht benannt. Dreizehn Jahre später, im Katalog zur Künstlerbundausstellung 1964, bei der erstmals ein konkreter Bezug zur Vergangenheit aufgenommen worden ist, versuchte es Redslob erneut: „Man sollte Mittel bereitstellen, um die Geschichte des Deutschen Künstlerbundes [...] festzuhalten; das wäre ein nicht unwesentlicher Beitrag zur deutschen Kulturgeschichte unserer Zeit."[23] Doch zu diesem Zeitpunkt wusste Friedrich Ahlers-Hestermann bereits: Das „Archiv des Künstlerbundes ist zerstört, die alten Kataloge sind kaum aufzutreiben, so ist es denn schwierig, der Geschichte des Bundes nachzugehen."[24] Bislang sind die Unterlagen nicht aufgefunden worden, so dass man davon ausgehen muss, dass diese wichtigste Quelle nicht mehr verfügbar ist.

---

19 Redslob 1989, S. 118.

20 Redslob 1989, S. 118. Redslob brachte in seinem Aufsatz einige Fakten durcheinander. Er sprach von der Gründung 1902 und der ersten Künstlerbundausstellung 1904 in Weimar (S. 119). Die Gründung erfolgte aber erst im Dezember 1903, die erste Ausstellung fand 1904 in München statt und die Weimarer Ausstellung war 1906. Später erwähnte er die Ausstellung in Hamburg 1922 (S. 120, 122), die aber schon 1921 stattfand. Und dies war auch nicht die erste nach dem Ersten Weltkrieg, denn es gab bereits 1920 eine Ausstellung in Chemnitz. Eine Ausstellung in Essen war 1931, statt 1930 (S. 121) und die letzte Ausstellung in Hamburg war im Jahr 1936 und nicht 1935 (S. 121).

21 Aufgaben und Ziele, in: Bochum 1989, S. 33.

22 Elisabeth Hofer-Richter an Marianne Lyra-Wex, 18.04.1986, in: AdK, Deutscher Künstlerbund, 705.

23 Redslob 1964, S. 15.

24 Ahlers-Hestermann 1964, S. 12. Auch Friedrich Ahlers-Hestermann (1883–1973) war zwischen 1908 und 1936 ein beständiger Teilnehmer der Künstlerbundausstellungen und seit spätestens 1929 Mitglied im Bund.

Die Kataloge aus den Jahren 1951 und 1964 waren lange Zeit die einzigen, in denen der Vergangenheit des Bundes gedacht wurde. Erst in den späten 1980er Jahren unter dem Vorsitz von Siegfried Neuenhausen hat sich der Deutsche Künstlerbund erneut mit seiner Geschichte befasst.[25] In einer Arbeitsgruppe an der Hochschule für Bildende Künste Braunschweig, wo Neuenhausen seit 1964 lehrend tätig war, wurden erste Recherchen zur Geschichte des Bundes aufgenommen, die die zukünftigen drei Ausstellungen um eine historische Sektion ergänzen sollten.[26] Neuenhausen wollte einen Bogen schlagen aus der Vergangenheit in die Gegenwart und von den Erkenntnissen der damaligen Aktivitäten profitieren:

> „Es wird – glaube ich – deutlich, dass die Auseinandersetzung mit der Geschichte des Künstlerbundes, die sich über Jahrzehnte mit der Entwicklung deutscher Kunst verbindet, ein Teil der Ausstellungspolitik des neuen Vorstandes sein wird. Am konkreten Beispiel des Deutschen Künstlerbundes können wir die jeweilige allgemeine Kunstsituation zeigen."[27]

Neuenhausens Untersuchungen waren auf einzelne vergangene Ausstellungen ausgerichtet und stützten sich vornehmlich auf die Unterlagen, die noch heute in den Archiven der damaligen Ausstellungsorte vorliegen. Die daraus hervorgegangenen Beiträge in den Ausstellungskatalogen sind daher sehr spezifisch. Für die Ausstellung 1986 in Bonn wurden die Ereignisse der letzten Ausstellung in Hamburg 1936 rekapituliert.[28] 1987 in Bremen wurde zurückgeblickt auf die dortige Ausstellung 75 Jahre zuvor.[29] Und in Hannover wurden 1988 die Gründungsjahre 1903/04 aufgearbeitet.[30] Aufgaben und Ziele sind in den Publikationen des Künstlerbundes recht gut dokumentiert. Eine zusammenhängende Geschichte des Vereins aber ist bisher nicht geschrieben worden.

---

25 Siegfried Neuenhausen (geb. 1931) war von 1985–1989 1. Vorsitzender des Deutschen Künstlerbundes.

26 Die von dieser Arbeitsgruppe gesammelten Informationen sind die einzigen die Zeit vor 1936 betreffenden Sekundär-Dokumente, die dem Künstlerbund seitdem vorlagen. Das gesamte Material wurde an das Archiv der Berliner Akademie der Künste, Abt. Bildende Künste abgegeben. Vgl. AdK, Deutscher Künstlerbund, 542/1, 542/2, 702–705 u. Robert-Sterl-Archiv, 106.
Ein großer Dank sei an dieser Stelle an Silvia Diekmann vom Archiv der Akademie der Künste gerichtet, die mir die Dokumente des Künstlerbundes jederzeit zur Verfügung gestellt und durch zahlreiche Gespräche zu vielen Denkanstößen beigetragen hat.

27 Siegfried Neuenhausen, Zur Arbeit des Deutschen Künstlerbundes in den nächsten Jahren, [o. D.], Manuskript, in: AdK, Deutscher Künstlerbund, 704.

28 Vgl. Bonn 1986.

29 Vgl. Bremen 1987.

30 Vgl. Stuttgart 1988.

Die nach wie vor einzige monografische Arbeit über die erste Periode des Deutschen Künstlerbundes ist die Dissertation von Martina Wehlte-Höschele.[31] Die Autorin stellte ihre Betrachtungen in den Zusammenhang der wichtigsten Künstlervereinigungen des 19. Jahrhunderts, über die sie zunächst ausführlich referiert hat, wobei sie insbesondere die Allgemeine Deutsche Kunstgenossenschaft heraushob. Im zweiten Teil konzentrierte sie sich auf den Künstlerbund selbst, beschrieb die wichtigsten Ereignisse und Umstände, die zur Gründung des Bundes geführt hatten und griff eine kleine Zahl der Mitglieder heraus, die in besonderer Weise Träger der Vereinigung waren.[32] Wie bereits dem Titel der Arbeit, *Der Deutsche Künstlerbund im Spektrum von Kunst und Kulturpolitik des Wilhelminischen Kaiserreichs*, zu entnehmen ist, beschränkt sie sich auf die Zeit Wilhelms II. Dass Wehlte-Höschele mit ihrer Untersuchung nicht über den Ausbruch des Ersten Weltkriegs hinausging, hat seine Gründe. Zum einen stellten die letzten beiden Jahresausstellungen vor Kriegsausbruch 1912 in Bremen und 1913 in Mannheim durch die Teilnahme vieler expressionistischer Künstler einen ersten Höhepunkt in der Ausstellungsgeschichte des Künstlerbundes dar. Zum anderen folgte eine Zeit von mehr als zehn Jahren, in der die Ausstellungsaktivität des Bundes fast gänzlich aussetzte.[33] Kontinuität in der Ausstellungspraxis setzte erst 1926 wieder ein. Damit beendete Wehlte-Höschele ihre Arbeit aber an einem Zeitpunkt, dem die großen kulturpolitischen Veränderungen erst folgen sollten und auf die innerhalb des Künstlerbundes reagiert worden sein muss. Ihre abschließende Aussage, der Deutsche Künstlerbund wäre „eine kulturpolitische Instanz, die an der Entwicklung der deutschen Kunst in diesem Jahrhundert entscheidenden Anteil"[34], gehabt hätte, hat sie nicht bewiesen. Die These ist bis heute unbelegt. Am Forschungsstand der späten achtziger, frühen neunziger Jahre, vor allem aber an der Quellenlage hat sich bis heute nichts geändert,

> „die Kataloge der Jahresausstellungen von Gründung (1904) bis zum Verbot des Deutschen Künstlerbundes (1936) liegen nicht vollständig vor. Daher ist nicht sicher, an welchen Ausstellungen sich die Künstler mit welchen Werken beteiligt haben. Wir wissen auch wenig darüber, wer wann Mitglied wurde. Auch die Kenntnisse über die Zusammensetzung der Vorstände und der Jurys sind lückenhaft."[35]

Als Schlagwort taucht der Deutsche Künstlerbund in der Literatur zur Kunst des zwanzigsten Jahrhunderts häufig auf, allein, weil seine Geschichte eng verknüpft ist mit relevanten Personen und eklatanten Ereignissen der damaligen Zeit. Entscheidende Aussagen über den Deutschen Künstlerbund aber sind in der Literatur kaum zu finden. Stattdessen fallen Falschaussagen, wie etwa bei Peter Paret, wenn

---

31 Wehlte-Höschele 1993.

32 Alfred Lichtwark, Henry van de Velde, Max Liebermann, Fritz von Uhde, Harry Graf Kessler und Leopold von Kalckreuth.

33 Nach 1914 gab es zunächst 1920 in Chemnitz und 1921 in Hamburg eine Ausstellung, dann folgte eine weitere Pause von fünf Jahren.

34 Wehlte-Höschele 1993, S. 207.

35 Bonn 1986, S. 21.

er ausgerechnet Anton von Werner unter die „Vorsitzenden des Deutschen Künstlerbundes“ einreihte.[36] Die Erwähnungen beschränken sich zudem oft auf die Gründungsphase des Bundes, die durch Kesslers Aufsatz und die Reichstagsdebatte am 15. und 16. Februar 1904 vergleichsweise gut dokumentiert ist.[37] So etwa in Parets Abhandlung über die Berliner Sezession oder in Dominik Bartmanns Monografie Anton von Werners.[38] Den bislang besten Einblick in die Geschehnisse um den Künstlerbund gewährt die Publikation anlässlich einer Ausstellung zum hundertjährigen Bestehen der Villa Romana.[39]

An primären Quellen stehen somit allein die verbliebenen Ausstellungskataloge zur Verfügung. Die Kataloge von 1906 und 1929 liefern zudem Mitgliederlisten. Eine weitere Liste, die im Archiv der Akademie der Künste in Berlin aufbewahrt wird, ist nicht genau datiert. Sie liegt dort jedoch zusammen mit einer Mitteilung an die Mitglieder des Künstlerbundes, dessen Auflösung 1936 betreffend. Und so kann angenommen werden, dass es sich um die letzte offizielle Mitgliederliste aus dem Jahr 1935 oder 1936 handelt.[40] Diese Mitgliederdokumentation ist zwar mehr als unvollständig. Da die drei Jahrgänge aber ziemlich genau den Anfang und das Ende des Künstlerbundes markieren, lässt sich doch ein ungefähres Bild abzeichnen.

Aufgrund der desolaten Quellenlage war es nicht ganz unproblematisch, sich des Themas anzunehmen. Auf welche Aspekte soll man sich bei einer derartigen Vielzahl offener Fragen beschränken, wenn die Details noch gänzlich ungeklärt und zudem kaum dokumentiert sind? Man beginnt am besten mit dem Grundlegendsten. So konzentriert sich diese Untersuchung auf die Analyse der bisher 24 bekannten Ausstellungen, die der Deutsche Künstlerbund zwischen 1903 und 1936 in verschiedenen deutschen Städten durchgeführt hat, unter Berücksichtigung der zeitgeschichtlichen Zusammenhänge.

Redslob hat 1964 in seinem Aufruf nach der dokumentarischen Aufarbeitung des Bundes bereits substantielle Untersuchungsansätze vorgeschlagen. Er ist dabei gerade *nicht* von einer Gesamtdarstellung ausgegangen, sondern vielmehr von einzelnen Fakten. Selbst einst Direktor verschiedener Kunstsammlungen, interessierte ihn vornehmlich, welche Museen mit den Künstlerbundausstellungen erreicht worden sind.[41] Wie viele Werke und namentlich welche sind nach den Ausstellungen in

---

36 Vgl. Paret 1981, S. 28

37 Vgl. Kessler 1904 u. Stenographische Berichte über die Verhandlungen im Reichstag, 33. Sitzung, 15.2.1904, Bl. 37–40, S. 990–993 u. 34. Sitzung, 16.2.1904, Bl. 41–57, S. 995–1027.

38 Paret 1981, S. 113–179 u. Bartmann 1985, S. 194–213.

39 Weimar 2005, hier besonders Föhls, S. 22–33.

40 Vgl. AdK, Deutscher Künstlerbund, 703.

41 1911 wurde Redslob zunächst stellvertretender Direktor des Kunstgewerbemuseums Bremen. 1912 übernahm er die Leitung des Erfurter Angermuseums. Bevor er 1920 das Amt des Reichskunstwarts übernommen hat, leitete er noch ein Jahr die Staatsgalerie Stuttgart und wurde als Reichskunstwart zum Generaldirektor aller württembergischen Museen ernannt.

öffentlichen Besitz übergegangen? Welche Künstler wurden am meisten gekauft und welche Museen, Behörden und Sammler hatten den größten Anteil? Vermutet hat er,

> "dass das Wallraff-Richartz-Museum in Köln, die Kunsthalle in Hamburg und die Galerie des 20. Jahrhunderts in Berlin hier besonders hervorzuheben sind. Das meiste freilich, was aus den Ausstellungen des Deutschen Künstlerbundes in Museen und bekannte Sammlungen ging, befindet sich in den Vereinigten Staaten von Amerika. Dort hat man am besten aufgepasst."[42]

Diese Fragestellungen sind zum Teil schon zu spezifisch, als dass ihnen in einer ersten Übersicht der Geschichte des Bundes konkret nachgegangen werden kann. Sie sind aber als Aus- und Weiterblick unbedingt vorzumerken.

In seiner Organisationsform lag der Bund zwischen dem offiziellen Organ der Allgemeinen Deutschen Kunstgenossenschaft und den modernen Künstlergruppen und Sezessionen. Letztere hat er in keinem Fall ersetzt und es wird zu ermitteln sein, ob im Künstlerbund ein bloßer Zusammenschluss der Sezessionen zu sehen ist, wie mancherorts zu lesen ist.[43] Diese Überlegung liegt nahe, da sich fast alle Sezessionsmitglieder dem Künstlerbund angeschlossen haben. Verpflichtet wurden sie dazu nicht. So sind die Sezessionen auch nicht als geschlossenes Organ im Künstlerbund aufgegangen. Die regionalen Sezessionen blieben alle weiterhin bestehen und haben ihre Aktivitäten vollkommen autonom weiterbetrieben. Zwar wurden gerade die ersten Ausstellungen des Bundes 1904 in München und 1905 in Berlin mit den örtlichen Sezessionen gemeinschaftlich veranstaltet. Eine gegenseitige Beeinflussung fand aber nicht explizit statt. Zudem haben sich die Sezessionen alle im Laufe der folgenden Jahre mehr oder weniger aufgelöst oder zumindest umstrukturiert, wohingegen der Künstlerbund Kontinuität zeigte.

Der Deutsche Künstlerbund war eine große und überregionale Vereinigung, deren Mitglieder in ihrer künstlerischen Auffassung sehr verschieden waren. Eine klare Linie konnte gar nicht beschritten werden. Vielleicht waren die Ziele daher zu weit gesteckt und die Zusammensetzung der Mitglieder zu mannigfaltig. Vielleicht war der Bund aber auch mit seinen beständigen, immer älter werdenden Vorstandsmitgliedern zu *elitär* oder durch seine weitestgehend politische Unabhängigkeit zu *privat* und hat sich in seiner Wirkung dabei selbst blockiert.

---

42 Redslob 1964, S. 17.

43 Vgl. etwa Föhl 1999, S. 71 („[…] war jedoch nichts anderes als eine weitere Secession auf nationaler Ebene."). Der Künstlerbund selbst hat diese Behauptung einmal in den Raum gestellt. Im einleitenden Text der Grafikausstellung 1927 in Dresden wird der Bund von Adolf Schinnerer, der selbst seit 1906 beim Künstlerbund ausstellte, als „Zusammenfassung der in den Sezessionen vereinigten Künstlern" bezeichnet. Aus: A. Schinnerer, in: Deutscher Künstlerbund 1927, S. 4. Allerdings nahm es Schinnerer in seinem Aufsatz mit den Fakten nicht so genau. Die Ausstellung in Dresden bezeichnete er als „die erste, die der Deutsche Künstlerbund seit Beginn des großen Krieges veranstaltet" hätte. Dabei hatte der Künstler an den beiden vorangegangenen Nachkriegsschauen in Chemnitz und Hamburg selbst teilgenommen.

Anhand der monografischen Aufarbeitung soll der Einfluss des Bundes in den Zusammenhang der deutschen Kunstbewegung gestellt und sein Verdienst für die damaligen Entwicklungen beleuchtet werden. Vor dem Hintergrund der Schwierigkeiten, die alle fortschrittlichen Künstler auf ihrem Weg zur Anerkennung überwinden mussten, läuft die nähere Betrachtung des tatsächlichen Umgangs des Künstlerbunds mit moderner Kunst auf die Frage hinaus, inwiefern der Bund tatsächlich an den Prozessen beteiligt war. Hat er entscheidende Weichen gestellt? Oder ging sein Profil vielleicht über eine ausschließlich repräsentative Instanz gar nicht hinaus? Ist er eher als pragmatischer Berufsverband oder als eine Gruppierung mit ideologischem Programm zu definieren? Seiner heutigen Aussage nach versteht sich der Bund „vor allem als lebendiger Ort der künstlerischen Auseinandersetzung und des kritischen Diskurses."[44] Aber haben die Mitglieder damals den gegenseitigen Austausch überhaupt gesucht? Wie groß war das allgemeine Interesse am Bund? Wie wurde er in der Öffentlichkeit wahrgenommen? Die Kunstbewegung in Deutschland drohte damals zu stagnieren. Die traditionelle Kunst war überholt, brachte wenig Neues. Doch den Ideen der modernen Künstler konnten viele noch nicht folgen. Richard Schöne äußerte sich anfangs durchaus skeptisch gegenüber den Geschehnissen:

> „Das Schlimmste bleibt doch, daß man mit unserer ganzen heutigen Produktion, ob sezessionistisch oder altmodisch, wenig Staat machen kann; die Rosinen sind eben heute selten in unserem Kuchen, und sie werden durch Kunstgenossenschaft oder Künstlerbund nicht häufiger. Die ganze Bewegung dient doch nur dazu, um weite Künstlerkreise immer weniger zu der stillen und inneren Sammlung kommen zu lassen, ohne die die Arbeit des Künstlers nicht gedeihen kann. ‚Taire et faire' sollte man über die Tür jedes Ateliers schreiben, aber man tut das Gegenteil."[45]

Die Erforschung der Geschichte des Deutschen Künstlerbundes steht noch gänzlich in den Anfängen. Ziel dieser Arbeit ist es, einen Überblick über die Außenwirkung des Bundes zu erstellen, wie sie sich aus der Analyse seiner Ausstellungstätigkeit ergeben wird. Konkrete Antworten werden sich auf die Frage finden lassen, ob und wie der Bund seine von Kessler formulierten Ziele umsetzen konnte. Erkenntnisse wird es desgleichen über seine Teilnehmerstruktur geben – wenn auch aufgrund der lückenhaften Quellenlage nicht ohne verbleibende Ungewissheiten. Einem Überblick kann man immer auch Unvollständigkeit vorwerfen. So wird es auch dieser Arbeit nicht an Auslassungen fehlen, die bestenfalls zu weiteren Forschungen anregen.

---

44 Deutscher Künstlerbund, Projekte, Deutscher Künstlerbund, Info, in: http://www.kuenstlerbund.de/deutsch/projekte/deutscher-knstlerbund/info/index.html (abgerufen am 25.3.2014).

45 Schöne an seinen Sohn Hermann, [o. D.], zit. aus Pallat, 1959, S. 367.

Überlegungen

Mit hohen Idealen hat der Deutsche Künstlerbund einst seine Arbeit aufgenommen. Vor allem die politischen Umstände – der Erste Weltkrieg, die daran anschließende Revolutionsbewegung, die Stagnation während der republikanischen Zeit und schließlich die erneut aufkommende diktatorische Bevormundung durch die Nationalsozialisten – trugen dazu bei, die Aktivitäten und Möglichkeiten des Bundes, wie der Kunstbewegung überhaupt, zu beschränken. Was konnte der Künstlerbund von den anfangs anvisierten Zielen tatsächlich in die Tat umsetzen? Unter vier Fragestellungen soll die folgende Untersuchung stehen.

Talentförderung: Beim Durchblättern der Ausstellungskataloge fallen sogleich zahlreiche bedeutende Namen ins Auge. An welchem Punkt ihrer Karriere aber waren diese Künstler, als sie beim Künstlerbund ausstellten? Der Bund wollte den Kunstschaffenden eine Alternative zur Kunstgenossenschaft bieten. Nicht aber allein im Sinne einer Ansammlung der bereits Besten. Vor allem den jungen Künstlern, die bei den großen offiziellen Schauen regelmäßig abgelehnt wurden, wollte der Bund die Möglichkeit zur Ausstellung schaffen. Damit geht die Erwartung einher, dass sich der Bund als Forum für junge Künstler verstanden hat. Daraufhin soll die Struktur der Mitglieder wie auch der Teilnehmer untersucht werden.

Öffentliche Wahrnehmung: Vor dem Hintergrund der Bedeutung des Kunstfeuilletons im beginnenden zwanzigsten Jahrhundert lässt sich in der Rezeption der Künstlerbundausstellungen in den verschiedenen Kunstzeitschriften ein großer Quellenwert erwarten. Ausgehend von der großen Resonanz, die die Gründung des Bundes nach sich gezogen hat,[46] kann man vermuten, dass der Künstlerbund eine rege Anteilnahme im Kunstfeuilleton erfahren hat. Die Zusammenstellung der Ausstellungsbesprechungen aus den relevanten Feuilletonblättern lässt allerdings bereits erkennen, dass kaum eine Zeitschrift die Veranstaltungen des Künstlerbundes lückenlos gewürdigt hat. Dahingehend muss die tatsächliche Außenwirkung des Bundes, dem heute im Allgemeinen ein hoher kunstpolitischer Stellenwert beigemessen wird, neu austariert werden.

Kulturpolitischer Stellenwert: An der Bedeutung des Künstlerbundes hat die zeitgenössische Presse auch bei strenger Kritik an dessen Ausstellungen nie wirkliche Zweifel erhoben. Aber war das gerechtfertigt? Bis heute ist der „alte" Künstlerbund im Allgemeinen als eine der wichtigsten Künstlervereinigungen des zwanzigsten Jahrhunderts anerkannt. Ist es ihm aber auch gelungen, nach seinem fulminanten Start ins offizielle Kulturgeschehen den gewonnenen Stellenwert zu behaupten? Da der Bund nie eine Ausstellung alleine, sondern immer in Zusammenarbeit mit einem lokalen Veranstalter durchgeführt hat, stellt sich die Frage, wie weit Verdienst oder Misserfolg einer Ausstellung wirklich dem Bund zuzuschreiben sind und ob sich die Rolle des Künstlerbundes vielleicht eher auf die eines Repräsentanten reduzieren lassen muss.

46 Vgl. dazu hier, Kap. III.1.

Institutionelle Bestimmung: Die letzte grundsätzliche Überlegung gilt der zuweilen aufgestellten Behauptung, im Deutschen Künstlerbund lediglich einen Dachverband der Sezessionen sehen zu können.[47] Es ist kaum vorstellbar, dass sich der Bund bei der Reputation, die er zeitlebens erfahren hat, keine eigene Position erarbeitet haben soll. Als Ausgangspunkt dieser Arbeit soll diese Behauptung immer in Frage gestellt werden. Dem widerspricht allein der Wortsinn einer Sezession, die die Abspaltung aus einem größeren Zusammenhang bedeutet. Der Künstlerbund hat ja aber gerade im Gegenteil alle kleineren, grundverschiedenen Abspaltungen wieder zusammengeführt.

Aus diesen Überlegungen heraus soll die Rolle des Deutschen Künstlerbundes innerhalb der Entwicklung der modernen Kunst in Deutschland hervorgehen, der allgemein als ein hoher angenommen wird.

47 Etwa bei Föhl 1999, S. 71.

II. Die Anfänge der modernen Kunstbewegung in Deutschland

Eine Kunst, die sich über die von mir bezeichneten Gesetze und Schranken hinwegsetzt ist keine Kunst mehr, [...].[48]
(Wilhelm II.)

II.1 Offizielle Kunstförderung im ausgehenden neunzehnten Jahrhundert

Die politischen, ökonomischen und technischen Entwicklungen, die im neunzehnten Jahrhundert in einem enormen Tempo vorangingen, haben die soziale Landschaft in Deutschland grundlegend verändert. Aus liberalem Bürgertum und Arbeiterschaft gingen neue politische Kräfte hervor, die das althergebrachte, von Aristokratie und agrarischem Großgrundbesitz dominierte gesellschaftliche System ins Wanken brachten. Der soziale Aufstieg der unteren Schichten brachte ein Auseinanderdriften der ganzen Gesellschaft mit sich.[49] Zwei Pole standen sich dabei, auf eine einfache Formel gebracht, gegenüber: Traditionalisten auf der einen Seite, Fortschrittliche auf der anderen. Dieser Konflikt war sehr komplex und deshalb nur schwer auszutragen. Nicht jeder traditionsverbundene Mensch war dem Fortschritt rigoros abgeneigt, und nicht jeder, der eine modernere Lebensweise anstrebte, wollte alle traditionellen Werte aufgeben. Es begann eine Emanzipationsbewegung auf allen Ebenen, die mit der Jahrhundertwende einen ersten Höhepunkt erreicht hat und von der progressiven Kunstbewegung in Deutschland und Europa entscheidend begleitet worden ist. Denn die Künste, besonders die bildenden und literarischen, fangen Veränderungen auf, bevor sie sich in der Gesellschaft richtig zeigen. Konflikte innerhalb der Künstlerschaft gab es naturgemäß schon immer. Dass sich diese aber nach der deutschen Reichsgründung ins Untragbare steigerten, lag hauptsächlich am Regierungsstil Wilhelms II., der einen zu großen und vor allem von persönlichem Geschmack geleiteten Einfluss auf die Kunst ausübte. Es dauerte eine Weile, bis sich auch treue Anhänger des Monarchen gegen diese Art von „persönlichem Regiment"[50] zur Wehr setzten.

---

48 Wilhelm II., Die wahre Kunst. Rede zur Einweihung der Siegesallee am 18.12.1901, zit. aus Schröder 1907, S. 166.

49 Zu den gesellschaftlichen Umwälzungen in Deutschland an der Wende zum 20. Jahrhundert siehe etwa Mommsen 1992b.

50 Der Begriff ist einem Titel Wilhelm Schröders entnommen: *Das Persönliche Regiment. Reden und sonstige öffentliche Aeußerungen Wilhelms II.* Aus: Schröder 1907. Schöder wiederum hat diese Bezeichnung offensichtlich vom Reichstagsabgeordneten Paul Singer übernommen, die dieser in einer Rede im Reichstag verwendet hatte. Vgl. Ste-

Wilhelms Ablehnung neuer künstlerischer Positionen richtete sich nicht erst gegen den aufkommenden Expressionismus. Was man heute vielfach vergessen hat, weil die späteren Ereignisse in ihrer Heftigkeit alles Vorangegangene in den Schatten gestellt haben, ist, dass der Kampf des Kaisers gegen die Moderne bereits in den 1870er Jahren ungebührliche Züge angenommen hatte, was mit der Ablehnung von Künstlern wie Böcklin, Klinger, Trübner oder Liebermann einherging. Spätestens mit seiner einschlägigen Rede zur Eröffnung der Berliner Siegesallee im Dezember 1901 hat der Kaiser an seiner Kunstauffassung keine Zweifel mehr offen gelassen.[51] Künstler, so konstatiert Mai schließlich auch, waren „Hauptbetroffene davon, was sich an Veränderungen im gesellschaftlichen Staatswesen ergab."[52] An die Stelle klarer Verhältnisse zwischen Auftraggeber (Hof, Staat, Kirche), Künstler und Rezipient (gelehrte Oberschicht) trat eine vielschichtige Unordnung. Die Abhängigkeit vom Staat als Auftraggeber wurde geringer, doch die neugewonnene Freiheit und Selbstbestimmung ging „mit dem Risiko von Angebot und Nachfrage" einher.[53] „Nun [...] war der Adressat die Menge, anonym, mit ungleichem Bildungsstand, wandelndem Geschmacksvermögen, beide, Künstler wie Publikum, angewiesen auf Vermittlung und Anpassung im wechselseitigen Prozeß."[54] Das Bürgertum spielte eine immer größere Rolle und beeinflusste die Kunstbewegung maßgeblich. Individueller Geschmack und eigenes Urteilsvermögen ließen die Richtungen und Künstler, die von offizieller Seite keine Beachtung fanden, mit anderen Augen sehen. Die Kunst verlor mehr und mehr ihre politische Funktion als Herrschaftsinstrument und gewann autonomen Wert – ein Prozess, der nicht erst im neunzehnten Jahrhundert begann.[55] Die von der Regierung betriebene Kulturpolitik spielte dennoch weiterhin eine entscheidende Rolle und wirkte, weil von reaktionärer Hand geführt, im deutschen Kaiserreich schließlich als Multiplikator der revolutionären Kräfte. Mit der Thronbesteigung Wilhelms II. hatte die deutsche Kulturpolitik eine rigide Umsetzung erhalten, die die Kunstszene einem strengen Reglement unterwarf und der konservativen Seite umso mehr den Rücken stärkte, je mehr Anhänger sich der modernen Seite anschlossen. Die Spannungen zwischen den Lagern spitzten sich extrem zu. In der bildenden Kunst zeigte sich der Überdruss am System durch eine radikale Abkehr von konventionellen Gestaltungsformen und nationalem Pathos. Ein in die erste Ausgabe der Zeitschrift *Kunst und Künstler* einführender Artikel brachte den Konflikt zwischen traditionellen und progressiven Künstlern auf den

---

nographische Berichte über die Verhandlungen im Reichstag, 34. Sitzung, 16.2.1904, S. 997.

51 Wilhelm II., Die wahre Kunst. Rede zur Einweihung der Siegesallee am 18.12.1901, zit. aus Schröder 1907, S. 166.

52 Mai 1981b, S. 180.

53 Ebd., S. 108.

54 Mai 1981a, S. 440. Für Mommsen „signalisierte die ästhetische Revolution der Avantgarde [...] die Krise der bürgerlich-liberalen Gesellschaft des 19. Jahrhunderts". Aus: Mommsen 1992a, S. 283.

55 Eine kurze Übersicht zur Autonomie des Kunstwerks bei Joachimides 2001, S. 44–52.

Punkt: „Die Kluft zwischen alten Künstlern, die noch arbeiten, um Aufträge auszuführen, und den modernen Künstlern, die wesentlich für sich arbeiten, ist so groß wie der Unterschied zwischen zwei Professionen."[56]

II.1.1 Die Kunstpolitik Wilhelms II.

Die Kunstauffassung Wilhelms II., wie er sie öffentlich referierte, ist hinreichend bekannt durch seine zahlreichen Reden zur Kunst, meist gehalten aus Anlass von Denkmal-Einweihungen oder Jubiläen.[57] Die berühmteste im Zusammenhang mit moderner Kunst ist sicher die eben erwähnte Rede zur Einweihung der Siegesallee vom 18.12.1901, die die unüberwindbare Diskrepanz zwischen der Auffassung des Kaisers und der modernen Künstler aufs deutlichste zum Ausdruck brachte:

> „Wenn nun die Kunst, wie es jetzt viel geschieht, weiter nichts tut, als das Elend noch scheußlicher hinzustellen, wie es schon ist, dann versündigt sie sich damit am deutschen Volke. Die Pflege der Ideale ist zugleich die größte Kulturarbeit, und wenn wir hierin den anderen Völkern ein Muster sein und bleiben wollen, so muß das ganze Volk daran mitarbeiten, und soll die Kultur ihre Aufgaben voll erfüllen, dann muß sie bis in die untersten Schichten des Volkes durchgedrungen sein. Das kann sie nur, wenn die Kunst die Hand dazu bietet, wenn sie erhebt, statt daß sie in den Rinnstein niedersteigt."[58]

Während man seinem Großvater Wilhelm I. noch zugestehen konnte, „nicht ganz verschlossen für die unabweisbaren Forderungen des 19. Jahrhunderts"[59] zu sein, so wollte der Enkel dem Zeitgeist, der sich mehr und mehr von der Monarchie distanzierte, strikt nicht folgen. Das bürgerliche Zeitalter hat aber die Kunst und das Berufsbild des Künstlers einem Wandel ausgesetzt. Die Kunst diente nicht mehr in erster Linie politischer Repräsentation oder religiösen Ideen, sondern ist inzwischen zum Ausdrucksträger menschlicher Befindlichkeiten geworden. Der Künstler diente dabei nicht dem Staat als offiziellem Auftraggeber, sondern arbeitete in eigener Absicht.[60] Dass das Kunstschaffen vor dem Hintergrund des gesellschaftlichen Wandels notwendigerweise in eine sozialkritische Richtung, die die Missstände aufzeigte, gehen musste, war für Wilhelm II. nicht zu akzeptieren. Er hielt das bestehende gesellschaftliche System nach wie vor für gültig. Hinzu kamen ein nur wenig ausgeprägtes Selbstbewusstsein und ein gutes Maß an Eitelkeit. Die vom Kaiser erteilten Bau- und Kunstaufträge – darunter zahlreiche Aufträge zu Abbildern seiner

56 Zum Beginn 1902/03.

57 Vgl. Johann 1977.

58 Wilhelm II., Die wahre Kunst. Rede zur Einweihung der Siegesallee am 18.12.1901, zit. aus Schröder 1907, S. 166. Der Ausdruck „Rinnsteinkunst" ist zum Inbegriff der Haltung des Kaisers gegenüber der modernen Kunst geworden.

59 Griewank 1952, S. 188f.

60 Zur Emanzipation der Künstler im bürgerlichen Zeitalter vgl. Scheuner 1981, S. 14.

Person – verraten viel von seinem persönlichen Kunstgeschmack.[61] Über Geschmack lässt sich bekanntlich nicht streiten, doch der Kaiser ließ keinen Zweifel zu.[62] Er beanspruchte für sich das einzig richtige Kunstempfinden: „Eine Kunst, die sich über die von mir bezeichneten Gesetzen und Schranken hinwegsetzt ist keine Kunst mehr, sie ist Fabrikat, ist Gewerbe, und das darf die Kunst nie werden."[63] Eine aufschlussreiche Aussage auch im Hinblick auf das Kunst*gewerbe*, das gerade zur Kunstgattung avancierte und der modernen Kunst, insbesondere dem Jugendstil, entscheidende Impulse gab.[64] Es ist bezeichnend, dass die bereits in vollem Gange befindliche europaweite Kunstgewerbe-Reformbewegung vollkommen am Kaiser vorbeigegangen zu sein scheint.[65]

In der Pflege älterer, akademischer Kunst zeigte der Kaiser durchaus Kunstverständnis und stand bedeutenden Ankäufen nicht im Wege. Die Sammlungen der Gemäldegalerie, der Skulpturensammlung und des Kupferstichkabinetts in Berlin wurden während seiner Regentschaft unbedingt bereichert.[66] Und zahlreiche Expeditionen in den Orient kamen überhaupt nur durch die persönliche Initiative des Monarchen zustande. Zur zeitgenössischen Kunst aber fand er nie Zugang. Adolf Behne erläuterte das Verhältnis des Kaisers gegenüber der modernen Kunst derart, „daß er, der Führer zu sein glaubt und als solcher zu gelten wünscht, völlig außerhalb der Kunstentwick-

---

61 Schon das Ausmaß der erteilten Aufträge zeigt ein enormes Interesse Wilhelms an staatlichen Bauaufgaben. Allein bis 1904 gingen 163 öffentliche Bauten auf sein Betreiben zurück. Vgl. Stather 1994, S. 87, hier auch eine Auswahl von Kaiserdarstellungen, S. 46–61.

62 „Kunstdilettantismus und Kunstdiktat gingen bei ihm eine oft spektakuläre Mischung ein." Aus: Mai 1981a, S. 460. Corinth beschrieb die künstlerische Urteilsfähigkeit des Kaisers überspitzt: „In der Literatur erhob er Georg Ohnet zu dem größten französischen Schriftsteller, Leoncavallo sollte eine märkische Oper komponieren und Charleys Tante – eine englische Clownsposse – konnte ihm nicht oft genug vorgespielt werden." Aus: Corinth 2000, S. 33.

63 Wilhelm II., Die wahre Kunst. Rede zur Einweihung der Siegesallee am 18.12.1901, zit. aus Schröder 1907, S. 166.

64 Eine Aufwertung des Kunstgewerbes zog bereits die erste Weltausstellung in London 1851 nach sich. Und „spätestens seit Paris 1900 hatte das deutsche Kunstgewerbe Weltgeltung erlangt." Aus: Mai 1981b, S. 114. Eine zeitgenössische Darstellung zur wachsenden Bedeutung des Kunstgewerbes am Beginn des zwanzigsten Jahrhunderts bei: Sombart 1908.

65 Mai sah weniger eine Unkenntnis als vielmehr eine bewusste Ablehnung des Kaisers gegenüber dem Kunstgewerbe: „Man darf [...] annehmen, dass er hier auch der in der Öffentlichkeit und von fortschrittlichen Kreisen geforderten engeren Verbindung von hoher und angewandter Kunst [...] eine Absage erteilte." Aus: Mai 1981a, S. 462.

66 Was vor allem dem guten Verhältnis Wilhelm von Bodes zum Kaiser zu verdanken war. Bode war als Generaldirektor der Königlichen Museen zu Berlin seit 1905 maßgeblich an der Erweiterung dieser Sammlungen beteiligt. Zu Bodes Wirken an den Berliner Museen siehe: Ohlsen 1995.

lung" stand.[67] Mit seiner autoritären Haltung bewegte sich der Kaiser gänzlich gegen die Zeit. Er orientierte sich ausschließlich an den Errungenschaften der Vergangenheit, als wäre ein künstlerischer Höhepunkt bereits erreicht worden, ein weiterer nicht mehr möglich. Allein die Historienmalerei, wie sie an der Akademie gelehrt wurde, und „die sich die künstlerische Verklärung der Höhepunkte der deutschen Nationalgeschichte zur vornehmlichsten Aufgabe setzte"[68], hielt seinen Werten stand.[69] Wenn er sich bezüglich der neuen Kunstrichtungen auch noch gar keine rechte Urteilsfähigkeit angeeignet hatte, so verstand es der Kaiser dennoch, seinen regelrechten Hass gegenüber den plötzlich allerorten entstehenden Gruppierungen moderner Künstler wann immer es ging unmissverständlich zum Ausdruck zu bringen. Vielleicht in Ermangelung überzeugender Argumente gelang ihm dies am besten in politischen Metaphern. „Die Secessionisten", erinnerte sich Ludwig Justi an die Worte des Kaisers, „sind Sozialisten, die stehen gegen Thron und Altar, wollen dem deutschen Volke die Ideale nehmen. Die Impressionisten sind die französischen Secessionisten."[70] Wie desolat die Situation um die moderne Kunst am Ende des Jahrhunderts war, zeigt auch Woldemar von Seidlitz' Begründung zur Ablehnung der ihm angebotenen Direktorenstelle an der Berliner Nationalgalerie: „Ich mußte [...] dies leider verneinen, da ich [...] bei einer ausschließlichen Beschäftigung mit der modernen Kunst unter den obwaltenden Zeitverhältnissen mir nichts Ersprießliches versprechen kann."[71]

Auch politisch konnte der Kaiser dem Geschehen nicht mehr folgen. Fürstliche Willkür und aristokratische Bevormundung waren keine zeitgemäßen Werkzeuge mehr im Umgang mit dem Volk. Aus Untertanen ist ein liberales Bürgertum geworden, das ein gewisses Mitspracherecht einforderte. Wilhelm II. aber dachte immer noch dynastisch, nicht national im Sinne des nationalpolitischen Bewusstseins, von dem die bürgerliche Kultur inzwischen eingenommen war.[72] Das aktuelle Kunstgeschehen setzte er allein für politische Propagandazwecke ein und missbrauchte es unübersehbar für eine nationale Selbstüberschätzung: „Uns, dem deutschen Volke, sind die großen Ideale zu dauernden Gütern geworden, während sie anderen Völkern mehr oder weniger verloren gegangen sind. Es bleibt nur das deutsche Volk übrig, das an erster Stelle berufen ist, diese großen Ideen zu hüten [...]."[73] Die Gegenmeinung dazu äußerte Nietzsche: „Die Deutschen, die Verzögerer par excellence, sind heute das zurückgebliebenste Kulturvolk Europas."[74]

67 Behne 1913/14, S. 576.

68 Mommsen 1992a, S. 264.

69 „Zumindest in Preußen stand der offizielle Kunstbetrieb noch in den 90er Jahren weiterhin unter dem Diktat eines obrigkeitlich verordneten Kunstgeschmacks, der in den Historiengemälden Anton von Werners sein ideales Maß sah." Aus: Mommsen 1992a, S. 274.

70 Justi 2000, Bd. I, S. 237.

71 Seidlitz an Bode, 3.12.1895, zit. aus: Pallat 1959, S. 259.

72 Vgl. dazu Mommsen 1992a, S. 260 f.

73 Wilhelm II., Die wahre Kunst. Rede zur Einweihung der Siegesallee am 18.12.1901, zit. aus: Schröder 1907, S. 166.

74 Nietzsche 1983, S. 126.

Mommsen fasste die Problematik der wilhelminischen Kulturpolitik etwas sachlicher, im Kern aber Nietzsches Aussage entsprechend, zusammen: „Insgesamt war das politische Klima im Kaiserreich nicht eben günstig für die Entfaltung eines modernen, hochgradig differenzierten Literaturbetriebs, aber wirklich aufhalten konnte es diesen Prozeß nicht. Gleiches läßt sich auch für den Bereich der bildenden Kunst feststellen."[75]

Kritik an der kaiserlichen Kunstpolitik

Kritik an der kaiserlichen Kunstpolitik wurde regelmäßig nach den offiziellen Salons und Akademieausstellungen laut. Die Einwände gingen dahin, dass die deutsche Kunst ausschließlich von Künstlern repräsentiert wurde, die, wodurch auch immer, in Preußen zu „Amt und Titel" gekommen waren.[76] Es lag nahe, dem Regenten jede künstlerische Urteilskraft abzusprechen. „Man darf getrost behaupten:", so Behne, „die Ausstellungen, die dem Kaiser sympathisch sind, sind künstlerisch bedeutungslos; die Ausstellungen, in denen die künstlerischen Werte stecken, finden nicht die Teilnahme des Kaisers. Meistens nimmt er von ihnen keine Notiz; besucht er sie einmal, so lehnt er sie ab!"[77] Wenn der Kaiser aber doch einmal einen fortschrittlichen Künstler mit Ehren bedachte, so konnte ihm dies nur als Strategie ausgelegt werden, zur Hebung des eigenen und des staatlichen Renommees. Anlässlich der Ernennung Walter Leistikows zum Professor 1907 erschien in *Kunst und Künstler* die spöttische Meldung:

> „Walter Leistikow ist Professor geworden. Professor ohne Lehrmöglichkeit. Fast möchte man dem vortrefflichen Künstler, der mehr verdient hat, kondolieren. Im Deutschland Wilhelms des Zweiten ist dieser Titel so unsagbar entwertet worden, daß er fast als ein Diplom für Unfähigkeit gelten darf. Die im letzten Jahrzehnt ernannten Kunstprofessoren bilden eine wunderlich gemischte Gesellschaft. Als politischer Schachzug ist diese Ernennung nicht übel. Wer dürfte die Regierung nun noch unmodern und rückständig nennen!"[78]

---

75 Mommsen 1992a, S. 273.

76 Vgl. Behne 1913/14, S. 576.

77 Ebd., S. 578f.

78 Zit. aus: Pfefferkorn 1972, S. 81. Dass der rigide Umgang mit den Entwicklungen in der Kunst allein dem autoritären Führungsstil Wilhelms II. geschuldet war, zeigt ein Vergleich mit Österreich u. München: „Man blicke einmal nach Wien, wo der greise Monarch (was wahrhaft nicht verwunderlich ist) kein Hehl daraus gemacht hat, wie wenig ihm die Darbietungen der Sezession behagen; aber in Bezug auf die offizielle Behandlung gibt es zwischen Künstlerhaus und Olbrichs ‚Krauthappel' keinen Unterschied. Wie in München, so nimmt auch in Wien der Landesherr von beiden Ausstellungen gleiche Notiz. Staatskäufe werden hier wie dort nach dem Vorschlage der Kommission gemacht [...]." Aus: Kunstchronik, N. F. Jg. 15, 1904, Sp. 67.

II.1.2 Die Königliche Akademie der Künste zu Berlin

Um 1900 waren gerade in Berlin als Reichshauptstadt auch die kulturellen Entwicklungen abhängig von der Zustimmung des Kaisers. Die allerdings blieb oft aus, was umso schlimmer war, da sich der Kaiser ein Mitspracherecht auf fast allen Gebieten ausbat. Die Königliche Akademie der Künste zu Berlin war eines der Hauptinstrumente der Kulturpolitik Wilhelms II. Ihr Einfluss auf das Berliner Kunstleben war groß.[79] Neben der Künstlerausbildung und der Ausrichtung der jährlichen Salons war sie in fast alle Angelegenheiten, die offizielle Kunst betreffend, involviert. Als Mitglied der Landeskunstkommission entschied sie sogar mit über Ankäufe der Berliner Nationalgalerie und die Bewilligung von Staatsaufträgen.[80]

Die Akademien waren seit jeher Aushängeschilder ihrer Regierungen und der staatliche Einfluss war immer präsent. Unterm Strich galt als Regel: „Die Zeiten ihrer obrigkeitlichen Förderung waren selten ihre künstlerisch besten [...]."[81] Obwohl die Berliner Akademie der Zuständigkeit des Kultusministeriums unterstellt war, traf die endgültige Entscheidung über die Aufnahme neuer Mitglieder, Preisverleihungen oder den Gegenstand von Ausstellungen immer der Kaiser. Wer aber einmal in die Akademie gewählt worden ist, hatte ein Mitgliedsrecht auf Lebenszeit. Da junge Künstler, die moderne Tendenzen vertraten, unter Wilhelm II. häufig abgelehnt wurden, war die Mitgliedschaft um die Jahrhundertwende ziemlich überaltert.[82] Die Jungen ließen sich stattdessen im Ausland inspirieren, zumeist in Frankreich.

Die Ausstellungen der Königlichen Akademie der Künste zu Berlin

Seit Reformen durch Friedrich Wilhelm II. gegen Ende des achtzehnten Jahrhunderts hat die Akademie regelmäßige Ausstellungen veranstaltet. Die erste dieser Art fand 1786 statt. Ab 1876 wurden die Ausstellungen jährlich durchgeführt.[83] Die traditionell im Herbst ausgetragenen Berliner Veranstaltungen stellten von Beginn an zwar „ein wichtiges kulturelles Ereignis der Hauptstadt" dar.[84] Sie zeigten aber

---

79 Ein geschichtlicher Überblick über die Berliner Akademie der Künste seit ihren Anfängen in: Berlin 1996.

80 Vgl. hierzu Teeuwisse 1986, S. 36 f. u. Pallat 1956, S. 55–57. Zur Geschichte der Akademie der Künste in Berlin siehe außerdem: Berlin 1991 u. Hannesen 2005.

81 Muschg 2005.

82 Ein Problem, das auch nach der Zeit Wilhelms II. nicht gelöst wurde. Wie man im Zuge von angestrebten Reformen 1931 feststellte, waren „herausragende Vertreter des künstlerischen Lebens der Weimarer Republik in der Akademie nicht vertreten [...]. Die Notwendigkeit der ‚Verjüngung' der Mitgliedschaft wurde durchaus anerkannt [...]." Aus: Kampe 1991a, S. 36.

83 Vgl. Mai 1981a, S. 435. Zu den Reformideen siehe Nicolai 1787, S. 287–290. Zur Ausstellungstätigkeit der königlichen Akademie der Künste siehe Menke-Schwinghammer 1991 u. Poggendorf 1996b. Vgl. auch Teeuwisse 1986, S. 273, Anm. 38.

84 Vgl. Teeuwisse 1986, S. 37.

auch eine „Monotonie, provinzielle Behäbigkeit und Rückständigkeit“[85] gegenüber den Jahresausstellungen anderer Kunstzentren. Die Ausstellungen waren nicht nur Mitgliedern vorbehalten, sondern auch Nichtberliner Künstlern zugänglich. Eine Jury gab es anfangs nicht.[86] Das daraus resultierende Überangebot führte irgendwann zu großen Spannungen. Die vorhandenen lokalen Ausstellungskapazitäten konnten den Massen an Kunstproduktion nicht mehr gerecht werden. Eine qualitative Selektion war nahezu unmöglich geworden.

Gegen Ende des neunzehnten Jahrhunderts hat sich die Qualität der Veranstaltungen merklich verschlechtert.[87] Die Akademie wollte dem Überangebot wohl durch die jährlichen Veranstaltungen ab 1876 entgegenwirken, hat aber nicht die nötigen Voraussetzungen dafür geschaffen. 1882 und 1885 fielen die bereits geplanten Schauen aus, weil sich die Künstler geweigert hatten, weiterhin in dem Provisorium am Cantian Platz auszustellen.[88] Lieber verzichteten sie ganz auf die Ausstellung. Selbst konservative Kritiker sahen hierin ein Zeichen der desolaten Situation des Berliner Kunstlebens, das sich, „soweit man nach den permanenten Kunstausstellungen urteilen kann, schon seit geraumer Zeit in bedauerlicher Stagnation“ befand, wie Rosenberg zu berichten wusste. „Es scheint,“ so Rosenberg weiter, „daß der ungünstige Ausfall der letzten Ausstellung [1882, Anm. d. Verf.] der Akademie eine allgemeine Entmutigung und eine noch größere Abneigung gegen das Beschicken von Ausstellungen hervorgerufen hat, als sie schon vorhanden war.“[89]

1886, anlässlich des hundertjährigen Jubiläums der Akademieausstellungen, wurde schließlich der Glaspalast am Lehrter Bahnhof für die zukünftigen Veranstaltungen gewonnen.[90] Damit stand der Akademie zwar ein imposantes Haus zur Verfügung, das für Ausstellungen der bildenden Kunst aber keineswegs optimale

85 Ebd.

86 Juryfreiheit bestand für Nichtmitglieder bis 1919, für Mitglieder sogar bis 1931.Vgl. Lammert 1996, S. 493.

87 „Die Zahl der ausgestellten Werke wuchs ständig: 1824 waren es 781, 1828 bereits 1107, 1830 […] sogar 1344 Nummern. Im Revolutionsjahr 1848 kam man gar auf 1733 Objekte.“ Aus: Mai 1981b, S. 108. Zur qualitativen Entwicklung der Akademieausstellungen vgl. auch Teeuwisse 1986, S. 127–146.

88 Nachdem die Räume im Akademiegebäude Unter den Linden ausschließlich für den Lehrbetrieb reserviert worden waren, wurden die Ausstellungen von 1876 bis 1881 und noch einmal 1884 in ein neues Ausstellungsgebäude am Cantianplatz auf der Museumsinsel – kurze Zeit später wurde an dieser Stelle das Kaiser-Friedrich-Museum errichtet – ausgelagert. Seine Bezeichnungen „Schuppen“ oder „Kunstbaracke“ beschreiben hinlänglich, dass auch dieser Ort, ohnehin nur als Provisorium gedacht, keine bleibende Lösung bot. Vgl. dazu Teeuwisse 1986, S. 288, Anm. 186.

89 Rosenberg 1884, Sp. 92f..

90 Der Glaspalast am Lehrter Bahnhof in Moabit wurde 1883 für die *Deutsche Ausstellung für Hygiene und Rettungswesen* errichtet. Die Akademie hat dort ab 1886 wieder eine repräsentative Lokalität gefunden. München hatte bereits seit 1854 ein eigenes Ausstellungsgebäude, den Glaspalast von August von Voit im Norden der

Bedingungen bot. Die Räume konnten nicht beheizt werden und standen somit nur im Sommer zur Verfügung. Zudem waren die Lichtverhältnisse nicht besonders gut. Alle Versuche von Seiten des Vereins Berliner Künstler, der ab 1893 an den Ausstellungen der Akademie offiziell beteiligt war, und sogar des Kultusministeriums, günstigere Räumlichkeiten zu finden, scheiterten stets.[91] An der inhaltlichen Qualität der Schauen hat sich mit dem Einzug in die neue Lokalität außerdem nichts geändert. „Mit welchem Recht", klagte Lichtwark nach seinem Besuch der Großen Berliner Kunstausstellung im Sommer 1893,

> „stellen Lehrlinge und Bönhasen auf Staatskosten in dem teuren Ausstellungspalast aus? [...] Ich weiß wohl, daß irgendeine Änderung des Systems von der allergrößten Schwierigkeit ist und wüßte auch keine Vorschläge zu machen, solange es Akademien und ein staatlich anerkanntes, weil vom Staat geschaffenes Kunstproletariat giebt. Akademie und Ausstellung, das ist der circulus virtiosus, in dem sich unsere künstlerischen Begabungen drehen wie das Thier auf dürrer Heide. [...] Das Ergebnis scheint mir diesmal kläglicher als je. In Berlin sitzt eine brutale Variante des Akademismus auf dem Thron, dessen Farben ordinärer als die Wirklichkeit, und dessen Menschen gemeiner sind als die Natur."[92]

Weder der Umzug in den Glaspalast noch die Mitarbeit des Vereins Berliner Künstler halfen, die Qualität der Schauen zu heben.[93] Auswahl, Anordnung und Menge der Exponate erfüllten nach wie vor nicht mehr den Zweck einer Kunstausstellung und die Künstler waren angehalten, sich in dieser Situation selber zu helfen, zum Beispiel "mit Hilfe gesellschaftlicher Gruppen oder durch Selbstorganisation".[94] Auch die um 1900 aus dem Boden schießenden privaten Kunstgalerien haben der müden Ausstellungssituation Abhilfe geschaffen. Die Galeristen zeigten nicht nur Werke aus eigener Kommission, sondern, und das war viel wichtiger, sie stellten Ihre Geschäftsräume jungen Künstlergruppen zur Verfügung.[95] Zugleich begründeten sie einen neuen Wirtschaftszweig: den Kunsthandel. Die Akademien und Kunstvereine, die bis dahin im bürgerlichen Kunstbetrieb ganz unverzichtbar waren, verloren merklich an Bedeutung.[96] Es waren nun die Kunsthändler,

---

Stadt. Nicht allein deswegen war das Ansehen der Münchner Akademie im 19. Jahrhundert weitaus höher als das der Berliner Einrichtung.

91 Vgl. Teeuwisse 1986, S. 288, Anm. 186.

92 Lichtwark, Brief vom 21.8.1893, abgedruckt in: Pauli 1923, S. 48f. Der Begriff „Bönhase" wurde bis ins 19. Jahrhundert vor allem im Hamburger Raum abschätzig für die Bezeichnung eines ungelernten Handwerkers oder Pfuschers verwendet.

93 „Der Berliner ‚Salon' hatte einen ausgesprochen provinziellen Charakter und fand außerhalb der Hauptstadt kaum Beachtung." Aus: Teeuwisse 1986, S. 19.

94 Mai 1981a, S. 440.

95 Künstler-Westklub und November-Vereinigung etwa stellten erstmals 1894 in der Galerie Schulte aus, die Freie Kunst erstmals 1896 im Salon Gurlitt. Vgl. dazu auch weiter unten, S. 50, Anm. 183.

96 Vgl. dazu Mommsen 1992a, S. 276.

die mehr und mehr über den Wert von Kunstwerken, ihren ästhetischen wie ihren Marktwert, bestimmten. Sie erkannten Besonderheiten und Eigenarten und schätzten jede Abweichung von akademischer Norm. Ihre Aufmerksamkeit galt vor allem auch der modernen französischen Kunst, der sie nun den deutschen Markt öffneten. Die Kunsthandlungen boten eine neue Anlaufstelle für Künstler, die in der Akademie nicht weiterkamen.[97]

Wilhelm II. erkannte diesen Umbruch nicht. Er instrumentalisierte die Akademie weiterhin zu politischen Zwecken. Aus diesem Schatten konnte sich die Institution nicht herauswinden und blieb lange hinter den Entwicklungen der modernen Kunst zurück. Anton von Werner sorgte in seiner Position als Akademiedirektor und Leiter der Kunstschule dafür, neue Strömungen wie Plain-air-Malerei und Impressionismus von der Akademie fernzuhalten. Ausnahmetalente hatten hier keine Chance, sich hervorzutun. Nach dem Ersten Weltkrieg bemühte sich Max Liebermann unter seiner Präsidentschaft, die er zu späten Ehren von 1920 bis 1932 innehatte, um eine Liberalisierung des Akademiebetriebs.[98] Es gab aber immer noch genug Stimmen im Akademie-Gremium, die die modernen Künstler ablehnten. Und so blieben es doch nur Versuche, in denen alle grundsätzlich guten Absichten steckenblieben.[99]

---

97 Amsler & Ruthardt etwa, Fritz Gurlitt, Keller & Reiner, die Galerie Schulte oder die Kunsthandlung der Vettern Bruno und Paul Cassirer (ab 1901 führte Paul die Galerie alleine) haben den Berliner Kunsthandel mit einer ausgewogenen Auswahl etablierter deutscher und ausländischer Künstler zu internationalem Ansehen gebracht. Zur tragenden Berliner Käuferschaft, die die moderne deutsche wie französische Kunst im Berliner Kunstleben salonfähig machte, gehörten die Sammler Eduard Arnhold, Carl Bernstein, Robert und Franz von Mendelssohn, Rudolf Mosse, Julius Stern, Hugo Simon sowie Max Liebermann und Harry Graf Kessler – beide Gründungsmitglieder des Deutschen Künstlerbundes. Auch Paul Cassirer war von Beginn an Mitglied im Deutschen Künstlerbund. Zum Berliner Kunsthandel vgl. Teeuwisse 1986, S. 230–241, zu den wichtigsten Berliner Sammlern vgl. ebd., S. 220–230.

98 Aus dem Protokoll der Sitzung der Ausstellungskommission zu Liebermanns erster Akademieausstellung 1920: „Zu Beginn der Beratung schlägt Hr. Liebermann, unter dessen Präsidentschaft die Herbstausstellung als erste Ausstellung veranstaltet wird, vor, daß der Plan grundsätzlich geändert werden solle: Es sollten keine Einladungen ergehen, sondern die Einsendung sollte den Künstlern *frei stehen* und sie sollen einer Jury unterworfen werden. Man solle damit zum System der akademischen Ausstellungen, wie sie vor 80 oder 200 Jahren waren, zurückkehren. [...] Hr. Liebermann führt noch aus, daß nur so die Akademie weiter in den Mittelpunkt des Kunstbetriebes kommen könne." Aus: Protokoll vom 14.7.1920, PrAdK 1254, Bl. 101–103, zit. aus: Menke-Schwinghammer 1991, S. 153 (Hervorhebung im Orig.).

99 Zu Unstimmigkeiten und andauernder Ablehnung der Moderne innerhalb der Berliner Akademie vgl. Lammert 1996.

II.1.3. Der Verein Berliner Künstler

Neben der Akademie der Künste war das offizielle Berliner Kunstleben um 1900 von einer zweiten Institution geprägt: dem Verein Berliner Künstler. 1841 gegründet, trat er dem bereits seit 1814 existierenden Berlinischen Künstlerverein an die Seite und wurde bald zur wichtigsten Interessenvereinigung freischaffender Künstler in Berlin.[100] Doch sein Handlungsspielraum war nie ganz unabhängig. Gegründet als privater Verein, erhielt der Verein Berliner Künstler 1867 ein königliches Privileg. Er bekam nun gelegentlich Subventionen der Regierung, zuweilen auch vom Kaiser privat, und war damit in allen wichtigen Fragen auf deren Zustimmung angewiesen.[101] Neben dem wachsenden sozialen Zweck der Künstlerunterstützung (1869 wurde eine Unterstützungskasse für hilfsbedürftige Künstler eingerichtet), lag das Interesse des Vereins in der Präsentation der Arbeiten seiner Mitglieder. 1869 wurde im Vereinslokal, dem Geber'schen Industriegebäude in der Kommandantenstraße, eine Permanente Kunstausstellung ins Leben gerufen. Anders als der Name vermuten lässt, handelte es sich hierbei nicht um eine Ausstellung, die permanent zugänglich war, sondern um wiederkehrende Jahresausstellungen. Die Expositionen, seit 1898 im vereinseigenen Künstlerhaus in der Bellevuestraße beheimatet, zeigten keine Besonderheiten gegenüber den Akademieausstellungen und waren nicht wirklich gut besucht. Die Resonanz hielt sich in Grenzen.[102] Dennoch, trotz Gleichförmigkeit und Überfüllung der Ausstellungen erregten unkonventionelle Künstler wie Gabriel Max, Hans Makart oder Arnold Böcklin Aufsehen und zogen ihr Publikum an. So hatte der Verein in den 1870er Jahren „eine führende Stellung im Berliner Kunstleben" eingenommen.[103] Und nachdem er 1893 als gleichwertiger Mitgestalter des Berliner Salons an die Seite der Akademie aufgerückt war,[104] stieg sein Mitspracherecht noch einmal an, allerdings auch seine Abhängigkeit von der Regierung.[105] Wie

---

100 Zu den Mitbegründern des Vereins Berliner Künstler gehörten Gottfried Schadow, Carl Blechen, Eduard Gärtner, Adolph Menzel. Zum Verein Berliner Künstler siehe: Verein Berliner Künstler 1991 u. Berlin 2007.

101 Vgl. Paret 1981, S. 24.

102 „Die Ausstellungen im abseits gelegenen Künstlerhaus litten unter einem mangelnden Publikumsinteresse und wurden auch von der offiziellen Kunstpresse immer weniger beachtet." Aus: Teeuwisse 1986, S. 128, vgl. dort auch S. 70–76 und S. 127–146.

103 Ein knapper Überblick zur Entwicklung des Vereins Berliner Künstler bei Teeuwisse 1986, S. 70–76, S. 127–146 u. S. 278, Anm. 119.

104 Vgl. die Satzungen der Großen Berliner Kunstausstellungen, in Teilen abgedruckt bei Menke-Schwinghammer 1991, S. 152 f. Fortan wurden die Schauen nicht mehr *Salon* genannt, sondern *Große Berliner Kunstausstellung*. Vgl. dazu Poggendorf 1996b.

105 Zur geplanten Gleichberechtigung des Vereins Berliner Künstler und der Akademie bemerkte der damalige Kultusminister Robert Bosse gegenüber dem Kaiser: „Immerhin wird sich die Staatsregierung einer gewissen Einwirkung und Fürsorge nicht entschlagen können. Wenn vom Staate Grund und Boden und die Gebäude

aber die eigenen Ausstellungen des Vereins über die Grenzen Berlins hinaus keine große Wirkung versprühten, so gelang es dem Verein auch nicht, die Große Berliner Kunstausstellung zu beleben. Vor allem ging es dem Verein Berliner Künstler noch nicht darum, speziell die neueren Kräfte oder die weniger populären Talente zu unterstützen. Die Tatsache, dass als Vorsitzender immer wieder der kaisertreue Anton von Werner gewählt worden ist, reflektiert den konservativen Charakter des Vereins.[106] Werner hat dem Verein Berliner Künstler auch Nützliches getan. So hat er ihn zunächst einmal aus einer „bis dahin lockeren Künstlergemeinschaft zu einer handfesten Interessenvertretung" zusammengeschlossen.[107] Überdies konnte er die finanzielle Basis des Vereins erfolgreich stärken und die Einnahmen aus den Verkaufsausstellungen steigern.[108] Wenn die Verkaufsergebnisse auch nichts über die künstlerische Qualität der ausgestellten Werke aussagen, so dienten sie doch der finanziellen Lage der Künstler. Der konservative Werner war allerdings nicht der Richtige, dieses Unternehmen zukunftsträchtig zum Erfolg zu führen, denn er konnte den künstlerischen Entwicklungen seiner jungen Kollegen bald nicht mehr folgen. Obwohl der Verein für die demokratischen Rechte der Künstler einstehen wollte, wurden die modernen Tendenzen doch immer wieder durch Werner und seine Unterstützer erfolgreich abgewehrt. Im Großen und Ganzen lagen die Belange des Vereins vielmehr auf dem gesellschaftlichen Aspekt. Vor allem in den 1870er und 1880er Jahren

---

dargeliehen und dadurch die Ausstellungen überhaupt möglich werden, so erwächst vor allem die Verpflichtung, dafür zu sorgen, daß sie mit ihren Vortheilen nicht einzelnen Gruppen oder Richtungen sondern der gesamten Künstlerschaft Preußens möglichst gleichmäßig zugute kommen und daß sie dem Publikum wirklich das leisten, was es zu finden erwarten darf: eine Übersicht über die gesamte preußische und womöglich deutsche Produktion der Gegenwart." Zit. aus Paret 1981, S. 32. Hieraus wird einmal mehr ersichtlich, wie sehr offizielle Kunstförderung und staatliche Kontrolle miteinander einhergingen. Wilhelm II. machte davon nach seinem Sinn Gebrauch: Je mehr er die Kunst förderte, umso mehr Mitspracherecht und Einfluss konnte er sich ausbedingen.

106 Werner war über einen Zeitraum von dreißig Jahren immer wieder Vorsitzender des Vereins Berliner Künstler: 1887–1895, 1899–1901, 1906–1907. Es ist verwunderlich, dass er immer wieder zum Vorsitzenden gewählt worden ist. Schon 1891 mit den Vorgängen um die *Internationale Kunstausstellung* des Vereins Berliner Künstler und der anschließenden sogenannten Munch-Affäre brachte er zahlreiche Stimmen gegen sich auf (vgl. dazu hier Kap. II.1.3 u. Kap. II.2.1). Der Protest gegen ihn hielt allerdings nicht lange an. Während seine Wiederwahl 1893 noch sehr knapp ausfiel, hatte er 1894 schon wieder die große Mehrheit hinter sich. Vgl. Heller 1993, S. 105.

107 Bartmann 1985, S. 164.

108 Zu Werners Maßnahmen zur finanziellen Stärkung des Vereins s. Werner 1913, S. 478. Vgl. auch Bartmann 1985, S. 164 u. Teeuwisse 1986, S. 128 f.

„war der Verein hauptsächlich ein Ort geselligen Beisammenseins. Die Mitglieder trafen sich dienstags und samstags in ihren Klubräumen in der Kommandantenstraße, um Karten zu spielen oder Vorlesungen und Konzerte zu besuchen. Ihre alle zwei Jahre stattfindenden Diners und Kostümbälle wurden ein fester Bestandteil der Berliner Saison."[109]

Die angestrebte Solidarität zwischen den Künstlern wurde so vielleicht erreicht. Der demokratische Grundgedanke aber war noch nicht ausreichend gediehen. Die aufkommenden Bedürfnisse seiner Mitglieder, vor allem bezüglich der Ausstellungsbedingungen, konnte der Verein Berliner Künstler auf Dauer nicht befriedigen.

Die Internationale Kunstausstellung 1891

Von unbeabsichtigter Tragweite war die Jubiläumsausstellung anlässlich des fünfzigjährigen Bestehens des Vereins 1891. An den Vorgängen wesentlich beteiligt war der damalige Vorsitzende des Vereins Anton von Werner. In Werner, der bereits in der Gunst Wilhelms I. gestanden hatte, fand Wilhelm II. den idealen Repräsentanten seiner Kunstpolitik. Das Vertrauen des Kaisers verschaffte Werner zweifellos großen Einfluss in kunstpolitischen Angelegenheiten. Mommsen sieht in Werner gar den damals „mächtigsten Mann in der deutschen Kunstszene".[110] Dass Werners stur konservatives Vorgehen ironischerweise die Entwicklungen der modernen Kunst entscheidend vorantrieb, hatte Leistikow schon zu Beginn der Grabenkämpfe erkannt:

„Die Gründung der Berliner Secession [...] und des Deutschen Künstlerbundes in Weimar haben, wenn man der Sache auf den Grund geht, denselben Schöpfer. Es ist dies der Berliner Akademiedirektor Anton von Werner. Es scheint, als wenn ohne diesen Herrn kein rechter Fortschritt, keine rechte Bewegung im Deutschen Kunstleben möglich ist."[111]

Kraft seiner zahlreichen Ämter war Werner in vielen Jurys und Kommissionen und konnte als maßgebliches Bindeglied zwischen dem Kaiser und der aktiven Kunstwelt agieren.[112] Manche Stimme erhob sich mit der Anschuldigung, der Kaiser

109 Paret 1981, S. 24. Auch die erfolgreichen Themenfeste wie 1875 *Der Hof der Mediceer*, 1883 ein Festzug zur Silberhochzeit des Kronprinzenpaares oder 1886 das *Pergamonfest*, dürften nicht unerheblich die Vereinskasse aufgefüllt haben.

110 Mommsen 1992a, S. 264f. Zu Werners Einfluss siehe auch Mai 1981a, S. 458: „Über die Landeskunstkommission, den Verein der Berliner Künstler, durch akademisches Amt und nächste Nähe zum Kaiser übte er geradezu die Funktion eines öffentlichen Zensors aus."

111 Leistikow 1903/04, S. 201. Der Reichstagsabgeordnete der liberalen Freisinnigen Volkspartei Ernst Müller-Meiningen nannte Werner den „selbstbewußten Vater aller Hindernisse". Aus: Deutsche Kunst im Reichstage 1904, Sp. 267.

112 Werner war Direktor der Hochschule für die bildenden Künste der Akademie (1875–1915), zugleich Leiter eines von der Hochschule unabhängigen Meisterateliers. Er war Vorsitzender des Vereins Berliner Künstler (1887–1895, 1899–1901, 1906–1907) und damit auch Vorsitzender des Hauptausschusses der Allgemeinen

verdankte seine Ablehnung gegenüber allem Modernen vor allem dem Einfluss Werners. Dieser allein trüge die „Hauptschuld an der Verketzerung des Monarchen, der für Werners Sünden büßen müsse", wie Bartmann die Worte Lichtwarks aus dem Jahr 1924 wiedergab.[113] Werners Agitationen funktionierten immer nach demselben Prinzip, dass er nämlich die Vorbereitungen einer geplanten Ausstellung durcheinander brachte, indem er im letzten Moment die Teilnahme eines bestimmten Künstlers oder sämtlicher modernen Künstler zu vereiteln versuchte. Eben dieses Szenario spielte sich 1891 ab, als er die Einladung von 29 norwegischen Künstlern zur *Internationalen Kunstausstellung* des Vereins Berliner Künstler kurzfristig rückgängig machte.[114] Die Werner gegenüber geäußerte Bemerkung, die norwegischen Künstler folgten allesamt einem „anarchistischen" Impressionismus, genügte ihm, kurz vor Ausstellungsbeginn eine komplett neue Auswahl anberaumen zu lassen und zwar von einem Vertreter des norwegischen konservativen Lagers, der Werners eigener Kunstgesinnung nahe stand, Hans Dahl.[115] Als Vorsitzender des Vereins hätte Werner natürlich viel früher Einwände gegen die Einladung erheben können. Entweder hat er sich vorher nicht darüber informiert, welche Künstler eingeladen wurden oder er hat ihre Modernität nicht erkannt. Beides spricht nicht für seine Kompetenz.[116] Kunstpolitisch klug war seine Intervention außerdem nicht. Die Norweger sagten ihre Teilnahme in Berlin daraufhin geschlossen ab und schickten ihre Bilder stattdessen zur *III. Internationalen Kunstausstellung* nach München, wo sie auch noch großen Erfolg hatten.[117] Richard Schöne, damals Generaldirektor der Königlichen Museen zu Berlin, hatte sich die Ausstellung in München angesehen und in seinem Bericht an den Kultusminister Graf Zedlitz-Tützschler keinen Hehl daraus gemacht, dass der Vorsprung Münchens gegenüber Berlin als Kunststadt und Kunstmarkt unübersehbar war, nicht zuletzt wegen der Offenheit gegenüber ausländischen Künstlern und neuen Bestrebungen in der jungen Kunst, was der

---

Deutschen Kunstgenossenschaft, außerdem Vorsitzender der Genossenschaft der Mitglieder der königlichen Akademie der Künste, Sektion für die bildenden Künste (1899–1900, 1902–1906). Lange gehörte Werner auch der Landeskunstkommission an (1875–1877 u. 1882–1911) und hatte, nach der Absetzung Hugo von Tschudis, für ein Jahr die provisorische Leitung der Berliner Nationalgalerie inne (1908/09).

113 Bartmann 1985, S. 178.

114 Vgl. auch Heller 1993, S. 101–109. Siehe außerdem: Ein Epilog zur Berliner Kunst-Ausstellung, 1891. Eine ironische Schilderung der Vorgänge bei Khaynach 1893, S. 30 ff.

115 Vgl. Heller 1993, S. 102. Hans Dahl (1849–1937) war ein konservativer norwegischer Landschafts- und Genremaler. Ab 1888 lebte er meist in Berlin und pflegte regelmäßigen Kontakt mit Wilhelm II.

116 Es ist bezeichnend, dass Werner seine ansonsten überaus umfangreiche Autobiografie *Erlebnisse und Eindrücke* mit der Ausstellung 1891 abgeschlossen hat (sein beruflicher Werdegang war hier noch lange nicht am Ende) und die unangenehmen Vorgänge um den Ausschluss der norwegischen Künstler dabei vollkommen unerwähnt ließ. Vgl. Werner 1913.

117 Vgl. Gotthold 1891.

Vergleich der beiden Jahreschauen in Berlin und München deutlich zeigte.[118] Der Kaiser, der den Bericht selbstverständlich zu lesen bekam, vermerkte am Rand des Blattes unter anderem:

> „Das Urteil Schönes entspricht nicht der Ansicht, die ich mir gebildet habe nach der Besichtigung der Münchener Ausstellung. Er lobt München zu sehr und macht Berlin unnötig schlecht. [...] Mit Berlin ist überhaupt kein Vergleich möglich, soviel schöner, besser arrangiert und großartiger ist letztere. Es ist nur ein Zeichen der geschickten Reklame, die schließlich jeder Bayer mit seinen Ausstellungen betreibt, und die eine gewisse Beeinflussung der unbeteiligten Europäer schließlich nicht verfehlt, daß nämlich München soviel besser sei als Berlin."[119]

Wilhelm II. urteilte auch in diesem Fall allein aus politischer Sicht. Zu den ausgestellten Werken und den Ausstellungskonzeptionen hatte er nichts zu sagen. Schöne kamen die Bemerkungen des Kaisers nicht zu Ohren. Dessen unsachliche Stellung zur Kunst blieb ihm dennoch nicht verborgen und führte 1905 schließlich zu seinem Amtsausscheiden.

Der Verein Berliner Künstler selbst hat den Fehler der Zurückweisung der Norweger nie eingesehen. Noch 1904 äußerte der Vorstand: „Als im Jahre 1891 der Verein Berliner Künstler sein 50jähriges Bestehen festlich beging durch Veranstaltung einer großen internationalen Ausstellung im Landesausstellungsgebäude, da öffnete er die Pforten allen Kunstrichtungen des In- und Auslandes."[120]

II.1.4 Die Allgemeine Deutsche Kunstgenossenschaft

Als 1856 in Bingen die Allgemeine Deutsche Kunstgenossenschaft gegründet worden ist, trat ihr der Verein Berliner Künstler geschlossen bei und fungierte fortan als deren Ortsgruppe.[121] Bei der Allgemeinen Deutschen Kunstgenossenschaft zählte nicht mehr vordergründig der gesellige Gedanke wie beim Verein Berliner Künstler. Die erste überregionale deutsche Künstlervereinigung ging vielmehr ökonomischen und gemeinschaftlichen Aspekten nach und wollte nicht zuletzt einen politischen Akzent setzen. „Die Einheit", wie Deiters die Geschichte der Kunstgenossenschaft nachzeichnete, „die uns das Vaterland noch nicht bieten kann, wir wollen sie wenigstens gründen in der deutschen Kunst, wir wollen eine nationale Kunst und in ihr die nationale Einheit".[122]

---

118 Vgl. Pallat 1959, S. 231f.

119 Zit. nach Pallat 1959, S. 231f.

120 Kunstgenossenschaft und Sezession [1904], S. 9.

121 In allen größeren deutschen Städten wurde ein Kunst- oder Künstlerverein zur Ortsgruppe der Kunstgenossenschaft. In München etwa war es die Münchener Künstlergenossenschaft. Vgl. Doede 1977, S. 56, Anm. 28.

122 Deiters [1903], S. 8. Deiters *Geschichte der Allgemeinen Deutschen Kunstgenossenschaft* endet 1902, daher wird als Erscheinungsjahr des Berichts 1903 vermutet.

Pate standen der Genossenschaft zwei Düsseldorfer Kunstvereine: der Verein Düsseldorfer Künstler zur gegenseitigen Unterstützung und Hilfe sowie der Düsseldorfer Malkasten.[123] Der 1844 gegründete Verein Düsseldorfer Künstler zu gegenseitiger Unterstützung und Hilfe erfüllte wirtschaftliche wie soziale Zwecke. Seine Aufgabe war es, den Künstlern in allen geschäftlichen Angelegenheiten behilflich zu sein, beispielsweise neue Geschäftsverbindungen zu ermöglichen und alte zu halten sowie neue Kontakte, auch ins Ausland, zu vermitteln. Zur sozialen Unterstützung hatte der Verein eine Kranken- und Waisenkasse begründet. Der nur wenig später 1848 gegründete Düsseldorfer Malkasten war eher, wie anfangs der Verein Berliner Künstler, auf geselliger Ebene tätig und förderte vor allem den Zusammengehörigkeitsgedanken der Künstler. Wegen seines wesentlichen demokratischen Prinzips stand der Malkasten stets im misstrauischen Blickfeld der Regierung.[124] Die Allgemeine Deutsche Kunstgenossenschaft versuchte, diese Aspekte der Kunstförderung zu bündeln, um allen Bedürfnissen der Künstler gerecht zu werden und ihnen einen weiträumigen künstlerischen Austausch und gesellschaftlichen Anschluss zu ermöglichen. Das Hauptaugenmerk lag auf Rentabilität durch verbesserte Verkaufschancen, einer berufsständischen Rechtsgrundlage und sozialer Absicherung.[125] Nachhaltig war das Bemühen der Genossenschaft um eine Revision des ersten systematischen Urheberrechtsgesetztes an Kunstgütern von 1837. In den frühen 1860er Jahren wurden im Frankfurter Bundestag erste Versuche unternommen, dieses Gesetz zu reformieren. 1870 wurde schließlich ein neues Gesetz verabschiedet, das zu Teilen bis heute wirkt.[126] Als kunstpolitische Komponente kam die bewusste Hervorhebung der *deutschen* Kunst hinzu.

Die Allgemeine Deutsche Kunstgenossenschaft verstand sich in erster Linie als Berufsverband und stand noch voll in der alten Tradition der Pflege vaterländischer Kunst und deren Repräsentation, vor allem auch im internationalen Vergleich. Viele von ihr ausgerichtete Ausstellungen waren international bestückt oder wurden sogar im außereuropäischen Ausland ausgerichtet.[127] Wie fern der Genossenschaft aber noch ein wirklich liberaler Gedanke der Künstlerförderung lag, zeigt eine Ausführung des ersten Präsidenten der Vereinigung, Feodor Dietz, in der er erklärt

---

123 Vgl. Mai 1981a, S. 446.

124 Vgl. Wehlte-Höschele 1993, S. 74.

125 Die soziale Absicherung wurde etwa 1860 mit der Gründung der Albrecht-Dürer-Stiftung umgesetzt, einem „Allgemeinen Unterstützungsfonds für in Not geratene Künstler und deren Hinterbliebene". Nach dem deutsch-französischen Krieg 1871 wurden größere Summen an die im Kampf um das Vaterland verwundeten Künstler gespendet. Die 1893 angestrebte Gründung einer „Renten- und Pensionsanstalt für deutsche Künstler" ließ sich nicht umsetzen. Vgl. Deiters [1903], S. 14, 16, 22 u. 40.

126 Zur geplanten Revision des Urheberrechts siehe Deiters [1903], S. 16, 21. Vgl. auch Kühns 1864.

127 Die internationale Offenheit der Genossenschaft zeigt sich auch in den zahlreichen Ehrenmitgliedschaften ausländischer Künstler. Vgl. dazu Deiters [1903], S. 13.

hat, „daß die Künstler zwar abhold jedem Zwange sind, trotzdem aber einer Zentralisation bedürfen, um einen Stützpunkt zu haben, wenn sie ihre Ideale und ihre Existenz nicht gefährden wollen“.[128]

Die Ausstellungstätigkeit der Allgemeinen Deutschen Kunstgenossenschaft

Eines der Hauptanliegen der Allgemeinen Deutschen Kunstgenossenschaft war es bereits, den Künstlern von der Akademie unabhängige Ausstellungsmöglichkeiten zu bieten, was vor allem für diejenigen wichtig war, die bei den jährlichen Salons kaum eine Chance bekamen. Dies kann als behutsamer Beginn einer Demokratisierung des Kunstbetriebes angesehen werden, der mit dem Abbau der Privilegien der Akademiemitglieder einherging – auch wenn es innerhalb der Genossenschaft im eigentlichen Sinn noch lange nicht demokratisch zuging. Grundsätzlich war der Zutritt in die Genossenschaft jedem bildenden Künstler gewährt und die Vereinigung bildete sich schon bald zu einer Massenorganisation heraus. Innerhalb von zwei Jahren hat sich die Anzahl der Mitglieder mehr als verdreifacht.[129] Dementsprechend waren auch die Ausstellungen überfüllt, so dass dem Anliegen, mit den Ausstellungen nicht nur den Künstlern ein neues Forum, sondern ebenso dem Publikum einen übersichtlichen Eindruck des gesamtdeutschen zeitgenössischen Kunstschaffens zu vermitteln, von Anfang an nicht entsprochen wurde.[130] Erst 1896 wurde die Satzung dahingehend geändert, dass alle Mitglieder fortan den Nachweis über regelmäßige Ausstellungsteilnahmen erbringen mussten, um ihr Mitspracherecht in der Genossenschaft nicht zu verlieren. Neue Mitglieder wurden sonst nicht mehr zugelassen.[131] So wurde das, wofür die Kunstgenossenschaft ursprünglich einstehen wollte, nämlich die Ausstellungsmöglichkeiten gerade für weniger etablierte Künstler zu verbessern, plötzlich ins Gegenteil verkehrt. Trotzdem war die Zahl der Mitglieder bis 1913 auf nahezu 2.500 angestiegen.[132]

---

128 Zit. nach Héroux 1935–39, S. 8.

129 Von 500 Mitgliedern im Jahr 1861 stieg deren Zahl bis 1863 auf 1.675 an. Vgl. Deiter [1903], S. 14 u.17.

130 Schon auf der ersten, rein national ausgerichteten Schau der Allgemeinen Deutschen Kunstgenossenschaft, die 1858 unter dem Titel *Deutsche und historische Kunstausstellung* im Münchener Glaspalast durchgeführt worden ist, waren um die 2.200 Werke ausgestellt. Vgl. Deiters [1903], S. 8.

131 §3 der am 3.6.1896 geänderten Satzung. Vgl. bei Héroux 1935–39, S. 14. Vgl. auch §2 der Satzung der Allgemeinen Deutschen Kunstgenossenschaft, in: Jahrbuch der bildenden Kunst, Jg. 6, 1907/08, unpaginierter Anhang (Verzeichnis der Künstler-, Kunst- und Kunstgewerbe-Verbände).

132 Vgl. Héroux 1935–39, S. 20. Vom Künstlerbund liegen zwar nur drei Mitgliederlisten vor. Die Anzahl der Mitglieder aus den Jahren 1906 (407 Mitglieder) und 1929 (498 Mitglieder) weicht jedoch um nicht mal 100 voneinander ab. 1912 hatte der Bund einer Aussage Brodersens zufolge 600 Mitglieder. Vgl. Brodersen an Pauli, 10.10.1911, in: Archiv Kunsthalle Bremen, Akte No. 108, Bl. 11. Dies ist wohl eine Größe, an der man sich bezüglich eines Höchststandes an Mitgliedern des Deutschen Künstlerbunds orientieren kann.

Die Mitglieder der Allgemeinen Deutschen Kunstgenossenschaft – zu denen auch Nichtkünstler gehörten, wie der Genossenschaft sehr wichtig war[133] – verteilten sich auf etwa dreißig lokale Vereine. Über den Komitees der Lokalvereine stand ein Generalkomitee, dessen Jahresversammlungen jeweils an einem anderen Ort stattfanden.[134] Auch der Hauptvorstand wechselte alle paar Jahre seinen Standort.[135] Entsprechend änderte sich auch dessen Zusammensetzung regelmäßig, was nicht gerade förderlich sein konnte für eine kontinuierliche und erfolgreiche Arbeit des Vorstands. Die Bemühungen des einen wurden jäh unterbrochen, ohne dass der Nachfolger diese hat fortsetzen müssen.

Wie bereits die erste nationale Ausstellung[136] 1858 in München zeigte, lag der Genossenschaft von Vornherein an einem gesamtdeutschen Vergleich.[137] Der Autor der Chronik der Vereinigung Bruno Héroux schrieb dieser Ausstellung im Hinblick auf ihre Zusammenstellung („Noch nie hatte Deutschland ein derartiges Erlebnis, noch nie war das Verbundenheitsgefühl mit der Kunst so elementar zum Ausdruck gekommen“[138]) einen ausschlaggebenden Einfluss auf die im Aufblühen befindliche deutsche Museumslandschaft zu, wie er an den Beispielen der Berliner Nationalgalerie und des Kölner Wallraff- Richartz-Museums zu zeigen versuchte.[139] Ob er damit Recht hatte, soll nicht Gegenstand dieser Arbeit sein.[140] Hier interessiert vielmehr, dass einer Förderung insbesondere jüngerer Künstler dabei noch in keiner Weise gedacht war. Außer den reinen Mitgliederausstellungen, die ganz unregelmäßig stattfanden,[141] organisierte die Vereinigung zahlreiche nationale und internationale

---

133 „Von wesentlicher Bedeutung für das im Entstehen begriffene Statut [von 1862] ist der Beschluß, daß auch Nichtkünstler der allgemeinen deutschen Künstlergenossenschaft als Mitglieder angehören können.“ Aus: Deiters [1903], S. 16.

134 Vgl. Deiters [1903], S. 7.

135 Vgl. ebd., passim.

136 Tatsächlich war dies bereits die zweite Ausstellung der Allgemeinen Deutschen Kunstgenossenschaft. Die erste fand ein Jahr zuvor in Stuttgart statt, war aber allein auf Mitglieder beschränkt. Vgl. Héroux 1935–39, S. 6.

137 „Man wollte ein Bild gewinnen von den Leistungen der gesamten deutschen Kunst.“ Aus: Deiters [1903], S. 6.

138 Héroux 1935–39, S. 6.

139 „Der ungeheuren suggestiven Wirkung der nationalen Ausstellung in München war der Erfolg zuzuschreiben, daß am 6. März 1859 der feinsinnige Sammler Konsul Wagner in Berlin seinen gesamten Kunstbesitz dem König von Preußen vermachte. Als Nachwirkung der Münchner Erfolge ist ferner zu buchen, daß der Kölner Richartz große Mittel zum Kölner Museumsbau stiftete und das Feuer der Begeisterung für das Kunstleben an vielen Stellen hell aufloderte [...]“. Aus: Héroux 1935–39, S. 8.

140 Eine gegenwärtige Untersuchung der Allgemeinen Deutschen Kunstgenossenschaft liegt bisher nicht vor.

141 Deiters berichtete von folgenden Ausstellungen: 1857 Stuttgart, 1861 Köln, 1868 Wien, 1880 Düsseldorf, 1901 Darmstadt, 1902 Düsseldorf. Vgl. Deiters [1903], passim.

Ausstellungen im In- und Ausland und wirkte so zunächst für Deutschlands internationale Konkurrenzfähigkeit.[142] Bahnbrechend aber war die vom Münchner Ortsverein ausgerichtete *I. Internationale Kunstausstellung* 1869 in München, auf der erstmals französische Impressionisten gezeigt wurden.[143] Mit Courbet, Corot, Daubigny, Dupré, Fantin-Latour, Manet, Meissonier, Moreau, Diaz de la Peña, Millet, Rousseau, Ribot, Troyon und anderen dominierten die Franzosen, noch dazu die modernsten, die Schau, die ein „kulturelles Ereignis von zukunftsweisender Bedeutung" darstellte und das deutsche Kunstschaffen nachhaltig beeinflusste.[144] Aber auch Leibl und Thoma sind auf dieser Ausstellung zu großer Geltung gekommen.

Tatsächlich hat sich die Kunstgenossenschaft innerhalb der deutschen Kunstbewegung eine große Einflussnahme erstritten. 1878 – enttäuscht darüber, dass die Kunstgenossenschaft bei den Vorbereitungen für eine internationale Ausstellung in Paris übergangen worden war – stellte der Ortsverband München „eine Eingabe an das Reichskanzler-Amt [...], und diese hatte zur Folge, daß die Reichsregierung in feste und dauernde Beziehungen zur Kunstgenossenschaft als Vertretung der deutschen Künstlerinteressen trat".[145] So wurde die Allgemeine Deutsche Kunstgenossenschaft zur offiziellen kunstpolitischen Repräsentanz der deutschen Regierung. Bereits 1876 war sie hauptverantwortlich für die deutsche Kunstabteilung auf der Weltausstellung in Philadelphia, was sich 1880 in Melbourne, 1883 in Amsterdam, 1893 in Chicago und 1900 in Paris wiederholen konnte.[146] Ihr eigentliches Forum aber war seit 1893 die jährliche Große Berliner Kunstausstellung, die sie durch ihren örtlichen Vertreter, den Verein Berliner Künstler, gemeinsam mit der Königlichen Akademie der Künste im Glaspalast am Lehrter Bahnhof veranstaltet hat. „Die Vertreter der Akademien", die weiterhin der idealisierten Historien- und Monumentalmalerei verpflichtet waren, „hätten sich dabei vorsichtig zurückgehalten", bemerkt Mai, so dass mit der Allgemeinen Deutschen Kunstgenossenschaft zunächst ein neuer Wind Einzug halten konnte.[147] Die Ausstellungen entwickelten sich im Laufe der Jahre zu aufwendig arrangierten Schauen, deren „geschmackvollen neuen Einrichtungen" nun auch Deiters eine Einflussnahme auf die Museumsgestaltungen zusprach.[148]

Die dauerhafte Blockade der Kunstgenossenschaft gegenüber den aufkeimenden sezessionistischen Gegenpositionen aber wurde in der Presse schon 1892 als Indiz dafür wahrgenommen, „wie wenig Respekt man vor dem nationalen Gedanken,

---

142 Internationale Ausstellungen wurden 1879 in München und Sydney veranstaltet, 1883 in Wien und 1912 in Moskau. Vgl. Deiters [1903], S. 30 u. 32.
143 Zur *I. Internationale Kunstausstellung* 1869 in München siehe: Grösslein 1987, S. 29–68.
144 Vgl. Teeuwisse 1986, S. 20 f.
145 Deiters [1903], S. 29.
146 Vgl. Deiters [1903], S. 30 f.
147 Vgl. Mai 1981a, S. 446.
148 Vgl. Deiters [1903], S. 24.

der zur Gründung der Deutschen Kunstgenossenschaft führte", eigentlich hatte.[149] Und es entwickelte sich der Gedanke zur Gründung einer Gegenformation als wirklich deutsche, nicht nur regionale Opposition, „die alle modernen, strebenden Elemente an sich zieht, damit man eine Macht bildet, und die neuen Ideen centralisirt werden".[150] Diese Hoffnung musste noch ein paar Jahre ruhen, bis zur Gründung des Deutschen Künstlerbundes, der sich als eben diese überregionale Opposition verstanden hat. Für die offizielle Kunstpolitik blieb die Allgemeine Deutsche Kunstgenossenschaft bis zu ihrer Auflösung 1935 ein entscheidender Faktor.[151] Das war nicht zuletzt ihrem langjährigen Obmann Anton von Werner geschuldet, der als Vorsitzender des Vereins Berliner Künstler seit 1887 auch den Vorsitz der Kunstgenossenschaft innehatte und dessen Stellung im Kunstgeschehen der Jahrhundertwende damit endgültig gefestigt war.

II.2 Aufzug in die Moderne

II.2.1 Der Fall Munch

Die rigide, und man kann schon sagen unprofessionelle Vereinsführung Werners, wie er sie bei der peinlichen Ausladung der norwegischen Künstler anlässlich der Jubiläumsausstellung 1891 bewiesen hatte, führte ein Jahr später schließlich zu einem folgenschweren Skandal. Einer der damals abgelehnten Norweger wurde 1892 erneut vom Verein Berliner Künstler eingeladen, diesmal zu einer Einzelausstellung. Die Rede ist von Edvard Munch.[152] Die Ausstellung zeigte 55 Arbeiten des Künstlers, die überwiegend zwischen 1890 und 1892 entstanden sind. Frisch beeinflusst von den „neuesten avantgardistischen Pariser Kunstrichtungen"[153] waren die Bilder radikaler als alles, was deutsche Künstler bislang hervorgebracht hatten.[154] Der Vorschlag zur Ausstellung kam von Adelsteen Normann, einem gebürtigen Norweger, der schon lange in Deutschland lebte und der Ausstellungskommission des Vereins Berliner Künstler angehörte.[155] Normann hatte im Herbst 1892 in Christiania, dem späteren Oslo, eine Einzelausstellung Munchs gesehen und den auch in Norwegen noch recht unbekannten jungen Künstler daraufhin nach Berlin

149 R. D., Zur Lage, in: Das Atelier, H. 50, 1892, S. 7, zit. nach Bartmann 1985, S. 167.

150 Ebd.

151 1935 ging die Allgemeine Deutsche Kunstgenossenschaft in der Reichskammer für bildende Kunst auf.

152 Zur *Internationalen Kunstausstellung* 1891 vgl. oben, Kap. II.1.4.

153 Heller 1993, S. 103.

154 Munch hatte 1889/90 mehrere Monate in Paris im Atelier Léon Bonnats gearbeitet. In dieser Zeit begann er sich gegen den Naturalismus zu wenden und entwickelte seine sogenannte Seelenmalerei.

155 Adelsteen Normann (1848–1918) kam 1869 an die Kunstakademie Düsseldorf und war dort Schüler von Oswald Achenbach und Eugen Dücker. Ab 1887 lebte Normann in Berlin.

in den Verein Berliner Künstler eingeladen. Es ist kaum vorstellbar, dass sich der Rest der Ausstellungskommission wie auch Werner nach den 1891 gemachten Erfahrungen nicht genau informiert hätten, wen sie sich ins Haus holten. Zumal die ausgestellten Arbeiten schon in Christiania Empörung ausgelöst hatten.[156] Trotzdem wurde die Ausstellung bewilligt, und das einstimmig.[157] Als die Bilder dann an der Wand hingen, zeigte sich die Mehrheit des Vereins äußerst negativ überrascht. Viele der älteren Künstler plädierten für die sofortige Schließung der Exposition. Liberale Stimmen befanden die gezeigten Werke zwar nicht unbedingt als gut. Eine Schließung wollten sie aber in jedem Fall verhindern, denn das hätte das grundsätzliche Recht der Künstler auf Ausstellung gebrochen. Die Abstimmung über eine Schließung der Ausstellung fiel knapp zugunsten der Konservativen aus, „120 gegen 105 Stimmen".[158] Die Ausstellung wurde nach sieben Tagen abgebrochen.

Leistikow ließ keinen Zweifel an der Verantwortlichkeit Werners in dieser Angelegenheit aufkommen, denn „er nur allein hat an jenem Abend die Frage aufgeworfen: ist die Ausstellung zu schließen oder nicht?"[159] Diese Frage zu stellen entsprach natürlich seiner Aufgabe als Vereinsvorsitzendem. Aber auch die Tatsache, dass Werner nach dieser Angelegenheit verschiedenen Mitgliedern, die die Auflösung der Munch-Ausstellung verhindern wollten, mit Disziplinarverfahren auf den Leib zu rücken versuchte, zeigt, dass sein Engagement in dieser Sache hoch war.[160] Vor allem die Art und Weise, wie er die Dinge zuerst stets treiben ließ und erst im letzten Moment, wenn die Öffentlichkeit den Vorgang bereits verfolgen konnte, intervenierte, war typisch für seinen Stil.[161] Auch Corinth schloss sich in seiner Leistikow-Biografie dem Urteil der Hauptschuld Werners an und war davon überzeugt, dass das Vorgehen gegen Munch allein durch den Verein Berliner Künstler nicht derart kompromisslos ausgefallen wäre. Zur Schließung der Ausstellung bemerkte er:

---

156 Vgl. Schneede 1994a, S. 14.

157 Normann hatte die Ausstellung in Christiana so sehr begeistert, dass er Munch umgehend schrieb: „Gestern tagte die Ausstellungskommission des Vereins Berliner Künstler, dessen Mitglied ich bin, und ich schlug vor, daß man Sie einladen sollte, Ihre gesamten Bilder im Verein Berliner Künstler auszustellen, was einstimmig angenommen wurde." Aus: Normann an Munch, 24.9.1892, Archiv Munch-museet, Oslo, zit. nach Heller 1993, S. 103.

158 Der Bruch innerhalb der Künstlerschaft Berlins, in: Freisinnige Zeitung, 14.11.1892, zit. nach Heller 1993, S. 105. Vgl. auch Mai 1981a, S. 463 u. Bartmann 1985, S. 188.

159 Zit. nach Pfefferkorn 1972, S. 25.

160 Vgl. Bartmann 1985, S. 192.

161 Zu einem weiteren Mittel, von dem Werner gerne Gebrauch machte, gehörte es auch, längst getroffene Jury-Entscheidung zu durchkreuzen und damit fortschrittlichen Künstlern wie Paul Wallot oder Käthe Kollwitz die ihnen zugesprochenen Ehrungen im letzten Moment vorzuenthalten. Vgl. dazu Corinth 2000, S. 29 u. Paret 1981, S. 34.

> „Soweit aber wäre es wohl kaum in der Generalversammlung gekommen und auch die Antragsteller selbst hatten kaum mehr ernstlich hieran gedacht. Da stand ihnen ein Helfer auf, ein streitbarer Krieger, Herr von Werner, der von seinem erhöhten Platze mit klugen Augen das ganze Terrain übersah, wägend Freund und Feind und ihre Stärke mit einander messend. [...] er dürfte die Zahl derer überschätzt haben, die gegen Munch stimmen wollten, sonst hätte er kaum so sichtbar sich auf die Seite einer so geringen Majorität gestellt. Ihm vor allem muß man die Schuld zuschreiben an dem Ausgange."[162]

Alarmierend aber war auch für Corinth die regelrechte Alleinherrschaft, die Werner immer wieder durchzusetzen vermochte und die ihm doch so wenig zustand, denn

> „nicht um Munch und seine Ausstellung hier handelte es sich jetzt, um etwas Größeres, Weiteres. Soll es erlaubt sein, Künstler, die feierlich vom Verein durch die betreffende Kommission eingeladen, ohne weiteres wieder an die Luft zu setzen, weil Hans und Kunz anderer Meinung, weil sie aus irgend einem Grunde ärgerlich sind auf dieses und jenes Bild? Ist es jedem Beliebigen gestattet, wenn er nur einige Leute hinter sich hat, die mit ihm stimmen, der Kunst eine Grenze zu stecken, zu sagen, bis hierhin und nicht weiter? Nein, dieses Votum des Vereins war nicht nur unhöflich gegen den geladenen Gast, es war abgeschmackt, kurzsichtig und gefährlich für die Entwicklung der Kunst in höchstem Maße."[163]

Dass diese Vorgänge Werners berufliche Laufbahn nicht ernsthaft belastet haben, zeigt den hohen Stellenwert, den er als Preußischer Kulturrepräsentant, vor allem aber beim Kaiser hatte. Denn obwohl seine oft intriganten Unternehmungen öffentlich vielfach missbilligt worden sind, schadeten sie seinem Ansehen von offizieller Seite doch keineswegs, so dass er weiterhin zu hohen Ehren gelangen konnte.[164] Schlussendlich aber resultierte daraus, dass er durch sein wiederholt destruktives Aufbegehren ganz entgegen seinem Sinn als Triebkraft für den Fortschritt der modernen Kunst wirkte. Die Ereignisse 1891/92 innerhalb des Vereins Berliner Künstler trugen erheblich dazu bei, die Fraktionen noch weiter auseinanderzutreiben. In Berlin waren die konträren Lager jetzt erst richtig ausgebildet und die Auseinandersetzungen wurden konkreter. Innerhalb der Berliner Kunstlandschaft und der Entwicklung der modernen Kunst in Deutschland überhaupt stellte der „Fall Munch"

162 Corinth 2000, S. 50 f.

163 Corinth 2000, S. 50 f.

164 1905 wurde Werner zum Wirklichen Geheimen Ober-Regierungsrat ernannt, 1910 erfolgte die Ernennung zum Wirklichen Geheimen Rat mit dem Prädikat „Excellenz". Zur gleichen Zeit wurde Wilhelm von Bode (der damals noch keinen Adelstitel trug) mit derselben Ehre bedacht. Die gleichzeitige Ernennung der beiden grundverschiedenen Männer mit derselben Auszeichnung wurde von der Öffentlichkeit mit Unverständnis aufgenommen. Zuvor bekam diesen Titel als Künstler einzig Adolph Menzel verliehen. Diese Ehrung Werners zeigte deutlich, „daß die Stellung Kaiser Wilhelms zur zeitgenössischen Kunst unverändert geblieben ist". Aus: Kunstchronik, N. F. Jg. 21, 1910, Sp. 249. Vgl. dazu auch Bartmann 1985, S. 247.

einen wichtigen Abschnitt dar.[165] Für den Künstler selbst war die Aufregung um seine Bilder ein Glücksfall. Denn ob er nun positiv oder negativ aufgenommen worden ist, es steigerte seinen Bekanntheitsgrad in Deutschland enorm. Munch kehrte in den folgenden Jahren immer wieder nach Deutschland zurück, um seine momentane Popularität zu nutzen.[166] Vor allem Sammler und Mäzene machte er auf sich aufmerksam. Nun kamen die Kunsthändler zum Zuge, die dafür sorgten, den Berliner Markt mit neuer europäischer Kunst zu beleben. Plötzlich interessierten sich die Leute für die jungen Avantgarden. Mit der skandalösen Munch-Ausstellung hätte Berlin endlich der Anschluss an München gelingen können, wo in diesem Jahr, zunächst unter dem Namen Verein Bildender Künstler Münchens, die erste deutsche Sezession gegründet worden ist.[167] Aber die Berliner konnten ihrer allgemeinen Unaufgeschlossenheit allem Neuen gegenüber noch immer nicht nachgeben. Nur Wenige erkannten das ungetrübt und sahen mit der Affäre um die Munch-Ausstellung einmal mehr Berlins Provinzialität bestätigt. Natürlich mit der Gewissheit, dass die Entwicklungen in der Kunst dadurch doch nicht aufgehalten werden konnten:

> „Das hochnothpeinliche Gericht ist ein schlimmes Beweisverfahren. Man konnte über die extremen Versuche des Malers Munch kritteln und spötteln und lachen, so viel man wollte. Ist der Mann ein kindischer Faselhans, so brauchte man doch das schwere Geschütz so furchtbar ernster Entrüstung nicht auffahren zu lassen; ist er es nicht, so schlägt man

---

165 Zum Fall Munch vgl. auch Bartmann 1985, S. 187–194; Teeuwisse 1986, S. 183–197; Heller 1993, S. 101–109 u. Schneede 1994a, S. 12–19.

166 Munch verließ Deutschland erst 1909 endgültig. Die meiste Zeit lebte er in Berlin, zwischendurch war er in Weimar, Jena, Bad Elgersburg, Kösen, Lübeck und Warnemünde, erfüllte dort Auftragsarbeiten oder hielt sich zur Kur auf. Dass er vorwiegend in Berlin war, hatte wohl damit zu tun, dass sich im Herbst 1892 eine ganze Gruppe skandinavischer Intellektueller, vor allem Literaten, in Berlin niedergelassen haben. Künstlerisch hat Munch allerdings noch zwei Jahre nach seinem Ausstellungs-Desaster nichts von der Stadt erwartet. „Berlin“, schrieb er im Oktober 1894 an seine Tante, „wird jedenfalls noch lange keine Kunststadt sein.“ Aus: Munch an Karen Bjølstad, 24.10.1894, abgedruckt in: Stuttgart 1994, S. 66. Was ihn in Deutschland hielt, waren wohl eher seine guten Kontakte zu Förderern und Sammlern: „[...] nun habe ich 5 Jahre lang keinen norwegischen Winter gesehen und sehne mich ab und zu danach – aber ich tue am besten daran daß ich dort bleibe wo ich am meisten vermögende Bekannte habe.“ Aus: Munch an Karen Bjølstad, 14.11.1894, abgedruckt in: Stuttgart 1994, S. 66. So wichtig die Munch-Affäre für die Entwicklung der modernen Kunst in Deutschland auch war, die allgemeine Anerkennung des norwegischen Künstlers blieb hier weiterhin aus. Allerdings haben sich die wichtigsten Mäzene moderner Kunst früh für ihn zu interessieren begonnen und somit die künftige Richtung erkannt oder sogar mitbestimmt. Vgl. dazu auch Pucks 1994 u. Heller 1993, S. 106.

167 In München wurden die ersten Grafiken des Norwegers allerdings auch erst 1903 vertrieben. An Gemälden von Munch scheint es sogar bis 1912 kein Interesse gegeben zu haben. Vgl. Pucks 1994, S. 98.

seine Ideen doch nicht todt, wenn man seine Studien [...] entfernt. [...] Wir in Berlin sind doch wahrlich nicht [...] wegen allzugroßer Urbanität berühmt. Mußte das neueste Heldenstück unseren Ruf als den einer kratzbürstigen Gesellschaft noch erhöhen?"[168]

Berlin schaffte den Schritt zur Gründung einer Sezession erst sechs Jahre später. Bis dahin wurden lediglich behutsame Versuche in diese Richtung unternommen. Auf Initiative von Karl Köpping[169] setzten sich nach der Munch-Affäre etwa siebzig Mitglieder vom Verein Berliner Künstler ab und gründeten eine Freie Künstlervereinigung.[170] Das Anliegen der neuen Gruppe, die schon bald 150 Mitglieder zählte,[171] war es, zu garantieren, „daß jedes individuelle künstlerische Schaffen sein Recht finde".[172] Eine wirkliche Abspaltung und Distanzierung vom Verein Berliner Künstler wurde aber nicht erreicht, wohl auch gar nicht angestrebt. Es blieb jedem Angehörigen der Gruppe freigestellt, weiterhin dem Verein Berliner Künstler anzugehören, was die meisten auch taten. Der Gruppe fehlte noch der Mut, eine wirklich alternative Künstlervertretung zu sein. Sie wollte möglichst viel Zulauf gewinnen und blieb daher sehr verhalten. Erreicht hat sie dadurch nichts – am 3. Januar 1893 wurde Anton von Werner erneut zum Vorsitzenden des Vereins Berliner Künstler gewählt.[173] Die Freie Künstlervereinigung blieb noch bis 1899 bestehen. Besonders hervorgetan hat sie sich nicht. Ihr Zweck bestand aber zumindest darin, innerhalb des Vereins Berliner Künstler die Moderneren unter den Mitgliedern zusammenfassend zu stärken.[174]

II.2.2 Die Gruppe XI

Effektiver als die Freie Künstlervereinigung konnte die überschaubar kleine Gruppe XI agieren, die sich bereits kurz vor der Munch-Affäre, im Februar 1892, in Berlin gefunden hatte. Unter der Führung von Liebermann und Leistikow hatten sich Ludwig von Hofmann, Hugo Vogel, Franz Skarbina, Konrad Müller-Kurzwelly, Jacob Alberts, George Mosson, Hugo Schnars-Alquist, Hans Herrmann und Friedrich Stahl der Gruppe angeschlossen.[175] Als reine Ausstellungsgemeinschaft gegründet,

168 Der Impressionismus in Berlin 1892.

169 Der gebürtige Dresdner Karl Köpping (1848–1914) war seit 1889 Mitglied der Königlichen Akademie der Künste in Berlin. Mit dem Deutschen Künstlerbund sollte Köpping nie zu tun haben, weder als Mitglied noch als Teilnehmer.

170 Vgl. Kunstchronik, N. F. Jg. 4, 1893, Sp. 92. Siehe auch Teeuwisse 1986, S. 185; Bartman 1985, S. 188 u. Heller 1993, S. 105.

171 Vgl. Teeuwisse 1986, S. 185.

172 Aus einem Rundschreiben mit dem Vereinsprogramm, ZStA Merseburg, Rep. 89H, Hist. Abt. II, 2.2.1., Königliches Geheimes Civil-Kabinett, Nr. 19973, S. 2, zit. aus: Heller 1993, S. 105.

173 Vgl. Heller 1993, S. 105.

174 Zur Freien Künstlervereinigung vgl. Teeuwisse 1986, S. 185 u. Corinth 2000, S. 163.

175 Müller-Kurzwelly, Vogel und Herrmann war der Widerstand gegen den etablierten Kunstbetrieb entweder zu heikel oder nicht notwendig genug. Sie schieden bald

suchten diese elf Männer gezielt einen Weg aus der entmutigenden Ausstellungssituation. Aufgrund der Nähe zum Kaiser als ihrem entschiedensten Gegner, hatten es die modernen Künstler in Berlin besonders schwer.[176] Auf den Vorschlag des Generaldirektors der Berliner Museen Richard Schöne aus dem Jahr 1891, „allen ernsten Bestrebungen auf dem Gebiet der Kunst“ den Zugang zu Berlins Ausstellungswesen zu bieten, reagierte der Kaiser bestimmt: „Dieses auf keinen Fall! Das verbiete ich auf das Allerentschiedenste!“[177]

Die Gruppe XI unternahm einen weiteren Versuch, dem Kaiser Paroli zu bieten. Bis 1899 wurde alljährlich eine Ausstellung in der Berliner Galerie Schulte am Pariser Platz veranstaltet.[178] Die insgesamt acht Ausstellungen der Gruppe haben sich durch eine durchdachte Präsentation und Überschaubarkeit auffallend von den großen offiziellen Schauen abgehoben. Sie waren klein und hatten privaten Charakter. Zudem verlieh der Rahmen der Galerie Schulte den Veranstaltungen eine besondere Atmosphäre. Von jedem Künstler wurden nur wenige Arbeiten gezeigt, manchmal wurde zusätzlich ein Gast eingeladen. Ein bestimmtes Programm oder tendenziöse Absichten waren in den Ausstellungen nicht erkennbar. Die Künstler vertraten allesamt verschiedene Richtungen. Und das taten sie so selbstbewusst, dass sie sich nicht von den empörten Reaktionen des Publikums haben beirren lassen. Begeisterung lösten die Elf nicht aus,

> „man fand sie prätentiös, man schalt den rücksichtslosen Naturalismus der Einen und verwarf die phantastische Ueberhebung der Anderen, kurz man einigte sich dahin: in der Kunstausstellung der XI etwas wie eine modische Narretei zu erblicken, über die man witzeln konnte nach Herzenslust.“[179]

---

wieder aus der Gruppe aus und wurden, die Zahl der Mitglieder sollte sich nicht ändern, durch Max Klinger, Dora Hitz – der einzigen Frau in der Gruppe – und Martin Brandenburg ersetzt. Bis auf die drei Künstler, die schon bald wieder ausgeschieden waren, sowie Schnars-Alquist und Stahl wurden alle später Mitglieder im Deutschen Künstlerbund. Zur Gruppe XI siehe: Meister 2005. Vgl. außerdem: Graul 1896; Paret 1981, S. 54–57 u. Teeuwisse 1986, S. 155–183.

176 Andernorts wurde wesentlich liberaler in der Kunstpolitik verfahren. Tatsächlich war es so, „daß die deutschen Bundesstaaten eine durchaus eigenständige Kunstpolitik verfolgt haben, die vielfach von jener Preußens erheblich abwich, und sich auch von Interventionsversuchen des Kaisers davon nicht haben abbringen lassen.“ Aus: Mommsen 1992a, S. 281.

177 Zit. aus Pallat 1959, S. 232.

178 Vgl. Teeuwisse 1986, S. 166, 298, Anm. 411 u. 298, Anm. 413. Die Galerie Schulte mit Räumlichkeiten in Düsseldorf, Köln und Berlin ist nach dem Tod ihres Gründers Eduard Schulte 1890 von dessen Söhnen Hermann und Eduard jr. weitergeführt worden. Die Berliner Ausstellungsräume mit einem Oberlichtsaal und elektrischer Beleuchtung im Palais Redern am Pariser Platz galten als die „besten Ausstellungsräume Berlins“. Aus: Hans Rosenhagen, zit. nach Meister 2005, S. 103.

179 Graul 1896, S. 49.

Die Berliner haben sich die Ausstellungen trotzdem angesehen, wenn auch nur aus dem Grund, sich über die Arbeiten lustig zu machen. Der Galerie Schulte kam das allemal zugute: „Die kurzen Ausstellungen der XI machten volleres Haus, als alle übrigen Ausstellungen des ganzen Jahres.“[180]

Weniger als auf eine große positive Resonanz kam es den elf Künstlern auf die Intimität des kleinen Kreises an und die „Erkenntnis, daß nur in kleinem Verein, in intimer Behaglichkeit Kunst wirklich genossen, wirklich verstanden werden könne.“[181] Wie die Angehörigen der Freien Künstlervereinigung behielten die Mitglieder der Gruppe XI ihre Mitgliedschaft im Verein Berliner Künstler bei und haben nach wie vor Arbeiten für die Große Berliner Kunstausstellung eingereicht.[182] Auch sie wollten sich noch nicht im Sinne einer Sezession abspalten, sondern ein zusätzliches Ausstellungsforum schaffen.[183] Die Ausstellungen waren immer gut besucht, und haben ohne Zweifel zur Anerkennung neuer Kunstströmungen in Berlin beigetragen. Richard Graul schätzte die Gruppe bereits kurz vor ihrer Auflösung als den entscheidenden Wegbereiter der Moderne in Berlin:

> „Die XI sind, wie verschieden sie sich auch an Talent erweisen, die erfolgreichsten Vertreter der modernen Richtung. Ihre Ausstellungen haben mehr für die Moderne gewirkt, als Alles, was sonst an der Spree zu ihrer Einbürgerung geschehen ist. Das ist kein schmales Verdienst, wo soviel Unverstand und träge Gewohnheit sich gegen Alles wehren, was unvermittelt mit frischer, junger Kraft in Erscheinung tritt.“[184]

---

180 Graul 1896, S. 50.

181 Graul 1896, S. 49.

182 Zur Mitgliedschaft der Elf im Verein Berliner Künstler siehe bei: Meister 2005, S. 91 f.

183 Neben der Gruppe XI gab es verschiedene andere oppositionelle Gruppen, die mit eigenen kleinen Ausstellungen, oft in der Galerie Schulte, einen unabhängigen Auftritt in der Berliner Ausstellungsszenerie anstrebten. Hervorzuheben ist hier der Künstler-Westklub, der erstmals 1894 in der Galerie Schulte ausgestellt hat. Mitglieder waren unter anderen Philipp Franck, Martin Brandenburg und Hans Baluschek. Außerdem nennenswert ist die November-Vereinigung (nicht zu verwechseln mit der November*gruppe*, die sich unmittelbar nach der Novemberrevolution 1919 gebildet hat), die ihren Namen daher trug, weil sie jeweils im November eine Ausstellung – in der Galerie Schulte – veranstaltet hat. Den Kern dieser Gruppe bildeten Curt Herrmann, Dora Hitz und wiederum Philipp Franck. Diese Vereine gaben zwar neue Impulse, ihnen fehlte es aber an gezielter Orientierung und eindeutigen Programmen. Vgl. dazu Teeuwisse 1986, S. 191 f. Dass die genannten Künstler später alle Mitglieder im Deutschen Künstlerbund geworden sind, zeigt den verbreiteten Wunsch unter den Künstlern, mittels der Zugehörigkeit spezifischer Gruppen wirkungsvoller an die Öffentlichkeit zu treten. Wie ähnlich die Ziele dieser Gruppierungen waren, zeigt sich darin, dass es kein Widerspruch war, sich mehreren Gruppen anzuschließen.

184 Graul 1896, S. 50.

Nun war zu hoffen, dass die Elf ihren kleinen, beschränkten Kreis nach außen öffneten, denn „[...]wenn sie weiter auf das Publikum, auf die Läuterung seines Kunstgeschmackes wirken wollen, dann werden sie gut thun, sich unter den Künstlern unserer Zeit nach Bundesgenossen umzusehen."[185] Das aber haben sie als Gruppe XI nicht mehr getan.

II.2.3 Die Berliner Sezession

Bei der Gruppe XI konkretisierten sich in Berlin erstmals die Tendenzen der vorangegangen Jahre. Zur konsequenten Abspaltung vom Verein Berliner Künstler kam es aber erst 1898.[186] Ausschlaggebend war die Ablehnung verschiedener impressionistischer Bilder durch die Jury der Großen Berliner Kunstausstellung. Aus Protest gründeten daraufhin am 2. Mai 1898 unter dem Vorsitz von Max Liebermann 65 Künstler die Berliner Sezession.[187]

Dass die Berliner Gruppe vergleichsweise spät gegründet worden ist, mag auch an den vermehrten politischen Widerständen gelegen haben, denen die Berliner zu begegnen hatten. Dafür aber hat sich die Berliner Sezession „schon bald als die kämpferischste und weltoffenste vor allen anderen" erwiesen.[188] Die Zahl der Mitglieder änderte sich in den ersten Jahren kaum. Austritte und Neuzugänge hielten sich zunächst annähernd die Waage.[189] Später begann die Zahl stetig zu steigen. Von jeher bestand die Mitgliedschaft auch aus Nichtberliner Künstlern, bald wurden auch Künstler aus dem Ausland aufgenommen. Von Beginn an waren auch Frauen zur Mitgliedschaft zugelassen.[190] Die Mitglieder vertraten ziemlich unterschiedliche

185 Graul 1896, S. 51.

186 Ein erstes Gespräch bezüglich der Gründung einer Sezession in Berlin hatte bereits im Dezember 1896 stattgefunden. Siehe dazu Stahl 1896/97.

187 Zur Vorgeschichte der Berliner Sezession siehe: Teeuwisse 1986; zur Berliner Sezession: Glaser 1928; Pfefferkorn 1972; Doede 1977, S. 278–193; Paret 1981 u. Manheim 1982, S. 67–75. Die allgemein verbreitete Ansicht, dass speziell die Zurückweisung von Leistikows *Grunewaldsee* zur Gründung der Berliner Sezession geführt habe, ist vor allem Corinths Leistikow-Biografie geschuldet, in der die Fakten nicht genau wiedergegeben sind. Vgl. Corinth 2000, S. 58. Lacher weist in seiner Wiederauflage dieser Biografie darauf hin, dass bis heute nicht genau belegt ist, ob nur dieses eine Bild der Auslöser war oder vielmehr die Ablehnung einer ganzen Reihe moderner Arbeiten. Vgl. Corinth 2000, S. 165–168.

188 Dazu auch Scheffler: „Die Berliner Sezession aber wurde die wichtigste, weil in der Reichshauptstadt die Entscheidungsschlacht geschlagen wurde." Aus: Scheffler 1946, S. 67. Vgl. auch Paret 1981, S. 11.

189 Beständige Namen in der Berliner Sezession waren Baluschek, Corinth, Franck, Gaul, Hagemeister, C. Herrmann, Hofmann, U. Hübner, F. Klimsch, Kollwitz, Leistikow, Liebermann, Modersohn, Mosson und Slevogt. Sie alle traten gleich zu Beginn auch dem Deutschen Künstlerbund bei.

190 Zur Gründung der Berliner Sezession traten Dora Hitz, Käthe Kollwitz und Sabine Lepsius bei, die neben weiteren namhaften Künstlerinnen (unter anderen

Tendenzen. Gemeinsam war ihnen aber die Opposition gegen den offiziellen Kunstbetrieb.

Mit Liebermann stand ein etablierter Künstler an der Spitze der Bewegung, was der Seriosität der Gruppe unbedingt zugutekam.[191] Besonders aktiv war Liebermann nicht innerhalb der Sezession. Außer seinem renommierten Namen hatte er aber gute Kontakte zu bieten. So kamen über ihn etwa Bruno und Paul Cassirer zur Gruppe, die als Verwalter des Vereins und Ausstellungsleiter den Erfolg der Berliner Sezessionisten nicht unwesentlich lancierten.[192] Hauptanliegen war auch hier die Schaffung besserer Ausstellungsbedingungen. Dass für eine erfolgreiche Schau auch die Lokalität ein maßgebliches Merkmal war, zeigte die Vergangenheit. Bekannte Fehler wollten die Berliner Sezessionisten nicht begehen. Mit Hilfe der beiden Cassirers konnte direkt ein eigenes Ausstellungsgebäudes finanziert werden. Es war der Gruppe wichtig, so bald wie möglich die erste eigene Ausstellung zustande zu bringen, und zwar unter bestmöglichen Bedingungen. Das Unternehmen sollte nicht den Eindruck eines Provisoriums erwecken. Im Mai 1899 war das Haus in der Kantstraße fertiggestellt, die erste Ausstellung konnte bereits parallel zur Großen Berliner Kunstausstellung stattfinden.[193] Liebermann, der einen offenen Bruch mit der Akademie und dem Verein Berliner Künstler immer zu vermeiden suchte, beantragte ursprünglich für die Große Berliner Kunstausstellung 1899 eine separate, eigenständige Teilnahme der Sezessionisten. Der Antrag wurde jedoch abgelehnt – laut Teeuwisse scheiterte es wieder einmal „in letzter Minute an dem Widerstand Anton von Werners" –, woraufhin die Sezessionisten geschlossen aus dem Verein

---

Maria Slavona, Eva Stort und Alice Trübner) auch an der ersten Ausstellung des Deutschen Künstlerbundes teilgenommen haben. Im Verein Berliner Künstler war daran noch lange nicht zu denken. Der Verein Berliner Künstler nimmt tatsächlich erst seit 1990 Frauen auf! Vgl. dazu: Berlin 2007. Auch in der Akademie herrschte noch lange der Gedanke vor, geschlechtlich gemischte Ausbildungsklassen würden gegen jede Moral verstoßen. Die Damen wichen auf den 1867 gegründeten Verein Berliner Künstlerinnen aus.

191 1897 hatte Liebermann anlässlich seines fünfzigsten Geburtstages durch die Königliche Akademie der Künste die große goldene Medaille und den Professorentitel erhalten. Ein Jahr später wurde er Mitglied der Akademie.

192 Nach der geschäftlichen Trennung der beiden Vettern 1901 blieb Paul alleine Geschäftsführer der Berliner Sezession.

193 Auch den Sezessionen in München und Wien war es von Anfang an wichtig, über ein eigenes Ausstellungsgebäude zu verfügen. Ludwig Hevesi über die Anfänge in Wien: „Der Herd des neu entzündeten Feuers muß selbstverständlich, wie in München, ein eigenes Ausstellungsgebäude sein. Ein neues, freies Künstlerhaus." Aus: Ludwig Hevesi, Acht Jahre Sezession (März 1897-Juni 1905). Kritik-Polemik-Chronik, Wien 1906, zit. aus: München 1964, S. 16. Die Münchner konnten 1898 das Kunstausstellungsgebäude am Königsplatz beziehen. Bis dahin stand ihnen ein provisorischer Galeriebau in der Prinzregentenstraße zur Verfügung, in dem sie bereits ihre erste Ausstellung eröffnen konnten. Vgl. München 1964, S. 9.

Berliner Künstler austraten.[194] Die Separation vom Verein Berliner Künstler war fortan für alle Mitglieder bindend. Sie mussten sich verpflichten, nicht mehr an der Großen Berliner Kunstausstellung teilzunehmen.

Wie auch schon der Freien Künstlervereinigung und der Gruppe XI ging es den Berliner Sezessionisten nicht darum, einer bestimmten Richtung Vorzug zu geben.[195] Es war ihnen aber auch klar, dass es wenig Sinn machte, die neueren, zum Teil befremdlich wirkenden stilistischen Eigenarten überhastet und gewaltsam vorzustellen. Das Publikum sollte überhaupt erst mal ernsthaft mit der modernen Kunst vertraut gemacht werden. Den neuen Talenten sollte dafür ein liberales Forum geboten werden. Qualität spielte von Beginn an eine große Rolle, nur die besten Arbeiten sollten ausgewählt werden.[196] Die Sezessionisten wollten ihre Ausstellungen unbedingt ernst genommen wissen. Sie wollten nicht als exotische Sonderlinge gelten. Keinem Künstler sollten durch seinen Beitritt Nachteile entstehen, noch sollte ihm eine bewusst gewählte Außenseiterrolle zugeschrieben werden, wie es vielleicht noch für die Gruppe XI zutreffen mochte. Im Gegenteil: Die Sezessionisten strebten den Status der allgemeinen Anerkennung an. Sie wollten bezüglich jeglicher Ausstellungsteilnahmen wie auch bei Auszeichnungen und staatlichen Ankäufen dieselbe Behandlung erfahren, wie die Angehörigen der Akademie. Rebellische Provokation stand demnach nicht auf dem Programm der Berliner Sezession.

Die Ausstellungen der Berliner Sezession

Große Unterstützung fand die Berliner Sezession im Kunstsalon Cassirer, der sich gerade als neuer Umschlagplatz moderner Kunst, vor allem französischer, zu etablieren begann. Der Impressionismus, der bald die bestimmende Note der Berliner Gruppe ausmachte, war dem Publikum inzwischen nicht mehr ganz fremd, durch seinen französischen Ursprung jedoch politisch negativ behaftet. Behutsam aber konsequent gingen die Berliner Sezessionisten voran, sich mit jeder Ausstellung moderner und bald auch internationaler zu geben. Ihre Ausstellungen hielten sie relativ klein und überschaubar und arrangierten die Arbeiten instruktiv. Gleich die erste Ausstellung 1899 war ein großer Erfolg. Obwohl die Vorbereitungen nicht viel Zeit boten, hob sie sich trotz eines Umfangs von immerhin 338 Exponaten immer noch durch eine große Überschaubarkeit wohltuend von den großen Kunstschauen ab. Um das Publikum nicht sogleich gegen sich aufzubringen, wurde ein gemäßigter Einstieg in die Ausstellungsszene vorgenommen und die Auswahl der

194 Vgl. Teeuwisse 1986, S. 310, Anm. 602.

195 Im Gedenken an die verstorbenen Ehrenmitglieder Böcklin und Leibl erklärte die Berliner Sezession im Vorwort ihres dritten Ausstellungskataloges: „Daß beide zugleich unserem Verein angehörten, beweist schlagender als jedes Programm, daß wir – keins haben. Wir lassen jeden zu Wort kommen, der etwas Eigenes zu sagen weiß." Aus: Berliner Sezession 1901a, S. 12.

196 Vgl. dazu Paret 1981, S. 52 u. Pfefferkorn 1972, S. 33.

Werke konzentrierte sich noch auf überwiegend konventionelle Arbeiten.[197] Gezeigt wurden noch genug ältere, etablierte Künstler wie Leibl (mit 15 Werken von allen am besten vertreten), Böcklin, Thoma oder Uhde, so dass die Ausstellung insgesamt einen ausgewogenen Überblick der deutschen Künstlerschaft bot. Mit Künstlern wie Baluschek, Brandenburg, Robert Breyer, Corinth, Liebermann, Slevogt oder den Worpsweder Malern Mackensen, Mordersohn und Overbeck trat der deutsche Impressionismus zwar schon deutlich hervor, dominierte aber noch nicht das Gesamtbild.

Bei ihrer ersten Ausstellung konnten die Berliner auf die Unterstützung ihrer bereits erfahrenen sezessionistischen Kollegen zählen.[198] Vor allem die Münchner taten sich hier hervor, was das zahlenmäßige Übergewicht von 57 Münchner Künstlern unter insgesamt 187 Teilnehmern erklärt. Auch die zweite Ausstellung ein Jahr später wurde noch entscheidend von den Münchnern mitgetragen, sogar von offizieller Seite, was im Katalogvorwort zu einem Dank an das bayerische Kultusministerium verpflichtet hat, das vielleicht auch als kleine Spitze gegen das restriktive und wenig zur Kooperation bereite preußische Kultusministerium genutzt worden ist.[199] Grundlegend an der Teilnahme von Künstlern aus München und anderen deutschen Regionen war die Demonstration überregionaler Einigung und Geschlossenheit bezüglich der gemeinsamen Absichten. Auf die Einladung ausländischer Künstler hat man bei der ersten Ausstellung noch bewusst verzichtet. Was nicht heißen sollte, dass man von dem Prinzip der Internationalität, das die Münchner und Wiener Sezessionisten von Beginn an verfolgten, grundsätzlich absehen wollte. Das deutsche Kunstschaffen war bedeutend und eigenständig genug, dass es eine gute Ausstellung alleine bestücken konnte.[200] Schon ab der zweiten Aus-

197 Haftmann bezeichnete die Vorführung als ein „verspätetes Anhängsel des französischen Impressionismus". Aus: Haftmann 1979, S. 76. Vgl. auch Paret 1981, S. 98f.

198 „[...] durch das collegiale Eintreten für unsere Sache von Seiten der Secession und Luitpold-Gruppe in München, der secessionistischen Gruppen in Dresden und Karlsruhe, sind wir in den Stand gesetzt, im eigenen Hause unsere erste Ausstellung zu eröffnen." Aus: Vorwort, in: Berliner Sezession 1899, S. 13.

199 „Für das Verleihen dieser Schätze aus der Schleissheimer Gallerie sprechen wir dem hohen Kultus-Ministerium in München unsern ehrerbietigsten Dank aus." Aus: Vorwort, in: Berliner Sezession 1900, S. 13.

200 „Daß wir uns bei dieser ersten Ausstellung auf nationale Kunst beschränken, hat nicht etwa in engherziger Kirchthumspolitik seinen Grund: Wir wollten zuerst einen Ueberblick über den augenblicklichen Stand der Deutschen Kunst geben. Jedoch in künftigen Jahren, wenn ausländische Künstler uns ihre Werke anvertrauen wollen, werden wir ihnen mit Freuden gastliche Unterkunft gewähren, wie wir ja in London und Paris, Venedig oder Brüssel oft die Gastfreundschaft für unsere Werke beanspruchen. Aber unsere etwaigen Schwächen durch Anleihen beim Auslande zu verdecken, schien uns der deutschen Kunst nicht würdig." Aus dem Vorwort, in: Berliner Sezession 1899, S. 14. Kollegen aus der Schweiz und aus Österreich, wie auch alle deutschsprachigen Gebiete Österreich-Ungarns galten

stellung 1900 hat dann auch die Berliner Sezession ihr Spektrum über die Grenzen Deutschlands ausgeweitet.

Die erste Ausstellung der Berliner Sezession zeichnete sich durch eine wohl durchdachte Werkauswahl und einen, im Vergleich zu den Größenverhältnissen der offiziellen Kunstschauen, geringen Umfang aus. Wenn die Ausstellung Wirkung zeigen sollte, durfte das allgemeine Publikum nicht überfordert werden mit einer Unmenge noch schwer begreifbarer neuer Tendenzen:

> „Nicht sowohl durch das, was wir bringen – denn Meisterwerke lassen sich nicht aus der Erde stampfen –, als vielmehr durch das, was wir nicht bringen, wird sich unsere Ausstellung von den sonst üblichen unterscheiden. Wir führen nur eine kleine Anzahl von Werken dem Beschauer vor [...]. Denn wir sind der Ueberzeugung, daß die massenhafte Anhäufung von Kunst ebenso sehr gegen das Interesse des Publikums wie das der Kunst selbst verstößt. Das Auge des Beschauers wird nur zu leicht durch die lange Flucht der mit Bildern ausgefüllten Säle ermüdet, und die wahrhaft guten Werke, deren es natürlich nur wenige gibt, werden durch den Wust der Mittelmäßigkeit erdrückt."[201]

Und so hatte die Ausstellung „mit ihren verhältnismäßig wenigen Bildern [...] eine größere Anziehungskraft [...] als die zweitausend und mehr Bilder draußen im Ausstellungspark".[202] Damit war ein elitärer Rahmen vorgegeben, eine kleine, aber exquisite Auswahl von Künstlern zu präsentieren, die sich überwiegend bereits durch Ausstellungen in anderen sezessionistischen Zentren hervorgetan hatten:

> „Die kleine Ausstellung, welche heute Mittag neben dem Theater des Westens eröffnet worden ist, [...] kann durchweg als eine Eliteausstellung der modernen Kunstrichtung bezeichnet werden. Nur ein Saal und fünf bescheidene Zimmer sind es, in welchen die Ausstellung untergebracht ist. Im Ganzen nicht mehr als etwa zweihundertfünfzig Gemälde und etwa fünfzig Werke der Kleinplastik! Doch darunter annähernd vollzählig alle die ausgezeichneten Namen, welche die Secessionisten in Berlin, München, Dresden, Karlsruhe und Stuttgart als ihre Führer und hervorragendsten Kräfte betrachten."[203]

Das Konzept zeigte auf jeden Fall Wirkung. Der Publikumszulauf war so groß, dass die Öffnungszeiten verlängert werden mussten.[204] Und auch finanziell war die Ausstellung erfolgreich. Die Einnahmen aus Eintrittsgeldern und Katalogverkäufen ergaben über 50.000 M. Zudem wurde ein Viertel der ausgestellten Werke verkauft.[205] Durch den wiederholten Erfolg der zweiten Ausstellung im Mai 1900

übrigens weder bei den Sezessionen noch später beim Künstlerbund als Ausländer. Vgl. Doede 1977, S. 19.

201 Vorwort, in: Berliner Sezession, 1899, S. 13f.

202 Berliner Illustrierte Zeitung, Jg. 8, 1899, H. 27, S. 2.

203 V[oß] 1899.

204 Den großen Zulauf hat die Sezession im Übrigen aktiv betrieben. Zur ersten Ausstellung 1899 wurden 2000 Gäste eingeladen. Vgl. dazu: Die Eröffnungsfeier 1899.

205 Vgl. Doede 1977, S. 18. Corinth bescheinigte den Verdienst der guten Verkaufsergebnisse der besonderen Situation in Berlin, wo sich inzwischen eine liberale

konnten sich die Berliner Sezessionisten als glaubwürdiges Gegengewicht zur traditionellen Berliner Kunstszenerie behaupten. Auch die Kunstkritik würdigte den erfolgreichen Auftakt der Berliner Gruppe:

> „Der große Erfolg, den sie bei dem kunstfreundlichen Publikum und der Presse findet, läßt mit Bestimmtheit erwarten, daß sie nicht ohne Einfluß auf die fernere Gestaltung der Berliner Kunstverhältnisse bleiben wird. Es war die höchste Zeit, daß der vernichtenden Wirkung der Großen Berliner Kunstausstellung auf den Geschmack des Publikums Einhalt geboten wurde."[206]

Die hohen Besucherzahlen zeigen, dass die Leute allmählich bereit waren, das Neue auf sich wirken zu lassen. Die überschaubare Präsentation der Kunstwerke spielte dabei keine unwesentliche Rolle. Der schnelle Erfolg konnte nur gelingen, weil sich die Berliner Sezessionisten der großen Herausforderung, die ihr Unternehmen an das Publikum stellte, bewusst waren.

> „Das Publikum kann sich im ersten Augenblick schwer zurechtfinden in diesen merkwürdigen Äußerungen der modernen Psyche. Neben Stimmungslandschaften stehen die symbolischen Naturgedichte Böcklins. Neben den Arbeiterrealismen die reinen Formstudien Hildebrands. Neben den Straßenszenen die Phantasien Corinths. Es heißt viele Augen im Kopf haben und ein Dutzend verschiedener Nervensysteme, um dies nicht nur nebeneinander begreifen, sondern auch miteinander erfassen zu können als die wunderbare Kontrapunktik unserer Gefühle und Neigungen [...]."[207]

Die Gruppe mahnte das Publikum aber auch zur Mitarbeit und plädierte auf dessen Willen, sich auf die neuen Richtungen einzulassen: „Nicht ein nachsichtiges, sondern ein einsichtiges Publikum wünschen wir unserer Ausstellung, d. h. ein Publikum, das ein Kunstwerk zu verstehen und zu genießen strebt [...]."[208] Die Erkenntnis und das Erleben von Kunst würden sich dann wie eine Belohnung offenbaren: „Wenn dieses die moderne Kunst ist, so ist sie mehr als eine niedliche Melodie, sie ist ein wunderbares Ensemble von Selbständigkeiten, ein Eldorado des vielgepriesenen Individualismus."[209]

1901 begannen Liebermann, Slevogt und Corinth als Vertreter des deutschen Impressionismus eine führende Rolle in der Berliner Sezession zu spielen. Mit ihrem

---

Klientel etabliert hatte: „Demgemäß war der Verkauf von Bildern auch viel mehr, als ich mir in München auch nur träumen mochte. Wie konnte es auch anders sein, da der Handel und Wandel in Berlin glänzend war, die Kaufleute intelligent und nach neuer Kunst begierig waren, außerdem der junge Kaiser gegen alles Neue eine Aversion hatte, so daß uns auch noch der Glanz der Märtyrerkrone umstrahlte. Das waren die Anfänge der Berliner Sezession." Aus: Corinth 1993, S. 176.

206 Rosenhagen 1899/1900, S. 466.

207 Bie 1900.

208 Vorwort, in: Berliner Sezession 1900, S. 12.

209 Bie 1900.

Eintritt in den Vorstand, der ein Jahr später durch Leistikow, Klimsch, Gaul und Ludwig von Hofmann ergänzt wurde, hatte die Berliner Sezession ihre eigentliche Ausrichtung gefunden. Die Berliner Künstler überwogen bald zahlenmäßig in den Ausstellungen. Der Anteil der Ausländer wuchs auf bis zu zwanzig Prozent an. Vor allem die französischen Impressionisten nahmen einen großen Raum ein – Monet, Pissaro, Renoir, Rodin und ab 1902 auch Manet. Revolutionär war die Präsentation dieser Künstler nicht mehr, „ein Menschenalter nach ihrem Entstehen".[210] Somit konnte nun auch die deutsche impressionistische Kunst endlich ihren negativ behafteten revolutionären Charakter ablegen und ins Lager der etablierten Kunstrichtungen aufsteigen. Nach und nach wurden aber auch Künstler gezeigt, die dem damaligen Programm der Berliner Sezession weniger entsprachen und die nachfolgenden Tendenzen vorzeichneten: Gaston La Touche (1900), Jacques-Émile Blanche (1901), Kandinsky und Munch (1902), Rodin (1903) oder Charles Cottet (1904).

Ab dem Winter 1901/02 wurden zusätzlich zu den Jahresschauen Schwarz-Weiß-Ausstellungen durchgeführt, die den grafischen Künsten vorbehalten waren. Damit erhielt diese Disziplin eine ihr längst zustehende Aufwertung. Im Vorwort erklärten die Berliner:

> „Mit der gegenwärtigen Ausstellung der zeichnenden Künste löst die Berliner Secession eine Ehrenschuld ein: nicht weil wir sie geringer schätzen, sondern weil es uns an Raum fehlte, haben wir bisher die graphischen Künste nicht ihrer Bedeutung gemäß zeigen können. Es ist leider eine Thatsache, dass die zeichnenden Künste von seiten des Publikums stiefmütterlich behandelt werden, obgleich sie ein besonderes Interesse beanspruchen dürften. Denn wie der Stift williger den Intentionen des Künstlers folgt, so giebt die Zeichnung einen mehr unmittelbaren Einblick in sein Schaffen. Die Frische der Zeichnung geht leider nur zu oft unter der langen Arbeit und der Schwere der zu bewältigenden Oeltechnik verloren. Freilich stellt die Zeichnung größere Ansprüche an die mitwirkende Phantasiethätigkeit des Beschauers, weil in ihr das, was der Künstler hat ausdrücken wollen, nur angedeutet ist. Aber erst wer in die Hieroglyphenschrift der Zeichnung eingedrungen ist, wird das vollendete Kunstwerk ganz verstehen."[211]

Innerhalb nur weniger Jahre hatte die Berliner Sezession eine klare Struktur gefunden. Ihre Ausstellungen hoben sich durch ihren dezimierten Umfang und eine übersichtliche Hängung von den offiziellen Kunstausstellungen wohltuend ab und waren diesen zu einer ernsthaften Konkurrenz geworden. Fast alle bedeutenden Maler der jüngeren wie älteren Generation waren inzwischen Sezessions-Mitglieder. Ihr Einfluss auf die Berliner Kunstszene zeigte sich auch in den Ausstellungen des Vereins Berliner Künstler und der Akademie, wo die impressionistisch beeinflussten Arbeiten mit der Zeit immer besser präsentiert waren.[212] Bis 1907 dominierte die Berliner Sezession das Berliner Ausstellungswesen weitgehend. Genauso

210 Vorwort, in: Berliner Sezession 1901a, S. 13.
211 Walter Leistikow, Vorwort, in: Berliner Sezession 1901b.
212 Vgl. Doede 1977, S. 39.

rasch begann die geistige Kraft der Gruppe dann aber nachzulassen. Innerhalb der Sezession entbrannten erste Konflikte von Seiten derer, die der gefundenen Linie nicht bedingungslos folgen wollten. Nachdem sich 1901 bereits Skarbina von der Berliner Sezession distanziert hatte, trennten sich 1902 als „Gruppe der Sechzehn“ weitere 16 Künstler von der Vereinigung – darunter die Vorstandsmitglieder Otto Heinrich Engel und Oskar Frenzel, die, wie auch Skarbina, zuvor zum eigentlichen Kern der Gruppe gehört hatten. Sie vertraten die Bestimmungen der Sezession nicht mehr, kritisierten vor allem die Zunahme der ausländischen Teilnehmer, wollten sich außerdem nicht endgültig vom Verein Berliner Künstler abspalten und nicht auf ihre Teilnahme an der Großen Berliner Kunstausstellung verzichten.[213] Auch die Münchner Künstler begannen, von der Berliner Sezession abzurücken, vielleicht gekränkt darüber, dass sie an Einfluss bei den Kollegen verloren hatten. Nach vorangegangenen Auseinandersetzungen bezüglich einschränkender Teilnahmebedingungen für die Münchner sagten diese 1903 erstmals ihre Teilnahme an einer Berliner Ausstellung ab – für die Berliner ein blanker Affront.[214] Es folgten gegenseitige Austrittsgesuche. Erst zur Gründung des Deutschen Künstlerbundes fanden die Münchner und Berliner wieder zusammen. Der Kampf um ein gemeinsames Ziel wog mehr denn persönliche Animositäten.[215]

1910 und 1914 folgten weitere Brüche innerhalb der Berliner Sezession. Die Gruppe konnte den Entwicklungen nicht mehr geschlossen folgen.[216] Für die nachrückende Generation der Avantgardisten fanden sich neue Foren, seit 1912 die *Sturm*-Ausstellungen von Herwarth Walden, im gleichen Jahr die Kölner *Sonderbundausstellung* und schließlich auch die Ausstellungen des Deutschen Künstlerbundes.

Die Berliner Sezession hatte ohne Zweifel großen Anteil daran, die Reichshauptstadt aus der Rolle der kulturellen Provinz zu einer der wichtigsten Kunststädte Europas zu heben.

> „Geradezu erstaunlich ist das Tempo, mit dem sich die Sezession innerhalb weniger Jahre zum beherrschenden kulturellen Faktor im gesamten deutschen Kunstleben emporschwang. Um 1904 hatte sich alles, was Rang und Namen in der deutschen Kunstwelt besaß, unter ihre Fahne gescharrt. Die Ausstellungen der Secession galten nunmehr als das wichtigste kulturelle Jahresereignis in Deutschland.“[217]

---

213 Vgl. Paret 1981, S. 124f.

214 „Der Vorstand der münchener Secession hat der berliner Secession mitgeteilt, dass man in Zukunft auch ausserhalb Münchens nur noch als geschlossene Gruppe ausstellen wolle. […] Die berliner Secession betrachtete diese Mitteilung als einen offenen Bruch.“ Aus: Kunst und Künstler, Jg. 1, 1903, S. 151f.

215 Vgl. dazu später in Kap. IV.2, S. 135.

216 Auf die Ereignisse innerhalb der Berliner Sezession nach Gründung des Deutschen Künstlerbundes soll hier nicht weiter eingegangen werden. Zur Geschichte der Berliner Sezession siehe Pfefferkorn 1972, Doede 1977 u. Paret 1981 u. Berlin 2011.

217 Teeuwisse 1986, S. 265.

Damit hatte Berlin München als wichtigste deutsche Kunstmetropole abgelöst. Die süddeutsche Residenzstadt, die 1869 und 1879 mit ihren internationalen Kunstausstellungen Maßstäbe in der Diskussion um die moderne Kunst gesetzt hatte, wurde inzwischen von seiner tief verwurzelten Tradition ausgebremst. Berlin hatte eine solche Tradition nicht zu überwinden, war seit der Reichsgründung 1871 ganz neu gewachsen. Die Stadt stand an einem Anfang, war wild, laut, groß, voll, anonym und bot scheinbar grenzenlose Möglichkeiten.[218]

II.3 Das Maß ist voll! – Die Weltausstellung in St. Louis 1904

Zur Jahrhundertwende hatten sich die Sezessionen in Deutschland derart etabliert, dass sie als gleichberechtigte Partner der Allgemeinen Deutschen Kunstgenossenschaft den deutschen Kunstbeitrag zur Weltausstellung in St. Louis zusammenstellen sollten. Damit war ein großes Ziel erreicht – nicht aber, um jetzt zu Ruhe und Frieden zu gelangen, sondern um den Konflikt zwischen den beiden Lagern endgültig zum Eskalieren zu bringen.[219]

Ursprünglich wollte die deutsche Regierung auf eine Teilnahme des Reichs an der Weltausstellung 1904 vollkommen verzichten. Schließlich wurde aber entschieden, zumindest eine Kunstabteilung einzuschicken.[220] Der Erfolg auf den seit 1851 stattgefundenen Weltausstellungen war für die deutsche bildende Kunst – anders als für das Kunstgewerbe – nie überwältigend. Vor allem Chicago 1893 und Paris 1900 riefen keine guten Erinnerungen wach.[221] Die Ursache dieser Miss-

---

218 „Wie die Traditionslosigkeit einerseits zur Schrankenlosigkeit verführt, so hebt sie andererseits auch viele schädliche historische Hemmungen auf, gibt absolute Bewegungsfreiheit [...]. Es ist ohne Zweifel die physiognomieloseste und häßlichste unter den größeren Städten Deutschlands; aber es ist auch die arbeitsamste und lebendigste." Aus: Scheffler 1910, S. 234f.

219 Ein guter Überblick über die Ereignissen zu den Vorbereitungen für St. Louis bei Bartmann 1985, S. 194–213.

220 „[...] muss ich an der Ansicht festhalten, dass von einer amtlichen Betheiligung des Reiches an der Ausstellung abzusehen sein dürfte. Da indess von Seiten der amerikanischen Regierung besonderer Werth darauf gelegt wird, dass sich Deutschland nicht völlig von der Ausstellung fernhält, so dürfte es auch nach meinem Dafürhalten sich empfehlen, der Frage einer Betheiligung Deutschlands auf dem Gebiete der Kunst und des Kunstgewerbes näher zu treten." Posadowsky-Wehner an Kultusminister Studt, 14.6.1902, Abschrift für den Minister für Handel und Gewerbe, in: GStA PK, I. HA Rep. 76 Vc, Sekt. 1, Tit. XI, Teil IV, Nr. 15, Bd. 1.

221 „Nach den Erfahrungen auf den letzten Ausstellungen sei nicht zu erwarten, dass bei dem bisherigen Verfahren der Auswahl der Kunstwerke ein derartiger Erfolg erzielt werden könnte", Frankreich auf dem amerikanischen Kunstmarkt ernsthaft Konkurrenz zu machen. „Selbst in dem amtlichen Bericht über die deutsche Kunstabteilung in Chicago sei ausgesprochen, dass das Mittelgut überwogen und den Eindruck der Ausstellung beeinträchtigt habe." Aus: Aufzeichnung über die

erfolge wurde der Allgemeinen Deutschen Kunstgenossenschaft zugeschrieben, der bislang die alleinige Verantwortung der deutschen Kunstbeiträge auf den Weltausstellungen oblag und die es durch interne Uneinigkeiten schon damals versäumt hatte, die deutsche Kunst angemessen zu repräsentieren.[222] Um diesmal allen Gruppen gleichermaßen ihr Recht auf Beteiligung zu sichern und ein möglichst umfassendes Bild des aktuellen Kunstgeschehens zu zeigen, wurde auf Anregung des Kunstreferenten im Ministerium Geheimrat Müller und unter Zustimmung des Kultusministers Konrad von Studt durch den Reichskommissar für St. Louis Theodor Lewald[223] für den 4. April 1903 ein 39-köpfiges Kunstparlament einberufen. Bestehend aus unabhängigen und angesehenen Künstlern, Akademieprofessoren, Hochschul- und Museumsdirektoren sowie Kunsthändlern aus ganz Deutschland, sollte dieses Komitee zunächst über die Organisations*form* der Abteilung entscheiden, über die Frage nämlich, ob die Exposition erneut allein durch die Allgemeine Deutsche Kunstgenossenschaft bestimmt werden sollte.[224] Lewald versuchte die Auswahl der 39 Teilnehmer vollkommen neutral zu

---

Besprechung betreffend der Organisation der deutschen Kunstabteilung auf der Weltausstellung in St. Louis 1904, 04.04.1903, in: Archiv Kunsthalle Bremen, Akte Pauli (83), Korrespondenz 1899–1909, Bl. 48.

222 „Die internen Zwistigkeiten der Deutschen Kunstgenossenschaft als beauftragter Ausrichter hatten zu einem lieblosen Konkurrieren des Regionalismus geführt, das allerdings weniger mit den Künstlern [...] als mit der Präsentation zu tun hatte." Aus: Mai 1981b, S. 111.

223 Theodor Lewald (1860–1947), seit 1891 Angehöriger des Reichsamts des Innern, war schon bei den beiden vorangegangenen Weltausstellungen in Chicago und Paris als Assistent bzw. Vertreter der damaligen Reichskommissare an den Vorbereitungen der deutschen Kunstabteilungen beteiligt gewesen. In St. Louis engagierte er sich zudem für die in die Weltausstellung eingebundenen Olympischen Spiele, worin wohl auch sein vornehmliches Interesse bestand. Seit 1900 hatte er sich bereits mehr und mehr sportlichen Aufgaben angenommen. 1919 gründete er das Deutsche Olympische Komitee und wurde dessen Präsident. Die Olympischen Spiele 1936 in Berlin waren ganz wesentlich von ihm mitgestaltet. Vgl. dazu: Krüger 1975.

224 Von den Ländern und dem Kultusministerium unterstützt, erklärte Lewald in seiner Einladung: „[...] insbesondere ist zu erwägen, ob es sich auch diesmal empfiehlt, die Organisation der deutschen Kunstabteilung lediglich der Allgemeinen deutschen Kunstgenossenschaft zu überlassen, oder ob nicht vielmehr, wie dies von einer Reihe von Kunstgenossenschaften selbst angeregt ist, es sich mehr empfiehlt, ein hervorragendes Komitee aus Künstlern, Museumsdirektoren und Kunsthändlern zu bilden, welches sowohl die Auswahl der Kunstwerke zu bewirken, als auch die Einrichtung der Abteilung selbst zu übernehmen und durchzuführen hätte. Nachdem sich die hohen Bundesregierungen von Preußen, Bayern, Königreich Sachsen, Württemberg, Baden, Hessen und Sachsen-Weimar mit einem derartigen Plane einverstanden erklärt haben, hat der Reichskanzler [...] mich ermächtigt, eine Vorbesprechung über die grundlegenden Organisationsfragen zu veranstalten." Aus: Einladung Lewald an Pauli, 28.03.1903, in: Archiv Kunsthalle

treffen bezüglich deren Herkunft und künstlerischer Richtung. Eingeladen wurden Vertreter aus den wichtigsten Kunstzentren des Landes. Die meisten kamen aus München und Berlin, etwa halb so viele aus Dresden, Karlsruhe, Düsseldorf und Stuttgart sowie je ein Vertreter aus Darmstadt, Weimar, Hamburg und Bremen.[225] Unter den 39 Geladenen waren 22 spätere Künstlerbundmitglieder. Aus München und Berlin wurden noch vorwiegend konservative Leute eingeladen. Unter den übrigen Delegierten aber dominierten Angehörige der Sezessionen.

Die Kunstgenossenschaft war wenig begeistert von Lewalds anberaumter Versammlung, denn kurz zuvor erst hatte sie ihrerseits Lewald zu ersten Besprechungen eingeladen.[226] Den Zeitpunkt sollte Lewald bestimmen, der erst aus St. Louis

---

Bremen, Akte Pauli (83), Korrespondenz 1899–1909, Bl. 45. Dieselbe Einladung ging an den Hauptvorstand der Kunstgenossenschaft, 28.3.1903, in: Ausführlicher Bericht [1905], S. 9.

225 Aus München waren eingeladen: Karl Bloos, der Architekt Eugen Drollinger (abgesagt), August Holmberg, Ferdinand von Miller, Hans von Petersen, Carl Seiler, sowie die Sezessionisten und späteren Künstlerbündler Albert von Keller, Hugo von Habermann, Carl Marr und Franz Stuck (abgesagt); aus Berlin: die Architekten [Hermann] Ende, [Heinrich Joseph] Kayser und [Ernst] Paulus (abgesagt), außerdem [Ludwig] Manzel (abgesagt), Anton von Werner (abgesagt), die späteren Künstlerbündler Fritz Klimsch und Walter Leistikow, der moderne Museumsleiter Hugo von Tschudi sowie [Arthur] Kampf, der später zu den Gründungsmitgliedern des Deutschen Künstlerbundes gehörte; aus Dresden: [Friedrich] Offermann (abgesagt), [Hermann] Prell, sowie die späteren Künstlerbündler Ludwig Gutbier, Gotthardt Kühl und Woldemar von Seidlitz; aus Karlsruhe: Ferdinand Keller sowie die späteren Künstlerbündler Ludwig Dill (abgesagt), Hans Thoma (abgesagt) und Hans von Volkmann; aus Düsseldorf: Fritz Röber sowie die späteren Künstlerbündler Gregor von Bochmann und Peter Jans[s]en; aus Stuttgart: Theodor Lauxmann sowie die späteren Künstlerbündler Carlos Grethe und Robert von Haug; aus Darmstadt ein nicht genauer identifizierter Habig und der Sezessionist und spätere Künstlerbündler Josef Maria Olbrich; aus Bremen Gustav Pauli, aus Hamburg Alfred Lichtwark und aus Weimar Hans von Olde, die auch später zum Künstlerbund gehörten. Vgl. Mitteilungen betreffend die Weltausstellung in St. Louis 1904, Nr. 5, 2.4.1903, in: GStA PK, I. HA Rep. 120 Ministerium für Handel und Gewerbe, E XVI, Nr. 488, Bl. 13. Vgl. auch Ausführlicher Bericht [1905], S. 11 u. Verzeichnis der zur Besprechung am 4. April eingeladenen Herren, in: Archiv Kunsthalle Bremen, Akte Pauli (83), Korrespondenz 1899–1909, Bl. 46.

226 Vgl. Hauptvorstand der Kunstgenossenschaft an Lewald, Anfang März 1903, abgedruckt in: Ausführlicher Bericht [1905], S. 7. Ganz zu Beginn der Planungen für St. Louis war der Staatsminister des Innern und Vizekanzler Arthur Graf Posadowsky-Wehner davon ausgegangen, mit der Kunstabteilung wie immer die Kunstgenossenschaft zu betrauen: „Der delegierte Haupt-Vorstand der deutschen Kunstgenossenschaft ist durch mich über die Sachlage unterrichtet und ersucht worden, seinerseits zur Frage der Beschickung der Ausstellung Stellung zu nehmen. Nach den mir mündlich gewordenen Mittheilungen haben sich die Lokalverbände der deutschen Kunstgenossenschaft im Prinzip zu Gunsten der Betheiligung

zurückkehren musste. Dieser schob den Termin mehrmals auf,[227] entschied sich dann aber für seine eigene Runde.[228] Die Kunstgenossenschaft reagierte darauf mit mehrheitlichem Boykott der Versammlung. Die Genossenschaftler ahnten, dass ihnen das Zepter aus der Hand genommen würde, wie der damalige Vorsitzende der Genossenschaft Offermann in seiner Absage auf Lewalds Einladung durchblicken ließ:

> „Nach einer Vorstandsitzung [...] war beschlossen worden, daß sich die berufene Vertretung der deutschen Künstlerschaft auf einem für den 28. März angesetzten Delegiertentage mit dieser Frage [um die Organisationsform der Vorbereitungen, Anm. der Verf.] beschäftigen und Mittel und Wege finden sollte, um Mängel zu beseitigen, die bei früheren gleichen Veranlassungen zu Tage getreten waren. Die Anwesenheit des Herrn Reichskommissars, um die wir baten, sollte Gelegenheit geben, die Wünsche der Reichsregierung kennen zu lernen und Anregungen von dieser Seite her zu empfangen. Nur auf Ew. Hochwohlgeboren direkte Veranlassung hin hat der Hauptvorstand diese Tagung auf den Anfang Juni verschoben. Inzwischen nun Schritte mitzutun, die darauf hinzielen, die Ausstellungsangelegenheit der Allgem. deutsch. Kunstg. aus den Händen zu nehmen, kann selbstverständlich nicht meine Absicht sein."[229]

Auch Anton von Werner nahm an der Sitzung nicht teil.[230] Durch den Boykott von fünf Genossenschaftlern, die ohnehin in der Unterzahl gewesen wären, bestand nun

---

an der Ausstellung ausgesprochen. Endgültige Beschlüsse sind indess bisher nicht gefasst und weitere vorbereitende Schritte auch nicht unternommen worden, da zunächst eine offizielle Nachricht über die Verschiebung der Ausstellung abgewartet werden soll." Aus: Posadowsky-Wehner an Studt, 14.6.1902, Abschrift für den Minister für Handel und Gewerbe, in: GStA PK, I. HA Rep. 76 Vc, Sekt. 1, Tit. XI, Teil IV, Nr. 15, Bd. 1.

227 Vgl. Lewald an Offermann, 9.3.1903, in: Ausführlicher Bericht [1905], S. 7.

228 Die er im Übrigen bereits im Januar 1903, also vor der bei ihm eingegangen Einladung der Kunstgenossenschaft, dieser angekündigt hatte: „Bei der großen Bedeutung, die seitens der Reichsverwaltung und der hohen Regierungen der größeren Bundesstaaten der Frage der deutschen Kunstabteilung beigemessen wird, wird es zweckmäßig sein, eine mündliche Aussprache über die Organisation derselben herbeizuführen. Ich darf mir daher vorbehalten, Euer Hochwohlgeboren demnächst eine Einladung zu einer solchen Erörterung zugehen zu lassen." Aus: Lewald an den Hauptvorstand der Kunstgenossenschaft, 13.1.1903, abgedruckt in: Ausführlicher Bericht [1905], S. 6.

229 Offermann an Lewald, 2.4.1903, Abschrift in: Archiv Kunsthalle Bremen, Akte Pauli (83), Korrespondenz 1899–1909, Bl. 47.

230 Werner hatte sich krankheitshalber entschuldigt, wie das Protokoll der Sitzung vom 4.4.1903 festhielt: „[...] teilet der Vorsitzende zunächst mit, dass [...] Herr Direktor v. Werner durch Unwohlsein behindert sei, zu erscheinen [...]." Aus: Aufzeichnung über die Besprechung betreffend die Organisation der deutschen Kunstabteilung auf der Weltausstellung in St. Louis 1904, 4.4.1903, in: Archiv Kunsthalle Bremen, Akte Pauli (83), Korrespondenz 1899–1909, Bl. 48. Vgl. auch: Ausführlicher Bericht [1905], S. 11. Außer Werner und Offermann hatten abge-

in der Sitzung ein noch größeres Übergewicht des modernen Lagers, und es wurde natürlich beschlossen, die Organisation nicht mehr der Kunstgenossenschaft allein zu überlassen. Der Protest der Genossenschaftler war ein Eigentor. Das war ein ungewohnter Schlag für Werner. Schlimmer noch musste es allerdings für ihn sein, dass er bei der Wahl für das engere Gremium nicht eine einzige Stimme erhalten hat. Die Ablehnung seiner Person hatte inzwischen in die konservativen Reihen übergegriffen.[231]

Dass sich die Kunstgenossenschaft so schwer tat, mit den Sezessionen zusammenzuarbeiten, beruhte schlicht darauf, dass sie befürchtete, ihr „solle der einzige Zweck, den sie hat, genommen werden".[232] Schließlich hat die Genossenschaft das Ergebnis der Abstimmung angefochten:

> „Der am 26. Mai in Dresden stattgehabte Delegiertentag der Allgemeinen Deutschen Kunstgenossenschaft protestierte gegen das Vorgehen des Reichskommissars bezüglich der Ausstellung in St. Louis und beschloss, ein durch eine Deputation zu überreichendes Schreiben an den Reichskanzler zu richten, worin die Berechtigung der Ansprüche der Genossenschaft dargethan wird, [...]."[233]

Sicher traf die Genossenschaft damit auch den Nerv des Kaisers. Ob er allein aus der Angelegenheit eine tragende Konsequenz gezogen hätte, ist nicht gewiss. Gemeinhin machte man jedenfalls für die darauf folgenden Vorgänge wieder einmal Anton von Werner verantwortlich, der genügend Gelegenheiten hatte, dem Kaiser die Umstände aus seiner Sicht darzulegen.[234] Wenige Tage nach der Abstimmung

---

sagt: Manzel, Paulus, Drollinger sowie die späteren Künstlerbündler Stuck, Dill und Thoma. An ihrer Stelle wurden Kallmorgen (Berlin), Ruemann (München) und Treu (Dresden) eingeladen.

231 Ins Gremium wurden gewählt: Ruemann, Kayser, Claus Meyer, Paulus, Röber, Manzel, Seiler sowie die Vertreter des modernen Lagers Leistikow, Kampf, Marr, Kühl, Dill, Lichtwark, Kallmorgen, Olbrich, Haug, Olde, Klinger, Keller, Habermann und Tschudi. Vgl. Ausführlicher Bericht [1905], S. 13. Werner hat akribisch und streng ausgerechnet, „daß 39 Herren eingeladen waren von denen 23 den sezessionistischen Gruppen angehörten; diese hatten zur Leitung der Ausstellung eine Kommission von 21 Mitgliedern gewählt, von welchen nach meinen neuesten Prüfungen 18 oder 19 der sezessionistischen Richtung angehörten [...]". Aus: Werner 1904, S. 5. Werners Rechnung ging gänzlich übertrieben zugunsten der Sezessionisten aus. Wen er letztendlich alles dazuzählte, bleibt unklar. Vgl. Anton von Werner, Die Weltausstellung in St. Louis und die deutsche Kunst, Hs., o. D., in: GStA PK, VI. HA Rep. 92, A. v. Werner, VI d, Bl. 128. Vgl. dazu auch Bartmann 1985, S. 196.

232 Hauptvorstand der Kunstgenossenschaft an die gewählten Angehörigen der Kommission für St. Louis, in: Ausführlicher Bericht [1905], S. 16 .

233 Kunstchronik, N. F. Jg. 14, 1903, Sp. 470.

234 Vgl. etwa Rosenhagen 1903/04a, S. 67: „Im übrigen ist man in Berliner Künstlerkreisen der festen Überzeugung, daß alle die eben geschilderten traurigen Ereignisse in Zusammenhang stehen mit dem geheimen Wirken einer Persönlichkeit

erklärte die Regierung den Beschluss des Kunstparlaments für ungültig und erteilte am 19. August 1903 einen neuen Auftrag zur Durchführung des deutschen Kunstbeitrags in St. Louis, für den nun offiziell – „nicht pro forma, aber de facto"[235] – die Kunstgenossenschaft wieder allein verantwortlich war.[236] Die Jury beraten sollte: Anton von Werner.[237]

Der Versuch Lewalds, in Zusammenarbeit mit dem Kultusministerium eine Kommission zusammenzustellen, „die in ihrer Personenauswahl und im Verhältnis der Stärke der einzelnen Gruppen von Individualitäten wirklich sich Vertreter der deutschen Kunst nennen konnte"[238], war gescheitert. Der Hauptvorstand der neuen Kommission lud die Sezessionisten zwar ausdrücklich zur Teilnahme in St. Louis ein, machte sogar Zugeständnisse bezüglich der Anzahl ihrer Einsendungen: „Entgegen dem früheren Brauch, den verfügbaren Raum nach der Kopfzahl der Einzelverbände in der entsprechenden Meterzahl zu verteilen, sollte diesmal der Raum lediglich nach der künstlerischen Qualität der Kunstwerke verteilt werden."[239] Die versprochene Juryfreiheit wurde ihnen dennoch nicht gewährt. Tatsächlich musste

---

in der Umgebung des Kaisers, deren Dasein sich bei jeder Gelegenheit als ein Unglück für die deutsche Kunst erwiesen hat." Vgl. dazu auch: Pallat 1959, S. 333 u. Bartmann 1985, S. 196 u. 199.

235 J. Kalckreuth 1967, S. 295.

236 Vgl. Ausführlicher Bericht [1905], S. 23. Die Angelegenheit hatte nicht nur Konsequenzen für die Kunstabteilung in St. Louis. Der Kultusminister, der die Zusammensetzung von Lewalds Kunstparlament ja mit befürwortet hatte, sah wohl seine Stellung gefährdet und entschied sich, den Kunstreferenten Müller, der dem Kaiser wegen seiner pro modernen Kunstauffassung längst ein Dorn im Auge war, wie auch den Leiter der Kunstabteilung Ministerialdirektor Schwartzkopff aus ihren Ämtern zu entlassen. Vgl. Pallat 1959, S. 333. Müllers Entlassung wurde vielfach bedauert, denn er galt als „ungewöhnlich weitsichtiger, vorurteilsloser Mann, der schon begriffen hatte, daß Uhde kein Anarchist sein müsse, weil er arme Leute male, daß Liebermann nicht Ehrenmitglied der Sozialdemokratie, weil er das Leben der Arbeiter und Bauern mit künstlerischem Auge ansieht, daß diejenigen noch nicht Rinnsteinkünstler genannt werden brauchen, die die Natur nach selbstangestellten Beobachtungen wiederzugeben sich bemühen, statt bequem die ausgetretenen Pfade der staatlichen Akademie zu wandern. Dieser begabte Mann hatte dem Reichskommissar für St. Louis die Mittel und Wege angegeben, die, wie er wußte, die Sache gründlich bessern würden. [...] In seinem Kabinett, auf seinem Sessel im Ministerium aber saß ein neuer, ebenfalls sehr begabter Herr, der eifrigst damit beschäftigt war, alles mit dicker, schwarzer Tinte auszustreichen, was jener in edler Begeisterung gearbeitet hatte." Aus: Leistikow 1903/04, S. 201f. Ein ähnlicher Kommentar bei Rosenhagen 1903/04a, S. 65. Nachfolger Müllers wurde Friedrich Schmidt(-Ott) (1860–1956).

237 Als „sachverständige[r] Beirath des Herrn Reichskommissars für St. Louis". Aus: Werner an Posadowsky-Wehner, 25.9.1904, Abschrift, in: GStA PK, VI. HA Rep. 92, A. v. Werner, VI d, Bl. 124. Vgl. auch Bartmann 1985, S. 197.

238 Kunstchronik, N. F. Jg. 15, 1904, Sp. 65.

239 Sitzmann 1904.

jedes Werk zuerst eine Lokaljury und schließlich noch die Zentraljury passieren.[240] Nach einer Boykotterklärung diesmal von den Sezessionisten lenkte die Kommission noch einmal ein, doch die Protestler meinten es ernst mit ihrer Verweigerung.[241] Am 01. Dezember 1903 verzichteten dann zunächst die Münchner um Fritz von Uhde und Benno Becker ganz offiziell auf ihre Beteiligung in St. Louis mit der Erklärung:

> „Wir wollen uns nicht dem Urteil einer Zentraljury unterwerfen, deren künstlerische Zuständigkeit wir bestreiten und in deren Macht es liegt, zu entscheiden, daß kein einziges unserer Bilder nach St. Louis geht. Wir protestieren dagegen, daß diese Ausstellung als ein Spiegelbild deutscher Kunst ausgegeben wird. Wir fordern, daß den deutschen Secessionen die Stellung zuerkannt wird, die ihnen nach der Qualität ihrer Leistungen gebührt. Dann wollen wir unser Bestes geben und alles einsetzen dafür, daß deutsche Kunst den Wettkampf der Nationen in Ehren besteht."[242]

Am 11. Dezember 1903 wiederholte die Kunstgenossenschaft ihr Versprechen, die Jury werde allein den Wert der Arbeiten berücksichtigen, ungeachtet der Richtung, die dahinter steht.[243] Die Mühe war vergebens. Auch die übrigen Sezessionisten aus Berlin, Düsseldorf, Karlsruhe, Stuttgart und Weimar hatten sich inzwischen der Münchner Verzichtserklärung offiziell angeschlossen.[244] Unter dem Vorsitz von Harry Graf Kessler hat ein Großteil der fortschrittlichen Künstlerschaft – keinesfalls ausschließlich Sezessionisten – daraufhin am 17. Dezember den Deutschen Künstlerbund gegründet. Gleich am folgenden Tag hat sich die neue Vereinigung auf die letzten Bemühungen der Kunstgenossenschaft, die Sezessionen noch ins Boot zu holen, berufen und ihren Anspruch auf Teilnahme in St. Louis angemeldet. Da der Künstlerbund hier als völlig neue, eigenständige Erscheinung auftrat und nicht in Vertretung der einzelnen Sezessionen, stellte dies kein inkonsequentes Verhalten der modernen Fraktion dar. Der Antrag wurde dennoch abgelehnt, weil der von der Kunstgenossenschaft nicht zu umgehende Anteil an modernen Werken nun bereits durch Leihgaben aus öffentlichen und privaten Sammlungen zusammengetragen

---

240 Ebd.

241 Vgl. Ausführlicher Bericht [1905], S. 32–34. Der Kunstgenossenschaft war der sezessionistische Boykott unverständlich: „Zuerst von Berlin, dann München, Düsseldorf, Karlsruhe, Stuttgart und Weimar kamen am 19. Oktober, 11., 13., 17. November zum Teil kurz schriftlich, zum Teil telegraphisch die Absagen. Ohne eine Angabe von Gründen für erforderlich zu halten, lehnten sie einfach kategorisch ab, in St. Louis auszustellen. Es ist völlig unbegreiflich, dass man nicht einsehen wollte, wie weit der Hauptvorstand den Sezessionen entgegengekommen war […]." Aus: Absage an die Sezession, in: Ausführlicher Bericht [1905], S. 29.

242 Uhde, 1.12.1903, zit. aus Parct 1981, S. 155. Vgl. dazu auch Bartmann 1985, S. 198.

243 Vgl. Kunst-Herold, 1903, S. 194.

244 Vgl. Doede 1977, S. 25.

worden war.[245] Sicher aber war die Kunstgenossenschaft froh um diese Ausrede, denn wo ein Wille, da ein Weg.[246] Stattdessen ist das

> „Anerbieten des deutschen Künstlerbundes, die Ausstellung in St. Louis korporativ zu beschicken, [...] vom Reichskanzler abgelehnt worden und zwar, soweit wir unterrichtet sind, ohne jede eingehende Motivierung. Der Reichskanzler hat Herrn Professor von Kalckreuth nicht einmal persönlich empfangen."[247]

Die Kunstgenossenschaft erklärte die Angelegenheit aus ihrer Sicht:

> „Das Präsidium des Künstlerbundes stellte an den Reichskanzler das Verlangen, die bewilligten Reichszuschüsse und die Ausstellungsräume zu teilen, um dort vollkommen getrennt auftreten zu können. Da aber gerade eine solche Kundgebung vor aller Welt mit der Würde einer nationalen Vertretung nicht vereinbar war, verwies der Reichskanzler einfach auf die Bereitwilligkeit der Allgemeinen Deutschen Kunstgenossenschaft. Freilich ohne Erfolg, das Präsidium des Künstlerbundes verschmähte es, diesen so bequemen Weg einzuschlagen."[248]

Die Presse hat den Verlauf der Auseinandersetzung mit Vergnügen begleitet. Insbesondere die *Kunstchronik* brachte regelmäßig Neuigkeiten von der Front:

> „Die allgemeine deutsche Kunstgenossenschaft macht nunmehr große Anstrengungen, um sich aus der Weltausstellungsaffäre so vorteilhaft als möglich herauszuziehen. Dafür spricht, daß sie den Dresdener Kunsthändler Gutbier zur Beschaffung gewisser Spezialabteilungen herangezogen hat. Wie man hört, soll nun sogar eine ‚Sezessionsausstellung wider Willen' zusammengebracht werden, indem aus dem öffentlichen Galeriebesitz Werke von Liebermann, Leistikow, Thoma u.s.w. nach St. Louis geschickt werden sollen. Von anderer Seite wieder wird gesagt, daß das Ausstellungsregulativ die Aufnahme von Objekten gegen den Willen ihres Verfertigers nicht gestattet. Die Angelegenheit kommt also nunmehr in ein Stadium wo sie anfängt, amüsant zu werden. In diesem Sinne könnten wir auch noch gleich ein Referat über die schon zu einer

245 Vgl. Bartmann 1985, S. 202.

246 „Ebensowohl, wie sie [die Staatsregierung, Anm. d. Verf.] das erste Mal das Arrangement umwerfen konnte, konnte sie es auch noch einmal, wenn nur der Wille dagewesen wäre." Aus: Leistikow 1903/04, S. 205. Und: „Weshalb hat die Reichsregierung dem ‚Deutschen Künstlerbund' gegenüber nicht gekonnt, was sie der ‚allgemeinen Deutschen Kunstgenossenschaft' gegenüber konnte, nämlich: Berechtigten Wünschen nachträglich Gehör geben?" Aus: Werkstatt der Kunst, 1904, S. 279f.

247 Kunstchronik, N. F. Jg. 15, 1904, Sp. 190. Reichskanzler Bernhard von Bülow wollte in dieser verfahrenen Situation offensichtlich keine Verantwortung übernehmen und verwies Kalckreuth an seinen Stellvertreter Posadowsky-Wehner. Dieser konnte oder wollte ebenso wenig eingreifen und schickte ihn zu Werner. „Meine Herren", antwortete Kalckreuth, „demselben Herrn Anton v. Werner, der überhaupt der Vater aller Hindernisse ist!" Aus: Bartmann, 1985, S. 206.

248 Ausführlicher Bericht [1905], S. 35.

ganzen Literatur angeschwollene Frage bringen, ob der preußische Minister Studt, als er vor Begründung des deutschen Künstlerbundes ‚zufällig' in Weimar war, dort gegen diesen Bund gepredigt hat oder nicht. Die Norddeutsche Allgemeine Ztg. sagt ‚nein', die Weimarische Landeszeitung ‚ja'. Alles in allem scheint auf die Tätigkeit des Herrn Ministers in diesem Falle das berühmte alte Scherzwort zu passen: ‚Er war ein gesandter, aber kein geschickter!'"[249]

Tatsächlich soll der Kaiser durch Studt versucht haben, das Weimarer Unternehmen im Keim zu ersticken. Dass der Großherzog Wilhelm Ernst hier Standhaftigkeit bewiesen hat, war aber wohl weniger seinem Kunstverständnis zu verdanken, sondern eher ein willkommener Anlass, dem Kaiser die Stirn zu bieten.[250]

Nach den bislang erzielten Erfolgen der Sezessionsausstellungen wurde im Kultusministerium ursprünglich ganz richtig entschieden, die Akzente der Präsentation der deutschen Kunst auf internationalem Parkett breiter zu streuen und der Moderne einen ebenbürtigen Platz einzuräumen.[251] Mit List und Tücke ist dies wieder

---

249 Kunstchronik, N. F. Jg. 15, 1904, Sp. 220f. Lewalds eindringlicher „Appell an die deutschen Künstler, alle heimischen Streitigkeiten zu vergessen und dem Auslande gegenüber einig und stark aufzutreten, sonst wird die deutsche Kunst auf Dezennien nicht imstande sein, gegenüber dem dominierenden Einfluß der französischen in Amerika aufzukommen" lief ins Leere. Vgl. Auszug aus dem Vortrag des Reichskommissars für die Weltausstellung in St. Louis 1904, Geheimer Ober-Regierungsrat Lewald, im Reichstagsgebäude am 7.12.1903, hs., in: GStA PK, I. HA Rep. 76 Vc, Sekt. 1, Tit. XI, Teil VI, Nr. 15, Bd. 1.

250 Die *Norddeutsche Allgemeine Zeitung* hatte über diese Angelegenheit berichtet, musste die Aussage jedoch als Dementi zurücknehmen: „Die ‚Welt am Montag' behauptet von vertrauenswürdiger Seite zu wissen, daß Se. Majestät der Kaiser und König unmittelbar nach bekannt werden der Nachricht, wonach sich in Weimar eine neue Künstlervereinigung der Modernen unter dem Protektorat Sr. königlichen Hoheit des Großherzogs gebildet habe, den Preußischen Kultusminister dorthin entsannt haben, um vor Sr. königlichen Hoheit dahin vorstellig zu werden, daß von dem Plane Abstand genommen werde. Der Großherzog habe sich dem Minister gegenüber in sehr kräftigen Worten gegen jede Einmischung in seine Bestrebungen nachdrücklich verwahrt. Wir sind zu der Erklärung bemächtigt, daß die gesamte Darstellung der ‚Welt am Montag' auf Erfindung beruht." Aus: Norddeutsche Allgemeine Zeitung, 6.1.1904, Nr. 4, in: GStA PK, I. HA Rep. 89 Geheimes Zivilkabinett, Jüngere Periode, Nr. 19924, Bl. 106. Die Aufforderung zur Dementierung der Behauptung kam von Studt selbst. Vgl. Studt an Unbekannt, 5.1.1904, in: GStA PK, I. HA Rep. 89 Geheimes Zivilkabinett, Jüngere Periode, Nr. 19924, Bl. 104 u. 105.

251 Studt reagierte bereits im Sommer 1902 auf Posadowsky-Wehners selbstverständliche Heranziehung der Kunstgenossenschaft (vgl. oben, Anm. 179) und gab zu bedenken, dass es „auf Grund der bei der Weltausstellung in Paris gemachten Erfahrungen [...] nicht rathsam erscheint, die Organisation der Kunstausstellung lediglich der deutschen Kunstgenossenschaft zu überlassen. Es dürfte sich vielmehr, wie seinerzeit bereits für die Pariser Ausstellung von verschiedenen Seiten

einmal durch den geschickten Einsatz Anton von Werners abgeblockt worden. Und Werners Engagement in dieser Sache war damit noch nicht erschöpft. Er wurde zudem beschuldigt, die Gesamtjury, der er nicht einmal offiziell angehörte, negativ beeinflusst zu haben.[252] Ein von ihm veranlasster Nachtrag soll darüber bestimmt haben, dass Bilder aus Staatsgalerien nicht abgelehnt werden dürften, Bilder aus Privatbesitz lediglich mit Vierfünftel-Mehrheit.[253] Obwohl der Nachtrag nicht die unbedingte Zustimmung der Lokalverbände fand, wurde er anscheinend allseits hingenommen.[254] Daraus ergaben sich zwei Konsequenzen: Zum einen konnte Werner nun eine gute Anzahl eigener Werke, die sonst womöglich ausjuriert worden wären, unterbringen und schließlich als einer der am besten vertretenen Künstler aus der Ausstellung hervorgehen.[255] Zum anderen, und dies wog weit mehr, hatte er durch den Einsatz zahlreicher Sammlungsleihgaben die deutsche Abteilung um die Gelegenheit gebracht, möglichst viele Werke dem weltweiten Handel zur Verfügung zu stellen. Vor allem die Arbeiten moderner Kunst, die fast ausschließlich Leihgaben waren, standen dem internationalen Markt somit nicht zur Verfügung.[256] Auch aus den eigenen Reihen traf Werner hierfür Kritik. Oskar Sitzmann, Mitglied

angeraten war, empfehlen, von Amts wegen ein im Wesentlichen aus angesehenen Künstlern bestehendes Central-Komitee behufs Organisation der Ausstellung zu bilden. [...] Ew. Excellenz nehmen aber vielleicht Veranlassung, über die angeregte wichtige Vorfrage auch die Ansicht der Regierungen anderer Bundesstaaten einzuholen." Aus: Studt an Bülow, 26.6.1902, Abschrift für den Minister für Handel und Gewerbe, in: GStA PK, I. HA Rep. 76 Vc, Sekt. 1, Tit. XI, Teil VI, Nr. 15, Bd. 1.

252 Werner wurde zwar am Ende doch noch in die Zentraljury gewählt, ließ sich aber entschuldigen und gab seine Stimme an „Prof. Meyer-Berlin" ab. Vgl. Ausführlicher Bericht [1905], S. 37.

253 Vgl. Sitzmann 1904.

254 „Man kann sich [...] die schwierige Lage des H.[aupt]-V.[orstandes] denken, der nur die Wahl hatte, an Berlin I eine Konzession zu machen oder dasselbe mit dem Einfluß des Herrn von Werner an allerhöchster Stelle zum Gegner zu haben und die Künstlerschaft aufs Neue gespalten zu sehen." Aus: Sitzmann 1904. „Berlin I" war die offizielle Bezeichnung des Vereins Berliner Künstler als Lokalverein der Kunstgenossenschaft.

255 Werner war mit 6 Werken in St. Louis präsent, darunter die beiden dominanten Großformate *Europäischer Congreß zu Berlin*, (d.i. *Der Kongreß zu Berlin*, 1881, Öl auf Lw., 360 x 615 cm, damals im Berliner Rathaus, nach einer Interimszeit in der Berliner Gemäldegalerie heute wieder im Rathaus) und *Der 90te Geburtstag des Feldmarschalls Graf Moltke* (d.i. *Moltkes 90. Geburtstag*, 1896, Öl auf Lw., 320 x 497 cm, damals Hohenzollernmuseum im Schloss Monbijou, Kriegsverlust). Vgl. GStA PK, VI. HA Rep. 92, A. v. Werner, VI d, Bl. 140/141.

256 „Bekanntlich hat der preußische Staat nach dem Ausfall der Sezessionisten, die nicht nach St. Louis gehen, dadurch den Torso der deutschen Kunstausstellung in St. Louis komplettiert, daß er aus den Kunstwerken der Museen eine Auslese traf [...]." Aus: Westliche Post, 6.5.1904, in: GStA PK, I. HA Rep. 76 Vc, Sekt. 1, Tit. XI, Teil VI, Nr. 15, Bd. 1. Vgl. auch Bartmann 1985, S. 201. Die *Westliche Post* war eine in Amerika vielgelesene deutsche Zeitung.

der Zentraljury und ein grundsätzlich konservativer Künstler, hat sich im Nachhinein öffentlich von den Bestimmungen der Juryarbeit distanziert und machte „insbesondere Herrn von Werner“ für die Unstimmigkeiten und das dadurch zu erwartende schlechte Resultat der Ausstellung verantwortlich:

> „In den Nachtragsbestimmungen lag der innere Grund zur Spaltung. [...] Die sogenannten Nachtragsbestimmungen, die das erste Programm, wie sich nachher auch in der Praxis gezeigt hat, in seinem reformatorischen Teil vollständig zu nichte machte, sind vom Lokalverein Berlin I dem Hauptvorstand abgezwungen worden. Berlin I wollte sich der Zentraljury überhaupt nicht unterwerfen. [...] Die von Berlin I erzwungenen Nachtragsbestimmungen haben, soweit mir bekannt, in allen Lokalverbänden die schärfste Missbilligung erfahren. Für die Sezessionsverbände waren sie einfach unannehmbar; denn diese Verbände wären damit der Majorisierung durch Berlin I so preisgegeben gewesen, wie dies später bei der Tätigkeit der Zentraljury die mit Berlin I selbst befreundeten Verbände der alten Kunstgenossenschaft tatsächlich gewesen sind.“[257]

Durch Werners Vorgehen ist nicht nur die gesamtdeutsche Künstlerschaft, die vielleicht gerade auf dem Weg war, sich doch einmal anzunähern, endgültig gespalten worden. Auch die autoritäre Dominanz der Reichshauptstadt gegenüber den übrigen Kunstzentren ist neuerlich zum Ausdruck gekommen, was der allgemeinen Stimmung im Land wie auch der Repräsentation nach außen nicht gut tat. Vor allem aber war auch der eigentliche Zweck der Teilnahme an der Weltausstellung, der deutschen Kunst den internationalen, hier insbesondere den amerikanischen Markt zu öffnen, verfehlt.[258] Überhaupt war der Verkaufserfolg nicht überwältigend.[259] Im offiziellen Abschlussbericht wurden die Gründe hierfür relativiert:

---

257 Sitzmann 1904. Sitzmann hier weiter: „Mich persönlich sollte bei alledem mein konservativer Standpunkt in die Gefolgschaft des Herrn von Werner ziehen [...]. Aus den nachstehenden Gründen [...] wird aber deutlich genug hervorgehen, warum sich das mit meinem Empfinden nicht verträgt.“

258 Dabei führte Posadowsky-Wehner in einem Schreiben an den Bundesrat, der letztlich über die Teilnahem in St. Louis zu entscheiden hatte, genau diese Absicht des Reichs aus: „Die großen Kunsthändler in New-York decken ihren Bedarf an ausländischen Bildern fast ausschließlich in Paris, das, wie es der Hauptstudienort für die amerikanischen Maler geworden ist, allmählich den Kunsthandel nach den Vereinigten Staaten nahezu monopolisiert hat. [...] Die an sich gut beschickte deutsche Kunstabteilung in Chicago vermochte dieser Entwicklung keinen Einhalt zu thun, da die Ausstellung in eins der schwersten Krisenjahre fiel, welche die Vereinigten Staaten durchzumachen gehabt haben. [...] Es ist daher in Aussicht genommen, gerade auf die eindrucksvolle Ausgestaltung der deutschen Kunstabtheilung besondere Sorgfalt zu verwenden [...].“ Aus: Posadowsky-Wehner an den Bundesrat, 23.10.1902, Abdruck in: GStA PK, I. HA Rep. 120 Ministerium für Handel und Gewerbe, E XVI, Nr. 182, B. 105–108). Vgl. auch Bartmann 1985, S. 201.

259 Es wurden Werke in einem Gesamtwert von 57.195,50 M. verkauft. Vgl. Ausführlicher Bericht [1905], S. 50.

„Die Verkaufsresultate sind in der Kunstabteilung gering gewesen, und zwar mit Ausnahme von Schweden fast für jedes Land, ein Beweis, daß an dem geringen finanziellen Ergebnisse nicht die besondere Zusammensetzung irgend einer Ausstellung Schuld ist, sondern daß allgemeine Gründe vorliegen müssen."[260]

Nachteilig hätte sich auch „der hohe Eingangszoll in Amerika" bemerkbar gemacht. Zudem hielt der offizielle Abschlussbericht des Reichskommissars fest:

„Ferner ist aber bei der Beurteilung der offiziellen Verkaufsresultate zu berücksichtigen, daß große öffentliche Kunstausstellungen mit ihrer unmittelbaren Verbindung von Künstler und Käufer in Amerika nicht üblich sind. Man ist dort gewöhnt, nur beim Kunsthändler zu kaufen, der als sachverständiger Berater angesehen wird."[261]

Am Ende fasste Lewald nüchtern zusammen:

„Die Organisation der Kunstausstellung war der Allgemeinen Deutschen Kunstgenossenschaft übertragen worden. Die Ausstellung war gut beschickt und es befanden sich darunter aus öffentlichen Galerien eine Reihe der ausgezeichnetsten deutschen Gemälde. Es bleibt jedoch zu bedauern, daß es nicht gelang, eine vollständige Vertretung der verschiedenen deutschen Kunstrichtungen zur Vorführung zu bringen."[262]

Bei allem angestrengt positiven Resümee, das der Bericht zu leisten hatte, schien es geboten, noch einmal das eigene Verschulden abzuschwächen:

„Wenn auch sämtliche Staaten bedeutende Anstrengungen gemacht hatten, so hat man doch in Deutschland schon bessere Vertretungen deutscher Kunst, in Frankreich weit hervorragendere Vertretungen französischer Kunst usw. gesehen. Die Ausstellungen fast aller Völker waren nicht so gut, wie die besten ihres Landes."[263]

Dem objektiven Beobachter aber ist nicht entgangen, dass das, „was verblieb", nichts als „eine eilige Zusammenstellung nach bekanntem Muster" war.[264]

Lewald, der die Ausstellungsvorbereitungen mit guten Absichten begonnen hatte, gab den höher geordneten Anweisungen am Ende nach. Motor der reformerischen Herangehensweise zu Beginn der Ausstellungsvorbereitungen war wohl vor allem der Kunstreferent Müller, den sein Einsatz schließlich die Stellung gekostet hat. Werner allein kann für den Verlauf der Dinge sicher nicht verantwortlich gemacht werden. Er handelte ja nicht als Einzelperson, sondern als Vorsitzender des Berliner

---

260 Amtlicher Bericht über die Weltausstellung in St. Louis 1094, erstattet vom Reichskommissar, Berlin 1906, S. 18, in: GStA PK, I. HA Rep. 120 Ministerium für Handel und Gewerbe, E XVI, Nr. 484, Bl. 455–459.

261 Amtlicher Bericht über die Weltausstellung in St. Louis 1094, erstattet vom Reichskommissar, Berlin 1906, S. 18, in: GStA PK, I. HA Rep. 120 Ministerium für Handel und Gewerbe, E XVI, Nr. 484, Bl. 455–459.

262 Ebd., Bl. 266.

263 Ebd., Bl. 455–459.

264 Mai 1981b, S. 113.

Lokalvereins der Kunstgenossenschaft. Damit ist der Fall politisch geworden. Der Reichsregierung wurde der Vorwurf gemacht, im Alleingang gehandelt und die liberalen Bundesstaaten einfach übergangen zu haben.[265] Die endgültige Ablehnung der modernen Künstlerschaft, vertreten durch den gerade gegründeten Deutschen Künstlerbund, bewies einmal mehr die Verhärtung der Fronten.[266]

Werner vermochte auch nach diesen Ereignissen keinerlei Verständnis für die prekäre Gesamtlage der deutschen Künstlerschaft aufzubringen. Die Angst, in den eigenen Kompetenzen beschnitten zu werden war zu groß. Seiner Ansicht nach trug die Presse, der er immer wieder zum Opfer fiel, durch ihre einflussreiche Berichterstattung die Hauptschuld an der Spaltung der Künstlerschaft:

> „Nun erheben die Sezessionistenblätter ein großes Geschrei über Vergewaltigung – und es hat doch Niemand den Sezessionisten in dieser Angelegenheit auch nur das Allergeringste in den Weg gelegt! Sie sprechen von der nationalen Ehre – und ‚der höchsten Leistungsfähigkeit nationaler Kunst', der ‚freien Entfaltung unserer Kräfte vor der ganzen Welt', welche behindert sei. Ja, durch wen denn? Haben die Herren Sezessionisten die alleinige Vertretung der nationalen Ehre gepachtet? Ihre internationale Organisation widerspricht dem eigentlich. Bedeutet gerade ihre Thätigkeit wirklich die höchste Leistungsfähigkeit nationaler Kunst? Von ihren Organen in der Presse wird ihnen dies allerdings Tag für Tag in den überschwänglichsten Ausdrücken bescheinigt, und die Presse ist der eigentliche Grundpfeiler ihrer Bedeutung und der Ursprung einer Überhebung, von der man noch vor 10 oder 12 Jahren keine Ahnung hatte."[267]

---

265 Vgl. Bartmann 1985, S. 203.

266 „Man hat im deutschen Reichstage mit großer Emphase über die Zurücksetzung der sezessionistischen Künstler gesprochen; selbst unser überaus höflicher Reichskanzler hat seinen Standesgenossen, den Grafen Kalckreuth, Führer des deutschen Künstlerbundes, nicht im Reichskanzlerpalais antichambrieren lassen. Es ist das erste Mal, wenn man von der lex Heinze absieht, daß Seitens der Regierung und des Parlaments der Kunst ein politisches Mäntelchen umgehängt worden ist – ein erneuter Beweis für die Nervosität in höheren Regionen." Aus: Gaulke 1904.

267 Anton von Werner, Die Weltausstellung in St. Louis und die deutsche Kunst, hs., [o. D.], in: GStA PK, VI. HA Rep. 92, A. v. Werner, VI d, Bl. 132 f. (Hervorhebungen im Orig.).

III. Dem Künstler seine Freiheit – Die Gründung des Deutschen Künstlerbundes

Kunst ist ewiges Werden, ein ewiges Werden und Vergehen.
Es wäre der Tod der Kunst, wenn sie zum Dogma erstarrte.[268]
(Max Liebermann)

III.1 Die Gründung in Weimar

Die Ereignisse zur Weltausstellung in St. Louis haben bekräftigt, wie aussichtslos die Lage für veränderungswillige Künstler in Deutschland kurz nach der Jahrhundertwende noch immer war. Wenn es auch von offizieller Seite bisweilen schon vereinzelte Unterstützer der Moderne gab, so saßen doch immer noch diejenigen am längeren Hebel, die die Entwicklungen aufhalten wollten und die Sezessionen kategorisch ablehnten. Künstlerisch gesehen gab es dafür keinen Grund. Vielmehr waren es persönliche Abneigungen, die oft genug aus Unkenntnis getroffen wurden. Bezeichnend dafür war es, dass oft nicht konkrete Werke abgelehnt wurden, sondern allein die Angehörigkeit eines Künstlers zu einer sezessionistischen Gruppe über offizielle Anerkennung oder Ablehnung entschieden hat. Wie blind die Regierung dabei ihre Prinzipien durchzusetzen pflegte, bemerkte die *Kunstchronik* noch kurz vor Gründung des Künstlerbundes im November 1903: „[...] zum Beispiel Otto H. Engel hat 1902, als seine trefflichen Spaziergängerinnen vom Staate aus dem Moabiter Glaspalaste weggekauft wurden, doch nicht um einen Deut anders gemalt, als im Jahre vorher, wo er noch eifriges Vorstandsmitglied der Sezession war."[269] Als Sezessionsmitglied durfte Engel 1901 nicht im Glaspalast ausstellen und war den für staatliche Ankäufe verantwortlichen Regierungsstellen offensichtlich kein Begriff. Und

> „auch sonst hat man aus Zeitungen und Gesprächen dies und das erfahren, was ein recht erbauliches Gesamtbild ergibt: Als kurz nach Gründung der Berliner Sezession die jährliche Einberufung der Inhaber der großen goldenen Medaille stattfand, um die Vorschläge der Medaillenverteilung zu machen, wurden – geradezu statutenwidrig – die Inhaber, die der jungen Sezession angehörten, einfach nicht eingeladen. Noch mehr:

268 Max Liebermann, Rede zur Eröffnung der Ausstellung der Berliner Secession, 1900, abdruckt in: Liebermann 1978, S. 170.

269 Kunstchronik, N. F. Jg. 15, 1904, Sp. 65. Otto Heinrich Engel (1866–1949) gehörte 1898 zu den Gründungsmitgliedern der Berliner Sezession. Sein Engagement in der Gruppe beschränkte sich aber auf die Anfangszeit. Schon 1901 wurde Engel nicht mehr als Mitglied geführt. Vgl. oben, S. 58.

eine von einem hohen Beamten angeregte und geförderte Ausstellung von hundert für die deutsche Kunst charakteristischen Werken in Amerika fällt ins Wasser, weil der mit der Auswahl betraute Professor Kampf vom Minister die Weisung erhält, Mitglieder der Berliner und Münchener Sezession auszuschließen, also die hundert besten modernen Kunstwerke zusammenzustellen, ohne Thoma, ohne Liebermann, ohne Klinger, ohne Tuaillon, ohne Uhde."[270]

Und weiter beklagte die Zeitschrift, dass die Regierung ihre Kompetenzen deutlich überschritten hätte, indem sie den Streit um die Kunst überhaupt auf politischer Ebene führte: „Ob einer ein Gemälde wert findet, dem deutschen Volke als öffentlicher Schatz bewahrt zu werden oder nicht, das ist Privatsache. Ob man einen Böcklin herrlich oder scheußlich nennen will – chaqun à son goût. Aber die Grundlage jeder *Staatsaktion* heißt Gerechtigkeit."[271] Der Artikel schloss in aller Deutlichkeit: „Wer ein Kunstwerk unterdrückt, begeht ein Verbrechen gegen das keimende Leben!"[272] Max Klinger, der die Ereignisse aus Italien verfolgt hat, spitzte die Auswirkungen des „Kuddel-Muddel-Staats-Kunst"-Kurses alarmierend zu: „Sie wissen es noch nicht. Wir Künstler werden uniformiert. Vorläufig Samthosen (eng) und Raupenhelm. Die Secessionisten mit gelben Ärmelaufschlägen bis zum rechten Ellnbogen, und Helm mit Leinwand bespannt: Markierter Feind."[273]

Die Kunstgenossenschaft hat die beginnende Liberalisierung innerhalb des Kultusministeriums erfolgreich zerschlagen und damit ihre Vormachtstellung in Kunstangelegenheiten behauptet. Zwar musste „dieser Zwischenfall in St. Louis [...] nicht als der Anlass zur Begründung des deutschen Künstlerbundes betrachtet werden"[274], denn die Notwendigkeit einer neuen Vereinigung zeichnete sich bereits seit langem ab. Dank der Gegebenheiten, die sich Harry Graf Kessler in Weimar als neuer Direktor des Museums für Kunst und Gewerbe gerade verschafft hatte,[275] lieferte St. Louis aber schließlich die Initialzündung, die sich bis dahin noch nicht gefunden hatte. Der Zulauf, den die Gruppe um Kessler augenblicklich erfahren hat, war vielleicht größer als erwartet. Nicht nur die Mitglieder der Sezessionen, sondern Künstler aller Richtungen, auch ältere Generationen, taten sich nun überregional zusammen, als breite Front gegen die verkrustete, bürokratisierte Kunstpolitik des Reichs.

---

270 Kunstchronik, N. F. Jg. 15, 1904, Sp. 65. Die Rede ist hier von einer geplanten Ausstellung deutscher Kunst in Chicago. Siehe dazu auch: H.[eilbut] 1904, S. 36 u. Kessler 1904, S. 192 (hier abgedruckt im Anhang).

271 Kunstchronik, N. F. Jg. 15, 1904, Sp. 66 (Hervorhebung im Orig.).

272 Ebd., Sp. 67.

273 Klinger an Hirzel, 18.10.1903, zit. aus: Mir tanzt Florenz 2005, S. 22.

274 „Er hat den Gedanken nur rascher Gestalt annehmen lassen." Aus: Kunst und Künstler, Jg. 2, 1904, S. 154.

275 Vgl. unten, Kap. III.1.1.

III.1.1 Harry Graf Kesslers Pläne für ein *Neues Weimar*

Kessler verfolgte bereits seit einiger Zeit den Plan zur Gestaltung eines *Neuen Weimar*.[276] Im Geist der zwei großen vorangegangenen kulturellen Epochen der Literaten Goethe, Schiller, Wieland oder Herder sowie ein halbes Jahrhundert später der Musiker Liszt und Wagner sah Kessler Weimar als ideale Wirkungsstätte für das zukünftige kulturelle „Zentrum der Innovationen" in Deutschland.[277] Dass neben vielen Möglichkeiten damit aber auch schwer überwindbare Traditionen verbunden waren, hatte Kessler sicherlich unterschätzt.[278]

Durch Kesslers Vermittlung wurde zunächst Henry van de Velde als Leiter eines neueingerichteten Kunstgewerblichen Seminars, aus dem 1908 die Großherzoglich-Sächsische Kunstgewerbeschule hervorging, in Weimar untergebracht, um das Kunsthandwerk dort zu etablieren. Bereits mit dieser ersten Unternehmung schürte Kessler das Misstrauen des Weimarer Hofkreises, der von van de Velde nicht besonders angetan war. Groß war die Sorge, der Belgier würde um der Moderne willen rigoros mit Weimars Traditionen aufräumen.[279] Im März 1903 übernahm Kessler dann als ehrenamtlicher Vorsitzender die Leitung des Großherzoglichen Museums für Kunst und Kunstgewerbe.[280] Aus dieser Position heraus hoffte er, die Entwicklungen voranzubringen, indem er die moderne Abteilung des Hauses von Grund auf neu gestaltet und impressionistisch ausgerichtet hat.[281] Durch wechselnde Ausstel-

---

276 Zu Kesslers Plänen in Weimar siehe: Easton 2005, S. 131–150 u. Föhl 2005, S 29–33.

277 Vgl. Easton 2005, S. 13.

278 Kessler versprach sich viel von Weimar: „Luther und Cranach, Herder und Goethe, Liszt und Wagner waren Moderne für ihre Zeit und wurden als solche in Weimar aufgenommen. Denn hier gilt schon lange die Verteidigung und Begünstigung der Eigenart ohne Einmischung in ihre Bethätigungen als Staatsgrundsatz. Dem verdankt Weimar seine lange Vorherrschaft in der deutschen Kultur [...]." Aus: Kessler 1904, S. 196 (hier abgedruckt im Anhang). Kessler war fälschlicherweise davon ausgegangen, in dem jungen Großherzog Wilhelm Ernst einen kunstverständigen Verbündeten gefunden zu haben. Wilhelm Ernst (1876–1923) hatte erst 1901 das Großherzogtum Sachsen-Weimar-Eisenach von seinem Großvater Karl Alexander übernommen, unter dessen fast fünfzigjähriger Regentschaft Weimars Kultur blühte. Wilhelm Ernst hat den liberalen, kunstsinnigen Kurs des Großvaters jedoch nicht fortgeführt. Bereits im November 1905 gab er gegenüber Kessler recht undiplomatisch seine wahre Kunstauffassung preis, wie Kessler in seinem Tagebuch festhielt: „Der Gr. Herzog wie gewöhnlich griesgrämig und unbeholfen. Mir sagte er als besondere Liebenswürdigkeit: der Neo Impressionismus sei ja nun tot und er hoffe, der Künstlerbund werde auch bald aufhören. Ich fasste die Sache als Scherz auf und lachte, was ihn ganz aus der Fassung brachte, er wurde rot, stotterte und ging dann wieder weiter." Aus: Kessler, Tagebucheintrag vom 10.11.1905, zit aus: Easton 2005, S. 187f.

279 Vgl. Easton 2005, S. 125f.

280 Vgl. ebd., S. 127 u. Grupp 1995, S. 94.

281 Zu Kesslers Umgestaltung des Weimarer Museums vgl. Easton 2005, S. 135f.

lungen wollte er das Weimarer Publikum einerseits mit der aktuellen französischen und englischen Kunst vertraut machen, aber auch jungen deutschen Künstlern ein Forum bieten. Nicht allein „aus diplomatischen Gründen“[282], wie von Easton interpretiert, hat Kessler ebenso die älteren, etablierten deutschen Künstler einbezogen und die jungen, nachstrebenden Künstler gleichbedeutend daneben gestellt.[283] Damit konnte er zum einen den konservativen Geschmack der Hofgesellschaft befriedigen. Vielmehr aber lag es in seiner Absicht, eine entwicklungsgeschichtliche Übersicht zu leisten und den deutschen Ursprung der modernen Kunst zu beschreiben. Seinen Bestrebungen nach kulturpolitischem Einfluss entsprechend, sollte dies zu einer Aufwertung der deutschen gegenüber der englischen und französischen Kunst führen.[284]

Kesslers Ausstellungstätigkeit in Weimar begann mit einer Klingerschau im Sommer 1903. Auf diesen unspektakulären Anfang folgte sogleich die Präsentation deutscher und französischer Impressionisten und Neoimpressionisten.[285] Kessler wartete also nicht lange damit, seine Absichten offenzulegen. In den drei Jahren, die er am Weimarer Museum tätig war, hat er insgesamt 37 Ausstellungen durchgeführt.[286] Spätestens mit der Gründung des Deutschen Künstlerbundes wurde er zur Zielscheibe des Kaisers. Alles was er tat, wurde fortan mit Argwohn betrachtet. Eine kleine Ausstellung von nur 14 Aquarellzeichnungen Rodins im Januar 1906 sollte schließlich das Ende seiner Tätigkeit in Weimar einläuten. Die Aktzeichnungen des Franzosen lösten einen Skandal aus.[287] Damit hatte Kessler endgültig die Gunst des Großherzogs eingebüßt. Nach drei Jahren größter Bemühungen für die

---

282 Ebd., S. 136.

283 Im Januar 1904 etwa wurde Ludwig von Hofmann neben Menzel gezeigt. Zwei Jahre später wurde Hofmann dann dem fast zwanzig Jahre jüngeren Karl Hofer gegenübergestellt. Eine Übersicht von Kesslers Ausstellungen in Weimar bei Föhl 1999, S. 90–97.

284 Kesslers kulturpolitische Ambitionen waren groß und haben ein beträchtliches Selbstbewusstsein bewiesen: „Mir überlegt, welche Wirkungsmittel ich in Deutschland habe: d. Deutschen Künstlerbund, meine Stellung in Weimar inclusive d. Prestiges trotz des grossherzoglichen Schwachsinns, die Verbindung mit der Reinhardtschen Bühne, meine intimen Beziehungen zum Nietzsche-Archiv, zu Hofmannsthal, zu van de Velde [...]. Niemand anders in Deutschland hat eine so starke, nach so vielen Seiten reichende Stellung. Dies ausnutzen im Dienste einer Erneuerung Deutscher Kultur: mirage oder Möglichkeit?“ Aus: Tagebucheintrag vom 15.11.1905, zit aus: Kessler 1988, S. 186. Vgl. dazu auch Easton 2005, S. 134.

285 Gezeigt wurden unter anderen Paul Baum, Pierre Bonnard, Henri E. Cross, Maurice Denis, Charles Guérin, Curt Herrmann, Maximilien Luce, Hippolythe Petitjean, Odilon Redon, Ker-Xavier Roussel, Théo van Rysselberghe, Paul Signac, Edouard Vuillard.

286 Vgl. Föhl 1999, S. 90–97.

287 Zum Rodin-Skandal siehe Easton 2005, S. 187–200 u. Walter 1999. Zu den Zusammenhängen des Skandals mit dem Deutschen Künstlerbund siehe hier: Kap. IV.2, S. 164–174.

moderne Kunst musste Kessler erleben, dass die Stadt, in der er „ein bißchen die intellektuelle Hauptstadt Deutschlands“[288] sehen wollte, noch ganz und gar nicht bereit war für die Moderne.

III.1.2 Der Deutsche Künstlerbund wird gegründet

Seit Anfang 1903 hatte sich Kessler bereits regelmäßig mit Max Liebermann und anderen getroffen, um über die Zukunft der Berliner Sezession zu beraten.[289] In Kessler sah man den idealen „Kulturmenschen“ repräsentiert, der die Schnittstelle zwischen Künstlern und Publikum, vielmehr der Käuferschicht erfüllte, denn er pflegte zu beiden Seiten ausgiebige Kontakte. Die Überlegung zu einer Reform der Sezessionsbewegung lag also bereits in den Anfängen, als es zu den Auseinandersetzungen um St. Louis kam. Im Oktober reifte der Gedanke weiter in Richtung eines neuen Zusammenschlusses, der „keine bestimmte Partei, sondern vielmehr nur die stärksten der in Deutschland tätigen Talente“ vereinen dürfte.[290] Zu diesem Zweck holte Kessler aus dem gesamten Reich gezielt Leute zusammen. Am 15. Dezember 1903 berief er im Oberlichtsaal des Weimarer Museums eine erste Versammlung bezüglich der Gründung einer neuen Künstlervereinigung ein. Als Schirmherr konnte 1903 noch ohne weiteres der Großherzog gewonnen werden, der Kessler ja gerade erst mit der Leitung des Weimarer Kunstmuseums betraut hatte. Teilgenommen haben an dieser ersten Sitzung 31 namhafte Künstler und Museumsleiter aus ganz Deutschland,[291] „die in irgendeiner Weise mit moderner Kunst zu tun“[292] hatten. Mit zehn Teilnehmern waren bereits bei dieser Sitzung die Berliner in der Überzahl, was vielleicht auch daran lag, dass in der Reichshauptstadt „der Gegensatz zwischen neu

288 Kessler an Rodin, 5.7.1904, Archives du Musée Rodin, Paris, zitiert aus: Walter 1999, S. 138.

289 Die Gründung des Deutschen Künstlerbundes geschah durchaus nicht aus heiterem Himmel. Anfänglich konzentrierten sich die Überlegungen zwar auf eine Neustrukturierung der Berliner Sezession. Die Gedanken waren aber dann zur rechten Zeit derart gediehen, dass sich die Gründung des Bundes zügig durchführen ließ. Die Vorgeschichte der Gründung aus Kesslers Sicht dokumentiert bei Föhl 2005.

290 Easton 2005, S. 144.

291 Aus Berlin waren dabei Liebermann, Leistikow, R. Lepsius, C. Hermann, Gaul, A. Kampf, Tuaillon, F. Klimsch sowie die frisch zugezogenen Corinth u. Slevogt; aus München Stuck, Habermann u. C. Marr; aus Weimar Hofmann, Olde, van de Velde, Hagen u. Kessler; aus Leipzig Klinger; aus Düsseldorf Claus Meyer, E. Kampf u. Bochmann; aus Stuttgart Klackreuth u. Grethe; aus Karlsruhe Trübner; aus Hamburg Lichtwark; aus Bremen Pauli; aus Worpswede Mackensen; schließlich aus Heidelberg Eberhard von Bodenhausen, aus Osterndorf Carl Vinnen u. aus Saaleck Schultze-Naumburg. Wie eng das Beziehungsgeflecht zwischen Kessler und der Künstlerschaft war zeigt sich unter anderem darin, dass acht der Sitzungsteilnehmer unter seiner Leitung auch am Weimarer Museum ausgestellt haben.

292 Easton 2005, S. 145.

und alt, zwischen Sezession und Akademie, am stärksten" war, und daher „wohl das Signal zur Attacke vor allem von den Berliner Sezessionisten geblasen" wurde.[293] Bis auf sieben Teilnehmer sind alle direkt dem Vorstand beigetreten. Außer Eugen Kampf und Claus Meyer haben sie aber zumindest alle die Mitgliedschaft erworben. Marr war der einzige unter den Anwesenden, der als Mitglied der Zentraljury aktiv für St. Louis tätig gewesen ist. Wie konservativ sein Herz tatsächlich schlug, sollte sich 1911 in seiner Unterschrift für den von Vinnen angeregten *Protest Deutscher Künstler* zeigen.[294]

Das Ergebnis der zweitägigen Sitzung war am 17. Dezember 1903 die Gründung des Deutschen Künstlerbundes. Der Entstehungsgeschichte des Bundes entsprechend traten die Mitglieder der verschiedenen Sezessionen fast ausnahmslos dem Bund bei, allerdings nicht als geschlossene Gruppe, sondern jeder Künstler für sich, denn „Körperschaften als solche, also auch örtliche Sezessionen, wurden nicht aufgenommen."[295] Auf die Sezessionen wollte sich der Bund nicht beschränkt sehen. Er zeigte sich offen für alle, die sich ihm anschließen wollten. Analog zur Allgemeinen Deutschen Kunstgenossenschaft sollte ganz Deutschland repräsentiert werden. So schloss sich auch eine Reihe älterer, angesehener Künstler an, die schon zuvor – auf welche Weise auch immer – Partei für die nachrückende Generation ergriffen hatten.[296] Die Gründung in Weimar wurde mit viel Pomp begleitet. Corinth beschrieb die Feierlichkeit noch Jahre später euphorisch:

> „Das waren stolze Tage in Weimar. Der dortige Künstlerverein gab in der ehemaligen alten Hofschmiede, die seit einer Reihe von Jahren zum malerischen Vereinslokal umgemodelt ist, den Delegierten aus allen deutschen Städten die glänzendsten Feste; auch ein Fackelzug mit einigen Vorreitern auf Schimmeln führte die Gäste von dem Hotel zum Erbprinz nach dem Vereinshaus. Das Ganze krönte ein Abend bei Großherzogs. Es war wie aus einem Märchen, als der weißbärtige Hofmarschall mit seinem Stabe dreimal aufklopfte und darauf das Fürstenpaar, der junge fünfundzwanzigjährige Großherzog

293 J. Kalckreuth 1967, S. 297 f.

294 Auch Vinnen hatte an der Gründungssitzung des Künstlerbundes teilgenommen und trat dem Bund sogar als Mitglied bei. Nach seinem Protest hat er sich konsequenterweise vom Bund distanziert. Marr hingegen blieb weiterhin dem Künstlerbund verbunden, wurde sogar 1929 noch als Vorstandsmitglied geführt. Zum *Protest Deutscher Künstler* siehe Bremen 2002. Zum Protest in Beziehung zu den Künstlerbundmitgliedern siehe hier Kap. IV.2, S. 221–228.

295 J. Kalckreuth 1967, S. 296. Siehe hierzu auch Leistikow 1903/04, S. 204: „Es sind nicht die Secessionen, nicht die secessionistischen Verbände oder andere Vereinigungen, die durch Abgeordnete in Weimar vertreten waren, sondern es haben sich einzelne Künstler verschiedenster Richtungen dort zusammengefunden, um gemeinsam zu beraten und gemeinsam zu taten [sic!]."

296 Die Fakten um die Gründung grob zusammengefasst auch in: Die Kunst für Alle, Jg. 19, 1903/04S. 199 f.

die schöne achtzehnjährige Großherzogin mit Fingerspitzen führend, eintrat und eine gegenseitige tiefe Reverenz das Zusammensein einleitete."[297]

III.1.3 Kesslers Gründungspamphlet

Unmittelbar nach der Gründung des Künstlerbundes hat Kessler die Aufgaben und Ziele der neuen Gruppe in einem Aufsatz publik gemacht.[298] In vielen Punkten sind diese Ziele ein direkter Rückgriff auf die Kalamitäten zu den Vorbereitungen für St. Louis, wobei dort nichts anderes geschah als all die Jahre zuvor, nur in gebündelter, komprimierter Form. Darüber hinaus nutzte Kessler den Moment, die kulturellen Missstände in Deutschland zum Ausdruck zu bringen und seine Ideen diesbezüglich zu artikulieren. Endlich hatte er eine konkrete Gelegenheit, aktiv in die Kulturpolitik des Reichs einzugreifen. In die Problematik einleitend, erklärte er zunächst, dass es sich bei diesen Grabenkämpfen nicht um zwei Parteien mit denselben Motiven handelte. Das konservative Lager wollte um jeden Preis seine Allmachtstellung behalten. Dazu mussten die neuen Kräfte ganz klar zurückgedrängt, in Schach gehalten, bestenfalls außer Gefecht gesetzt werden. Das Motiv der Konservativen war daher eine rigorose Ablehnung der modernen Kunst, ohne Wenn und Aber. Die modernen Künstler hingegen bezweifelten nicht den Wert der älteren Kunst an sich. Aber wie sie auch innerhalb der eigenen Reihen die Notwendigkeit einer qualitativen Selektierung zur Bedingung machten, so setzten sie diese Maßstäbe gleichfalls in der Beurteilung der älteren Kunstwerke voraus. Diese Kritik aber haben die Traditionalisten nicht gelten lassen. Was die progressiven Künstler den Konservativen vorwarfen, war nicht deren Stil, sondern der Unwille, Neues gelten zu lassen. Qualität spielte bei den alteingesessenen Kunstgenossenschaftlern kaum noch eine Rolle, und sie verteidigten nicht einmal ihre „alte" Kunst, sondern bewahrten lediglich „die alten Rezepte [...], die der künstlerische Mittelstand in seiner Studienzeit auf Akademie gelernt hat".[299] Neue Entwicklungen waren bei dieser Einstellung aussichtslos. Ließe man es dabei bewenden, konnte die Kunst nur stagnieren. Kessler sah sich also dazu veranlasst, als oberstes Gebot dazu aufzurufen, „dem Künstler seine Freiheit" zu sichern.[300]

Um künstlerische Freiheit ging es, nicht um eine bestimmte Richtung. Stein des Anstoßes war, dass die Konservativen nicht nur moderne Künstler einer besonderen Art ablehnten, sondern alle, die eigenständig arbeiteten, einen eigenen Stil hervorbrachten, sich generell zu Neuerungen bekannten. Im Endeffekt wurde auch den progressiven Künstlern vor allem ihre Haltung vorgeworfen, ihr Bekenntnis nämlich zu neuen Entwicklungen. Das aber wurde fälschlicherweise gleichgesetzt mit Ablehnung der Tradition. Die Kritik von Seiten der Traditionalisten hatte daher

297 Corinth 2000, S. 82f.

298 Vgl. Kessler 1904 (hier abgedruckt im Anhang). Wiederabgedruckt u. ergänzt in: Kessler 1988, S. 69.

299 Kessler 1904, S. 191.

300 Ebd.

in erster Linie gar keine künstlerischen Motive, denn die Missbilligung geschah oft in völliger Unkenntnis der modernen Kunstproduktion. „Thoma und Liebermann, Klinger und Uhde, Kampf und Stuck [...] diese Künstler haben nichts gemein, als dass sie Persönlichkeiten sind und ihrer Eigenart treu bleiben, statt irgendeinem Dogma oder Befehl zu gehorchen."[301] Gegen diese Willkür wollte der Künstlerbund, wollte Kessler angehen. Fünf übergeordnete Argumente schwebten ihm vor:

1. Liberalität und Individualität (Garantie der künstlerischen Freiheit und Eigenart), 2. Talentförderung (unter Berücksichtigung des Qualitätsmaßstabs), 3. Wirtschaftlichkeit (Erweiterung des Marktes im In- und Ausland), 4. internationales Ansehen (Aufwertung des Status deutscher Kunst im Ausland) und schließlich und 5. ein modernes Kunstmuseum (Schaffung eines neuen Museumstypus).

Liberalität und Individualität

Mit dem Aufruf nach künstlerischer Freiheit begann Kessler seinen Aufsatz und beendete ihn auch. Alle weiteren Zielsetzungen basierten auf eben diesem Prinzip der Liberalität und Offenheit gegenüber allen Eigenarten. Obwohl Kessler in der Unterdrückung jeglicher neuer künstlerischer Ausdrucksformen, nicht nur auf die bildende Kunst bezogen, eine „in der menschlichen Natur fest begründete Tendenz"[302] sah, dürfte man diesem „Naturgesetz" keinesfalls blind folgen. Aufgabe und Zweck des Künstlerbundes musste es sein, einer leichthin ausgesprochenen Ablehnung entgegenzuwirken und dem „Talent", auf das Kessler seinen Appell ausdrücklich einschränkte, die Möglichkeit zu geben, „ungefährdet seinem künstlerischen Gewissen zu folgen [...]. Denn es steht fest, dass in der Kunst nur die Ausnahme Wert hat; kein Fleiß, keine Gesinnung, keine Richtung, nur die Eigenart."[303] Die Voraussetzungen für einen liberalen Kunstbetrieb begännen laut Kess-

301 Ebd.

302 Kessler 1904, S. 192.

303 Ebd., S. 193. In dieser Aussage steckt eine offensichtliche Kritik an Anton von Werner, der zu seinen eigenen besten künstlerischen Eigenschaften eben Fleiß und eine rechte Gesinnung zählte. Für Kessler hingegen zählte nur die Eigenart. „Alles Andre ist nicht nur weniger wert, sondern Nichts wert. Es ist Nichts und hat kein Recht, wie Etwas behandelt, berücksichtigt, gehängt zu werden." Diese allzu persönlich gefärbte Aussage hat Kessler später, nachdem diese Worte auch in der Reichstagsdebatte nicht gut angekommen waren (immerhin handelte es sich hier um feste deutsche Tugenden), relativiert und in einem Wiederabdruck des Aufsatzes mit einer Ergänzung an entsprechender Stelle versehen: „Ich meine natürlich nicht, dass der Fleiß oder die Schulung dem Künstler nichts nützen, sondern daß sein Werk nicht nach ihnen zu werten ist. Ich kann mich vielleicht durch einen Vergleich deutlicher machen. Auch bei einer Schlacht kommt es nur auf das Resultat an. Man wird deshalb ganz richtig sagen, dass im Krieg schließlich kein Fleiß, keine Gesinnung, keine Schulung in Betracht kommen, sondern nur der Sieg. Dabei ist es selbstverständlich, dass der Fleiß und die anderen Eigenschaften sehr viel zum Sieg beitragen. Nur wird kein Mensch eine Niederlage einen Sieg nennen, weil der besiegte General fleißiger oder gesinnungstüchtiger als sein

lers Ausführungen aber nicht allein bei Toleranz und Verständnis, sondern in der Politik. So spitzte Kessler seine Argumentation am Ende dahingehend zu, dass er der Politik durchaus ihren berechtigten Stellenwert in künstlerischen und kulturellen Angelegenheiten beimaß, denn diese seien

> „in Wirklichkeit die Dinge, um derentwillen alle Politik überhaupt da ist. Im letzten Grund erfüllt Politik nämlich immer nur in verschiedenen Formen Eine Aufgabe: einem Volke, d. h. den idealen, intellektuellen oder künstlerischen Gaben eines Volkes, die höchste, mannigfaltigste und weiteste Entfaltung bahnen und sichern. Dazu sind Parlamente, Panzerschiffe, Handelskammern da. Selbst die ‚hohe' Politik ist nur Mittel zu diesem Zweck. Die Denker, Dichter, Künstler stehen im Mittelpunkt und alle Andren um so zentraler, je näher ihr Wirken diese lebendigen Geister berührt, die das Ewige ihres Volkes sind."[304]

Kesslers provokante Ausführung führte am Ende zu der Feststellung, dass Kunst ein wichtiger Bestandteil des Lebens und damit auch der Politik wäre. „Denn der moderne Staat befasst sich mit Kunst. Er hat Galerien, macht Ausstellungen, giebt Aufträge, baut, belohnt."[305] In Machtmissbrauch aber dürfte das Engagement einer Regierung niemals gipfeln. „Und", so schlussfolgerte der Autor, „ da der Staat die Kunst in seinen Bereich zieht, so muss man verlangen, dass die Kunst auch in der Politik nach ihrer richtigen Bedeutung geschätzt und nach dem richtigen Prinzip, dem der Freiheit, behandelt werde."[306]

Die Wendung des Textes vom eifrigen Aufruf einer neuen Künstlergruppe zur politischen Mahnung zeigt Kesslers diplomatische Absicht. Nicht zuletzt in der Person Werners entlarvte er die Handhabung der Regierung, die „in Preussen die Kunst staatlich regeln" wollte, und schlug sie dabei mit den eigenen Waffen, indem er „die Macht des Staates" gar nicht in Abrede stellte oder anklagte, sondern die Regierung gerade deswegen an ihre Verantwortung erinnerte und sie aufforderte, ihre Macht „zu benutzen, um die Eigenart in der Kunst vor Bedrückung zu schützen und um dem Talent Gelegenheit zu eröffnen, frei nach seinem Gewissen zu schaffen".[307] Um seinen Aufsatz zum Ende hin aber wieder zu entschärfen und ein Beispiel zu liefern, dass Kulturpolitik auch weniger autoritär betrieben werden kann, schloss Kessler mit einem Dank an den Schirmherrn des Künstlerbundes Großherzog Wilhelm Ernst von Sachsen. Damit bekräftigte er überdies die Wahl Weimars als Vereinssitz des Bundes mit dem Argument einer traditionsreichen Vergangenheit, dem sich auch die Reichsregierung nicht ohne Verlust ihrer Glaubwürdigkeit entziehen könnte. Denn jedes Mal,

---

Gegner war. Das ist aber die Wertungsweise, die man uns in der Kunst zumutet, und gegen sie ist mein Satz gerichtet." Aus: Kessler 1988, S. 69.

304 Kessler 1904, S. 195.

305 Ebd.

306 Ebd.

307 Kessler 1904, S. 196.

> „wenn die deutsche Kultur sich neuen Zielen zuwandte, sind die neuen, eigenartigen Geister vom Haus Wettin in Thüringen gefördert und geschützt worden. [...] So bedeutet denn für den Künstlerbund seine Heimat Weimar nicht blos einen Rückhalt, sondern zugleich das glänzendste Vorbild in deutschen Landen derjenigen Art der Kunstförderung, für die diese neue, starke Vereinigung gegründet ist."[308]

Die Entscheidung, als Sitz des Bundes Weimar zu wählen, ist zweifelsfrei auf Kesslers Rechnung gegangen. Doch wie viele seiner Aktivitäten, war auch seine Zeit in Weimar nur von kurzer Dauer. Nach seinem Ausscheiden aus dem dortigen Museum 1906 musste sich der Künstlerbund nach nur zweieinhalb Jahren eine neue Heimstatt suchen. Als offizieller Geschäftssitz wurde fortan die Privatadresse des Sekretärs des Bundes Theodor Brodersen in Weimar angegeben.[309] In Weimar wurden auch weiterhin die Mitgliederversammlungen abgehalten.[310] Als Brodersen 1912 die Geschäftsleitung des Hamburger Kunstvereins übernommen hat, ist er nach Hamburg übergesiedelt. Die Geschäftsleitung des Künstlerbundes behielt er bei.[311] Noch 1927 wurde Hamburg als Geschäftsstelle des Bundes angegeben.[312] Spätestens ab 1932 war die Geschäftsstelle in Berlin.[313]

Liberalität und künstlerische Freiheit sind noch heute das höchste Gut des Deutschen Künstlerbundes.[314]

Talentförderung

Der vermeintliche Verzicht auf Qualitätskriterien, den Kessler der Kunstgenossenschaft vorwarf, bezog sich auch auf deren Beurteilung der modernen Kunst. Denn auch darin konnten, vielmehr *wollten* die Genossenschaftler nicht Qualität von Mittelmaß unterscheiden, was sich in ihrer rigorosen Ablehnung wiederspiegelte.

---

308 Ebd.

309 Noch 1911 findet sich die Weimarer Anschrift im Briefkopf des Bundes. Vgl. Mitteilung des Deutschen Künstlerbundes an seine Mitglieder, 30.8.1911, in: AdK, Robert-Sterl-Archiv, 106, 29.

310 Vgl. etwa Kunstchronik, N. F. Jg. 20, 1909, Sp. 159.

311 Vgl. Jenaische Zeitung, Jg. 239, Nr. 199, 25.8.1912.

312 Vgl. Deutscher Künstlerbund an Sterl, 26.10.1927, in: AdK, Robert-Sterl-Archiv, 106, 25.

313 Zunächst in der Arnimallee in Dahlem. (vgl. Deutscher Künstlerbund 1932a, Kopie in: AdK, Deutscher Künstlerbund, 542/2), am Ende in der Normannenallee in Nikolassee (vgl. Deutscher Künstlerbund an die Mitglieder, 5.2.1936, in: AdK, Deutscher Künstlerbund, 703). Nach der Wiedergründung des Bundes 1951 ist die Geschäftsstelle in Berlin geblieben.

314 „Dieser Wert der künstlerischen Freiheit und kollegialen Toleranz ist für die Mitglieder des Deutschen Künstlerbundes die Grundlage ihres künstlerischen und kulturpolitischen Handelns, heute wie schon vor hundert Jahren." Aus: 100 Jahre Deutscher Künstlerbund, in: Deutscher Künstlerbund, Projekte (Projekte seit 2001: 2003. http://www.kuenstlerbund.de/deutsch/projekte/projekte-seit-2001/2003/2003-100-jahre.html (abgerufen am 24.8.2015).

Wie Kessler in seinem Aufsatz darlegte, war es überhaupt keine Option für die modernen Künstler, unter den Bedingungen des neuen St. Louis-Komitees an der Weltausstellung teilzunehmen. Zwar hieß man die Sezessionisten offiziell willkommen, doch in Wirklichkeit waren sie lediglich geduldet, hätten auf ihre Präsentation vor Ort keinerlei Einfluss gehabt und sich „von den Erwählten der Mittelmässigen hängen lassen“ müssen. „Schwach vertreten und geschickt verteilt ertrinken sie dann in der Masse von selbst“, war die Befürchtung.[315]

Die Öffnung des Künstlerbundes gegenüber allen Richtungen war nicht als wahllose Aufnahme eines jeden Künstlers misszuverstehen. Hierin unterschied sich der Bund wesentlich von der Kunstgenossenschaft, der jeder beitreten konnte, „der irgendwie etwas Kunst macht“.[316] Da die Kunstgenossenschaft ganz andere Intentionen hatte, und als Berufsverband sogar regelrecht verpflichtet war, alle Bewerber aufzunehmen, war das in ihrem Fall auch gar kein Übel. Der Künstlerbund aber wollte sich dagegen entschieden verwahren. Nicht zuletzt darauf beruhte die elitäre Prägung des Bundes, die aber nicht dazu diente, sich gegen Andere und Anderes abzuschließen, sondern allein von besonderen Auswahlkriterien zeugte, was zwangsläufig eine Note von Exklusivität mit sich brachte.

Qualität war auch schon das entscheidende Argument der Berliner Sezession. „Bei der Auswahl der Werke, welche unsere Ausstellung schmücken, war nur das Talent, in welcher Richtung es sich auch offenbarte, ausschlaggebend“, hieß es im Vorwort der ersten Ausstellung 1899.[317] Daran wollte der Künstlerbund unmittelbar anknüpfen. Dies war aber auch der wundeste Punkt des Bundes. Denn wie lässt sich Qualität innerhalb der jüngsten Kunstproduktion bestimmen? Die volle Erkenntnis darüber bringt erst die Zeit. Daher verwundert es auch nicht, dass der häufigste Kritikpunkt an den Künstlerbundausstellungen stets eine zu nachgiebige Jury war, als Resultat einer übermäßigen Liberalität.

Wirtschaftlichkeit

Kein Künstler kann vom Lob alleine leben. Kessler, selber Sammler und Mäzen und mit dem Kunsthandel vertraut, bedachte auch die finanziellen Abhängigkeiten aller Beteiligten. Zum einen musste den neuen Talenten der Markt geöffnet werden, der ihnen bislang weitestgehend verschlossen geblieben war, sofern sie an den offiziellen Kunstausstellungen nicht teilnehmen durften. Zum andern lag es auch in Kesslers persönlichem Interesse, den Stellenwert des Kunsthandels als aufstrebenden Wirtschaftszweig voranzubringen. Die Jahresschauen sollten demnach auch dem erfolgreichen Verkauf dienen. Gegenüber den Sezessionen sah Kessler hier für den Künstlerbund den Vorteil seines überregionalen Handlungsspielraums. Denn es wurden nicht nur Künstler aus allen deutschsprachigen Gebieten auf den Ausstellungen gezeigt. Die Schauen sollten auch im ganzen Reich ausgetragen werden und

315 Kessler 1904, S. 192.
316 Ebd., S. 193.
317 Vorwort, in: Berliner Sezession 1899, S. 14.

„zwischen Nord-, Süd- und Mitteldeutschland wechseln".[318] Die Sezessionsausstellungen fanden immer am gleichen Ort mit einer oft ähnlichen Besetzung statt. Der Künstlerbund sollte nun ganz Deutschland abbilden in seinen Ausstellungen – sowohl inhaltlich als auch örtlich: Künstler *aus* allen Regionen *in* allen Regionen. So sollte der deutsche Markt gleichmäßig abgedeckt und „zugleich einheitlicher und weiter" werden.[319] Insofern konnte man neben den persönlichen Interessen Kesslers an der Schaffung einer deutschen Kulturstätte in Weimar mit dieser Wahl des örtlichen Ausgangspunktes auch die geografische Mitte Deutschlands versinnbildlicht sehen, die sich als Zentrum eines nationalen Zusammenschlusses, der sich nach allen Seiten hin gleichermaßen ausstrecken wollte, förmlich anbot.[320]

Internationale Konkurrenzfähigkeit

Dass der Eklat um die moderne Kunst im Zusammenhang mit einer Weltausstellung eskalierte, unterstreicht die Bedeutung des Aspekts der Auslandsrepräsentation der deutschen Kunst bei der Gründung des Künstlerbundes. Kessler beklagte in seinem Aufsatz die vergebene Chance, auf dem amerikanischen Kunstmarkt endlich wieder Fuß zu fassen.[321] Die amerikanischen Sammlungen, private wie öffentliche, zeigten deutlich, worauf deren Interesse abzielte: auf die modernen Franzosen,

> „welche die Kunst von der Schablone befreit haben, Millet, Corot, Puvis de Chavanne, Delacroix, Manet, Degas, Monet, Cézanne. [...] Und um diesem Geschmack entgegenzukommen und unsere Ausfuhr zu heben, schicken wir, unter Ausschluss von unseren Impressionisten, Grützner und Anton von Werner."[322]

Die Sezessionen konnten sich alleine nicht durchsetzen, „weil sie einzeln zu schwach waren".[323] Dem Künstlerbund als gesamtdeutsche Kraft stünden hier viel mehr Möglichkeiten zur Disposition. Voraussetzung dafür war zunächst der Erfolg auf eigenem Boden, um auch „gegenüber der fremden Kraft" bestehen zu können.[324] Kessler hatte in die internationale Präsenz des Bundes große Hoffnungen und Erwartungen gesetzt. „Gegen und ohne fast sämtliche namhaften deutschen Künstler wird eine deutsche Kunstausstellung im Ausland nicht zum zweiten Mal unternommen werden", versprach er.[325] Auch Leistikow ist ursprünglich davon ausgegangen, dass sich der Künstlerbund international betätigen wird.[326] Das internationale Ansehen

---

318 Kessler 1904, S. 193.
319 Vgl. ebd.
320 Vgl. zu diesem Gedanken auch J. Kalckreuth 1967, S. 298.
321 Vgl. dazu auch Rosenhagen 1903/04a, S. 65.
322 Kessler 1904, S. 192.
323 Kessler 1904, S. 193.
324 Ebd.
325 Kessler 1904, S. 194.
326 „Außer den ausländischen Ausstellungen wird der Bund solche in Deutschland veranstalten." Aus: Leistikow 1903/04, S. 205.

der deutschen Kunst zu heben war zu Beginn eines der vordergründigen Ziele des Bundes, der ja schließlich aus diesem Zusammenhang heraus gegründet worden ist.

Modernes Kunstmuseum

Eine Vision Kesslers, deren Realisierung er mit seiner Anstellung am Weimarer Museum näherrücken sah, war die Schaffung eines modernen Kunstmuseums. Natürlich gab es bereits museale Sammlungen zeitgenössischer Kunst. Wie schwer es aber zukunftsorientierten Museumsleitern wie Pauli in Bremen oder Tschudi in Berlin gemacht wurde, auch den abseits des gängigen Geschmacks liegenden Kunsterzeugnissen einen Platz in der Kunstgeschichte zu verschaffen, zeigten etwa die Skandale, die 1908 in Berlin und 1911 in Bremen den Ankäufen moderner Bilder folgten.[327]

Kessler wies vor allem darauf hin, dass der Ankauf moderner Kunst anderen Prinzipien zu folgen hätte als die Sammlung alter Kunst: „Man empfindet meistens nur, dass die Sammlungen moderner Werke deprimierend hässlich sind, und macht dafür die moderne Kunst verantwortlich."[328] Es gehörte aber eben mehr dazu, als die Sachen einfach bloß an die Wand zu hängen und das Publikum, das gerade nebenan noch die alten Meister bewundert hat, bei der Betrachtung der neuen Stilmittel und Malweisen ganz sich selbst zu überlassen. Hier kam Kessler auf seine Forderung nach künstlerischer Freiheit und vor allem nach Qualität zurück. Der Fokus läge bei der modernen Kunst allein auf der Kunst selber. „Nichts Außerkünstlerisches wie das Sujet oder des Künstlers gute Gesinnung und amtliche Stellung" machten

---

327 Hugo von Tschudi (1851–1911) wurde 1896 Direktor der Berliner Nationalgalerie. Noch im selben Jahr kaufte er Manets *Im Wintergarten* (1879, Öl/Leinwand, 115 x 150 cm, Staatliche Museen zu Berlin, Nationalgalerie). Es war das erste Werk des Malers, das für ein deutsches Museum erworben worden ist. Im Jahr darauf gelangte das erste Bild von Cézanne durch Tschudi in ein Museum (*Die Mühle an der Couleuvre bei Pontoise*, 1881, Öl/Leinwand, 73 x 92 cm, Staatliche Museen zu Berlin, Nationalgalerie). Im Laufe der nächsten Jahre hat Tschudi für die Nationalgalerie, vielfach durch Schenkungen Berliner Mäzene, einen beachtlichen Bestand impressionistischer Bilder zusammengebracht, was die konservative Seite auf den Plan rief. Ab 1899 wurde ihm per kaiserlichem Erlass seine Handlungsfreiheit genommen. Fortan musste jedes Werk, das zum Ankauf oder auch zur Schenkung in Betracht genommen wurde, vom Kaiser persönlich genehmigt werden. Anlässlich des Ankaufs von Werken der Schule von Barbizon kam es 1908 zur „Tschudi-Affäre". Tschudi hatte die Genehmigung des Kaisers für diesen Ankauf erhalten, woran sich dieser im Nachhinein nicht mehr erinnern wollte. Tschudi wurde für ein Jahr beurlaubt und wechselte 1909 als Direktor der Bayerischen Staatsgemäldesammlungen nach München. Zur Tschudi-Affäre siehe etwa Justi 2000, S. 238–244. Zum Eklat um Paulis Ankauf von van Goghs *Mohnfeld* für die Bremer Kunsthalle 1911 siehe: Bremen 2002 u. im Zusammenhang mit dem Deutschen Künstlerbund hier: Kap. IV.2, S. 221–228.

328 Kessler 1904, S. 194.

den Wert eines Kunstwerks aus.[329] Damit spielte Kessler auf die Kritikpunkte von konservativer Seite an, die ausschließlich auf außerkünstlerische Aspekte abzielten. Es zählten aber allein Form und Ästhetik. Entscheidend war hierbei eine qualitätvolle Auswahl, um die Spreu vom Weizen zu trennen – auch in Hinblick auf die Nachhaltigkeit des Sammlungsgutes. Doch die erforderliche Kennerschaft aktueller, moderner Arbeiten wurde dem Direktor einer zeitgenössischen Abteilung offenbar nicht zugetraut. So kam Kessler erneut auf den politisch konnotierten Ausgangspunkt des deutschen Kunstdebakels zurück. Die Art und Weise, wie der Handlungsspielraum der deutschen Museumsdirektoren beim Ankauf moderner Kunst von Regierungsseite beschnitten wurde, hatte eine erfolgreiche Arbeit für St. Louis von vornherein ausgeschlossen. Während die Verwaltung der Sammlungen älterer Kunst „grundsätzlich oder doch mindestens thatsächlich in einer Hand, nicht bei einer Kommission" lag, so gab es „keine öffentliche Sammlung moderner Bilder, die nach diesen Prinzipien geleitet würde".[330] Und Kessler wies auf das populärste und autoritärste Beispiel dieser Kunstpolitik hin, das dem Direktor der Berliner Gemäldegalerie Hugo von Tschudi, der im Begriff war, eine wegweisende Sammlung moderner deutscher wie internationaler Kunst aufzubauen, die Hände band: „[...] da hat der Staat tragikomischer Weise selbst eingegriffen, um zu verhindern, dass seine Gelder gut angelegt statt verschwendet würden."[331]

Das Prinzip, nach dem bisher in Deutschland zeitgenössische Kunst in die Museen gelangte, nämlich „in erster Linie [...] jedem Künstler, der ein paar Jahre unanstössig gemalt hat und Professor ist, ein Bild" abzukaufen, war keinesfalls mehr zeitgemäß.[332] Und auch in diesem Punkt waren Kesslers Ambitionen groß, Veränderungen zu forcieren. Wenn der Künstlerbund eine Galerie schaffte, würde er nach seinen eigenen Prinzipien verfahren. Allein das ästhetische Urteil käme zur Geltung und die Entscheidung darüber würde, nach der „auch sonst aristokratischen Verfassung" des Bundes, „in die Hände Weniger" gelegt:

> „Wahrscheinlich wird man die Verwaltung wie die der Museen alter Kunst der Sammelweise eines gut beratenen Privatmannes sehr nahe bringen. Diese Grundsätze klingen fast trivial, so selbstverständlich scheinen sie. Sie sind aber bei der Verwaltung einer öffentlichen Sammlung moderner Kunst wirklich neu. Eine solche moderne Galerie würde denn auch fast Nichts gemein haben mit den jetzt als Museen moderner Kunst geltenden Instituten."[333]

Kesslers Ausführungen zur Schaffung eines modernen Kunstmuseums nehmen in dem Aufsatz viel Raum ein. In Anbetracht seiner Museumstätigkeit entsprach die Thematik natürlich seinem aktuellen Interesse. So sah er in der Institution Museum

329 Ebd.
330 Ebd.
331 Ebd.
332 Ebd.
333 Ebd.

nicht nur einen Hort künstlerischen Sammlungsgutes, sondern auch den der künstlerischen Bildung. Das von ihm erdachte moderne Museum sollte sich keinesfalls abgrenzen von Sammlungen älterer Kunst. Es sollte ganz im Gegenteil mit diesen zusammengehen, auf das Alte zurückweisen und die Entwicklungen in der Kunst nachzeichnen lassen. Zudem ließe sich eine moderne Sammlung ohne allzu großen finanziellen Aufwand zusammentragen, wenn man die hervorragenden Werke beschaffte, bevor sie an Wert erst gestiegen wären.

> „Die jungen fruchtbaren Talente, die es in Deutschland, Frankreich, und auch in England giebt, können in ihren besten Werken billig gekauft werden. Hier vereinigt und aneinandergereiht würden sie mit den älteren zusammen die Brücke sein von unserer fieberhaften, weit verzweigten Entwicklung zur Tradition des 19. und der früheren Jahrhunderte."[334]

Ganz anders als es den Sezessionisten und späteren Künstlerbündlern also immer vorgeworfen wurde, betonte Kessler den Wert dieses Museums, die Tradition zu bewahren und nicht zu dementieren, indem es in seiner Konzeption nämlich ganz und gar auf dieser aufbauen sollte. „Daher würde ein solches Museum, das die Verbindung zwischen der modernen Kunst und der alten klar verfolgen liesse, einem Bedürfnis der jungen Ausnahmetalente entgegenkommen."[335]

Ein Mittel, das die Arbeit des Künstlerbundes zweifellos sinnvoll ergänzt hätte, lässt Kesslers Bericht erstaunlicherweise vermissen: die Herausgabe einer Zeitschrift. Zumal Kessler wie auch viele seiner Künstlerbundkollegen durch ihre Mitarbeit an der Zeitschrift *PAN* oder sonstige publizistische Tätigkeiten auf diesem Feld, das den Beginn der Moderne entscheidend begleitet hat, durchaus erfahren waren.

III.1.4 Das kunstpolitische Ausmaß der Gründung

Kessler hat in seinem Aufsatz alle aktuellen Belange der Kunstbewegung verarbeitet. Damit versuchte er dem Künstlerbund bereits vorab seinen Platz in der Kunstgeschichte zuzuweisen, als Rettungsanker in der Not, als Motor zum Aufbruch in moderne Zeiten und politisches Vorzeichen in eine zukünftig demokratisch liberale Gesellschaftsordnung. Nicht ohne Ironie und Sarkasmus resümierte er den allgemeinen Beschuss gegen alle modernen Tendenzen, der durchaus nicht neu war in der Geschichte des Menschen: „Neu ist nur, die höchsten Staatsbehörden zu dieser Jagd benutzt zu sehen."[336] Aber Kessler hat den Konflikt nur zu gerne auf derselben politischen Ebene fortgeführt. Der allgemeinen Wahrnehmung des Künstlerbundes

334 Kessler 1904, S. 195.
335 Ebd.
336 Kessler 1904, S. 192.

gereichte dies zu direktem Erfolg. Seine Gleichstellung mit der Kunstgenossenschaft war von Beginn an garantiert.[337]

An der Allgemeinen Deutschen Kunstgenossenschaft ging die Gründung des Künstlerbundes natürlich nicht spurlos vorbei. Der Verein Berliner Künstler, der als Ortsverband der Genossenschaft dem restriktiven politischen Leitfaden der kaiserlichen Regierung weiterhin die Treue hielt, reagierte höchst alarmiert. In einer 1904 eigens zur Verteidigung der Rivalität gegenüber der Berliner Sezession herausgegeben Schrift fand der neugegründete Zusammenschluss warnend Erwähnung. Die Auseinandersetzungen im Vorfeld von St. Louis hätten, so der Verein Berliner Künstler,

> „noch eine bedeutsame und für die fernere Entwicklung unseres Kunstlebens nicht unbedenkliche Folge gehabt: Die Secessionen haben beschlossen, aus der Deutschen Kunstgenossenschaft, in der sie nach ihrer Behauptung nicht zu ihrem Rechte kommen, auszuscheiden und sich zu einem Sonderbund, dem ‚Deutschen Künstlerbund', zusammenzuschliessen. Eine solche Neubildung bedeutet eine schwere Schädigung unseres öffentlichen Kunstlebens, indem sie den beklagenswerten Gegensatz zwischen den Mitgliedern der secessionistischen Gruppen und denen der altbestehenden grossen Vereine noch mehr hervorhebt und verschärft, und Streit und Zwiespalt auf's neue hervorruft. Ganz besonders gilt dies für Berlin, wo durch die Bildung der Secession und ihr eigenwilliges und uncollegialisches Verhalten die Verhältnisse schon allzu sehr verwirrt und zerfahren sind, sehr zum Schaden der Kunst und ihrer einzelnen Künstler, wie auch des kunstliebenden Publikums."[338]

Die Stuttgarter Genossenschaftler strebten eine grundlegende Umstrukturierung ihres Vereins an und sahen die Notwendigkeit einer ständigen Präsenz in der Reichshauptstadt:

> „Von Stuttgart aus wird eine Reorganisation der allgemeinen deutschen Kunstgenossenschaft angestrebt. Auf der nächsten Delegiertenversammlung wollen die Stuttgarter aufs schärfste für eine Umgestaltung eintreten. Insonderheit wird ein fester Sitz des Vorstandes, und zwar in Berlin, und ein besoldeter Geschäftsführer verlangt."[339]

Berlin war endgültig zum Dreh- und Angelpunkt der deutschen Kunstbewegung geworden.

---

337 „Wir wissen ja alle, daß sich neben der Deutschen Kunstgenossenschaft ein Deutscher Künstlerbund als selbständiger Verein mit seiner Geschäftsstelle in Weimar gebildet hat." So der Abgeordnete der christlich konservativen Zentrumspartei Peter Spahn (1846–1925), der die Abspaltung von der Kunstgenossenschaft deutlich missbilligte. Vgl. Stenographische Berichte über die Verhandlungen im Reichstag, 33. Sitzung, 15.2.1904, Bl. 37–40, S. 991.

338 Kunstgenossenschaft und Secession [1904], S. 2 f.

339 Kunstchronik, N. F. Jg. 16, 1905, Sp. 77.

Die Debatte im Reichstag

Nach Erscheinen von Kesslers provokantem Gründungspamphlet hatte die Angelegenheit endgültig reichspolitisches Niveau erlangt. Die Schrift war Thema einer zweitägigen Debatte im Reichstag, bei der sich parteienübergreifend die allgemeine Unzufriedenheit über die offizielle Kunstpolitik offenbarte. Eine derart lange, aufsehenerregende und publikumswirksame Diskussion um Kunstangelegenheiten gab es weder zuvor noch jemals danach im deutschen Reichstag.[340] Am 20. Januar 1904 wurde das Thema erstmals im Reichstag aufgenommen.[341] Sozialdemokraten und Nationalliberale beklagten die offensichtliche Abweisung der Sezessionisten bei den Vorbereitungen zur Weltausstellung in St. Louis. Konservative und Zentrumspartei hielten sich zu diesen Aussagen zunächst zurück. Der Staatssekretär des Innern Posadowsky-Wehner verteidigte die Organisationsarbeit der anstehenden wie auch der beiden vergangenen Weltausstellungen 1893 in Chicago und 1900 in Paris durch die Allgemeine Deutsche Kunstgenossenschaft, räumte allerdings ein, dass dort, wo es angebracht war, durchaus Verbesserungen vorgenommen worden sind. Auch Lewald verteidigte plötzlich die letzte Weltausstellung 1900 in Paris, die so schlecht doch nicht gewesen wäre und deren Mängel er für St. Louis ja auszumerzen versuchte. Die Rolle der Kunstgenossenschaft als alleinigen Organisator der Ausstellung rechtfertigte Lewald mit dem Argument ihrer ausgewiesenen Erfahrungen in der Organisation internationaler, großer Schauen. Nach den personalen Konsequenzen innerhalb des Kultusministeriums, die Lewalds einberufener Sitzung im April 1903 folgten, stand dieser nicht mehr offiziell zu seinem ursprünglichen Kurs, was einmal mehr die Vermutung nahe legt, dass der Reformimpuls tatsächlich eher vom Kunstreferenten Müller, der daraufhin seines Amtes enthoben wurde, ausgegangen ist.

Am 15. Februar 1904 wurde die Diskussion erneut im Reichstag aufgenommen. Zu Beginn wurde jedem Abgeordneten ein Exemplar von Kesslers Aufsatz vorgelegt. Parallel dazu wurde eine Broschüre über die Geschichte der Allgemeinen Deutschen Kunstgenossenschaft verteilt. Kesslers Schrift aber stellte die Grundlage der Diskussion. Der Konflikt um die deutsche Kunst mit seinen unterschiedlichen Erscheinungen wurde derart hitzig diskutiert, dass die Sitzung am folgenden Tag fortgesetzt werden musste. Die Angelegenheit spitzte sich bald zu, als nun auch die Vertreter der Konservativen wie der Zentrumspartei das Verhalten der Regierung in der Ausübung ihrer Kunstpolitik kritisierten. Der persönliche Geschmack spielte dabei keine Rolle mehr. Die Abgeordneten waren zum Großteil keine Anhänger der modernen Kunst. Aber sie hatten inzwischen fast alle verstanden, dass es längst um

340 Die Protokolle der Sitzungen vom 15. u. 16.2.1904 sind festgehalten in: Stenographische Berichte über die Verhandlungen im Reichstag, 33. Sitzung, 15.2.1904, S. 990–993 u. 34. Sitzung, 16.2.1904, S. 995–1027. Anton von Werner kommentierte die Debatte auf seine Weise. Siehe: Werner 1904. Zur Reichstagsdebatte siehe außerdem Bartmann 1985, S. 204–206. Die Debatte fand auch im preußischen Landtag statt, allerdings weitaus gemäßigter. Vgl. dazu Easton 2005, S. 148f.

341 Vgl. Bartmann 1985, S. 201.

etwas anderes ging als um die Entscheidung für oder gegen die Moderne, nämlich um den grundsätzlich liberalen Umgang mit Kunst.[342] Damit erteilten sie dem vom Kaiser geführten „persönlichen Regiment", das allein als Kompetenzüberschreitung aufzufassen war, eine deutliche Absage.[343] In dieser Sitzung wurde eines klar: Alle politischen Lager waren sich darüber einig, dass der Einfluss des Kaisers ein unangemessenes Gewicht eingenommen hat. „Wir wollen, daß nicht nur eine Richtung als Staatsrichtung gefördert wird", brachte es der Nationalliberale Waldemar Graf Oriola auf eine einfache Formel.[344] Im Zusammenhang mit der Kritik an der kaiserlichen Kunstpolitik kam auch Anton von Werner nicht gut weg. Der Sozialdemokrat Albert Südekum legte die Tatsachen über die gegenseitige Abhängigkeit und Beeinflussung Werners und des Kaisers auf den Tisch. Er „danke gefälligst für eine Kunstrepublik mit Wilhelm II. an der Spitze." Von der Glocke des Präsidenten zur Ordnung gerufen verbesserte er rasch: „[...] ich wollte sagen: mit Anton v. Werner an der Spitze".[345] Auch die Presse ging Werner wieder heftig an. Der verteidigte sich öffentlich in einer 22-seitigen Broschüre.[346] Seine Argumentation ging dahin, dass er in seinem Mittun allein dem Wunsch des Reichskommissars Lewald, des Hauptvorstands der Kunstgenossenschaft, der Lokalgenossenschaft und diverser Kollegen gefolgt wäre. Von einem Aufdrängen seinerseits könnte keine Rede sein.

Am 10. Mai 1904 wurde die Thematik nochmals im Reichstag aufgegriffen. Im Rahmen der Beratungen über die Etatverteilung für internationale Ausstellungen hatten die Abgeordneten Hermann Pachnicke, Wilhelm von Kardorff (der Vater Konrad von Kardorffs), Müller-Meiningen, Oriola und Henning eine Resolution

---

342 So etwa der sozialdemokratische Abgeordnete Albert Südekum (1871–1944) in einer späteren Sitzung, die Anträge um Berücksichtigung aller Kunstrichtungen bei der Verteilung von Beihilfen aus dem Fonds zur „Unterstützung der deutschen Kunst" betreffend: „[...] von mir kann ich sagen, daß ich weder die eine noch die andere Richtung protegiert haben will, sondern daß es mir darauf ankam, die Freiheit der künstlerischen Persönlichkeit zu garantieren. Darauf kommt es ganz allein an. Ob jemand Sezessionist ist oder einer anderen Organisation angehört, das beweist überhaupt nichts für seine künstlerische Bedeutung." Aus: Stenographische Berichte über die Verhandlungen im Reichstag, 88. Sitzung, 10.5.1904, S. 2834.

343 „Der Zwang dieses persönlichen Regiments ist es, welcher die maßgebenden Persönlichkeiten innerhalb der Reichsregierung über Gebühr beeinflusst, und es ist nur der Zwang des persönlichen Regiments, welcher zu einer Behandlung der Sezession geführt hat, die es verhindert hat, daß die deutsche Malkunst in St. Louis eine angemessene und würdige Repräsentation findet." Aus der Rede des Sozialdemokraten Paul Singer in: Stenographische Berichte über die Verhandlungen im Reichstag, 34. Sitzung, 16.2.1904, S. 997.

344 Vgl. Stenographische Berichte über die Verhandlungen im Reichstag, 34. Sitzung, 16.2.1904, S. 1005.

345 Rede des Sozialdemokraten Albert Südekum in: Stenographische Berichte über die Verhandlungen im Reichstag, 34. Sitzung, 16.2.1904, S. 1026.

346 Werner 1904.

eingereicht, die darüber bestimmen sollte, auch in Zukunft „bei der Verteilung des Fonds beide Zentralorganisationen der deutschen Künstlerschaft, sowohl die allgemeine deutsche Künstlergenossenschaft wie den deutschen Künstlerbund" zu berücksichtigen. Der Resolution wurde mit großer Mehrheit zugestimmt.[347] Zu einer Zusammenarbeit mit der Kunstgenossenschaft kam es jedoch kaum. Sicher weiß man dies bisher nur von den Künstlerbundausstellungen 1908 in Dresden und 1914 in Leipzig. Hat sich der Bund darüber hinaus an Schauen der Kunstgenossenschaft beteiligt, so blieb er zumindest namentlich im Hintergrund. Was auch immer der Grund dafür war, so muss man doch sagen, dass der Künstlerbund die Möglichkeiten, die ihm von Anfang an zugeschrieben worden sind, nicht in vollem Maße genutzt hat. Dennoch ist es sehr beachtlich, dass sich der Bund nach nicht einmal fünf Monaten, und ohne, dass er sich bis dahin überhaupt schon durch eine eigene Veranstaltung bewiesen hätte, als gleichwertige Kraft neben der Kunstgenossenschaft durchgesetzt hat. Die Reichstagsdebatte hat zweifellos ihren Teil zu der raschen Anerkennung des Bundes beigetragen, die ohne Kesslers Gründungsaufsatz so nicht stattgefunden hätte. Das Verdienst, dass sich mit dem Deutschen Künstlerbund erstmalig auf nationaler Ebene eine oppositionelle Kraft gegen die kaiserliche Kunstpolitik formiert hat, ist daher zu einem nicht geringen Teil Kessler zuzuschreiben. Seine starke Präsenz in der neuen Vereinigung hat aber auch in den eigenen Reihen Misstrauen erweckt. Bereits unmittelbar nach den Gründungstagen wurde an Bodenhausen ein Anflug von Skepsis herangetragen, wie dieser seinem Freund Kessler mitteilte:

> „Lichtwark traf ich hier einen Augenblick. Er liess mir gegenüber los über die Gefahr, die im Vorstand ein ‚Block' – Vandevelde-Kessler-Bodenhausen – gehabt haben würde. Es bestehe die allgemeine Auffassung – wohl bei Olde? – dass Du und ich unter dem Einfluß V[an de Veldes]'s stünden und dass unsere Gruppe etwas krankhaft, dekadent, hypermodernes habe (alles seine Worte). Ich halte das einfach für seine Privatauffassung und habe es mit derselben bonhommie aufgenommen, mit der es gesagt war."[348]

Tatsächlich empfand Lichtwark die Gründung des Künstlerbundes „ein wenig überhastet"[349]. Dies zeigt einmal mehr die Unschlüssigkeit zahlreicher Beteiligter, die eine Reformierung des Kunstbetriebes auch weiterhin aufgeschoben hätten. Das vehemente Auftreten Kesslers jedenfalls hat seine Wirkung nicht verfehlt und dem Künstlerbund eine Aufmerksamkeit verschafft, die er nicht noch einmal erleben sollte. Kessler hat hier seine Stärke als Initiator und Ideengeber bewiesen. Die Reichstagsdebatte hat wiederum eine entsprechende Berichterstattung in der Presse nach sich gezogen, die der Wahrnehmung des Künstlerbunds unbedingt zugutekam. Die publikumswirksame Art und Weise, mit der der Künstlerbund in

347 Vgl. Stenographische Berichte über die Verhandlungen im Reichstag, 88. Sitzung, 10.05.1904, S. 2832.
348 Bodenhausen an Kessler, 23.12.1903, in: Bodenhausen/Kessler 1978, S. 72.
349 Bodenhausen/Kessler 1978, S. 167.

Erscheinung getreten ist, hat derart Eindruck hinterlassen, dass seine Bedeutsamkeit für die deutsche Kunst auch nach weniger erfolgreichen Ausstellungen nie wirklich bezweifelt wurde.[350] Der Deutsche Künstlerbund hat sich mit den Ereignissen um seine Gründung ein festes Standbein in der deutschen Kunstbewegung gesichert.

III.2 Zusammensetzung und Struktur des Deutschen Künstlerbundes

Der Deutsche Künstlerbund wurde am 17. Dezember 1903 gegründet als Zusammenschluss von „Künstlern und Kunstfreunden, zwecks idealer und wirtschaftlicher Förderung der deutschen Kunst durch Mittel, die geeignet sind, die freie Entwicklung der deutschen Kunst zu ermöglichen".[351] Während der Gründungssitzung wurden die Vereinsstatuten festgelegt, die 1906 einige Modifikationen erfahren haben.[352]

III.2.1 Der Vorstand

Ausführendes Organ des Bundes waren der Gesamtvorstand, insbesondere der engere Vorstand sowie eine von diesen Gremien für jede Ausstellung zum Teil neu gewählte Jury.[353] Da keine Vereinsdokumente vorliegen, kann der Vorstand nur durch die Angaben in den Ausstellungskatalogen und einige wenige Mitteilungen in der Presse ermittelt werden.[354] Die Angaben im Katalog sind allerdings sehr lückenhaft und nicht in jedem Jahr repräsentativ. Die Analyse des Vorstands kann daher nur überblicksartig geschehen.[355] Über den Zeitraum von 33 Jahren aber lassen sich dennoch Tendenzen abzeichnen und Schlüsse ziehen.[356]

Der engere Vorstand bestand aus dem operativen Teil des Bundes, das heißt dem Präsidenten und seinen Stellvertretern, zwei Schriftführern und einem Schatzmeister oder Kassenwart. Soweit bislang ersichtlich, gehörtem dem engeren Vor-

---

350 Zur Rezeption der Ausstellungen siehe hier: Kap. IV.2.

351 § 1 Vereinsstatut, 17.12.1903, in: Deutscher Künstlerbund, Historie (Archiv 1903 bis 1936). http://www.kuenstlerbund.de/deutsch/historie/archiv-1903-bis-1936/statut-1903/index.html (abgerufen am 25.8.2015).

352 Ausführungsbestimmungen, 1.3.1906, in: Deutscher Künstlerbund, Historie (Archiv 1903 bis 1936). http://www.kuenstlerbund.de/deutsch/historie/archiv-1903-bis-1936/statut-1903/index.html (abgerufen am 25.8.2015).

353 Vgl. J. Kalckreuth 1967, S. 297.

354 Vgl. etwa Die Kunst für Alle, Jg. 19, 1903/04, S. 199 f. u. Jenaische Zeitung, Jg. 235, Nr. 297, 18.12.1908.

355 Für nur drei Jahrgänge finden sich die vollständigen Angaben zum engeren und dem Gesamtvorstand, 1903 (Gründung), 1910 (Darmstadt) u. 1929 (Köln). Für die Jahre 1905, 1906, 1913, 1927, 1928, 1930, 1931 u. 1932 konnte nur der engere Vorstand ermittelt werden. Für die Jahre 1907, 1908, 1911, 1912, 1914, 1920, 1921, 1933 und 1936 mangelt es gänzlich an Informationen.

356 Die Zusammensetzung des Vorstands siehe im Anhang.

stand sieben bis 16 Personen an, die durch den Gesamtvorstand ernannt wurden.[357] Die 1906 in den Satzungsergänzungen festgelegte Höchstzahl der Mitglieder auf zwölf Personen wurde nach 1927 nicht mehr eingehalten.[358] In den folgenden Jahren zählte der engere Vorstand 15 bis 16 Mitglieder. Zu deren Aufgaben gehörten unter anderem die Ernennung der Ausstellungsjurys, die Entscheidung über Aufnahmebewerbungen und den Ausschluss von Vereinsmitgliedern sowie die Bestimmung über den Ersatz von ausgeschiedenen Vorstandsmitgliedern.

Dem ersten engeren Vorstand gehörten an: Kalckreuth (Präsident), Liebermann, Klinger, Uhde und Kessler (Vizepräsidenten), Leistikow, Stuck und Tuaillon (stellvertretende Vizepräsidenten) sowie Eberhard von Bodenhausen und Theodor Hagen (Schriftführer).[359]

Mit Kessler und Bodenhausen gehörtem dem wichtigsten Gremium des Bundes sogleich zwei Nichtkünstler an. Kesslers anfänglicher Mitstreiter und Freund Bodenhausen schied allerdings schon ein Jahr später wieder aus dem Vorstand aus. Er war den Verpflichtungen, die eine aktive Teilnahme an der Unternehmung Künstlerbund mit sich brachte, kräftemäßig nicht gewachsen. Im August 1904 schrieb er an seinen Freund:

> „Mein lieber Kessler. Eben erhalte ich Einladung zur Teilnahme an Sitzung Künstler Bund am 13 August in Berlin. Ich habe abgeschrieben, ohne den Grund anzugeben, dass ich nicht im Stande bin, so häufig größere Reisen für so vorübergehenden Zwecke zu unternehmen. Ich habe die ersten Sitzungen wahrgenommen, um meine Wahl zum Schriftführer nicht in allzu lächerlichem Lichte erscheinen zu lassen. Auf die Dauer aber verliere ich den Athem. Ich sollte glauben, dass damit für mich die Notwendigkeit vorläge, von dieser Stellung zurückzutreten. Da ich sie seinerzeit indessen auf Deinen Rat und Vorschlag hin angenommen habe, so sehe ich davon ab, solche Erklärung anderweit, als bei Dir abzugeben. Bitte davon den Gebrauch zu machen, den Du für richtig hältst, besonders etwa in einem Augenblick, wo man an meinem, leider notwendigen, Ausbleiben Anstoss nehmen sollte."[360]

Dem Industriellen und Kunsthistoriker Bodenhausen[361] selbst war der Künstlerbund anscheinend weniger wichtig und er sah darin nur eine „vorübergehende" An-

357 Vgl. § 9 Vereinsstatut, 17.12.1903, in: Deutscher Künstlerbund, Historie (Archiv 1903 bis 1936). http://www.kuenstlerbund.de/deutsch/historie/archiv-1903-bis-1936/statut-1903/index.html (abgerufen am 25.8.2015).

358 Vgl. Ausführungsbestimmungen zu §5 Vereinsstatut, 1.3.1906, in: Deutscher Künstlerbund, Historie (Archiv 1903 bis 1936). http://www.kuenstlerbund.de/deutsch/historie/archiv-1903-bis-1936/statut-1903/index.html (abgerufen am 25.8.2015).

359 Vgl. Die Kunst für Alle, Jg. 19, 1903/04, S. 199.

360 Bodenhausen an Kessler, 5.8.1904, in: Bodenhausen/Kessler 1978, S. 75.

361 Eberhard von Bodenhausen (1868–1918) war vielseitig interessiert. Nachdem er zunächst Jury studiert und bereits ein eigenes Unternehmen gegründet hatte, absolvierte er schließlich noch ein Studium der Kunstgeschichte, aus scheinbar rein privatem Interesse. 1907 trat er als Direktor der Friedrich Krupp AG bei.

gelegenheit. Es war Kessler, der ihn für seine Zwecke einspannen wollte und noch ein halbes Jahr später ehrlich gestand: „Ich bedaure nach wie vor Deinen Austritt sehr lebhaft und zwar aus egoistischen Gründen ebenso wie aus allgemeinen."[362] Bodenhausens Amt des Schriftführers wurde von dem Leipziger Verleger Georg Hirzel übernommen, der dem Vorstand wie Habermann 1904 beitrat.[363]

Diese erste Besetzung bildete in den folgenden Jahren bis zum Ersten Weltkrieg den Kern des engeren Vorstands. Die Schriftführer Hagen und Hirzel behielten ihre Tätigkeit bis 1914 bei. Auch Kessler war bis 1914 als Schatzmeister und erster Vizepräsident aktiv. Kalckreuth behielt das Amt des Präsidenten sogar bis zu seinem Tod 1928 bei. 1908 kam Slevogt als langjähriges Vorstandsmitglied dazu.[364] Ab 1928 wurde den noch Lebenden dieses Stammpersonals Habermann, Liebermann und ab 1929 Slevogt die Ehrenpräsidentschaft verliehen. Kalckreuth kam bereits 1910 zu diesen Ehren. Darüber hinaus aber kam niemand zu einer derartigen Würdigung.[365]

Langjährige Mitglieder des engeren Vorstands in den zwanziger und dreißiger Jahren waren Karl Caspar, Hermann Hahn, Albert Haueisen, Erich Heckel, Karl Hofer, Georg Kolbe und Karl Schmidt-Rottluff. An der Zusammensetzung des engeren Vorstands lässt sich bereits die Entwicklungslinie des Bundes ablesen. Angefangen mit den frühen Impressionisten Kalckreuth und Uhde, über die Klassiker dieser Richtung Liebermann und Slevogt sowie die davon bereits abweichenden frühen Modernen Klinger, Kolbe, Stuck und Tuaillon bis hin zu Repräsentanten des Expressionismus wie Caspar, Heckel, Hofer und Schmidt-Rottluff, waren die Hauptströmungen dieser Zeit im Bund vertreten.[366]

Der engere Vorstand setzte sich von Anfang an aus einer Gruppe gestandener Persönlichkeiten zusammen. Bei der Gründung des Bundes waren Bodenhausen und Kessler innerhalb des engeren Vorstands die Jüngsten – mit wohlbemerkt 35 Jahren. Die übrigen waren zwischen vierzig und fünfzig, oder darüber hinaus. Diese Tendenz sollte sich bald noch steigern. Ab 1910 gab es kein Mitglied mehr im engeren Vorstand, das unter vierzig Jahre alt war. Nun war Slevogt an Kesslers Seite der Jüngste im engeren Vorstand. 1914 waren sie beide bereits Mitte vierzig. Künstlerisch wies der frühe engere Vorstand vor allem Impressionisten auf. Allein Klinger, Stuck und Tuaillon haben sich aus diesem Schema ein wenig herausgehoben. Expressionistische Positionen aber waren bis dahin im engeren Vorstand nicht vertreten. Beckmann, Caspar, Hofer oder die Brücke-Künstler haben alle bereits an den Ausstellungen des Künstlerbundes teilgenommen. Repräsentieren aber durften sie ihn nicht.

---

362 Kessler an Bodenhausen, 18.4.1905, in: Bodenhausen/Kessler 1978, S. 79.

363 Vgl. Bodenhausen/Kessler 1978, S. 173.

364 Vgl. Jenaische Zeitung, Jg. 235, Nr. 297, 18.12.1908.

365 Nicht einmal Leistung Kesslers, der erst 1937 starb, als Gründungsvater wurde in diesem Sinne honoriert, was die These unterstützt, dass dessen Wirken nach der vollzogenen Gründung doch drastisch abgenommen hatte.

366 Vgl. die Listen des Vorstands im Anhang.

1927 lässt sich natürlich ein Generationswechsel erkennen. Von der alten Garde waren aber immer noch Kalckreuth, Kessler, Slevogt und Stuck dabei. Hinzugekommen waren Caspar, Hahn, Haueisen, Curt Herrmann, Kolbe und Edwin Scharff. Insgesamt zeigt sich eine starke Überalterung innerhalb des engeren Vorstands. Drei Viertel seiner Angehörigen waren bereits über fünfzig. Kein einziger war unter vierzig. Mit den wenigen Jüngeren – was ironisch klingt, denn sie vertraten die Generation der Vierzig- bis Fünfzigjährigen – wie Caspar, Kolbe und Scharff hatte nun ein deutlich modernerer Kurs Einzug gehalten. Überraschungen boten aber auch sie Ende der zwanziger Jahre nicht mehr. 1928 erst kamen Heckel, Hofer, Schmidt-Rottluff und 1929 Karl Albiker und Paul Klee hinzu, die zu diesem Zeitpunkt ebenfalls bereits zur etablierten Prominenz gehörten. Mit ihnen hat der engere Vorstand noch einmal an Volumen zugenommen und ab 1928 fast durchweg 16 Mitglieder gezählt.[367] Der Gesamtcharakter des Vorstands hat sich durch diese Männer jedoch nicht merklich verändert, denn die Hälfte der Vorstandsmitglieder vertrat nach wie vor eine gemäßigte, inzwischen traditionelle Richtung. So gehörte auch der Spätimpressionist Robert Sterl zu den Neuaufnahmen von 1929.

Sicher hat sich der Künstlerbund dem Expressionismus nicht verschlossen. Mit seinen dieser Zeit noch amtierenden Ehrenpräsidenten Liebermann und Slevogt aber hat der Bund weiterhin auf seine Wurzeln verwiesen. Diese Würdigung war nur noch reine Ehrensache. Liebermann war zwar noch immer Präsident der Akademie der Künste, die er auch seit seinem Amtsantritt 1920 ein Stück weiter in die Moderne geführt hat. Den progressiven Künstlern konnte er aber schon damals nichts abgewinnen und hat sie nur in die Akademie eingeführt, weil er es als seine Pflicht betrachtet hatte, unvoreingenommen und objektiv zu sein. Die Aufgaben der Akademie wollte er in Fortsetzung der Sezessionen betreiben, die er inzwischen als „völlig überflüssig“[368] betrachtete. Künstler wie Beckmann oder Munch aber, die im Künstlerbund längst etabliert waren und bei weitem nicht mehr zu den Wildesten gehörten, fanden nur aus diplomatischen Gründen – er wollte ganz sicher keine autoritäre Haltung zeigen, wie er sie grundsätzlich selbst verurteilte – Zugang in seine Akademie.[369] Ausgestellt haben die beiden Ehrenpräsidenten beim Künstlerbund noch bis 1929 beziehungsweise 1930. Der Deutsche Künstlerbund ist aus dem Impressionismus und der Sezessionsbewegung geboren. Diesem Fundament hielt er immer die Treue, auch auf die Gefahr hin, sich damit der Kritik auszusetzen, zu wenig fortschrittlich zu sein.

---

367 Nur 1930 und 1932 waren es leidglich 15 engere Vorstandsmitglieder. Vgl. Deutscher Künstlerbund 1930, S. 8 u. Deutscher Künstlerbund 1932, [o. S.].

368 Akademie der Künste, Protokoll der Sitzung der Ausstellungskommission, 11.11.1930, zit. aus: Menke-Schwinghammer 1991, S. 155f.

369 Liebermann sah beispielsweise in den Arbeiten Munchs, der noch immer große Erfolge feierte, nichts als „vom Verstand diktierte Verblödungen“, wie er in seiner ihm eigenen Direktheit noch 1930 zu verstehen gab. Aus: Akademie der Künste, Protokoll der Sitzung der Ausstellungskommission, 11.11.1930, zit. aus: Menke-Schwinghammer 1991, S. 155f.

In den zwanziger Jahren ist überdies der damalige Reichskunstwart Edwin Redslob dem engeren Vorstand beigetreten. Dass damit einer der höchsten Kulturbeamten des Reichs, der während der Weimarer Republik für sämtliche staatliche Kunst- und Kulturfragen verantwortlich war, dem Bund angehörte, muss den Stellenwert der Vereinigung noch einmal angehoben haben. Dem Deutschen Künstlerbund war Redslob allerdings wohl eher in seiner Rolle als langjähriger Museumsleiter moderner Sammlungen verbunden, denn als Politiker.[370]

Bis 1936 hat sich das Personal des engeren Vorstands nochmals verändert. 13 seiner langjährigen Mitglieder waren inzwischen verstorben. Nach 1932 hinzugekommen sind Kanoldt (55 Jahr alt), Kaus (45 Jahre alt), Leo von König (65 Jahre alt) und Richard Scheibe (57 Jahre alt) – auch sie alle nicht mehr jung. Am meisten verblüfft aber vielleicht der Beitritt Königs, der noch einmal die alte Berliner Sezession verkörperte. In ihm muss man wohl eher ein vermittelndes Element sehen, das die Außenwirkung des Bundes, der inzwischen überwiegend von Expressionisten repräsentiert wurde, entschärfen sollte.

Gesamtvorstand

Der Gesamt- oder „grosse" Vorstand, wie er in der Satzung genannt ist, lässt sich nur aus vier Jahrgängen ermitteln, von der Gründung 1903, 1904, 1910 und 1929.[371] Damit ist immerhin ein großer Zeitraum abgedeckt, über den sich ein ungefährer Überblick erzielen lässt. Der Gesamtvorstand ist im Laufe dieser Jahre von 37 auf 65 Mitglieder angewachsen.[372] Die Vorstandsmitglieder wurden von der Mitgliederversammlung auf fünf Jahre gewählt. Nach dieser Zeit schieden zwei Fünftel der Vorstandsmitglieder aus. Wen dies betraf, entschied das Los. Allerdings konnten die Ausgeschiedenen direkt wiedergewählt werden.[373] Ob von dieser Möglichkeit der direkten Wiederwahl oft Gebrauch gemacht worden ist, lässt sich aufgrund der wenigen untersuchungsfähigen Jahrgänge nicht sagen. Die Quote der Neuzugänge bzw. der Bestandsmitglieder von 1903 zu 1904 und von 1904 zu 1910 ist geradezu identisch. Ein gutes Viertel der Mitglieder von 1904 und 1910 waren Neuzugänge.

370 Edwin Redslob (1884–1973) hat von 1912 bis 1919 das Angermuseum in Erfurt geleitet und sich dort als großer Förderer der Avantgardekunst erwiesen. Zuvor war er bereits sehr engagiert im Sonderbund Westdeutscher Kunstfreunde und Künstler. Bis zu seiner Ernennung zum Reichskunstwart 1920 war er noch ein Jahr als Leiter der Staatsgalerie Stuttgart tätig.

371 Vgl. Die Kunst für Alle, Jg. 19, 1903/04, S. 199; Die Kunst für Alle, Jg. 20, 1904/05, S. 119; Deutscher Künstlerbund 1910, S. 2–5 u. Deutscher Künstlerbund Mitgliederverzeichnis 1929, in AdK, Deutscher Künstlerbund.

372 Die Größe des Gesamtvorstands wurde nicht durch die Satzung limitiert.

373 Vgl. § 8 Vereinsstatut, 17.12.1903, in: Deutscher Künstlerbund, Historie (Archiv 1903 bis 1936). http://www.kuenstlerbund.de/deutsch/historie/archiv-1903-bis-1936/statut-1903/index.html (abgerufen am 25.8.2015).

Es gibt hier keinen Unterschied zwischen 1904, ein Jahr nach der ersten Wahl, und 1910, kurz nach dem turnusmäßigen Wechsel der Vorstandsmitglieder.[374]

Die Tendenz zur Überalterung, die sich bereits im engeren Vorstand abgezeichnet hat, fällt auch im Gesamtvorstand auf. Die ersten beiden Jahrgänge 1903 und 1904 gleichen sich noch ziemlich. Den größten Anteil machten die Vierzig- bis Fünfzigjährigen aus. Fast genauso viele waren aber auch schon über fünfzig. In den ersten Jahren war nur ein Fünftel der Vorstandsmitglieder zwischen dreißig und vierzig. Bis 1910 hat sich die Zahl der über Fünfzigjährigen extrem vergrößert und machte nun über die Hälfte aller Vorstandsmitglieder aus. Zwischen dreißig und vierzig waren nun nicht mal sechs Prozent. 1929 ist die Gruppe der Fünfzigjährigen auf sechzig Prozent angewachsen. Der Anteil der Dreißig- bis Vierzigjährigen hingegen ist nahezu gleich geblieben, was darauf hindeutet, dass die meisten Vorstandsangehörigen beständige Mitglieder waren und die Neuzugänge eher im Alter von dreißig bis vierzig waren. Unter dreißig war in den vier hier ausgewerteten Jahrgängen niemand. Es ist doch bemerkenswert, dass ein Verein, der vor allem für die junge Kunst, aber doch auch für die jungen *Künstler* einstehen wollte, in seinem Vorstand keinen wirklich jungen Akteur zugelassen hat.

Auch stilistisch blieb der Bund seiner Traditionslinie treu, auf der er sich zu Beginn bewegt hat. Selbst 1929 machten die Expressionisten und deren Nachfolger, aber auch moderne Architekten und Museumsleute, die die Moderne förderten noch immer lediglich die Hälfte der Besetzung aus.[375] Dass erst 1929 Käthe Kollwitz und Maria Caspar-Filser als einzige Frauen im Vorstand auftauchen, stellt zudem das Verhältnis des Bundes zur gesellschaftlichen Emanzipation in Frage.[376]

Die Nichtkünstler, die dem Gesamtvorstand angehörten, waren überwiegend im Museumdienst tätig, und zwar allesamt in Direktorenämtern.[377] Der Künstlerbund

374 Für das Jahr 1929 macht eine Überlegung hinsichtlich des Vorstandswechsels keinen Sinn mehr, weil nicht klar ist, wie der Turnus bis dahin fortgesetzt worden ist und ein Vergleich zu 1910 überdies nicht hilfreich ist.

375 1904 sind Klimt und Hodler in den Vorstand gewählt worden. 1910 findet sich kein damals progressiver Künstler unter den Neuzugängen. Bis 1929 sind Ahlers-Hestermann, Albiker, Barlach, Beckman, Caspar, Caspar-Filser, Dix, Heckel, Hofer, Kanoldt, Kirchner, Klee, Kokoschka, Kolbe, Marcks, Otto Mueller, Nolde, Orlik, Pechstein, Purrmann, Scharff und Schmidt-Rottluff hinzugekommen, die Ende der zwanziger Jahre allerdings auch nicht mehr zur progressiven Generation gehörten. Vgl. die Mitgliederliste des Gesamtvorstands im Anhang.

376 Die Kollwitz wurde 1927 bereits zur Jury zugelassen. Doch muss sie damals nicht zwangsläufig auch schon in den Vorstand gewählt worden sein. Die Berliner Sezession zeigte sich ihr gegenüber emanzipierter und hatte die Künstlerin bereits 1913 in Vorstand und Jury gewählt.

377 Seit 1903 gehörten Max Lehrs (1904–1908 Kupferstichkabinett Berlin, ab 1908 Kupferstichkabinett Dresden), Alfred Lichtwark (Hamburger Kunsthalle), Gustav Pauli (Kunsthalle Bremen, ab 1914 Hamburger Kunsthalle), Woldemar von Seidlitz (Königliche Kunstsammlungen Dresden) und Georg Treu (Skulpturensammlung Dresden) zum Gesamtvorstand. 1904 kam Richard Graul (Kunstgewerbemuseum

war also entweder nur für die Museumsleute interessant, die etwas bewegen wollten und sich vom Bund die Unterstützung ihrer Museumsarbeit erhofft hatten, oder umgekehrt, nur diese waren für den Künstlerbund interessant. Da der Vorstand durch die Mitgliederversammlung gewählt wurde, könnte sich in der Wahl der Museumsleute auch eine augenscheinliche Erwartungshaltung der Künstler an die Museumsleute spiegeln.

Zum absoluten Kern, der dem großen Vorstand von 1903 bis 1929 angehörte, sind nur acht Leute zu zählen, was vor allem auf das bereits zur Zeit der Gründung überwiegend höhere Alter der Herren zurückzuführen ist. Es waren dies Fritz Erler, Ludwig von Hofmann, Harry Graf Kessler, Max Liebermann, Fritz Mackensen, Carl Marr, Gustav Pauli und Max Slevogt. Das prägnanteste Vorstandsmitglied aber war Leopold von Klackreuth, der Ende 1928 verstarb und dem Bund bis dahin von Beginn an als Präsident vorgestanden hat. Vor Gründung des Künstlerbundes war Kalckreuth als Lehrer in Weimar, Karlsruhe und Stuttgart tätig, wo er bereits zu den Gründungsmitgliedern des Karlsruher sowie des Stuttgarter Künstlerbundes gehörte.[378] Auch wenn Kalckreuth die Bezeichnung „Bund" grundsätzlich gefiel, weil sie so „herzhaft nach Revolution"[379] klang, verfolgten diese beiden Vereine noch keine revolutionären Absichten im Sinne einer Sezession und können daher auch in keiner Weise als ein Vorläufer des Deutschen Künstlerbundes betrachtet werden. Nichtsdestotrotz hatte Kalckreuth durch seine aktive Teilnahme an diesen Vereinigungen bereits sein Engagement in künstlerorganisatorischen Anliegen bewiesen. Er war Spross eines alten schlesischen Adelsgeschlechts und bekennender Monarchist.[380] Der Aussage seines Sohnes zufolge fiel es ihm durchaus nicht leicht, Stellung gegen Kaiser und Regierung zu beziehen. Selbst „das am 20. März 1901 geäußerte kaiserliche Verdammungsurteil über die ‚Rinnsteinkunst' hatte ihn nicht von seinen monarchisch-loyalen Gefühlen befreit."[381] Am Ende aber siegte sein Gerechtigkeitssinn. Zwar wollte er gerne „alles vermeiden, was von seiner Majestät

Leipzig) hinzu. Bis 1929 sind zudem Alexander Dorner (Provinzialmuseum Hannover), Otto Fischer (Kunstmuseum Basel), Ludwig Justi (Nationalgalerie Berlin), Walter Kaesbach (1920–1924 Städtisches Museum Erfurt, ab 1924 Kunstakademie Düsseldorf), Hans Posse (Gemäldegalerie Dresden) und Fritz Wichert (Kunsthalle Mannheim) dem Vorstand beigetreten. Pauli und Wichert haben selbst maßgeblich an je einer Künstlerbundausstellung in ihren Häusern mitgewirkt. Vgl. dazu hier: Kap. IV.2, S. 228–239 u. 246–277.

378 Die Bezeichnung „Künstlerbund" war in den damaligen Jahren äußerst populär und wurde von zahlreichen Künstlergruppen im ganzen Reich genutzt. 1896 wurde der Karlsruher Künstlerbund ins Leben gerufen, der de facto als Ortsverein der Allgemeinen Deutschen Kunstgenossenschaft fungierte. Auch der zwei Jahre später gegründete Stuttgarter Künstlerbund ging noch Hand in Hand mit der dort ansässigen Kunstgenossenschaft.

379 J. Kalckreuth 1967, S. 223.

380 Vgl. J. Kalckreuth 1967, S. 256.

381 J. Kalckreuth 1967, S. 297.

als Illoyalität ausgelegt werden könnte, und er hat es auch stets so zu halten versucht. Aber wenn die Sache es verlangt, galt es zu handeln auch wenn man sich Missdeutungen aussetzte. Angesichts der Gründung des Deutschen Künstlerbundes war dieser Fall gegeben![382] Seine Kaisertreue prädestinierte Kalckreuth geradezu als höchsten Repräsentanten der neuen Gruppe. Denn gerade er konnte den vermeintlich anarchistischen Charakter, den die Künstlerbündler nie wirklich anstrebten, nach außen abschwächen und den Zugang zur Regierung offenhalten, der ja notwendig war, wenn der Bund offiziell neben der Kunstgenossenschaft bestehen wollte.[383] „In Kunstkreisen war er bekannt als ein behutsamer, aufrichtiger Mann, vielleicht besser geeignet, die neue Vereinigung zu leiten, als der streitsüchtige Liebermann, der auch für den Posten in Betracht gezogen worden war."[384] Kalckreuths Sohn zog bezüglich der Entscheidung zwischen seinem Vater und Liebermann auch den alten Streit zwischen München und Berlin in Betracht, denn „München, das seit jeher Berlin argwöhnisch gegenüberstand, [war] nicht sofort für die Bundesidee begeistert und wäre es mit Liebermann an der Spitze des Bundes nie gewesen."[385] Wie wichtig Kalckreuth von Beginn an war, und mit welch hohen Erwartungen an die Gründung der neuen Vereinigung herangegangen worden ist, beschwor Lichtwark kurz vor der Gründungssitzung des Bundes:

> „Liebster Kalckreuth! Von Liebermann höre ich eben, daß Du nicht nach Weimar kommen willst. Ich bin sehr erschrocken darüber. Der guten Sache wegen *mußt* Du dabei sein, es geht wirklich nicht anders. Mir scheint, als ob dies Weimarer Ergebnis entscheiden wird über sehr viel Zukunft. Du mußt mitentscheiden. Ich kann mir gar nicht vorstellen, wie es werden soll, wenn Du nicht dabei bist. Es ist ja ein Opfer,

---

382 Vgl. ebd.

383 Dass der Kaiser auf Kalckreuths Bekenntnis zum Künstlerbund hin vielleicht doch persönlich von ihm Abstand nahm, lässt eine Ablehnung des Kaisers zu einer Porträtsitzung bei Kalckreuth vermuten. Bei Rudolf von Valentini (1855–1925), Chef des Geheimen Zivilkabinetts, wurde angefragt: „Die Mannheimer Produktenbörse beabsichtigt für ihren neuen Sitzungssaal ein Bildnis Seiner Majestät des Kaisers durch den Maler Graf Leopold von Kalckreuth malen zu lassen. Bevor wir uns an den Künstler wenden, möchten wir Sie bitten, den Kaiser zu fragen, ob Seine Majestät bereit ist, dem Maler Kalckreuth zu sitzen." Aus: Emil Hirsch (Vorsitzender des Vorstands der Mannheimer Produktenbörse) an Valentini, 24.6.1915, in: GStA PK, I. HA Rep. 89 Geheimes Zivilkabinett, jüngere Periode, Nr. 19913, Bl. 109. Die Ablehnung kam unverzüglich: „Ew. Hochwohlgeboren teile ich auf die gefällige Zuschrift vom 24. d. Mts. ergebenst mit, daß Sr. M. der K. und K. an der freundlichen Absicht der dortigen Produktenbörse, Allerhöchstliches [?] Bildnis für ihren Sitzungssaal malen zu lassen, mit Interesse Kenntnis zu nehmen geruht habe. Sr. M. sind aber zu allerhöchstem Bedauern nicht in der Lage, zu diesem Bilde dem Künstler eine Sitzung zu gewähren." Aus: hs. Abschrift auf dem Brief der Anfrage, ohne Anrede, ohne Unterschrift, 28.6.1915.

384 Paret 1981, S. 159.

385 J. Kalckreuth 1967, S. 298.

> aber das ist es für uns alle. Die Aussichten sind sonst gut. [...] Es soll zunächst das Ausstellungswesen der Kunststädte organisiert werden, dann aber auch das in den reichen neuen und bis jetzt barbarischen Zentren der Industrie, eine sehr wichtige Angelegenheit. Wenn Du nicht selbst nach Weimar kommst, beraubst Du die ‚Gute Sache' um ein unersetzliches Schwergewicht. Auf Dich sieht und hört jeder mehr, als Du ahnst. Schriftliche Zustimmung nützt nicht viel. Ich kann mir wirklich nicht denken, daß die Sache zu gutem Ende kommt, wenn Du wegbleibst. Es muß alles daran gesetzt werden, die turbulenten Elemente, die sich gegen das Ungemach, das vom Kaiser kommt, erheben wollen, zu bändigen. Das wäre ein totes Geleise. Wir müssen, ohne ein Wort von St. Louis usw. zu reden (es wäre Zeitverlust), auf die Besserung der allgemeinen Not ausgehen. Ich kann Dir nur sagen, komm, Du mußt."[386]

Dass Kalckreuths Wahl eine gute war, wurde noch 1915 anlässlich seines 60. Geburtstags durch die *Kunstchronik* honoriert:

> „Der Ernst der Arbeit, die Ehrlichkeit der Gesinnung sind die hervorstechendsten Merkmale seiner Kunst, die auf eine Persönlichkeit von lauterer Geradheit des Charakters zurückschließen lassen. Mit diesen Eigenschaften wurde Kalckreuth ein Führer und Vermittler zugleich, ein Führer, weil jeder seinem gerechten Sinn vertraute, ein Vermittler, weil er nicht zu den heftigen Temperamenten gehört, die nur die eigene Art gelten lassen, sondern stets ohne vorgefaßte Meinung der fremdem Äußerung verstehend entgegenzukommen sich bemühte. Darum traf die Wahl den rechten Mann, als ihm der Vorsitz des Deutschen Künstlerbundes übertragen wurde, in dem die Sezessionen sich zu einer Ausstellungsgemeinschaft zusammenschlossen, und Kalckreuth dürfte auch berufen sein, die Versöhnung äußerer Gegensätze innerhalb der Künstlerschaft herbeizuführen, die wir alle nach diesem Kriege erhoffen."[387]

Kalckreuth hatte sich bald als Präsident des Künstlerbundes bewährt und man setzte dauerhaft auf ihn. Er zeichnete sich dadurch aus, dass es ihm wirklich allein um die Sache ging, ungeachtet seiner persönlichen Einstellung.

> „Wenn er auch oftmals fluchte, wenn ihm auch bald die Kunstäußerungen der Jugend zu einem Buch mit sieben Siegeln wurden, er hatte sich nun einmal innerlich auf die Jugend verteidigt, er fühlte sich als ihr Anwalt. Zehn Jahre nach seiner ersten Wahl spürte er mit beklemmtem Herzen, dass das, was in der Kunst geschah, der Vorbote entscheidender Umwälzungen sei. Doch hegte er nie, oder doch nur in den schwärzesten Stunden, die Befürchtung, es könnte mit der Kunst eines Tages zu Ende gehen."[388]

In Kalckreuth hatte der Künstlerbund einen Mann gefunden, der den Charakter der Vereinigung ideal repräsentierte. Reich an Erfahrung und Lebensalter – er war fast fünfzig, als der Deutsche Künstlerbund gegründet worden ist – lag ihm vor allem

---

386 Lichtwark an Kalckreuth, 10.12.1903, in: Lichtwark 1957, S. 100f. (Hervorhebung im Orig.).
387 Kunstchronik, N. F. Jg. 16, 1915, Sp. 439.
388 J. Kalckreuth 1967, 298f.

daran, den künstlerischen Nachwuchs zu fördern und zu unterstützen, ungeachtet jeder auch noch so befremdlichen Eigenart. Ihm ging es um einen vorurteilsfreien Umgang mit den Künstlern, dem er auch in seiner Juryarbeit für den Künstlerbund bedingungslos nachzukommen versuchte. So waren ihm die Tage der Jury voller

> „Qual und gleichzeitig freudiger, angeregter Geselligkeit. Er hatte den festen Willen zur absoluten Objektivität, aber dennoch konnte es geschehen, dass sein Herz mal mit ihm durchging, daß er für einen Künstler, den er plötzlich hoch schätzte, von dessen Ansehen er überzeugt war, besonders warm plädierte und nur so es erreichte, dass dessen Werk, das anfangs nicht die genügende Stimmenzahl bekam, doch noch aufgenommen wurde. Der persönliche Erfolg konnte ihn aber wieder entsetzlich aufregen, weil er sich sagte, das ist nicht in Ordnung. So viele andere haben keinen Fürsprecher u. verdienen es vielleicht genauso sehr wie mein Schützling. Am anderen Morgen nach einer schlaflos verbrachten Nacht rief er dann [...] die Juroren zusammen und sagte: Ich schlage vor, dass wir uns sämtlich refüsierte Werke noch einmal vorführen lassen und sobald sich nur eine Stimme für die Annahme erhebt, wird eine nochmalige allgem. Abstimmung vorgenommen, bei der dann die Stimmenzahl entscheidet. Solcher Abstimmung unterstelle ich auch das Bild das gestern infolge meiner Fürsprache angenommen wurde. Ich möchte die Herren also bitten, völlig zu vergessen, daß ich mich für das Werk eingesetzt habe und so zu stimmen, wie sie es bei allen anderen tun und getan haben.“[389]

Nach dem Tod Kalckreuths trat offensichtlich Kessler wieder stärker auf. Kalckreuths Aufgaben übernahm „ein geschäftsführender Vorstand, in dem aus dem sechzehnköpfigen Gesamtvorstand[390] Heckel, Scharff und Schmidt-Rottluff sowie für die zunehmenden informatorischen und verhandelnden Aufgaben Harry Graf Kessler“ und Redslob wirkten.[391] Nachdem der Bund Heckel 1935 als ersten Vorsitzenden nicht mehr hatte halten können, übernahm Kolbe für die letzten Monate dieses Amt.[392]

III.2.2 Die Jury

Für das Erscheinungsbild des Künstlerbundes aussagekräftiger als der Vorstand waren die Juroren, die darüber entschieden haben, wie sich der Bund durch seine Ausstellungen positionierte.[393] Der große Vorstand hatte für jede Ausstellung einen

389 Brodersen an Unbekannt, [o. D.], in: BSB München, Kalckreuthiana II, Dritte an Dritte.
390 Gemeint ist an dieser Stelle der engere Vorstand.
391 Vgl. Redslob 1989, S. 121.
392 Vgl. hier: Kap. IV.2, S. 331.
393 Die Juroren sind in den Ausstellungskatalogen fast durchweg dokumentiert. Einzig für die Dresdner Schauen 1908 und 1909 sowie die letzte Ausstellung in Hamburg 1936 wurden keine Angaben zur Jury gemacht. Vgl. die Liste der Juroren im Anhang.

„Stamm von drei Juroren (darunter mindesten einen Bildhauer)" zu benennen, „der sich weitere Mitglieder aus dem weiteren Vorstand oder den übrigen Vereinsmitgliedern zuzuwählen haben."[394] Die Juroren mussten nicht zwangsläufig dem Vorstand angehören, was sie aber oftmals taten, vor allem diejenigen, die mehrmals der Jury angehörten. Der Sekretär des Künstlerbundes Theodor Brodersen erklärte Pauli anlässlich der Ausstellung 1912 in Bremen die übliche Praxis der Jury:

> „Die Jury setzt sich aus 12 Mitgliedern zusammen, wie Ihnen bereits mitgeteilt wurde. Es kommen meist nur 6–7 Herren, aber darüber lässt sich ja jetzt noch keine Vermutung anstellen, wie es dieses Jahr sein wird. [...] Die Auswahl wird meist so getroffen, dass jedes Zentrum einen Vertreter und München und Berlin je zwei Vertreter zur Jury stellt. Sagt jemand rechtzeitig ab, dann wird ein Ersatzmann der betr. Stadt für ihn bestimmt."[395]

Die Größe der Jury war in den Statuten nicht festgelegt, wie Brodersens Ausführung vermuten lassen könnte. Vor allem die ersten drei Ausstellungen 1904, 1905 und 1906 wurden von einer recht großen, 13–16 Mann starken Jury vorbereitet. Nach den Angaben in den Katalogen variierte die Größe der Jury über die Jahre bei Jahresausstellungen von zehn (1910 in Darmstadt) bis 16 (1929 in Köln) Teilnehmern. Gemeinhin waren die grafischen Ausstellungen mit einer kleineren Jury besetzt, die zwischen sechs (1913, in Hamburg und 1933 in Magdeburg, Kassel und Saarbrücken) und neun (1914 in Leipzig) Teilnehmer aufwiesen. Eine bemerkenswerte Ausnahme bildete die Dresdner Grafikschau 1927, in deren Jury 17 Teilnehmer saßen, mehr als bei jeder Jahresausstellung.

Auch Brodersens Darstellung der lokalen Verteilung der Jurysitze wurde nicht unbedingt eingehalten. Vor allem die ersten drei Ausstellungen in München, Berlin und Weimar fielen insofern aus dem Rahmen, als dass in München fünf Münchner, in Berlin sechs Berliner, in Weimar vier Weimarer Juroren aufgestellt waren.[396] Auch in Mannheim 1913 waren die Berliner und Münchner mit je drei Juroren überdurchschnittlich gut vertreten. Eine herausragende Präsenz der Berliner und Münchner war allerdings nicht die Regel. Bis 1914 gab es auch Schauen, auf denen kaum oder keine Juroren aus den beiden Kunstmetropolen vertreten waren.[397] Ab

394 § 13 Vereinsstatut, 17.12.1903, in: Deutscher Künstlerbund, Historie (Archiv 1903 bis 1936). http://www.kuenstlerbund.de/deutsch/historie/archiv-1903-bis-1936/statut-1903/index.html (abgerufen am 25.8.2015)

395 Brodersen an Pauli, 11.12.1911, ms., in: Archiv Kunsthalle Bremen, Akte No. 108, Bl. 26.

396 Vgl. die Angaben in den Katalogen Deutscher Künstlerbund 1904, Deutscher Künstlerbund 1905 u. Deutscher Künstlerbund 1906.

397 Für die beiden Grafikausstellungen in Hamburg 1910 und 1913 hatte der Bund gänzlich auf eine Berliner und Münchner Vertretung verzichtet. 1911 in Leipzig war zumindest kein Münchner unter den Juroren und nur ein Berliner. Die Veranstaltungen 1910 in Darmstadt und 1912 in Chemnitz wurden aus beiden Städten nur durch jeweils ein Jurymitglied vorbereitet.

1920 aber dominierten die Berliner gegenüber den Münchnern fast durchgehen in der Jury.[398] 1933 wiederum jurierten sogar nur noch Berliner und Münchner. Ein System scheint vom Künstlerbund bei der Zusammensetzung seiner Jurys nicht verfolgt worden zu sein.

Der „Stamm von drei Juroren" ist im Laufe der 33 Jahre natürlich nicht unverändert geblieben. Allerdings ist er auch nie auf exakt drei Namen zu beschränken. Lückenlos hat allein Klinger bis 1914 juriert. In den ersten drei Jahren saßen Liebermann, Olde und Trübner an seiner Seite. Danach wurde deren Jurybeteiligung sporadisch. Stattdessen zeichnete sich ab 1910 Kalckreuth als festes Jurymitglied aus. Auch wurden Grethe und Sterl bis zur Kriegspause ziemlich kontinuierlich in die Jury gebeten. Bis auf Grethe und Olde, die 1913 beziehungsweise 1917 starben, gehörten sie alle auch nach der Kriegspause, bis zu ihrem jeweiligen Lebensende, der Jury an.[399]

Nach dem Krieg hatte sich das Jurypersonal natürlich grundlegend geändert. Grethe, Olde, Stuck, Trübner, Tuaillon und Volkmann, die vor dem Krieg mehr oder weniger regelmäßig jurierten, waren inzwischen verstorben. Die neue Generation wurde von Namen wie Albiker, Dix, Heckel, Hofer, Klee, Kolbe, Otto Mueller, Scharff, Schmidt-Rottluff und vor allem Caspar, der ab 1920 alle Ausstellungen mitjuriert hat, präsentiert. Die älteren Kräfte Kalckreuth, Sterl und Bernhard Pankok waren noch bis in die späten zwanziger Jahre, Pankok bis 1931, in der Jury präsent. Den eigentlichen Stamm aber bildeten nach 1920 Caspar, Kolbe und Scharff. Ab 1927 waren zudem Albiker und Heckel feste Bestandteile der Jury.

Die Stammjuroren sowie fast alle, die wiederholt für den Künstlerbund jurierten, waren immer Mitglieder des Vorstands. Von denen, die einmalig in der Jury waren, lässt es sich aufgrund der wenigen vorhandenen Vorstandslisten nicht genau sagen. Zumindest waren sie aber alle Mitglieder im Künstlerbund. Einzig Heinrich Campendonk, Richard Knecht und Albert Weisgerber tauchen in keiner der drei Mitgliederlisten auf. Man kann aber wohl festhalten, dass die Jury vom Vorstand dominiert wurde.

Auch wenn innerhalb der Jury nach 1920 der Expressionismus mit großen Schritten Einzug gehalten hat, so geschah dies doch auf eine für den Künstlerbund typisch moderate Art und Weise. Denn die Zugänge von Albiker und Caspar 1920, von Mueller und Scharff 1921, von Beckmann, Max Feldbauer, Heckel, Kokoschka und Schmidt-Rottluff 1927, Hofer 1928 und Klee und Max Unold 1929 weisen nicht auf Künstler, die der damaligen Zeit noch weit voraus gewesen wären. Ihr Stil war in den zwanziger Jahren bereits so etabliert, wie der Impressionismus nach der Jahrhundertwende. Spektakulär war ihre Kunst nicht mehr. In den Anfangsjahren

---

398 Lediglich 1920 in Hamburg und 1930 in Stuttgart wurden beide Städte von je zwei Juroren vertreten.

399 Klinger starb 1920, Kalckreuth 1928, Sterl 1932, hatte seine letzte Jurytätigkeit aber bereits 1929. Auch Liebermann jurierte 1920 zum letzten Mal für den Künstlerbund, obwohl er erst 1935 starb.

des Expressionismus aber wurden die damals progressiven Künstler noch nicht in die Jury geholt.

Einzig Dix, der die Jury ab 1927 bereicherte, fällt merklich aus dem Rahmen. Mit ihm hat sich der Künstlerbund den jüngsten und experimentierfreudigsten Kollegen ins Boot geholt, der sich, trotz seiner grundsätzlichen Nähe zum Realismus, einige Jahre lang mit dadaistischen Ausdrucksmitteln befasst hatte und mit der Neuen Sachlichkeit nun eine neue stilistische Tendenz in die Jury brachte. Aber auch er war inzwischen ein prominenter Mann. Ansonsten wurde auch nach 1920 noch das Feld von Habermann, Hahn, Hofmann, Kalckreuth, Klinger, Liebermann, Slevogt und Sterl angeführt. Durch Haueisen war sogar noch bis 1930 der Spätimpressionismus in der Jury vertreten.

Diese zur Vorsicht neigende Strategie des Künstlerbundes erklärt schließlich auch das durchweg hohe Alter der Juryteilnehmer. Die meisten von ihnen waren, und zwar durch die Jahrgänge hinweg, jenseits der Fünfzig, nach 1920 wurde die Zusammensetzung insgesamt ein wenig jünger. Nur selten aber waren Juryteilnehmer dabei, die unter vierzig waren. Dix, 1891 geboren, war gegen Ende der Künstlerbundzeit immer der Jüngste. Auch der expressionistische Zuwachs setzte also den gemäßigten Kurs des Bundes fort. In all den Jahren gab es kein einziges Jurymitglied, das unter dreißig Jahre alt war. Die Jungen hatten in der Jury kein Mitspracherecht. Auch das spricht dafür, dass der Künstlerbund derart strukturiert war, den erfahrenen Männern das Zepter zu überlassen.

Seine konservative Seite zeigte der Vorstand desgleichen darin, dass er nur ein einziges Mal eine Frau in die Jury geholt hat, Käthe Kollwitz im Jahr 1927 bei der Dresdner Grafikausstellung. Und auch das mag eher den Besonderheiten dieser Veranstaltung geschuldet gewesen zu sein als einer ansatzweise emanzipatorischen Haltung des Bundes. Die Dresdner Grafikausstellung fällt zudem durch die unverhältnismäßige Größe der Jury von 17 Leuten, in der das expressionistische Lager mit Max Beckmann, Dix, Feldbauer, Heckel, Kokoschka und Schmidt-Rottluff stark vertreten war, aus dem Rahmen der typischen Künstlerbundausstellungen. Beckmann, Feldbauer und Kokoschka haben weder zuvor noch jemals danach wieder für eine Künstlerbundausstellung juriert.[400]

III.2.3 Die Mitglieder

Im Gegensatz etwa zur Berliner Sezession, deren Ausstellungskataloge fast durchweg eine Mitgliederliste führen, hat der Deutsche Künstlerbund nur zwei Katalogen eine solche beigefügt, 1906 und 1929.[401] Eine weitere Mitgliederliste, die offensichtlich nachträglich auf die Zeit um 1935/36 datiert wurde, liegt in Kopie in der Akademie der Künste vor.[402] Da der Ursprung dieser Liste nicht eindeutig ist und sie

400 Zur Dresdner Ausstellung 1927 siehe auch später, Kap. IV.2, S. 295–299.

401 Vgl. Deutscher Künstlerbund 1906, S. 37–60 u. Deutscher Künstlerbund, Mitgliederverzeichnis 1929, in: AdK, Deutscher Künstlerbund.

402 Siehe: AdK, Deutscher Künstlerbund, 703.

zudem einige Unklarheiten aufweist, muss sie mit Vorsicht betrachtet werden. Es verbleiben also tatsächlich nur zwei Listen, die einen sicheren Einblick in das Mitgliederbild des Deutschen Künstlerbundes vermitteln können. Da sie jedoch den Mitgliederbestand zu Beginn und im letzten Drittel der aktiven Zeit des Bundes wiedergeben, ist zumindest ein grober Querschnitt ermittelbar.

Die Basis der Mitglieder bildeten, wie es im Statut von 1903 verankert war, die „Gründer des Vereins".[403] Bis auf Eugen Kampf und Claus Meyer sind tatsächlich alle Teilnehmer der Gründungssitzung dem Bund als Mitglieder beigetreten. Um die Mitgliedschaft im Deutschen Künstlerbund konnte man sich nicht selber bewerben. Für die Aufnahme neuer Künstler genügte in den Anfangsjahren die Empfehlung durch ein jeweils regional ansässiges Vorstandsmitglied. Nichtkünstler hingegen wurden durch den engeren Vorstand gewählt.[404] 1906, als die Zahl der Mitglieder bereits auf 406 angestiegen war, wurde das Statut dahingehend geändert, dass nur Künstler zur Mitgliedschaft vorgeschlagen werden durften, die bereits an einer Künstlerbund-Ausstellung teilgenommen hatten.[405] Johannes Kalckreuth beschrieb den Vorgang der Mitgliederaufnahme etwas anders. Ein Maler, „dessen Bilder die Jury passiert hatten," so J. Kalckreuth, „galt als aufgenommen."[406] Dieses Prozedere geht allerdings weder aus den Statuten noch aus den vorliegenden Mitgliederlisten hervor.[407] In den Ausführungsbestimmungen von 1906 heißt es sogar ausdrücklich: „Auch Künstler, die bereits auf einer Ausstellung des Deutschen Künstlerbundes vertreten waren,

403 §2 Vereinsstatut, 17.12.1903, in: Deutscher Künstlerbund, Historie (Archiv 1903 bis 1936). http://www.kuenstlerbund.de/deutsch/historie/archiv-1903-bis-1936/statut-1903/index.html (abgerufen am 25.8.2015). Zu den Teilnehmern der Gründungssitzung siehe oben, S. 77, Anm. 291.

404 §3 Vereinsstatut, 17.12.1903, in: Deutscher Künstlerbund, Historie (Archiv 1903 bis 1936). http://www.kuenstlerbund.de/deutsch/historie/archiv-1903-bis-1936/statut-1903/index.html (abgerufen am 25.8.2015).

405 Vgl. Ausführungsbestimmungen zu §3 Vereinsstatut vom 1.3.1906, in: Deutscher Künstlerbund, Historie (Archiv 1903 bis 1936). http://www.kuenstlerbund.de/deutsch/historie/archiv-1903-bis-1936/statut-1903/index.html (abgerufen am 25.8.2015).

406 J. Kalckreuth 1967, S. 296.

407 Ein Abgleich der Teilnehmer- mit den Mitgliederlisten aus den möglichen Jahrgängen deutet eher darauf hin, dass dieses von J. Kalckreuth beschriebene Prinzip nicht angewandt worden ist. 1906 in Weimar waren nur 60 der 197 Teilnehmer auch als Mitglied verzeichnet. Auch 1929 sind von insgesamt 165 Ausstellungsteilnehmern nur 107 in der Mitgliederliste aufgeführt worden. Aus der Einladung zur Grafikausstellung 1927 in Dresden geht vielmehr hervor, dass eine Teilnahme nicht automatisch die Mitgliedschaft mit sich brachte: „Jeder zur Ausstellung zugelassene Künstler hat, sofern er noch nicht Künstler des Deutschen Künstlerbundes ist, die Berechtigung, seine Mitgliedschaft anzumelden." Aus: Einladung zur Ausstellung des Deutschen Künstlerbundes 1927 in Dresden, in: AdK, Robert-Sterl-Archiv, 106, 34.

können sich nicht selbst zu Mitgliedern des Bundes melden, sondern müssen von einem Mitglied des Gesamtvorstands vorgeschlagen werden."[408]

Entscheidender als das Prädikat „Mitglied" war dem Bund sicherlich ohnehin die Teilnehmerschaft der Ausstellungen. Da der Bund neben seinen Ausstellungen kaum in öffentliche Erscheinung trat, waren es die Teilnehmer, die den Bund nach außen repräsentierten, weniger die Mitglieder. War die vermeintliche Qualität innerhalb eines Oeuvres einmalig, dann war der betreffende Künstler als Mitglied bald auch nicht mehr relevant, da seine Mitgliedschaft erst einmal ruhte, wenn „er innerhalb 5 Jahren nicht mindestens zweimal in Ausstellungen des Vereins ausgestellt" hat.[409] In der Tat bestand die Liste der Mitglieder allein aus Leuten, die aus eigenen Stücken eine Mitgliedschaft anstrebten. Ehrenmitgliedschaften führte der Bund nicht. Bodenhausen zog eine solche anfangs in Erwähnung, allein aus diplomatischen Gründen. Er dachte dabei an Menzel, dessen Zugehörigkeit zum Bund den Kaiser hätte besänftigen können:

> „Ich möchte vorschlagen, dass wir als, vorläufig einziges, Ehrenmitglied den alten Menzel ernennen. Die Gefahr, dass der Kaiser auf unsere Seite tritt, ist nicht vorhanden und andererseits könnte er leicht durch solchen Schritt zur Besinnung kommen, seine Animosität gegen uns etwas zu dämpfen. Und das wäre doch ein Vorteil."[410]

Dazu gekommen ist es nicht. Überhaupt wurden die verzweigten Kategorisierungen der Mitgliedschaften, wie man sie von den Sezessionen kannte, vom Künstlerbund nicht übernommen. So gab es auch keine korrespondierenden oder außerordentlichen Mitglieder. Ausländische Künstler aus nichtdeutschsprachigen Ländern wurden vom Künstlerbund nur dann zur Mitgliedschaft zugelassen, sofern sie gerade einen festen Wohnsitz in Deutschland hatten.[411] Eine Ausnahme bildete Munch, der auch nach seiner endgültigen Rückkehr in die norwegische Heimat 1909 bis zuletzt als Mitglied im Deutschen Künstlerbund geführt worden ist.

Stattdessen wurden auch nicht künstlerisch tätige Leute in den Bund aufgenommen, die auf irgendeine Weise aktiv am zeitgenössischen Kunstleben teilnahmen, „Nichtkünstler, Kunstfreunde, Kunstgelehrte"[412], die das Projekt Künstlerbund mit ihrem Namen unterstützen konnten. Der Bund wollte sie „zu entsprechenden Arbeiten heranziehen" und erhoffte sich durch ihren Einsatz „Gewinn in kulturellen

---

408 Ausführungsbestimmungen zu §3 Vereinsstatut, 1.3.1906, in: Deutscher Künstlerbund, Historie (Archiv 1903 bis 1936). http://www.kuenstlerbund.de/deutsch/historie/archiv-1903-bis-1936/statut-1903/index.html (abgerufen am 25.8.2015).

409 § 17 Vereinsstatut, 17.12.1913, in: Deutscher Künstlerbund, Historie (Archiv 1903 bis 1936). http://www.kuenstlerbund.de/deutsch/historie/archiv-1903-bis-1936/statut-1903/index.html (abgerufen am 25.8.2015). Vgl. dazu auch später, Anm. 420.

410 Bodenhausen an Kessler, 16.1.1904, in: Bodenhausen/Kessler 1978, S. 72f.

411 Vgl. Ausführungsbestimmungen zu §3 Vereinsstatut, 1.3.1906, in: Deutscher Künstlerbund, Historie (Archiv 1903 bis 1936). http://www.kuenstlerbund.de/deutsch/historie/archiv-1903-bis-1936/statut-1903/index.html (abgerufen am 25.8.2015).

412 Leistikow 1903/04, S. 205.

Aufgaben."[413] Bei diesen Mitgliedern ging es nicht um eine Förderung, die vom Künstlerbund geleistet wurde, sondern um Unterstützung und Rückhalt *für* den Bund. Das Bekenntnis namhafter Persönlichkeiten aus Kultur (Museumleute, Kunsthistoriker, Galeristen), Wirtschaft (Unternehmer) und der gehobenen Gesellschaft (Ärzte, Juristen, Politiker) zum Bund war Werbung und Anerkennung zugleich. Die Absichten des Künstlerbundes wurden somit außerdem in einen größeren Zusammenhang gestellt und hoben den Bund aus der Kategorie einer typischen Künstlervereinigung heraus. Lichtwark beschrieb die damit verbundenen Erwartungen für den Erfolg des Bundes folgendermaßen:

> „Es besteht die Absicht, der neuen Kunstgenossenschaft die hervorragendsten Sammler und Museumsleiter beizufügen, sie evtl. für den Vorstand wählbar zu machen. Mir scheint, dass dies absolut nötig ist, weil auf diesem Wege am besten Zank und Streit und Zerfall vermieden wird. Außerdem beweisen die Künstler dadurch, dass sie nicht nur ihre Sache, sondern die der Kunst im Auge haben, und werden damit unschätzbare Sympathie gewinnen."[414]

Von der Einbindung nichtkünstlerischer Mitglieder hat sich schon die Allgemeine Deutsche Kunstgenossenschaft seit 1862 viel versprochen.[415] Von den Sezessionen hingegen hat sich der Deutsche Künstlerbund in seiner Mitgliederstruktur grundlegend unterschieden.

Ob der Bund in seinen Anfangsjahren eine offensive Mitgliederwerbung betreiben musste, um in nur zwei Jahren ein Volumen von 406 Mitgliedern zu erreichen, ist bislang durch keinen Hinweis belegt. Die Ausgangslage für den Bund aber war recht günstig, wenn man bedenkt, wie groß der Kreis der inzwischen unzufriedenen Künstler im ganzen Land gewesen ist. Die Sezessionen mussten sich noch aktiver um Zuwachs bemühen. Die Münchner Sezession etwa hatte sich, wie von Marr berichtet wird, mit Rundschreiben „bevorzugt an solche Künstler" gewandt, „die in den vorangegangenen Glaspalast-Ausstellungen I. und II. Medaillen gewonnen hatten [...]."[416] Die Initiative war erfolgreich. „In wenigen Monaten hatte der Verein 130 ordentliche Mitglieder und 154 korrespondierende Mitglieder aufnehmen können."[417]

Die Mitgliederzahlen des Künstlerbundes sind mit denen der regional begrenzten Sezessionen natürlich keinesfalls vergleichbar. Den Höchststand an Mitgliedern

---

413 Ebd.

414 Lichtwark an Kalckreuth, 10.12.1903, in: Lichtwark 1957, S. 100.

415 „Von wesentlicher Bedeutung für das im Entstehen begriffene Statut ist der Beschluß, daß auch Nichtkünstler der allgemeinen deutschen Künstlergenossenschaft als Mitglieder angehören können." Aus: Deiters [1903], S. 16.

416 Marr 2010a, S. 123.

417 Marr 2010a, S. 124. Einen so großen Zulauf konnte die Münchner Sezession nie wieder verzeichnen. In den folgenden Jahren musste wieder verstärkt dafür Sorge gehalten werden, dass der Verein kein Auffanglager für Jedermann würde. Pro Jahr wurden nur noch zwei bis sieben neue ordentliche und ein bis fünf korrespondierende Mitglieder zugelassen. Vgl. dazu ebenfalls Marr 2010a, S. 124.

hatte die Münchner Sezession beispielsweise 1912 erreicht, mit 138 ordentlichen Mitgliedern – etwa einem Drittel derer, die dem Künstlerbund bereits nach kurzer Zeit beigetreten waren.[418] Der Künstlerbund zählte 1912 etwa 600 Mitglieder.[419] Um seinen Anspruch der Qualitätssicherung zu wahren, hat der Künstlerbund bald die Bedingung an die Mitglieder gestellt, innerhalb von fünf Jahren mindestens zweimal an Ausstellungen des Bundes teilzunehmen, andernfalls ruhte ihr aktives Stimmrecht.[420] Da die Ausstellungsteilnehmer immer eine Jury zu passieren hatten, konnten sich nur die Künstler dauerhaft im Künstlerbund etablieren, die eine beständige Leistung erbrachten. Die Maßnahme sollte die Künstler zu permanenter Weiterentwicklung und Qualitätssteigerung anhalten. Denn dafür stand der Künstlerbund. Allerdings galt diese Regelung nur für allgemeine Mitglieder. Angehörige des Vorstands mussten die Jury nicht passieren.[421] Sie hatten sich bereits mit Aufnahme in das Gremium unzweifelhaft als dem Künstlerbund würdig erwiesen.

Seit den Satzungsänderungen von 1906 wurde zudem nicht mehr gebilligt, dass Angehörige des Künstlerbundes ihre Mitgliedschaft in der Kunstgenossenschaft behielten.[422] Auch war es ihnen fortan untersagt, an den Ausstellungen der Kunstgenossenschaft teilzunehmen, wie *Kunst und Künstler* mitteilte:

---

418 Vgl. Marr 2010a, S. 125.

419 Vgl. Brodersen an Pauli, 10.10.1911, in: Archiv Kunsthalle Bremen, Akte No. 108, Bl. 11.

420 Vgl. §17 Vereinsstatut, 17.12.1903, in: Deutscher Künstlerbund, Historie (Archiv 1903 bis 1936). http://www.kuenstlerbund.de/deutsch/historie/archiv-1903-bis-1936/statut-1903/index.html (abgerufen am 25.8.2015). Diese Regelung entsprach einer gängigen Praxis. Auch die Allgemeine Deutsche Kunstgenossenschaft hat sich seit 1896 einer solchen Regelung bemächtigt. Vgl. Héroux 1935–39, S. 14. Die Münchner Sezession hatte vorgesehen, dass nach einer dreijährigen Ausstellungspause das Stimmrecht verloren ging. Vgl. Marr 2010a, S. 126. Ein weiteres Kriterium, seine Mitgliedschaft in der Münchner Sezession zu verlieren, war ein zweimal nicht bezahlter Mitgliedsbeitrag. Vgl. Marr 2010a, S. 142, Anm. 73.

421 Die Vorstandsmitglieder konnten offensichtlich einreichen, was sie für richtig hielten. Bezüglich seines Beitrags für die Ausstellungen in Darmstadt und Hamburg 1910 schrieb Klinger an Brodersen: „Leider habe ich hier in Naumburg die Papiere für die DKB Ausstllg. Darmstadt nicht zur Hand. Ich weiß nicht ob in Darmstadt Graphik ausgestellt werden darf. Weiter habe ich dies Jahr nichts. Wenn ja, melden Sie bitte die nachstehenden Blätter für Darmstadt und für Hamburg an. Ich hoffe in Darmstadt sein zu können." Aus: Klinger an Brodersen, 11.4.1910, in: BSB München, Kalckreuthiana II, Dritte an Dritte.

422 Vgl. Ausführungsbestimmungen zu §3 Vereinsstatut, 1.3.1906, in: Deutscher Künstlerbund, Historie (Archiv 1903 bis 1936). http://www.kuenstlerbund.de/deutsch/historie/archiv-1903-bis-1936/statut-1903/index.html (abgerufen am 25.8.2015). Die Berliner und Münchner Sezession sowie der Karlsruher Künstlerbund traten bereits zur Gründung des Künstlerbundes geschlossen aus der Kunstgenossenschaft aus. Vgl. Die Kunst für Alle, Jg. 19, 1903/04, S. 507.

> „Die Leitung des deutschen Künstlerbundes hat den Grundsatz ausgesprochen, dass die Mitglieder dieser Verbindung nicht zugeben sollen, dass Werke von ihnen in der retrospektiven Abteilung der Ausstellung am lehrter [sic] Bahnhof zur Aufnahme kämen. Es ist ein alter Brauch, dass bei der Vorführung der Werke von lebenden Künstlern die Autoren um ihre Erlaubnis angegangen werden. Die Leitung der Ausstellung am lehrter Bahnhof hat im Hinblick auf diesen alten Brauch zweifellos vor der Verpflichtung gestanden, die Bilder der Mitglieder des Künstlerbundes aus der Ausstellung wieder ausscheiden zu lassen, nachdem ihr bekannt geworden war, dass die Künstler das Ausgestellt-werden nicht wünschten: der Wunsch der betreffenden Maler musste ihr wichtiger sein als die formelle Erlaubnis der Besitzer der Werke."[423]

Außerdem durften die Teilnehmer einer Künstlerbundausstellung nicht gleichzeitig eine weitere Ausstellung am selben Ort beschicken.[424] Dies sollte vielleicht weniger eine Einschränkung für die Mitglieder bedeuten – daran hätte dem Bund nicht gelegen sein können – als vielmehr andere Veranstalter davon abhalten, ihre Schauen parallel zu den Künstlerbundausstellungen zu arrangieren. Die Künstlerbundausstellungen sollten singulär aus dem örtlichen Ausstellungskalender herausstechen.

Die Zahl der Mitglieder des Künstlerbundes unterschied sich 1906 und 1929 nicht wesentlich. 1906 waren 406 Namen aufgeführt, 1929 waren es 497.[425] Nach über zwanzig Jahren und einem großen Krieg war 1929 immerhin noch fast ein Viertel der Mitglieder von 1906 dabei. Ein weiteres gutes Viertel der damaligen Mitglieder war 1929 bereits verstorben. Vierzig Prozent der Mitglieder von 1906 sind aus anderen Gründen bis 1929 ausgeschieden. Die meisten von ihnen haben seit spätestens 1921 an keiner Künstlerbundausstellung mehr teilgenommen.[426] Zu drei Vierteln hat der Künstlerbund also bis 1929 eine neue Besetzung erhalten, die zweifellos einen Generationswechsel markiert hat.

Dennoch ist von 1906 bis 1929 eine deutliche Überalterung innerhalb der Mitgliedschaft zu verzeichnen. 1906 waren die meisten Mitglieder zwischen dreißig und vierzig Jahre alt. Knapp 14 Prozent waren bereits über fünfzig Jahre alt. Bis 1929 ist der Anteil der über Fünfzigjährigen auf fast 42 Prozent angewachsen und machte damit den größten Teil aus, gefolgt von den Vierzig- bis Fünfzigjährigen. Der Anteil der Dreißig- bis Vierzigjährigen ist von vierzig Prozent 1906 auf nicht mal

---

423 Kunst und Künstler, Jg. 4, 1906., S. 407.

424 Vgl. Ausführungsbestimmungen zu §13 Vereinsstatut, 1.3.1906, in: Deutscher Künstlerbund, Historie (Archiv 1903 bis 1936). http://www.kuenstlerbund.de/deutsch/historie/archiv-1903-bis-1936/statut-1903/index.html (abgerufen am 25.8.2015). Auch die Münchner Sezession hatte es bereits zum Gebot gemacht, dass die Teilnehmer der Sommerschauen nicht zeitgleich an anderen Ausstellungen in der Nähe teilnehmen durften. Vgl. Marr 2010a, S. 142, Anm. 75.

425 Vgl. die Mitgliederliste im Anhang. Die Aussage Brodersens bezüglich der ca. 600 Mitglieder, die der Bund 1912 zu verzeichnen hatte, ließ sich bislang durch keine konkrete Angabe verifizieren. Vgl. oben, S. 107f.

426 Lediglich Amandus Faure hatte noch 1927 und 1928 teilgenommen, Otto Fischer 1927 und Richard Pietzsch 1928.

13 Prozent 1929 zurückgegangen. Auch die bis 1929 neu hinzugekommen Künstler standen demnach nicht für eine Nachwuchsgeneration. Der Bund blieb seinem anfänglichen Schema, sich auf eine bereits weitgehend ausgereifte Künstlerschaft zu konzentrieren, treu. In der Tat überrascht es, dass der Künstlerbund den wirklich jungen Künstlern die Tür nur eingeschränkt geöffnet hat. 1906 machten die unter Dreißigjährigen schwache sieben Prozent aus, 1929 waren es nur noch gute zwei Prozent. Dass sich der Deutsche Künstlerbund um die junge, nachrückende Künstlergeneration besonders bemüht hätte, kann kaum behauptet werden.

Die inoffizielle Mitgliederliste von 1935/36 soll, wie gesagt, unter Vorbehalt ausgewertet werden. Die Urheberschaft ist nicht geklärt und eine Unvollständigkeit der Auflistung kann nicht ausgeschlossen werden. Zwar waren die kulturpolitischen Aufräumaktionen der neuen Regierung bereits in vollem Gange. Dennoch scheint es sonderbar, dass die Mitgliederzahl in knapp sechs Jahren von 497 auf 245 gesunken ist.[427] Zumal in den Jahren 1927 bis 1933 wieder ein jährlicher Ausstellungsturnus eingehalten wurde. Fast achtzig Prozent der aufgeführten Namen von 1935/36 waren bereits 1929 dabei. Knappe elf Prozent sind seitdem verstorben. Es kam also nur noch ein recht geringfügiger Teil neuer Mitglieder bis 1935/35 hinzu, darunter aber zahlreiche prominente Vertreter expressionistischer Richtungen im weitesten Sinne wie Feininger, Jawlensky, Joachim Karsch, Alfred Kubin, Macketanz, Ewald Mataré, Hans Theo Richter, Josef Scharl, Walter Schulz-Matan, Richard Seewald oder Renée Sintenis.

250 Mitglieder aus dem Jahr 1929 aber wurden 1935/36 nicht mehr als solche geführt. Dies hatte nicht unbedingt mit einer mangelnden Ausstellungsteilnahme der vorangegangenen Jahre zu tun, denn das betraf nur 78 Künstler. Da wir die Gründe für die Austritte aber nicht kennen, kann man darüber nur spekulieren. Man müsste den Einzelfällen nachgehen, um zu ermitteln, ob das Ausscheiden durch den Künstlerbund vorgenommen worden ist oder von Seiten der Künstler ausging. Auch unter den Ausgeschiedenen finden sich nennenswerte Künstler, die dem Bund zuvor teilweise lange die Treue gehalten hatten, wie Charlotte Behrend-Corinth, Clarenbach, Elkan, Grosz, Hahn, Haueisen, Th. Th. Heine, Hoetger, A. Kampf, Kandinsky, F. Klimsch, Mackensen, C. Moll, Nolde, Schinnerer, Schultze-Naumburg, Spiro, Tappert, Julie Wolfthorn oder auch die Architekten Peter Behrens, Josef Hoffmann und Heinrich Tessenow. Manche von ihnen, Grosz und Gropius, hatten Deutschland bereits verlassen. Andere, Nolde und Schultze-Naumburg etwa, sympathisierten mit der neuen Regierung, was nur konsequenterweise ihre Distanzierung vom Künstlerbund nach sich zog.

Am auffälligsten aber ist, dass sich in der Liste von 1935 kein einziger Nichtkünstler mehr findet. Nicht einmal Kessler. Auch der ist zwar inzwischen dauerhaft nach Frankreich emigriert. Kessler hatte sich aber schon immer viel im Ausland aufgehalten, was seiner zumindest formalen Verbundenheit mit dem Künstlerbund

427 Vgl. die Mitgliederliste im Anhang.

nie Abbruch getan hatte.[428] 1929 waren noch die Museumsmänner Dorner, Graul, Justi, Kaesbach, Pauli, Posse, Waetzold und Wichert Mitglieder im Bund. Bis auf Dorner, der erst 1936 von seinem Posten am Provinzialmuseum Hannover zurückgetreten ist, Graul, der ohnehin bereits im Ruhestand war, und Posse, der sich der neuen Regierung anzunähern versuchte, waren alle seit 1933 bereits ihrer Ämter enthoben und hätten wohl kaum Schlimmeres erwarten können durch ihre weitere Mitgliedschaft im Künstlerbund. Auch Redslob taucht in der Mitgliederliste von 1935/36 nicht mehr auf, obwohl er sich nach 1950 erneut sehr engagiert für den Bund zeigte und sich, gleichfalls bereits in den unfreiwilligen Ruhestand versetzt, durch seine Mitgliedschaft im Bund auch kaum hätte weiter schaden können.

Die Liste von 1935/36 führt dennoch zahlreiche signifikante Namen wie Friedrich Ahlers-Hestermann, Karl Albiker, Ernst Barlach, Beckmann, Hermann Blumenthal, Caspar, Maria Caspar-Filser, Ludwig Cauer, Theo Champion, Charles Crodel, Ernesto de Fiori, Dix, Josef Eberz, Feininger, Conrad Felixmüller, Xaver Fuhr, Willi Geiger, Rudolf Großmann, Heckel, Josef Hegenbarth, Hofer, Heinrich Hübner, Franz Jansen, Jawlensky, Kanoldt, Karsch, Ernst Ludwig Kirchner, Klee, Kolbe, Kollwitz, Leo von König, Kubin, Paul Kuhfuß, Macketanz, Gerhard Marcks, Mataré, Moritz Melzer, Otto Modersohn, Ernst Wilhelm Nay, B. Pankok, Alfred Partikel, Ingwer Paulsen, Max Pechstein, Hans Purrmann, Hans Theo Richter, Emmy Roeder, Christian Rohlfs, Johannes Sass, Edwin Scharff, Scharl, Oskar Schlemmer, Schmidt-Rottluff, Georg Schrimpf, Schulz-Matan, Seewald, Sintenis, Heinrich Stegemann, Milly Steger, Emil Rudolf Weiss, und sogar noch Ludwig von Hofmann sowie den Norweger Munch. Bis auf Klee, Mataré, Melzer, Pankok, Partikel, Paulsen, Richter, Scharff, Seewald und Sintenis haben sie alle noch an der letzten Künstlerbundausstellung 1936 in Hamburg teilgenommen.

Fast die Hälfte der Mitglieder des Deutschen Künstlerbundes entstammte am Ende seiner Zeit dem expressionistischen Lager. Den Rest machten konventionelle, zum Teil noch impressionistisch geprägte und progressive, den Expressionismus hinter sich lassende Künstler zu etwa gleiche Teilen aus. Es überrascht nicht, dass sich die Tendenz der Überalterung bis 1935/36 insgesamt fortgesetzt hat. 43 Prozent der Mitglieder hatten nun das fünfzigste Lebensjahr überschritten. Im Vorstand war dieses Verhältnis noch extremer. Die meisten Vorstandsmitglieder waren von Anfang an zwischen vierzig und fünfzig, fast genauso viele über fünfzig. Der Anteil der Dreißig- bis Vierzigjährigen hingegen ist zwischen 1904 und 1910 im Vorstand drastisch zurückgegangen. 1929 war bereits über die Hälfte der Vorstandsmitglieder über fünfzig Jahre alt. Unter dreißig war kein einziger mehr, unter vierzig nur noch eine Handvoll. Im engeren Vorstand war ab 1930 sogar keiner mehr unter vierzig. Unter den Mitgliedern war der Anteil der „Senioren" prozentual nicht ganz so hoch. Die unter Dreißigjährigen machten aber auch hier einen sehr geringen Anteil aus,

428 Vgl. dazu auch oben, S. 101.

der mit den Jahren immer mehr abnahm und 1936 nur noch durch einen Namen vertreten war, Josef Pieper.[429]

Den absoluten Kern der Mitglieder, die 1906 und auch noch 1935 verzeichnet waren, bildete eine kleine Gruppe ganz unterschiedlicher Künstler: Caspar, Hofer, L. von Hofmann, H. Hübner, Leo Klein-Diepold, Kolbe, Kollwitz, L. von König, Franz Krüger, Max Kühne, Carl Lederer-Weida, Modersohn, Munch, Heinrich Nauen, B. Pankok, Fritz Rhein, Richard Riemerschmid, Rohlfs, Eugen Stammbach, E. R. Weiss, Richard Winckel und Heinrich Wulff. Schon mit diesem Stammpersonal zeigt sich die Heterogenität der Mitgliederstruktur des Bundes.

III.2.4 Tätigkeitsfelder des Deutschen Künstlerbundes

Ausstellungen

Alle vom Bund anvisierten Ziele wurden im Bereich des Ausstellungswesens in Angriff genommen. Die Liquidität des Vereins, die für seine Handlungsfähigkeit notwendig war, sollten zunächst die Mitgliedsbeiträge sichern. Im Vereinsstatut wurde ein jährlicher Mitgliedsbeitrag auf die Höhe von fünf Mark festgelegt.[430] Das war natürlich selbst bei über 400 Mitgliedern nicht viel. 1906 wurde daher ergänzend beschlossen, den jährlichen Mitgliedsbeitrag zumindest für neu hinzugetretene „Kunstfreunde" auf mindestens einhundert Mark festzulegen.[431] Weitere Einnahmen erhoffte sich der Bund von den Verkaufsprovisionen, die auf den Ausstellungen erzielt würden. Die Finanzierung der Ausstellungen konnte der Künstlerbund jedoch alleine nicht tragen, weshalb er sich jeweils mit einem ortsansässigen Mitveranstalter zusammengetan hat.[432] Auf diese Weise konnte er die gesamte geschäftliche Abwicklung der Schauen abgeben und ersparte es

429 Hermann Blumenthal und Josef Mader haben Ende 1935 das dreißigste Lebensjahr vollendet.

430 Vgl. § 14 Vereinsstatut, 17.12.1903, in: Deutscher Künstlerbund, Historie (Archiv 1903 bis 1936). http://www.kuenstlerbund.de/deutsch/historie/archiv-1903-bis-1936/statut-1903/index.html (abgerufen am 25.8.2015).

431 Ausführungsbestimmungen zu § 14 Vereinsstatut, 1.3.1906, in: Deutscher Künstlerbund, Historie (Archiv 1903 bis 1936). http://www.kuenstlerbund.de/deutsch/historie/archiv-1903-bis-1936/statut-1903/index.html (abgerufen am 25.8.2015).

432 Ein erhaltener Rechnungsauszug von der Darmstädter Ausstellung 1910 gibt einen Einblick über das Verhältnis der Einnahmen und Ausgaben der Künstlerbundausstellungen. Die Einnahmen bestanden vor allem aus Eintrittsgeldern, Katalogverkauf, Kataloginseraten, Postkartenverkauf und natürlich Verkaufsprovisionen und brachten es 1910 auf eine Summe von 29.540,27 Mark. Die Ausgaben, die zuvor hatten bestritten werden müssen, setzten sich zusammen aus Bürokosten, Wachdienst, Reinigung, Hilfskräften, Reisekosten für die Repräsentanten des Bundes, Frachtkosten, Spesen, Versicherungen, Werbung, Katalogherstellung, Reparaturen, Kosten für Eröffnungs- und Schlussfeier, Telefongebühren und Inventar. Bei Ausgaben von insgesamt 21.212,50 Mark blieb 1910 ein Reingewinn von 8.327,77 Mark. Vgl. Großherzogliche Kabinetts-Direktion an das Sekretariat der Kunsthalle

sich, die notwendigen Gelder, die er nicht hatte, vorzulegen. Überdies stellten die lokalen Mitorganisatoren auch die Räumlichkeiten.[433] Im Falle der Bremer Ausstellung erfolgte so

> „der gesamte rechtliche und geschäftliche Betrieb der Ausstellung durch den Kunstverein zu Bremen und zwar für alleinige Rechnung und Gefahr derselben, der dann den Deutschen Künstlerbund und die Ausstellungskommission gegen alle Arten von Kosten und Rechtsansprüchen zu vertreten hat, die sich aus der Vorbereitung und Durchführung der Ausstellung ergeben."[434]

Sämtliche durch die Ausstellungen erzielten Einnahmen fielen dadurch dem lokalen Mitveranstalter zu, der dem Künstlerbund eine „Provision von 5 % der erzielten Verkaufspreise" zukommen zu lassen hatte.[435] Ein Risiko ging der ortsansässige

---

Mannheim, 4.1.1913, in: Archiv Kunsthalle Mannheim, Bestand Altakten, Ordner „Künstlerbund 1913, VI".

433 Für die Ausstellung 1912 in Bremen wurde wie folgt vereinbart: „Der Kunstverein zu Bremen stellt dem Deutschen Künstlerbund für die Zeit vom 1. Februar 1912 bis zum 31. März desselben Jahres zur Durchführung der 10. Ausstellung seine in der Unterredung zwischen dem Präsidenten des Deutschen Künstlerbundes, Herrn Grafen von Kalckreuth und dem Direktor der Kunsthalle Bremen, Herrn Dr. Pauli vereinbarten Räume kostenfrei zur Verfügung. Er übernimmt auch alle für diesen Zweck nach der Entschliessung der Ausstellungskommission notwendigen Herstellungsarbeiten, wie Einbauten, Beschaffung von Glaspulten, etc. sodass dem Deutschen Künstlerbund eine Ausstellungsfläche von 275–300 lfd. mtr. zur Verfügung steht." Aus: §1 Vertragsentwurf zwischen dem Bremer Kunstverein und dem Deutschen Künstlerbund, ms. mit hs. Korrekturen, 15.10.1911, in: Archiv Kunsthalle Bremen, Akte No. 108, Bl. 6.

434 Vertragsentwurf zwischen dem Bremer Kunstverein und dem Deutschen Künstlerbund, ms. mit hs. Korrekturen, 15.10.1911, in: Archiv Kunsthalle Bremen, Akte No. 108, Bl. 6.
Dieselbe Vereinbarung wurde in Darmstadt 1910 getroffen: „Die geschäftliche Leitung der Ausstellung übernimmt die Grossherzogliche Kabinetts-Direktion, welche zu ihrer Unterstützung durch Wahl geeigneter Persönlichkeiten ein Arbeitskomitee bildet, dem der Präsident des Künstlerbundes beitritt. Das Arbeitskomitee führt den Namen ‚Geschäftsleitung der Ausstellung des Deutschen Künstlerbundes Darmstadt 1910'. Die laufenden Geschäfte der Geschäftsleitung und den Vorsitz in derselben führt der Vorstand des Grossherzoglichen Kabinetts." Aus: Einzelheiten aus dem Ausstellungsprogramm, Punkt 3, in: Gustav Römheld (Kabinettsdirektor und Geschäftsführer der Ausstellung) an Kalckreuth, 28.12.1909, in: Stadtarchiv Darmstadt, ST 12/13 Nr. 001.

435 Wichert an Martin, 19.6.1913, Vertragsentwurf zwischen der Mannheimer Kunsthalle und dem Deutschen Künstlerbund, in: Archiv Kunsthalle Mannheim, Bestand Altakten, Ordner „Künstlerbund 1913, VI". Dieselben Bedingungen auch in Darmstadt 1910 u. Bremen 1912. Vgl. Einzelheiten aus dem Ausstellungsprogramm für Darmstadt, Punkt 18 u. 19, in: Römheld an Kalckreuth, 28.12.1909, in: Stadtarchiv Darmstadt, ST 12/13 Nr. 001; Vertragsentwurf zwischen dem Bremer Kunstverein

Mitveranstalter insofern ein, als dass er mit dem Künstlerbund vorab eine Verkaufsgarantie verhandelte, für die er die volle Gewähr übernahm. In Mannheim, wo der Kunstverein gemeinsam mit der Stadt die Verantwortlichkeit für die Ausstellung übernommen hatte, wurde die Garantiesumme auf 60.000 Mark festgelegt und beinhaltete folgende Bedingung:

> „Was die Garantieleistung für einen Verkaufsumsatz von 60000 Mk. betrifft, so ist deren Einlösung so zu verstehen, daß die Stadtgemeinde für diese Summe, sofern und soweit sie nicht durch Ankäufe von anderer Seite erreicht wird, aus der Ausstellung Erwerbungen vornimmt, aus dem Kredit, der von dem Bürgerausschuß im nächstjährigen Kunsthallenbudget für Anschaffungen von Kunstwerken bewilligt werden wird. Dabei möge darauf hingewiesen sein, daß der Ankaufsfonds im diesjährigen Voranschlag mit Mk. 100000.- dotiert war."[436]

Auch was die Werbung für die Ausstellungen betrifft, konnte sich der Künstlerbund auf die ortsansässigen Veranstalter verlassen, deren Interesse an einer gut besuchten Ausstellung nicht minder groß war als das des Künstlerbundes. Für die Mannheimer Ausstellung 1913 sind die Bemühungen Wicherts dokumentiert. Wichert hat sich mit einer Verkaufsgarantie in Höhe von 60.000 Mark in beträchtlichen Zugzwang gebracht. Um einen bestmöglichen Publikumszulauf zu garantieren, beabsichtigte er eine umfangreiche Reklame, die ruhig einiges kosten durfte. Er beantragte bei der Stadt als Mitveranstalter mindestens fünftausend Mark für Werbungskosten:

> „In dem Voranschlag für die Künstlerbundausstellung sind für Reklame und Inserate 3500 Mark vorgesehen. Bei Inangriffnahme der Einzelarbeit für die bevorstehende Ausstellung hat sich mir nun gezeigt, dass zu einer einigermassen wirksamen Durchführung dieser Veranstaltung ein sehr viel ausgeprägteres und umfassenderes Reklamewesen nötig ist, als wir es zunächst angenommen haben und als es sich vor allem mit dieser kleinen Summe bestreiten liesse. [...] Auch halte ich es für sehr nötig, dass in den drei oder vier wichtigsten Zeitungen Deutschlands ganz oder halbseitige Inserate auf die Ausstellung hinweisen, nicht umgehen kann man ferner den Anschlag von Plakaten an den Anschlagsäulen der grösseren Städte, besonders wird auch Heidelberg mit Plakaten und vielleicht sogar Ankündigungstafeln zu versehen sein. Des Weiteren wird ein kleineres, von Kunstmaler Jost entworfenes Plakat in den D-Zugwagen der badischen Staatsbahn aufgehängt werden. Daneben sind in Mannheim selbst auf dem Bahnhof, vor dem Bahnhof, auf dem Bauplatz des Reissmuseums und vielleicht auch vor dem Wasserturm grosse solide Tafeln, bei der Kunsthalle Flaggenmasten aufzustellen, alles in allem kostspielige Massregeln. Nach Rücksprache mit Herrn Kommerzienrat Schweitzer und im Einvernehmen mit ihm möchte ich nunmehr beantragen,

---

und dem Deutschen Künstlerbund, ms. mit hs. Korrekturen, 15.10.1911, in: Archiv Kunsthalle Bremen, Akte No. 108, Bl. 6 u. AdK, Deutscher Künstlerbund, Robert-Sterl-Archiv, 106, 33.

436 Protokoll der Bürgerausschusssitzung, 29.10.1912, in: Archiv Kunsthalle Mannheim, Bestand Altakten, Ordner „Künstlerbund 1913, VI".

dass für die Durchführung der Reklame in der gedachten Weise Mittel bereitgestellt werden. Es scheint mir möglich, von der für ‚Sonstiges' angesetzten Position von 2500 Mark schon jetzt 2000 Mark für Reklame zu verwenden, immerhin dürfte diese Summe nicht genügen, weitere 3–4000 Mark werden noch nötig sein. Vielleicht lässt sich diese Summe, die ja doch auch für die allgemeine Reklame der Stadt Mannheim, nicht nur für die Künstlerbundausstellung Verwendung finden soll, aus Fonds, die für derartige Zwecke vorgesehen sind, entnehmen."[437]

Die künstlerische Durchführung der Ausstellungen hingegen oblag immer dem Künstlerbund, was sich nicht zuletzt darin zeigt, dass die Jury stets ausschließlich aus Künstlerbündlern zusammengesetzt war.[438]

Vergabe des Villa-Romana-Preises

Neben der Durchführung regelmäßiger Ausstellungen hat sich der Künstlerbund einem zweiten Feld der Künstlerförderung verpflichtet. 1905 wurde auf Initiative von Max Klinger und Georg Hirzel durch den Deutschen Künstlerbund die Villa Romana in Florenz erworben und zum Künstlerhaus ausgebaut. Fortan wurden auf den Ausstellungen des Künstlerbundes jeweils zwei bis fünf Künstler (in den späten zwanziger und dreißiger Jahren war es meist nur noch einer) mit dem Villa-Romana-Preis ausgezeichnet und für ein Jahr nach Florenz geschickt.[439] Darüber

---

437 Wichert an den Oberbürgermeister, 8.4.1913, Archiv Kunsthalle Mannheim, Bestand Altakten, Ordner „Künstlerbund 1913, VI". Beschlossen wurde schließlich, „dass 1. nur dem Bahnhof gegenüber eine grosse, solid und monumental ausgeführte Tafel mit der Aufschrift: Kunsthalle Mannheim. Grosse Mannheimer Ausstellung des deutschen Künstlerbundes Mai – Oktober 1913 ausgeführt wird; 2. an den Pfosten dieser Tafel und auf dem Wege von da zur Kunsthalle an verschiedenen Stellen in zweckdienlicher Weise Wegweiser mit der Aufschrift ‚zur Ausstellung' und am Bahnhof mit dem weitern Vermerk ‚2 Minuten vom Bahnhof' angebracht; 3. vor der Kunsthalle und auf dem Platze des Reissmuseums Flaggenmaste aufgestellt werden." Aus: Beschluss der Ausstellungskommission, 10.4.1913, Archiv Kunsthalle Mannheim, Bestand Altakten, Ordner „Künstlerbund 1913, VI" (Hervorhebung im Orig.).

438 Bezüglich der Mannheimer Ausstellung 1913 musste eine Anzeige der *Leipziger Neuesten Nachrichten* korrigiert werden: „Zu Ihrer vorzeitigen Notiz über die Künstlerbundausstellung in Mannheim möchten wir bemerken, daß sie eine Unrichtigkeit insofern enthält, als die Ausstellung nicht unter Leitung von Direktor Dr. Wichert stattfindet, sondern wie bei allen bisherigen Ausstellungen unter Leitung des Künstlerbund-Vorstandes selber." Aus: W.[ichert] an die Feuilletonredaktion der Leipziger Neuesten Nachrichten, 24.4.1913, in: Archiv Kunsthalle Mannheim, Bestand Altakten, Ordner „Künstlerbund 1913, VI" (Hervorhebungen im Orig.).

439 Kesslers Biograf Easton schrieb Kessler auch bei der Erwerbung der Villa Romana die entscheidende Initiative zu, ohne dies näher zu erörtern. Vgl. Easton 2005, S. 149. Stärker sind die Hinweise, die Klinger als Motor des Projekts ausweisen: „Die Idee, daß der deutsche Künstlerbund in Florenz ein Atelierhaus unterhalten

hinaus beinhaltete das Stipendium eine Geldbeigabe in Höhe von 2.000 Mark.[440] Den Preisträgern wurden Wohnungen und Ateliers zur Verfügung gestellt und vor allen Dingen eine besondere Arbeitsatmosphäre geboten, die ihrem Schaffen neue Impulse verleihen sollte. Denn die Initiatoren versuchten mit der Villa auf ganzer gesellschaftlicher Ebene Offenheit und Liberalität zu beweisen und hier einen Ort des selbstbestimmten Lebens zu kreieren, der „in die Zukunft einer toleranten und emanzipierten Gesellschaft" wies, wie es Klinger vorschwebte.[441] Diese Haltung Klingers war sicherlich nicht unwesentlich von seiner damaligen Lebensgefährtin, der feministischen Schriftstellerin Elsa Asenijeff, beeinflusst.[442] Das Motto war, „in der Villa Romana sollte nicht nur gemalt werden, was man wollte, sondern auch gelebt werden, wie man wollte."[443] Der hohe gesellschaftliche Stellenwert der Villa äußerte sich auch darin, dass der Preis die Unterbringung der Familien der Stipendiaten gestattete. Auf den frühen Vorschlag Klingers sollten zudem von Beginn an auch Frauen für den Preis Berücksichtigung finden.[444] 1906 wurde Dora Hitz ausgezeichnet, 1907 Käthe Kollwitz. In die Villa Massimo wurde erstmals 1930 eine Frau eingeladen. Die Villa Romana gab sich in jeder Hinsicht als emanzipierte und

---

und daß ein dortiger freier Studienaufenthalt für gewisse Zeit als Preis des deutschen Künstlerbundes verliehen werden sollte, hat Professor Max Klinger gefaßt und Anfang des Jahres 1905 dem Vorstand des Künstlerbundes mitgeteilt. Darauf wurde der Archäologe Dr. Paul Hartwig gebeten, sich in Florenz nach geeigneten Objekten umzusehen. Er fasste die Villa Romana ins Auge, worauf Klinger und der Verlagsbuchhändler Hirzel, der das Unternehmen pekuniär stark unterstützt hat, nach Florenz reisten und gemeinsam auf Klingers Namen die Villa für 60 000 Lire erwarben. [...] Ende 1905 konnte Klinger dem Vorstand des deutschen Künstlerbundes mitteilen, daß die Unternehmung fertig wäre und in Wirksamkeit treten könne. [...] Der Vorstand dieses Vereins sind die Herren Klinger, Hirzel und Nachod. [...]." Aus: Kunstchronik, N. F. Jg. 18, 1907, Sp. 315.

440 Der Villa-Romana-Preis gilt als ältester Kunstpreis Deutschlands dieser Art. Der Rom-Preis der Berliner Akademie wird zwar bereits seit dem Ende des achtzehnten Jahrhunderts vergeben, war aber lange Zeit nicht mit einem festen Domizil verbunden. Das änderte sich erst 1910 durch eine Stiftung des Berliner Mäzens Eduard Arnhold (1849–1925). 1912 konnte die von ihm geschaffene Villa Massimo den ersten Preisträger beherbergen. Dennoch ist die Villa Massimo heute wesentlich populärer als die Villa Romana. Beide Preise werden auch heute noch vergeben. Zur Villa Romana siehe: Mir tanzt Florenz 2005 u. Weimar 2005. Zur Villa Massimo: Villa Massimo 2010.

441 Vgl. Windholz 2005, S. 16.

442 Elsa Asenijeff (1867–1941) gilt als eine Vorläuferin des Differenz-Feminismus. Mit Klinger war sie von 1898 bis 1916 liiert. Eine 1900 geborene gemeinsame Tochter wurde von einer Pflegemutter aufgezogen.

443 Windholz 2005, S. 35.

444 Vgl. Gründungsprotokoll, Weimar 15./16.12.1903, vollständig abgedruckt in: Stuttgart 1988, S. 34–39, hier S. 39.

liberale Einrichtung, „keine ‚Concurrenzen‘ Keine ‚Verpflichtungen‘“[445], wie es etwa beim Rom-Preis der Akademie üblich war, dessen Stipendiaten zu schriftlichen Berichterstattungen oder dem Nachweis über erreichte Fortschritte verpflichtet waren.[446] Auch auf diesem Gebiet der Künstlerförderung konnte der Künstlerbund also ein ausdrückliches Gegenangebot zur Akademie offerieren. Der Preis stand ausschließlich Mitgliedern des Künstlerbundes zur Verfügung, was eine Mitgliedschaft nochmal erstrebenswerter machte.

III.2.5 Resümee

Eine Besonderheit des Bundes war seine heterogene Zusammensetzung. Grundsätzlich wollte der Künstlerbund allen Künstler offen stehen, die eine Weiterentwicklung des deutschen Kunstschaffens mittrugen, sei es in der eigenen Produktion oder durch die Förderung und Befürwortung fortschrittlicher Künstler. Zu diesem Zweck richtete sich der Bund nicht ausschließlich an Künstler, sondern gleichermaßen an Museumsleute, Mäzene und Kunstkritiker, die in irgendeiner Form Teil der modernen Kunstbewegung waren. Dass dieses Prinzip der heterogenen Körperschaft fruchtbar war, zeigte sich ebenso beim 1907 gegründeten Werkbund, an dessen Gründung wiederum Henry van de Velde maßgeblich beteiligt war:

> „Der Arbeitsbericht ergab die erfreuliche Tatsache, dass der Bund trotz seiner wenig homogenen Zusammensetzung aus Künstlern und Fabrikanten, intellektuellen Proletariern und Kapitalisten doch prompt zu funktionieren vermag. Was die verschiedenen Interessen zusammenhält, ist das gemeinsame Ziel: die deutsche Produktion auf schöne Qualitätsarbeit einzustellen."[447]

Auch die Mitglieder des Künstlerbundes hatten ein gemeinsames Ziel: verbesserte Ausstellungsbedingungen unter der Garantie einer bedingungslosen künstlerischen Freiheit. Stilistisch standen sich dabei im Künstlerbund von Beginn an vollkommen gegensätzliche Vertreter der Kunst gegenüber, die aber am Ende ein ausgewogenes Verhältnis etablierter und progressiver Persönlichkeiten darstellten – im Vorstand, unter den Mitgliedern, wie auch innerhalb der Teilnehmerschaft. Diese Basis entsprach der Liberalität des Bundes, keiner bestimmten Richtung den Vorzug zu geben. Im Gegensatz zu den Sezessionen, wo das Zusammentreffen der Generationen zu Brüchen geführt hatte, blieb die Front des Künstlerbundes immer geschlossen. Der Generationswechsel vollzog sich hier allerdings auch sehr behutsam, wie die Entwicklungen in der Zusammensetzung der Jury zeigen. Der alte Kern behielt immer die Zügel in der Hand. Erst nach und nach rückten die Expressionisten in entscheidungstragende Positionen auf, nachdem ihre Kunst schon nicht mehr revolutionär war. Darin scheint aber gerade der Schlüssel des Erfolges und der Lang-

445 Klinger an Th. Th. Heine, Ende 1905, zit. nach Klinger 1985, S. 139f.
446 Vgl. Windholz 2005, S. 25.
447 Kunst und Künstler, Jg. 8, 1910, S. 180.

lebigkeit des Bundes gelegen zu haben. Die Personalfrage wurde vom Bund äußerst geschickt gelöst, denn die Entscheidungsträger, zu denen an erster Stelle Kalckreuth, aber auch Klinger, der Geschäftsführer Brodersen, später dann Caspar und Kolbe zu zählen sind, waren immer anerkannte Leute, bis in die Zeit des Nationalsozialismus hinein. Dabei keimt die Vermutung auf, dass ein Mann wie Kessler vielleicht ganz bewusst aus der Öffentlichkeitsarbeit des Bundes herausgehalten wurde.

Vorstand und Jury repräsentierten keinesfalls den künstlerischen Fortschritt. In ihrer Zusammensetzung zeichneten sich die Vorstandsmitglieder des Künstlerbundes durch eine absolut liberale Haltung gegenüber neuen Kunstströmungen aus. Das täuscht aber nicht über den grundsätzlich konservativen Charakter des Bundes hinweg, der sich auch im Umgang mit weiblichen Mitgliedern zeigte. Zwar wurden von Beginn an Frauen zu den Ausstellungen und damit auch zur Mitgliedschaft zugelassen. Besonders hervortun durften sie sich allerdings nicht. In den Vorstand wurden über all die Jahre nur zwei Damen gewählt, Maria Caspar-Filser und Käthe Kollwitz, und auch das auf jeden Fall erst nach 1910. Kollwitz durfte zudem 1927 der Jury beiwohnen. Bei diesem einen Mal blieb es aber auch.

IV. Die Ausstellungen des Deutschen Künstlerbundes

Wer großes will muß sich zusammen raffen.
In der Beschränkung zeigt sich erst der Meister
Und das Gesetz nur kann uns Freyheit geben.[448]
(Johann Wolfgang von Goethe)

IV.1 Der Konfliktpunkt „Ausstellung"

Die Auseinandersetzung zwischen Fortschritt und Tradition entzündete sich in der Kunst vor allem im Bereich des Ausstellungswesens. Seit Mitte des neunzehnten Jahrhunderts hatte die Ausstellungstätigkeit in Europa enorm zugenommen, gegen Ende des Jahrhunderts war ein Übermaß erreicht. Der einzige Weg, einer unflexiblen, stagnierenden und jede Avantgarde ablehnenden Ausstellungskultur zu entrinnen, war, sich zu Gruppen zusammenzutun und mit eigenen Schauen aus dem Korsett der großen offiziellen Ausstellungen herauszulösen. Um damit Erfolg zu erzielen mussten die Unzulänglichkeiten der Salons korrigiert werden, allen voran die Überfrachtung an Exponaten und deren unübersichtliche Präsentation.[449] Vordergründiges Ziel war es, die Ausstellungen quantitativ auszudünnen und das einzelne Kunstwerk zur Geltung zu bringen. Dem Publikum sollte die Möglichkeit geschaffen werden, sich auf das Wesentliche zu konzentrieren, anstatt sich in der Masse zu verlieren. Neue Inszenierungsstrategien wurden erprobt, die in Paris im Kreis der Impressionisten ihren Anfang fanden.[450] Die deutschen Sezessionisten

---

448 Letzte Strophe aus: Johann Wolfgang von Goethe, *Natur und Kunst.* Vollständig abgedruckt im Katalog zur Hamburger Künstlerbundausstellung 1936: Deutscher Künstlerbund 1936, S. 5.

449 „Man kann kaum mehr übersehen, daß eine allgemeine Abneigung gegen die großen Kunstausstellungen vorhanden ist, selbst bei dem Teile des Publikums, das sich im übrigen ablehnend gegen alle sezessionistischen Bestrebungen verhält. Die Mehrzahl aller Ausstellungsbesucher hat es gründlich satt, sich einen Kunstgenuß durch physische Anstrengungen und unverhältnismäßigen Zeitverlust zu erkaufen. Man will nicht mehr zweitausend Bilder und zweihundert Skulpturen durchmustern, um – wenn's hoch kommt – fünfzig des Aussehens werte Werke zu finden. Den Veranstaltern der großen Kunstausstellungen ist diese, ihren Unternehmen feindliche Stimmung nicht verborgen geblieben. Sie machen die größten Anstrengungen, ihr entgegenzuwirken, und versuchen vor allem, den Umfang der Ausstellungen durch besondere Arten des Arrangements zu verschleiern." Aus: Rosenhagen 1904/05a, S. 354f.

450 Zur Reform der modernen Ausstellungspraxis in Paris vgl.: Joachimides 2001, S. 114–120.

waren stark von der antiakademischen Ausstellungspraxis der Franzosen inspiriert, was sich von Anfang an in ihren Schauen niederschlug, wie etwa 1899 in Berlin: „Das strenge Prinzip der secessionistischen Vereinigungen, dass die Kunstwerke die Hauptsache sein sollten und dass die Dekoration höchstens ein untergeordnetes Mittel zum Zweck sein darf, ist hier mit herber Konsequenz durchgeführt worden."[451]

Hinzu kamen nun auch wahrnehmungsästhetische Aspekte, mit denen man den veränderten Bedürfnissen des Publikums folgte. Die modernen Ausstellungsbetreiber wandten sich nicht mehr ausschließlich an ein vorgebildetes und wohlsituiertes Bildungsbürgertum, sondern an jedermann. Im Vordergrund stand das ästhetische Erlebnis per se, der Besucher sollte sich wohlfühlen in den Räumen der Ausstellung. Farbe und Stofflichkeit der Wände, Symmetrie in der Hängung, Zusammenstellung der Arbeiten, Farbe und Form der Bilderrahmen konnten dem einzelnen Kunstwerk zu völlig unterschiedlicher Wirkung gereichen. Die gezielte Inszenierung der Exponate war entscheidend für den Gesamteindruck einer Ausstellung.[452] All dies sollte am Ende auch den ökonomischen Erfolg sichern.[453] Im Großen und Ganzen entschieden sich die modernen Ausstellungsmacher am Ende des neunzehnten Jahrhunderts in ihren Inszenierungen zwischen einer reduzierten Atelierraumsimulation oder einer dekorativeren Wohnraumsimulation.[454] Letztere sollte der Vorstellungskraft des potentiellen Käufers dienen und ihn dahingehend inspirieren, wie sich das anvisierte Werk in den eigenen Räumen unterbringen ließe.[455] Der Künstlerbund schloss sich hierbei der Vorarbeit der Sezessionen an, die diese „Aufgaben schon seit Jahren glänzend in Angriff genommen"[456] hatten. Die Sezessionen sollten durch den Künstlerbund nun keinesfalls ersetzt werden. Doch konnten die Ausstellungen des Bundes durch seine Überregionalität und Größe –

---

451 Rosenberg 1899. Zu den grundsätzlichen Unterschieden der Inszenierungspraxis der Berliner und der Münchner Sezessionen vgl. Joachimides 2001, S. 120–128. Da der Künstlerbund die Räumlichkeiten stets von seinen Gastgebern übernommen hat und nicht klar ist, ob er die Gestaltung der Räume überhaupt beeinflussen konnte, soll hier auf die Möglichkeiten der neuen Ausstellungspraktiken nicht näher eingegangen werden. Überdies finden sich nur äußerst wenige Hinweise auf die Gestaltung der Veranstaltungsorte des Bundes.

452 Die Frage des geeigneten Wahrnehmungsrahmens spielte vor allem in der gleichzeitigen Museumsreformdebatte eine große Rolle. Vgl. dazu: Joachimides 2001, S. 99–113.

453 Das neuzeitliche Ausstellungswesen hatte „nicht nur repräsentative, sondern insbesondere auch wirtschaftliche Funktionen zu erfüllen". Aus: Mai 1986, S. 27.

454 Zu den beiden grundsätzlichen Konzepten der Atelierraum- oder der Wohnraumsimulation vgl. Joachimides 2001, S. 114–138.

455 Gegen Ende des 19. Jahrhunderts hatte sich die Privatsammlerkultur entscheidend verändert. Das Sammelgut wurde nicht mehr unbedingt separat wie in einem Museum aufbewahrt, sondern zunehmend in die Wohnräume integriert. Zur Entwicklung der großbürgerlichen Privatsammlerkultur siehe Joachimides 2001, S. 68–80 u. Kuhrau 2005.

456 Kessler 1904, S. 193.

was sich positiv auf die finanziellen Mittel wie auch auf die Bandbreite der Exponate auswirkte – noch „bedeutungsvoller und gewählter“[457] ausfallen, wie Kessler hoffte. Die stilistische Vielfalt war insofern wichtig, als dass bei den Sezessionsausstellungen durch lokal gefärbte Einflüsse leicht eine bestimmte Richtung Überhand gewinnen konnte, was keinesfalls die Absicht war, wo doch „die ‚Richtung‘ in der Kunst [...] gerade das ist, wogegen die Sezessionen gegründet“[458] waren. Auf den Künstlerbundausstellungen sollte ein möglichst heterogenes Gesamtbild vorherrschen.

Von den Sezessionsausstellungen sollten sich die Veranstaltungen des Künstlerbundes vor allem darin unterscheiden, dass sie sich, bis auf wirklich wenige Ausnahmen, auf Künstler aus dem deutschsprachigen Raum beschränkten.[459] Die Sezessionen hingegen wollten sich bewusst international geben und luden vielfach Künstler aus dem europäischen Ausland ein. Von den großen offiziellen Ausstellungen wiederum wollte sich der Bund in seiner gezielteren Auswahl, in der Übersichtlichkeit durch eine rigorose Beschränkung der Exponate und in einer durchdachteren Hängung absetzen. Daraus lässt sich resümierend feststellen, dass die Sezessionsausstellungen durch den Künstlerbund quasi sinnvoll ergänzt werden sollten, die großen offiziellen Kunstausstellungen aber durchaus in den Schatten gestellt werden durften. Die zu Beginn des Jahres 1904 geäußerte Voraussage, „daß die diesjährige große Berliner Ausstellung recht schlecht werden wird, weil sich der deutsche Künstlerbund gebildet hat“[460], zeigt die mit der Gründung des Bundes einhergegangene Erwartungshaltung. Die Präsentation eines „von oben“ kontrollierten Leistungsstandes, wie ihn die Akademieausstellungen zeigten, war überholt. Die modernen Kunstausstellungen wollten stattdessen den tatsächlichen Entwicklungsstand der Kunst dokumentieren.

IV.1.1 Zur Rezeption „moderner“ Kunstausstellungen

Mit dem Aufkommen des modernen Ausstellungswesens gegen Ende des neunzehnten Jahrhunderts hat sich auch die Funktion der Kunstkritik grundlegend geändert.[461] Die Entwicklung der Kunst schritt in einem derart raschen Tempo voran, dass es dem Publikum kaum möglich war, ihr zu folgen und die vielen verschiedenen Strömungen noch zu verstehen. Der Bedarf an Berichterstattung war gestiegen, denn das Publikum war, wenn es nicht bereits über ein gewisses Maß an moderner Sehgewohnheit verfügte, regelrecht angewiesen auf die erläuternde, vermittelnde Instanz des Kritikers. Zahlreiche neue Kunstzeitschriften sind plötzlich erschienen, die den gestiegenen Bedarf an Information wie an Erklärungen und Kommentierung

457 Ebd.
458 Ebd.
459 Zu den Ausnahmen vgl. oben, Kap. III.2.3, S. 106.
460 Kunst und Künstler, Jg. 2 1904, S. 200.
461 Zum Wandel in der Kunstberichterstattung vgl. Mai 1986; Rennhofer 1987, S. 169–179; Kauffmann/Schütz 2000 u. Strobl 2002, S. 176–178.

erfüllten. Auch die Zahl der Kunstausstellungen ist extrem in die Höhe gegangen und jede Besprechung, egal ob gut oder schlecht, trug dazu bei, die einzelne Veranstaltung zu bewerben. Das quantitative Angebot ausgestellter Werke war damit insgesamt kaum kleiner als auf den großen Salons. Nur dass es sich nun auf verschiedene kleinere Orte verteilt hat.

Im Gegensatz zu den bislang existierenden Kunstperiodika, die vor allem informativ ausgerichtet waren, entwickelte sich das neue Kunstfeuilleton weg von einer objektiven, wertfreien Berichterstattung. Die Besprechungen unterlagen mehr und mehr persönlichem Programm und individuellem Geschmack. Sie konnten polemisch, didaktisch, illustrativ sein. Die Perspektive des Kritikers hatte sich geändert. Teilweise griffen die Artikel direkt ins Kunstleben ein, bestenfalls avancierten sie selbst zu literarischen Kunstwerken. Auch unter den Kritikern spalteten sich die Lager. Der moderne Autor hat sich den neuen Entwicklungen gestellt, versuchte zu verstehen, auch wenn nicht alles gefiel. Der konservative Kritiker hingegen wertete nicht nur traditionell altmodisch, sondern verurteilte auch autoritär. „Das", hatte der Wiener Kunstschriftsteller Hermann Bahr bereits 1894 festgestellt, „ist der Unterschied zwischen der alten Kritik und der neuen, daß jene den Künstler belehren wollte und diese will vom Künstler lernen."[462] Und Bahr schlussfolgerte daraus: „Die Kritik muß sich erneuern, weil sich die Zeit erneuert hat."[463]

Wie sich die Anforderungen moderner Kunstausstellungen an das Publikum geändert haben, so bedurfte ihrerseits die Kunstkritik neuer Kriterien, die man allerdings erst aufstellen musste. Dieser neuen Aufgabe gerecht zu werden, stellte auch die Kritiker immer wieder vor große Herausforderungen, wie der Kunsthistoriker Friedrich Carstanjen 1903, kurz vor der Gründung des Künstlerbundes, erkannt hatte:

> „In vergangenen Jahrhunderten war es die geschlossene, tonangebende Macht der Höfe, welche stilbildend wirkte und widerspruchslos den Geschmack prägte. Heutzutage sind es Hunderte von Künstler-Individualitäten, welche gesondert neben- und gegeneinander um die Palme der Autorität kämpfen; und ihnen gegenüber steht das Herr der mit dem Schwert der Kritik gerüsteten kunsthistorisch und aesthetisch Gebildeten."[464]

Selbst Kunstkritiker, beschrieb Carstanjen die Anforderungen an die Autoren im Umgang mit dem Neuen, denn „was nutzt die Kritik dem Neuen gegenüber? Sie gewinnt ihre Prinzipien immer erst aus dem Vorhandensein der Werke selbst, und

462 Hermann Bahr, Studien zur Kritik der Moderne, Frankfurt a. M. 1894, S. 248 ff., zit. aus Rennhofer 1987, S. 170. Der österreichische Schriftsteller, Dramatiker und Kulturkritiker Hermann Bahr (1863–1934) gilt als einer der Hauptakteure der deutschsprachigen literarischen Moderne der Jahrhundertwende. Zu Bahr siehe etwa: Bahr 2003.

463 Hermann Bahr, Studien zur Kritik der Moderne, Frankfurt a. M. 1894, S. 248 ff., zit. aus Rennhofer 1987, S. 170.

464 Carstanjen 1903, S. 489.

neue Werke verlangen neue Prinzipien, die immer erst hinterher gewonnen werden."[465] Die moderne Kunst war mit den traditionellen Werkzeugen der Kunstkritik nicht mehr zu kommentieren. „Darum finden wir auch so wenig sichere Urteile über das Neue", so Carstanjen weiter.

> „Unsere ganze, durch die Erziehung gewonnene Kenntnis ist uns hierbei im Wege. Man hat uns Allen die klassische Kunst so lange intensiv vor Augen geführt, und als mustergiltig für alle Zeiten hingestellt, dass die meisten gar nicht sehen, in welchem Zwiespalt dazu unsere andersgearteten Lebens-Anschauungen, Bedürfnisse und Gewohnheiten stehen. Wer da weiss, wie neue Formen überhaupt zu Stande kommen, der weiss auch, dass überhaupt die Kritik weder ein Mittel ist, das Schöne zu erkennen, noch die Kunst und die Künstler zu ändern; [...]."[466]

Dieser Problematik des Kunstfeuilletons im frühen zwanzigsten Jahrhundert war auch der Künstlerbund ausgesetzt. Der Zwiespalt, dem die Kritiker zum Teil ausgeliefert waren, entsprach letztlich der gesamten Debatte für oder wider die moderne Kunst. Die oftmals persönliche Färbung der Berichte spiegelt nicht zuletzt die Unsicherheit der Rezensenten darüber, was tatsächlich von Wert sein könnte und was bloße Provokation. Denn fachlich fundierte Beweise konnten noch nicht aufgestellt werden. Vor diesem Hintergrund müssen auch die Rezensionen der Künstlerbundausstellungen gelesen werden. Nichtsdestotrotz war das neue Kunstfeuilleton außerordentlich meinungsbildend:

> „Meier-Gräfe und Scheffler (um nur die Konsequentesten zu nennen) haben für die allgemeine bildnerische Kultur fast mehr getan als unsere Künstler selbst. Und endlich darf die Gruppe fortschrittlicher Kunsthistoriker und Museumsleute nicht vergessen werden, die durch ihre Autorität auch kleinste und werdende Überzeugungen im Publikum stärkten. [...] So ist der Impressionismus bei uns weniger eine Angelegenheit der künstlerischen Produktion geworden, als vielmehr der allgemeinen Aufklärung und Erziehung zur bildenden Kunst."[467]

IV.1.2 Zur feuilletonistischen Rezeption der Ausstellungen des Deutschen Künstlerbundes

Zur vorliegenden Untersuchung wurde, neben verschiedenen lokalen Tageszeitungen, vor allem die Berichterstattung in Kunstperiodika herangezogen. Aus der ungeheuerlichen Menge von Kunstzeitschriften, die um die Jahrhundertwende herausgegeben worden sind,[468] wurden nur deutsche Fachblätter herangezogen, die für die Beurteilung der modernen Kunst in der ersten Hälfte des zwanzigsten

465 Ebd.
466 Carstanjen 1903, S. 490.
467 Bender 1913, S. 290.
468 Die hohe Zahl an Neugründungen von Fachzeitschriften um die Jahrhundertwende zeigt den Stellenwert, den das neue Kunstfeuilleton plötzlich eingenommen hat.

Jahrhunderts maßgeblich waren. Um einen möglichst vielseitigen Überblick über die Rezeption des Künstlerbundes zu erhalten, wurden Zeitschriften unterschiedlicher künstlerischer oder kulturpolitischer Orientierung herangezogen. Die Auswahl wurde schließlich auf die Organe reduziert, die aufgrund ihrer Popularität und Auflagenstärke sowie dem Prestige ihrer Autorenschaft als besonders repräsentativ eingestuft werden können.

So wurden die als liberal zu klassifizierenden Zeitschriften *Kunst und Künstler*, *Kunstchronik*, *Der Cicerone*, *Deutsche Kunst und Dekoration* sowie das *Kunstblatt* und als Kontrast dazu die grundsätzlich konservativen Blätter *Zeitschrift für bildende Kunst*, *Die Kunst für Alle* und der *Kunstwart* herangezogen. Die Grenzen allerdings waren fließend, allein deshalb, weil bei der Autorenauswahl die kunstpolitische Gesinnung oft nicht ausschlaggebend war.[469]

Nach der großen Resonanz, die die Gründung des Künstlerbundes in der Presse erfahren hatte, lässt sich erwarten, dass die Ausstellungen des Bundes auf ein gleichfalls großes Interesse der Medien gestoßen wären. Doch das ist nicht der Fall. Die ersten drei Ausstellungen 1904 in München, 1905 in Berlin und 1906 in Weimar fanden noch ein recht gutes Echo in den gängigen Zeitschriften *Kunst für Alle*, *Kunst und Künstler*, *Kunstchronik*, *Kunstwart* und der *Zeitschrift für bildende Kunst*. Auch die Jahresausstellung 1910 in Dresden wurde noch ähnlich umfassend gewürdigt. Danach aber ging die Berichterstattung merklich zurück. Erst die Jahresausstellungen 1928 in Hannover, im Jahr darauf in Köln und 1931 in Essen stießen erneut auf eine größere Anteilnahme des Feuilletons. Warum der Künstlerbund das wichtige Medium Kunstfeuilleton nicht stärker für sich in Anspruch genommen hat, wird sich ohne konkrete Hinweise nicht mehr nachvollziehen lassen. In Anbetracht der Tatsache, dass einige der wichtigen Mitstreiter innerhalb des Künstlerbundes auch publizistisch tätig waren, als gelegentliche Autoren oder auch als Herausgeber wie Kessler, kann die vergleichsweise geringe Berichterstattung der Ausstellungen des Künstlerbundes nur verwundern.

Die ausgewählten Editionen waren in der hier relevanten Zeit ungeheuer populär. Die Kurzlebigkeit der damaligen Periodika gilt indes auch für diese Blätter. Allein *Die Kunst für Alle* ist über den gesamten Zeitraum der vorliegenden Unter-

---

Viele der Blätter wurden jedoch nach nicht allzu langer Laufzeit wieder eingestellt. Vgl. dazu Sperlings Zeitschriften und Zeitungsadressbuch, Leipzig 1861–1947.

469 Bezogen auf die Autoren, die auch über den Künstlerbund geschrieben haben, sind etwa die fortschrittlichen Hans Rosenhagen, Richard Graul oder Johann Frerking zu nennen, die in den konservativen Blätter *Die Kunst für Alle* oder der *Zeitschrift für bildende Kunst* publiziert haben. Graul wurde 1925 sogar Herausgeber der *Zeitschrift für bildende Kunst*. Manche Autoren wurden auch in liberalen wie konservativen Blättern gleichermaßen abgedruckt. Curt Glaser, Herausgeber der *Kunstchronik*, hat regelmäßig auch für die *Zeitschrift für bildende Kunst* und gleichfalls für *Kunst und Künstler* geschrieben. Auch Artikel von Luise Straus-Ernst wurde sowohl in der *Kunst für Alle* wie im *Kunstblatt* abgedruckt.

suchung erschienen. Die übrigen Zeitschriften wurden in ihrer bestehenden Form alle in den frühen dreißiger Jahren eingestellt.

Eine knappe Übersicht der herangezogenen Zeitschriften soll die damalige Feuilletonlandschaft kurz skizzieren. Die Rezensionen wurden dahingehend ausgewertet, Kontinuitäten oder ein erkennbares Konzept der Künstlerbundschauen auszuloten. Eine rezeptionsgeschichtliche Analyse der Beiträge erfolgt nicht.

Kunst und Künstler (erschienen von 1902 bis 1933 in Berlin)

Die seit 1902 von Bruno Cassirer in Berlin herausgegebene Monatsschrift *Kunst und Künstler* ist in Bezug auf den Deutschen Künstlerbund schon deshalb von Interesse, weil sie 1904 Kesslers programmatischen Gründungsaufsatz abgedruckt hatte.[470] Cassirer, der von Beginn an eng mit der Sezessionsbewegung verbunden war, wollte den Bestrebungen der modernen Künstler gezielt Hilfestellung leisten.[471] Diesem persönlichen Interesse vom Herausgeber und den Redakteuren Emil Heilbut (1902–1907) und Karl Scheffler (1907–1933) entsprechend, zeigte sich die Zeitschrift gegenüber der impressionistischen Moderne sehr offen und fürsprechend. So gilt das Blatt gewissermaßen als „Hauptpublikationsorgan der Sezession“[472]. Ihre impressionistisch orientierte Ausrichtung behielt die Zeitschrift auch nach 1910 bei. Der Expressionismus und alle weiteren avantgardistischen Entwicklungen wurden weitgehend ignoriert, was dem Blatt ab spätestens den 1920er Jahren einen beinahe retrospektiven Charakter verliehen hat.[473] Dennoch ist spürbar, dass Cassirer darauf Wert gelegt hat, das Blatt liberal und demokratisch anzulegen. Er wollte den Geist der Zeit aufnehmen und nah an den Künstlern sein.[474] Das Konzept hatte Erfolg, denn „blättert man die Hefte heute durch, so fällt auf, daß Kunst und Künstler im Gegensatz zu anderen vergleichbaren Zeitschriften fast ausschließlich Künstler erwähnt und deren Werke abbildet, die bis heute ein Begriff sind.“[475]

Zu einer Besonderheit der Zeitschrift gehört es, dass für die erfolgreiche Vermittlung zwischen Kunst und Publikum von den Künstlern selbst verfasste Beiträge sorgen sollten, um „von der uns verschlossenen Welt der Künstler, richtiger von ihren Welten, den Schleier so weit es angeht zu lüften und die Mitarbeit der Künstler, dieser elementarsten Erklärer ihres Wesens, zu erlangen.“[476] Unter den Künstler-Autoren finden sich Max Liebermann, Corinth, Slevogt, van de Velde, Trübner, Großmann, Barlach, Purrmann, Ahlers-Hestermann, Felixmüller oder Grosz. Sie

---

470 Kessler 1904.

471 Zu Cassirers Absichten siehe: Zum Beginn 1902/03, S. 3f.

472 Paas 1976, S. 102.

473 „Allein die immer größer werdende Reihe von Ausstellungsbesprechungen zu Veranstaltungen über die Kunst des vergangenen 19. Jahrhunderts belegt dies.“ Aus: Paas 1976, S. 204.

474 „Wir hoffen, daß es uns gelingen möge, in einer gewissen Weise objektiv zu sein.“ Aus: Zum Beginn 1902/03, S. 4.

475 Rennhofer 1987, S. 101.

476 Zum Beginn 1902/03, S. 4.

alle waren Mitglieder im Künstlerbund, zum Teil sogar im Vorstand. Dies erklärt vielleicht, warum *Kunst und Künstler* von den in dieser Arbeit herangezogenen Editionen noch vergleichsweise viele Künstlerbundausstellungen besprochen hat – von den insgesamt 24 Schauen dennoch nur die Hälfte.[477] Vor allem nach dem Krieg hat die Berichterstattung deutlich nachgelassen.

Kunstchronik (erschienen von 1866 bis 1926 in Leipzig)

Die *Kunstchronik* erschien als Beiblatt der Leipziger *Zeitschrift für bildende Kunst*. Die Beiträge waren alle recht kurz, wenn nicht ohnehin nur Mitteilungen. Man muss die *Kunstchronik* daher eher als eine Art Ankündigungsblatt betrachten. Unter ihrem Herausgeber Curt Glaser wurde der Künstlerbund mit zahlreichen Notizen bedacht, die über bevorstehende Ausstellungen, die Zusammensetzung der Jury oder Personalangelegenheiten Auskunft gaben. Im Vergleich zu ihrem konservativen Mutterblatt *Zeitschrift für bildende Kunst* war die *Kunstchronik* eher fortschrittlich ausgerichtet. Die *Kunstchronik* hat, wenn auch oft nur sehr knapp, zumindest regelmäßig über den Deutschen Künstlerbund berichtet und ist damit eine verlässliche Quelle zur Rekonstruktion der tatsächlich stattgehabten Veranstaltungen des Bundes.[478]

Der Cicerone (erschienen von 1909 bis 1930 in Leipzig)

Die ebenfalls in Leipzig herausgegebene Zeitschrift *Der Cicerone* berichtete vornehmlich vom Kunstmarkt und von Versteigerungen. Der Kunsthandel hatte inzwischen enorm an Bedeutung gewonnen und die Kunstbewegung nicht unerheblich beeinflusst, wie der Herausgeber Georg Biermann im ersten Heft des Blattes zur Kenntnis gab: „Man kann ohne Übertreibung behaupten, dass der Kunsthandel mit seinen täglich neuen und immerzu im Fluß der Bewegung begriffenen Erscheinungen heute in mancher Beziehung einen der Brennpunkte unserer kunsthistorischen Erkenntnis darstellt."[479] Bezüglich des Deutschen Künstlerbundes ist die Zeitschrift, wie die *Kunstchronik*, aufgrund der regelmäßig aufgeführten Ausstellungsnotizen von Wert. Nur vereinzelt finden sich auch mal inhaltliche Beiträge zu den Künst-

---

477 Keyserling 1904, H.[eilbut] 1905, W. Scholz 1907, Koetschau 1908, Fechter 1909, Schölermann 1910a, Schölermann 1910b, Pauli 1912, Hakon. 1913, Sch.[effler] 1914, Glaser 1927, P[reetorius] 1928 u. Glaser 1931.

478 Ab 1918 (Jg. 54, N. F. 30) wurde die *Kunstchronik* mit einem zweiten Beiblatt der *Zeitschrift für bildende Kunst* zusammen aufgelegt und erschien bis 1926 (Jg. 35, N. F. 59) unter dem Namen *Kunstchronik und Kunstmarkt* weiterhin als separater Jahresband. Danach (ab Jg. 36, N. F. 60) wurde kein separater Band mehr gedruckt und es gab nur noch die ans Mutterblatt angehängte Beilage *Kunstchronik und Kunstliteratur*, die die moderne Kunst lediglich in kurzen Notizen würdigte. Für den Künstlerbund spielte die *Kunstchronik* nach 1926 kaum mehr eine Rolle. 1932 wurde die Herstellung unter dem Namen *Zeitschrift für bildende Kunst* mit all ihren Beiblättern eingestellt und unter dem Titel *Zeitschrift für Kunstgeschichte* weitergeführt.

479 B.[iermann] 1909.

lerbundausstellungen, so 1911 (Leipzig), zur Grafikausstellung 1912 (Chemnitz), 1920 (Chemnitz), 1921 (Hamburg) und 1928 (Hannover).[480] Eine Systematik in der Auswahl gerade dieser Ausstellungen, lässt sich nicht erkennen. Die wichtigsten und interessantesten Ausstellungen des Bundes aus den ersten Jahren von 1904 bis 1906 sowie kurz vor Kriegsbeginn 1912 in Bremen und 1913 in Mannheim wurden vom *Cicerone* nicht besprochen.

Deutsche Kunst und Dekoration (erschienen von 1897 bis 1932 in Darmstadt)

Die Zeitschrift *Deutsche Kunst und Dekoration* war, wie der Titel vermuten lässt, vornehmlich den dekorativen und baulich-technischen Künsten gewidmet. Dennoch finden sich hier äußerst ausführliche Aufsätze zu Ausstellungen im In- und Ausland, auch zu einigen des Künstlerbundes. Dabei beschränkte sich das Blatt nicht nur auf Grafikausstellungen, wie man es vermuten könnte. Die Leipziger Schau von 1907 war die einzige Grafikausstellung des Künstlerbundes, die eine längere Besprechung in der Zeitschrift erhielt.[481] Darüber hinaus aber wurden die Veranstaltungen 1910 in Darmstadt, 1913 in Mannheim, 1928 in Hannover und 1931 in Essen detailliert besprochen.[482] Auch hier lassen sich keine Auswahlkriterien ausmachen. Es fällt lediglich auf, dass die Abstände zwischen den Besprechungen groß sind. Überdies zeichnete sich das Blatt durch zahlreiche Abbildungen aus:

> „Auf Abbildungen legen wir naturgemäß das meiste Gewicht. Ist es auch unumgänglich, in solch bewegter Zeit die Kunstfreunde durch das Wort näher aneinander zu ziehen, durch Erörterung allgemeiner Fragen aufklärend zu wirken, so kann anderseits nur ein getreues Abbild des Kunstschaffens wirklich fördernd wirken."[483]

Auch hierbei lag das Gewicht auf den dekorativen Künsten des Jugendstils. Doch sind auch die Ausstellungsbesprechungen des Deutschen Künstlerbundes reichlich bebildert, wie man es sonst nur in der *Zeitschrift für bildende Kunst* und der *Kunst für Alle* findet. Damit leistete das Blatt einen wesentlich Beitrag zur Vermittlung der neueren Kunst, wie auch die Beiträge eine äußerst informative Form der Berichterstattung aufweisen. Wenn auch nicht alle Künstlerbundausstellungen berücksichtigt worden sind, gehört die Zeitschrift doch zu den informativsten Quellen bezüglich der Ausstellungen des Deutschen Künstlerbundes.

Das Kunstblatt (erschienen von 1917 bis 1933 in Berlin)

Neben *Kunst und Künstler* und dem *Cicerone* war ab 1917 das *Kunstblatt* die „vielseitigste und einflussreichste Kunstzeitschrift der Weimarer Republik".[484] Das in Berlin von Paul Westheim herausgegebene Blatt hatte sich vornehmlich der Kunst des

---

480 Biermann 1911, Balzer 1912, Die Künstlerbund-Ausstellung in Chemnitz 1920, Schapire 1921 u. Deutsche Künstlerbundausstellung Hannover 1928.

481 Willrich 1907.

482 Hardenberg 1910, Storck 1913/14, Habicht 1928 u. Osborn 1931.

483 Koch 1897/98.

484 Gillen 1999, S. 17. Zum *Kunstblatt* siehe: Windhöfel 1995.

Expressionismus verschrieben. Obwohl viele der von der Zeitschrift gewürdigten Künstler auch auf den Künstlerbundausstellungen auftraten, sind im Kunstblatt nur zwei Ausstellungen des Künstlerbundes besprochen worden, 1929 (Köln) und 1931 (Essen), und dies auch nicht sonderlich ausführlich.[485] Gerade das aber mag ein Hinweis auf die allgemeine Wahrnehmung des Bundes sein. Wenn der Bund das Interesse der publizistisch wichtigsten Streiter des Expressionismus nicht erreicht hat, muss man seine Wirkungskraft in den 1920er Jahren wohl in Frage stellen.

Zeitschrift für bildende Kunst (erschienen von 1866 bis 1932 in Leipzig)

Die *Zeitschrift für bildende Kunst* betitelte sich selbst stolz als älteste Kunstzeitschrift Deutschlands.[486] Ihr inhaltlicher Schwerpunkt lag auf der Kunst des Mittelalters und der Renaissance. Auch der Stil der Zeitschrift war akademisch traditionell und konservativ. Erst in den späten 1880er Jahren begann sich das Blatt allmählich der zeitgenössischen Kunst zu öffnen, und auch das zunächst nur gegenüber den etablierten Künstlern. Extreme Neuerungen wurden lange ignoriert, denn sie erfüllten nicht den wissenschaftlichen Anspruch des Blattes. Auf Dauer konnte sich die Zeitschrift dem aber nicht verschließen, wenn sie weiterhin attraktiv bleiben wollte, vor allem auch für jüngere Autoren. Als Kompromiss fand die moderne Kunst im Beiblatt *Kunstchronik* Eingang, das mit dem Thema wesentlich liberaler umging als das Mutterblatt. Insgesamt finden sich in der *Zeitschrift für bildende Kunst* aber immerhin drei große Ausstellungsbesprechungen zum Künstlerbund, und zwar gleich zur ersten 1904 in München, zur Grafikschau in Leipzig 1907 sowie zur Leipziger Jahresausstellung 1911.[487] Zudem wurden die Ausstellungen von 1905 in Berlin und 1913 in Mannheim zwar nicht mit Worten, dafür aber mit zahlreichen Abbildungen dokumentiert. Den Künstlern zumindest war auch damit gedient. Und wer genau hinsehen wollte, konnte anhand dieser Abbildungen den Kurs des Künstlerbundes zumindest ansatzweise verfolgen.

Die Kunst für Alle (erschienen von 1885 bis 1944 in München)

Die seit 1885 in München aufgelegte *Kunst für Alle* war eine der am weitest verbreiteten Kunstzeitschriften. Zwar war das Blatt hauptsächlich auf zeitgenössische Themen ausgerichtet. Unter ihrem ersten Herausgeber Friedrich Pecht[488] beschränkte sich die Themenwahl allerdings ausschließlich auf die akademische Kunst. Der Impressionismus fand lange keinen Zugang. Neben konservativen Mitarbeitern wie Paul

---

485 S[traus] E[rnst] 1929 u. P. W. 1931.

486 Vgl. Rennhofer 1987, S. 101.

487 Dülberg 1904, Graul 1907 u. Schinnerer 1911.

488 Friedrich Pecht (1814–1903) war im Hauptberuf Lithograf und Maler, trat aber seit den 1850er Jahren vornehmlich als Kunstschriftsteller auf, unter anderem als Kunstredakteur der *Augsburger Allgemeinen Zeitung*. Pecht hat *Die Kunst für Alle* von Beginn an bis zu seinem Tod herausgegeben. Sowohl als Künstler wie auch als Kunstkritiker vertrat er eine grundsätzlich konservative Haltung. Zu Pechts Tätigkeit als Autor und Herausgeber siehe: Bringmann 1982.

Schumann, Georg Fuchs oder Paul Schultze-Naumburg, die auch für den *Kunstwart* geschrieben haben, wurde dennoch zahlreichen Autoren des modernen Lagers das Wort gegeben wie Alfred Lichtwark, Julius Meier-Graefe, Woldemar von Seidlitz, Hermann Muthesius oder Emil Heilbut (von 1902 bis 1907 Herausgeber der Zeitschrift *Kunst und Künstler*), denen es schließlich zu verdanken war, dass sich das Blatt, obwohl weiterhin grundsätzlich konservativen Charakters, im Laufe der Zeit stärker der modernen Kunst zuwandte und, dank der hohen Auflagenzahl der Zeitschrift, damit auch viele Leser erreichte.[489] Themen zeitgenössischer Kunst wurden weiterhin „durchaus selektiv besprochen"[490]. Die Ausstellungen des Künstlerbundes aber wurden in der *Kunst für Alle* am zahlreichsten besprochen. Bis 1913 wurde keine Schau des Bundes ausgelassen. Lediglich die beiden letzten Grafikausstellungen in Hamburg (1913) und Leipzig (1914) wurden nicht mehr rezensiert.[491] Erst nach dem Krieg erfolgte die Berichterstattung unregelmäßiger. Ausführlich wurde nur noch die Schau 1931 in Essen besprochen.[492]

Spezifisch für *Die Kunst für Alle* waren ihre recht detaillierten, oft mehrteiligen Berichte. Von Anfang an aber zeichnete sich auch dieses Blatt durch seine Vielzahl von fotografischen Reproduktionen aus. Dies war nicht zuletzt dem Umstand zu verdanken, dass der herausgebende Verlag Friedrich Bruckmann auch die Ausstellungskataloge der Internationalen Kunstausstellungen in München und der Münchner Sezession druckte. So konnten die in den Katalogen gedruckten Abbildungen ohne weiteres auch in der Zeitschrift verwendet werden.[493] Allerdings fanden sich die Abbildungen meist nicht im Verlauf des betreffenden Artikels, sondern wurden überall zwischendurch im Heft eingebaut. Es wurde im Text auch nicht auf die Abbildungen verwiesen. Lediglich die Bildunterschriften gaben Klarheit darüber, in welchem Zusammenhang das Gezeigte jeweils stand.

Für die vorliegende Untersuchung stellt *Die Kunst für Alle*, überraschenderweise, tatsächlich den besten Quellenwert dar. Zudem liefern die Berichte hin und wieder auch allgemeine Überlegungen zum Ausstellungswesen. Oft wurden die Artikel mit Schilderungen der Ausstellungsvorbereitungen eingeleitet, und auch „technische und organisatorische Probleme, die im Vorfeld zu bewältigen waren", wurden behandelt.[494] Zum Teil waren die Artikel sogar regelrecht analytisch, indem Vergleiche zu anderen Veranstaltungen hergestellt wurden, „um das künstlerische Niveau

489 Vgl. dazu Rennhofer 1987, S. 99.

490 Lauterbach 2010, S. 6.

491 Wieland 1903/04, Erste Ausstellung des Deutschen Künstlerbundes 1903/04, Rosenhagen 1904/05c, Schölermann 1906/07, Schumann 1907/08, Leipziger Jahresausstellung 1910/11, Schölermann 1911/12a, Sch.[ölermann] 1911/12b, Storck 1912/13 u. Cohen 1931/32.

492 Cohen 1931/32.

493 Zudem konnte Bruckmann in beiden Medien gegenseitig Werbung betreiben, was sowohl der Auflagenzahl der Zeitschrift als auch den Besucherzahlen der Ausstellungen zugutekommen konnte. Vgl. hierzu Marr 2010b, S. 55.

494 Vgl. Marr 2010b, S. 57.

der Ausstellung zu bestimmen und neueste Kunstströmungen aufzuspüren“[495]. Zur Rekonstruktion der Künstlerbundausstellungen sind vor allem die Passagen aufschlussreich, die sich mit der Hängung der Werke und Gestaltung der Räume befassen, wonach man in anderen Zeitschriften vergeblich suchen muss.

Kunstwart (erschienen von 1887 bis 1937 in München)

Ein weiteres damals einflussreiches Blatt war der seit 1887 von Ferdinand Avenarius in München herausgegebene *Kunstwart*, der vor allem beim aufstrebenden Bürgertum verbreitet war. Der *Kunstwart* zeigte sich anfangs insofern modern, als dass er sich, im Gegensatz etwa zur *Kunst für Alle*, deutlich gegen die Akademiekunst wandte. Der Herausgeber Avenarius verurteilte die Akademiekunst Anton von Werners, Begas' oder Knackfuß' als „schwächliche Dekoration und Scheinkunst zu einem politischen Zweck, zur Verherrlichung der Dynastie des preußischen Königshauses.“[496] Und auch das Kunstverständnis des Kaisers deklarierte er offen als unsachgemäß:

> „Uns ist in Sachen Kunst der Kaiser [...] wie ein anderer kunstfreundlicher Laie [...]. Wir erkennen mit herzlichem Dank seinen guten Willen, mit Freude am Menschen in ihm seine Thatkraft an, aber eine Autorität in künstlerischen Dingen ist er uns nicht, [...] denn die bisherigen Thaten des kaiserlichen Kunstsinnes weisen zwischen ihm und uns auf eine tiefe Überzeugungsverschiedenheit.“[497]

So offen, dass sich die Zeitschrift auch den impressionistischen Entwicklungen durchweg positiv angenommen hätte, war sie allerdings nicht, was sicherlich zu keinem geringen Teil in der latenten Frankreichfeindlichkeit der Zeitschrift begründet lag, die nach 1900 immer ausgeprägter zutage trat. Der *Kunstwart* war ausgesprochen national gesinnt und versuchte durchaus, bei der Leserschaft eine Aversion gegen das Fremde zu schüren. Wohlwollend ging er nur mit ganz bestimmten modernen Künstlern um. Das Blatt suchte seine Leserschaft im gebildeten Mittelstand und wollte erzieherisch im Sinne der Lebensreformbewegung wirken. Die besprochenen Werke mussten daher volksbildnerischen Aufgaben gerecht werden. Seinem völkisch-nationalen Charakter entsprechend befürwortete der *Kunstwart* daher nur jene sezessionistischen Künstler, die sich rein deutsch gaben, und verurteilte diejenigen, die sich von einem internationalen, sprich französischen Einfluss hinreißen ließen. Obwohl sich der Künstlerbund überhaupt nicht international gab und in seinen Ausstellungen immer eine große Zahl allseits anerkannter Künstler vertreten war, hat der Kunstwart nur die ersten drei Ausstellungen des Bundes, und außerdem noch die Dresdner Grafikschau 1909 kommentiert.[498] Dieses Ergebnis überrascht nicht.

---

495 Ebd.
496 Zit. nach Paas 1976, S. 43.
497 Avenarius 1901/02, S. 89.
498 Pictor 1904, Pastor 1905, Osborn 1906 u. Bender 1909.

Insgesamt war die Berichterstattung der Ausstellungen des Deutschen Künstlerbundes eher mäßig. Zudem wurde eine Schau auch durchaus nur von einem Autor, aber in verschiedenen Zeitschriften besprochen. Willy Stork etwa, der Assistent Wicherts an der Mannheimer Kunsthalle, hat die Schau 1913 sowohl in der *Kunst für Alle* als auch in der *Deutschen Kunst und Dekoration* publik gemacht.[499] Desgleichen hat Luise Straus-Ernst die Kölner Ausstellung 1929 in der *Kunst für Alle*, im *Kunstblatt* und der *Kunstchronik* rezensiert.[500] Oft standen diese Autoren auch in irgendeiner Beziehung zum ortsansässigen Mitveranstalter. Auch hier ist Willy Storck als Angehöriger der Mannheimer Kunsthalle zu nennen. Außerdem Erich Willrich, Direktor des Buchgewerbemuseums Leipzig, der die Leipziger Grafikschau 1907 vor Ort betreut hat und sie in der *Deutsche Kunst und Dekoration* besprochen hat, oder Pauli, der die Bremer Ausstellung 1912 als Gastgeber in *Kunst und Künstler* kommentiert hat.[501] Somit ist die Zahl der unvoreingenommenen Autoren nochmals reduziert. Die großen Kritiker der damaligen Jahre, Meier-Graefe oder Karl Scheffler, haben sich den Veranstaltungen des Künstlerbundes nicht angenommen.[502]

IV.1.3 Spezifika der Ausstellungen des Deutschen Künstlerbundes

Die Ausstellungen des Deutschen Künstlerbundes sollten ursprünglich jährlich stattfinden. Sie waren auf eine jeweilige Dauer von zwei bis fünf Monaten während der Sommerzeit angelegt. Ab 1907 wurden neben den Jahresschauen auch reine Grafikausstellungen durchgeführt, wie es bereits die Sezessionisten in München und Berlin praktizierten. Diese Veranstaltungen fanden von Beginn an sehr unregelmäßig statt. Als zwischen 1910 und 1914 endlich Fluss in den Ablauf der Grafikschauen kam, lediglich 1911 fand keine solche statt, wurde dieser jäh durch den Krieg wieder unterbrochen. Nach dem Krieg fanden nur noch drei Ausstellungen dieser Art statt, 1927 in Dresden sowie 1932 und 1933 als Wanderausstellungen an verschiedenen Orten. In der Abfolge der Grafikschauen des Künstlerbundes spiegeln sich die äußeren Umstände ersichtlich wieder. Kurz vor dem Ersten Weltkrieg wie auch in den frühen dreißiger Jahren, die von folgenreichen politischen Veränderungen geprägt waren, hatte der Künstlerbund vermehrt auf die kleinen, überschaubaren Expositionen gesetzt, die sich leichter organisieren ließen, finanziell weniger Aufwand erforderten und auch in wirtschaftlich unsicheren Zeiten noch eine Käuferschaft erreichen konnten.

---

499 Storck 1912/13 u. Storck 1913/14.

500 Straus-Ernst 1928/29, S[traus] E[rnst] 1929 u. ST.[raus]-E.[rnst] 1929/30.

501 Willrich 1907, Pauli 1912.

502 Scheffler hat zwar die Leipziger Grafikausstellung 1914, in deren größeren Rahmen der Künstlerbund eingebunden war, in seiner Zeitschrift *Kunst und Künstler* besprochen, die Abteilung des Künstlerbundes dabei aber völlig außer Acht gelassen. Vgl. Sch.[effler] 1914.

Auch die Jahresschauen erfolgten nicht kontinuierlich. Nachdem bereits 1907 und 1909 auf eine Jahresausstellung verzichtet worden war, kam es schließlich durch den Ersten Weltkrieg bedingt zu einer ersten großen Unterbrechung dieses Turnus. Von 1915 bis 1919 fanden gar keine Ausstellungen statt. Nach zwei Schauen in den Jahren 1920 und 1921 kam es dann erneut zu einer größeren Ausstellungspause bis 1926. 1927 fand zunächst nur die große grafische Ausstellung in Dresden statt, von 1928 bis 1931 folgten dann wieder vier Jahresausstellungen in Folge. Erst weitere vier Jahre später, 1936 in Hamburg, schaffte es der Bund schließlich noch einmal, eine große Ausstellung zu veranstalten (1932 und 1933 gab es wiederum nur Grafikausstellungen, das Vorhaben einer Jahresschau 1935 in Magdeburg scheiterte), die schließlich von insgesamt heute bekannten 15 Jahresausstellungen und neun Grafikausstellungen seine letzte war.

Die Künstlerbundausstellungen wurden immer in Zusammenarbeit mit einer ortsansässigen Gruppe, einem Kunstverein, einer Sezession oder auf Einladung eines modernen Museums, durchgeführt. Dieses Vorgehen hatte für den Künstlerbund nur Vorteile. Es minimierte das wirtschaftliche Risiko und ersparte den Künstlerbündlern auch viel administrative Arbeit, ohne dass der Bund dabei als maßgebliche Instanz in Frage gestellt worden wäre. Die Gastgeber ihrerseits profitierten von der kuratorischen Arbeit des Künstlerbundes, dessen Wirkungskreis von Anfang an hoch war, und nicht zuletzt von seinem Namen. Eine Ausstellung des Deutschen Künstlerbund zu beherbergen, galt als Glücksfall. Gelegentlich war der Bund aber auch in größere Veranstaltungen eingebunden. Auffälligerweise war dies ausschließlich bei Ausstellungen in Dresden und Leipzig der Fall, so 1908 bei der *Großen Kunstausstellung Dresden*, 1911 bei der *Leipziger Jahreskunstausstellung*, 1914 bei der *Leipziger Weltausstellung für Buchgewerbe und Graphik* und 1927 im Rahmen der Dresdner *Jahresschau Deutscher Arbeit.*

Dass die Schauen grundsätzlich das ganze Land abdecken und immer in einer anderen Stadt durchgeführt werden sollten, hatte nicht nur den Zweck der Würdigung aller Regionen. Es diente auch ökonomischen Gesichtspunkten, indem der inländische Markt umfänglich erfasst wurde. Grundsätzlich sollten die Veranstaltungen allen Künstlern zugänglich sein, so diese das notwendige Maß an Talent mitbrachten. Dabei wurden die Ausstellungen nicht als Zusammenfassung im Sinne eines Rückblicks, etwa auf das vergangene Jahr, konzipiert. Sie wollten vielmehr die Gegenwart anhand der Entwicklungen in der Kunst erklären und die Neugier wecken, dem Verlauf dieser Entwicklungen weiter zu folgen. Aus diesem Grund wurden nicht zwangsläufig nur die aktuellsten Werke der Teilnehmer gezeigt, sondern durchaus auch ältere Arbeiten. Diese konzeptionelle Strategie hatte bereits Kessler in den wenigen Jahren am Weimarer Museum verfolgt. Der Künstlerbund hat dieses Prinzip übernommen und sich dahingehend auch nicht in die Sache reden lassen. Denn wie die vom lokalen Veranstalter besetzte Geschäftsleitung der Schauen „in geschäftlichen Dingen vollkommen freie Hand“[503] hatte, oblagen die künstlerischen Entscheidungen ausschließlich dem Bund.[504]

Künstlern, die durch Mitglieder des Künstlerbundes zur Teilnahme vorgeschlagen worden sind, wurde ein Anmeldebogen zugesandt, der dem Bund zusammen mit den zur Auswahl stehenden Exponaten rechtzeitig zur Tagung der Jury zurückgeschickt werden musste.[505] Bereits bei der ersten Ausstellung 1904 in München wurde darauf verwiesen, dass „ein gleichzeitiges Ausstellen von Kunstwerken in einer anderen Münchener Kunstausstellung [...] unstatthaft“[506] wäre. Das war ein durchaus gängiges Vorgehen, wie es auch die Münchner Sezession praktiziert hat[507] und es ebenso den Bestimmungen der Münchner Kunstgenossenschaft entsprach.[508]

---

503 Einzelheiten aus dem Ausstellungsprogramm, Punkt 5, in: Gustav Römheld (Kabinettsdirektor und Geschäftsführer der Ausstellung) an Kalckreuth, 28.12.1909, in: Stadtarchiv Darmstadt, ST 12/13 Nr. 001.

504 „Die Jurierung der zur Ausstellung einzusendenden Kunstwerke findet durch die Organe des Künstlerbundes statt; ebenso das Aufhängen der zur Ausstellung angenommenen Kunstwerke.“ Wurde einmal die Geschäftsleitung mit künstlerischen Fragen konfrontiert, so war vertraglich festgelegt, dass hierbei „die Ansicht des Künstler-Bundes“ einzuholen war. Vgl. Einzelheiten aus dem Ausstellungsprogramm, Punkt 5 u. 10, in: Gustav Römheld (Kabinettsdirektor und Geschäftsführer der Ausstellung) an Kalckreuth, 28.12.1909, in: Stadtarchiv Darmstadt, ST 12/13 Nr. 001.

505 Wie aus den Bremer Ausstellungsbedingungen hervorgeht: „Die Anmeldung hat ausschließlich vom ausstellenden Künstler unter Verwendung der beiliegenden Anmeldebogen in zwei Exemplaren zu erfolgen und muss spätestens bis zum 10. Dezember 1911eingesandt werden.“ Aus: Entwurf der Ausstellungsbedingungen, ms., mit Streichungen, undatiert, in: Archiv Kunsthalle Bremen, Akte No. 108, Bl. 3–5.

506 *Programm der ersten Ausstellung des deutschen Künstlerbundes in dem Ausstellungsgebäude der Sezession in München*, Punkt IX.1, in: StadtA Mü, Chronik Jg. 1904, Bd. 3/1, Bl. 166.

507 Vgl. Marr 2010a, S. 141.

508 „Es ist unstatthaft, daß ein Künstler Werke derselben Kunstsparte zugleich bei der Genossenschaft und einer Gruppe oder bei mehreren Gruppen zugleich anmeldet und der Jury unterbreitet.“ Aus: StadtA Mü, Chronik Jg. 1904, Bd. 3/1, No. 170. Bei der Münchner Künstlerbundausstellung wurde sogar besonders streng vorgegangen, indem Werke, die überhaupt jemals in München ausgestellt worden sind, von der Teilnahme ausgeschlossen waren: „Ausgeschlossen bleiben mit Rücksicht auf den vorhandenen Raum [...] solche Kunstwerke, welche bereits auf einer Münchener Jahres- oder internationalen Ausstellung figuriert haben“. Aus: *Programm der ersten Ausstellung des Deutschen Künstlerbundes in dem Ausstellungsgebäude der Sezession in München*, Punkt IX.3, in: StadtA Mü, Chronik Jg. 1904, Bd. 3/1, No. 166. Diese Klausel geht aus den späteren noch vorliegenden Programmen der Künstlerbundausstellungen nicht mehr hervor.

Diese Richtlinie wurde schließlich 1906 in den Ausführungsbestimmungen des Vereinsstatuts vom Künstlerbund definitiv festgelegt.[509]

Bei der Analyse der Ausstellungen und ihrer Teilnehmer müssen insofern Abstriche gemacht werden, als dass eine einwandfreie stilistische Einordnung der Künstler oft nicht zu treffen ist. Zum einen sind heute noch immer zahlreiche Künstler nahezu unbekannt. Andere Künstler hingegen entziehen sich aufgrund ihres großen künstlerischen Spektrums einer eindeutigen Zuordnung. Eine genaue stilistische Zuschreibung der Künstler, die sich im Laufe der Jahre zudem verändert haben kann, wäre nur möglich, indem man allein von den jeweils ausgestellten Werken ausginge. Aber auch die lassen sich nur in wenigen Fällen zweifelsfrei bestimmen. Oftmals sind die Titel unspezifisch und es finden sich niemals Angaben zum Entstehungsjahr der Arbeiten. Eine Werkbestimmung ist allein anhand der Abbildungen im Katalog oder innerhalb der Rezensionen möglich, was sich aber insgesamt auf äußerst wenige Arbeiten beschränkt.

IV.2 Die Ausstellungen des Deutschen Künstlerbundes

1904: 1. Jahresausstellung in München

Ursprünglich wollte der Deutsche Künstlerbund seine erste Ausstellung am Gründungsort Weimar austragen.[510] Dann hat es sich aber ergeben, diese in München zu veranstalten, womit idealerweise der ein Jahr zuvor eskalierte Streit zwischen Münchner und Berliner Sezession hat beigelegt werden können.[511] Gleich bei seiner ersten Ausstellung hat der Künstlerbund das Prinzip der Kooperation mit einem

509 „Andere Ausstellungen an demselben Ort, in welchem der Künstlerbund ausstellt, zu beschicken, ist nicht statthaft. Jedoch ist es erlaubt, bei Kunsthändlern an diesem Ort auszustellen, insofern diese Ausstellung nicht den Charakter einer Kollektiv-Ausstellung trägt. Ausnahmen hiervon können auf jeweiligen Antrag vom engeren Vorstand zugelassen werden." Aus: Ausführungsbestimmungen zu §13 Vereinsstatut, 1.3.1906, in: Deutscher Künstlerbund, Historie (Archiv 1903 bis 1936). http://www.kuenstlerbund.de/deutsch/historie/archiv-1903-bis-1936/statut-1903/index.html (abgerufen am 26.8.2015).

510 Vgl. Kunst und Künstler, Jg. 2, 1904, S. 153.

511 Der Streit zwischen den beiden Sezessionsgruppen brach im Vorfeld der 5. Ausstellung der Berliner Sezession 1902 los, auf der sich die Münchner nicht angemessen vertreten sahen. Sie warfen den Berlinern mangelnde Kooperation vor, weil diese nicht bereit waren, ihren Forderungen nachzukommen. Die Unstimmigkeiten gingen soweit, bis Mitglieder der Berliner Sezession, die gleichzeitig ordentliche Mitglieder der Münchner Sezession waren, den Münchner Verein im Dezember 1902 verließen. Noch mehr Austritte hatte die Berliner Sezession daraufhin unter ihren Münchner Mitgliedern zu verzeichnen. Außerdem stellten beide Vereine bei der jeweils anderen Gruppe zunächst nicht mehr aus. Erst im Zuge der Gründung des Deutschen Künstlerbundes näherten sich die beiden Vereine im Dezember 1903 wieder einander an und nahmen ihre gegenseitige Mitgliedschaft wieder

lokalen Gastgeber in Anspruch genommen, das er bis 1936 beibehalten hat. Die Einladung nach München geschah ganz offiziell durch die bayerische Staatsregierung.[512] Schirmherr war Prinzregent Luitpold von Bayern. Somit bekam die Versöhnung der beiden Parteien offiziellen Nachdruck und konnte umso rascher Gültigkeit gewinnen.[513] Für den Künstlerbund war es sehr wichtig, dass die beiden größten konkurrierenden Kunstzentren nun an einem Strang zogen und die Zusammenarbeit beruhte tatsächlich sogleich auf Gegenseitigkeit. Die Münchner Sezession hat den Künstlerbund nicht nur in ihren Räumen ausstellen lassen, sie beteiligte sich nun auch ihrerseits wieder an den Berliner Ausstellungen, wie in der Presse positiv zur Kenntnis genommen wurde:

> „Das ist eine erfreuliche Folge der Begründung des Allgemeinen Deutschen Künstlerbundes, die den Konflikt des letzten Jahres ganz von selbst beseitigt hat. Es waren bereits Delegierte der Berliner Sezession in München, um die Teilnahme an der Ausstellung 1904 in die Wege zu leiten. [...] Auch diejenigen ehemaligen Berliner Sezessionisten, welche seinerzeit infolge von viel erörterten Differenzen aus der dortigen Sezession ausgetreten waren, werden nunmehr wieder bei der Sezession und zwar schon bei der Frühjahrs-Ausstellung in München ausstellen. Die Wirksamkeit des unter Zusammenschluß aller Sezessionsgruppen neu gegründeten Künstlerbundes hat so ein geschlossenes, einheitliches Vorgehen der ganzen modernen Kunst in Deutschland zu Folge, und es ist erfreulich, daß München, wo das sezessionistische Prinzip zuerst in Erscheinung trat, auch die erste offizielle Ausstellung des Bundes in seinen Mauern beherbergen wird.“[514]

Ein erster Erfolg war für den Künstlerbund also bereits zu verzeichnen. Die Zusammenführung der beiden wichtigsten konkurrierenden Kunststätten war unbedingte Voraussetzung für ein wirkungsvolles gesamtdeutsches Auftreten des Bundes.

Die Schau fand von Juni bis Oktober 1904 im Kunstausstellungsgebäude am Königsplatz gegenüber der Glyptothek statt, seit 1898 Ausstellungsdomizil der Münchner Sezession.[515] Die Eröffnung dieser ersten Ausstellung wurde außerordentlich feierlich begangen. Kalckreuth als Präsident des Künstlerbundes und Habermann als Präsident der Münchner Sezession empfingen zusammen mit lediglich einer Hand voll weiterer Künstlerbund- und Sezessions-Abgeordneter den Prinzregenten mit einigen anderen Mitgliedern des königlichen Hauses zur offiziellen Eröffnung der Ausstellung. „Um 11 Uhr Vormittags fanden sich sodann die Minister, Mitglieder der Aristokratie, des diplomatischen Korps (etc.) zur Besichtigung der Ausstellung ein.“[516] Am Nachmittag hatte der Prinzregent die Komitee-Mitglieder noch „zur

---

auf. Eine übersichtliche Darstellung dieser Ereignisse bei Marr 2010a, S. 154–157. Vgl. auch Die Kunst für Alle, Jg. 18, 1902/03, S. 224.

512 Vgl. Wieland 1903/04, S. 461.

513 Vgl. Ausstellung des Deutschen Künstlerbundes 1904.

514 Die Kunst für Alle, Jg. 19, 1903/04, S. 318.

515 Heute befinden sich in dem Gebäude die Staatlichen Antikensammlungen.

516 StadtA Mü, Chronik Jg. 1904, Bd. 3/1, Nr. 1234.

Tafel" geladen, bevor gegen Abend der legere Teil der Feier für alle Mitglieder von Künstlerbund und Sezession im Künstlerhaus begangen wurde. Die Teilnehmer der offiziellen Eröffnungsfeier zeigen den elitären Charakter der Veranstaltung. Mit der Einladung von Vertretern der höheren Gesellschaft und Politik markierte der Künstlerbund seine vornehmliche Klientel. Denn wenn die moderne Kunst auch allgemein zugänglich gemacht werden sollte, so wandte sich der Bund doch zunächst an ein künstlerisch vorgebildetes und vor allem zahlungskräftiges Publikum, dessen Einfluss auf die Gesellschaft dringend erforderlich war.

Dem Prinzregenten bot die Schirmherrschaft über die erste Ausstellung des Künstlerbundes, dessen Gründung ein Affront gegen den Kaiser war, seinerseits eine klare Stellungnahme gegen die Reichsregierung und eine Behauptung seiner Souveränität.

Da der Deutsche Künstlerbund keine eigenen Ausstellungsräume hatte, war er immer an die örtlichen Vorgaben gebunden. Inwieweit der Bund in die Raumarchitektur eingreifen konnte, ist bislang nicht ermittelbar. Grundsätzliche Veränderungen wird er eher nicht durchgeführt haben. Nicht selten hatte er aber das Glück, so auch 1904 in München, in ein Ausstellungslokal einzuziehen, das kurz vorher eine Umgestaltung erfahren hatte oder sogar erst neu errichtet worden ist. Die Münchner Sezession hatte ihre Räume im Ausstellungsgebäude am Königsplatz zu ihrer Frühjahrsausstellung 1904 entscheidend renoviert. Die Umgestaltung war dringend nötig geworden, wollte sich die Münchner Sezession als Veranstalter moderner Ausstellungen nicht völlig entbehrlich machen. Ein Jahr zuvor hatte die Münchner Sezession die größte Kritik wegen der antiquierten Wandgestaltung ihrer Ausstellungsräume einzustecken:

> „Noch immer bildet der unglückliche Wandbespann in einer Reihe von Hauptsälen der Secession, vordringlich grüner und roter Damast mit Hochrenaissancemustern, Gegenstand der Klage. Kein Wunder, daß diese gerade zur Zeit der Frühjahrs-Ausstellung immer wieder von neuem erhoben wird. Gerade die naturalistische Studie mit ihrer pleinairistischen Helle muß unter solcher Umgebung besonders leiden: sie wird erdrückt und aufgesogen. Es ist schwer erfindlich, warum die Secession diesen Klagen so gänzlich ihr Ohr verschließt, und weshalb sie nicht wenigstens für die kurzen Monate des Frühjahrs eine, sei es nur interimistische Aenderung trifft."[517]

Die fatale Konsequenz daran, so mutmaßte der Autor dieser Zeilen, beträfe aber nicht allein die ästhetische Wirkung der Kunstwerke und ihrer Umgebung, sondern würde schlimmstenfalls die Jury in einer Weise beeinflussen, die aus Rücksichtnahme auf das Gesamtbild der Schau nicht mehr auf eine objektive Werkauswahl zielen konnte. „Es ist das weniger äußerlich, als es vielleicht scheinen mag", gab der Kritiker zu bedenken. Und weiter:

---

517 Kayser 1902/03, S. 322.

„Nicht die Wahl der Tapete selbst ist das Unglück, sondern die daraus resultierenden Prinzipien der Aufnahmejury und der Hängekommission. Nicht jedes Bild paßt auf jede Tapete von ausgesprochener Farbe, und es ist ein offenes Geheimnis, daß Bilder von anerkannt trefflichen Qualitäten nur deshalb die Schwelle des Secessionstempels nicht überschreiten durften, weil Bildton und -Rahmen in keinen der Räume paßten."[518]

Nachdem nun sogar die Große Berliner Kunstausstellung die Notwendigkeit der Schaffung neuer Raumwirkungen erkannt und ihre Mittelsäle nun mit einer „ruhegebende[n], graublaue[n] Wandbespannung und eine[m] ziemlich dunkelblaugrauen Fußbodenbelag"[519] versehen hatte, passten sich auch die Münchner den neuen raumästhetischen Ktiterien an. Die vorherige intensive Farbigkeit der Wandbespannungen durch grünen, roten und goldgelben Damast[520] wurde durch eine weniger leuchtkräftige ersetzt. Die ursprünglich dunkle Lambris wurde farblich aufgehellt, so dass sie die Hängefläche zusammen mit den ebenso hellen Friesen harmonisch einfasste. Die Wandgestaltung trat somit dezent hinter den Exponaten zurück.[521] Einzig die beiden achteckigen Säle II und X waren farblich nach wie vor etwas kräftiger gestaltet. In manchen Sälen wurde das neue Farbschema weniger harmonisch umgesetzt. So muss sich die „furchtbar blaue Wand des letzten Saales"[522] deutlich von den meisten anderen Räumen abgehoben haben. Hier aber war die Farbgebung durchaus angemessen, denn in Saal XI war zu großen Teilen die damalige Avantgarde versammelt, zu denen Corinth, Hermann Eichfeld, Julius Exter, Faure, Rudolf Gudden, Karl Haider, L. von Hofmann oder Wilhelm Laage gehörten.

Für diese reformorientierten raumgestalterischen Veränderungen war zwar nicht der Deutsche Künstlerbund verantwortlich. Die Münchner Sezession hatte vielmehr auf die vermehrte Kritik an ihrer Raumgestaltung reagiert.[523] Da sich die Inszenierungspraxis der Münchner Sezession von jeher an ästhetischen Überlegungen orientiert hatte und die Farbe der Wandbespannung dabei mit das wichtigste Mittel war, mussten diesbezüglich also Korrekturen vorgenommen werden, von denen der Künstlerbund sogleich profitieren konnte. Vielleicht war die Umgestaltung sogar eine Voraussetzung für den Künstlerbund, die Einladung nach München anzunehmen. Denn der „ganze schädliche Zwist zwischen Berliner und Münchener Sezession, der durch die Gründung des Deutschen Künstlerbundes nun hoffentlich für immer aus der Welt geschafft ist, basierte ja, soweit er nicht persönlicher Natur

518 Ebd.

519 Rosenhagen 1902/03b, S. 424.

520 Vgl. Maucke 1899, H. 1, S. 550.

521 Wie wichtig auch dem Künstlerbund ein gefälliger Gesamteindruck war, lässt sich dem Ausstellungsprogramm entnehmen, in dem es sich der Veranstalter vorbehielt, „besondere Rahmen" der Bilder zu beanstanden. Vgl. das *Programm der ersten Ausstellung des deutschen Künstlerbundes in dem Ausstellungsgebäude der Sezession in München*, Punkt VII.3, in: StadtA Mü, Chronik Jg. 1904, Bd. 3/1, Bl. 166.

522 Wieland 1903/04, S. 487.

523 Vgl. dazu auch Marr 2010a, S. 148 u. 152.

war, im letzten Grund auf Ausstellungs-, d. h. Raum- und Ausstattungsfragen“, wie Habich vermutete.[524]

Die Aufgabenverteilung zwischen Gastgeber und Künstlerbund war klar gesteckt und wurde so auch bei den folgenden Ausstellungen des Künstlerbundes weitestgehend beibehalten. Die geschäftliche Leitung oblag der Münchner Sezession, die künstlerische Durchführung war dem Vorstand des Künstlerbundes vorbehalten.[525] Die 13 Juroren waren daher allein aus den Reihen des Bundes zusammengestellt. Sie hatten über die Auswahl von 131 Künstlern und 245 Werken zu befinden.[526] Im Volumen war diese Schau kleiner als beispielsweise die erste Ausstellung der Berliner Sezession, die knapp 340 Exponate gezeigt hatte. Dem Künstlerbund war also offenbar an einem noch besseren Maß an Überschaubarkeit gelegen.

Die Juroren vertraten einen überwiegend impressionistischen Stil, der bei einigen wenigen bereits progressivere Züge aufwies – bei Keller etwa, aber auch bei Habermann, Klinger oder Schramm-Zittau. Letzterer war mit dreißig Jahren der mit Abstand Jüngste unter ihnen. Die anderen aber waren zum überwiegenden Teil bereits jenseits der Fünfzig. Somit bestand die Kommission aus etablierten Herren, deren Erfolge sich nicht mehr streitig machen ließen. Sie alle haben sich aber den fortschrittlichen Entwicklungen nicht entgegengestellt und konnten so für ein ausgeglichenes Gesamtbild der Schau sorgen.

Die Mehrheit der teilnehmenden Künstler machten bei weitem die Münchner aus. München und der bayerische Raum stellten mehr als doppelt so viele Teilnehmer und fast dreimal so viele Arbeiten wie Berlin. Damit war ein Konzept vorgezeichnet, das künstlerische Lager des Veranstaltungsortes besonders in Szene zu setzen. Dieses Kräfteverhältnis zeigt sich hier auch in den einzelnen Sälen. Vor allem in den ersten Räumen war jeweils die Hälfte der Aussteller von Münchnern besetzt. In der späteren Raumabfolge, wo mehr und mehr modernere Künstler gezeigt wurden, verschob sich das Verhältnis etwas zugunsten der Berliner. Der Anteil Münchner Künstler blieb aber immer höher. Die Münchner setzten auch die entscheidenden stilistischen Akzente, denn Neuheiten wurden vor allem aus ihrem Wirkungskreis gezeigt. Von Künstlern aus anderen Regionen wurden kaum neue Arbeiten gezeigt, stattdessen „Werke, die schon ausgestellt waren, und die man aus den Abbildungen der Zeitschriften“ bereits kannte.“[527] Dieses starke lokale Übergewicht konnte eigentlich nicht im Sinne des Künstlerbundes gewesen sein und es sollte sich tatsächlich auch nicht wiederholen.

Knapp die Hälfte der Teilnehmer dieser ersten Ausstellung war zwischen dreißig und vierzig Jahre alt. Vierzig Prozent aber waren bereits über vierzig. Entsprechend

---

524 Habich 1903/04, S. 345.

525 Vgl. das *Programm der ersten Ausstellung des deutschen Künstlerbundes in dem Ausstellungsgebäude der Sezession in München*, Punkt XII., in: StadtA Mü, Chronik Jg. 1904, Bd. 3/1, Bl. 166.

526 Die Zusammensetzung der Jury siehe im Anhang.

527 Dülberg 1904, S. 251.

gering war der Anteil junger Künstler, zu denen die unter Dreißigjährigen gerechnet werden können. Stilistisch waren die meisten Künstler, ungeachtet ihres Alters, noch einer traditionsverbundenen Generation zuzuordnen. Damit zeigte sich der Künstlerbund im Vergleich zu den vorangegangenen Sezessionsausstellungen in München und Berlin deutlich gemäßigter. Anders als auf der Frühjahrsausstellung der Münchner Sezession 1904, „in der die Losung zu sein schien: ‚Platz für die Jungen'", waren auf der Künstlerbundausstellung „die älteren Meister vollzählig erschienen."[528] Heinrich von Zügel etwa, eines der Gründungsmitglieder der Münchner Sezession und mit 54 Jahren ein Vertreter der älteren Garde, wurde bei der Münchner Sezession mittlerweile nur noch selten gezeigt. Hier beim Künstlerbund aber war er mit der naturalistischen Darstellung *Widerspenstig* vertreten, sehr zur Freude des Rezensenten Keyserling, der wusste, „welchen Abzug an Licht eine Ausstellung durch das Fehlen Zügelscher Bilder erleidet."[529] Aus Berlin, so bemerkte der Autor, wurde stattdessen „eine Anzahl älterer, schon berühmter Bilder eingesandt".[530]

Auf den ersten Blick möchte man meinen, der Künstlerbund hätte sich hier nicht ausreichend den jungen Kräften geöffnet. Im Unterschied jedoch zu den Sezessionen, stellte sich der Künstlerbund als gesamtdeutscher Verein auf eine Stufe mit den großen offiziellen Schauen von Kunstgenossenschaft und Akademien. Und auf dieser Ebene die bislang führenden Namen der deutschen Kunstproduktion ausgeschlossen zu haben, war bereits die Ankündigung eines Generationswechsels im deutschen Kunstbetrieb:

> „Liebermann, Corinth und Slevogt, nicht aber Anton von Werner für Berlin, Stuck, nicht aber Lenbach für München, Klinger, Klimsch und Hahn, nicht aber Begas als Bildhauer und dazu Kalckreuth als der bewährte Organisator und Erzieher, sowie Hodler für die Schweiz, Carl Moll für Wien, Trübner für Karlsruhe bestimmten die ersten Ausstellungen, deren innere Haltung über die damals herrschende Generation, die in der Kunst vor allem Inhalt und vom Inhalt vor allem Patriotismus verlangte, bewusst hinauswies."[531]

Auffällig ist dennoch, dass den jungen Künstlern hier noch nicht viel Raum zukam. Nur zehn Prozent der Teilnehmer waren dreißig Jahre alt oder jünger. Darunter aber bemerkenswerte Namen wie Fritz Behn, Amandus Faure, Hofer, Schramm-Zittau, Otto Sohn-Rethel, Eugen Spiro, Karl Walser und Emil Rudolf Weiss. Hervorgetreten ist Hofer, der bis dahin noch so gut wie unbekannt war und in der Berliner Sezession beispielsweise erst vier Jahre später gezeigt wurde. Hofer wurde hier vorgestellt mit dem Aktbild *Rothaarige mit Katze*, das bereits weniger auf das Sujet als auf

528 Keyserling 1904, S. 447.
529 Ebd.
530 Keyserling 1904, S. 449.
531 Redlsob 1989, S. 119.

Effekte setzte. Mit diesem Bild hob sich Hofer auf jeden Fall aus der Masse ab und überzeugte durch Eigenart:

> „Aeußerlich Bestechendes hat diese schlafende ‚Schöne' mit ihrem wirren Rothaar wirklich nichts. Aber das seltsame Ensemble von lichtem Fleisch, roten Haaren, blauen Pantoffeln, schwarzer Katze, Obstteller, zwanglos hingeworfenen Laken und Tüchern – fast möchte man von einem ‚Stilleben mit Akt' sprechen – ist für Jeden, der zu scheiden versteht zwischen Gegenstand und künstlerischer Darstellung, von unbeschreiblichem Reiz, der vorwiegend in den schlichten, klaren und kräftigen gegenüber- oder, besser gesagt, gegeneinandergestellten Farbwerten beruht."[532]

Quasi aus dem Nichts heraus stellte sich der junge Künstler „mit diesem schlechthin ausgezeichneten Werk plötzlich in den Vordergrund des Interesses".[533] Andere, die bei der Berliner Sezession bereits ausgestellt hatten, fehlten noch auf dieser ersten Ausstellung des Deutschen Künstlerbundes. Kandinsky etwa wurde bei den Berlinern schon 1902 vorgestellt, Nolde 1903, Jawlensky 1904. Allerdings hatten sie dort noch frühe, konventionellere Werke gezeigt.

Die meisten Teilnehmer waren mit ein oder zwei Arbeiten präsentiert, wie es die Ausstellungsbestimmungen vorsahen. Nicht selten aber wurde, „vorbehaltlich besonderer Vereinbarung", eine Ausnahme gewährt.[534] Kalckreuth war mit insgesamt 19 Arbeiten, darunter auch Grafiken und Zeichnungen, mit Abstand am besten vertreten. Damit konnte fälschlicherweise suggeriert werden, dass der Präsident des Bundes auch stilistisch die entscheidenden Akzente setzen sollte. Vor diesem Eindruck musste sich der Künstlerbund in Zukunft bewahren.

Der Ausstellungskatalog der ersten Künstlerbundausstellung gibt ausnahmsweise die Raumaufteilung wieder, die im abgedruckten Grundriss rekonstruiert werden kann.[535] Alle elf Säle wurden bespielt, die überwiegend nach Gattungen geordnet

---

532 Wieland 1903/04, S. 467.

533 Wieland 1903/04, S. 466. Vgl. auch Dülberg 1904, S. 253: „Zwar wird man an Manets ‚Olympia' denken, von der der Künstler technisch herkommt, aber statt eines kränklich spielenden verderbten Kindes hat uns Hofer in den vollschweren Lippen, den sicher geschlossenen Zügen, der herabhängenden, gar nicht edlen, aber frischweichen Hand ein Denkmal ruhiger, tragender, erfüllter Weiblichkeit gegeben."

534 Vgl. das *Programm der ersten Ausstellung des deutschen Künstlerbundes in dem Ausstellungsgebäude der Sezession in München*, Punkt IX.4, in: StadtA Mü, Chronik Jg. 1904, Bd. 3/1, Bl. 166.

535 In die Ausstellung war auch eine kunstgewerbliche Abteilung integriert. Unter dem Titel *Ausstellung für Kunst im Handwerk* wurde den Vereinigten Werkstätten für Kunst im Handwerk das gesamte Obergeschoss zur Verfügung gestellt. Es wurden sechs Raumdekorationen präsentiert, die im Katalog ausführlich beschrieben sind. Auf diese Räume und die darin ausgestellten Bilder und Kleinplastiken wird hier nicht weiter eingegangen, da der Künstlerbund mit deren Organisation und Durchführung nichts zu tun hatte. Die Münchner Sezession hatte dem modernen Kunsthandwerk bereits früher Platz in ihren Ausstellungen geboten. Nach der Künstlerbundausstellung aber hat sie diese Zusammenarbeit

eingerichtet waren (Abb. 1). Zwei Säle (V und VI) waren ausschließlich der Plastik vorbehalten. Vereinzelt wurden ein bis drei Plastiken auch in den andern Räumen aufgestellt, wie es einer damals gängigen Ausstellungsinszenierung entsprach. Diese Präsentationsform plastischer Werke wurde der modernen Bildhauerei keinesfalls mehr gerecht. Dennoch blieb sie bis in die späten zwanziger Jahre gang und gäbe. 1930 noch, als die Berliner Sezession ihre erste allein der Bildhauerkunst gewidmete Ausstellung veranstaltet hat, bemängelte Scheffler die bis dahin übliche Praxis: „Mit Recht dürfen sich die Bildhauer beklagen, daß ihre Werke gemeinhin in den Ausstellungen nur zwischen den Bildern und Zeichnungen dastehen, um Cäsuren zu schaffen, und daß die meisten Besucher achtlos vorübergehen."[536] Dabei hätte „ein solcher Versuch", wie ihn die Berliner nun vorgenommen haben, „längst einmal [...] gemacht werden sollen."[537] Umso bemerkenswerter muss es erscheinen, dass der Künstlerbund bereits bei seiner ersten Ausstellung den Bildhauerarbeiten eigene Räume zugedachte.

Abb. 1: München, Ausstellungsgebäude der Münchner Sezession am Königsplatz, Grundriss, in: Deutscher Künstlerbund 1904

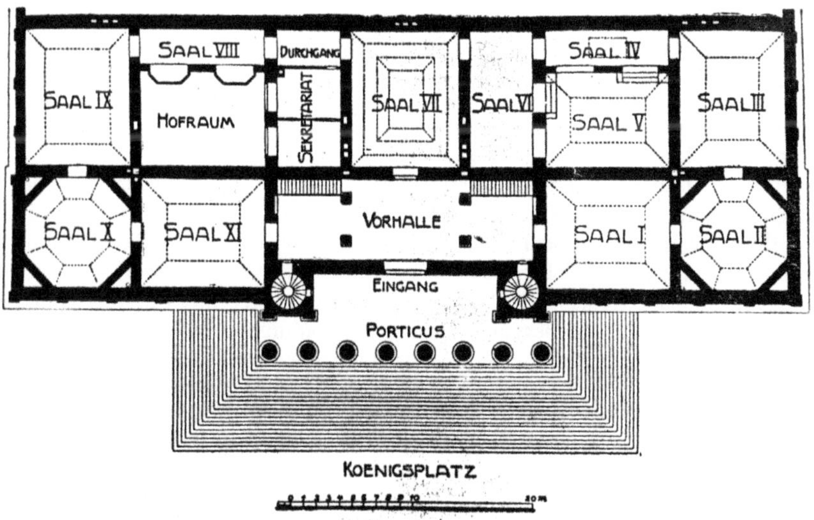

Plan der Parterre-Säle des Kunstausstellungsgebäudes am Königsplatz.
X. Ausstellung der Münchener Sezession: Der Deutsche Künstlerbund.

mit den Vereinigten Werkstätten nie mehr fortgesetzt. Vgl. dazu Joachimides 2001, S. 128 u. Marr 2010a, S. 179.

536 Scheffler 1930, S. 234.

537 Ebd.

Die Grafik wurde in kleinen Kabinetten (Säle IV und VIII) untergebracht, in Saal IV befand sich der überwiegende Teil an Aquarellen und Pastellen. In den übrigen sieben Sälen waren fast ausschließlich Ölbilder oder Tempera ausgestellt. Außer in den Grafikkabinetten wurden in keinem Saal mehr als 25 Werke gezeigt.

Mehrere Werke eines Künstlers wurden zumeist auf verschiedene Säle verteilt. Eine Inszenierungsstrategie, die trotz überwiegend negativer Resonanz für die Münchner Sezession typisch war.[538] In den allerseltensten Fällen wurden bei dieser Ausstellung mehrere (Samberger, Stuck, Diez, Gaul, Greiner, Kalckreuth, Hölzel) oder gar alle Arbeiten eines Künstlers (Liebermann, U. Hübner, Albert von Keller, Hans Lesker) im selben Raum untergebracht. Im Fall Kellers war es wohl inhaltlich begründet, dass seine insgesamt fünf ausgestellten Bilder zusammen gezeigt wurden (Saal X), da zumindest vier von ihnen das Thema der *Madeleine* zeigten.[539] Bei der Hängung der Bilder wurde also nicht nach Künstlern gruppiert, auch nicht nach Herkunftsregion, Genre oder Chronologie. Die Ordnung wurde allein nach formalen ästhetischen Gesichtspunkten vollzogen. Dieses Arrangement stellte aber nicht zwangsläufig einen Nachteil dar, wie Wieland bemerkte, denn:

> „vergeblich wäre das Bemühen, auf einer Elite-Ausstellung wie dieser nach kunstgeschichtlichen oder stilistischen Gesichtspunkten registrieren zu wollen. Im Hochwald steht jeder Baum für sich. Hier Gruppen und Grüppchen in Form von kunstwissenschaftlichen Prospekten anordnen zu wollen, wäre ein recht künstliches Beginnen."[540]

Vielmehr war gerade diese Konzeption als Versuch einer Widerherstellung der Autonomie des einzelnen Werkes zu sehen.

Ein stilistisches Element lässt sich dennoch in der Ordnung ausmachen. Saal I zeigte mit Künstlern wie Reinhold Lepsius, Thomas Theodor Heine oder Paul Keller-Reutlingen vermehrt konventionell impressionistische Werke. Von Raum zu Raum traten aber modernere Tendenzen hervor. Eine Ausnahme bildete Saal VII, der wieder etwas gemäßigter ausgerichtet war, was sicherlich in seiner exponierten Lage innerhalb der Raumfolge begründet lag, denn er konnte direkt von der Vorhalle, wenn man wollte also unmittelbar als erster Raum betreten werden. Die Säle IX–XI zeigten schließlich einen überwiegend modernen Impressionismus von Männern wie Exter, Hofer, Hölzel, Keller oder Laage, der zum Teil schon expressionistische Tendenzen durchscheinen ließ.

---

538 „Eine Hängung nach Werkgruppen war selten. Das Erkennen einer Kunstströmung oder eines persönlichen Stils war dadurch erheblich erschwert." Stattdessen wurden „das Format und die Farbpalette des Gemäldes auf die übrigen Exponate, auf die Farbe der Wandbespannung, das Licht und die übrige Raumausstattung formal abgestimmt. Jeder Ausstellungsraum sollte beim Besucher einen harmonischen Gesamteindruck hinterlassen, dem das einzelne Werk untergeordnet schien." Aus: Marr 2010b, S. 59f. Vgl. auch Marr 2010a, S. 175f.

539 Im Katalog verzeichnet als *Madeleine G.*, *Madeleine G. (klein)*, *Tänzerinnen* u. *Madeleine G. – Cassandra* (Nrn. 66–70). Vgl. Deutscher Künstlerbund 1904, S. 24.

540 Wieland 1903/04, S. 485.

Saal X, wegen seines oktogonalen Grundrisses ohnehin auffällig, wurde von Wieland als „Elitesaal“[541] bezeichnet. Hier wurden Künstler zusammengestellt, die durch Bekanntheit bereits nahezu sanktioniert waren wie Ludwig Dill, Habermann, Keller, Klimsch, Klinger, Gotthardt Kuehl, Leistikow, Liebermann, Orlik, Stuck und Trübner. Vor allem Keller beherrschte diesen Saal mit seinen fünf Bildern.[542]

Positive Wahrnehmung bei den Rezensenten der Ausstellung fanden vornehmlich die Arbeiten der damals arrivierten Impressionisten, „Liebermanns herrliche Papageienallee, seine Strandreiter, diese schöne, silberne Vision bewegter Tierleiber und Menschenleiber und grauer Wellen, Corinths Salome, Slevogts Andrade.“[543] Über die Qualitäten Liebermanns und Slevogts, wie auch Zügels, Uhdes, Stadlers oder Francks, „die das eigentliche Malenkönnen unserer Zeit am besten vertreten“[544], wie Dülberg dem damaligen Zeitgeschmack entsprechend urteilte, war man sich recht einig. Aufschlussreicher für das Ermitteln der Charakteristik dieser Ausstellung waren aber die Werke, an denen sich die Geister schieden, wie etwa an Corinths *Salome mit dem Haupt Johannes des Täufers*.[545] „Merkwürdig“ fand Dülberg im Gegensatz zu seinem Kollegen Keyserling das großformatige Bild:

> „[...] der Henker ist da wirklich nicht mehr als ein Bademeister, Salome ein unartiger norddeutscher Backfisch, und bei dem Effekt, daß das Prinzeßchen dem toten Haupte das Augenlid aufklappt, fallen einem wirklich amerikanische Sensationsdramen, wie die bekannte Verarbeitung von Du Mauriers hübschem Trilbyroman[546] ein.“[547]

Auch die neu erprobten Stilmittel Kellers warfen Diskussionen auf. Der mit fünf Arbeiten nach Kalckreuth mit am besten präsentierte Maler war bereits sechzig Jahre alt und doch war er einer derjenigen, die auf dieser Ausstellung am stärksten in die Zukunft wiesen. Auch der Betrachter seiner Bilder musste sich auf eine neue Sehweise einlassen. „[...] vielleicht“, versuchte es Keyserling bei seinen *Tänzerinnen*, „ist

---

541 Wieland 1903/04, S. 462.

542 Neben seinen Madeleinen wurde noch eine *Kreuzigung* gezeigt.

543 Keyserling 1904, S. 449.

544 Dülberg 1904, S. 253f.

545 Corinths Bild der Salome war 1900 der Grund für den Künstler, München zu verlassen, nachdem die Münchner Sezession das Bild abgelehnt hatte. In Berlin stieß er mit demselben Werk sofort auf Erfolg und durfte es noch im selben Jahr auf der Ausstellung der Berliner Sezession zeigen. Es gibt zwei nahezu identische Fassungen des Gemäldes, die kurz nacheinander entstanden sind. Die erste Fassung befindet sich heute im Busch-Reisinger Museum, Harvard University, Cambridge, Mass. (*Salome*, 1899, Öl auf Leinwand, 127 x 147 cm). Die zweite Version ist im Besitz des Museums der bildenden Künste Leipzig (*Salome II*, 1900, Öl auf Leinwand, 76,2 x 83,5 cm).

546 *Trilby* war ein überaus erfolgreicher Roman aus dem Jahr 1894 (dt. Erstausgabe 1897) des englischen Schriftstellers George du Maurier (1834–1896). Er war der Großvater von Daphne du Maurier (1907–1989).

547 Dülberg 1904, S. 253.

es, weil diese Kunst uns zu neu ist, dass sie sich noch nicht recht im Bilde umsetzen lässt. Das Anspannen, das Sublimieren der Bewegung, das diese Kunst verlangt, verliert im Bilde an Leben. Und so erhält das Bild etwas von Unverständlichkeit, und Verzerrtheit."[548] Aufgeschlossener zeigte sich Dülberg in Bezug auf dieses Bild, „das verschwebt wie ein Traum" und in dem der Künstler „das zarteste, freudig aufkeimende Licht, die schärfste Helle, das lustigste Flackern" umzusetzen verstand.[549] Doch bei den weiteren drei ausgestellten Bildern der Tänzerin *Madeleine* setzte auch bei Dülberg Ratlosigkeit ein: „Weniger sagen mir die drei Bilder der ‚Traumtänzerin' Magdeleine [sic] G., die im vergangenen Winter ganz München durch ihre neue Kunst, Krämpfe in künstlerische Reizungen und in – Bankbillette umzusetzen, in Aufregung brachte."[550] Der Künstler reagierte wohl auf die Kritik und entfernte im Laufe der Ausstellung ein Brustbild der *Madeleine* und ersetzte es durch „eine viel freier gemalte und auch farbigere Wiederholung".[551] Wer sich auch von den Madeleines nicht irritieren ließ, dem war und blieb Keller ein Meister. „Mit glücklicher Vermeidung alles Grimassenhaften, das sich in der Schilderung solcher pathologischen Zustände so leicht einstellt," erkannte Wieland in den Bildern,

> „gibt der Künstler hier eine physiognomische Studie, gleich interessant durch den Gegenstand, wie durch die eigentümliche Belichtung und eine malerische Behandlung von großer Dezenz. Von den kleinen skizzistischen Kaprizzios, die Keller ferner bringt, kann man nur wiederholen, daß sie zum Geistreichsten gehören, was man in Deutschland an solchen brillierenden Farben-Impromptus hat."[552]

Im Falle von Stuck, der mit seiner Vorliebe für erotische Darstellungen sonst des Öfteren für Aufregung sorgen konnte, zeigte sich der Künstlerbund weniger fortschrittlich und zeigte vier Bilder in gängiger Manier.[553] Die Presse nahm dies wohlwollend zur Kenntnis: „Hier wirkt wieder einmal der Farbenschmelz ohne die Gewaltsamkeiten, mit denen der Künstler uns in letzter Zeit das Geniessen seiner Bilder erschwerte."[554] Und: „Stuck war vielleicht nie so gut wie diesmal, einfach weil er diesmal innerhalb seiner Grenzen bleibt".[555] Denn oft genug waren die Kritiker nicht bereit, gerade bei den Arbeiten arrivierter Künstler neue Stilmittel

548 Keyserling 1904, S. 448.
549 Dülberg 1904, S. 253 f.
550 Dülberg 1904, S. 254.
551 Ebd. Keller hatte bereits im Frühjahr des Jahres bei der Münchner Sezessionsausstellung im Berliner Künstlerhaus eine *Tänzerin* ausgestellt, die dort wenig Anerkennung fand und als „ziemlich misslungen" bezeichnet wurde. „Viel zu schwärzlich und ohne Spur von Leben in der Bewegung." Aus: Rosenhagen 1903/04b, S. 238.
552 Wieland 1903/04, S. 402.
553 Von Stuck wurden in der Ausstellung gezeigt: *Susanne*, *Die Gratulantin*, *Olga* u. *Spanische Tänzerin*. Vgl. Deutscher Künstlerbund 1904, S. 31.
554 Keyserling 1904, S. 448.
555 Dülberg 1904, S. 251.

zu akzeptieren. Zwei Landschaften von Kalckreuth etwa hielten dem gewohnten Niveau des Künstlers nicht stand:

> „Man fühlt das schöne Bestreben, die Natur in großzügigen Formen zu heroisieren. Einem solchen Beginnen gegenüber hat der Zuschauer nicht mehr das Recht, auf Wiedergabe des Details, wohl aber das auf sinngemäße Vertretung der Wirklichkeit. Und dieses Recht scheint mir hier nicht genügend gewahrt."[556]

Die fast schon expressive Tendenz, den Gegenstand mehr und mehr aufzulösen zugunsten der sinnlichen Wahrnehmung, wurde vor allem bei der älteren Generation ungern gesehen. Ein „ähnliches Bestreben, die Lokalfarben auseinander zu legen, wie dies auf Graf Kalckreuths größter Landschaft zutage tritt"[557], wurde Trübner angelastet. Trübner, der vor allem für seine naturalistischen Landschaften geschätzt wurde, habe sich „leider in den letzten Jahren angewöhnt, wie mit Pflastersteinen zu malen."[558] Zweifellos ließ die neue Manier der groben Strichführung, der kantigen Konturen, dem nur noch angedeuteten Hintergrund den gewohnt gefälligen Naturalismus vermissen. Die Kritiker waren zum Umdenken gezwungen.

Ein Auflösen der Konturen beanstandete Dülberg auch bei Landenbergers Darstellung des toten Christus, bei dem sich der Künstler „gemüht" hätte, „die Farben in tanzend zerstäubenden Duft aufzulösen", dabei aber „bei tief-männlich ernsterem Bestreben verunglückt" wäre.[559] Und im absurden Vergleich mit Matthias Grünwald kam der Autor sogar zu dem Schluss: „So malt man tote Fische, aber keinen toten Heiland."[560] Gerade in Bezug auf traditionelle, religiöse Sujets zeigt sich die noch vorherrschende Schwierigkeit vieler Kritiker, die progressive Stilentwicklung dieser Jahre mitzugehen. Wieland, der die Farbgebung in dem Landenbergerschen Bild als „zweifellos glänzend gelungen" befand, hinterfragte zumindest, „ob [...] Ausdruck und Haltung des Ganzen die religiöse Absicht, die den Künstler offenbar leitete" tatsächlich erfüllten.[561]

Bei Thoma, mit 65 Jahren der älteste Teilnehmer dieser Schau, brachte Keyserling die Tücke der Entwicklungen auf den Punkt. In dem Bild *Christus und Magdalena* vermischte sich schließlich die bewährte Manier des meisterlichen Künstlers mit dem Versuch, das Neue in sein Werk aufzunehmen. Am Ende aber ginge das „Drama des Vordergrundes [...] nicht mit dem Idyll des Hintergrundes zusammen", denn „die moderne Technik der Malerei ergreift zu leidenschaftlich das Leben der Wirk-

556 Dülberg 1904, S. 255. Die beiden Landschaften, die Kalckreuth hier zeigte, trugen die Titel *Wald bei Hochdorf* und *Waldenburg*.
557 Dülberg 1904, S. 255.
558 Ebd. Von Trübner wurden die Bilder gezeigt: *Reiterporträt*, *Postillon*, *Siegfriedsbrunnen* u. *Porträt im Freien*.
559 Dülberg 1904, S. 255.
560 Dülberg 1904, S. 256.
561 Wieland 1903/04, S. 464.

lichkeit, um die rechte Sprache für das Andachtsbild zu sein, das stets ein festlich geschmücktes Abseitsstehen bedingt."[562]

Harmonie in Form und Farbe, feierliche Stimmung des Sujets oder Melancholie waren die nach wie vor bevorzugten Charakteristika der Kritiker. Wichtige Bewertungskriterien waren wie ehedem Lichtführung, Kolorismus und eine eindringliche Darstellung des Lebens. War ein bestimmter Grad an Eindringlichkeit allerdings überschritten, stießen die Rezipienten schnell an ihre Geschmacksgrenze. Die Schwerfälligkeit, ihre Sehgewohnheiten umzustellen, stand der vermeintlichen Liberalität oft im Wege.

Ein weiteres Beispiel für die Uneinigkeit gegenüber neuer, moderner Tendenzen ist Gustav Klimts *Damenporträt*, das dem einen als „ein sehr geistreiches Stück jener modernsten Farbenkunst" galt, „deren Witz ein ständiges Pizzicato" wäre und damit ein „Meisterstück unbestechlicher Charakteristik" darstellte.[563] Dem anderen hingegen ging die Idee des Bildes zu weit, was keinesfalls künstlerischem Unvermögen zugeschrieben werden sollte als vielmehr einer mangelnden Ernsthaftigkeit gegenüber dem Zuschauer. Denn „sicher steckt sehr viel kluges Ausmessen, ein mitunter spielerisch leicht werdendes Können in der Malerei", bezweifelte Dülberg nicht. Darüber hinaus aber, so empfand es der Autor, bemerkte man „ein unangenehmes ‚mit dem Spiele spielen'".[564]

Der Künstlerbund setzte in seiner ersten Ausstellung gleichermaßen auf bereits Bekanntes wie auf Neues, vielleicht, „um dieser ersten Ausstellung [...] die Note grosser Kunst zu sichern"[565], wie Keyserling zu durchschauen meinte. Wer aber glaubte, „Klassiker" wie Keller, Trübner, Thoma oder auch Habermann, Corinth oder Exter seien inzwischen überholt und hätten auf dieser Schau des spektakulär neu gegründeten, sich der Moderne verschriebenen Vereins nichts mehr verloren, musste sich eine Besseren belehren lassen.[566] Wenn der Künstlerbund etwas bewegen wollte, musste er sich eine eigene Nische schaffen mit einem Angebot, dass sonst nicht zu finden war. Die grundsätzliche Ausrichtung seiner Schauen sollte eine moderne sein. Dennoch wollte er die Ausstellungen doch auch als Übersichtsschauen des gesamtdeutschen zeitgenössischen Kunstschaffens verstanden wissen. Dazu gehörte auch eine ältere Generation, die noch immer aktiv, und aus moderner Sicht durchaus *attr*aktiv war. Denn auch bei den älteren Kollegen ließen sich noch oft genug neue Entwicklungstendenzen finden.

Die Ausstellungen des Künstlerbundes, das zeigte sich bereits in dieser ersten Veranstaltung, waren nicht als akademische Leistungsschauen gedacht, bei der die Exponate untereinander vergleichbar gewesen wären, weil sie eine gemeinsame, zum Beispiel offizielle, Linie repräsentierten, vor allem aber auch vergleichbar gewesen wären mit allem Vorangegangenen. Stilvielfalt war das Credo, das mit

562 Keyserling 1904, S. 451.
563 Wieland 1903/04, S. 485.
564 Dülberg 1904, S. 255.
565 Keyserling 1904, S. 449.
566 Vgl. etwa Wieland 1903/04, S. 469.

einer qualitativ hohen Auswahl an Werken zweifellos erreicht worden ist. „Für den Maler oder ‚Malverständigen', der nicht in einer Richtung allein das Heil sieht, gibt es da viel, ja, gibt es fast lauter Genuß im Augenschmaus."[567] Dass dieser „Augenschmaus" nicht jeden erreicht hat und manche künstlerische Errungenschaft in der Presse durchgefallen ist, musste sich der Bund jedoch sicher auf die eigene Fahne schreiben. Denn die Schau war zu sehr an den Kenner adressiert als an den Laien, wie Dülberg in Bezug auf Hofmanns *Flammentanz* nicht zu Unrecht bemerkte:

> „Der Kundige sieht natürlich auch in solchen Entwürfen die Ansätze zu neuen Farben- und Linienharmonien, der Laie aber, der für eine Mark sich das Recht erkauft, auf die ‚moderne Richtung' zu schimpfen, findet hier auch bei besserem Willen nur wild durcheinanderfahrende Farbenstrünke."[568]

Der Deutsche Künstlerbund musste mit seinen Ausstellungen nicht an die Veranstaltungen der Sezessionen anschließen. Als der Bund seine erste Ausstellung durchgeführt hatte, konnte die Münchner Sezession bereits auf eine zehnjährige Ausstellungstätigkeit zurückblicken. Das Verdienst der Münchner lag darin, schrieb Karl Voll im Jahr zuvor,

> „dass sie die Künstler zum Nachdenken nicht nur aufgefordert, sondern gezwungen hat. Sie stellte das Publikum vor die Thatsache, dass qualitätvolle, zum Teil schon längst bekannte und geachtete Künstler sich zusammengeschlossen hatten, als eine Gruppe, die rein künstlerische Anschauungen pflegen wollte, Anschauungen von wesentlich modernem Empfinden [...]".[569]

Das Ereignis des Zusammenschlusses moderner Künstler an sich war also nichts, was der Künstlerbund noch hätte demonstrieren müssen. Im Unterschied zu den lokalen Sezessionen konnte er sich aber zu der Präsentation einer erkennbar gesamtdeutschen Kunst steigern. Die Sezessionsausstellungen waren zwar auch grundsätzlich offen für Künstler aus anderen Regionen, die aber jeweils stets geschlossen für sich standen und daher kaum einen Bezug untereinander aufzeigen konnten. In der ersten Künstlerbundausstellung wurden die verschiedenen Regionen nicht jeweils „in besonderen Räumen"[570], sondern gänzlich gemischt gezeigt. Auch wenn in den einzelnen Sälen durchgängig die Münchner an Zahl dominierten, waren immer Künstler völlig verschiedener Regionen zusammen untergebracht. Wie schon das Konzept, die Werke eines Künstlers nicht konsequent beisammen zu zeigen, verfolgte der Künstlerbund auch mit der unterbliebenen lokalen Zusammengehörig-

---

567 Pictor 1904, S. 402.

568 Dülberg 1904, S. 257. Auch Hofmann war bereits über vierzig und dieses Beispiel zeigt einmal mehr, dass sich der Künstlerbund in seinem Anliegen, die moderne Kunst zu allgemeiner Anerkennung zu führen, keinesfalls auf die jüngere Generation beschränkt hat.

569 Voll 1903, S. 411.

570 Die Kunst für Alle, Jg. 19, 1903/04, S. 318.

keit die Isolierung der Werke aus einem nicht immer dienlichen Gesamtzusammenhang. Vielmehr sollte die Bandbreite des deutschen Kunstschaffens deutlich werden, was dem Bund auch gelungen ist, wie Dülberg bestätigen konnte. Denn „wie echt deutsch bunt, wie reich an scharf voneinander unterschiedenen, fast trotzig ein jeder auf sich selbst stehenden Individualität ist diese Ausstellung" am Ende ausgefallen.[571]

Der gesamtdeutsche Charakter kam auch deshalb zum Tragen, weil im Gegensatz zu den Sezessionsausstellungen keine Ausländer eingeladen waren. Die Künstler, die im Katalog mit einem außerhalb Deutschlands gelegenen Ort verzeichnet waren, hatten – bis auf den Tschechen Orlik, der aber seit dem Studium in München angesiedelt war – doch alle eine deutsche Herkunft.[572] Das moderate Gesamtbild der Ausstellung ist also keinesfalls auf fehlenden Mut seitens des Künstlerbundes zurückzuführen. Vielmehr lag es wohl in der Absicht der neuen Gruppe, den Status Quo des wirklich gesamtdeutschen Kunstschaffens zu präsentieren. Das allgemein positive Resümee trug diesem Konzept Rechnung, denn „während man bisher gewohnt war, in den Sezessions-Ausstellungen sehr viele und sehr gute fremde Bilder zu sehen, fallen diese in der jetzigen Ausstellung vollständig weg, ohne daß das Niveau gesunken wäre."[573]

Alfred Lichtwark, der von Beginn an mit dem Künstlerbund verbunden und in seiner Funktion als Direktor der Hamburger Kunsthalle einer modernen Ausstellungspraxis verpflichtet war, konnte der ersten Künstlerbundausstellung zwar insgesamt kein überragendes Urteil aussprechen.[574] Umso mehr wog aber seiner Meinung nach die Konzentration auf deutsche Kunsterzeugnisse, die facettenreich genug war:

> „Sehr wohltuend berührt es, dass das Ausland ganz fehlt und dass wirklich die Individualitäten herauskommen, einerlei welchen Bekenntnisses. So ist man in München seit langer Zeit nicht mehr vorgegangen. Ohne das Ausland glaubte man nicht mehr auszukommen, und vor allem, was nicht ‚modern' aussah, selbst wenn es gut war, hatte man Heidenangst."[575]

Für Lichtwark ging das Konzept des Künstlerbundes daher voll auf. Die Schau war ein Zeugnis des aktuellen deutschen Kunstschaffens und zeigte dessen Vielfalt, die sich eben nicht allein in neuesten Stilerprobungen manifestierte. Darin haben die Sezessionen bereits eine entscheidende Vorarbeit geleistet. Hinsichtlich des zehnjährigen Bestehens der Münchner Sezession, das mit dieser ersten Künstlerbundausstellung einherging, konnte Karl Voll resümieren: „Die Aufgabe, die sich die Sezession gestellt hatte, lag in der Propaganda für die modernen Ideen. Man darf ihr heute [...] dankbar zugeben, dass sie diese Propaganda mit bestem Erfolge aus-

571 Dülberg 1904, S. 259.

572 Die deutschsprachigen Länder wie Österreich und die Schweiz galten nicht als Ausland.

573 Erste Ausstellung des Deutschen Künstlerbundes 1903/04.

574 „Die Ausstellung ist nicht überwältigend aber anständig." Zit. aus: J. Kalckreuth 1967, S. 299f.

575 Zit. aus: J. Kalckreuth 1967, S. 299f.

geübt hat."[576] Damit war die Münchner Sezession, was 1904 so noch nicht klar war, an ihrem Zenit angelangt. Die Berliner sollten in den folgenden Jahren das Feld der Moderne anführen. Zugleich kam der Künstlerbund ins Spiel, der tatsächlich noch anderes leisten konnte als die Sezessionen mit ihrem spezifizierten Bekenntnis zur vor allem impressionistischen Moderne. Denn der Künstlerbund strebte in erster Linie eine große Toleranzbreite an. Aus diesem Grund konnte er auch neben den neuesten künstlerischen Errungenschaften auf Bewährtes und Bekanntes zurückgreifen. Als gesamtdeutscher Verein widersprach das seinen Aufgaben nicht.

Dass diese erste Ausstellung vom Bayerischen Prinzregenten unterstützt wurde, spiegelt im Übrigen eher den liberalen Zug des Regenten als eine tatsächliche Befürwortung der modernen Kunst seinerseits. Ein einziges Bild, das sich Luitpold aus der Ausstellung zum Kauf ausgesucht hatte, zeigt keine Spur von Modernität, denn Ludwig von Zumbuschs *Der Säugling*, „etwas altmeisterlich gemalt", war „gewiß nicht charakteristisch für irgendeine Art von ‚Sezession'"[577], wie Dülberg zu interpretieren wusste. Obgleich Zumbusch der Münchner Sezession angehörte. Die Wahl des Prinzregenten zeigt aber, wie hilfreich es war, auch das nach wie vor überwiegend konservative Publikum weiterhin anzusprechen. Überdies war der Künstlerbund kein Auffanglager abgewiesener Künstler, wie dies zum Teil den Sezessionen vorgeworfen wurde. Nicht die praktizierte Manier war entscheidend, sondern ein grundsätzliches Bekenntnis zu einer Weiterentwicklung. Gerade die Unterstützung von Seiten der älteren, arrivierten Künstler war dabei von großer Bedeutung. Denn dadurch bezogen sie Stellung, trotz der permanenten Gefahr, dafür selbst vom offiziellen Kunstkader abgestraft zu werden.

Mit dem Konzept, Neues neben Gewohntem auszustellen, folgte der Deutsche Künstlerbund nicht allein diplomatischen Zielen. Der Künstlerbund wollte damit vor allem einen entwicklungsgeschichtlichen Überblick schaffen, der aufzeigte, wo die Wurzeln der modernen Kunst überhaupt lagen. Leute wie Keller, Kalckreuth oder Trübner, die trotz ihrer Erfahrung und Gewandtheit noch immer überraschen konnten, waren die idealen Repräsentanten des Bundes. Mit seiner ersten Ausstellung hat der Bund sein Programm begründet, keiner *Richtung* den Vorzug geben, sondern der *Individualität*. So hielt Leistikow von Beginn an fest:

> „Der Bund in Weimar ist nicht geschlossen worden, um gewisse, sogenannte moderne Kunstrichtungen zu fördern – in ihm sind ja alle möglichen Richtungen vertreten – sondern er ist geschaffen, um an die Stelle der alten, überlebten Organisation der Kunstgenossenschaft eine neue, lebensfähige zu setzen, die eine richtigere und gerechtere Vertretung der wirklich Kunstschaffenden ermöglicht."[578]

Der qualitative Anspruch wurde insofern gewahrt, als dass zahlreiche etablierte, auch ältere Künstler mit aufgenommen wurden und sich die Teilnehmerschaft auch

576 Voll 1903, S. 412.
577 Dülberg 1904, S. 251.
578 Leistikow 1903/04, S. 204.

nicht allein auf Sezessionisten beschränkte. Der allgemeinen positiven Beurteilung der Ausstellung kam dies zugute. So habe die Veranstaltung

> „mit dem einträchtigen Zusammengehen so vieler bedeutender Künstler, der Träger oft scheinbar weit auseinandergehender Kunstanschauungen [...] den Beweis erbracht [...], daß alles wirklich Individuelle und Große in der Kunst sehr gut zu harmonischer, einheitlicher Wirkung sich vereinigen lässt."[579]

Der Künstlerbund wollte sich gewiss nicht auf einen Zusammenschluss der Sezessionen reduzieren lassen. Auf deren Vorarbeit konnte er aber gleichwohl aufbauen. Dülberg sah in der Ausstellung sogar einen Höhepunkt der Bemühungen der Sezessionen, der das Verdienst dieser Ausstellungsgruppen offenbarte, „daß der Anfang des 20. Jahrhunderts den Deutschen [...] die Trennung von Staat und Kunst gebracht" habe.[580] Und tatsächlich hat sich der Bund gleich mit seiner ersten Ausstellung einen Platz im offiziellen Kunstgeschehen auf gleicher Ebene mit der Allgemeinen Deutschen Kunstgenossenschaft gesichert. Es wurde sogar prognostiziert, „Deutsche Ausstellungen werden in Zukunft wohl nicht mehr ohne den Deutschen Künstlerbund gemacht werden können."[581]

1905: 2. Jahresausstellung in Berlin

Die zweite Ausstellung des Künstlerbundes fand in Berlin statt und wurde diesmal mit der Berliner Sezession durchgeführt. Für die Berliner war das ein Glücksfall, denn der Pachtvertrag für ihr Ausstellungsgelände an der Kantstraße lief gerade aus und es mussten neue Räumlichkeiten gefunden, besser noch: geschaffen werden. Mit dem neu gegründeten Bund an der Seite konnten nun mehr Mittel eingeholt werden, ein neues Grundstück zu erwerben und ein Ausstellungsgebäude errichten zu lassen: „Infolgedessen gewannen wir noch in größerem Maße Unterstützungen, so daß von einer Gesellschaft Mäzene Grund und Boden am Kurfürstendamm erworben und für unsere Zwecke ein Ausstellungsgebäude darauf erbaut wurde."[582] Ein eigenes

579 Erste Ausstellung des Deutschen Künstlerbundes 1903/04.

580 Dülberg 1904, S. 251.

581 Erste Ausstellung des Deutschen Künstlerbundes 1903/04.

582 Corinth 2000, S. 84. Architekt des neuen Ausstellungsgebäudes am Kurfürstendamm 208 (heute befinden sich dort Theater und Komödie am Kurfürstendamm) war der Stadtbaumeister Bruno Jautschus. Jautschus war Schüler Ludwig Hoffmanns, der gerade den Bau des Märkischen Museums in Berlin plante. Die Behangfläche wurde im Vergleich des vorherigen Baus an der Kantstraße um die Hälfte vergrößert. Für das Bauvorhaben ist eigens eine Gesellschaft gegründet worden, deren Aufsichtsrat unter anderen Kalckreuth und Leistikow angehörten. Die Geschäftsleitung oblag Paul Cassirer. Durch die Gründung einer Baugesellschaft waren Berliner Sezession und Künstlerbund von jeglichem finanziellen Risiko entbunden. Ein eventueller Überschuss der zur Verfügung gestellten Gelder sollte „zur Gründung eines modernen Museums und zu anderen künstlerischen

Gebäude war beinahe Pflicht für einen ernstzunehmenden Ausstellungsverein. Obwohl der Künstlerbund ja eigentlich jährlich in einer anderen Stadt auftreten wollte, hat er trotzdem von Anfang an ein eigenes Ausstellungsgebäude ins Auge gefasst, „sollte es nicht gelingen, in Berlin die Pforten des Glaspalastes am Lehrter Bahnhof dem Bunde zu öffnen [...]"[583]. In Berlin sah der Bund offensichtlich sein größtes Wirkungsfeld. Künstlerbund und Sezession konnten hier voneinander profitieren.

Die Schau konnte bereits im neuen Sezessionsgebäude durchgeführt werden, „das im übrigen sehr zweckmäßig und anspruchslos ist, ohne ein Ausbund von Schönheit zu sein", wie dazu bemerkt worden ist.[584] Die schmucklose Nüchternheit des Baus lag durchaus im Sinn der Bauherren. Das Haus sollte allein der Zweckmäßigkeit dienen.[585] Architektonisches Dekor war zweitrangig und durfte nicht von den darin ausgestellten Kunstwerken ablenken. Auf die „übertriebenen Inszenierungskünste", wie sie im damaligen Ausstellungswesen vielfach beliebt waren, ist „von vornherein verzichtet" worden.[586] Der Zweck war auf jeden Fall erfüllt, wenn die Presse urteilte: „Man sieht das Gebäude eigentlich nicht, nur die Bilder".[587]

In der großen Schlichtheit ihrer Räume unterschieden sich die Berliner Sezessionisten merklich von ihren Münchner Kollegen. Der Umzug der Berliner ins neue Ausstellungsgebäude an den Kurfürstendamm bescherte der Gruppe insofern repräsentativere Räume, als dass nun auch eine weitläufigere Hängung möglich war. Die eher schlichte Inszenierungspraxis aber behielten die Berliner bei.[588]

Auch bei seiner zweiten Ausstellung hatte der Künstlerbund also das Glück, sich in völlig neuen, dem aktuellen Zeitgeschmack moderner Ausstellungsarchitektur entsprechenden Räumen präsentieren zu können. Dem Gesamtkonzept des neuen Hauses entsprechend ist auch die Ausstattung der Räume bewusst schlicht ausgefallen. Die Wände waren mit graublau, mattgrün, mattrot oder weiß gestrichener

---

Zwecken verwandt werden". Aus: Die Kunst für Alle, Jg. 20, 1904/05, S. 22. An dem Plan einer Museumsgründung wurde also zunächst noch festgehalten.

583 Leistikow 1903/04, S. 205.

584 Die zweite Ausstellung 1905, Sp. 414. Vgl. auch H.[eilbut] 1905, S. 399: „[Das Gebäude] ist nicht gerade von einer auserwählt feinen Architektur, der Architekt ist mehr ein nützlicher Künstler als ein feiner Künstler gewesen [...]."

585 Im Gegensatz zur Münchner Sezession zeichneten sich die Ausstellungen der Berliner Gruppe von Beginn an durch eine nüchterne Raumgestaltung und den Verzicht auf dekorative Einrichtungsgegenstände aus und rekurrierten damit auf die „bewußt provisorischen Atelierraumsimulationen der frühen Impressionistenausstellungen" in Paris, wie Joachimides herausgestellt hat. Vgl. dazu Joachimides 2001, S. 124–128. Diese Inszenierungspraxis innerhalb der Berliner Sezession wäre vor allem dem Einfluss Liebermanns zuzuschreiben, so Joachimides weitere Überlegung. Vgl. dazu Joachimides 2013.

586 Vgl. Pastor 1905, S. 320.

587 Kunst und Künstler, Jg. 3, 1905, S. 394.

588 Zur Inszenierungspraxis der Berliner Sezession vgl. auch Norden 1905, S. 35f. u. Rosenhagen 1904/05c.

Leinwand bespannt, der Fußboden war mit schwarzen Kokosmatten belegt.[589] Die Säle waren dank Oberlichtern zudem gut ausgeleuchtet. Und auch der Plastik kam das neue Gebäude zugute, wo sie sich „besser ausbreiten [konnte] als in dem alten Hause der Kantstraße".[590] Im Gegensatz zur auch nach der Umgestaltung noch luxuriöseren Ausstattung der Münchner Ausstellungsräume, sollte diese auffallend schlichte Raumgestaltung wieder verstärkt das autonome Kunstwerk in den Mittelpunkt stellen. Wer das als Betrachter verstand, dem blieb nicht verborgen, „daß hier mit den einfachsten Mitteln etwas Ausgezeichnetes, in seiner Art Mustergültiges von dem Architekten geleistet worden ist."[591]

Wie sehr sich die Berliner Sezession von Anfang an mit dem Künstlerbund identifiziert hat, zeigt sich auch darin, dass die Berliner Gruppe im Ausstellungskatalog mit keiner Silbe als Mitveranstalter oder gar Gastgeber aufgeführt ist.[592] Eine kurze Vorbemerkung im Katalog ist unterzeichnet von der „Leitung der II. Ausstellung des Deutschen Künstlerbundes", womit beide Veranstalter gleichermaßen gemeint waren. Allein die Erklärung „Wir eröffnen unser neues Heim mit der II. Ausstellung des Deutschen Künstlerbundes" lässt die Sezession als Urheber erkennen. Ansonsten waren in der Autorschaft dieser Veranstaltung die Grenzen zwischen Berliner Sezession und Deutschem Künstlerbund verwischt. Und in der Tat war die Bindung des Bundes an die Berliner Gruppe immer ungleich stärker als etwa an die Münchner. So wurde auch im Katalogvorwort wieder auf jede inhaltliche Äußerung verzichtet und lediglich auf die „alten Grundsätze" verwiesen, womit wiederum der Bezug zur Berliner Sezession hergestellt war. Eigene Ansätze hatte der Künstlerbund offensichtlich nicht zu ergänzen, die Ausstellungsleitung erklärte stattdessen: „Die Ausstellung mag für sich sprechen".[593]

Die Zahl der Juroren ist im Vergleich zum Vorjahr etwas angestiegen. 16 Künstler haben in Berlin über die Präsentation von 159 Künstlern und 283 Werken entschieden.[594] Bis auf Hans Olde haben alle Juroren, wie es üblich war, selber ausgestellt. 59 Arbeiten wurden allein von den Juroren gestellt und machten gut ein Fünftel des Ausstellungsvolumens aus. Die Juroren trugen damit einen nicht unerheblichen Anteil am Gesamtbild der Schau. Dabei repräsentierten sie, wie schon im Vorjahr, absolut nicht die junge, nachstrebende Künstlerschaft. Der Jüngste unter ihnen war Fritz Klimsch, der immerhin auch schon im 36. Lebensjahr stand. In der Mehrheit waren die Juroren aber bereits um die fünfzig: Bochmann, Corinth,

---

589 Vgl. Rosenhagen 1904/05c, S. 492 u. Joachimides 2001, S. 127 f.

590 Die zweite Ausstellung 1905, Sp. 414. Vgl. auch H.[eilbut] 1905, S. 399.

591 Rosenhagen 1904/05c, S. 492.

592 Der Titel des Katalogs lautet: *Katalog der zweiten Ausstellung des Deutschen Künstlerbundes.* Vgl. Deutscher Künstlerbund 1905.

593 Vgl. Vorwort, in: Deutscher Künstlerbund 1905, [o. S]. Dem Vorwort folgt allerdings ein Aufsatz des Künstlerbundes, der dem gerade gegründeten Künstlerhaus Villa Romana gewidmet war. Zur Villa Romana und dem dazugehörigen Preis vgl. oben, Kap. III.2.4, S. 109.

594 Die Zusammensetzung der Jury siehe im Anhang.

Hodler, Klinger, Kuehl, Olde, Trübner und nicht zuletzt Liebermann mit bereits fast sechzig Jahren. Einige von ihnen waren auch im Vorjahr schon in der Jury: Klinger, Liebermann, Olde, Trübner und der noch etwas jüngere Stuck. Tuaillon war, obwohl Berliner – sogar ein künstlerisch fortschrittlicher Berliner –, in diesem Jahr nicht mehr unter den Juroren. So war das künstlerische Gesamtbild, das die Juroren präsentierten, auch auf dieser zweiten Ausstellung des Bundes noch klar impressionistisch, moderat modern bestimmt. Aus diesem Schema herausgehoben hat sich am deutlichsten Hodler, der damals wohl die meisten Widersprüche bei den Kritikern hervorgerufen hat.

Dem Konzept der regionalen Akzentuierung der Juroren, das entweder bewusst eingesetzt oder von den lokalen Veranstaltern eingefordert wurde, ist hier fortgesetzt worden. Der überwiegende Teil der Jurymitglieder kam demnach diesmal aus Berlin. München war nur noch durch Hahn und Stuck vertreten. Die übrigen Juroren waren ziemlich gleichwertig aus anderen Regionen zusammengeholt. Mit Hodler und C. Moll waren in diesem Jahr auch die Länder Schweiz und Österreich in der Jury vertreten, was dem gesamt deutschsprachigen Wirkungsbereich des Künstlerbundes entsprach.

Unter den Mitgliedern scheint das Berliner Übergewicht der Juroren zu Missfallen geführt zu haben, vornehmlich unter den Münchnern, die sich durch lediglich zwei Jurymitglieder wohl erneut benachteiligt sahen. Vermutlich aber auch bei der jüngeren Künstlerschaft, die sich in dieser Jury gar nicht vertreten gesehen haben konnte. Der Künstlerbund musste jedenfalls darauf reagieren und bereits bei seiner zweiten Ausstellung eine Erklärung zum Vorgehen der Jury abgeben:

> „Graf Leopold von Kalckreuth bringt zur öffentlichen Kenntnis, daß er als Präsident des Deutschen Künstlerbundes an dessen sämtliche Mitglieder folgende Zuschrift gerichtet habe: Die Tätigkeit der diesjährigen Berliner Jury hat in vielen Künstlerkreisen Mißstimmung hervorgerufen, insbesondere, wie es scheint, in Süddeutschland, und man hat einen Gegensatz zwischen Nord und Süd geglaubt feststellen zu müssen. Es ist selbstverständlich, daß in einer so großen Vereinigung, wie es der Deutsche Künstlerbund ist, auch die stärksten künstlerischen Gegensätze vertreten sind, und es ist gerade die Absicht des Künstlerbundes, alle wirklichen Künstler bei sich zu beherbergen, so sehr auch ihre Anschauungen einander zuwiderlaufen. Daß die künstlerischen Gegensätze auch innerhalb der Jury des Künstlerbundes zutage treten mußten, ist klar, denn sonst hätte die Jury einseitig arbeiten müssen. In einem Punkte waren aber alle Mitglieder der Jury sich einig, nämlich dem, daß nur ganz allein die Güte der Leistung die Richtschnur ihrer Tätigkeit war, ganz ohne Ansehung der Person oder des Ortes aus dem sie kamen, und daß jeder einzelne nur sein eigenes Urteil bei der Abstimmung zur Geltung zu bringen hatte. Daß bei so starken Ablehnungen, wie sie dies Jahr stattfanden, Mißstimmungen entstehen müssen, ist vollkommen verständlich, und wer sollte das mehr empfinden als die Jury während ihrer so schwierigen und verantwortungsvollen Tätigkeit. Es fragt sich nur, ob diese Mißstimmung aufgewogen werden kann durch das Vertrauen, welches die Herren in die Loyalität der Jurymitglieder setzen. Die Statuten des Künstlerbundes basieren ganz allein auf einer gewissenhaften und scharfen Jury

und es gibt nur zwei Möglichkeiten, entweder hervorragende oder gar keine Ausstellungen zu machen. Dieses bitte ich die geehrten Mitglieder, zu bedenken."[595]

Neben der Freiheit für die Kunst sollte vor allem ein hoher Qualitätsmaßstab gelten. „Es soll eben", auch das war klar, „für jeden deutschen Künstler eine Ehre sein, zu den Ausstellungen des Künstlerbundes zugelassen zu werden."[596] Qualitätsmaßstab und künstlerische Freiheit mussten sich zwangsläufig zuweilen im Wege stehen. Da nur ein Viertel der eingereichten Werke von der Jury ausgewählt worden ist, lässt sich die Herausforderung, der die Jury ausgesetzt war, erahnen.[597]

Im Vergleich zum Vorjahr ist die Teilnehmerzahl in Berlin um mehr als zwanzig Namen gestiegen. Die Hälfte der Künstler war bereits in München dabei. Mit vergleichsweise vielen Arbeiten waren Hofmann (9), Kalckreuth (6) sowie Liebermann, Stuck und Trübner (je 5) vertreten, was dem ausgewogenen Charakter entsprach, der von der Jury auf den ersten Blick erwartet werden konnte. Max Klinger wurde mit sechs Plastiken und zwei Grafiken sogar eine komplette Wand zur eigenen Verfügung gestellt. Auch unter den Künstlern waren diesmal die Berliner am präsentesten, die ein Drittel der Teilnehmerzahl ausmachten, „doch ohne sich vorzudrängen"[598], wie befriedigend zur Kenntnis genommen wurde. Neben den Berlinern dominierten immer noch die Münchner die Schau mit einem Anteil von guten zwanzig Prozent. Anders als im Jahr zuvor aber brillierten sie in Berlin nicht mit Novitäten, sondern führten nun „zum Teil Arbeiten vor, die man aus ihren Ausstellungen im letzten Sommer"[599] kannte. Dass die bayerische Hauptstadt im Vergleich zum Vorjahr merklich an Gewicht verloren hatte, wurde von Willy Pastor ernstlich beklagt und er ärgerte sich über den beherrschenden Duktus der Berliner Sezession, mehr noch über den ihres Sekretärs Paul Cassirer, der sich hier durchgesetzt hatte. Denn:

„Wer die Ausstellungen der Berliner Sezession und die des Salons Cassirer kennt – des einzigen Berliner Kunstsalons, dessen Vorsteher genau weiß, was er will, und der deshalb eine unheimliche Macht werden konnte – der kennt die Bedeutung, die hier in den letzten Jahren die Namen Slevogt und Corinth gewonnen haben. [...] Diese Atelierkunst nun hat ganz entschieden in der Berliner Ausstellung des Künstlerbundes die Vorherrschaft."[600]

Pastor bedauerte noch immer den Verlust, den die Umsiedlung Slevogts und Corinths 1901 von München nach Berlin nach wie vor für die süddeutsche Kunstresi-

595 Die Kunst für Alle, Jg. 20, 1904/05, S. 582f..
596 Rosenhagen 1904/05c, S. 493.
597 „Über 1200 Bilder sollen refusiert sein. Das Resultat dieser Strenge ist ein geschlossenerer Gesamteindruck, als man ihn sonst auf öffentlichen Ausstellungen, auch auf denen der Sezession, zu empfangen pflegt." Aus: Kunst und Künstler, Jg. 3, 1905, S. 394.
598 Die zweite Ausstellung 1905, Sp. 413.
599 Ebd.
600 Pastor 1905, S. 321.

denz zu bedeuten hatte, denn das Werk dieser beiden namhaften Männer hielt noch lange dem stand, „was in andern deutschen Städten neuerdings aus den Ateliers verschiedener junger Maler“ hervorging.[601] Im Gegensatz dazu wären die „Radikalen“ von einst, der Berliner Liebermann, der Münchner Uhde und der damals noch in Stuttgart ansässige Kalckreuth, nunmehr schon zu „Klassikern“ geworden, „so ruhig und zurückhaltend und sachlich“ schienen sie inzwischen.[602]

Die meisten Neuzugänge der Schau waren zwischen dreißig und vierzig Jahre alt. Das entsprach in etwa dem Durchschnittsalter der Teilnehmer, das sich im Vergleich zum Vorjahr nicht merklich verändert hat. Unter den Ersteilnehmern, vor allem den jüngeren unter ihnen, finden sich einige Künstler, die bereits auf eine expressionistische Diktion hinwiesen wie Brockhusen, Wilhelm Gross, Otto Hettner, Kolbe, Oskar Moll oder Mutzenbecher. Ganz sicher zählte auch Kurt Tuch zu den damals fortschrittlich ausgerichteten Teilnehmern, der zusammen mit Kolbe und Kurzweil, alle drei Neuzugänge beim Künstlerbund, zu den ersten Preisträgern der Villa Romana gehörte. Gerade im Fall von Kolbe und Tuch hat der Künstlerbund ein gutes Urteilsvermögen bewiesen und die Talente früh erkannt. Kolbe hatte bereits im Jahr zuvor bei der Berliner Sezession ausgestellt. Für Tuch, der überhaupt „bisher auf deutschen Ausstellungen noch nicht bemerkt worden“ sei, war es die erste Teilnahme auch im Rahmen der Berliner Sezession.[603]

Auch mit Hettner hat der Bund Weitsicht gezeigt, denn in der Presse kam der „neue Name“[604] noch nicht gut an. Der Vorwurf lautete „dekorativ“.[605] Rosenhagen fand die beiden von Hettner ausgestellten Arbeiten *Idyll* und *Blick auf einen italienischen Golf* vielmehr aus dem Grund „weniger erfreulich“, weil sie einen „sehr mäßigen Zeichner“ verrieten.[606] Baluschek hingegen, dem der Autor in seinem Gemälde *Die Spiritisten* ebenfalls „mancherlei Mängel“ vorwarf, zeigte dagegen wenigstens „ernsthaftes Wollen“ und „tapferes Ringen nach neuen Werten“. „Jedenfalls“, konnte Rosenhagen honorieren, „wird hier etwas gewagt und das kann in diesen bequemen Zeiten nicht genug anerkannt werden.“[607]

Zu einem der jüngsten Teilnehmer gehörte Walter Bondy, den Rosenhagen „zu den Hoffnungen der deutschen Kunst“ zählte.[608] Bondy gehörte vielleicht nicht zu den fortschrittlichsten Künstlern, doch zeichnete er sich durch einen „feinen

---

601 Ebd.
602 Vgl. ebd.
603 Vgl. Rosenhagen 1904/05c, S. 495. Rosenhagen schätzte an Kolbe und Tuch die deutlich persönliche Handschrift trotz aller erkennbarer Einflüsse (Rodin u. Klinger bei Kolbe, die französischen Impressionisten bei Tuch). Vgl. dazu ebenfalls Rosenhagen 1904/05c, S. 493f.
604 Die zweite Ausstellung 1905, Sp. 413. Vgl. dazu auch H.[eilbut] 1905, S. 399 u. Rosenhagen 1904/05c, S. 517.
605 Die zweite Ausstellung 1905, Sp. 413.
606 Rosenhagen 1904/05c, S. 516f.
607 Rosenhagen 1904/05c, S. 518.
608 Vgl. Rosenhagen 1904/05c, S. 494.

malerischen Sinn"[609] aus. Die fortschrittlichen Künstler, die bereits im Vorjahr ausgestellt haben, waren allesamt bereits dreißig Jahre alt oder älter. Faure kann hier genannt werden, Fritz Rhein oder Emil Rudolf Weiss. Noch älter waren Exter, Gaul und Tuaillon. Dass Fortschritt aber nach wie vor nicht mit künstlerischer Jugend gleichzusetzen war, demonstrierte de Bund mit Namen wie Grethe, Hölzel, Hodler und nicht zuletzt Keller, der mit genau sechzig Jahren einer der ältesten Teilnehmer war. Älter waren nur Thoma und Hagen, die zusammen mit Bochmann, Dill oder Toni Stadler sen. den traditionellsten Beitrag zur Schau lieferten.

Nun war auch Kandinsky dabei, der zu dieser Zeit allerdings noch spätimpressionistisch malte und sich noch nicht besonders aus dem Gesamtbild der Ausstellung herausgehoben hat.[610] Sterl, Pottner oder Mackensen hingegen sollten auch später nie über ihre impressionistische Art hinausgehen. Mackensen – die Worpsweder Maler hatten ihren gemeinschaftlichen künstlerischen Höhepunkt bereits hinter sich – wandte sich inzwischen sogar wieder mehr der Tradition zu. Der Bildhauer August Kraus hingegen, der als Schüler Begas um die Jahrhundertwende noch dem konservativen Lager zugeschrieben werden musste (gerade noch war er an der Gestaltung der Berliner Siegesallee beteiligt), hatte sich inzwischen mehr und mehr zu einem Wegbereiter der Moderne in der Bildhauerkunst entwickelt. Mit Baluschek, Kollwitz und Zille war hier außerdem der kritische Realismus vertreten. In der Berliner Sezession hatten sich diese drei bereits einen Namen gemacht.

Zwei Künstler wurden durch die Anzahl ihrer ausgestellten Werke und durch die separate Präsentation besonders hervorgehoben. Hodler und Klimt – beide nicht nur Nichtberliner, sondern sogar Nichtdeutsche – haben jeweils einen eigenen Raum zur Verfügung gestellt bekommen.[611] Dass sie mit vorwiegend älteren Arbeiten vertreten waren, erklärt sich vielleicht aus der Tatsache, dass beide Maler dem Berliner Publikum bis dahin noch nicht allzu bekannt waren, obwohl sie sich 1905 auch international schon einen Namen gemacht hatten.[612] Mit diesen beiden Sonderschauen hat der Künstlerbund einen Akzent gesetzt, der sicher nicht auf die besondere Hervorhebung von Jugendstil oder Symbolismus abzielte. Vielmehr hat der Bund hier zwei Vertreter einer vermeintlich verwandten Stilrichtung gezeigt, die doch unterschiedlicher nicht sein konnten. „Himmel, welche Kontraste auf einem einzigen Gebiete der Malerei!"[613] Die beiden Säle boten ein prädestiniertes Beispiel dafür, aufzuzeigen, wie differenziert eine bestimmte moderne Richtung umgesetzt werden konnte. Pauschalurteile waren ohne Wert. Vom Publikum wurde das nicht recht verstanden. Wenn überhaupt, konnte man sich nur für einen der beiden erwärmen und sah zum Beispiel „dort eine ganz primitive, gesucht einfache und ungelenke Kunst", womit wohl Hodler gemeint war, „und hier

609 Ebd.

610 Kandinskys expressionistische Zeit begann erst um 1908 durch die Zusammenarbeit mit Marianne Werefkin und Alexej Jawlensky.

611 Vgl. Die zweite Ausstellung 1905, Sp. 413.

612 Vgl. ebd.

613 Rosenhagen 1904/05c, S. 515.

die äußerste Verfeinerung".[614] Die Aussage des Zusammenspiels beider Künstler wurde noch übersehen. Stattdessen erging man sich an den Extremen, die durch die Nebeneinanderstellung noch mehr zum Tragen kamen. Pastor sprach beiden Repräsentanten jeden Nachhaltigkeitswert ab: „Auf die ästhetische Kultur, die erste Erziehung eines Volkes werden sie kaum tieferen Einfluß gewinnen, mag das Fachwissen des Kenners noch so viel Eigenes an ihnen nachweisen."[615]

Rosenhagen zeigte sich etwas aufgeschlossener bezüglich der Eigenleistung beider Künstler. Aber auch er stellte sich die Frage: „Ist es Absicht oder Zufall, daß zwei im Prinzip so einige, in ihren Taten so unähnliche Künstler wie Klimt und Hodler in dieser Ausstellung nebeneinander erscheinen?"[616] Der Unterschied zwischen diesen zwei Künstlernaturen war für Rosenhagen ganz trivial:

> „Ist Klimts Kunst ausgesprochen feminin, so besitzt die von Ferdinand Hodler die männlichsten Züge. Klimt beugt die Natur durch Schmeichelworte, Hodler zwingt sie mit Gewalt, ihm zu gehorchen. Ist Klimts wesentliches Mittel die Farbe, so ist Hodlers Sprache in erster Reihe die Linie [...]."[617]

Dem laienhaften Publikum war die rein künstlerische Betrachtungsweise nicht möglich. Und wie Heilbut feststellte, gab es nur ein einziges Bild Hodlers, *Die Nacht*, das eine angemessene Würdigung fand. „Alle übrigen [Bilder, Anm. d. Verf.] sieht das Publikum mit Entsetzen an", wie der Autor meinte. „Gerade die, in denen er erst er selbst geworden ist."[618] Ein Versuch der Aufklärung des Publikums schien Rosenhagen in diesem Fall nutzlos. Es wäre „ein vergebliches Bemühen, einen genialen Künstler in einem einfachen Ausstellungsbericht nach allen Seiten hin zu charakterisieren".[619] Auch wenn Rosenhagen selbst in Hodler „zweifellos eine der stärksten Potenzen" der Zeit gesehen hat. „Das Wesentliche seiner Kunst lässt sich ohnehin nicht erklären. Man fühlt's oder fühlt's nicht".[620]

Die Bewertung der modernen Kunst war keine Frage des Geschmacks mehr, sondern der Kennerschaft – und vor allem der Fähigkeit, ein Werk auf sich wirken zu lassen, dessen Besonderheiten herauszulesen, zu empfinden, und nicht bloße Gefälligkeit zu erwarten. Mit dieser zum Vergleich auffordernden Gegenüberstellung zweier unterschiedlicher Repräsentanten einer verwandten Stilrichtung demonstrierte der Künstlerbund seine Absicht, jeder eigenen Art gleichermaßen Platz einzuräumen. Zu einem Bekenntnis in irgendeine spezifische künstlerische Richtung wollte er sich bewusst nicht drängen lassen. Dass er auch bei der exemplarischen Auswahl dieser beiden Künstler ein gutes Urteilsvermögen bezüglich ihrer Qualität und Nachhaltigkeit zeigte, muss nicht weiter erläutert werden.

---

614 Pastor 1905, S. 321.
615 Pastor 1905, S. 322.
616 Ebd.
617 Rosenhagen 1904/05c, S. 516.
618 H.[eilbut] 1905, S. 427.
619 Rosenhagen 1904/05c, S. 516.
620 Ebd.

Bei allem Aufsehen, die die beiden Sondersäle bewirkt haben, darf man nicht übersehen, dass auch mit Klimt und Hodler keinesfalls die künstlerische Jugend vertreten war. Die Absichten des Künstlerbundes, das scheint deutlich, waren generationsübergreifend. Die Kämpfer der ersten Stunde, auch wenn sie sich inzwischen beim Publikum längst etabliert hatten, demonstrierten für den Bund immer noch dasselbe Reformbedürfnis wie alle Jungen, die erst nachkamen und noch nachkommen sollten.

Im neuen Ausstellungsgebäude am Kurfürstendamm wurden alle neun Säle bespielt (Abb. 2). Acht von ihnen gruppierten sich um den zentralen, erheblich größeren Saal IX, in dem unter anderem zwei große Reiterbildnisse von Trübner, der *Großherzog von Hessen und bei Rhein* sowie der *Großherzog von Baden*, und Corinths Diptychon *Das Leben* gezeigt wurden.[621] Auch mit dieser exponierten gemeinsamen Präsentation zweier grundverschiedener Künstlertypen hat der Bund seine Bandbreite bewiesen.

Abb. 2: Berlin, Ausstellungsgebäude der Berliner Sezession am Kurfürstendamm, Grundriss, in: Deutscher Künstlerbund 1905

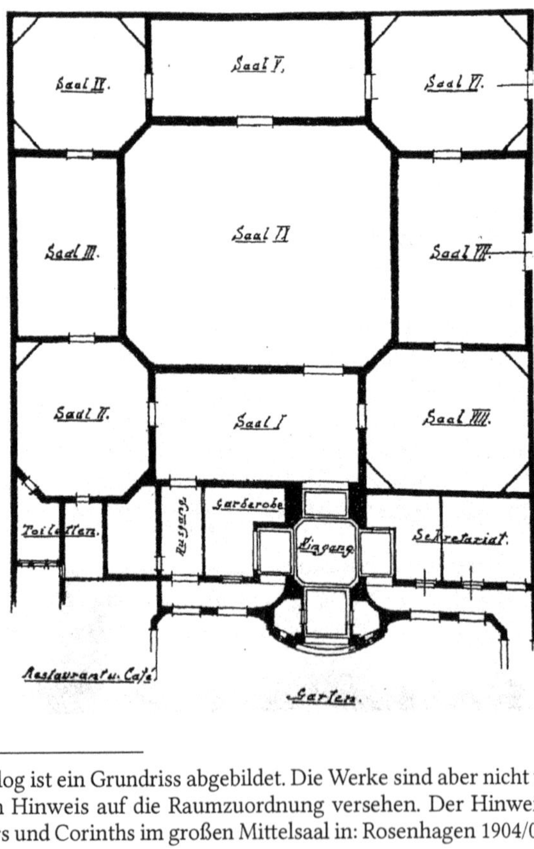

621 Im Katalog ist ein Grundriss abgebildet. Die Werke sind aber nicht wie in München mit dem Hinweis auf die Raumzuordnung versehen. Der Hinweis auf die Bilder Trübners und Corinths im großen Mittelsaal in: Rosenhagen 1904/05c, S. 498 u. 499.

Die Anordnung der Bilder unterschied sich bei dieser Ausstellung grundlegend von der vorangegangenen. Hier wurden mehrere Werke eines Künstlers – was ohnehin die Ausnahme war, denn die meisten Künstler waren mit nur einem Werk, höchstens zwei und nur in wenigen Einzelfällen mehr als zwei Werken präsent – nicht auseinandergerissen und in unterschiedlichen Räumen untergebracht, sondern beieinander gelassen. In Berlin wurde also eine andere Strategie erprobt, den gesamtdeutschen Charakter der Schau herauszustellen. Die lokalen Spezifika sollten durchaus zur Geltung kommen, so dass ein Vergleich zwischen den Regionen möglich war und „das Publikum […] eine gute Vorstellung von der Mannigfaltigkeit der Arten und Ziele, die in dem großen Verbande friedlich nebeneinander stehen", bekäme.[622]

Der Klimt-Saal war zusätzlich mit Wiener Kunstgewerbe ausgestattet – „ein Novum in der Berliner Sezession"[623]. Da die Berliner Sezession auch nach dieser Ausstellung nie wieder Kunstgewerbe in ihre Ausstellungen integriert hat, kann man wohl annehmen, dass die Präsentation des Klimt-Saales von der Wiener Sezession durchgesetzt worden ist.[624] Der Künstlerbund zeigte sich diesbezüglich eher leidenschaftslos. Er hat später nur noch einmal kunstgewerbliche Arbeiten in eine Ausstellung integriert, 1920 in Chemnitz. Auch das aber geschah allein auf Initiative des Gastgebers, der Kunsthütte, und nicht des Künstlerbundes.

Gegenüber dem Vorjahr zeigt die Berliner Ausstellung eine leichte Entwicklung zur Moderne. Zwar wurden, wie der Katalog erkennen lässt, noch immer viele konventionelle, dem Impressionismus im weitesten Sinne verpflichtete Werke gezeigt. Die „Alleinherrschaft" des Impressionismus aber konnte man bereits sinken sehen.[625] Die Tendenz zu einem moderneren Gesamtbild der Schau ging in erster Linie von den Neuzugängen aus. Folgt man allein den Rezensionen, ließe sich dies nicht vermuten. Denn den Gesamteindruck bestimmten nach wie vor Liebermann, Slevogt, Corinth, Kalckreuth, Trübner oder Thoma.[626] Überwiegend zeigten sie sich hier in ihrer bewährten Art.[627] Das hieß aber nicht, dass sie sich nicht immer noch weiterentwickelt und an den neuen Entwicklungen probiert hätten. Solange sich

622 Die zweite Ausstellung 1905, Sp. 412.
623 Die zweite Ausstellung 1905, Sp. 414.
624 Vgl. dazu Joachimides 2001, S. 128.
625 Vgl. Die zweite Ausstellung 1905, Sp. 412.
626 Vgl. H.[eilbut] 1905, S. 405, 410 f. u. 412–427; Die zweite Ausstellung 1905, Sp. 412 u. Rosenhagen 1904/05c, S. 493, 497, 499 u. 501.
627 „Von Kuehl kamen geschickte Arbeiten in seiner gewohnten Art." (H.[eilbut] 1905, S. 412); „Leistikow ist mit gewohntem Glanz erschienen […]" (H.[eilbut] 1905, S. 416); „Ulrich Hübner tritt in der von ihm gewohnten Art auf […]" (H.[eilbut] 1905, S. 416); „[…] von Thoma ein altes Selbstporträt" (H.[eilbut] 1905, S. 400); „ältere Werke" kamen auch von Uhde (H.[eilbut] 1905, S. 404); selbst „von Hodler zeigt die Sonderausstellung zunächst […] ein älteres Werk", *Die Nacht* (H.[eilbut] 1905, S. 427); und von Liebermann „ein altes Bild, aus den achtziger Jahren", *Biergarten* (H.[eilbut] 1905, S. 416).

ihre Experimente innerhalb impressionistischer Grenzen bewegten, wurden diese wohlwollend wahrgenommen. In Liebermanns 1904 angefertigtem Bildnis Wilhelm von Bodes erkannte Heilbut die fortschrittliche Veränderung im Werk des Künstlers, der doch „blieb, der er war, voll der guten Eigenschaften, die seine Kunst bilden, voll der besten Eigenschaft, die er hat, der unbestochenen Sachlichkeit. So nimmt ein *Meister* die Anregungen der Zeit auf und bleibt er selbst".[628]

Anderen etablierten Künstlern gestand man ihre Entwicklung weniger positiv zu. Bei Stuck etwa, dessen „Farben vielfach vulgär und im Schnitt der Bilder oft zu plastisch ohne Unterbrechungen" waren.[629] Oder auch bei Klinger, dessen Symbolismus in den Büsten von Nietzsche und Liszt den Dargestellten „so wenig nahe" kam.[630] Harte Kritik traf Exters Porträt des Richard Strauss', „das einer so einmütigen Verurteilung" ausgesetzt war „wie selten eines".[631] Als „grässlich" wurde „der weinselige Ausdruck der Augen" von Heilbut empfunden, gleichfalls schlecht „die Landschaft, in der der Musiker steht"[632]. Man vermisste die innere Geschlossenheit der Komposition, das Bild war zu unruhig, so dass Heilbut nur zusammenfassen konnte: „Alles an dem Bild müsste anders sein."[633] Die derartige Einigkeit über den Misserfolg seiner Arbeit verschaffte dem Künstler zumindest verschärfte Aufmerksamkeit. Zudem sorgte das abfällige Urteil zuweilen dafür, dass man sich das Bild doch genauer ansah. Heilbut ist daraufhin zu der Ansicht gelangt: „Ganz so schlecht finden wir es aber nicht wie es gefunden wird."[634] Denn gerade „wegen dieses Tumultes" schien ihm das Bild letztlich „nicht ganz verächtlich."[635] Auch Rosenhagen hat versucht, dem Bild noch etwas abzugewinnen, indem er honorierte, dass Exter damit doch „etwas Neues und Großes" wollte. Am Ende sei er damit leider „schlimm verunglückt".[636]

Desgleichen beeindruckte Heilbut ein Werk als Ganzes, das im Detail vermeintlich Hässliches barg, und zwar Heines Plastik des *Teufels*, der „mit seiner seltsamen Missbildung" weniger konstruiert denn „geschaffen" war:

> „Er watschelt; schwankt; lebt all in seiner Hässlichkeit, mit den unglaublich verzerrten Proportionen [...]. Dass Heine es dazu bringen würde, uns an diesen kuriosen Teufel

628 H.[eilbut] 1905, S. 420 (Hervorhebung im Orig.).
629 H.[eilbut] 1905, S. 402. Von Stuck wurden vier Bilder gezeigt: *Bacchanal*, *Der Kampf ums Weib*, *Susanna* u. *Sphinx*.
630 H.[eilbut] 1905, S. 402. Vielmehr sagte Heilbut Klingers dritte hier gezeigte Büste zu, die den dänischen Literaturkritiker Georg Brandes zeigte, wenn Heilbut auch selber bewusst war, dass diese „wohl das unbedeutendste unter den drei Werken" war. Vgl. H.[eilbut] 1905, S. 402.
631 H.[eilbut] 1905, S. 402.
632 Ebd.
633 H.[eilbut] 1905, S. 403.
634 H.[eilbut] 1905, S. 402.
635 H.[eilbut] 1905, S. 403.
636 Rosenhagen 1904/05c, S. 518.

wirklich glauben zu machen, hätten wir bei aller Bewunderung für Heine nicht für möglich gehalten."[637]

Auch ein von Kalckreuth gemaltes Damenporträt hob Heilbut hervor, das „mehr hingeschrieben als eigentlich gemalt" war. „Blumen, die auf dem Tisch stehen sowie eine Selterswasserkruke sind nicht sehr schön gemalt".[638] Vielmehr aber hätte der Künstler hier „ein seelisches Interesse" geschaffen und sich nicht als ein „Maler von ‚Geschmack' (gottlob), beinah als kein Maler von Qualität (o weh)" gegeben, sondern „als ein von ausgezeichneten Anlagen bedienter, guter Beobachter". So gewann der Künstler den Betrachter „durch sein Gefühl für die Person", die er wiedergab.[639]

Heilbut und Rosenhagen zeigten bereits ihre Bereitschaft, die Suche nach neuen Wegen in der bildenden Kunst zu honorieren und stellten ihr Urteil über ihren persönlichen Geschmack. Ganz so, wie es die Betrachtung moderner Kunst verlangte. Solange eine Entwicklung erkennbar war, waren auch missglückte Versuche gerechtfertigt, in der Schau gezeigt zu werden. Vor allem bei den älteren, etablierten Ausstellungsteilnehmern war der Künstlerbund bestrebt, ein Vorwärtsgehen nach modernen Gesichtspunkten aufzuzeigen. Liebermanns „Fortschritt in der Natürlichkeit und in der geschlossenen malerischen Haltung" oder Trübners „neuerdings sehr reine Farben", mit denen er eine „harmonische Gesamtwirkung" erzielte.[640] Am Ende waren es gerade die bekannten Namen, die die Stärke der Ausstellung ausmachte.[641]

Die Kritik an der ersten Ausstellung war bereits dahingehend ausgefallen, dass es sich, alles in allem, um eine wohlbedachte, sehr gute Zusammenstellung von Werken handelte. Auch der zweiten Ausstellung des Deutschen Künstlerbundes wurde insgesamt ein „verhältnismäßig hohes Gesamtniveau"[642] attestiert. In seiner Wirkung konnte sich der Bund mit dieser Schau sogar steigern, denn nun habe er „endlich die Erwartungen erfüllt, die man seit der Begründung des Bundes vor anderthalb Jahren auf eine künstlerische Tat von seiner Seite gesetzt hat, und die durch seine erste Ausstellung im Sommer 1904 zu München einigermaßen enttäuscht wurden."[643] Erwartet wurde vom Künstlerbund die Vorführung vor allem jüngerer Künstler. In München betrug der Anteil der unter Dreißigjährigen gerade mal zehn Prozent. Vor allem dort aber hatte man auf die jungen Kräfte gehofft, die die Münchner Sezession offenbar nicht mehr in der Lage war, angemessen zu vertreten. Hier konnte, sollte, musste der Künst-

637 H.[eilbut] 1905, S. 403f.
638 H.[eilbut] 1905, S. 405.
639 Ebd. Auch Rosenhagen schätzte an Kalckreuths Porträtkunst „'Seele' zu zeigen". Aus: Rosenhagen 1904/05c, S. 501.
640 Rosenhagen 1904/05c, S. 497. Rosenhagen honorierte hier eine Entwicklung Trübners, die ein Jahr zuvor gerade kritisiert worden ist. Vgl. dazu auch Dülberg 1904, S. 255.
641 Vgl. Rosenhagen 1904/05c, S. 493.
642 Die zweite Ausstellung 1905, Sp. 412.
643 Ebd.

lerbund einspringen, wollte er „seinem stolzen Programm nicht untreu werden“[644]. Pastor sah die Aufgabe des Künstlerbundes ganz klar darin, sich wie einst die Sezessionen den jüngeren und jüngsten und noch nicht etablierten Künstlern zu widmen. Denn die hatten es inzwischen in der Sezession genauso schwer, wie die Impressionisten damals bei der Kunstgenossenschaft und in der Akademie. Der Künstlerbund „darf sie nicht übersehen“, mahnte er.[645] Und tatsächlich war der größte Zuwachs der Berliner Ausstellung im Bereich der unter Dreißigjährigen zu verzeichnen, unter denen sich mit Brockhusen, W. Gross, Hettner, Kolbe, Moll, Mutzenbecher, Rösler und Tuch auch eine gute Zahl an expressionistisch ambitionierten Künstlern fand. Was der Veranstaltung „zu ihrem Schaden“ dennoch fehlte, war der „provokante Charakter“ einer Ausstellung,

> „in der [...] mehr gut intendierte als vollendete Schöpfungen gezeigt werden. Und doch sind solche Ausstellungen in der Regel die, von denen die beste Wirkung ausgeht. Denn die Entrüstung des Publikums bezeugt immer, daß in der Kunst etwas vorgeht, daß neue Kräfte sich rühren oder neue Ideen in der Luft liegen.“[646]

Provozieren konnte die Ausstellung schon deshalb nicht, weil ihr Charakter wieder von den „bekannten Koryphäen“[647] Liebermann, Trübner, Uhde, Stuck, Kalckreuth, Slevogt, Leistikow, Corinth, Hildebrand, Tuaillon, Gaul, Hahn und Klinger bestimmt worden ist. Der große Anteil älterer Künstler konnte leicht über das Neue hinwegtäuschen. Und es wurde wohl von den Rezipienten nicht mehr wahrgenommen, dass diese älteren Herrschaften die Avantgardisten der ersten Stunde waren und in ihrem Werk noch immer kein Stillstand zu erkennen war. Gerade ihre Experimente mit modernen Ausdrucksformen wurden ihnen jedoch oft genug zur Last gelegt. Hier spielt ein Widerspruch von Seiten der Rezipienten mit, auf den sich der Künstlerbund nicht eingelassen hat. Der Bund hat sowohl neue, zum Teil weniger gefällige Arbeiten der älteren Generation gezeigt als auch bekannte Werke, die der Schau ein ausgleichendes Moment verschafft und nicht zuletzt deren Qualität insgesamt definiert haben.

Der Erfolg gab dem Bund recht, wenn Rosenhagen zu dem Urteil kommen konnte: „Die Ausstellung gehört zu den besten, die man sehen kann und vor allem ist sie die beste deutsche, die man bisher gesehen hat.“[648] Wohingegen die Münchner Veranstaltung den „lokalen Charakter“, wahrscheinlich meinte der Autor das Übergewicht der Münchner Künstlerschaft, noch zu stark hat erkennen lassen, zeigte die Berliner Schau schon eher, dass der Bund bestrebt war „den Begriff ‚deutsche Kunst‘ so weit wie möglich zu fassen [und] ihn nicht durch die Grenzen des Deutschen Reiches beschränken lassen“ wollte.[649] Das Prinzip der Stilvielfalt und der

644 Pastor 1905, S. 321.
645 Ebd.
646 Rosenhagen 1905/06, S. 409 f.
647 Rosenhagen 1904/05c, S. 496 f.
648 Rosenhagen 1904/05c, S. 493.
649 Rosenhagen 1904/05c, S. 492.

Überregionalität hat der Bund erkennbar umgesetzt, so dass die Ausstellung als eine „Generalrevue über die vorhandenen deutschen Kräfte spezifisch modernen Gepräges“[650] Geltung fand.

Dass die junge Künstlerschaft trotz des Zuwachses in diesem Jahr noch immer nicht den Kern der Ausstellung ausgemacht hat, zeigt den entscheidenden Unterschied zwischen Künstlerbund und Sezessionen. Ein Vergleich, wie er mit der kurz vor der Berliner Schau stattgefundenen Frühjahrsausstellung der Münchner Sezession gezogen worden ist, kam den Absichten des Künstlerbundes keinesfalls nach. Der Feuilletonredakteur der *Münchner Neuesten Nachrichten* Fritz von Ostini sprach den Münchnern mit ihrer Frühjahrsausstellung einen großen Erfolg zu,

> „erstens einmal, weil die Jungen, die Werdenden in ihr zu Wort kommen, dann, weil in ihr, wie in den Frühlingstrieben der Natur, so viele Keime zur fröhlichen Blüte gelangen, die im letzten Sommer, Herbst und Winter gelegt wurden. In der Ausstellung ist nichts Verjährtes, alles, auch das minder gelungene, hat den Vorzug der Neuheit und Frische und das bildet den großen, ja einzigartigen Reiz dieser Veranstaltung [...].“[651]

Es ist sicherlich nicht zu leugnen, dass der Künstlerbund noch mehr junge, unbekannte Künstler wie auch mehr künstlerische Experimente in seine Ausstellung hätte einbeziehen können. Gerade durch das ausgewogene Bild seiner Schau aber hat er sich seine gleichwertige Stellung neben der Allgemeinen Deutschen Kunstgenossenschaft erarbeitet. 1905 war noch nicht abzusehen, dass die Sezessionen allesamt bald an ihre Grenzen stoßen würden. Der Künstlerbund wollte aber auch nicht deren Arbeit verrichten. Als überregionale Vereinigung sämtlicher moderner Stilarten musste er mehr sein als ein revolutionärer Kampfbund. Wenn er etwas bewirken wollte, musste er in erster Linie auf eine übergreifende Akzeptanz stoßen und durfte nicht nur einen kleinen Kreis von Kunstverständigen ansprechen.

Rosenhagen, der kurz nach 1900 viel über den aktuellen Zustand der Kunstbewegung gerade in München und Berlin resümiert hat, sah das Problem des stagnierenden Ausstellungslebens kurz nach der Jahrhundertwende im „Mangel an bedeutenden Erscheinungen“ innerhalb der jüngeren Künstlergeneration begründet.[652] Zwar ließ sich nie zuvor ein derart vielschichtiges und abwechslungsreiches Gesamtbild im Kunstschaffen feststellen, wie die zahlreichen Neugründungen kleinerer und größerer Künstlervereinigungen überall im Land zeigten. Doch barg diese Vielfalt auch einige Verwirrung, gerade bei den jungen Künstlern, und verhinderte „eine ruhige Entfaltung der lebensfähigen Ideen“.[653] Die zahlreichen einzelnen Entwicklungsstränge blockierten sich gegenseitig und führten noch zu keinem Ergeb-

650 Die zweite Ausstellung 1905, Sp. 412.

651 Ostini 1904/05, S. 371. Man muss allerdings hinzufügen, dass die Münchner Sezession in ihren Frühjahrs- und Winterausstellungen stets aufgeschlossener gegenüber der Jugend war als in den großen Sommerausstellungen.

652 Vgl. Rosenhagen 1904/05b, S. 395.

653 Ebd.

nis. „Ja, wenn man noch einem gemeinsamen Ziele zustrebte! In Wirklichkeit jedoch arbeiten alle gegeneinander."[654] Der Künstlerbund wollte kein Forum für Rivalitäten bieten. Die Kräfte sollten hier gebündelt werden, damit der hohe Qualitätsanspruch erfüllt würde. Von den beiden bisherigen Ausstellungen des Künstlerbundes konnte man sagen, dass sie „reichhaltig und vielseitig"[655] waren und allen Richtungen gleichermaßen Raum boten. Das habe nicht nur dem Publikum einen zuverlässigen Überblick über das aktuelle deutsche Kunstschaffen vermittelt, sondern die Rivalität der Richtungen untereinander eingedämmt und einer gegenseitigen Achtung Platz gemacht, „mit der das Ansehen der deutschen Kunst nach außen hin wachsen und sie aus einem unklaren Begriff eine moralische Macht werden" könne. Vor allem ihrer Stellung gegenüber dem Ausland kam dies mehr zugute, „als man noch vor kurzem erwarten durfte".[656] Mit seinen ersten beiden Ausstellungen hat der Künstlerbund weniger versucht, die Bewegung mitzulenken, als vielmehr wiederzugeben und zu dokumentieren.

1906: 3. Jahresausstellung in Weimar

Erst die dritte Ausstellung des Künstlerbundes wurde am Ort seiner Gründung und seiner damaligen Geschäftsstelle veranstaltet. Stattgefunden hat die Schau im Großherzoglichen Museum für Kunst und Gewerbe, das seit 1903 von Harry Graf Kessler als ehrenamtlichem Vorsitzenden geleitet wurde.[657] Die Schau beinhaltete Malerei, Grafik und Plastik. Das Ausstellen kunstgewerblicher Arbeiten hat der Künstlerbund nicht fortgesetzt. Dass auf diesen Zweig gerade in Weimar, wo van de Velde die Großherzogliche Kunst- und Gewerbeschule leitete und Kessler für das Kunstgewerbemuseum verantwortlich war, verzichtet wurde, ist allerdings erstaunlich.

Beinahe hätte die Ausstellung auch dieses Mal nicht in Weimar stattfinden können. Die Vorbereitungen der Schau waren überschattet von einem Ereignis, das sich kurz vor Ausstellungsbeginn am Weimarer Museum abgespielt hatte. Im Januar 1906 wurde von Kessler im Großherzoglichen Museum für Kunst und Gewerbe eine kleine Ausstellung mit 14 Aktzeichnungen Rodins ausgerichtet, die einen folgenreichen Skandal auslöste. Vor allem eine der Zeichnungen erregte Anstoß, weil sie allzu direkt das weibliche Geschlecht zeigte.[658] Weimars konservative Geister nutzten die Gelegenheit, Kessler an den Kragen zu gehen. Der dadurch zwar gekränkte Kessler liebte am Ende seine Freiheit zu sehr, als dass er sich dem Kreis von „kleinen Spießbürgern"[659] gebeugt hätte und er kündigte seine ehren-

654 Ebd.
655 Rosenhagen 1904/05c, S. 523.
656 Ebd.
657 Heute befindet sich in dem Haus das Neue Museum Weimar.
658 Einige Blätter dieser Ausstellung abgedruckt in: Walter 1999, S. 158–160.
659 Easton 2005, S. 189.

amtliche Anstellung am Museum.[660] Damit war nicht nur sein Traum vom Neuen Weimar geplatzt. Auch seine Pläne für ein Museum zeitgenössischer Kunst, die er gerade aus der Museumstätigkeit heraus hätte in die Tat umsetzen können, wurden durchkreuzt.

Der Künstlerbund musste sich nun eine neue Geschäftsstelle suchen, die zunächst in Kesslers Weimarer Privatwohnung eingerichtet wurde.[661] Daraus ergab sich prinzipiell sicherlich kein Nachteil, denn der Ort der Geschäftsstelle spielte für den Künstlerbund insofern keine große Rolle, als dass die Mitglieder wie auch die entscheidungstragenden Vorstandsangehörigen ohnehin im ganzen Land verteilt waren. Weimar, das wurde aber deutlich, schien für die Moderne noch lange nicht bereit zu sein. Die kulturellen Entscheidungsträger der Stadt standen dem Künstlerbund grundsätzlich skeptisch gegenüber. Bislang hatte Kessler den kunstverständigen Großherzog Wilhelm Ernst hinter sich gehabt.[662] Mit dem Rodin-Skandal aber hat er dessen Wohlwollen verspielt. Bei seinen Bemühungen um geeignete Räumlichkeiten für die dritte Künstlerbundausstellung kam man ihm nicht sehr entgegen. Der Staatsminister Karl Rothe machte Kessler unmissverständlich klar, wie wenig er hinter der geplanten Ausstellung stand. „Geradezu schluchzend und heftig gestikulierend teilte er Kessler mit, er wolle nicht der Sündenbock sein, sollte die Ausstellung Ärger zur Folge haben."[663] Kesslers schärfster Widersacher in Weimar, der Oberhofmarschall Aimé von Palézieux, versuchte die Ausstellung zu verhindern, indem er die dafür vorgesehene Nutzung von Kesslers Museumsräumen zunächst untersagte, „trotzdem eine ministerielle Zusage gegeben war".[664] Die Anfrage Kesslers bei Carl Ruhland, dem Direktor des Kunstmuseums, ob er dem Künstlerbund Räume für die Ausstellung zur Verfügung stellen würde, lief ebenfalls ins Leere. Ruhland reagierte voller Zorn:

> „Er geriet in eine wilde Wut, schlug um sich und auf den Tisch, schrie mich an, was ich glaubte, dass er sein Museum jemandem überlassen werde, der ‚einer anständigen deutschen Stadt Gauguin, solchen *Dreck'* gezeigt habe und einer Vereinigung wie dem Künstlerbund nach der scheußlichen Ausstellung in Berlin."[665]

---

660 Zum sogenannten „Rodin-Skandal" siehe Grupp 1995, S. 46 und besonders Easton 2005, S. 187–200.

661 Zu den Geschäftsstellen des Bundes vgl. hier: Kap. III.1.3, S. 82.

662 Wilhelm Ernst wurde von Kessler schon vor der Gründung des Künstlerbundes von der Bedeutsamkeit der Förderung moderner Kunst überzeugt: „Der Großherzog geht jetzt vollkommen resolut und bewusst im Sinne der modernen Kunst vor. Er hat Olde wörtlich gesagt, ‚selbst ein Kaiser könne die moderne Bewegung nicht mehr aufhalten.'" Aus: Kessler an Bodenhausen, 6.4.1902, in: Bodenhausen/Kessler 1978, S. 69.

663 Easton 2005, S. 189.

664 Kunst und Künstler, Jg. 5, 1907, S. 126.

665 Zit. nach Easton 2005, S. 188 (Hervorhebung bei Easton). Kessler hatte Gauguin im Sommer 1905 in einer Einzelausstellung gewürdigt. Vgl. bei Föhl 1999, S. 90–97.

Die Ausstellung der Rodin-Blätter war also nur das i-Tüpfelchen, das der Weimarer Hofclique nur gelegen kam. Der Zorn des Weimarer Publikums wurde sogar noch in die Künstlerbundausstellung hineingetragen. *Kunst und Künstler* berichtete von der Beschädigung „einiger Darstellungen des Nackten" dort, was das Blatt auf die vorangegangene Rodin-Ausstellung zurückführte.[666]

Schlussendlich konnte die Schau also doch in Kesslers Museum gezeigt werden. Trotz oder vielleicht gerade wegen der vorangegangenen Querelen wurde die Ausstellung allgemein mit Spannung erwartet. Am Eröffnungsabend „strömte ganz Weimar zu dem Fackelzug, den die Studierenden der Kunstschule den gegenüber vom Goethe-Schiller-Denkmal vor dem Künstlerhaus versammelten Künstlern brachten."[667] Nach dieser Angelegenheit nahm Kesslers Engagement innerhalb des Künstlerbundes merklich ab und war fortan eher formaler Natur.

Unmittelbar vor Ausstellungsbeginn hatte man damit begonnen, das komplette Museum zu renovieren. Offensichtlich wurde mit den zur Ausstellung benötigten Räumen begonnen, die zu Ausstellungsbeginn bereits fertiggestellt waren. Die übrigen Räume blieben für die gesamte Dauer der Ausstellung geschlossen.[668] Wieder war es dem Künstlerbund möglich, in Räumen auszustellen, die nach zeitgemäßen Ansprüchen renoviert waren, was diesmal durch den Mitbegründer des Bundes Henry van de Velde geschehen ist. Ähnlich wie die Berliner Kollegen folgte van de Velde einem sehr reduzierten Farbkonzept und ließ die Wände überwiegend grau bespannen, was auf allgemeinen Zuspruch stieß, denn

> „es ist immer eine schwierige Sache, Räume, welche ursprünglich für die Ausstellung von Gemälden nicht bestimmt waren, für solche Zwecke herzurichten. Es muß daher anerkannt werden, daß van de Velde sich dieser teilweise nicht leichten Aufgabe in ebenso zweckdienlicher wie geschmackvoller Weise erledigt hat, und das ganze Arrangement einen angenehmen Eindruck macht".[669]

---

666 Vgl. Kunst und Künstler, Jg. 4, 1906, S. 444. Dem Anschlag zum Opfer fiel unter anderem die Darstellung *Badende Jungen* von Ludwig von Hofmann, siehe bei W. Scholz 1907, S. 81.

667 Redslob 1989, S. 119. Max Klinger wunderte sich ein wenig über die Begeisterung in Weimar, die er aus seiner Heimatstadt nicht mehr kannte: „Guck emal da, in Leipzig schmeißen sie mir die Fensterscheiben ein un in Weimar bringen se mir gar einen Faggelzug!", erinnerte sich Redslob später an Klingers Reaktion auf die Eröffnung in Weimar. In: Redlsob 1989, S. 119.

668 H.[eilbut] 1906.

669 Die dritte Ausstellung 1905/06, S. 466. Vgl. auch Pauli an den Vorsitzenden des Bremer Kunstvereins Schütte, 19.6.1906, Abschrift, in: Archiv Kunsthalle Bremen, Akte Pauli, Korrespondenzen von 1902–1909, Brief 67, Bl. 1–3 u. Redslob 1964, S. 15.

Ein „angenehmer Eindruck“ wurde zum Beispiel erreicht durch „die vorbildliche neutrale Einfachheit der Räume, die van de Velde mit schlichten und klugen Mitteln in die ornamentbeklebten Säle des Weimarer Museums eingebaut hat“.[670]

Wie im Vorjahr bestand die Jury aus 16 Mitgliedern, hinzu kamen zwei Ersatzmänner.[671] Mit Klinger, Liebermann, Olde und Trübner hatte sich inzwischen eine Stammjury gefunden, die bisher jedes Mal aufgestellt war. Auch Bochmann, Hahn, Kalckreuth, Mackensen, Moll, Uhde und der Ersatzmann Flossmann hatten bereits eine Künstlerbundausstellung juriert. Mehr als die Hälfte der Jurymitglieder war also nicht zum ersten Mal mit dieser Aufgabe betraut. Wieder bestanden die Männer hauptsächlich aus Repräsentanten impressionistischer Methoden. Nur fünf von ihnen waren unter vierzig, der mit Abstand Jüngste war der Darmstädter Bildhauer Ludwig Habich, dessen Stil allerdings als eher traditionell zu beschreiben war und auch später keine avantgardistischen Anleihen zeigte.

14 der Juroren haben auch selbst wieder ausgestellt. Mit insgesamt 25 Arbeiten haben sie das Geschehen dieses Mal aber weitaus weniger bestimmt als es auf den beiden vorangegangenen Veranstaltungen der Fall war. Auch die lokale Zusammensetzung der Juroren wurde in Weimar diplomatischer gelöst. Es kamen gleichviele Münchner wie Berliner zum Einsatz, jeweils drei. Aus dem Veranstaltungsort Weimar nahmen vier Juroren teil.

In Weimar ist die Zahl der Teilnehmer noch einmal angestiegen. 197 Künstler wurden zugelassen, von denen 144 nun bereits als Mitglieder verzeichnet waren.[672] Auch in Weimar übertrafen die Berliner Teilnehmer an Zahl ihre Münchner Kollegen. Dies war nicht etwa der minimal näheren Lage Weimars an Berlin als an München geschuldet. Fortan sollte diese Gewichtung so bleiben, zum Teil mit einer erheblichen Mehrzahl der Berliner.[673] 16 Künstler kamen aus Weimar, darunter eine Frau.[674] Desgleichen waren aber die Dresdener mit 15 und die Stuttgarter mit 17 Teilnehmern in Weimar besonders gut vertreten. Die Dominanz der Berliner und Münchner Künstler, die in den ersten beiden Ausstellungen so sehr vorherrschte, ist in Weimar zugunsten anderer aufstrebender Kunstzentren merklich zurückgegangen.

Nach wie vor war die Generation der Dreißig- bis Vierzigjährigen am besten vertreten. Sie machten beinahe die Hälfte aller Teilnehmer aus. Hier waren auch die meisten Neuzugänge zu verzeichnen. Der Anteil der Vierzig- bis Fünfzigjährigen ist zwar im Laufe dieser drei Ausstellungen zurückgegangen, war aber immer noch deutlich höher als die Gruppe der unter Dreißigjährigen, obgleich diese wiederum

670 Osborn 1906, S. 108.

671 Die Zusammensetzung der Jury siehe im Anhang.

672 Vgl. die Mitgliederliste im Anhang.

673 So vor allem auf den Grafikausstellungen 1910 (Hamburg), 1912, (Chemnitz), 1913 (Hamburg) und 1914 (Leipzig), wie auch auf den Jahresschauen 1929 in Köln und 1936 in Hamburg, wo die Münchner nicht einmal halb so viele Teilnehmer stellten wie die Berliner.

674 Erica von Scheel (1881–1966), Bildhauerin.

stetig gewachsen ist. Die Zahl der über Fünfzigjährigen hingegen ist erheblich zurückgegangen. Dennoch machten sie immer noch zehn Prozent aller Teilnehmer aus. Obwohl von der Presse wohlwollend bemerkt worden ist, „daß man in diesem Jahre auch die jüngere Generation zu Worte kommen ließ“[675], deren Zahl sogar als „erfreulich groß“[676] wahrgenommen wurde, kann man insgesamt sicherlich noch immer nicht von einer Schau der *jungen* Generation sprechen. Ein Trend in diese Richtung aber war wohl zu verzeichnen.

Die Weimarer Künstler stellten überwiegend zum ersten Mal beim Künstlerbund aus. Im letzten Drittel des neunzehnten Jahrhunderts hatte sich die Weimarer Malerschule durch eine demonstrative Abkehr von akademischer Tradition hervorgetan und sich zu einem Zentrum des modernen Naturalismus entwickelt. Aber auch ihre auf der Künstlerbundausstellung anwesenden namhaften Vertreter Hagen, Olde oder Thedy gehörten 1906 keinesfalls mehr zur jungen, vorwärtsstrebenden Generation. Sie behaupteten den etablierten Impressionismus, der für die Künstlerbundausstellungen bereits typisch geworden ist. Ludwig von Hofmann und Sascha Schneider fielen unter den Weimarern schon eher durch ihre symbolistischen Spielarten aus dem Rahmen. Vor allem aber die jüngeren Emil Feigerl und Erwin Vollmer offerierten bereits expressionistische Möglichkeiten. Diese Entwicklung der jüngeren Weimarer Künstlerschaft wurde von der konservativen Kritik dem Einfluss van de Veldes und Kesslers angelastet[677], der so groß gar nicht war. Auf lange Sicht siegte der traditionelle Geist der Stadt und spätestens nach der Schließung des Bauhaus 1925 hat Weimar den Anschluss an die Moderne verloren.

Für Aufsehen sorgte die Teilnahme des erst 22-jährigen Max Beckmann. In der Berliner Sezession hatte Beckmann zu diesem Zeitpunkt noch nicht Fuß gefasst. 1905 wurde sein Gemälde *Junge Männer am Meer*, das noch recht klassisch ausfiel, für die Ausstellung der Berliner Sezession von Max Liebermann abgelehnt. Der Deutsche Künstlerbund zeigte sich hier offener, nicht zuletzt durch Kesslers Fürsprache, der das Gemälde nach Liebermanns Ablehnung für sein Weimarer Museum erworben hatte. An dem Bild kam niemand vorbei und die Kritiker waren sich überwiegend darüber einig, hier einen der hoffnungsvollsten Teilnehmer der Ausstellung zu erleben.[678] Dies bedeutete zugleich eine große Herausforderung an den Künstler, den hier entfachten Erwartungen des Publikums auch in Zukunft gerecht zu werden, woran Einige zweifelten.[679] Nicht aber Pauli, der vorbehaltlos von einer „ganz junge[n] in Weimar gebildete[n] Kraft“ berichtete, die „das Zeug zu einem grossen

675 Die dritte Ausstellung 1905/06, S. 466.

676 Osborn 1906, S. 53.

677 Osborn lästerte über den „rastlosen Agitatorengeist“ van de Veldes und den „kultivierten Amateurgeschmack“ Kessler. Vgl. Osborn 1906, S. 107.

678 Vgl. W. Scholz 1907, S. 82 f.; Osborn 1906, S. 107 u. Die dritte Ausstellung 1905/06, S. 467.

679 Vgl. W. Scholz 1907, S. 82 u. Die dritte Ausstellung 1905/06, S. 467.

Monumentalkünstler“ zu haben schien.[680] Dem guten Gespür Kesslers folgend, hat der Deutsche Künstlerbund hier früh ein großes Talent erkannt.

Eine ähnlich gute Ahnung bewies der Bund bei Heinrich Nauen. Der 26-jährige war gerade wie Beckmann nach Berlin übergesiedelt. Kurz zuvor hielt er sich für ein paar Monate in Paris auf und beschäftigte sich dort mit dem beginnenden Fauvismus. In Berlin trat er direkt der Sezession bei und konnte auch gleich beim Künstlerbund ausstellen.[681]

Als erstes Mitglied der Künstlergruppe Brücke wurde Emil Nolde vom Künstlerbund eingeladen. Allerdings war er der Gruppe gerade erst beigetreten. An deren erster Ausstellung ein Jahr zuvor in der Kunsthalle Beyer & Sohn in Leipzig hatte Nolde noch nicht teilgenommen. Den jungen Dresdnern ist er aber in der Galerie Arnold in Dresden aufgefallen, woraufhin er von Schmidt-Rottluff eingeladen worden ist, der Gruppe beizutreten.[682] Für Heckel, Kirchner, Pechstein, Schmidt-Rottluff und Bleyl war der Künstlerbund offensichtlich noch nicht bereit. Kirchner und Pechstein wurden erst 1907, Heckel und Schmidt-Rottluff 1909 und Bleyl überhaupt nur 1910 vom Bund ausgestellt.[683] Dass sich Nolde aber mit seinen ausdrucksstarken „Farbenstürmen“[684] bereits als äußerst progressive Kraft hervortat, wird nicht zuletzt durch das Interesse der Brücke-Künstler an seiner Person deutlich. Der Künstlerbund hat sich hier ganz und gar offen für die neuen, wilden Strömungen, für die die Brücke gerade anfing berühmt zu werden, gezeigt.

Darüber hinaus markieren auch die jungen Neuzugänge Meid, Nadler und Weisgerber eine erste Hinwendung des Künstlerbundes zu expressiven Malweisen, auf die sich die Münchner und Berliner Sezessionen immer weniger eingelassen haben.[685]

Von den etablierten Künstlern wurden nach wie vor nicht nur bekannte Werke gezeigt, sondern auch deren Experimente mit neuen Stilmitteln. Im Falle Ludwig von Hofmanns, einem damals anerkannten Lehrer in Weimar, wurde dies honoriert. Sein Bild *Badende Jungen*, das nicht ohne Grund auf der Ausstellung beschädigt worden

---

680 Pauli an den Vorsitzenden des Bremer Kunstvereins Schütte, 19.6.1906, Abschrift, in: Archiv Kunsthalle Bremen, Akte Pauli, Korrespondenzen von 1902–1909, Brief 67, Bl. 2–3.

681 Fuß gefasst hat Nauen in der Reichshauptstadt nie. 1911 kehrte der gebürtige Krefelder zurück ins Rheinland, wo er einer der bedeutendsten Vertreter des Rheinischen Expressionismus wurde. Seine großen Erfolge begannen 1913/14.

682 Vgl. Schmidt-Rottluff an Nolde, 4.2.1906, in: Nolde 1934, S. 90f.

683 Bleyl ist 1907 allerdings auch schon wieder aus der Gruppe ausgeschieden und hat sich doch für das Feld der Architektur entschieden. Dass er 1910 in Darmstadt noch mit zwei Zeichnungen vorgestellt worden ist, war eine Ausnahme in seinem künstlerischen Lebenslauf.

684 Schmidt-Rottluff an Nolde, 4.2.1906, in: Nolde 1934, S. 91.

685 Hans Meid hat bei der Berliner Sezession erstmals 1908 ausgestellt. Albert Weisgerber kam erst mit der Gründung der Münchner Neuen Sezession 1913 zu Geltung.

ist[686], zeigte deutlich, dass Hofmanns Arbeit nicht „auf Stufen und bei Teilaufgaben" stehen blieb.[687] Klinger hingegen, dessen künstlerischer Rang gleichfalls hoch war, wurde die Weiterentwicklung seines Stiles nicht unbedingt zugutegehalten. Seine Bronzegruppe der *Galathea* demonstrierte zwar „in den harten Linien des Umrisses, in der seltsamen Verbindung der beiden Gestalten" etwas eigentümlich Fesselndes, „das die ganze Gruppe zu einem merkwürdigen Symbol rätselhafter Beziehungen von Welt und Mensch" machte.[688] Die bildhauerische Behandlung aber wäre, abgesehen „von der schönen Modellierung des Frauenrückens [...] so roh und primitiv, daß man nicht die Überzeugung gewinnt, das Ganze sei dem Künstler als Formvision aufgegangen", wie Osborn urteilte.[689]

Eine wiederholte Ordnung nach Kunstzentren kann für diese Ausstellung nur vermutet werden anhand zweier Berichte, in denen der regionalen Ordnung gefolgt wurde.[690] Der Bericht Osborns ist zudem ein gutes Beispiel dafür, wie dieses als aufschlussreiche Übersicht gedachte Programm der regionalen Ordnung zu Pauschalisierungen missbraucht werden konnte. In jeweils einem Satz hat der Autor die lokalen Besonderheiten verallgemeinert und kam dabei zu allzu oberflächlichen Resultaten:

> „Die Berliner schließen sich an Liebermanns Impressionismus französischer Schulung an [...]. In München herrscht mehr ein breiter, saftiger Strich, der zum Dekorativen drängt. In Stuttgart eine sanftere, kühlere Farbigkeit. In Karlsruhe eine flächige Raummalerei. In Weimar, abgesehen von den wilden Jünglingen, eine ehrliche Sachlichkeit. In Dresden ein effektvolles Lichterspiel."[691]

Das Arrangement der Hängung hingegen wurde von Osborn positiv aufgenommen, „die verständige und ruhige Anordnung der Bilder, die nur in einigen Verlegenheitsecken in ein ungebührliches Gedränge geraten" ist.[692]

Zu besonderer Geltung kam erneut Hodler, dessen *Rückzug von Marignano* im Treppenhaus platziert wurde – dem einzig wirkungsvollen Ort für das großformatige Bild.[693] Über Hodlers Leistung waren sich die Rezensenten dieser Ausstellung einig. Von primitiver, ungelenker Kunst, wie im Jahr zuvor, war hier keine Rede

---

686 Vgl. oben, S. 166, Anm. 666.
687 W. Scholz 1907, S. 81.
688 Osborn 1906, S. 109.
689 Ebd.
690 Vgl. Osborn 1906 u. Die dritte Ausstellung 1905/06.
691 Osborn 1906, S. 108.
692 Ebd.
693 W. Scholz 1907, S. 79. Laut Scholz hing es auf der Künstlerbundausstellung sogar besser als an seinem ursprünglichen Ort im Landesmuseum Zürich (Ferdinand Hodler, *Rückzug von Marignano*, 1899, Öl auf Leinwand, 350 x 500 cm, Landesmuseum Zürich).

mehr.[694] Stattdessen wurde die „Fülle von Kraft" bewundert, die „aus diesen famosen Kerlen mit ihrem verbissenen Grimm und ihrem herrlichen Trotz" sprach,[695] sowie Hodlers Fähigkeit, ganz außergewöhnliche Raumkompositionen zu schaffen und „mit breiten Farbenflächen und energischen Konturen einen weiten Bildraum einheitlich zu gliedern und eine Raumpoesie zu entfalten, die sich nicht scheut, die malerische Form auch mit einem Inhalt zu füllen".[696] Dass die Platzierung eines Kunstwerks ganz entscheidend zu dessen Wirkung beitrug, zeigt auch die Reaktion von Scholz, der nach Sichtung des Hodler Bildes gänzlich blind für weitere bedeutende Arbeiten war: „Von den anderen Meistern, die ein ähnliches Interesse wie Hodler beanspruchen können, ist kaum einer mit einem Bilde erster Ordnung in dieser Ausstellung vertreten."[697] Hodler wurde vom Künstlerbund auf dieser wie auf der vorangegangenen Schau mit einer exponierten Präsentation seiner Arbeiten außerordentlich protegiert.

Die Weimarer Schau war eigentlich die einzige *reine* Künstlerbundausstellung. Gastgeber und Kooperationspartner war Kessler, der den Bund mit ins Leben gerufen hatte. Umso bemerkenswerter ist es, dass gerade mit dieser Ausstellung im Vergleich zu den ersten beiden Veranstaltungen härter ins Gericht gegangen wurde. Spätestens seit seiner Rodin-Ausstellung Anfang des Jahres stand Kessler im nach wie vor klassisch geprägten Weimar in keinem guten Ruf mehr. Die Künstlerbundausstellung blieb davon nicht unberührt. Der Schau wurde attestiert, sie gehöre „leider nicht zu den Dingen, ‚die man gesehen haben muß'".[698] Zwar wären einige gute Leistungen nicht zu leugnen, doch das sollte auch zu erwarten sein „bei der Veranstaltung eines Eliteklubs".[699] Die Erwartung also eines „ganz kleinen Elitekreises der besten deutschen Künstler" wurde nicht erfüllt. Als Alternative wurde vorgeschlagen, den Bund möglichst klein zu halten, „sagen wir einmal hundert Mitglieder", die auf jeder Ausstellung zwei ihrer „neuesten Werke ihrer Wahl" ausstellen sollten. Auf eine Jury wäre in dem Fall zu verzichten gewesen, denn „wer soll denn die Meister noch jurieren?"[700] Die junge Generation hätte indessen auf separaten Ausstellungen gezeigt werden sollen – „natürlich juriert".[701] Damit wurde das Programm des Künstlerbundes aber missverstanden. Der Künstlerbund strebte einen Überblick an, der sowohl bekannte Werke implizierte als auch neue Erscheinungen. Altes und Neues, Bewährtes und Experimentelles wurden nebeneinandergestellt, um Entwicklungen nachvollziehbar zu machen. Ob es sich dabei jeweils um arrivierte oder gänzlich unbekannte Künstler handelte, sollte nicht zwingend

694 Vgl. die Berichterstattung zur Berliner Ausstellung 1905 bei: Pastor 1905, S. 321 u. H.[eilbut] 1905, S. 427. Siehe außerdem oben, S. 156f.
695 Die dritte Ausstellung 1905/06, S. 468.
696 Osborn 1906, S. 108.
697 W. Scholz 1907, S. 81.
698 Die Ausstellung des deutschen Künstlerbundes in Weimar 1906, Sp. 495.
699 Ebd.
700 Ebd.
701 Die Ausstellung des deutschen Künstlerbundes in Weimar 1906, Sp. 496.

eine Rolle spielen. Dieses Konzept wurde vom Publikum nicht unbedingt angenommen. Osborn bezeichnete die Weimarer Ausstellung ironisch als die bislang beste Veranstaltung des Künstlerbundes. Denn wohingegen der Bund mit seinen ersten beiden Ausstellungen noch kein Profil gezeigt hatte und „lediglich als Trutzverband der Unzufriedenen" erschienen war, sei in Weimar doch aber deutlich geworden, „daß in dem Bunde trotz aller zur Schau getragenen Programmlosigkeit doch ein heimliches Programm" steckte.[702] Damit beklagte der Autor das Übergewicht neoimpressionistischer Tendenzen, die er selber als „Farbenkunst" degradierte. „Daß die Malerei zugleich auch noch etwas anderes sein kann, wird geflissentlich ignoriert."[703] Osborn lehnte neue Entwicklungen in der Kunst nicht generell ab. Er unterstellte dem Künstlerbund aber, bereits abgeglitten zu sein in einen „seltsamen Radikalismus", in „alle möglichen exzentrischen Sprünge, in dogmatische Spitzfindigkeiten und snobistische Übertreibungen, in Einseitigkeiten und Pedanterien, in Extravaganzen und Exaltationen".[704] Hiervon wären besonders die „jungen Weimaraner" betroffen, die „zum Teil radikal neoimpressionistisch angehaucht" waren, „ohne daß ihnen diese moderne ‚Note' besonders läge".[705] Osborn war einer derjenigen, der die Bewegung des Neuen Weimar ablehnte: „Es rächt sich hier die etwas überspitzte Modernität, die man in der thüringischen Musenstadt seit einigen Jahren gepflegt hat."[706] Auch wenn die jungen Weimarer Künstler nicht einhellig für gut befunden wurden, so konnten sie sich auf dieser Ausstellung doch wirkungsvoll in Szene setzen.

Wieder zeigen die Rezensionen der Ausstellung den Zwiespalt der damaligen Kunstkritik. Die Rezensenten waren sich kaum selber einig über ihre Erwartungen an den Künstlerbund. Neues konnte noch nicht eindeutig in Gut oder Schlecht eingeteilt werden. Wie sehr die Wahrnehmung der Ausstellung von persönlichem Empfinden beherrscht war, zeigt die ganz und gar positive Beurteilung Paulis. Der attestierte der Schau, ohne allerdings näher darauf einzugehen, „ein gutes Niveau, das beste der Sommerausstellungen, die ich bisher gesehen habe."[707] Allerdings war Pauli 1906 auch bereits Mitglied im Künstlerbund und mag daher nicht ganz unparteiisch an die Schau herangegangen sein. Es lag ja gerade in der Absicht des Künstlerbundes, ein gesamtdeutsches Schaffen aller lebenden Generationen und aller ausgeübter Stilmittel zu präsentieren. Dass sich dabei vieles noch im Werden befand, entzog diese betreffenden Arbeiten zwangsläufig einem definitiven Urteil. Bisweilen habe die Schau dadurch aber den Eindruck eines „planlosen Durcheinanders" hinterlassen, der „dem Ansehen des Bundes geschadet" habe, woran noch vier

---

702 Osborn 1906, S. 52.
703 Ebd.
704 Ebd.
705 Osborn 1906, S. 53.
706 Osborn 1906, S. 53f.
707 Pauli an Schütte, 19.6.1906, Abschrift, in: Archiv Kunsthalle Bremen, Akte Pauli, Korrespondenzen von 1902–1909, Brief 67.

Jahre später erinnert wurde.[708] Die vom Künstlerbund angestrebte Stilvielfalt brachte zwangsläufig eine gewisse Unübersichtlichkeit mit sich, die von einigen Kritikern noch immer als Programmlosigkeit ausgelegt wurde. Dass sich bereits bei dieser dritten Künstlerbundausstellung ein Kurs hin zu den jüngeren Kräften zeigte, hat die Erwartungen der Kunstkritik nicht hinreichend erfüllt. Denn „soviel scheint doch angemessen, festzustellen, daß wir uns nach mehr sehnen, als uns bisher geboten wurde [...].“[709] Schölermann beschrieb die „Not des Künstlerbundes“ mit der Frage, ob sich der Bund in der kurzen Zeit seines Bestehens überhaupt treu geblieben wäre und „bisher durchgängig und überall im ursprünglichen Sinne des Gedankens der Gründung“ an seinen Prinzipien festgehalten hätte.[710] Auch wenn viele eingesandte Werke dem kritischen Auge der Jury nicht genügten, so wäre noch zu wenig „Sichtung und Auslese“ von der Ausstellungsleitung betrieben worden.[711] Der Bund hat sich als Veranstalter offenbar zu wenig eingebracht, zu wenig Programm vorgelegt, zu wenig Stellung bezogen. Schölermann vermisste „einen gewiß nicht engherzigen, aber doch begrenzten klaren Rahmen mit einem festen Maßstab, mit einer strengen Kritik“.[712]

Insgesamt, so vermitteln es die Rezensionen, wurde die Schau wieder von den altbewährten Namen Liebermann, Leistikow, Uhde, Trübner, Corinth, Stuck, von Hofmann, Olde oder Kalckreuth getragen.[713] Hierin bestand wohl die Problematik der Künstlerbundausstellungen. Die Orientierungslosigkeit bestand schon darin, dass aus dem Gesamtkonzept nicht eindeutig hervorging, ob es sich um moderne Ausstellungen im Sinne der Sezessionen handelte oder um eine Übersicht ähnlich der Salons. Der wesentliche Unterschied zu den Salons, dass es beim Künstlerbund keinesfalls um einen Leistungsabgleich gehen sollte, wurde jedenfalls noch nicht erkannt.

Damit stellt sich die Frage, ob der Künstlerbund bis hierher schon ein Ziel erreicht hat. Die Anerkennung als gleichwertiger Gegenpart zur Allgemeinen Deutschen Kunstgenossenschaft konnte ihm insofern nachteilig ausgelegt werden, als dass er sich keiner Gruppe von Künstlern gegenüber ausreichend verpflichtet zeigte und sich seine Ausstellungen kaum unterschieden von den großen Salons. Seine Mitglieder wären dabei gerade „so frei in ihren Bewegungen [...], wie jeder Angehörige einer Königlichen Akademie“.[714] Für Rosenhagen war klar, dass „über das Schicksal von Künstlervereinigungen [...] unter den gegenwärtigen Verhältnissen weder die Zahl noch das Ansehen der Mitglieder“ entscheide, sondern „einzig und allein der Erfolg oder Mißerfolg ihrer Ausstellungen. Hier gibt es, wie mancher schon verblasste Ruhm bezeugt, kein Ausruhen auf errungenen Lorbeeren“, wie

708 Schölermann 1910b, S. 614.
709 Schölermann 1906/07, S. 260.
710 Schölermann 1906/07, S. 257.
711 Vgl. Schölermann 1906/07, S. 258.
712 Schölermann 1906/07, S. 259f.
713 Vgl. W. Scholz 1907, S. 81 u. Die dritte Ausstellung 1905/06, S. 467.
714 Die Ausstellung des deutschen Künstlerbundes in Weimar 1906, S. 495.

er in anderem Zusammenhang konstatierte.[715] Eine gute Ausstellung würde nicht allein von guten Namen getragen, sondern „von Leben und Bewegung, von einem regen Spiel der Kräfte und von der göttlichen Freiheit der Kunst".[716] Inzwischen waren auch die großen offiziellen Ausstellungen soweit positiv beeinflusst, dass der Anteil an modernen Arbeiten erheblich zugenommen hat.[717] Der Künstlerbund musste darauf Acht geben, zwischen Akademie- und Sezessionsausstellungen einen spezifisch eigenen Charakter für seine Veranstaltungen zu entwickeln und nicht bloß aus beiden Modellen das Beste zusammenzufügen. Noch stand er in dem Ruf einer progressiven Vereinigung und war den Traditionalisten ein Dorn im Auge. Die im selben Jahr in der Berliner Nationalgalerie stattgefundene Jahrhundertausstellung, die die deutsche Kunst des vergangenen Jahrhunderts neu interpretierte, wurde von der konservativen Seite als „Secessions-„ und „Künstlerbundausstellung" verunglimpft, obgleich die Schau mit dem Jahr 1875 endete und die modernen Richtungen überhaupt nicht Teil des Ganzen waren.[718] Derartige Verunglimpfungen von konservativer Seite zeigten definitiv einen Erfolg des Künstlerbundes, der aber immer noch zu sehr gleichgesetzt wurde mit den Verdiensten der Berliner Sezession. Mit der Präsentation von Beckmann, Nolde, Meid und Weisgerber aber hat der Künstlerbund den sezessionistischen Handlungsspielraum bereits verlassen und avantgardistische Talente nominiert, wie es in seiner Absicht stand.

1906: Modern German Art in London

Eine Woche vor der Weimarer Ausstellung wurde in London eine Ausstellung deutscher Kunst veranstaltet, an deren Planung Kessler maßgeblich beteiligt war. Die anderen Organisatoren von deutscher Seite waren ebenfalls Künstlerbündler. Van de Velde schuf die räumlichen Voraussetzungen, für die Hängung waren Georg Sauter, Slevogt und Kessler verantwortlich.[719] Der Künstlerbund führt die Schau heute in seiner Dokumentation der Ausstellungen bis 1936 auf.[720] Da sich die Ausstellung aber in keiner Weise mit den deutschen Künstlerbundausstellungen vergleichen lässt, soll sie hier nur kurz erwähnt, nicht aber genauer beschrieben oder analysiert werden. Inwiefern der Bund über die Personen Kessler, van de Velde, Slevogt und Sauter hinaus als Institution für die Schau verantwortlich gemacht werden kann, ist ohnehin fragwürdig.[721] Der Bund taucht im Katalog der Schau namentlich nicht

715 Rosenhagen 1905/06, S. 446.
716 Ebd.
717 Vgl. etwa Doede 1977, S. 39.
718 Vgl. dazu Wesenberg 2001, S. 15. Zur Jahrhundertausstellung siehe: Beneke 1999.
719 Vgl. Vorwort, in: London 1906.
720 Vgl. Deutscher Künstlerbund, Historie (Archiv 1903 bis 1936). http://www.kuenstlerbund.de/deutsch/historie/archiv-1903-bis-1936/ausstellungen/1906_london.html (abgerufen am 27.8.2015).
721 Bis auf die Vorbereitungen zur Internationalen Kunstausstellung 1911 in Rom, für die der Deutsche Künstlerbund wohl zurate gezogen worden ist, sind bisher keine

auf. Auch in der Zusammensetzung der Künstler zeigt sich, dass diese Ausstellung unter einem ganz anderen Stern stand als jede Künstlerbundausstellung. Das wird bereits auf den ersten Blick in den Katalog deutlich, in dem ein Werk besonders hervorgehoben ist: eine Marmorbüste des Kaisers von Reinhold Begas. Sowohl der Dargestellte als auch der Künstler standen dem Künstlerbund mehr als fern. Die Londoner Schau ist sicher innerhalb Kesslers Biografie von größerer Bedeutung als für die Geschichte des Deutschen Künstlerbundes. So ist sie ganz sicher ein Beispiel für Kesslers anfängliche Bestrebung, mithilfe des Deutschen Künstlerbundes die deutsche Kunst im Ausland zu protegieren.

1907: 1. Grafikausstellung in Leipzig

Eine für 1907 in Köln geplante vierte Jahresausstellung des Deutschen Künstlerbundes kam offensichtlich nicht zustande. Bis auf eine Vorankündigung vom Januar 1907 gibt es keine weiteren Hinweise auf diese Veranstaltung.[722] Stattdessen wurde in Leipzig die erste von nun unregelmäßig stattfindenden grafischen Ausstellungen durchgeführt. Der Künstlerbund folgte damit dem Konzept der Berliner Sezession, die seit dem Winter 1901/02 regelmäßig reine Grafikausstellungen auf dem Programm hatte. Die Schau fand im Deutschen Buchgewerbemuseum[723] auf Einladung des damaligen Direktors Erich Willrich statt, dessen Haus auch den Großteil der Kosten trug.[724] Willrich versprach sich von der Ausstellung eine „befruchtende Einwirkung […] auf das gesamte graphische Gewerbe".[725] Die grafischen Künste gingen als Teilbereich von Gemälde- oder Bildhauerausstellungen meist unter, obwohl ihre Bedeutung längst unumstritten war. Auf der Künstlerbundausstellung 1905 in Berlin hatte sich die Grafikabteilung bereits als klein, „aber ergebnisreich"[726] hervorgetan. Reine Grafikausstellungen schienen aber weniger erträglich und waren daher selten. Leistikow erklärte im Vorwort zur

---

weiteren Beteiligungen des Künstlerbundes im Ausland nachgewiesen worden. Lacher glaubte sicher, dass solche nicht stattgefunden hätten: „Von der Verantwortung für die offizielle Teilnahme Deutschlands an Ausstellungen im Ausland blieb der Künstlerbund ausgeschlossen." Aus: Nachwort Lacher, in: Corinth 2000, S. 186. Aber Lacher wusste offenbar auch von der Ausstellung in Rom nichts. Vgl. dazu später S. 208. Zu den Vorgängen um die Ausstellung 1911 in Rom siehe: GStA PK, I. HA Rep. 89, Geheimes Zivilkabinett, Jüngere Periode, Nr. 20572, Bl. 29–33, hier Bl. 30–70.

722 „Die diesjährige Ausstellung des deutschen Künstlerbundes wird in Köln stattfinden.", aus: Kunstchronik, N. F. Jg. 18, 1907, Sp. 203.

723 Das heutige Deutsche Buch- und Schriftmuseum der Deutschen Nationalbibliothek.

724 Willrich sprach von „Opfern", die das Museum „an Geld und Mühe auf die Ausstellung verwandt hat". Aus: Willrich 1907, S. 64.

725 Die Kunst für Alle, Jg. 22, 1906/07, S. 344. Zu den Erwartungen des Leipziger Gastgebers vgl. auch: I. Graphische Ausstellung 1907a.

726 Rosenhagen 1904/05c, S. 523.

ersten Grafikschau der Berliner Sezession die Problematik derartiger Veranstaltungen: „Es ist leider eine Thatsache, dass die zeichnenden Künste von seiten des Publikums stiefmütterlich behandelt werden, obgleich sie ein besonderes Interesse beanspruchen dürfen."[727] Sicher war der Anspruch „an die mitwirkende Phantasiethätigkeit" des Publikums zunächst groß, weil „das, was der Künstler hat ausdrücken wollen, nur angedeutet ist. Aber erst wer in die Hieroglyphenschrift der Zeichnung eingedrungen ist, wird das vollendete Kunstwerk ganz verstehen."[728]

In Zusammenarbeit mit dem Leipziger Buchgewerbemuseum standen dem Künstlerbund geeignete Mittel zur Verfügung, eine wirklich „umfassende Übersicht über die moderne deutsche Graphik" zusammenzustellen.[729] Trotz der mäßigen Kritik, die die Vorjahresschau erfahren hatte, war der „Andrang zur Ausstellung [...] enorm".[730] Von den Grafikschauen konnten sich vor allem die sonst abgewiesenen Künstler eine zusätzliche Ausstellungschance erhoffen. Aus einer großen Zahl von Bewerbungen wurden in Leipzig 169 Künstler mit insgesamt 800 Arbeiten ausgewählt.[731] Dieses verhältnismäßig große Ausstellungsvolumen (auf den bisherigen Jahreschauen waren 250–350 Werke ausgestellt) war möglich, weil das Buchmuseum genügend Platz bot, die Arbeiten nicht zu gedrängt zu präsentieren.[732] Zudem bot sich dem Künstlerbund erneut der Vorzug, dass die Räumlichkeiten gerade völlig neu „hergerichtet und mit neuem Gerät versehen" worden sind.[733]

Die Ausstellung fand von Februar bis April statt und ist danach wohl mit einer Auswahl der Exponate nach Hamburg und Jena weitergezogen, wie der Deutsche Künstlerbund heute auf seiner Webseite unter Vorbehalt vermerkt.[734]

Die Jury ist dieses Mal, wie es bei den Grafikausstellungen üblich werden sollte,[735] vergleichsweise klein ausgefallen. Sieben Künstler wurden aus je einer anderen Stadt zusammengeholt, wobei die ostdeutschen Regionen mit Dresden, Weimar,

---

727 Leistikow, Vorwort, in: Berliner Sezession 1901b.

728 Ebd.

729 Willrich 1907, S. 63.

730 Graul 1907, S. 137.

731 „[...] nur etwa ein Drittel konnte berücksichtigt werden". Aus: Die Kunst für Alle, Jg. 22, 1906/07, S. 343. Vgl. auch: I. Graphische Ausstellung 1907b.

732 Vgl. Die Kunst für Alle, Jg. 22, 1906/07, S. 343. An Platz hat es den Grafikausstellungen des Künstlerbundes auch später nicht gemangelt. Bis zum Ersten Weltkrieg haben diese Veranstaltungen stetig an Umfang zugenommen. Die letzte Grafikschau vor Kriegsausbruch 1914, abermals in Leipzig, umfasste 1.500 Werke (darunter 31 Bildhauerarbeiten). Vgl. dazu später, S. 280–285.

733 I. Graphische Ausstellung 1907a. Vgl. auch Willrich 1907, S. 64.

734 Siehe: Deutscher Künstlerbund, Historie (Archiv 1903 bis 1936). http://www.kuenstlerbund.de/deutsch/historie/archiv-1903-bis-1936/ausstellungen/index.html (abgerufen am 27.8.2015). In der Presse ließen sich keine Hinweise auf zusätzliche Veranstaltungsorte finden.

735 Eine Ausnahme lag 1927 in Dresden vor. Dort wurde eine 17 Mann starke Jury aufgestellt, die größte Jury einer Künstlerbundausstellung überhaupt. Vgl. dazu später, S. 295–299.

Berlin und Leipzig dominant vertreten waren.[736] Der einzige vorgesehene Münchner, Franz von Stuck, war nicht erschienen und hatte seine Stimme an den Leipziger Klinger übertragen.[737] Behrens, Grethe und Leistikow waren zum ersten Mal in der Jury. Sie hatten aber alle schon zuvor beim Bund ausgestellt und waren auch bereits Mitglieder. Die Jury repräsentierte nach wie vor das ältere Mittelfeld der damaligen Künstlergenerationen. Stilistisch waren sie noch überwiegend impressionistisch ausgerichtet. Mit Hofmann und Stuck waren zwei Symbolisten unter ihnen und Behrens bewegte sich gerade vom Jugendstil zu einer sachlichen Moderne. Eine extreme zukunftsweisende Position wurde auch von diesen Juroren nicht vertreten.

Die Leipziger Schau zeichnete sich durch einen großen Zuwachs an jungen Künstlern aus. Die unter Dreißigjährigen machten ein Viertel der Ausstellungsteilnehmer aus. Derart stark war die junge Künstlerschaft zuvor noch nicht vertreten. Auch unter den Neuzugängen hatten die jungen Künstler hier einmal großes Gewicht. Die meisten von ihnen hatten den Impressionismus schon weitestgehend überwunden. Nicht wenige zeigten expressionistische Anlagen wie Kirchner, Pechstein, Tappert, Siegfried Berndt, Hans Brasch, Delaville, Hedwik Jarke, Walter Klemm oder Carl Thiemann und unterstützten damit ihre avantgardistischen Kollegen Beckmann, Markus Behmer, Laage, Munch, Nolde und E. R. Weiss.

Aus dem sonst immer noch überwiegenden impressionistischen Feld der Teilnehmer hoben sich zudem die Spätimpressionisten Haueisen, Jözsa, Obier, Staschus heraus sowie einige Vertreter von Jugendstil und Symbolismus, wie ihn Margarete Havemann, Fritz Lang, Olaf Lange, Koloman Moser, Hans Neumann, Carl Reichel oder Unger darboten. Zum ersten Mal wurde hier auch Munch ausgestellt, der längst Mitglied im Künstlerbund war.[738] Auf dieser Ausstellung hat sich der Bund mehr denn je zu den progressiven Stilarten bekannt, die bald in das große Spektrum Expressionismus münden sollten. Nichtsdestotrotz waren auch unter den Neuzugängen ganz konventionelle Namen zu finden wie Jungnickel, Hans Volkert oder Hermann Westphal, die sogar zu den jüngsten hier präsentierten Künstlern gehörten. Auch sie waren Teil des aktuellen Kunstgeschehens.

Auch auf dieser Ausstellung wurden die Exponate in regionalen Gruppen zusammengestellt.[739] Nachdem 1904 in München dieses Ordnungsprinzip noch nicht angewandt worden ist, hat es sich bis hierhin schließlich durchgesetzt. Zum ersten Mal findet sich auch der Hinweis, dass die Arbeiten allesamt beschriftet waren mit „Künstlernamen“, „sonst erforderlichen Bemerkungen“ und dem „Preis“.[740] Dem

736 Die Zusammensetzung der Jury siehe im Anhang.

737 Vgl. I. Graphische Ausstellung 1907b.

738 Neben Munch haben an dieser Ausstellung noch drei weitere Ausländer teilgenommen. Der Schwede Carl Olof Petersen, der Norweger Olaf Lange sowie der Ungar Karl Jözsa, die damals allesamt in München, beziehungsweise Dachau beheimatet waren. Munch, der sich gerade für längere Zeit in Kösen aufhielt, war „als Gast bei den Berlinern“ untergebracht. Vgl. Willrich 1907, S. 77.

739 Vgl. Willrich 1907, S. 64 u. I. Graphische Ausstellung 1907b.

740 Willrich 1907, S. 64.

Ausstellungsbesucher, der im Übrigen bereits freien Eintritt genossen hat, blieb so auch der Kauf eines Katalogs erspart. Auch die Führungen durch die Ausstellung wurden vom Buchgewerbemuseum angeboten, nicht vom Künstlerbund.[741] Die Betreuung der Besucher wurde hier vollständig vom lokalen Veranstalter geleistet.

Ein Grundriss der zur Verfügung stehenden Räumlichkeiten liegt für diese Ausstellung nicht vor. Aus den Angaben im Katalog geht aber hervor, dass zwei offensichtlich sehr große Säle in drei (Saal I), beziehungsweise vier (Saal II) Räume unterteilt war, auf die die Exponate verteilt wurden. Zusätzlich wurden die durch die Raumteilung entstandenen Gänge bespielt.[742]

Die Berliner Künstlerschaft war auf dieser Ausstellung erneut am besten vertreten. 38 Künstler kamen aus der Reichshauptstadt, unter ihnen etablierte Kräfte wie Corinth, Philipp Franck, die Damen Hitz und Kollwitz, Heinrich und Ulrich Hübner, Leistikow, Orlik, Slevogt und E. R. Weiss, aber auch die jungen fortschrittlich gesinnten Beckmann und Hedwig Jarke. Kirchner und Pechstein vertraten 1907 noch das Dresdner Lager, Tappert war gerade in Worpswede beheimatet. Die Berliner waren in Saal I in insgesamt drei Räumen untergebracht. Raum I.1 stand ihnen, mit Ausnahme der Hamburgerin Margarete Havemann und Greve-Lindau, der damals in Süddeutschland ansässig war, allein zur Verfügung. Unter den 132 hier gezeigten Arbeiten dominierten die sozialkritischen Äußerungen von Kollwitz und Zille, die mit 18, beziehungsweise zwanzig Radierungen, Lithographien und Zeichnungen am besten vertreten waren. Neben den beiden sozialkritischen Realisten traten Corinth und Leistikow mit jeweils neun Radierungen und Zeichnungen hervor.

Raum I.2 teilten sich die Berliner mit ihren Münchner Kollegen, ebenso wie den zu Saal I gehörigen Gang. Unter zahlreichen impressionistischen Blättern konnten sich in diesem Raum Munch, Schinnerer und Weiss mit je zehn (Munch und Schinnerer) beziehungsweise 15 (Weiss) Arbeiten hervortun. Auch Beckmann, Hedwig Jarke und Julie Wolfthorn trugen zu einem insgesamt moderneren Erscheinungsbild des Raumes bei. Auf dem Gang von Saal I waren 62 Arbeiten ausgestellt, von denen allein zwanzig aus der Hand Noldes stammten, 18 steuerte der Symbolist Diez bei. Die übrigen Arbeiten waren überwiegend konventionell impressionistisch. Doch auch hier überwog quantitativ das fortschrittlich orientierte Maß.

Raum I.3 stand vor allem den Dresdnern zur Verfügung, denen noch eine Handvoll Münchner und der Österreicher Bechler zur Seite gestellt wurden. An Werken standen die Münchner überdies nicht so schlecht da. Vor allem durch die überdurchschnittliche Präsenz von dem Schweden Petersen, der zu den Münchnern gezählt wurde, und Schmoll von Eisenwert mit 13, beziehungsweise zehn Exponaten waren die Münchner hier trotz ihrer Unterzahl sehr präsent. Von den Dresdnern waren Sterl mit ebenfalls 13 Arbeiten, Zeising mit elf und Otto Fischer mit neun Werken gut aufgestellt. In diesem vorwiegend impressionistischen und spätimpressionis-

741 Vgl. Jenaische Zeitung, Jg. 243, Nr. 68, 21.3.1907.

742 Vgl. Deutscher Künstlerbund 1907.

tischen Feld der Dresdner Künstler konnten sich die beiden vielleicht spektakulärsten Avantgardisten der Schau, Kirchner und Pechstein, bemerkenswert durchsetzen.

Raum II.1 war vor allem den Stuttgarter und Karlsruher Künstlern vorbehalten. Auch unter ihnen wog noch immer der Impressionismus stark, was sich nicht zuletzt in der exponierten Präsentation von Kalckreuth mit 18 Arbeiten, Volkmann mit 17 und Grethe mit 11 Blättern spiegelte. Namen wie Brasch, Mutzenbecher und Laage, der mit zehn Werken ebenfalls stark präsentiert war, zeigten aber deutlich, dass sich auch in dieser Region progressive Tendenzen durchzusetzen begannen.

Der vergleichsweise kleine Raum II.2. stand den zahlreichen österreichischen Kollegen zur Verfügung, unter denen die Jugendstilkünstler dominierten. Mit Klimt, C. Moll und Moser seien nur die bekanntesten von ihnen genannt. Die Münchner Klemm und Thiemann ergänzten das insgesamt modernere Erscheinungsbild dieses Ausstellungsraumes.

Die erstaunlich geringe Zahl von nur sieben Leipziger Künstlern war vorwiegend in dem ebenfalls eher klein ausfallenden Raum II.3 zu finden.[743] Die 54 Arbeiten zeigten dennoch überwiegend moderne, in diesem Fall vor allem symbolistische (durch Greiner, Hofmann, Klinger), aber auch beginnend expressionistische (etwa durch Horst-Schulze) Akzente. Klinger war bei weitem der Bekannteste unter den Leipziger Künstlern. Quantitativ besser vertreten war Markus Behmer mit neun Blättern, der als gebürtiger Weimarer zusammen mit dem ebenfalls in Weimar ansässigen Hofmann unter den Leipzigern Platz fand. Stilistisch ließen sie sich wohl gut unter den hier gezeigten Leipzigern einfügen. Hofmann hat sich sogar mit 19 Arbeiten besonders herausgehoben, die allerdings zu Teilen auch im Gang untergebracht waren.

Die übrigen ostdeutschen Künstler fanden in Raum II.4 zusammen. Ein verbliebener Leipziger, Steiner-Prag, war noch mit 16 Exponaten untergebracht. Neben ihm waren die Weimarer Künstler Margarete Geibel und Alexander Olbricht mit je neun Arbeiten exponierter dargestellt. Zudem waren in diesem Raum auch die Frankfurterin Else Luthmer und die in Norddeutschland ansässigen H. F. Hartmann, Missfeld, Weidemeyer und Tappert untergebracht. Letzterer hob sich aus dem sonst gemäßigten Bild dieses Ausstellungsraumes deutlich expressionistisch ab.

Der zu Saal II gehörige Gang war offensichtlich eine Art Sammelbecken für all diejenigen, die sich in den übrigen Räumen nicht unterbringen ließen. Bis auf Berliner und Münchner war fast aus jedem Ort ein Künstler dabei. Eine zusammenhängende Gruppe bildeten lediglich die Düsseldorfer, die mit Liesegang, Heinrich Otto, Reifferscheid, Schönnenbeck und Alfred Sohn-Rethel ein vollkommen konventionelles Bild

743 Dass zu dieser Schau vergleichsweise wenig Leipziger Künstler zugelassen worden sind, ist deshalb verwunderlich, weil die Leipziger Gastgeber der späteren Künstlerbundausstellungen besonders viel Wert auf die optimale Präsentation der eigenen Künstlerschaft legten. An der Leipziger Grafikausstellung 1914 nahmen insgesamt 35 Leipziger Künstler teil und für die Jahresausstellung 1911 fanden sich sogar 62 Teilnehmer aus Leipzig.

gaben. Einzig Peter Behrens war bereits dem modernen Lager zuzuordnen. Insgesamt bot dieser Gang ein stilistisch ziemlich durchwachsenes Gepräge. Mit Hans am Ende, Illies, Overbeck, Hofmann, der auch in Raum II.3 zu sehen war, oder Koloman Moser waren aber auch hier nicht nur unbedeutende Namen versammelt.

Zwei große Artikel wurden zu der Schau verfasst. Willrich selbst hat als Veranstalter eine 19-seitige Rezension in der *Deutschen Kunst und Dekoration* geschrieben. Der Bericht fiel erwartungsmäßig positiv aus, entstand er doch in völlig eigener Sache.[744] Eine Besprechung Richard Grauls in der *Zeitschrift für bildende Kunst* lieferte ebenfalls ein positives Gesamturteil. Graul wiederum war bereits Mitglied des Künstlerbundes und ebenso wenig wie Willrich als neutraler Berichterstatter zu bezeichnen.[745]

Beide Autoren kamen also zu dem Schluss, dass die Schau einen guten Überblick der modernen Grafik geboten und neue Charakteristika der grafischen Künste herausgehoben hätte, wie Flächenwirkung und Farbigkeit.[746] Von ihrer Farbigkeit, dem wohl „am stärksten hervortretenden Merkmal neuerer deutscher Graphik“[747], lebten besonders die Arbeiten des jungen Norwegers Olaf Lange. Der Kunsthistoriker Graul schwärmte geradezu von dessen „orientalischen Phantasien“, denn es steckte „in diesen farbigen Symphonien etwas wie eine schwüle, die Sinne betörende Verführung.“[748] Graul schätzte die farbigen Radierungen Langes vor allem deshalb, weil diese Technik es „in dem Streben nach buntfarbiger Wirkung nicht leicht“ hatte „im Wettbewerb mit Holzschnitt und Lithographie“.[749] Doch Lange leistete hier „Dinge, farbige Orchestrationen, die ihr früher unerreichbar waren“.[750] Lange hielt sich seit 1901 in Deutschland auf und man konnte seinem damaligen Werk einen ebensolchen Einfluss der Dachauer Künstlerkolonie wie seines Landsmannes Munch zuschreiben. Nach dieser Würdigung hat der Norweger zumindest das vom Künstlerbund angesetzte Qualitätskriterium erfüllt, das seine Teilnahme als Ausländer rechtfertigte.

Mit der modernen Flächenbehandlung konnte sich Graul nicht bedingungslos arrangieren. Er beklagte nicht die grundsätzlich roher werdende Art der modernen Grafik. „Lieber derb, grob im Ausdruck als gelehrt oder geziert.“[751] Vor allem in der Plakatkunst aber dominierten ihm zu sehr die „große Linie“ und der „breite Farbenfleck“, so als wäre alles nur „für die Wand oder die Anschlagsäule gedacht“.[752] Gerade darin sah Grauls Kollege Willrich ein entscheidendes Merkmal der modernen Grafik: „Aus

744 Vgl. Willrich 1907.
745 Vgl. Graul 1907. Richard Graul (1862–1944) war seit 1896 Direktor des Leipziger Kunstgewerbemuseums. Seit spätestens 1906 war er Mitglied im Deutschen Künstlerbund.
746 Vgl. Willrich 1907, S. 65 u. Graul 1907, S. 137.
747 Willrich 1907, S. 65.
748 Graul 1907, S. 140.
749 Ebd.
750 Ebd.
751 Graul 1907, S. 142.
752 Graul 1907, S. 138.

der Mappengraphik ist Wandgraphik geworden."[753] Willrich verstand zwar die Kritik an diesem neuen Flächenstil, der die Besonderheit der „intimen Reize jener feinen Blätter" zunichtemachte.[754] Er verteidigte diesen aber als eine Entwicklungsstufe zu einem höheren Ziel, „als eine Äußerung des allgemeinen Strebens unserer Zeit, nach ‚Architektur'." Am Beispiel der dekorativen architektonischen Jugendstilbewegung versuchte er zu erklären, dass „auch die Blätter der graphischen Kunst nicht mehr eine kleine Welt nur für sich" sein wollten. Vielmehr suchten sie „Zusammenhang", wollten „‚angewandt' sein". Und war erst „das Endziel, die Architektur erreicht", so würde auch die Graphik „von selber zu intimerem Wirken zurückkehren."[755]

Mit dem in zahlreichen Arbeiten gezeigten „Streben nach flächiger Wirkung"[756] dokumentierte die Ausstellung auch den in Deutschland gerade aufkommenden Japonismus, der in Frankreich schon seit längerem Früchte getragen hatte.[757] Der Einfluss japanischer Manier hat bereits hoffnungsvolle Ergebnisse hervorgebracht. Er pflanzte, wie Graul etwas pathetisch formulierte, „ein neues Reis auf den altgewordenen Stamm".[758] Auf diesem Terrain beeindruckten besonders die neuen Arbeiten Orliks, dessen Werk nach einer Japanreise von 1900 bis 1901 eine entsprechende Entwicklung nahm. Aber auch die Österreicher Franz von Zülow und Carl Anton Reichel sowie Siegfried Berndt, Daniel Staschus und der Schwede Petersen sind hier mit japanisierenden Studien aufgefallen.

Die Künstlergruppe Brücke wurde in diesem Jahr bereits durch drei Namen vertreten. Neben Nolde, der bereits in Weimar ausgestellt hatte, kamen Pechstein und Kirchner hinzu. Graul war die etwas „klotzige Manier" dieser jungen Künstler ein wenig zu ungestüm. Der „urwüchsige Humor" Noldes aber „und die drollige Satire seiner die Phantasie derb aufrüttelnden Holzschnitte" haben ihn zumindest amüsiert.[759] Auch Willrich sah unter den Brücke-Künstlern in Nolde das meiste Potential.[760] Denn:

753 Willrich 1907, S. 68.

754 „Ich glaube gern, daß es Leute gibt (hie und da muß man sich selbst dazu zählen), die angesichts dieser – nun sagen wir aufdringlichen, geräuschvollen Wandgraphik sich nach den intimen Reizen jener feinen Blätter sehnen, die die Hand des Amateurs den sorgsam verwahrenden Mappen entnahm." Aus: Willrich 1907, S. 68.

755 Willrich 1907, S. 68.

756 Graul 1907, S. 137.

757 Das Sammeln japanischer Kunst war inzwischen in Deutschland immer populärer. Dazu trug nicht unwesentlich Gustav Pauli bei, der die Abteilung des Farbholzschnitts der Kunsthalle Bremen systematisiert und bereits einige Ausstellungen zum japanischen Holzschnitt durchgeführt hatte. Vgl. dazu: Salzmann 1990, S. 238 f.

758 Graul 1907, S. 138.

759 Graul 1907, S. 140.

760 Nolde konnte sich vor allem im Bereich der Grafik damals noch gegenüber seinen Brücke-Kollegen behaupten. Er war es schließlich auch, der die Radierung in die Gruppe einbrachte. Kurz darauf verließ er diese auch schon wieder.

„während einiges aus dieser Vereinigung verdammt nach wild gewordenem Spießbürgertum aussieht, scheint [...] Nolde ein Künstler von starker, eigenwilliger Phantastik zu sein. Einige seiner ganz auf den Gegensatz schwarzer und weißer Flächen gestellten Holzschnitte [...] verraten nicht bloß den Woller, sondern auch den Könner."[761]

So war Nolde denn auch unter den quantitativ am besten vertretenen Künstlern dieser Schau und wurde gleichwertig an der Seite seiner etablierten Kollegen Kalckreuth, Diez und Hofmann mit zwanzig Arbeiten aufgestellt. Dass auch Käthe Kollwitz mit zwanzig Blättern vertreten war, zeigt die Absicht des Künstlerbundes, das weite Spektrum der modernen Druckgrafik adäquat zu präsentieren.

Alles in Allem war die Ausstellung erfolgreich. Mit einer Besucherzahl von etwa 20.000 war sie um einiges besser besucht, als die Veranstaltung im Jahr zuvor, auf der 17.000 Personen gezählt wurden.[762] Vielleicht hat der freie Eintritt, der für die Veranstaltungen des Deutschen Buchgewerbevereins üblich war, dies begünstigt.[763] Doch auch der Verkauf von etwa einem Drittel aller verkäuflichen Arbeiten belegt den positiven Verlauf der Schau.[764] So berichtete die Jenaische Zeitung:

„Die I. Graphische Ausstellung des Deutschen Künstlerbundes im Deutschen Buchgewerbemuseum hat nicht nur hier, sondern auch außerhalb lebhaftes Interesse erweckt. Unter den Besuchern von auswärts befanden sich Museums und Kunstvereins-Beamte, Künstler und Kunstschullehrer. Auch auswärtige Buchgewerbler und buchgewerbliche Betriebe nehmen Notiz von der Ausstellung. So hatte kürzlich die Reichsdruckerei in Berlin zwei ihrer Herren zu mehrtägigem Studium der Ausstellung entsandt. Der Verkauf geht gut von statten. Größere Ankäufe an Handzeichnungen sind vom Großherzoglichen Museum in Weimargemacht worden."[765]

Mit seiner ersten Ausstellung rein grafischer Kunst konnte der Künstlerbund die Kritik des vorangegangenen Jahres wieder etwas bereinigen. Willrich jedenfalls sah als Veranstalter „unberechenbare Vorteile" für sein Museum in der Zusammenarbeit mit dem Künstlerbund, in dem er zweifelsohne als eine „bedeutende Organisation" sah.[766] Auch Graul hat die Ausstellung als gelungen befunden. Sie gab „ein besseres Bild von den künstlerischen Zielen der modernen graphischen Kunst [...], als uns auf den mannigfachen ähnlichen Darbietungen der letzten Jahre gezeigt worden ist".[767] Trotz der Kritik des Vorjahres hielt er an dem Ruf des Künstlerbundes als kritischen Ausstellungsveranstalter mit „strenger Jurierung"

761 Willrich 1907, S. 79f.
762 Die Kunst für Alle, Jg. 22, 1906/07, S. 126.
763 Vgl. I. Graphische Ausstellung 1907a.
764 Vgl. Die Graphische Ausstellung des Deutschen Künstlerbundes 1907.
765 Jenaische Zeitung, Jg. 234, Nr. 82, 9.4.1907.
766 Willrich 1907, S. 64.
767 Graul 1907, S. 137.

fest.[768] Vor allem die Vielfältigkeit der Exponate hat ihn überzeugt. Es wurde alles vorgestellt, was das Spektrum der Grafik damals aufzuweisen hatte,

> „vom vorlauten Plakat bis zum heimlichen Exlibris, von dem sich gern impressionistisch gebenden blockbuchmäßigen Gestammel des modernen Holzschnitts bis zur geduldigsten Kupferstechermühe, von den Freizügigkeiten der Radierung bis zu den subtilen Harmonien farbiger Stein- und Holzdrucke kann die ganze weite Welt der graphischen Künste überblickt werden."[769]

Auch auf dem spezifizierten Gebiet der Grafikkunst konnte sich der Künstlerbund neben der Berliner Sezession unbedingt behaupten. Konzeptionell verfuhr er wie bei seinen Jahresausstellungen und brachte sowohl Neuheiten als auch Bekanntes ein. Es waren die üblichen großen Namen, die das auffallend moderne Erscheinungsbild der Schau ausbalanciert haben: „Recht ehrwürdig alte Versuche graphischer Kunst wie die Radierungen Stucks, ältere Zeichnungen des Grafen von Kalckreuth, Leistikows, feine Schabkunstblätter Pankoks grüßen wie gute alte Bekannte inmitten einer tumultuarischen Menge Junger und Jüngster."[770] Von den Jungen und Jüngsten aber haben sich einige langfristig behauptet. Den Brücke-Künstlern bot der Künstlerbund ein frühes Forum. Ein zukünftiger Meister in der Technik der Druckgrafik war auch der junge Österreicher Franz von Zülow, der eine Papierschnitt-Schablonen-Drucktechnik entwickelt hatte, die 1907 gerade das Patent erhielt.[771]

Wie es sich bereits bei den Sezessionen darstellte, konnte gerade auf Grafikausstellungen mehr gewagt werden als auf den Jahresausschauen. Die modernen Tendenzen wurden auf dem Papier eher akzeptiert als auf der großen Leinwand. Die Leipziger Veranstaltung zeigte ein moderneres Gesamtbild als die bisherigen Jahresausstellungen des Künstlerbundes. Dennoch wurde auch hier ein Gleichgewicht zwischen Altem und Neuem gepflegt. Dieses Konzept ist die Konstante, die die Künstlerbundausstellungen bisher zusammenhielt. Gerade darin unterschieden die Veranstaltungen sich von den Sezessions- und Akademieausstellungen, zwischen denen der Bund in seiner Struktur anzusiedeln ist.

1908: 4. Jahresausstellung in Dresden (im Rahmen der Großen Kunstausstellung Dresden)

Im Jahr 1908 wurde dem Deutschen Künstlerbund im Rahmen der Großen Kunstausstellung Dresden ein beträchtlicher Teil der Ausstellungsfläche im Städtischen Ausstellungspalast zur eigenen Verfügung gestellt.[772] Das Besondere an der Einladung

768 Ebd.
769 Ebd.
770 Ebd.
771 Zu dem von Franz von Zülow (1883–1969) entwickelten Papierschnittdruck siehe: Assmann 1994.
772 Vgl. Schumann 1907/08, S. 530.

des Künstlerbundes nach Dresden war, dass er hier nicht mit einem modernen Kooperationspartner in Form einer Sezessionsgruppe oder eines Künstlervereins zusammenwirken sollte, sondern mit der Allgemeinen Deutschen Kunstgenossenschaft, beziehungsweise den verschiedenen Lokalvereinen der Kunstgenossenschaft, „die zwar nicht offiziell, aber durch eine ganze Reihe einzelner Mitglieder vertreten" war.[773] Auch der Künstlerbund war nicht offiziell Veranstalter der Schau. Im Katalog findet sich kein Hinweis auf die beiden großen Organisationen.[774] Die Initiative dieser „Zusammenarbeit" muss von Gotthardt Kuehl ausgegangen sein, der 1897 mit der *I. Internationalen Kunstausstellung* im gerade errichteten Dresdner Ausstellungspalast den Beginn einer bedeutenden Ausstellungsaktivität der Stadt an der Elbe markiert hatte. Auch die Große Kunstausstellung 1908 unterstand Kuehls Zepter, er war erster Präsident der Ausstellungsleitung.[775] Kuehl, der bereits Mitglied im Künstlerbund war und sich von Beginn seiner eigenen Arbeit an den Dresdner Ausstellungen an vom offiziellen Salonbetrieb distanzierte, wollte wohl bewusst keine der beiden großen Künstlerorganisationen namentlich mit der Schau verewigt wissen. Mit der Beteiligung beider Vereinigungen hat er aber sehr wohl auf die Gleichstellung des Künstlerbundes mit der Kunstgenossenschaft verwiesen, die sich der Bund von Anfang an erstritten hat.[776]

Neben Kuehl gehörten der Ausstellungsleitung zwei weitere Mitglieder des Künstlerbundes an, Emanuel Hegenbarth und Sterl. Dennoch war zu überlegen, ob diese Ausstellung überhaupt zu den Künstlerbundveranstaltungen gezählt werden kann, wenn der Bund im Katalog in keiner Weise genannt wird.[777] Auch in den Ausstellungsbesprechungen der Dresdner Schau wurde der Künstlerbund

773 Ebd.

774 Vgl. Dresden 1908.

775 Vgl. ebd. u. Schumann 1907/08, S. 529.

776 Unmittelbar nach der Gründung des Deutschen Künstlerbundes hatte bereits der Dresdner Kunstgewerbeverein eine „Zusammenarbeit" der beiden konträren Verbände für seine dritte Deutsche Kunstgewerbeausstellung 1906 ins Auge gefasst: „Der Dresdner Kunstgewerbeverein, der 1906 im Städtischen Ausstellungspalast eine deutsche Kunstgewerbe-Ausstellung veranstalten will, beabsichtigt, die Deutsche Kunstgenossenschaft und den Deutschen Künstlerbund zum Ausstellen aufzufordern und jedem einen bestimmten Raum zur Verfügung zu stellen." Aus: Die Kunst für Alle, Jg. 19, 1903/04, S. 341.

777 Vgl. Dresden 1908. Der Künstlerbund selber hat in den Titeln seiner Kataloge zu den Jahresausstellungen selten eine Nummerierung der Veranstaltung angegeben. Die Grafikausstellungen sind durch eine fast durchgehende Zählung besser dokumentiert. Im Vertrag zur Künstlerbundausstellung 1912 in der Kunsthalle Bremen ist von der „10. Ausstellung" des Bundes die Rede. Diese Zählung beinhaltet alle die bis dahin stattgefundenen Jahres- wie Grafikausstellungen und schließt die Dresdner Schau von 1908 aus. Vgl. Vertragsentwurf zwischen dem Bremer Kunstverein und dem Deutschen Künstlerbund, ms., mit hs. Korrekturen, 15.10.1911, in: Archiv Kunsthalle Bremen, Akte No. 108, Bl. 6.

nicht immer genannt.[778] Schließlich konnten nur Eingeweihte um die Beteiligung der konkreten Organisatoren wissen. Im *Cicerone* war ein Jahr später zu lesen, die letzte Künstlerbundausstellung „fand 1906 im Großherzogl. Museum in Weimar statt".[779] Bei dieser Annahme blieb das Blatt auch noch 1910 anlässlich der Künstlerbundausstellung in Darmstadt.[780] Der Künstlerbund selbst aber hat anlässlich seiner Ausstellungen 1920 und 1921 eine Zählung vorgenommen, die die Dresdner Schau von 1908 einzubeziehen scheint. Zudem wurde der Villa-Romana-Preis auf der Ausstellung vergeben, was darauf schließen lässt, dass der Bund damit seine Jahresausstellung repräsentiert sah.[781] Der Deutsche Künstlerbund selbst verweist auf seiner Internetseite auf diese Ausstellung.[782] Daher muss die Schau in dieser Arbeit unbedingt berücksichtigt werden.

Die Ausstellung fand im 1896 eröffneten Dresdner Ausstellungspalast statt. Das Gebäude entsprach noch immer den modernsten Anforderungen seiner Zeit. Es war mit einer großzügigen Beleuchtung, einer Luftheizung und kippbaren Oberlichtfenstern ausgestattet. Die Ausstellungsräume waren schlicht gehalten, um die Exponate möglichst für sich wirken zu lassen. Paul Schumann erinnerte an die bedeutsamen „Anregungen für Ausstellungskunst, die von den Dresdner Ausstellungen" ausgegangen sind.[783] Denn „in Dresden hat man zuerst mit dem einheitlichen Galerieton der Wände gebrochen, hat man aufgehört, die Wände mit Bildern in zwei bis drei Reihen hoch zu bepflastern, hat man der Farbenwirkung in den Sälen zu ihrem Rechte verholfen, hat man Raumkunst angestrebt, um Gemälde und Bildwerke wirksam zur Geltung zu bringen."[784] Auch Karl Koetschau pries die neue von Hans Erlwein geschaffene Raumgestaltung: „Äusserste Zurückhaltung herrscht in der Ausstattung der Räume. Keiner der gewaltsamen und aufdringlichen Versuche, [...] nicht Lautes und Protziges [...]".[785] Wieder fand der Künstlerbund die glücklichen Bedingungen vor, in Räumen „ganz neuer Gestalt" ausstellen zu können.[786]

Schumann erklärte in seiner Ausstellungsbesprechung: „[...] die linke Hälfte des Ausstellungspalastes ist dem Deutschen Künstlerbunde eingeräumt, rechts haben die Luitpoldgruppe, die ‚Bayern' und sonstige Künstlergruppen ausgestellt [...]."[787]

---

778 Vgl. Koetschau 1908. Schumann hat in seinem Bericht in der *Kunstchronik* auf die Nennung des Künstlerbundes verzichtet, obwohl er ihn in der *Kunst für Alle* noch aufgeführt hat. Vgl. Schumann 1908 u. Schumann 1907/08, S. 530.

779 Der Cicerone, Jg. 1, 1909, S. 78.

780 Vgl. Der Cicerone, Jg. 2, 1910, S. 29.

781 Vgl. Preise des Vereins Villa Romana 1909.

782 Vgl. Deutscher Künstlerbund, Historie (Archiv 1903 bis 1936). http://www.kuenstlerbund.de/deutsch/historie/archiv-1903-bis-1936/ausstellungen/index.html (abgerufen am 27.8.2015).

783 Schumann 1908, Sp 501.

784 Ebd.

785 Koetschau 1908, S. 404f.

786 Schumann 1908, Sp. 501.

787 Schumann 1907/08, S. 530.

Diese Aussage lässt annehmen, dass dem Künstlerbund der komplette Ostflügel des Ausstellungspalastes zur Verfügung stand, der die Säle 1–29 umfasste. (Abb. 3) Von den etwa 270 Künstlern, die in diesen Räumen ausgestellt haben, war die Hälfte tatsächlich schon einmal auf einer Künstlerbundausstellung zu sehen. Die andere Hälfte hat hier vielleicht zum ersten Mal im Rahmen des Künstlerbundes ausgestellt, jedoch nicht unbedingt zum letzten Mal. Nur äußerst wenige Namen sind weder vorher noch nachher mit dem Künstlerbund in Verbindung getreten, was aber kein Indiz dafür ist, dass sie nicht vom Künstlerbund eingeladen worden sind. Bei näherer Betrachtung der Einrichtung der Säle, lässt sich aber bezweifeln, ob tatsächlich alle 29 Räume durch den Künstlerbund bespielt worden sind.

Abb. 3: Dresden, Städtischer Ausstellungspalast am Großen Garten, Grundriss, in: Dresden 1908

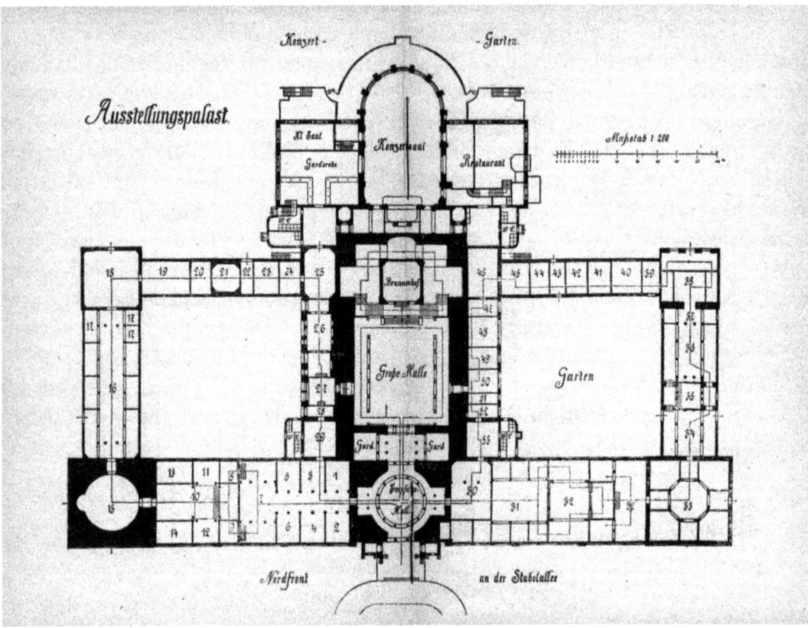

Die Säle 1–29

Wie im gegenüberliegenden Westflügel auch, folgte die Einrichtung einem regionalen Programm. Diese Ordnung wurde dem Bund sicher nicht aufgezwungen, hatte er sie doch seit 1905 selbst präferiert. Den Berliner Künstlern standen fünf Räume zur Verfügung (Saal 10–14). Hier wurden vor allem die Impressionisten Leistikow (Saal 12), Liebermann und Slevogt (beide in Saal 10 und 11) geehrt. Neben den Berlinern konnten sich auch die Münchner erwartungsgemäß gut präsentieren

(Saal 9, 16 und 19). Auch sie huldigten dem Impressionismus mit einer herausragenden Präsentation von Samberger und Schramm-Zittau. Außerdem war unter den Münchnern der Bildhauer Cipri Adolf Bermann mit elf Plastiken überdurchschnittlich gut vertreten. Des Weiteren wurden die Stuttgarter (Saal 18), Düsseldorfer (Saal 4 und 17), Hamburger (Saal 17) und Karlsruher (Saal 7 und 8) Maler regional zusammengehörig gezeigt.

Viel Raum im Ostflügel war den Dresdner Künstlern vorbehalten, und zwar in einem für den Künstlerbund noch nie dagewesenen Maß über zwölf Säle. Sterl (Saal 1), Ritter und Bantzer (Saal 6), Hegenbarth (Saal 20), Zwintscher (Saal 21), W. Claudius (Saal 22), Richard Müller (Saal 23), Kuehl (Saal 27 und 28) und Bracht (Saal 29) standen eigene Räume zur Verfügung. In den Sälen 24–26, Saal 26 war dem Dresdner Kunstgewerbe gewidmet, wurden fast ausschließlich Künstler gezeigt, die vorher noch nicht beim Künstlerbund ausgestellt hatten. Auch wenn die meisten von ihnen dies später noch irgendwann einmal taten, sollen sie hier dennoch nicht der Abteilung des Künstlerbundes zugerechnet werden, denn das Dresdner Übergewicht entspräche überhaupt nicht der Arbeitsweise des Künstlerbundes. Und auch wenn die Sonderschauen von Hegenbarth, Zwintscher, Claudius und Kuehl bekannte Künstlerbundteilnehmer zeigten, spricht die Raumordnung insgesamt doch dafür, dass die Säle 20–29 der Dresdner Künstlerschaft allgemein vorbehalten waren und der Künstlerbund hier seine Hände nicht mehr im Spiel hatte. Denn im Westflügel stand den Dresdnern nur ein Raum (Saal 30) zur Verfügung, was einer gebührenden Präsentation der Dresdner Künstlerschaft keinesfalls entspräche. Die Dresdner Abteilung des Künstlerbundes muss sich vielmehr auf die Säle 1 (Sterl), 5 und 6 (Ritter und Bantzer) beschränken lassen.

Auch in den Sälen im Westflügel ist die Trennung zwischen Kunstgenossenschaftlern und Künstlerbündlern nicht immer klar zu ziehen. Es gibt Künstlerbundteilnehmer, die in beiden Abteilungen ausgestellt haben. Dass Einzelne von ihnen innerhalb der zentralen Raumfolge von Empfangshalle, Großer Halle und Brunnenhof gezeigt wurden, ist wohl darauf zurückzuführen, dass sich hier alle mitveranstaltenden Organisatoren einbringen konnten.[788] Aber auch in Sälen, die eindeutig einem anderen Lager zuzuordnen sind, finden sich Namen aus den Reihen des Künstlerbundes. Faure (Saal 18) etwa in den Sälen 37 und 39 oder August Kraus (Saal 7 und 15), von dem noch eine Plastik in Saal 31 aufgestellt war.

---

788 In der Empfangshalle wurden Bildhauerarbeiten von Wilhelm Gross, Kraus sowie Hauschild gezeigt. In der Großen Halle standen 15 Künstlerbündler, vornehmlich Dresdner Künstler, 22 Genossenschaftlern gegenüber, darunter Plastiken von Bochmann, J. Götz, Kraus, H. Lederer, F. Pfeifer und G. Wrba. Im Brunnenhof wurden überwiegend Künstler gezeigt, die auch im Kunstgewerbe-Saal 26 ausgestellt haben. Von wiederholten Künstlerbund-Teilnehmern sind hier Martin Dülfer, Kuehl, Sterl, Wrba sowie der ein Jahr zuvor verstorbene August Hudler zu nennen.

Die Abteilung der Grafik

Eine Ausnahme lag mit den Grafiksälen 47 bis 52 vor, in denen sich neben Genossenschaftlern an die dreißig Namen bekannter Künstlerbündler finden. Die Räume wurden von den Deutschen Werkstätten für Handwerkskunst eingerichtet und standen offensichtlich Künstlern jeder Ausrichtung frei. Grethe, Klinger, A. Kraus, Leistikow, Orlik, Heinrich Otto, Samberger, Schmoll von Eisenwert und Slevogt waren hier zusätzlich zu ihrer Präsenz in der Künstlerbundabteilung zu sehen. Und auch Klimt, Käthe Kollwitz, Alexander Olbricht sowie zahlreiche Grafiker, die schon ein Jahr zuvor in Leipzig beim Künstlerbund ausgestellt hatten, wurden hier gezeigt. Da diese Abteilung aber definitiv nicht durch den Künstlerbund eingerichtet worden ist, soll sie in die folgenden Auswertung nicht miteinbezogen werden.

Grafische Arbeiten wurden außerdem in Saal 37 gezeigt. Und auch hier befanden sich unter den Ausstellern noch 31 Künstler, die zugleich in der Abteilung des Künstlerbundes gezeigt wurden, bzw. überhaupt schon einmal beim Künstlerbund ausgestellt haben.[789] Von bekannten Künstlerbündlern sind hier P. Baum, S. Berndt, Conz, Faure, Kalckreuth, Nadler, Nolde, F. Pfeifer und W. Waentig zu nennen. Gabler, Greiner, Kandinsky, Kirchner, Legler, Mutzenbecher, Neuenborn, P. Paeschke, Pechstein, Reifferscheid, Struck, R. Winckel und Zeising wurden in diesem Saal ausgestellt, ohne dass sie zudem in der Abteilung des Künstlerbundes zu sehen waren. Der Saal lag nicht etwa nahe den übrigen Räumen des Künstlerbundes, sondern genau am anderen Ende des Westflügels. Eine räumliche Ausweichlösung scheint hier also nicht vorgelegen zu haben. Die Präsenz der Brücke-Künstler Nolde, Pechstein und Kirchner sowie der dem Expressionismus nahestehenden Künstler Berndt, Kandinsky, Mutzenbecher oder Neuenborn lässt vielmehr vermuten, dass hier der fortschrittweisenden Grafik ein Forum geboten werden sollte. Ganz anders als in der eigentlichen Grafikabteilung in den Sälen 47–52, wo sich der Verweis auf moderne Tendenzen auf die Art von Klemm, Klimt, Kollwitz, Kraus, Fritz Lang, Hans Neumann oder Orlik beschränkte. Der Künstlerbundabteilung soll dieser Saal 37 dennoch nicht zugeordnet werden, da sich für eine Verantwortung seinerseits keine definitiven Anhaltspunkte finden lassen.

Um eine einigermaßen durchsichtige Trennung zwischen den Sälen der Kunstgenossenschaft und des Künstlerbundes restlos zu erschweren, gab es schließlich noch eine Reihe von Künstlern, die schon einmal beim Künstlerbund ausgestellt hatten, hier in Dresden aber ausschließlich in den Räumen der Kunstgenossenschaft aufgetreten sind.[790] Bis auf Brasch und Horst-Schulze bewegten sich diese Künstler eher auf konventionellem Terrain. Eugen Kampf hatte sich zudem längst vom Künstlerbund verabschiedet und Thoma war viel zu gestanden, als dass er sich vom Bund

---

789 22 Künstler, die in Saal 37 ausgestellt wurden, hatten bereits zuvor beim Künstlerbund ausgestellt. 14 von ihnen waren Mitglied im Bund.

790 Brändel, Brasch, Dill, Marie Gey-Heinze, J. Hartmann, E. Heilemann, Horst-Schulze, G. Jahn, Junghanns, E. Kampf, Valentin Kraus, A. Liebmann, G. Lührig, Palmié, C. Strathmann, Thoma und Tillberg.

in seiner Ausstellungstätigkeit hätte einschränken lassen müssen. Sieben der hier im Rahmen der Kunstgenossenschaft gezeigten Künstler aber waren sogar Mitglieder im Künstlerbund, was eigentlich gegen eine Teilnahme bei der Genossenschaft hätte sprechen müssen.[791] Die Grenzen zwischen den austragenden Organisationen waren auf dieser Ausstellung für das Publikum keinesfalls ersichtlich. Im Grunde hat es den Richtlinien des Künstlerbundes widersprochen, dass Teilnehmer des Bundes zugleich bei der Kunstgenossenschaft ausstellten. Da aber beide Organisationen offiziell nicht in Erscheinung getreten sind, war eine konsequente Trennung wohl auch nicht notwendig. Vor allem in der sechs Säle umfassenden Grafikabteilung waren Künstlerbündler und Genossenschaftler gleichermaßen vertreten. Ob in der Anordnung der Arbeiten eine Unterscheidung ihrer Zugehörigkeit erkennbar war, ist nicht mehr nachvollziehbar. Insofern muss man wohl von einer ersten ineinandergreifenden Zusammenarbeit des Künstlerbundes mit der Allgemeinen Deutschen Kunstgenossenschaft sprechen, die dem Bund nicht einmal zum Nachteil gereichte. In der Presse zog diese zumindest keine Verwunderung nach sich.

Nach diesen Überlegungen sollen nun also zur Auswertung des Künstlerbundbeitrags nur die Säle 1–19 in Betracht gezogen werden. Von den zweihundert hier gezeigten Künstlern hatten sich 135 bereits auf einer Künstlerbundausstellung vorgestellt. Die Zahl der Neuzugänge war hier deutlich niedriger als in den Jahren zuvor. Auch die lokale Verteilung unterschied sich merklich von den Entwicklungen der vorangegangenen Jahre. Seit 1904 führten zum ersten Mal die Münchner wieder das Feld an. Auch die Stuttgarter und Karlsruher waren besser vertreten denn je, so dass fast die Hälfte der Teilnehmer dem süddeutschen Raum zuzuordnen war. Aber auch die 13 Düsseldorfer, die bis auf zwei bereits alle Mitglieder im Bund waren, vor allem aber die zwölf Hamburger, die bis auf zwei allesamt erstmals beim Künstlerbund ausstellten, waren hier wesentlich zahlreicher zugegen als je zuvor. Der Anteil der Dresdner Künstler, die der Künstlerbund in seiner Abteilung ausgestellt hat, war zwar auch höher als sonst, dafür waren Leipzig und Weimar schlechter als in den Jahren zuvor vertreten. Worauf dieses süddeutsche Übergewicht zuungunsten der ostdeutschen Kollegen auf einer Dresdner Ausstellung beruhte, lag vielleicht in den Umständen der Zusammenarbeit mit der Kunstgenossenschaft begründet. Die meisten Dresdner und auch Leipziger (Saal 42 und 43) wurden wohl von der Gastgeberseite okkupiert.

In der Abteilung des Künstlerbundes standen den Dresdnern insgesamt drei Räume (Saal 1, 2, und 5) zur Verfügung, in denen vor allem Bantzer (Saal 6) und Sterl (Saal 1) mit zahlreichen Arbeiten präsentiert waren. Sterl stand, wie seinem Weimarer Kollegen Ludwig von Hofmann (Saal 2), ein eigener Raum zur Verfügung. Die beiden ostdeutschen Maler eröffneten somit den Rundgang durch die Künstlerbundabteilung. Mit 27 Pastellen, die von Hofmann in einem einzigen Saal gezeigt wurden, dominierte er fast das Geschehen. Da seine Weimarer Kollegen Hagen,

791 Mitglieder im Bund waren Dill, Heinemann, Jahn, Lührig, Sieck, Strathmann und Thoma.

F. Lederer, Schneider und Thedy jedoch eher dürftig und jeder in einem anderen Saal präsentiert waren, war Hofmann quasi *die* Weimarer Repräsentanz. Neben ihm beherrschten die Berliner Liebermann, Slevogt und Leistikow, die Münchner Samberger und Schramm-Zittau, der Stuttgarter Schmoll von Eisenwerth sowie der Karlsruher Trübner das Feld der Künstlerbündler. Bei den Karlsruhern wurde bemerkenswerterweise auch Kalkreuth untergebracht, der seit 1899 schon nicht mehr dort lebte. Hervorgehoben wurden mit diesen Namen einmal mehr die verdienstvollen Impressionisten und Spätimpressionisten des Landes. Aus diesem gemäßigten Bild hob sich allein Hofmann als früher Vertreter des einst angestrebten *Neuen Weimar* heraus, auf das der Künstlerbund wohl noch immer zu rekurrieren versuchte als wirkungsvolle Brutstätte eines Gegenmodells zur restriktiven kaiserlichen Kunstpolitik.

Etwa ein Fünftel der Teilnehmer zeigte fortschrittliche Ausdrucksweisen, die sich vom bewährten Impressionismus deutlich absetzten. P. Bach, Beckmann, S. Berndt, O. Hettner, Hodler, Paul Kayser, A. Kraus, O. Moll, Nolde, Orlik, Kurt Tuch, Weisgerber und E. R. Weiss waren keine unbekannten Namen mehr. Mit Ahlers-Hestermann, Barlach, Caspar, Caspar-Filser, A. Deusser, R. Dreher, J. Eberz, J. Höffler, S. Mackowsky, F. Nölken, W. Ophey, W. Schmurr aber hat das fortschrittliche Lager markanten Zuwachs bekommen. Auch unter den Neuzugängen haben die fortschrittlich gesinnten Künstler knapp zwanzig Prozent ausgemacht, als hätte der Bund bewusst ein bestimmtes Verhältnis von konventionellen und progressiven Künstlern herstellten wollen.

Die Arbeiten eines Künstlers, die innerhalb eines Raumes ausgestellt waren, wurden, der Nummerierung im Katalog zufolge, nicht zwangsläufig nebeneinander gehängt. Nach welchen Kriterien hier vorgegangen worden ist, lässt sich ohne weitere Anhaltspunkte nicht zweifelsfrei sagen. Es fällt aber auf, dass viele der modernen Berliner Künstler in Saal 14 gezeigt wurden, die fortschrittlichen Hamburger und Düsseldorfer vorwiegend in Saal 17. In der grundsätzlich regionalen Raumordnung zeichnet sich zumindest bei diesen beiden Räumen ein zusätzlich stilistisches Programm ab, denn die Berliner waren außerdem in Saal 13, die Düsseldorfer vor allem in Saal 4 untergebracht. Innerhalb der Säle scheinen also eher ästhetische Gesichtspunkte die Hängung bestimmt zu haben.

Die meisten Teilnehmer dieser Künstlerbundausstellung waren wie üblich zwischen dreißig und vierzig Jahre alt. Auch die meisten Neuzugänge, über ein Drittel, gehörten der um 1870 geborenen Generation an. Die Zahl der jungen Erstteilnehmer, die unter dreißig waren, ist im Vergleich zum Vorjahr ganz erheblich zurückgegangen. In gleichem Maße ist dafür der Anteil der über Fünfzigjährigen gestiegen. Diese scheinbar rückläufige Verschiebung hin zur älteren Generation ergibt sich allerdings schon aus dem Umstand der relativ kleinen Anzahl an Neuzugängen. Mit Ahlers-Hestermann, Barlach, dem Ehepaar Caspar, Clarenbach, Deusser, Eberz, Löffler, Mackowsky, Nölken und Ophey aber gewann der Bund entscheidende progressive Impulse. So war überhaupt die junge Generation durch überwiegend fortschrittliche Charaktere vertreten. Zum wiederholten Male waren Beckmann, Berndt, Brockhusen, W. Gross, Nadler und Nauen dabei.

Manchen modernen Künstler allerdings musste der Künstlerbund hier an die Kunstgenossenschaft abtreten. Kandinsky etwa, Kirchner, Klemm, Kollwitz, Mutzenbecher, Neuenborn und Pechstein wurden ausschließlich in der großen Grafikabteilung in den Sälen 47–52 oder im Grafiksaal 37 präsentiert. Diese Säle können, wie oben erklärt, nicht zur reinen Künstlerbundabteilung gezählt werden. So wird sich die Zugehörigkeit dieser modernen Künstler zum Künstlerbund auch dem allgemeinen Publikum nicht erschlossen haben.

Hodler, der beim Künstlerbund bereits mit seiner Sonderschau 1905 in Berlin als auch 1906 in Weimar aufgrund seiner exponierten Platzierung im Treppenhaus die Gemüter teilte, war auch hier wieder diskussionswürdig aufgestellt. Sieben Gemälde von ihm wurden in Saal 15 gezeigt, der sich baulich von den übrigen Räumen deutlich unterschied. Die „Kuppelhalle Wallots“[792], wie ihn Koetschau abfällig benannte, hatte bisher offenbar keiner ausstellerischen Anforderung wirklich standhalten können, was wohl vor allem den unzulänglichen Lichtverhältnissen zuzuschreiben war.[793] Hodler fiel hier schon deshalb auf, weil von ihm allein ein malerisches Werk gezeigt wurde unter sonst nur Bildhauerarbeiten. „[...] weniger gut als hier konnten die Kunstwerke in der ganzen Ausstellung nicht aufgestellt werden“, klagte Koetschau. „Am meisten aber ist Hodler geschädigt worden.“[794] Allerdings war der Aufstellungsort nicht allein schuld an der nachteiligen Wirkung Hodlers. Koetschau, dem Hodlers Qualitäten selbst bereits durchaus begreiflich waren, attestierte überdies eine schlechte Werkauswahl, die der Reputation des Künstlers eher schadete als nützte. Denn

> „wenn ein Künstler noch eine so problematische Natur ist wie Hodler, über dessen Herbheit Viele vergessen, dass in ihm die Gegenwart vielleicht einen der stärksten Stilsucher besitzt, dann sollte eine Ausstellungsleitung bei der Auswahl seiner Werke besonders vorsichtig sich erweisen, nichts annehmen, was die Einen zum Unwillen, die Anderen zu Witzworten aufreizt, und worein sich nur die mit ehrlichem Willen zu finden suchen werden, die schon eine genauere Kenntnis der Art des Künstlers besitzen. In Dresden war bisher dem grossen Publikum Hodler nur ungenügend bekannt. Es war deshalb ein Fehler der Ausstellungsleitung, ihn an hervorragender Stelle mit Arbeiten zu zeigen, über die auch wohl die Anhänger seiner Kunst verschiedener Meinung sein dürften, und sie noch dazu so unglücklich mitten unter Skulpturen und, wenigstens das eine friesartige Bild, ‚die Liebe‘, viel zu niedrig zu hängen.“[795]

Im Falle Hodlers zeigt sich wiederholt die Bedeutung des Aufstellungsortes. Denn wie demselben Künstler in Weimar die Platzierung im Treppenhaus zu größter

792 Koetschau 1908, S. 406.
793 „Nach diesem dritten und schlimmsten Missgriff wird man sich wohl dazu entschließen, die Halle abzubrechen.“ Aus: Koetschau 1908, S. 406.
794 Koetschau 1908, S. 406.
795 Koetschau 1908, S. 406 f.

Wirkung verhalf, so ging dessen Leistung in der fehlbelichteten Kuppelhalle offensichtlich vollkommen unter.

Insgesamt ist die Zusammenstellung der Schau positiv aufgenommen worden, denn „das Süßliche und Glatte, das manche andere Ausstellung so überflutet und ungenießbar macht, ist fast ganz ausgeschieden, man hat im ganzen den Eindruck einer modernen Ausstellung."[796] Schumann meinte hier tatsächlich die ganze Ausstellung, wenn er auf die Gegensätze von „Hodler und Liebermann: Graf Harrach und Georg Papperitz friedlich unter einem Dache vereint"[797] verwies, denn Papperitz wurde definitiv nicht vom Künstlerbund ausgestellt. Schumann war offenbar aber auch der einzige Autor, der um die verschiedenen mitwirkenden Organisationen wusste, denn außer ihm hat niemand den Künstlerbund erwähnt.[798] Auch im *Kunstwart* wurde die Schau als „vortrefflich geraten"[799] befunden. Doch ein Unterschied zwischen den verantwortlichen Parteien wurde nicht dargelegt. Hätte er aber nicht offensichtlich sein müssen? Gerade die große stilistische Bandbreite scheint den Erfolg der Schau begründet zu haben. „Man steckte die Grenzen sehr weit, es kam aber nur herein, wer nicht nur Lärm machte, sondern irgendwie etwas konnte."[800] Das bedeutete aber auch, dass den entwicklungsfreudigen Künstlern hier wenig Raum gelassen wurde, was der Absicht des Künstlerbundes eigentlich nicht entsprach. Nach den „jugendlichen Pinsel-Faustkämpfen der Berliner Sezession", so hielt der *Kunstwart* jedenfalls fest, „würde man hier vergebens suchen".[801]

Als Grund für den Erfolg der Schau wurde am Ende ein sehr simpler angeführt: „Man stellt nicht alle Jahre in Dresden aus, und so hat man die Wahl aus so viel mehreren Jahresernten der Kunst."[802] Dies war vielleicht als Hinweis an die beiden Hauptorganisatoren gedacht, die mit ihren fast jährlichen Veranstaltungen den Ausstellungsmarkt bereits wieder zu übersättigen drohten.

Die Dresdner Schau fällt in jedem Fall aus dem Rahmen der üblichen Künstlerbundausstellungen heraus und macht eine vergleichende Analyse schwierig. Seinem Schema ist der Bund treugeblieben und hat prominente neben werdende Größen gestellt. Seine Möglichkeiten waren hier aber eingeschränkt, denn offen-

---

796 Schumann 1907/08, S. 530.

797 Ebd.

798 Vgl. Koetschau 1908; Große Kunstausstellung Dresden 1908 u. Die Große Kunstausstellung Dresden 1908. Der Kunsthistoriker Paul Schumann (1855–1927) war mit dem Dresdner Ausstellungswesen eng verbunden. 1897 hatte er zusammen mit Kuehl die *I. internationale Kunstausstellung* organisiert. Obwohl sich Schumann für moderne Ausstellungskonzeptionen einsetzte, kann ihm aber eine konservative Grundhaltung nicht abgesprochen werden. Er war seit langem enger Mitarbeiter von Ferdinand Avenarius in der Redaktion des *Kunstwart* und hatte 1902 mit diesem den Dürerbund gegründet.

799 Große Kunstausstellung Dresden 1908, S. 100.

800 Große Kunstausstellung Dresden 1908, S. 101.

801 Ebd.

802 Große Kunstausstellung Dresden 1908, S. 100.

sichtlich musste er auf wichtige Leute wie Kandinsky, Kirchner, Klemm, Kollwitz, Mutzenbecher, Neuenborn oder Pechstein verzichten. Dennoch ist es ihm gelungen, dem hier noch etwas größeren Gewicht der anerkannten Impressionisten als es auf seinen bisherigen Schauen vorzufinden war entscheidende avantgardistische Impulse entgegenzusetzen.

1909: 2. Grafikausstellung in Dresden

Nachdem bereits 1907 die Jahresausstellung des Deutschen Künstlerbundes ausgefallen war, fand auch 1909 eine solche nicht statt.[803] Stattdessen wurde im Frühjahr 1909 eine zweite Grafikausstellung veranstaltet, in der Dresdner Galerie Ernst Arnold. Der Werkumfang stimmte mit 817 Arbeiten weitgehend mit dem der Leipziger Grafikschau überein und war nicht zu vergleichen mit der Größenordnung der Jahressausstellungen.[804] Wie schon die erste Grafikausstellung sollte auch diese außer in Dresden „vermutlich auch in andern deutschen Städten gezeigt werden".[805] Bislang allerdings sind weder Kataloge, die dies bestätigen könnten, noch sonstige Hinweise auf weitere Veranstaltungsorte dieser Schau gefunden worden.[806] Der Katalog zu dieser Ausstellung ist überdies sehr dürftig ausgefallen. Er führte weder Jury noch Vorstand auf, wie es bisher üblich war in den Ausstellungskatalogen des Künstlerbundes. Auch Abbildungen gibt es nicht. Vor allem sind jegliche Angaben über die Herkunft der Künstler zu vermissen, die doch bei den überregionalen Veranstaltungen des Künstlerbundes keine geringe Rolle spielten.[807] Stattdessen wurde den zum Verkauf stehenden Arbeiten ein Preis beigefügt, was den Verkaufscharakter der Schau unterstreicht.

Wieder dominierten die Berliner Teilnehmer das Feld. Da die Schau in Dresden stattfand wundert es nicht, dass die Dresdner noch etwas zahlreicher vertreten waren als die Münchner. Ansonsten traten neben den Stuttgartern diesmal auch

803 Davon geht auch der Deutsche Künstlerbund selbst bis heute aus. Vgl.: Deutscher Künstlerbund, Historie (Archiv 1903 bis 1936). http://www.kuenstlerbund.de/deutsch/historie/archiv-1903-bis-1936/ausstellungen/index.html (abgerufen am 27.8.2015).

804 Der Umfang der Jahresausstellungen steigerte sich kontinuierlich: 1904 wurden 245 Werke gezeigt, 1905 waren es 283 und 1906 bereits 354.

805 Bender 1909, S. 44. Auf der Webseite des Deutschen Künstlerbundes ist zusätzlich zu dieser Schau – mit einem Fragezeichen versehen – eine „2. Graphische Ausstellung des Deutschen Künstlerbundes" für das Jahr 1908 in Hamburg aufgeführt. Siehe: Deutscher Künstlerbund, Historie (Archiv 1903 bis 1936). http://www.kuenstlerbund.de/deutsch/historie/archiv-1903-bis-1936/ausstellungen/index.html (abgerufen am 27.8.2015). Nachweisen ließ sich diese Schau bisher nicht.

806 Erst bei der achten und neunten Grafikausstellung 1932 und 1933 handelte es sich nachweislich um Wanderausstellungen. Vgl. dazu später, S. 321 u. 324.

807 Eine regionale Auswertung der Teilnehmer wurde hier dennoch vorgenommen, da sich, wenn die Aufenthaltsorte der Künstler nicht anderweitig ermittelbar waren, am Vor- oder Folgejahr orientiert wurde.

die Kollegen aus Leipzig und Weimar zahlenmäßig wieder stärker hervor, so dass insgesamt der ostdeutsche Raum am besten vertreten war.

Die meisten Künstler waren wie üblich zwischen dreißig und vierzig Jahre alt. Im Vergleich zur Leipziger Ausstellung zwei Jahre zuvor hat sich aber der Anteil der über Fünfzigjährigen mehr als verdoppelt. Corinth, Grethe, Kalckreuth, Klinger, Liebermann, Olde, Thedy, Thoma – auf diese erste Generation moderner Künstler wollte der Bund nach wie vor nicht verzichten. In der Reaktion des Publikums fand das seine Berechtigung, was sich durchweg in den Ausstellungsrezensionen zeigt, deren Autoren nicht müde wurden, eben diese Künstler immer wieder in den Vordergrund zu stellen. So war auch der mit 18 Nummern am besten repräsentierte Künstler, was einer Sonderschau gleichkam, kein geringerer als Liebermann. Außer ihm waren Volkmann, Sterl, Baum und H. W. Wulff überdurchschnittlich gut vertreten. Es wurde aber auch solchen Künstlern größerer Raum zugemessen, die sich aus dem Rahmen des gängigen Impressionismus vorsichtig herausbewegten wie Orlik oder Laage.

Die Anzahl der Neuzugänge war bei dieser Ausstellung etwas geringer als in den vorangegangenen Jahren. Offensichtlich hat man hier noch mehr auf die altbewährten Kräfte gesetzt, was sich am Ende etwas rächte, weil gerade ihnen der Vorwurf entgegenschlug, nichts Neues hervorgebracht zu haben. „Zu bedauern ist ja", so Schumann, der bereits die letzte Künstlerbundausstellung besprochen hatte, „daß eine Reihe der bekanntesten hervorragenden Mitglieder des Künstlerbundes, wie Stuck, Kalckreuth, Böhle, Thoma, Steinhausen nur alte bekannte Sachen geschickt haben; […]."[808] Schumanns Erwartungen an den Künstlerbund waren andere und er fragte sich ernstlich, „sollte das Interesse an der Sache des Künstlerbundes bereits im Schwinden begriffen sein?"[809] Dabei wurde von Schumann übergangen, dass diesen alten Bekannten eine Reihe zukunftsweisender neuer, zum Teil noch sehr junger Künstler gegenübergestellt worden ist. Zum ersten Mal waren etwa Max Brüning, Erich Büttner, Walter Buhe, Feldbauer, Willi Geiger, Alois Kolb oder Moritz Melzer dabei. Sie ergänzten das Feld der modernen Fraktion um Bach, Barlach, Beckmann, Behmer, R. Dreher, Hofer, Kandinsky, Kirchner, Klemm, Laage, Mutzenbecher, Nadler, Orlik, F. Rhein, Tappert, K. Tuch und E. R. Weiss.

Dass mit Schmidt-Rottluff und Heckel zwei weitere Brücke-Künstler vom Bund eingeladen worden sind, war mehr als geboten am Ort ihrer Entstehung. Paul Fechter, der als Feuilleton-Redakteur der *Dresdner Neuesten Nachrichten* die Gruppe sicherlich schon seit einiger Zeit beobachtet hatte, erkannte das Potential, das sich hinter den jungen Künstlern verbarg, als eine „gärende Kraft, der die freieste Form noch nicht frei genug ist und die doch vielleicht eines Tages eine Bereicherung bedeuten wird".[810]

---

808 Schumann 1909, Sp. 410.
809 Ebd.
810 Fechter 1909, S. 372.

Einem Viertel der Teilnehmer kann man hier ziemlich sicher eine fortschrittliche stilistische Orientierung zuweisen. Auch unter den Neuzugängen war ein Viertel der Künstler 1909 als fortschrittlich zu bezeichnen. Wie im vergangenen Jahr in Dresden zeigt sich auch hier ein übereinstimmendes Verhältnis zwischen konventionellen und progressiven Künstlern, sowohl unter den Teilnehmern insgesamt als auch unter den Neuzugängen. Man ist geneigt, darin ein beabsichtigtes Schema zur Vermeidung eines avantgardistischen Übergewicht zu vermuten. Mit der Galerie Ernst Arnold hatte der Künstlerbund aber einen äußerst fortschrittsweisenden Partner an seiner Seite, mit dem er durchaus etwas mehr Fortschritt wagen konnte. Arnold war bekannt für seine avantgardistischen Ausstellungen. So zeigten sich auf dieser Veranstaltung auch nicht nur die modernen Künstler auf dem Vormarsch. Hier wurden auch extrem junge Künstler, gerade mal zwanzig Jahre alt, vorgestellt. Erich Büttner (Jahrgang 1889) etwa, Max Pretzfelder und Felix Heyning (beide Jahrgang 1888) sowie Hans Barthelmeß, Max Brüning, Franz Nitsche und Hans Sutter (alle Jahrgang 1887), die auch alle keine Eintagsfliegen waren und bis zum Ausbruch des Ersten Weltkriegs noch mehrmals beim Künstlerbund ausstellen sollten.

Dem Rahmen der Grafikschau entsprechend waren auch bedeutende Grafiker ihrer Zeit zur Ausstellung eingeladen wie Eduard Einschlag, Peter Halm, A. Kolb, Walter Kühne, Ferdinand Schmutzer oder der Tscheche Viktor Stretti, die alle in diesem Jahr beim Künstlerbund debütierten.

Die größte Aufmerksamkeit kam noch immer den bekannten Größen zu, Liebermann, Slevogt, Corinth, Thoma.[811] Mit einigen bedeutenden Stammspielern des Künstlerbundes wurde aber auch kritischer ins Gericht gegangen. Kalckreuth wurde von Fechter als „merkwürdig konsistenzlos" beschrieben. Klinger und Stuck, Kollwitz und Schmutzer traf der Vorwurf, „in der Hauptsache Bekanntes" oder „oft Gesehenes" gezeigt zu haben.[812] Fechter schloss sich der Argumentation Schumanns an, indem er beklagte: „[...] auch sonst werden manche Beharrungstendenzen merkbar".[813] Zwar entging ihm nicht eine dafür „desto reichere Entfaltung neuer Bestrebungen", die er bei Hofer, Beckmann, Brockhusen, Faure, Schinnerer, W. Geiger, Püttner und „Woldemar Roesler" gesehen habe.[814] Gerade dieser Gegensatz aber – kaum Neues von den „Alten", dafür aber eine erfrischend neue Generation – stimmte Fechner der Ausstellung gegenüber ambivalent. „Denn darin liegt der Charakter dieser Ausstellung, dass sie eine Fülle neuer Erscheinungen bringt und doch von einer Geschlossenheit ist, die hoffnungsvoll, aber auch ein wenig nachdenklich stimmt."[815]

---

811 Vgl. Bender 1909; S. 44, Fechter 1909, S. 371 u. Schumann 1909, Sp. 412.

812 Fechter 1909, S. 371.

813 Ebd.

814 Vgl. ebd. Püttner und Rösler müssen nachträglich hinzugekommen sein. Im Katalog sind sie nicht verzeichnet. Vgl. Deutscher Künstlerbund 1909.

815 Fechter 1909, S. 372.

Der Rezensent im *Kunstwart*, Ewald Bender, war hingegen ganz zufrieden mit dem Altbekannten, dem es ja, nur weil es nichts Neues zeigte, nicht an Qualität mangelte. Dafür bot diese Auswahl doch „so viel gediegene künstlerische Werte, daß man erstaunen konnte".[816] Neben Thoma, Liebermann und Slevogt hob Bender dann aber doch auch Schmutzer, Orlik, Halm und E. R. Weiss und Käthe Kollwitz positiv hervor. Und auch die „beachtenswerte Schar junger Talente" ist ihm nicht entgangen, deren Fähigkeiten für seine Begriffe noch längst nicht ausgereift waren, die aber fast ausnahmslos einen Blick für das Wesentliche zeigten.[817] Benders gewählte Formulierungen von „'kleinmeisterlicher' Kunst", „behaglichem Erzählen" oder „liebesvollem Eingehen ins Einzelwerk, wie die Nahebetrachtung von Schwarz/Weißblättern es erfordert" sind nun nicht gerade passende Attribute für die Beschreibung moderner Kunst.[818] Bender blieb dem Traditionellen verhaftet. Sein größtes Lob galt Schinnerer „mit seinem Zyklus ‚aus dem Leben des jungen Tobias', der mit seinem krausen gemütvollen Erzählerwesen sich so auffallend 'deutsch'" erwiesen hätte.[819]

Hier stießen sichtbar unterschiedliche Interpretationen aufeinander. Dennoch haben alle Autoren die Besonderheit der Schau sehr wohl erkannt. Auch Schumann erkannte „ein erfreuliches Erstarken des künstlerischen Könnens und ein ansehnliches gemeinsames Niveau".[820] Schumann attestierte der Ausstellung insgesamt ein „sehr mannigfaltiges und anziehendes Bild des Standes der graphischen Kunst".[821] Das Urteil fiel insgesamt ähnlich dem Fechters aus. Liebermann, Slevogt, Corinth waren die verlässlichen Lichtgestalten des Künstlerbundes, während von Stuck, Klinger, Kalckreuth, Böhle, Greiner, Thoma oder Schmutzer doch „zum Teil alte und längst bekannte Werke" zu sehen waren.[822]

Die Erwartungen, die an den Künstlerbund gestellt worden sind, hat die Ausstellung dennoch nicht erfüllt.[823] Euphorische Lobgesänge, wie man sie von den Besprechungen der Künstlerbundausstellungen überwiegend gewohnt war, blieben aus. Das Resumée aber lag dem Kern der Absichten des Künstlerbundes gar nicht fern:

> „Die Bedeutung dieser Ausstellung ist eine zweifache. Sie bringt neue Erscheinungen, in deren Unausgeglichenheit Zukunft zu liegen scheint; und zugleich zeigt ihr Niveau die erzieherische Arbeit des letzten Jahrzehnts, die selbst den Potenzen zweiten Ranges noch Möglichkeiten artistischer Kultur schuf."[824]

---

816 Bender 1909, S. 44.
817 Vgl. ebd.
818 Vgl. Bender 1909, S. 45.
819 Ebd.
820 Schumann 1909, Sp. 412.
821 Schumann 1909, Sp. 410.
822 Vgl. Schumann 1908/09, S. 412.
823 „Man erinnert sich [...] des unerwarteten Erfolges, den vor zwei Jahren die von Dr. Willrich im Buchgewebemuseum zu Leipzig arrangierte 1. graphische Ausstellung des Bundes gezeitigt hat." Aus: Der Cicerone, Jg. 1, H. 1, 1909, S. 78.
824 Fechter 1909, S. 371.

Der Künstlerbund setzte nach wie vor auf die Gegenüberstellung von Alt und Neu. Seine Intention war es offensichtlich viel mehr, einen vollständigen Überblick des derzeitigen Kunstgeschehens innerhalb der deutschsprachigen Länder zu zeigen als allein durch Neues in die Zukunft zu weisen. Mit dieser Strategie dominierte weiterhin der Impressionismus, womit sich der Künstlerbund kaum vom künstlerischen Programm der Sezessionen unterschieden hat, die derweil allerdings an einem Punkt angekommen waren, der ihre Notwendigkeit in Zweifel ziehen musste. „Nach den letztjährigen Durchschnittsleistungen", so wurde nach der letzten Frühjahrsausstellung der Münchner Sezession befunden,

> „wird niemand mehr den Anspruch der Sezession anerkennen, einen wichtigen und für die Zukunft entscheidenden Teil der Münchner Kunst zu repräsentieren. Auch ist die künstlerische Existenzberechtigung einer ‚Sezession' nicht mehr gegeben; der Name haftet nur noch am Lokal, nicht mehr an dem Dargebotenen. Aus der Kampfgenossenschaft ist längst eine wohlkonsolidierte Interessengemeinschaft geworden, die nur durch ihr eignes Beharrungsvermögen ohne künstlerische Notwendigkeit ihre Stellung im Münchener Kunstleben behauptet."[825]

Der Berliner Sezession wurde zwar für ihre Sommerausstellung 1909 noch einmal „ein überraschend hohes Niveau"[826] bescheinigt. Doch auch diese Gruppe hatte nach zehn Jahren ihres Bestehens nun gegen einen eingetretenen Stillstand und anhaltende Unstimmigkeiten zu kämpfen. Ihre Winterausstellung 1908/09 wurde um eine Sonderschau mit Werken des 1857 verstorbenen Franz Krüger ergänzt. Ungeachtet Krügers Verdienste zu seiner Zeit, konnte er zu den künstlerischen Herausforderungen zweier Generationen später wenig beitragen. Hermann Voss, Redakteur des *Cicerone* und der Berliner Sezession durchaus noch nicht überdrüssig,[827] konnte sich mit der Idee zu dieser Sonderschau nicht anfreunden: „Nach meiner Empfindung stört sie die Einheit der Ausstellung empfindlicher als irgend etwas Anderes [...]."[828]

Die Berliner Sezession sah ihre Aufgabe noch immer darin, „für die künftigen Klassiker zu kämpfen"[829]. Ihre Protagonisten aber sind längst zu Klassikern geworden. Der Künstlerbund ging in seinem Programm nur wenig über das der Sezessionen hinaus. Die Achtung, die er sich im Laufe der letzten fünf Jahre verschafft hatte, beruhte zu einem entscheidenden Teil auf der Anziehungskraft der etablierten, bewährten Sezessionskünstler. Aber wurden dabei die Erwartungen der progressiven Künstlerschaft erfüllt? Wohl eher nicht, denn inzwischen wurde in Berlin erneut über alternative Ausstellungsmöglichkeiten nachgedacht:

---

825 Die Frühjahrsausstellung der Münchener Sezession 1909, S. 230.
826 Voss 1909, S. 298.
827 Vgl. seine positive Resonanz auf die darauffolgende Sommerausstellung 1909 in: Voss 1909, S. 298.
828 V[oss] 1909, S. 64.
829 M. Liebermann, Vorwort in: Berliner Secession 1907, S. 10.

„Ein Berliner ‚Herbstsalon' wird schon für dieses Jahr von einer Gruppe von Künstlern geplant, die nach Pariser Vorbild eine ‚Ausstellung der Unabhängigen' veranstalten wollen. Es soll eine ganz bestimmte Reihe von Malern und Malerinnen aufgefordert werden, die nach Gefallen ohne Jury eine anzumeldende und zugebilligte Zahl von Werken der Öffentlichkeit präsentieren. Man darf diesem Unternehmen mit großem Interesse entgegensehen. Es stellt sich darin, zum ersten Male seit zehn Jahren, eine Fortbildung des Berliner Ausstellungswesens dar, indem damit gewissen Beschränkungen und Begrenzungen, deren sich die Sezession trotz ihrer Weitherzigkeit in manchem Punkte schuldig gemacht hat, ein Paroli geboten werden soll. Es scheint zwar, als wolle dieser freie Salon mit der Sezession gute Kameradschaft halten (wahrscheinlich wird er sogar in ihrem Hause sein Heim aufschlagen), dennoch kündigt sich hier ein Neues an, das dem Kunstleben der Hauptstadt frisches Blut zuführen kann."[830]

Aus dieser Überlegung ist schließlich 1911 in Berlin durch Hermann Sandkuhl die Juryfreie Kunstausstellung geboren worden, die in der Reichshauptstadt bald zum Forum der Moderne avancierte.

Sicherlich konnte ein Verein von der Größe des Deutschen Künstlerbundes nicht die Erwartungen aller erfüllen, die in Berlin und Dresden zudem andere waren als etwa in München oder Karlsruhe. Die Hoffnung in den Künstlerbund war jedoch 1908 noch nicht von allen aufgegeben worden. Friedrich Selle, der im Sommer 1909 die grundsätzlich notwendig gewordene Verbesserung von Kunstausstellungen überdachte, sah dies „am besten wohl unter Hilfe des deutschen Künstlerbundes" ermöglicht.[831] Bisher hat der Bund allerdings noch zu wenig geleistet, was über die Verdienste der Berliner Sezession hinausgegangen wäre. Die Einführung expressionistischer Tendenzen von Nolde, Beckmann, Kandinsky, Feininger, Jawlensky, Kirchner, Heckel, Schmidt-Rottluff, Klee, Pechstein oder Kokoschka konnte sich die Berliner Sezession gleichfalls auf die Fahne schreiben, zum Teil sogar früher als der Künstlerbund.[832] Doch hatten diese Künstler in der Berliner Sezession eben auch keinen Bestand. Der Kern der Gruppe hat den Expressionismus rigoros abgelehnt.[833] Als Leistikow im Sommer 1908 gestorben war, hatte die Berliner Sezession ihre treibende Kraft verloren. Leistikow wollte einen starken Vorstand, der Wertmaßstäbe setzen konnte, ohne dabei den weniger Talentierten über den Mund zu fahren. Mit ihm brach der Berliner Sezession ein wichtiger Vermittler bei Unstimmigkeiten weg, woran die Gruppe schließlich zerbrochen ist. Dass diese Querelen am Künstlerbund vorbeigegangen sind, zeichnet ihn wiederum als liberale und fortschrittliche

830 Berliner „Herbstsalon" 1909, Sp. 480.

831 Selle 1909, S. 125.

832 Vgl. dazu Paret 1981, S. 240.

833 Hans Purrman, der im Künstlerbund erst in den zwanziger Jahren eine Rolle spielte, hatte 1908/09 versucht, Matisse bei der Berliner Sezession einzuführen. Die Ausstellung erntete keine gute Kritik und wurde bald wieder abgehängt – von Liebermann. Vgl. Doede 1977, S. 45.

Vereinigung aus, die den von den Sezessionen vorbeschriebenen Weg fortführen konnte.

Dass der Kampf um die moderne Kunst noch längst nicht ausgefochten war, zeigte sich auch in der Absetzung Tschudis von seinem Direktorenposten in der Berliner Nationalgalerie 1908. Und dabei ging es nicht um wildgewordene Expressionisten, sondern um die Klassiker des französischen Impressionismus![834] Die Frage ist, ob der Deutsche Künstlerbund den „Kampf" um die moderne Kunst überhaupt führen wollte oder vielmehr ganz bewusst einen behutsamen und diplomatischen Weg eingeschlagen hat, der einen nachhaltigeren Erfolg versprach.

1910: 5. Jahresausstellung in Darmstadt

Von Mai bis Oktober 1910 wurde im Ausstellungsgebäude auf der Darmstädter Mathildenhöhe unter der Schirmherrschaft des Großherzogs Ernst Ludwig von Hessen, der auch das finanzielle Risiko der Ausstellung übernahm und eine Verkaufssumme von 25.000 M. garantierte,[835] die nächste Jahresausstellung des Deutschen Künstlerbundes durchgeführt. Auch in Darmstadt hatte der Künstlerbund das Glück, in ganz neuen Räumlichkeiten ausstellen zu können, denn das Haus ist erst zwei Jahre zuvor fertiggestellt worden. Mit 243 ausstellenden Künstlern und über 400 Exponaten hatte diese Schau den bislang größten Umfang einer Jahresausstellung des Künstlerbundes. Besonders gut besucht war die Ausstellung allerdings nicht. Es wurden lediglich 13.481 Besucher gezählt, was im Vergleich zur Weimarer Schau 1906 mit etwa 17.000 und der Leipziger Grafikschau 1907 mit ca. 20.000 Besuchern eher wenig war.[836] Umso besser lief der Verkauf. Einige Arbeiten haben sich die Museen gesichert.[837] Aber auch „die in Privatbesitz übergegangenen Werke anerkannter

---

834 Zur sogenannten Tschudi-Affäre siehe Berlin/München 1996 u. Paul 1993.

835 Vgl. Römheld an Kalckreuth, 28.12.1909, in: Stadtarchiv Darmstadt, ST 12/13 Nr. 001.

836 Vgl. Großherzogliche Kabinetts-Direktion an das Sekretariat der Kunsthalle Mannheim, 4.1.1913, in: Archiv Kunsthalle Mannheim, Bestand Altakten, Ordner „Künstlerbund 1913, VI". Zu den Besucherzahlen aus Weimar und Leipzig siehe: Die Kunst für Alle, Jg. 22, 1906/07, S. 126. In Bremen zwei Jahre später lag die Besucherzahl ähnlich wie in Darmstadt bei 13.500. Vgl. dazu Pauli an die Kunsthalle Mannheim, 21.12.1912, in: Archiv Kunsthalle Mannheim, Bestand Altakten, Ordner „Künstlerbund 1913, V". 1913 in Mannheim wurden hingegen fast 30.000 Besucher gezählt. Sonst sind nur noch die Publikumszahlen der Hamburger Ausstellung von 1921 bekannt, die mit 16.000 angegeben wurden. Vgl. Kunstchronik und Kunstmarkt, Jg. N. F. 33, 1921/22, S. 162.

837 „Auf der Darmstädter Ausstellung des Deutschen Künstlerbundes hat das Hessische Landesmuseum das ‚Porträt des Fräulein Hasse' von Graf Leopold von Kalckreuth und Franz von Stucks ‚Salome' erworben. Karl Bantzers ‚Familienglück' kaufte das Schlesische Museum in Breslau. Für das Wallraff-Richartz-Museum der Stadt Köln wurde das Gemälde ‚Noli me tangere' des Müncheners Karl Caspar angekauft. Max Pechsteins Zeichnung ‚Weiber' ist von dem Städtischen Museum

Meister und jüngerer Künstler" waren wohl beachtlich.[838] Anfang Oktober, noch vor Ende der Ausstellung, hatten die Verkäufe bereits einen Betrag von 83.000 Mark überschritten.[839]

Zum ersten Mal hat sich der Künstlerbund im Ausstellungskatalog mit einer sechsseitigen Vorrede ihres ersten Vizepräsidenten Harry Graf Kessler zu Wort gemeldet.[840] Vielleicht hat die indifferente, eher schlechter werdende Rezeption der vorangegangenen Veranstaltungen die Künstlerbündler dazu bewegt, sich doch einmal zu ihren Absichten zu äußern. Das bisherige Konzept, den Dingen freien Lauf zu lassen, hat den gewünschten Erfolg nicht gebracht, der ja nicht allein aus hohen Verkaufsresultaten und rundherum positiven Kritiken bestanden hätte, sondern vielmehr aus einer regen Anteilnahme. Die aber war nicht unbedingt gegeben. In seinem Aufsatz ging Kessler zunächst davon aus, dass dem allgemeinen Publikum wohl eine übersichtliche Struktur der Künstlerbundschauen fehlte, ein roter Faden. So versuchte er zu erklären, dass das heterogene Bild der Schauen ein inzwischen nicht mehr zu vermeidendes Merkmal zeitgemäßer Kunstausstellungen wäre. „Die Zeiten scheinen fern, wo alle Künstler eines Landes, einer Epoche eine einzige ‚Schule' bildeten [...]."[841] Auch wenn es sich also um Werke „bloß eines einzigen Kulturkreises, einer einzigen Nation" handelte, so unterschieden sich die ausführenden Künstler doch allesamt voneinander „wie ein griechischer von einem gotischen Bildhauer, oder wie Frans Hals von Fra Angelico".[842] Kessler wies aber auch darauf hin, dass dieser künstlerische Individualismus keinesfalls planlos wäre und die Künstler nun zwar weniger um akademische Gesetze bemüht wären dafür aber „um die inneren und ewigen Gesetze der Kunst" rängen.[843] Die auf den Künstlerbundausstellungen typische Vielfalt war darum kein Qualitätsmangel. Sie zeigte hingegen den Prozess jedes einzelnen Künstlers, einen eigenen Stil, und zwar „nicht einen aufgefrischten alten, sondern einen frischen, unserem eigenen Empfinden angepassten Stil" hervorzubringen.[844] Was schließlich alle diese Künstler verband und ihre Teilnahme an der Ausstellung rechtfertigte, war „die tiefe Einheit der modernen Kunst"[845], die irgendwann eine „neue Kunstsprache", sprich einen neuen Epochenbegriff bedeuten sollte, wie es „das Rokoko für das 18. Jahrhundert, die

---

Elberfeld erworben worden. Das Gemälde Hans Ungers unter dem Titel ‚Sonne' ist nebst der Landschaft des Berliners Robert Hoffmann aus dem Schwetzinger Park von dem Großherzog von Hessen angekauft worden." Aus: Kunstchronik, N. F. Jg. 21, 1910, Sp. 632.

838 Vgl. Kunstchronik, N. F. Jg. 21, 1910, Sp. 632. Vgl. auch Die Kunst für Alle, Jg. 25, 1909/10, S. 574.

839 Vgl. Kunstchronik, N. F. Jg. 22, 1911, Sp. 24.

840 Kessler 1910.

841 Kessler 1910, S. 9.

842 Ebd.

843 Kessler 1910, S. 11.

844 Kessler 1910, S. 13.

845 Ebd.

Renaissance für das 15., die Gotik für das 13. und der Stil des Phidias und Iktinos für die Griechen war".[846]

Kessler sah den Deutschen Künstlerbund als ein Forum für zeitgenössische Kunst, wie sie sich in all ihrer Vielfalt nur darstellen konnte. Dass der Bund mit seinem Konzept tatsächlich den Weg der modernen Kunst verfolgte, zeigt die große Zahl künstlerischer Lichtgestalten, die im Laufe der Jahre von ihm präsentiert worden sind.

Die Jury bestand in Darmstadt nur noch aus zehn Künstlern. Im März wurden in der *Kunstchronik* noch 13 Jurymitglieder angekündigt. Deren Zahl hat sich nicht nur reduziert, die Zusammensetzung der Herren hat sich vielmehr noch grundlegend geändert bis zu deren Zusammenkunft.[847] Neben Beyer, Grethe, Hahn, Kalckreuth, Klinger und Rohlfs waren ursprünglich auch Kuehl, Liebermann, C. Moll, Olde, Trübner, Tuaillon und Uhde vorgesehen.[848] Was den Ausschlag für die Änderung der Zusammensetzung gab, ist aus den bisherigen Untersuchungen nicht hervorgegangen. Die Reduzierung um drei Männer kann finanzielle Gründe gehabt haben. So erkundigte sich der Geschäftsführer der Ausstellung Gustav Römheld im Vorfeld bei Kalckreuth genau nach den eventuell für den Darmstädter Veranstalter anfallenden Jurykosten:

> „Bei unserer Besprechung habe ich vergessen zu fragen, ob die Jurykosten der Ausstellung zur Last fallen. Bejahendenfalls bitte ich um eine gefällige Mitteilung darüber, wie stark die Jury ist, wie lang ihre Tätigkeit dauern dürfte und welche Vergütungen an Tagegeldern und Reisekosten ihren Mitgliedern der Hängekommission zustehen."[849]

Die zunächst eingeplanten Kuehl, Tuaillon und Uhde haben sich auch nicht als Künstler an der Ausstellung beteiligt, so dass man annehmen kann, dass sie in diesem Jahr in jeder Hinsicht anderweitig beschäftigt waren. Die tatsächlich agierenden Juroren haben alle auch selbst ausgestellt. Außer Beyer, Hahn, Rohlfs und Sterl waren sie zudem Mitglieder des Vorstands. Die Juroren gehörten auch in diesem Jahr keinesfalls mehr einer jungen Künstlergeneration an. Die beiden Jüngsten unter ihnen, Beyer und Volkmann, waren bereits über vierzig. Sie waren allesamt verdiente Künstler. Aber Rohlfs, der neuerdings expressionistischen Stilmitteln nachging, war wohl mit Abstand der am fortschrittlichsten geprägte unter ihnen.

Das Prinzip einer etwas überalterten aber verdienten Jury war dem Künstlerbund bereits zu eigen geworden. Die Männer waren nicht mehr jung, dafür erfahren in

---

846 Kessler 1910, S. 14.

847 Vgl. Kunstchronik, N. F. Jg. 21, 1910, Sp. 328.

848 Die Zusammensetzung der Jury siehe im Anhang.

849 Römheld an Kalckreuth, 28.12.1909, in: Stadtarchiv Darmstadt, ST 12/13 Nr. 001. Gustav Römheld (1861–1933) war seit 1904 Direktor des Hessischen Landesmuseums Darmstadt. Er war kunstpolitischer Berater des Großherzogs von Hessen und gehörte zu den Mitbegründern der Darmstädter Künstlerkolonie. 1918 wurde er vom Großherzog in den Adelsstand versetzt und nannte sich dann Gustav von Römheld.

den Prozessen der Ausstellungskunst. Zudem hatten sie die Nöte der nun nachrückenden Generation einmal selbst erlebt und die moderne Kunstbewegung mit angeschoben. Der latenten Konkurrenz zwischen den Kunstzentren konnte diese Jury im Übrigen keinen Vorschub leisten, denn sie war absolut neutral aufgestellt. Jeder von ihnen kam aus einer anderen Region.

Die Zahl der jungen Künstler unter dreißig ist im Vergleich zum Vorjahr merklich zurückgegangen. Gestiegen ist dafür der Anteil der über Vierzigjährigen und sogar der über Fünfzigjährigen. Insgesamt ist die Teilnehmerschaft also etwas älter geworden. Bisher ist bei den Veranstaltungen des Künstlerbundes festzustellen, dass bei den unter Dreißigjährigen die Zahl der Neuzugänge prozentual immer am höchsten war. Unter den jüngsten Künstlern war zudem die Fluktuation am größten. Hierin lag also doch das Experimentierfeld des Bundes. So konnte auch Viktor Zobel, Direktor der Großherzoglichen Kabinettsbibliothek in Darmstadt, anerkennend feststellen, dass zu dieser Ausstellung „besonders die jungen und gärenden herangezogen" wurden.[850]

Das Terrain der fortschrittlichen Künstler formierte sich nach wie vor um Bach, Gaul, Gudden, Kayser, Kraus, Laage, Nolde, Orlik, die etwas jüngeren Caspar, Caspar-Filser, Dreher, Geiger, Hettner, Hofer, Horst-Schulze, Kolbe, Melzer, Nauen, Orlik, Tappert, Weiss und die noch jüngeren Beckmann, Heckel, Pechstein, Rösler und Schmidt-Rottluff. Zu ihnen gesellten sich erstmals die gleichfalls jungen Kräfte Berlit, Buchwald-Zinnwald, Büttner, Scharff, außerdem Albiker, Charlotte Behrend-Corinth, Elkan, Heuser, Lörcher, Richard Müller, Schocken, Waldschmidt und Walther-Kurau, die alle bereits älter als dreißig waren, Walter-Kurau Anfang vierzig.

Einmalig war die Teilnahme von Fritz Bleyl, der als Architekturstudent 1905 zusammen mit Kirchner, Heckel und Schmidt-Rottluf die Brücke gegründet hatte. 1907 schied er bereits wieder aus der Gruppe aus und war fortan ausschließlich als Architekt tätig. In Darmstadt wurde er noch einmal mit zwei Zeichnungen als bildender Künstler gewürdigt.[851]

München stand immer mehr im Schatten der Reichshauptstadt. Kuno von Hardenberg machte hierbei den ganz simplen Gegensatz auf zwischen den „rauheren Berliner Impressionisten" und ihren Münchner Kollegen, die sich „weicher in Akzent, geschmeidiger im Wesen, liebenswürdiger im Vortrag" zeigten.[852] Im Ringen um die Moderne spielte München um 1910 kaum noch eine Rolle, was nicht bedeutete, dass die Stadt keine neuen Kräfte mehr hervorgebracht hätte. Zobels besonderes Interesse weckte etwa Karl Caspar, denn

> „wenn auch seine Bilder zunächst fremd und wie außer uns stehend anmuten, sie kommen uns bei längerer Beschäftigung mit ihnen immer näher, ohne doch im min-

---

850 Zobel 1910.

851 Gezeigt wurden die Titel *Kettenschlepper auf der Elbe* und *Steinmühle*. Vgl. Deutscher Künstlerbund 1910a, S. 39.

852 Hardenberg 1910, S. 222.

desten aggressiv zu sein, und wir lernen diese erdige, außer der Natur liegende Farbe, die mit dem gegenständlichen, im gewöhnlichen und tieferen Sinne religiösen Gehalt der Bilder sich innig verschmilzt, schätzen und lieben".[853]

Auch von Caspars Frau Maria Caspar-Filser, von Emil Feigerl, Willi Geiger sowie den Bildhauern Albiker und Scharff gingen progressive Impulse aus. Eine Reihe junger wie älterer vorwärtsstrebender Kräfte aber war in Darmstadt auch zu vermissen. So etwa Barlach, Brockhusen, Clarenbach, Hodler, Kandinsky, Kirchner, Kollwitz, Mutzenbecher, Nadler, Neuenborn, Rhein, Tuaillon oder Tuch.

Anders als im Jahr zuvor hat der Bund mit dieser Ausstellung wieder eine überwiegend positive Kritik erfahren. Zobel hat der Schau „rein nach der Leistung eine achtunggebietende Höhe"[854] attestiert. Namentlich zählte auch er allerdings wieder Kalckreuth, Thoma, Trübner oder Bantzer auf, deren „starke und reine Bilder" die Qualität der Ausstellung ausmachten, denn sie wirkten „nicht lediglich durch malerische Reize und als Augenfreude".[855]

„Voran die Heerführer mit ihrer bewährten Kunst", begann auch der Chronist der Münchner Kunstszene Georg Jacob Wolf seine Besprechung und meinte damit die „Werke, die anderwärts schon die Feuertaufe erhielten, sich aber hier sympathisch in ein neues Ensemble" einfügten."[856] Neben Kalckreuth, Thoma und Trübner hob Wolf zudem Dill, Habermann, Greiner, Stuck, Hofmann, Liebermann, Vogeler, Unger, Zügel und Corinth hervor. Letzterer hat die Gemüter wieder einmal geteilt. Bis heute wird Corinth gerne in einem Atemzug mit Slevogt und Liebermann genannt. Während man sich über die Leistungen der beiden letztgenannten damals aber schon relativ einig war, fiel das Urteil über Corinth oft ambivalent aus. Corinths derbe Formensprache, die seine Sujets erst zu ihrer starken Wirkung brachte, fand nicht bei allen Anklang. Zobel etwa bedauerte, dass der Künstler sein „wahrhaft großartiges Malenkönnen fast stets in den Dienst einer außerhalb der Kunst liegenden Sensation" stellte. Und daher, so Zobel, „werden wir seiner Bilder, die immer als ein Ganzes von großer Wucht erscheinen, nicht völlig froh".[857] Für Hardenberg hingegen ließ sich Corinth nicht mehr auf den Impressionismus einschränken. Hardenberg sah in Corinth „den bedeutendsten Vertreter" einer „jungen Kunst", die gerade im Schaffen begriffen war. Er habe „seine schon früh umrissene Eigenart mehr und mehr gestählt [...] und immer reifere Früchte seines Genies auftischt."[858]

853 Zobel 1910.

854 Ebd.

855 Ebd.

856 Wolf 1909/10, S. 588. Georg Jacob Wolf (1882–1936) war Kunsthistoriker und Journalist. Zur Zeit der Darmstädter Künstlerbundausstellung hatte er gerade eine Sammlung von Essays über *Kunst und Künstler in München* (Straßburg 1908) sowie eine Monografie über Karl Stauffer-Bern (München 1909) fertiggestellt.

857 Zobel 1910.

858 Hardenberg 1910, S. 216.

Corinth rang den Autoren oft große Aufmerksamkeit ab. Das tat bei Slevogt und Liebermann kaum mehr Not und Hardenberg etwa genügte es, allein den hohen Rang des „interessante[n] und geistreiche[n] Slevogt und [des] vielbeliebte[n] Liebermann" mit einem Satz zu erwähnen. Ihre Werke waren „hinlänglich bekannt [...] und es hieße Eulen nach dem allwissenden Berlin tragen, wollte man sie, die der Stolz der Metropole sind, etwa gar interpretieren."[859] Für eine interessante Ausstellung sorgten vielmehr die Künstler, die Kontroversen hervorriefen.

Für Diskussionen sorgten auch immer die Brücke-Künstler. Sie wurden nicht rundherum abgelehnt, machten die Kritiker aber zuweilen etwas ratlos:

> „So sehr ich Emil Nolde als Graphiker schätze, sowenig sagt mir als Malerei sein ‚Boot im Schilf' zu; nicht wegen seiner wilden Technik oder Untechnik, sondern deshalb, weil diese technische Wildheit, mir nicht den Ausdruck dessen vermittelt, was sie vermitteln möchte. Vielleicht liegt der Fehler nur an mir."[860]

Andere artikulierten ihre Ratlosigkeit durch Witz: „Farbenwüteriche wie Pechstein bereiten mit ihren rohen, nihilistischen, ultramarinen und zinnoberroten Tobsuchtsanfällen den Augen lediglich eine schmerzende Stechpein, und wenn man sie nicht missen mag, so ist es der Kuriosität halber."[861]

Weniger witzig waren die Reaktionen auf die Brücke-Künstler in einem anderen Zusammenhang gemeint. Die Ausstellungssaison 1910 hatte zunächst ziemlich schleppend begonnen, wie in *Kunst und Künstle*r Anfang des Jahres bemerkt wurde:

> „Die Saison setzt zögernd nur ein. Auch in den Kunstsalons merkt man die Reaktion, die zurzeit im deutschen Kunstleben zu spüren ist. Tragisch ist diese Reaktion ja nicht zu nehmen; denn sie ist eigentlich nur ein Ausruhen. Und eine neue Jugend mit einem neuen Wollen wächst in den Ateliers schon heran. Inzwischen sehen aber die Ausstellungen ziemlich farblos aus. Es ist wie in den Theatern: es gibt immer allerlei; aber wer nicht hingeht, verliert eigentlich nichts."[862]

Die Ruhe vor dem Sturm, der nicht mehr lange auf sich warten ließ, wurde ganz richtig erkannt. Zeitgleich mit der Darmstädter Künstlerbundausstellung wurde Mitte Mai in Berlin die erste Ausstellung der gerade gegründeten Neuen Sezession im Kunstsalon Maximilian Macht eröffnet. Nachdem zur Frühjahrsausstellung der Berliner Sezession 89 Gemälde von 27 jungen Künstlern ausjuriert worden waren, haben sich die Refüsierten geschlossen von der Berliner Sezession losgesagt und in der Neuen Sezession wieder zusammengefunden. Geleitet wurde die Gruppe anfangs von Pechstein und Tappert. Die damaligen Brücke-Künstler waren allesamt zu der neuen Vereinigung übergewechselt. Sie hatten sich geschlossen in einem

859 Hardenberg 1910, S. 222.
860 Schölermann 1910a, Sp. 488.
861 Hardenberg 1910, S. 215.
862 Kunst und Künstler, Jg. 8, 1910, H. 2, S. 123.

rot gestrichenen Raum präsentiert, die von der Presse als „Schreckenskammer“[863] bezeichnet wurde. Die Besucher waren teilweise derart wütend und schockiert, dass sie die Bilder beschädigten.[864] Vielleicht durch die roten Wände, sicher aber wegen ihrer geschlossen Präsentation erschienen die Brücke-Künstler hier viel radikaler als auf der Künstlerbundausstellung. Eine schockierende Wirkung lag auch sicher nicht im Sinne des Künstlerbundes, der sich ja *allen* neuen, wie auch noch den älteren Richtungen verschrieben hatte. In kleinem Rahmen aber – die Ausstellung der Neuen Sezession zeigte nur 56 Arbeiten von 27 Künstlern[865] – und mit der entsprechenden Inszenierung, konnte sich die Gruppe skandalös in Szene setzen. Die Gründungs-Ausstellung der Neuen Sezession markierte nun eindeutig in Berlin den Bruch zwischen Impressionismus und Expressionismus. Die Berliner Sezession verteidigte ihre Juryentscheidung im Katalogvorwort damit, dass sie in der Zusammenstellung der Ausstellung lediglich ihrem „Programm treu geblieben“[866] war und erklärte ganz ehrlich, dass doch „die Revolutionäre von gestern die Klassiker von heute geworden“ wären.[867]

Der größte Unterschied zwischen Berliner Sezession und Deutschem Künstlerbund lag schon immer in der stark internationalen Ausrichtung der Sezession. Bezeichnend ist, dass die Berliner Sezession unter dem neuen Vorsitz von Corinth im folgenden Jahr zahlreiche französische Expressionisten gezeigt hat – unter anderem Picasso, Braque, Derain, Friesz, Dufy, Marquet –, den deutschen Expressionisten aber keine Chance gegeben hat. Corinth begründete im Vorwort des Katalogs zur 21. Ausstellung der Berliner Sezession, diejenigen jungen französischen Expressionisten in die Schau mit aufgenommen zu haben, „die wir glaubten nicht dem Publikum und namentlich nicht den Künstlern vorenthalten zu dürfen“.[868] Damit brüskierte Corinth die deutschen Expressionisten noch mehr als es die vorjährige Ausjurierung getan hatte und er stellte deren Qualität vollkommen in Frage. Die Berliner Sezession zeigte sich damit als nicht mehr in der Lage, künstlerisches Potential zu erkennen. Die treuen Verfechter des Impressionismus unter den Kunstkritikern taten sich gleichfalls schwer, den Beginn einer neuen Kunstepoche zu akzeptieren. Karl Scheffler hat der neuen Bewegung nicht viel zugetraut und war sich ganz sicher, dass sich „bedeutende und persönliche Künstler aus den Reihen dieser jüngsten Dekorativen nicht erheben werden“.[869] Und sogar Paul Cassirer, von dem man sicher mehr Weitsicht hätte erwarten dürfen, stieß nun an seine Grenzen. Nolde etwa schätzte er ganz und gar nicht, bezeichnete seine Kunst als eine, „die auf den Misthaufen gehört“, als „Kunst, die verwesen muß, ehe sie gelebt

863 Daemgen 2011, S. 24.
864 Vgl. Kunstchronik, N. F. Jg. 21, 1910, S. 489. Vgl. auch Pechstein 1960, S. 41f.
865 Vgl. Kunstchronik, N. F. Jg. 21, 1910, S. 440.
866 Vorwort, in: Berliner Sezession 1910, S. 9.
867 Vorwort, in: Berliner Sezession 1910, S. 11.
868 Ebd.
869 S.[cheffler] 1910, S. 525.

hat."[870] Dabei haben sie offenbar alle vergessen, wie schwer es bisher jede neue Kunstbewegung bis zur Etablierung hatte. „Alles Neue in der Kunst wird als ein Ärgernis geboren", wurde Alfred Hagelstange, seit 1908 Direktor des Kölner Wallraff-Richartz-Museums, in der *Kunstchronik* zitiert. „Wir haben es oft genug erlebt im 19. Jahrhundert, daß denen, die man beim ersten Auftreten gesteinigt hatte, später goldene Kränze gewunden wurden."[871]

Einen Skandal haben die Künstlerbundausstellungen bisher nicht ausgelöst. Aber das lag, wie gesagt, auch sicher nicht in der Absicht des Bundes. Extravaganzen wie denen der Dresdner Brücke hat der Bund aber zugestimmt, im Gegensatz zur Berliner Sezession, die diesen Schritt nicht weiter gehen wollte. Nun hat der Künstlerbund damit begonnen, sich aus dem Schema der Berliner Sezession herauszubewegen. Gelungen ist ihm dies, weil er die Streitigkeiten, die innerhalb der Sezession eskalierten, in den eigenen Reihen offensichtlich abwehren konnte.

Ein Vergleich der Berliner Sezession mit dem Deutschen Künstlerbund, der von Anfang an als eine Art Überorganisation der Sezessionen betrachtet worden ist, wurde nun immer schwerer. Die Absicht des Künstlerbundes, einen nahezu vollständigen Gesamtüberblick des deutschen Kunstschaffens zu zeigen, bekam mehr und mehr seine Berechtigung. Diese starke Heterogenität der Künstlerbundschauen wurde von der Kritik bislang immer noch als Nachteil gesehen, da sich die einzelnen Richtungen allzu leicht in dem großen Ganzen verlieren konnten. Nach dem Auseinanderbrechen der Berliner Sezession musste dieser Kritikpunkt in ein neues Licht gestellt werden. Schölermann, der an der Künstlerbundausstellung 1906 in Weimar kaum ein gutes Haar gelassen hatte, sah in der Darmstädter Schau trotz einer immer noch „vorherrschenden Unruhe" zumindest eine deutliche Verbesserung gegenüber Weimar, „wo das planlose Durcheinander dem Ansehen des Bundes geschadet" hätte.[872] Schölermann sah nach wie vor ein grundlegendes Problem in der künstlerischen Liberalität des Bundes, die leicht zu Orientierungslosigkeit führen konnte. Es brauchte schon irgendeinen „zuverlässigen Maassstab", nach dem man über gute oder schlechte Kunst urteilen könnte.[873] Wie schon in seiner Rezension von 1906 ermahnte Schölermann die Jury daher zu größerer „Strenge", die in der „gegenwärtigen Kunstkrisis" unerlässlich geworden wäre. Er sah im Künstlerbund durchaus eine „Schutzgemeinschaft" für junge Talente. Doch ein „Alles ist erlaubt" nutzte hier wenig, wenn sich die Einzelnen nicht wieder in der Masse verlieren wollten. Denn hierin lag „der wunde Punkt unserer Zeit [...]. Dem Starken vergeben wir jedes ‚Verbrechen' gegen Gesetz und Regel, der Schwäche, die sich wild gebärdet, nicht."[874]

Die latente Orientierungslosigkeit zwischen Neuem und Altem blieb. Ganz klar war den Rezensenten die angestrebte Positionierung des Künstlerbundes noch

870 Cassirer an Leo von König, in: Berlin 1988b, S. 14.
871 Kunstchronik, N. F. Jg. 22, 1911, Sp. 150.
872 Schölermann 1910b, S. 614. Vgl. auch Schölermann 1910a, Sp. 486.
873 Vgl. Schölermann 1910b, S. 615.
874 Ebd.

immer nicht. Schölermann beklagte auch dieses Mal die „schwache[n] Erzeugnisse von bekannten Namen".[875] Trotz einiger weiterer Schwachstellen in der Auswahl hätte der „frische Eindruck des Ganzen" jedoch reichlich dafür entschädigt.[876] Die diesjährige Künstlerbundausstellung betrachtete Schölermann als „Übergangszeit". Sie war besser als die Weimarer Schau, doch die kommenden Jahre verlangten eine doch strengere Auslese.[877]

Die Künstlerbundausstellungen wurden von der Kunstkritik unterschiedlich aufgenommen und waren von jeher umstritten. „Dem Freunde seiner Zeit sind sie eine Quelle der Anregung, dem Modesnob ein Bedürfnis und dem Banausen ein ‚voi che entrate'".[878] Die Perspektive der konservativen Kritik gestaltete sich wie gewohnt etwas anders. Wenn Zobel die Ausstellung am Ende als „eine der besten des Künstlerbundes"[879] befand, so lag sein Fokus eher auf den Arbeiten von Schmoll von Eisenwerth, Volkmann, Cissarz, G. Altheim oder Kleukens. Zudem war Zobel Mitglied der Geschäftsleitung der Ausstellung und somit wohl nicht ganz unbefangen, was die Vermittlung eines möglichst positiven Ausgangs der Veranstaltung betrifft. Nicht weniger kritisch muss man die Schlussfolgerung im *Cicerone* bewerten, in der die Schau als „interessante Übersicht des modernsten Schaffens unserer deutschen Künstlerwelt" zusammengefasst wurde.[880] „Modern" kann hier nur im Sinne von „zeitgenössisch" zu verstehen sein. Denn der Artikel beklagt zugleich, dass sich neben den bereits nobilitierten Malern Thoma, Trübner, Kalckreuth, Corinth, Liebermann, Slevogt und Stuck zwar noch weiteres „achtbares Niveau" fände, doch „nirgends Überraschungen".[881] Die Präsentation junger, mitteilungsbedürftiger Künstler in einer Zeit voller Umbrüche musste aber zwangsläufig zu Überraschungen führen.

Doch gerade in den Unstimmigkeiten der Rezeptionen lag der Wert der Veranstaltungen. „Was den Kampf der Meinungen nicht entfachen kann, beweist damit", so war sich Hardenberg sicher, „daß ihm das wahre Lebenselixier fehlt, daß es keine Berechtigung hat in diesen Tagen einer besonders schnellen Evolution".[882] Tatsächlich überwogen nach wie vor die inzwischen konventionell gewordenen Richtungen um den Impressionismus. Denn auch in Darmstadt wurden die progressiven Kräfte derart begrenzt, dass sie weder im Gesamtfeld, noch unter den Neuzugängen einen Anteil von 25 Prozent überschritten hätten. Aber mit Künstlern wie Caspar, Heckel, Heuser, Hofer, Melzer, Nauen, Nolde, Pechstein, Heinrich

875 Schölermann 1910b, S. 616.

876 Schölermann 1910a, Sp. 486.

877 Schölermann 1910b, S. 617.

878 Hardenberg 1910, S. 214. „Voi che entrate" ist wohl eine Anspielung auf den dritten Gesang, Vers 9, aus Dantes *Inferno* seiner *Göttlichen Komödie*: „Lasciate ogni speranza, voi ch'entrate!" („Lasst, die ihr eintretet, alle Hoffnung fahren!").

879 Zobel 1910.

880 Der Cicerone, Jg. 2, 1910, S. 364.

881 Ebd.

882 Hardenberg 1910, S. 214.

Richter, Schmidt-Rottluff, Tappert, Uphoff, Waldschmidt oder Hans Walther war der Weg zum Expressionismus gelegt. Vor allem die selbstverständlich gewordene Teilnahme der Brücke-Künstler zeigt die Bereitschaft des Künstlerbundes, grundsätzlich alle neuen Kräfte zuzulassen, zeigt aber auch den Weitblick der Jury, hierbei Nachhaltiges herauszufiltern. Anders als auf der Ausstellung der Neuen Sezession, fiel die Dresdner Extravaganz in Darmstadt allerdings kaum auf und man konnte sie als ein Experiment unter anderen schlicht hinnehmen. Vielleicht trug gerade diese unauffällige Inszenierung der progressiven Kunst dazu bei, deren Akzeptanz beim Publikum zu erreichen.

Schölermann kam nach wie vor zu dem Schluss, dass „die Hoffnungen, die sich an die Gründungen des Deutschen Künstlerbundes [...] knüpften, [...] bisher nur teilweise verwirklicht" worden wären.[883] Um dem entgegenzuwirken, müsste der Künstlerbund den künstlerischen Maßstab in Zukunft noch höher ansetzen und „mit wenigem mehr geben und nur vom guten das Beste" durchlassen.[884] Ungeachtet der Erfolge oder Misserfolge der einzelnen Künstlerbundausstellungen lässt sich im Jahr 1910 für den Künstlerbund als Institution dennoch ein Erfolg feststellen. Die für das folgende Jahr in Rom zu beschickende Internationale Kunstausstellung verursachte im Vorfeld eine ähnliche, wenn auch sehr viel abgeschwächtere Diskussion wie zur Weltausstellung in St. Louis. Um nachfolgenden Streitigkeiten vorzubeugen, vor allem aber um ein konkurrenzfähiges Bild des deutschen Kunstschaffens auf der Ausstellung zu hinterlassen, wurde vom Reichskanzler Bethmann Hollweg beim Kaiser die Eingabe gemacht, bei der Organisation der deutschen Abteilung in Rom von einer alleinigen Durchführung durch die Allgemeine Deutsche Kunstgenossenschaft abzusehen und stattdessen die Leitung einem Generalkommissar mit beratender Kommission zu übertragen.[885] Der Kaiser willigte ein, unter der Voraussetzung, „daß eine Betheiligung der Sezession bei der Ausstellung nicht stattfinden wird."[886] Die Kunstgenossenschaft war mit dem Beschluss zu einer unabhängigen Kommission natürlich nicht einverstanden. Ihre Argumentation bei dem Versuch, die Entscheidung des Kaisers unwirksam zu machen, aber ist interessant, denn sie holte sich dafür den Deutschen Künstlerbund ins Boot. Um der Gleichberechtigung aller deutschen Künstler willen konnte eine derart wichtige Aufgabe nicht von einer handvoll von Einzelpersonen ausgeübt werden. „Um alle Weiterungen zu vermeiden und jedem deutschen Künstler sein Recht zur Teilnahme an der römischen Ausstellung zu wahren", so hieß es in der Petition, „halten wir es für unbedingt notwendig die vorhandenen beiden großen Künstlerverbände Deutschlands die ‚Allgemeine Deutsche Kunstgenossenschaft' und den ‚Deutschen Künstlerbund'

883 Schölermann 1910a, Sp. 485.
884 Schölermann 1910a, Sp. 488.
885 Vgl. Bethmann-Hollweg an Wilhelm II, 26.7.1909, Abschrift in: GStA PK, I. HA Rep. 89, Geheimes Zivilkabinett, Jüngere Periode, Nr. 20572, Bl. 29–33, hier Bl. 30.
886 I. W. an Bethmann-Hollweg, 11.8.1909, in: GStA PK, I. HA Rep. 89, Geheimes Zivilkabinett, Jüngere Periode, Nr. 20572, Bl. 36.

mit dieser Aufgabe zu betrauen."[887] Zwar räumte die Kunstgenossenschaft ein, dass sich „die Anschauungen der beiden Verbände [...] nicht in allen Punkten" deckten. Das Resultat aber werde „den einzig richtigen Wertmesser der deutschen Kunst abgeben".[888] Die Ausstellungskommission wurde schließlich aus sechs Herren zusammengesetzt, von denen zwei der Kunstgenossenschaft zugehörten, vier aber Mitglied des Künstlerbundes waren. Auch dieses Ereignis stärkte das Renommee des Bundes.

1910: 3. Grafikausstellung in Hamburg

1910 wurde erstmals in der Geschichte des Deutschen Künstlerbundes zusätzlich zu einer Jahresausstellung im selben Jahr eine Grafikschau veranstaltet. Zwei Tage nach dem Beginn der Ausstellung in Darmstadt wurde in der Hamburger Galerie Commeter die dritte grafische Ausstellung des Bundes eröffnet. Die Galerie Commeter hat vom Beginn ihres Bestehens in den 1820er Jahren an das Hamburger Kunstleben wesentlich geprägt. Mit Ausstellungen des Expressionismus hatte die Galerie das Publikum inzwischen zwar bereits mit der Moderne vertraut gemacht. Dennoch tat dem Hamburger Publikum „eine Berührung mit großer moderner Kunst bitter not", wie man Wilhelm Waetzoldt entnehmen kann.[889] Eine Zusammenarbeit musste im Sinne des Künstlerbundes wie auch der Stadt Hamburg liegen. „Eigentlich bestand die Absicht, auch in Hamburg Gemälde und Skulpturen auszustellen. Da es aber an geeigneten Ausstellungsräumen vollkommen fehlt, mußte dieser Plan leider aufgegeben werden."[890] Zu einer Jahresausstellung ist es in Hamburg erst 1921 gekommen.[891]

Obwohl es sich also vorerst nur um eine Grafikausstellung handelte, wurden dem Katalog sowohl ein Vorwort als auch ein kurzer Aufsatz beigefügt. Kalckreuth, der das Vorwort verfasst hat, markierte Hamburg als idealen Ort für eine Grafikausstellung, wo „die Zahl der Sammler für Radierungen, Lithographien und Handzeichnungen lebendiger Meister" besonders hoch war.[892] Verständlich, dass der Künstlerbund diese Sammler nur allzu gerne auch für das Gebiet der modernen Malerei gewonnen hätte. So widmete sich der Aufsatz von Lichtwark, Direktor

887 Franz Schmid-Breitenbach u. Wilhelm Löwith an Delbrück, 14.2.1910, Abschrift in: GStA PK, I. HA Rep. 89, Geheimes Zivilkabinett, Jüngere Periode, Nr. 20572, Bl.69, 70, hier 69.
888 Franz Schmid-Breitenbach u. Wilhelm Löwith an Delbrück, 14.2.1910, Abschrift in: GStA PK, I. HA Rep. 89, Geheimes Zivilkabinett, Jüngere Periode, Nr. 20572, Bl.69, 70, hier 70.
889 Waetzoldt 1910, S. 411.
890 Ebd.
891 Die Ausstellung des Künstlerbundes 1921 fand in der Hamburger Kunsthalle statt. Offenbar machte erst die Erweiterung der Kunsthalle durch Fritz Schumacher in den Jahren 1912–1919 eine große Ausstellung des Künstlerbundes möglich.
892 Kalckreuth 1910.

der Hamburger Kunsthalle und seit der Gründung des Künstlerbundes mit diesem verbunden, gleichfalls der Sammeltätigkeit. Da der Verkauf bei den Grafikausstellungen eine noch größere Rolle spielte als bei den Jahresausstellungen, da sich Schwarz-Weiß-Arbeiten besser verkaufen ließen, war der Aufsatz in diesem Katalog an der richtigen Stelle platziert. Das Sammeln von Kunst, versuchte Lichtwark zu vermitteln, treibe schließlich deren Produktion entscheidend an und so warb er für die Sammeltätigkeit im Allgemeinen, die „zu den unerläßlichen Vorbedingungen der höchsten Bildung" gehörte.[893] Zur vollständigen Information der Interessenten wurden den verkäuflichen Arbeiten die Preise im Katalog beigefügt.

Neben grafischen Arbeiten wurden in Hamburg zusätzlich vereinzelte Werke der Bildhauerkunst gezeigt. Die kleine Auswahl von 15 Plastiken scheint aber eher als dekoratives Beiwerk eingesetzt worden zu sein denn als „statement". Zudem hier mit Gaul, Klimsch, Hugo Lederer und Tuaillon vornehmlich ältere Bildhauer zum Zuge kamen.

Die Jury für die Hamburger Grafikausstellung fiel mit sieben Juroren kleiner aus als je zuvor.[894] Die Tendenz, bei Grafikschauen eine kleinere Jury walten zu lassen, hat sich aber in den folgenden Jahren durchgesetzt. Ursprünglich waren noch Carl Moll und Slevogt als Juroren vorgesehen.[895] Sie haben sich, anders als in Darmstadt, auch beide nicht als Künstler an der Schau beteiligt. Die tagenden Juroren hingegen brachten sich, bis auf Bantzer, wie gewohnt auch mit eigenen Arbeiten ein.

Wenn die Jury bei den bisherigen Künstlerbundveranstaltungen konsequent durch eine ältere Generation vertreten war, so kam dieses Prinzip hier noch deutlicher zum Tragen. Der Jüngste von ihnen war mit 35 Jahren Alfred Sohn-Rethel. Die meisten waren Mitte fünfzig, Grethe ging bereits auf die Sechzig zu. Ihren eigenen Stil konnte man nicht mehr fortschrittweisend nennen. In ihrer Auswahl aber zeigten sie ihren Willen, den Nachwuchs vorzulassen. Darunter waren einige, von denen man heute kaum mehr etwas weiß. Aber auch solche, die später im Zusammenhang anderer moderner Künstlergruppen noch von sich Reden machten wie etwa die Mitglieder der Novembergruppe Bernhard Hasler, Heinz Fuchs und Otto Möller[896], die hier zum ersten Mal beim Künstlerbund zu sehen waren.

Wie immer auf den Grafikausstellungen wurden aber auch Künstler gezeigt, die besonders auf dem Gebiet der grafischen Kunst auffielen, sonst aber weniger in Erscheinung traten. Engelhardt-Kyffhäuser kann hier genannt werden, auch Leonhard Fanto, Luigi Kasimir oder Hans Förster und Erich Hübner, die wie Orlik die Eigenarten des japanischen Holzschnitts verfolgten. All diese noch recht jungen Künstler haben 1910 beim Künstlerbund in Hamburg debütiert. Desgleichen hat sich der junge Hans Meid hier „mit seinen Radierungen bemerkbar" gemacht, woran

893 Lichtwark 1910.
894 Die Zusammensetzung der Jury siehe im Anhang.
895 Vgl. Kunstchronik, N. F. Jg. 21, 1910, Sp. 328.
896 Nicht zu verwechseln mit dem gerade der Brücke beigetretenen Otto Mueller, der beim Künstlerbund erst ab 1921 ausstellte.

noch 1913 erinnert wurde.[897] Für den Künstlerbund war Meid kein unbeschriebenes Blatt mehr. Er hatte bereits 1906 in Weimar beim Bund ausgestellt, da war er gerade 23 Jahre alt. Hier in Hamburg wurde er mit dem Villa-Romana-Preis ausgezeichnet.

Der Anteil der Neuzugänge fiel auch bei dieser Ausstellung etwas geringer aus als bei den ersten Veranstaltungen des Künstlerbund in Berlin, Weimar und auch 1907 noch in Leipzig. Mehr als die Hälfte der Teilnehmer dieser Hamburger Schau hatte bereits zuvor beim Künstlerbund ausgestellt. Die meisten Künstler kamen wieder aus Berlin. Mit den Kollegen aus Dresden, Leipzig und Weimar war die Hälfte der Teilnehmerschaft in Ostdeutschland beheimatet. Auch Hamburg war als Veranstaltungsort mit 17 Teilnehmern besser denn je vertreten.

Wieder zeigt sich eine zahlenmäßig vergleichsweise schwache Münchner Künstlerschaft, die in ihren Reihen nach wie vor aber einige zukunftsweisende Namen barg wie Geiger, Kandinsky, Klemm, Laage, Scharff oder Thiemann, der vor allem mit modernen Techniken des Holzschnitts von sich reden machte. Auffallend jünger als sonst waren die Teilnehmer aus Karlsruhe und Stuttgart aus. Hier machte es sich bemerkbar, dass Thoma, Trübner und Dill aus Karlsruhe sowie Haug, Hölzel, Gaupp und Poetzelberger aus Stuttgart dieses Mal nicht teilgenommen hatten.

Im Vergleich zu den Vorjahren haben auf dieser Ausstellung die jungen Künstler zahlreicher debütiert.[898] Dies wäre wohl eine positive Bilanz für die Vereinigung, wenn sich nicht zugleich zeigen würde, dass unter den Neuzugängen aller Altersstufen außer dem jungen Rudolf Großmann keine nennenswerten fortschrittlichen Künstler waren. So wurde der Kreis der zukunftsweisenden Künstler wieder durch Büttner, Heckel, Hugo Krayn, Pechstein, Preetorius, Gustav Schaffer, Scharff und Schmidt-Rottluff, die noch den jungen Nachwuchs repräsentierten, sowie Bach, Behmer, Berndt, Dreher, Gaul, Geiger, Hettner, Hofer, Kandinsky, Kayser, Kirchner, Kollwitz, Laage, Melzer, R. Müller, Mutzenbecher, Nadler, Nauen, Nolde, Orlik und Tappert bestimmt.

Unter den ältesten Teilnehmern finden sich mit Baum, Corinth, Grethe, Hodler, Kalckreuth, Klinger, Liebermann, Olde und Rohlfs die üblichen Künstlerbundvertreter der ersten Stunde. Sie waren schon damals prominent und haben sich frühzeitig und regelmäßig als Aussteller im Künstlerbund eingebracht. Der alte Rohlfs, nur Grethe und Liebermann waren noch älter, war der einzige von ihnen, der noch einen eklatanten Stilwechsel durchgemacht hatte. Waetzoldt nannte ihn in seiner Rezension in einem Satz mit Nolde, Heckel und Kirchner, als wäre ihm gar nicht aufgefallen, dass Rohlfs gar nicht mehr zu den „Jüngeren" gehörte.[899]

Der Schwierigkeit, sich mit den neuen Wegen der Künstler zu arrangieren, diese zu verstehen versuchen oder sogar Gefallen an ihnen zu finden, haben sich manche

---

897 Vgl. Wesen und Bedeutung des Deutschen Künstlerbundes 1913.

898 Nur 1907 in Leipzig gab es noch mehr junge Künstler unter den Neuzugängen.

899 „Unter den Jüngeren fallen die kräftigen Blätter von Nolde und die auf das Notwendigste reduzierten Arbeiten von Heckel, Rohlfs und Kirchner auf." Aus: Waetzoldt 1910, S. 411.

Kritiker offen gestellt. Schölermann konnte sich durchaus vorstellen, dass man die damaligen künstlerischen Experimente „vielleicht dereinst als historischen Wendepunkt der Entwicklung erkennen" werde.[900] Vorausgesetzt, diese Versuche führten am Ende „zu einer höheren Gebundenheit [...], die mit Stil identisch ist."[901] Dahingehend hatte Waetzold keine Bedenken. Er sah die Schwächen der Ausstellung „weniger [...] nach der Seite exzentrischer Eigenwilligkeit hin als vielmehr in der Richtung des banalsten Mittelgutes".[902] Die Erwartungen waren gesteckt, die Offenheit gegenüber Extravaganzen wurde erprobt, Durchschnitt wollte man auf einer Künstlerbundausstellung nicht mehr sehen. In der Präsentation neuer Stilmittel aber blieb der Bund zurückhaltend. Wie in den Jahren zuvor auch waren die progressiven Künstler, die sich merklich aus dem impressionistischen Gesamtbild der Ausstellung heraushoben, auf ein Viertel der Teilnehmerschaft beschränkt. Als Zufall mag man diese Regelmäßigkeit kaum mehr gelten lassen. Unter den Neuzugängen war die Zahl der fortschrittlichen Künstler hier in Hamburg sogar merklich geringer ausgefallen als je zuvor. Gerade vor dem Hintergrund der großen Krisen, die die Sezessionen in diesen Jahren durchlebten, kann man dem Künstlerbund aber auch keinen Stillstand vorwerfen. Seine bislang erzielten Verdienste wurden durchaus erkannt:

> „Man wollte dem Zustand ein Ende machen helfen, daß die eigenartigen und wertvollen Persönlichkeiten zugunsten der Vielen unterdrückt würden. Und in dieser Richtung hat der Künstlerbund in der kurzen Zeit seines Bestehens, mehr noch als die einzelnen Sezessionen, durch das Veranstalten jährlicher Ausstellungen, durch das Geltendmachen seines Einflusses bei der Beschickung internationaler großer Kunstausstellungen; vor allem durch das Schwergewicht einmütigen Handelns in manchen Angelegenheiten des Kunstlebens außerordentlich Gutes nicht nur für sich und seine Angehörigen, sondern auch für die Allgemeinheit geleistet und dazu beigetragen, daß das Ringen um eine eigene Sprache nicht mehr wie ein seltsames und launenhaftes Beginnen, sondern als Leben von unserem Leben empfunden wird."[903]

1911: 6. Jahresausstellung in Leipzig

Bis zum Kriegsausbruch folgten nun wieder regelmäßige Jahresausstellungen. 1911 war zunächst eine Ausstellung in Berlin vorgesehen. Schließlich ist aber Leipzig als Austragungsort gewählt worden.[904] Die Schau war mit einer Laufzeit von drei Monaten für eine Jahresausstellung des Künstlerbundes vergleichsweise kurz. Bislang dauerten die Jahresausstellungen stets fünf Monate. Die kurze Laufzeit lag in diesem Fall wohl daran, dass die Veranstaltung in die *Leipziger Jahresausstellung*

---

900 Schölermann 1910b, S. 617.
901 Schölermann 1910a, Sp. 486.
902 Waetzoldt 1910, S. 411.
903 Zobel 1910, S. 993.
904 Vgl. Kunstchronik, N. F. Jg. 22, 1911, Sp. 187 u. Kunstchronik, N. F. Jg. 22, 1911, Sp. 249.

eingebunden war, mit der sich die 1910 gegründete Leipziger Sezession zusammen mit dem Leipziger Künstlerbund und dem Leipziger Künstlerverein zum zweiten Mal dem Publikum präsentierte.[905] Austragungsort war das Städtische Kaufhaus in der Leipziger Innenstadt, dessen Raumverhältnisse wenig optimal waren.[906] Ein Umstand, mit dem der Künstlerbund zuvor nie konfrontiert worden ist. Bisher standen ihm immer neue oder frisch renovierte Häuser zur Verfügung. Dennoch erhoffte man sich bei einem Erfolg dieser Schau, „daß die Stadt das Vertrauen der auswärtigen Künstler damit" lohnte, „daß sie sich zur Erbauung einer würdigen Ausstellungshalle"[907] entschlösse.

Im Umfang hatte die Ausstellung alle vorangegangenen Künstlerbundausstellungen erneut übertroffen. Diesmal war vor allem der Anteil der ortsansässigen Künstler erheblich höher als sonst. Eine Besonderheit dieser Veranstaltung war eine integrierte Architekturabteilung, in der 13 Architekten aus Leipzig sowie Heinrich Quint aus Hildesheim die Gelegenheit hatten, ihre Arbeit vorzustellen. Architekten konnten zwar von Anfang an Mitglied im Künstlerbund sein.[908] Auf dieser Ausstellung aber gab es erstmals eine explizite Architektur-Abteilung. In ihrer Zusammensetzung war sie allerdings eine rein lokale Angelegenheit und stand mit dem Künstlerbund eher nicht in Verbindung. Denn organisatorisch fiel diese Ausstellung aus den üblichen Richtlinien der Veranstaltungen des Künstlerbundes heraus, indem dessen Handlungsspielraum durch insgesamt vier beteiligte Organisationen erheblich beschnitten war.

Dies zeigte sich zu allererst in der Besetzung der Jury, die mit 18 Mitgliedern unverhältnismäßig groß angelegt war. Nur sechs der Juroren aber konnten direkt vom Künstlerbund gestellt werden, die übrigen gehörten den drei Leipziger Veranstaltern an, denen allein auch die Ausstellungsleitung übertragen war.[909] Die Leipziger Juroren waren, bis auf zwei, dem Künstlerbund allerdings auch bereits verbunden, als Mitglieder oder ehemalige Ausstellungsteilnehmer. Klinger war bemerkenswerterweise dem Künstlerbund zugeordnet, obwohl er die ortsansässigen

---

905 Der Leipziger Künstlerbund war keine Ortsgruppe des Deutschen Künstlerbundes, wie man dem Namen nach vermuten könnte. Die Bezeichnung „Künstlerbund" war damals äußerst populär. Vgl. dazu oben, S. 91. Es gab in fast jeder Region und Stadt einen eigenen Künstlerbund. Zu den drei lokalen Veranstaltern der Leipziger Jahresausstellung siehe: Kunstchronik, N. F. Jg. 22, 1911, Sp. 248 u. 315 sowie Der Cicerone, Jg. 3, 1911, S. 181 u. 231.

906 Vgl. Biermann 1911, S. 458. Der Name „Kaufhaus" ist hier irreleitend, denn es handelte sich nicht um ein Kaufhaus im gebräuchlichen Sinne, sondern um ein Messehaus.

907 Leipziger Jahresausstellung 1910/11, S. 451.

908 Im Mitgliederverzeichnis von 1906 waren bereits zwölf Architekten verzeichnet, darunter Peter Behrens, Theodor Fischer, Josef Hoffmann, Josef Olbrich und Bruno Paul.

909 Vgl. Deutscher Künstlerbund 1911. Die Zusammensetzung der Jury siehe im Anhang.

Mitveranstalter gleichfalls vertrat. Die übrigen Künstlerbundjuroren kamen bis auf Kalckreuth allesamt aus dem ostdeutschen Raum, aus Berlin, Leipzig, Weimar oder Dresden. Aus dem Süden des Landes, also auch aus München, wurde niemand hinzugeholt. Die Schau war rein ostdeutsch bestimmt, wobei den örtlichen Veranstaltern offensichtlich mehr Einfluss zukam, als es für Künstlerbundausstellungen sonst üblich war. Diese Bedingungen haben den verantwortlichen Künstlerbündlern nicht gefallen. Zumal der Künstlerbund seine Exponate nicht ausdrücklich von den Leipzigern getrennt zeigen durfte.[910] Kalckreuth, der bei der Hängung selbst nicht dabei sein konnte, schrieb unmittelbar vor Aufbau der Ausstellung an seinen Jury-Kollegen Olde:

> „Lieber Olde, Erschrick nicht davor, dass wir mit den Leipzigern zusammen hängen müssen. Ich bedaure selbst die anfängliche Zusage, aber die Leipziger sind wirklich zu sehr verloren, wenn sie allein hängen. Die Hängecommission des Künstlerbundes hat auf jeden Fall die Direktiven und Ihr werdet dafür sorgen, dass die Haupträume einen anständigen Klang geben. Die Leipziger müssen sich in dieser Hinsicht fügen. Es ist genug, wenn ihre und unsere Ausstellung nicht äusserlich gekennzeichnet wird. Einige Totenkammern setzt es doch ab. Dass die Arbeit nicht leicht ist, glaube ich gern, wir machen so was nie wieder. Es ist eine zu anders geartete Gesellschaft."[911]

In der Zusammenstellung der Juroren blieb der Bund jedenfalls auch hier seinem Prinzip treu, erfahrene und gestandene Künstler zu engagieren, die zugleich eine liberale Haltung gegenüber dem Nachwuchs zeigten.

Auch in der Zusammenstellung der Teilnehmer war diese Leipziger Ausstellung, was nicht überrascht, sehr ostdeutsch geprägt. Aus Leipzig kamen fast ebenso viele Künstler wie aus Berlin, was zweifellos der Dominanz der lokalen Mitveranstalter geschuldet war. Insgesamt wurden 306 Künstler und 456 Exponate ausgestellt. Der Anteil an Neuzugängen war nahezu identisch mit den Vorjahren. Mehr als die Hälfte der Teilnehmer hatte bereits auf einer Künstlerbundausstellung teilgenommen.

Der Katalog zur Ausstellung ist ziemlich oberflächlich angefertigt worden, denn er enthält einige Angaben, die fehlerhaft erscheinen. Manche Künstler lassen sich den Angaben zufolge nicht nachweisen. Unter leichten Abänderungen des Namens aber könnte man sie identifizieren. So im Falle von *Emil* Oppler aus Berlin, mit dem *Ernst* Oppler gemeint sein könnte. Die Ortsangabe Jockrim bei *Karl* Haueisen deutet darauf hin, dass es sich wohl doch um *Albert* Haueisen handelte. *Bruno* Elkan wird im Katalog mit der Ortsangabe Alsbach geführt, wo sich auf alle Fälle *Benno* Elkan ab 1911 aufhielt. Und hinter *Walter* Scholkmann aus Worpswede mag sich doch eher *Wilhelm* Scholkmann verbergen. Wie übrigens schon 1910 in Darmstadt wird auch im Leipziger Katalog ein *Willy* Steger gelistet, bei dem es sich nur um die Bildhaue-

---

910 Die Grenzen waren also fließend, was bei der Analyse der Schau wegen deren Unkenntlichkeit nicht berücksichtigt werden konnte.

911 Kalckreuth an Olde, 3.5.1911, in: BSB München, Kalckreuthiana II, Briefe von Leopold von Kalckreuth.

rin *Milly* Steger handeln kann. Ob auch dies als Flüchtigkeitsfehler durchgehen kann oder es sich tatsächlich um eine absichtlich falsche Benennung handelt, die sich 1914 und 1928 wiederholte, ist bisher durch keinen Hinweis erkennbar. Allerdings gibt es einen ähnlichen Fall bei dem Eintrag von *Erich* Thum. Hinter diesem Namen verbarg sich die Frankfurter Malerin *Elfriede* Thum, die absichtlich unter einem Pseudonym auftrat.[912] Es gibt aber auch einen umgekehrten Fall. So ist fraglich, ob unter den Bildhauern tatsächlich *Elfriede* Lörcher aufgetreten ist oder es sich doch um *Alfred* Lörcher handelte. Da es auch einige Schreibfehler im Katalog gibt (E*r*win Scharff statt E*d*win, Selm*a* Werner statt Selm*ar*) und auch bei den Ortsangaben nicht immer genau vorgegangen worden ist (Selmar Werner war immer in Dresden tätig, wurde hier aber Leipzig zugeordnet), kann man sich weitere Flüchtigkeitsfehler durchaus vorstellen. Das macht die Auswertung an einigen Stellen ungenau, was sich im Gesamtverhältnis aber wohl eher verliert. Diese Ungenauigkeiten, die es vereinzelt in jedem Katalog gibt, häufen sich hier allzu sehr, so dass wohl auch die Herstellung des Katalogs nicht in der Verantwortung des Künstlerbundes lag.

Nachdem die Besetzung der Ausstellung im Jahr zuvor zumindest in Hamburg insgesamt merklich jünger ausgefallen war, ist die Zahl der jungen Künstler in diesem Jahr wieder stärker zurückgegangen. Inzwischen zeichnete sich hierin geradezu eine Regelmäßigkeit ab. Bei den Grafikausstellungen war der Anteil der unter Dreißigjährigen immer erheblich höher als bei den Jahresausstellungen, und dies in einem fast identischen Verhältnis. In Berlin 1905, Weimar 1906, Dresden 1908, Darmstadt 1910 und auch hier in Leipzig machte diese Altersgruppe stets um die 14 Prozent aus. Auf der Leipziger Grafikschau 1907 waren 25 Prozent der Aussteller unter dreißig, in Dresden 1909 und Hamburg 1910 auch jeweils über zwanzig Prozent.

Eine ähnliche Strategie lässt sich bei der Einbindung von Frauen in die Ausstellungen vermuten. Auch hier zeigte sich der Künstlerbund in seinen Grafikausstellungen mutiger und aufgeschlossener. Bei den ersten drei Ausstellungen fiel die Beteiligung von Künstlerinnen kaum auf. Sie steigerte sich von drei Teilnehmerinnen 1904 über neun im darauffolgenden Jahr auf immerhin 15 in Weimar 1906. Die Grafikschauen 1907 und 1909 präsentierten bereits über zwanzig Damen. Auch 1910 in Darmstadt ist nochmal ein Erstarken der weiblichen Kunstschaffenden mit fast dreißig Teilnehmerinnen zu verzeichnen. Auf der Hamburger Grafikausstellung 1910 hatte sich ihre Teilnehmerschaft sogar verdoppelt, was 1911 in Leipzig beibehalten wurde. Für eine Jahresausstellung aber war das eine Ausnahme. Nie wieder haben so viele Frauen an einer Jahresschau des Künstlerbundes teilgenommen. Das ist allein bei Grafikausstellungen zu beobachten, zu denen in den kommenden Jahren bis zum Krieg jeweils um die sechzig Frauen eingeladen worden sind.

Das weibliche Gewicht auf der Leipziger Schau ist auch dem Leipziger Verleger und Herausgeber des *Cicerone* Georg Biermann nicht entgangen. Anna von Mertens, Helene Albiker, Marie Caspar-Filser, Ida Gerhardi, Hanna Gerson, Frieda

---

912 Vgl. Fechter 1955, Kap. IV, Rolf Lauckner und Erich Thum.

Kniep, Ida Macdonald und Hela Peters wurden in seiner Ausstellungsrezension berücksichtigt.[913] Dabei hat Biermann sie nicht auf eine typisch weiblich empathische Ebene reduziert, wie es unter den damaligen Kritikern üblich war, sondern durch ganz persönliche Eigenarten charakterisiert.[914] Diese gleichberechtigte Anerkennung der weiblichen Künstlerschaft war 1911 nach wie vor selten, was auch Biermann bewusst war und ihn direkt in Erklärungsnot brachte, auf derart viele Frauen hinzuweisen, „wenn die Ausstellung nicht bei solcher Aufzählung in den Verdacht kommen müsste, gar zu chevaleresk der edlen Weiblichkeit Einlaß gewährt zu haben."[915] Ohne Grund hat sich Biermann aber gewiss nicht mit diesen Künstlerinnen auseinandergesetzt und er bewies mit seiner Anteilnahme vor allem, dass dieser plötzliche Anstieg weiblicher Teilnehmer keineswegs den Qualitätsmaßstab der Ausstellung minderte, „im Gegenteil", so Biermann, „ich empfehle allen Theoretikern, die das Problem ‚Die Frau und die Kunst' sogar der Druckerschwärze anvertrauen, nachdrücklich den Besuch gerade dieser Kunstschau, weil sie vielleicht dann eines Besseren belehrt werden."[916]

Die ältesten Teilnehmer dieser Ausstellung kamen auffälligerweise überwiegend aus Süddeutschland, aus München, Stuttgart und Karlsruhe: Bochmann, Dill, Grethe, Habermann, Haider, Keller und Thoma, mit 72 Jahren überhaupt der Älteste. Kuehl, Hugo Licht und Liebermann waren unter den über Sechzigjährigen die einzigen Ostdeutschen. Verdient waren sie zweifellos alle. Auch dies unterstreicht die Verschiebung in der Hierarchie der Kunstzentren. Diejenigen, die München einst zur größten deutschen Kunstmetropole gemacht haben, gehörten inzwischen zu den ältesten noch lebenden Künstlern. Der Nachwuchs bildete sich inzwischen woanders heraus.

Überdies wurde das konventionelle Gleichgewicht durch Bantzer, Baum, Corinth, Kalckreuth, Klinger, Olde, Thedy oder Trübner gehalten. An ihre prominente Seite konnten zudem L. Cauer, Hans am Ende, Greiner, Hahn, Hofmann, H. Hübner, Illies, Klimsch, König, Linde-Walther, Mackensen, C. Moll, Slevogt, Sterl und Stuck

913 Vgl. Biermann 1911, S. 458 f. u. 548 f.

914 So hat etwa Caspar-Filser in seinen Augen „die Münchener Landschaftstradition der alten Schule durch neue, an der Natur genährte Impulse sehr wohl zu bereichern und zu vertiefen" gewusst. Aus: Biermann 1911, S. 548 f.

915 Biermann 1911, S. 549.

916 Ebd. Das Zitat *Die Frau und die Kunst* war wohl eine Anspielung auf das von Karl Scheffler 1908 erschienene gleichnamige Buch. Biermann war vielleicht deshalb gerade für dieses Thema empfänglich, weil die Vereinigung bildender Künstlerinnen Österreichs (VBKÖ) gerade ihre erste Ausstellung in der Wiener Sezession unter dem Titel *Die Kunst der Frau* veranstaltet hatte, die in ihrer Art erstmalig war: „Eine ähnliche Ausstellung ist bisher am Kontinent sowohl der Art nach, als was die Vollständigkeit anbelangt, nicht veranstaltet worden. Der Grundgedanke dieser Ausstellung ist: dem Publikum einen Überblick darüber zu geben, was die Frau auf dem Gebiete der bildenden Kunst geschaffen hat und schafft, und den Künstlern neue Anregungen zu bringen." Aus: Vorwort, in: Ausst.-Kat. Wien 1910.

gestellt werden, die zwar noch nicht zu den Ältesten gehörten, inzwischen aber auch alle nicht mehr für frischen Wind sorgten. Fortschrittlicher zeigten sich nach wie vor Bach, Baluschek, Ida Gerhardi, Laage, Orlig, Martha Schrag, Walter-Kurau und Julie Wolfthorn. Während die expressionistischen Tendenzen doch eher durch die jüngeren, derweil beim Künstlerbund auch nicht mehr unbekannten Albiker, Beckmann, Behrend-Corinth, Büttner, Caspar, Caspar-Filser, Dreher, Elkan, Geiger, Heckel, Kirchner, Klemm, Kolb, Mackowsky, Melzer, Richter, Scharff oder Tappert in die Ausstellung einflossen.

Die Rezensionen verwiesen wieder vornehmlich auf altbekannte Namen wie Corinth, Slevogt, Habermann, Kalckreuth, Trübner, Sterl, Kardorff, Rhein, Liebermann oder den alten Thoma, dessen *Goldene Wolken* in der *Kunst für Alle* „zum Schönsten und Tiefsten, was die Ausstellung birgt", gezählt wurde.[917] Die hier doch immerhin „recht beträchtlich"[918] vertretenen jungen und unbekannten Künstler wurden in dem konservativen Blatt nicht erwähnt. Dabei garantierten „eben diese Namen dem Unternehmen seinen Hauptreiz"[919], wie Biermann feststellte. An diesen wieder einmal gegensätzlichen Wahrnehmungen zeigt sich, wie individuell der Gesamteindruck einer Ausstellung aufgefasst werden konnte. Biermann hat die Schau ganz im Sinne des Künstlerbundes betrachtet. Sein Bericht sollte sich ausdrücklich eher dem Neuen widmen „als bei Altbekanntem [zu] verweilen, das zwar", so Biermann, „dem Rahmen der Ausstellung sein Relief gibt, für die vorausblickende Erkenntnis jedoch mehr oder minder belanglos ist."[920]

Vor allem die jungen Weimarer Gallhof, Greve-Lindau, Schrammen, Siegmund, Lambrecht und Anna von Mertens sind Biermann als „vielleicht die schönste Entdeckung, die uns eine deutsche Ausstellung in diesem Jahre bescheren konnte" aufgefallen.[921] Aber auch die Brücke-Künstler, die inzwischen alle nach Berlin umgesiedelt sind, haben seine Aufmerksamkeit gewonnen. Bei ihrem manchmal unverständlichen Experimentieren hat am Ende doch der „frische Wagemut" überwogen. Biermann war diesbezüglich überaus weitsichtig und konnte „sich sehr wohl vorstellen, daß eines Tages überhaupt die Kunst da beginnt, wo sie früher aufzuhören pflegte".[922] Dabei sah er „auf künstlerischem und musealem Gebiete"[923] das einstige Monopol Münchens, aber auch Berlins allmählich im Auflösen begriffen, „was sicher nicht zum Schaden der allgemeinen Kultur unseres Vaterlandes sein wird".[924]

Interessant ist Biermanns Interpretation des üblichen Vorwurfs an die etablierten Künstler, zu wenig Neues zu bringen. Die renommierten Künstler bewiesen vielmehr die „Anständigkeit des Programms" und kennzeichneten „die allgemeine Linie,

917 Leipziger Jahresausstellung 1910/11, S. 451f.
918 Biermann 1911, S. 458.
919 Ebd.
920 Biermann 1911, S. 459.
921 Biermann 1911, S. 458f.
922 Biermann 1911, S. 548.
923 Biermann 1911, S. 458.
924 Ebd.

auf der die Repräsentation im großen aufgebaut" war.[925] Gerade die Gegenüberstellung anerkannter Werke, die den Qualitätsmaßstab der Künstlerbundausstellungen setzten, und neuer Stilerprobungen, die sich einer endgültigen Beurteilung noch entzogen, machte den Wert der Künstlerbundausstellungen aus. Diese aufschlussreiche Argumentation rechtfertigte ein für alle Mal die nach wie vor große Teilnahme impressionistischer Meister auf den Ausstellungen des Bundes. Nach Biermanns Empfinden hat die Exposition ein entscheidendes Ansinnen des Künstlerbundes umgesetzt, indem sie „allen Kräften im künstlerisch schaffenden Deutschland Rechnung" getragen und „die Repräsentation auch bis zu den Paradoxen des modernen Schaffens" – für ihn die „deutschen Expressionisten" – umgesetzt hat.[926] Insofern machte sich die heterogene Zusammensetzung des Bundes gerade bezahlt. Die Mitglieder setzten sich nicht aus einer momentanen Idee heraus zusammen, die nur von kurzer Dauer war. Gerade die älteren, bereits verdienten Künstler haben die Beständigkeit des Bundes garantiert. Biermann übersah nicht, dass auch weniger hervorragende Arbeiten unter den Exponaten zu finden waren. Insgesamt aber hat ihm die Schau „hundert wertvolle Erkenntnisse" beschert.[927] Er bezeichnete die Ausstellung als eine der „interessantesten und lehrreichsten eines deutschen Ausstellungssommers".[928]

Nicht nur Biermann sah in dieser Ausstellung einen Erfolg für den Deutschen Künstlerbund. Johannes Schinnerer bescheinigte dem Verein, er sei

> „von allen modernen Künstlervereinigungen am meisten seinen Prinzipien treu geblieben, ohne Rücksicht auf Partei und Richtung das Gute zu pflegen, gleichgültig in welcher Form es sich darstellt, und alle Kräfte in sich zu vereinigen [...]. Der Künstlerbund hat daher in gewissem Sinne einen Ausgleich geschaffen zwischen den konservativ und den fortschrittlich gesinnten Elementen unserer Kunst und dadurch eine Aufgabe gelöst, die von außerordentlicher Schwierigkeit ist, und seine Tätigkeit hat aus diesem Grunde hauptsächlich mit dazu beigetragen, daß der Sinn für die Qualität, für ernsthafte Arbeit und aufrichtige Gesinnung nicht vollständig verschwunden ist."[929]

Diese Bewertung ist umso aufschlussreicher, als dass Schinnerer anderen modernen Vereinigungen, die mitunter ähnliche Ziele verfolgten wie der Künstlerbund – die Neue Sezession etwa oder die juryfreien Ausstellungen – äußerst skeptisch gegenüber stand und in ihnen gar „Gefahren" witterte.[930] Die Expressionisten, deren Teilnahme in Biermanns Augen die Ausstellung erst vervollständigte, hat Schinnerer indessen wenig ernst genommen und resümierte etwas abschätzig, dass „deren Werke die Ausstellungsleitung nicht ohne Humor in einem schmalen Gang alle ver-

925 Biermann 1911, S. 548.
926 Ebd.
927 Biermann 1911, S. 458.
928 Ebd.
929 Schinnerer 1911, S. 197.
930 Vgl. ebd.

einigt hat."[931] Auch in diesen Arbeiten hat er nichts Neues mehr entdecken könnten, „immer dasselbe, ganz primitive Akte von unfreiwilliger Komik."[932]

Die Berichte von Biermann und Schinnerer lassen erkennen, dass der Künstlerbund den Spagat zwischen dem Angebot eines umfassenden Überblicks und der Förderung neuer Kräfte offensichtlich gelungen ist. Dass er damit nicht jedermanns Geschmack nachgekommen ist, war unumgänglich.

Trotz der guten Kritiken, die der Bund in diesem Jahr erringen konnte, war die Veranstaltung für ihn durch die unbefriedigende Zusammenarbeit mit den Leipziger Gruppen nicht sehr erquicklich. Eine unerfreuliche Begebenheit durch den Vorsitzenden der Leipziger Sezessionsgruppe Wilhelm Schulze-Rose, dem auch der Vorsitz der Ausstellungsleitung oblag, hat ihr Übriges dazu beigetragen. Schulze-Rose hat seine Position offenbar auf eine unschöne Art und Weise für eigene Zwecke missbraucht. Er habe, wie Klinger berichtete, „willkürliche Änderungen zweimal zu machen versucht um seine Bilder an gute Fläche unter unsere zu bringen, durch Umhängen unserer Bilder. Er hat uns in Sachen Elkan nach allen Kanten angelogen. Ebenso in anderen Fällen (v. Kardorff, Lam[b]recht u. Best)".[933] Überdies sprach Klinger sogar von „zurückbehaltenen Geldern".[934] Klinger, der als Angehöriger der Leipziger Künstlerschaft wie auch des Künstlerbundes beiden Seiten nahestand, musste das Verhalten der Leipziger gegenüber dem Künstlerbund irgendwie erklären und versicherte:

> „Wir thun dagegen was wir können: Process machen. Rausgeworfen haben wir ihn. [...] Er ist abgesetzt worden. Ich habe ihm persönlich nahe gelegt, aus ‚Gesundheitsrücksichten' Urlaub zu nehmen, um einen öffentlichen Skandal zu Anfang der Ausstellung zu vermeiden."[935]

Um die Wogen zu glätten, bat Klinger den Geschäftsführer des Künstlerbundes Brodersen, die

> „Leipziger Angelegenheit nicht allzu hart anzufassen. [...] Mehr als hinauswerfen und processieren kann man ja nicht und das ist geschehen. Also bitte verehrtester Herr Hofrath, wiegeln Sie bitte da eher ab als auf. In Jeder neuen Stadt wird man seine persönlichen Erfahrungen machen müssen."[936]

Schließlich versuchte Klinger sogar, die Umstände noch ein wenig ins Positive zu kehren, denn

---

931 Schinnerer 1911, S. 205.
932 Ebd.
933 Klinger an Brodersen, 4.9.1911, in: BSB München, Kalckreuthiana II, Dritte an Dritte.
934 Klinger an Brodersen, 9.8.1911, in: BSB München, Kalckreuthiana II, Dritte an Dritte.
935 Klinger an Brodersen, 4.9.1911, in: BSB München, Kalckreuthiana II, Dritte an Dritte.
936 Ebd.

„so hat die Ausstellung doch das Gute gehabt uns für nächste Jahre entw. 1913 oder 1914 eine grosse Ausstellung zu machen in neuem zu eben diesem Zweck erbauten Lokale. Und diese Möglichkeit ist schon das Bischen recht unangenehmen Trödel werth, die uns durch rein persönliche Misswirtschaft entstanden sind."[937]

Der Stadt Leipzig war durch die Ausstellung eine vergleichsweise hohe künstlerische Aufmerksamkeit zugekommen. Allseits hat man die Hoffnung gehegt, dass sich eine Zusammenarbeit mit dem Deutschen Künstlerbund wiederholen würde und auf lange Sicht von Stadt und Bürgern eine finanzielle Unterstützung erwartet werden könnte. Zu einer weiteren „grossen" Ausstellung mit dem Künstlerbund ist es in Leipzig jedoch nicht mehr gekommen.[938] Das Kunstsammeln war den Leipziger Bürgern, auch den wohlhabenden, noch nicht ins Blut übergegangen. „Hier wertet selbst der reiche Bürger noch nicht den Besitz an originalen Werken und zu dem übrigen Wohlstand steht hier gar zu oft die Interesselosigkeit an den bildenden Künsten und der mangelnde Geschmack in geradezu erschreckendem Gegensatz."[939] Dass Leipzig nun dabei war, in die Riege der bedeutenden Kunststädte aufzusteigen, war im Wesentlichen Klingers Verdienst. Die Leipziger Jahresausstellungen sind vor allem seiner Initiative entsprungen. Als Mitglied des Künstlerbundes hat er sich dieser Vereinigung bedient, um der Schau überregionale Beachtung zu verschaffen. Wie schon bei der Gründung der Villa Romana als Künstlerhaus hat er sich den Rückhalt des Bundes für seine Ideen zunutze gemacht. Der Künstlerbund konnte seinerseits von der dabei gewonnenen Außenwirkung profitieren.

So unerfreulich sich die Zusammenarbeit mit der Leipziger Sezession von Anfang an für den Künstlerbund darstellte – der Ausstellung selbst hat dies nicht geschadet. Zumal sich der Künstlerbund als Veranstalter am Ende stärker behaupten konnte als die Leipziger Parteien. Die Kritiken von Biermann und Schinnerer zeigen zudem eine entscheidende Wende in der Wahrnehmung des Bundes. Obwohl der Anteil an progressiven wie jungen Kräften im Vergleich zu den Vorjahren hier merklich zurückgegangen ist, wurde das Programm des Künstlerbundes, Alte und Junge, Bewährtes und Neues nebeneinanderzustellen, plötzlich verstanden und für gut befunden. Dazu mag nicht unwesentlich die erstmals geschlossene Präsentation der Expressionisten – wenn auch nur in einem schmalen Gang – beigetragen haben.

---

937 Ebd. Zum Bau eines Ausstellungsgebäudes ist es in Leipzig nicht gekommen, obwohl der Leipziger Oberbürgermeister das Vorhaben ursprünglich durchaus befürwortet hatte. Vgl. Kunstchronik, N. F. Jg. 22, 1911, Sp. 445 f.

938 1914 wurde in Leipzig aber zumindest eine weitere grafische Ausstellung veranstaltet.

939 Biermann 1911, S. 549. Auch Schinnerer thematisierte diesen Missstand in seiner Ausstellungsrezension: „Trotz seiner [...] prominenten Stellung als Zentrale des Buchhandels und als Pflegestätte für Musik und Wissenschaft, zeigte Leipzig noch bis vor kurzem einen erstaunlichen Mangel an Verständnis für bildende Kunst, daß es in den letzten Jahren hierin so sehr viel besser geworden ist, muß als ein Zeichen der Zeit besonders nachdrücklich vermerkt werden." Aus: Schinnerer 1911, S. 197.

Exkurs: Der Bremer Kunststreit

Obwohl ohne ersichtliche Auswirkung auf die Leipziger Künstlerbundausstellung, muss hier auf ein weiteres Ereignis eingegangen werden, das in den Auseinandersetzungen um die moderne Kunst in Deutschland große Wellen schlug und in das auch der Deutsche Künstlerbund, zumindest indirekt, involviert war. Gustav Pauli, seit 1899 Direktor der Kunsthalle Bremen, hat von Beginn seiner Tätigkeit an in Bremen einen modernen Kurs eingeschlagen, der sofort die konservative Kritik auf den Plan rief. Unterstützung fand Pauli grundsätzlich im Bremer Kunstverein, aus dem heraus die Kunsthalle überhaupt erst entstanden ist. Seitdem Pauli begonnen hatte, mehr und mehr deutsche, vor allem aber auch französische Impressionisten für die Kunsthalle anzukaufen, wurde die Kritik an seiner Ankaufspolitik immer lauter. Mit dem Ankauf von van Goghs *Mohnfeld*[940] im Dezember 1910/Januar 1911 schließlich entbrannte durch Carl Vinnen, Vorstandsmitglied des Kunstvereins und seit jeher in seiner Haltung gegenüber Paulis Sammlungspolitik sehr indifferent, ein Streit, der weite Kreise zog.[941] Es erwuchs sich in der Presse ein Hin und Her zwischen konservativen Meinungen und der Kunsthalle, das zunächst in einem großen Bericht Vinnens in den *Bremer Nachrichten* gipfelte, in dem der Autor vor der ungerechtfertigten Überbewertung der französischen Kunst warnte.[942] Die Diskussion nahm in der Presse weiter ihren Lauf, inzwischen auf überregionale Ebene ausgedehnt, bis Vinnen schließlich im April 1911 eine Broschüre mit dem Titel *Ein Protest deutscher Künstler* herausgab, für die er per Unterschrift die Unterstützung von 140 Künstlern, Kunstschriftstellern und Kritikern gewinnen konnte.[943] In seinem Einleitungstext *Quousque tandem*, der weitestgehend dem vorangegangenen Bericht in den *Bremer Nachrichten* entsprach, wiederholte Vinnen seine Bedenken hinsichtlich der „großen Invasion französischer Kunst“, die die Ausübung einer spezifisch deutschen Kunst hemmte.[944] Schuld an dieser Entwicklung wäre der Klüngel aus Kunstschriftstellern, Museumsleuten und Kunsthändlern, der in seiner übertriebenen Aufwertung der neuesten französischen Kunsterzeugnisse das Publikum manipulierte und dabei auf dem Kunstmarkt exorbitante Preissteigerungen erzwänge. Zudem würde der künstlerische Nachwuchs auf falsche Bahnen gelenkt. So waren es vornehmlich die expressionistischen Spielarten, gegen die Vinnen hier aufbegehrte. Beispielhaft nannte er die soeben stattgefundene Sonderbundausstellung in Düsseldorf, die voll gewesen wäre von extremen französischen Nachahmungen. Und doch wurden „die wildesten Imitatoren dieser Ausstellung jetzt in Düsseldorf als ‚Beste der Deutschen'

940 Vincent van Gogh, *Kornfeld, die Mohnblumen* (*Mohnfeld*), 1889, Öl auf Leinwand, 72 x 91 cm, Kunsthalle Bremen.

941 Zum Verlauf des Bremer Künstlerstreits vgl. Bremen 2002. Vinnens Haltung gegenüber Pauli überblicksartig dargestellt in: Herzogenrath 2002.

942 Vinnen 1911a.

943 Vinnen 1911b. Zum Verlauf in der Presse vgl. Nierhoff 2002a, S. 149.

944 Vinnen 1911b, S. 2.

gepriesen".[945] Vinnen bemühte sich immer wieder deutlich zu machen, dass er nicht grundsätzlich den französischen Einfluss verteufelte. Er wollte sogar „zugeben, dass jede Befruchtung ihr Gutes" hätte.[946] Beim derzeitigen künstlerischen Nachwuchs aber sah er niemanden, der positiv von der jüngsten französischen Kunst beeinflusst wäre, was sich außer bei der letzten Sonderbundausstellung auch bei der Berliner Sezession ablesen ließe.[947]

Während Vinnens Kritik in den *Bremer Nachrichten* vom Januar 1911 noch konkret an Pauli und die Bremer Museumspolitik adressiert war, richtete sich der Protest allgemein gegen die Cliquenwirtschaft zwischen Künstlerschaft, Kunstliteratentum, Museumsleuten und dem Kunsthandel und deren Protektion der französischen Kunst. Dass Vinnen keinesfalls gegen Pauli persönlich mobil machen wollte, zeigte er darin, dass er diesen sogar um seine indirekte Zustimmung bat und ihm noch vor Drucklegung seinen Einleitungstext zuschickte. Pauli war durchaus klar, dass der Aufsatz Vielen aus der Seele sprechen würde, und er gab Vinnen gegenüber zu, dass wohl „die überwiegende Mehrheit der ernsthaften Kunstfreunde zustimmen wird, wenn sie die absurden Nachahmungen der allerneusten Franzosen, wie wir sie in Düsseldorf usw. kennengelernt haben, lächerlich finden." Und um Vinnens Vorwurf der Fremdtümelei etwas entgegenzusetzen, betonte der Kunsthallendirektor noch: „Von unserer deutschen Art wollen wir keinen Deut preisgeben [...]."[948] Beteiligen wollte er sich aber nicht an Vinnens Feldzug. Stattdessen begann er unmittelbar, eine Gegenmaßnahme zu der Schmähschrift vorzubereiten.

Von den 140 Künstlern, die Vinnen für seinen Protest gewinnen konnte, haben sich vierzig mit einer eigenen Stellungnahme beteiligt.[949] Unter den Unterzeichnern waren, Vinnen eingeschlossen, 96 Mitglieder des Deutschen Künstlerbundes, die von Vinnen anscheinend gezielt angesprochen worden waren.[950] 19 von ihnen gehörten sogar dem Vorstand an.[951] Elf weitere Unterzeichner hatten zumindest zuvor

---

945 Vinnen 1911b, S. 11. Die dritte Düsseldorfer Sonderbundausstellung begann zeitgleich mit der Leipziger Künstlerbundausstellung, hatte aber eine kürzere Laufzeit. Wie bei ihren Vorgängerveranstaltungen lag der Fokus dieser Schau auf einer Gegenüberstellung der deutschen und französischen Avantgarde. Zum Sonderbund siehe: M. Moeller 1984.

946 Vinnen 1911b, S. 9.

947 Vinnen 1911b, S. 9f.

948 Zit. nach Nierhoff 2002a, S. 150.

949 Die übrigen Zustimmungen bestanden lediglich aus einem Glückwunsch oder einer kurzen Bestätigung wie etwa im Fall von Bernhard Buttersack: „Ich stehe mit meiner Überzeugung vollständig auf Ihrer Seite." Aus: Vinnen 1911b, S. 45.

950 „Wenn ich mich mit diesen Ausführungen fast ausschließlich an Mitglieder der Sezessionen und des Künstlerbundes wandte, so [...] lediglich aus taktischen Gründen und um nicht ins Uferlose einer Massenbewegung zu geraten." Aus: Vinnen 1911b, S. 17.

951 So Bochmann, Dill, Erler, Flossmann, Graul, Habermann, Habich, Haug, Hirth, Keller, Kuehl, Mackensen, Marr, Olde, Riemerschmid, Stuck, Trübner, Thedy, Volkmann. Vgl. Schrader 2002. Auch Vinnen, Schulze-Naumburg und Arthur Kampf

schon mal im Künstlerbund ausgestellt. 76 Prozent der Protestler waren also bereits in irgendeiner Form mit dem Künstlerbund verbunden und die meisten blieben es auch weiterhin.[952] Der Protest stand in ihren Augen offenbar in keinem Widerspruch zur Haltung des Künstlerbundes. Obwohl der Bund doch seit der umfassenden Zurückweisung der Expressionisten in der Berliner Sezession ein Jahr zuvor die einzig verbleibende große Vereinigung war, die den von Vinnen so angegangenen fortschrittlichen Kräften in weitem Spektrum Raum gab. Überhaupt verwundert der große Zuspruch aus den Reihen des Künstlerbundes, in dem man nach wie vor einen fortschrittlichen, dem Neuen und auch dem Fremden gegenüber vollständig offenen Zusammenschluss sehen sollte. An dieser Stelle ist zu fragen, wie sich der Deutsche Künstlerbund inzwischen tatsächlich positioniert hat. Denn auch Pauli, der wie Vinnen bereits an der Gründung des Künstlerbundes teilgenommen hatte und dem Bund, im Gegensatz zu Vinnen, auch weiterhin treu blieb, gedachte ursprünglich, den Deutschen Künstlerbund offiziell für seine Gegenschrift zu gewinnen und ließ in verschiedenen überregionalen Zeitungen eine Erklärung zum *Protest deutscher Künstler* abdrucken. Offiziell wurde diese dann zwar nicht vom Künstlerbund abgegeben, aber durch die Unterzeichner Kalckreuth, Klinger, Liebermann und Kessler dennoch als solche wahrgenommen.[953]

In Anbetracht der Tatsache – die für Pauli offenbar keine Relevanz hatte –, dass weit über die Hälfte der Protestler (68 %) Mitglieder im Künstlerbund war, mutet es allerdings etwas fragwürdig an, dass Pauli den Bund tatsächlich zu einer offiziellen Reaktion bewegen wollte. Nichtsdestotrotz äußerte sich auch Vinnen daraufhin in der *Weser Zeitung* zur „sogenannten Künstlerbunderklärung", merkte jedoch an, dass die zahlreichen Künstlerbundmitglieder, die hinter seiner Anklage standen, zu der Erklärung von Pauli weder befragt, noch darin als Protestler genannt worden wären.[954] Nach einem reichlichen Schlagabtausch in der Presse erschien schließlich auf Anregung verschiedener Künstler und Kunstschriftsteller im Juli 1911 durch die Herausgabe von Alfred Walter Heymel und Reinhard Piper eine Gegenpublikation zum *Protest deutscher Künstler* unter dem Titel *Im Kampf um die Kunst. Die Antwort auf den „Protest deutscher Künstler"*, für die ihrerseits 75 Unterstützer gewonnen

---

hatten sich bei der Gründung des Künstlerbundes dem Vorstand angeschlossen, sich aber bald darauf schon wieder schon wieder zurückgezogen.

952 Die Begriffe „Protestler" wie auch im Folgenden „Antwortler" sind übernommen von Nierhoff 2002b.

953 Vgl. Die Invasion französischer Kunst 1911 (die Unterschriften von Liebermann, Kalckreuth, Klinger und Kessler auf S. 771). Auch Marianne Lyra-Wex deutete den von den vier Vorstandsmitgliedern des Künstlerbundes unterzeichneten Beitrag als Aussage des Künstlerbundes (vgl. Lyra-Wex 1987, S. 187). Da der Bund hier namentlich aber nicht in Erscheinung getreten ist, ist diese Auslegung nicht eindeutig zu treffen.

954 Vgl. Nierhoff 2002a, S. 152.

werden konnten, die sich alle mit einer eigenen Stellungnahmen einbrachten.[955] Unter diesen Künstlern, Museumsdirektoren, Kunsthändlern und Schriftstellern standen, anders als man vermuten würde, verhältnismäßig weniger in Verbindung mit dem Künstlerbund, als es bei den Protestlern der Fall war. Die 36 Künstlerbundmitglieder machten nur knapp die Hälfte der Unterzeichner aus. Nur elf von ihnen gehörten dem Vorstand an, darunter auch Pauli.[956] Dazu kamen elf weitere Künstler, die bereits im Künstlerbund ausgestellt hatten, deren Mitgliedschaft aber aufgrund fehlender Mitgliederlisten zwischen 1906 und 1929 nicht eindeutig ermittelt werden kann. Von einer Gegenreaktion des Künstlerbundes kann bei diesem Verhältnis also eher nicht die Rede sein.

Der Tenor der Textbeiträge in der Antwort lag in dem Bekenntnis zu einer internationalen Kunst der Moderne, was aber keinesfalls zu bedeuten hatte, die Entwicklung einer spezifisch deutschen Kunst zu vernachlässigen.[957] Vielfach stimmten die Antwortler Vinnen sogar grundsätzlich zu.[958] Doch sie stießen sich an seiner Argumentation[959] und seiner Widersprüchlichkeit[960]. Die oft unklaren Stellungnahmen beider Seiten zeigen, wie schwierig es allen Beteiligten war, eine klare Position zu beziehen. Vinnen, der gerade von Cuxhaven nach München umgesiedelt war,

---

955 Im Kampf um die Kunst 1911. Wieder abgedruckt in: Deutsche und französische Kunst 1922. Zur Presseschlacht vgl. Nierhoff 2002a.

956 Die übrigen Vorstandsmitglieder waren Corinth, Gaul, Curt Herrmann, Liebermann, Moll, Slevogt, Trübner (der sich ebenfalls in der Liste der Protestler verewigt hatte!), van de Velde und schließlich Lichtwark und Kessler als Nichtkünstler.

957 Vgl. Nierhoff 2002a, S. 152.

958 „In gewisser Hinsicht stimme ich eigentlich dem Protest von Vinnen zu. Gerne möchte ich mir einiges von dem ‚Atelierkehricht' eines Cézanne und Van Gogh an meine eigenen Wände hängen. Durch die hohen Preise des bösen Kunsthändlers ist mir dies unmöglich [...]." Aus: Gaul, in: Deutsche und französische Kunst 1922, S. 36.

959 „Angesichts dieser Broschüre von teils konfusem und mit wenigen Ausnahmen äusserst inferiorem Inhalt befindet man sich in einiger Verlegenheit, denn es ist manches darin enthalten, dem jeder vernünftige Mensch beistimmen muss, und zu dessen Feststellung es deshalb keinerlei Protestes bedurft hätte." Aus: Hofer, in: Deutsche und französische Kunst 1922, S. 88; „Aber ob gerade diese Beschneidung des Bilderimportes die Nachahmungssucht verhindern würde?" Aus: Corinth, in: Deutsche und französische Kunst 1922, S. 35; „Ich möchte nur eingehen auf die ‚verheerende Wirkung', die diese Kunst auf die Jugend ausgeübt hat, und die manchem der Herren Kopfschmerzen macht. [...] Man soll uns nicht für solch schwächliche Existenzen halten!" Aus: Rösler, in: Deutsche und französische Kunst 1922, S. 38.

960 „Ich glaube, das ist alles gar nicht so gemeint! Man würdigt ja – sehr überflüssigerweise – den französischen Maler auf jeder Seite der Broschüre, wenn man auch auf der anderen rasch wieder etwas davon abzwickt [...]". Slevogt, in: Deutsche und französische Kunst 1922, S. 31.

konnte zahlreiche Münchner Sezessionisten zur Unterschrift gewinnen.[961] Viele von ihnen waren allerdings zugleich korrespondierende Mitglieder der Berliner Sezession. Bis auf Adolf Höfer hatten auch alle Mitglieder der einst progressiven Münchner Künstlergruppe Scholle den Protest unterschrieben. Die Fraktion der Antwortler bestand ihrerseits aus achtzig Prozent Berliner Sezessionisten.[962] Bei dieser Auseinandersetzung standen sich also verschiedene Positionspaare gegenüber: Tradition gegen Moderne, eine fremdländisch beeinflusste Kunst gegen eine spezifisch deutsche, und es fachte auch wieder der Konkurrenzkampf zwischen München und Berlin auf.[963] Die Interessen waren gar nicht so unterschiedlich, aber ihre Akzentsetzung. In vielen Fällen pflichteten sich die gegnerischen Parteien gegenseitig bei und die Lager vermischten sich allmählich.[964] So lässt sich nicht pauschal sagen, dass der Protest allein von konservativen Geistern betrieben worden wäre und die Antwort von rein modernen Intentionen getragen war. Am deutlichsten zeigt sich das Durcheinander bei Walter Püttner, Wilhelm Trübner und dem Kunstkritiker Georg Biermann, die tatsächlich beide Pamphlete unterschrieben haben.[965] Während Trübner und Biermann den Protest mit nur einem Satz bestätigten, hatte Püttner für beide Parteien Argumente parat. Schon sein Beitrag im Protest war so widersprüchlich, wie die ganze Aktion überhaupt. In der Antwort aber kam er noch viel weniger auf den Punkt. Er schätzte die Franzosen ungemein und konstatierte im Protest, „daß die Einführung der französischen Meister für Deutschland sehr notwendig war".[966] Zugleich aber sah er diesen Einfluss ungeahnte nachteilige Formen einnehmen und befürchtete ein „widerwärtiges Ende", dem rechtzeitig entgegenzuarbeiten sei.[967] Sein Beitrag in der Antwort unterscheidet sich kaum von seinem Protest, außer dass er sich noch unklarer ausdrückte. Konsequenterweise argumentierte er gar nicht gegen den Protest, sondern wiederholte seine erste Aussage in abgemilderter Form und plädierte für mehr Eigenständigkeit und weniger Nachahmung. Trübner hingegen entschuldigte sich in der Antwort für seinen „faux pass", den Protest „blindlings unterzeichnet" zu haben. „Und so kann ich", ließ er Leser und Kollegen wissen, „nur durch eine nachträgliche Darlegung meines Standpunktes mich der Öffentlichkeit gegenüber rechtfertigen", was er

961 Vgl. Nierhoff 2002b S. 154.
962 Vgl. Nierhoff 2002b, S. 167.
963 Vgl. dazu auch Nierhoff 2002b, S. 154.
964 Zum Beziehungsgeflecht zwischen den Parteien, vor allem den beiden Sezessionen durch doppelte Mitgliedschaften, gegenseitige Ausstellungsteilnahmen und durchaus auch gegenseitige Wertschätzungen vgl. Nierhoff 2002b.
965 Vgl. Biermann, in: Vinnen 1911b, S. 69 u. ders., in: Deutsche und französische Kunst 1922, S. 138f.; Püttner, in: Vinnen 1911b, S. 47f. u. ders., in: Deutsche und französische Kunst 1922, S. 64–67; Trübner, in: Vinnen 1911b, S. 22 u. ders., in: Deutsche und französische Kunst 1922, S. 63f. Vgl. dazu auch Nierhoff 2002b, S. 161f. u. 168.
966 Püttner, in: Vinnen 1911b, S. 47f.
967 Püttner, in: Vinnen 1911b, S. 48.

dann auf eineinhalb Seiten tat.[968] Auch Biermann nutzte die Gelegenheit, seine in Unkenntnis der vollständigen Broschüre abgegebene Zustimmung des Protests in der Antwort entschiedenst zu revidieren, „denn das, was diese Broschüre letzten Endes erstrebt, steht in diametralem Gegensatz zu dem, was ich Jahre hindurch als Kritiker und praktisch durch meine eigenen Zeitschriften zu fördern bemüht gewesen bin."[969] Bei diesen Dreien zeigen sich die verwischten Absichten des Protests ausdrücklich. Insbesondere die erste Unterschrift von Biermann, der die Leipziger Künstlerbundausstellung gerade noch eingehend besprochen und für erfolgreich befunden hatte, lässt erstaunen. Ganz richtig hat er aber erkannt, dass Vinnens Erklärung allein nicht das Zünglein an der Waage war, sondern sich vielmehr „erst in der Folge durch die Beiträge einzelner schärfer präzisiert" habe, „als es vielleicht Herrn Vinnen selbst lieb gewesen ist."[970]

Welche Motivation stand nun eigentlich hinter dem Protest? „Rein künstlerische Gründe" waren es wohl nicht, wie Beckmann in seinem Antwort-Beitrag schlussfolgerte.[971] Auch von politischen Argumenten kann man nicht wirklich sprechen. Der Bremer Künstlerstreit war vielmehr emotional geprägt. Das erklärt auch, warum die Schrift insgesamt sehr zwiespältig ausfiel. Die Ausgangspunkte der Argumentation waren für Viele nachvollziehbar. „Aber", so war in der *Kunst für Alle* zu lesen, „es ist bedauerlich, daß neben diesem Guten manche schiefe Anschauung mitläuft [und] über allem dem Verallgemeinern einzelner Fälle nicht einmal der Versuch unternommen ist, Vorschläge zu einer Besserung tatsächlich vorhandener Mißstände zu machen."[972] Vinnen verstrickte sich in Allgemeinplätze und Widersprüche. Eine Quintessenz blieb er schuldig, denn immerfort relativierte er seine gerade ausgesprochenen Anschuldigungen.[973]

Am Ende konnte die Aktion nur als „misslungen"[974] betrachtet werden. Die Antwort ist in erster Linie als notwendige Reaktion auf den Protest als solchen zu verstehen. Gezielt ließ sich von den Antwortlern schwer auf die Widersprüchlichkeiten reagieren. Schlussendlich lagen die Positionen der gegnerischen Parteien gar nicht so weit auseinander. Die Vertreter beider Seiten fürchteten den Verlust

968 Trübner, in: Deutsche und französische Kunst 1922, S. 63 f.

969 Biermann, in: Deutsche und französische Kunst 1922, S. 138.

970 Biermann, in: Deutsche und französische Kunst 1922, S. 139.

971 Beckmann, in: Deutsche und französische Kunst 1922, S. 37.

972 „Ein Protest deutscher Künstler" 1910/11, S. 426.

973 Pauli fasste die generelle Aussage des Protests in seiner Antwort folgendermaßen zusammen: „Nachdem bei der Zusammenstellung der Broschüre die persönlichen und lokalen Beziehungen zu Bremen weggelassen sind, bleibt ein allgemeines Wehklagen über unpatriotische Begünstigung französischer Meister, über einen zwar törichten, aber doch gefährlichen Snobismus der Ästheten, über die bedrohlichen Machenschaften einer Clique von Pariser und Berliner Kunsthändlern übrig. Es ist mit Recht gefragt worden, wer in diesen verschiedenen Fällen eigentlich gemeint sei." Aus: Pauli, in: Deutsche und französische Kunst 1922, S. 1 f.

974 „Ein Protest deutscher Künstler" 1910/11, S. 428.

ihrer beruflichen Anerkennung. Kunsthandel und Kunstkritik lancierten eine künstlerische und monetäre Richtung, mit der sie alle bald nicht mehr Schritthalten zu können glaubten. Ein Generationskonflikt spielte sich hier nur insofern ab, als dass alle Beteiligten die neue Generation, die in Düsseldorf gerade eine neue Ära einzuläuten begann, an sich vorbeiziehen sahen.

Wie sehr die Entwicklungen die Gemüter erhitzten, zeigt auch die hohe Zahl an Stellungnahmen zu dieser Angelegenheit in der überregional deutschen und sogar ausländischen Presse.[975] Dieser Streit hatte eine derart große Resonanz, wie sie keine Aktion des Deutschen Künstlerbundes je hätte erreichen können. Obwohl sich der Protest aufgrund der großen Beteiligung Münchner Sezessionisten auch als Angriff auf die Berliner Sezession und Paul Cassirer lesen ließ,[976] wurde der Deutsche Künstlerbund in diese Zusammenhänge namentlich nicht gestellt. Das rein deutsche Profil seiner Ausstellungen bot bei dieser Diskussion keinen Anlass zur Kritik. Dass der Bund dennoch indirekt mit der Angelegenheit in Verbindung gebracht wurde, war seinen Mitgliedern unter den beteiligten Unterzeichnern beider Seiten zu verdanken, und auch Pauli, der durch seine erste Erwiderung in der Presse den Künstlerbund namentlich mit eingebunden hatte. Dass sich der Bund als Institution für die Diskussion gar nicht hat hergeben können, erklärt der Umstand, dass seine Mitglieder in beiden Lagern nahezu gleichauf vertreten waren. Damit war der Bund quasi wie ein Bindeglied zwischen den Parteien. Und vielleicht lässt sich damit auch seine vornehmliche Aufgabe definieren. Er unterschied sich deutlich von einzelnen kleinen Splitterparteien und deren spezifischen Ideen, vertrat stattdessen alle Parteien wie in einem Sammelpool und garantierte dabei die notwendige Seriosität, um auf großer Ebene akzeptiert zu werden.

Hier zeichnet sich vielleicht zum ersten Mal die tatsächliche Rolle des Künstlerbundes im deutschen Kunstgeschehen ab. Sie war eine vermittelnde, keine revolutionäre. Vor diesem Hintergrund lassen sich die Künstlerbundausstellungen als neutraler Rahmen erkennen, in dem extreme künstlerische Positionen nicht als Affront oder Skandal aufgefasst werden mussten, sondern wo sich das Publikum viel freier mit neuen, gewöhnungsbedürftigen Strömungen auseinandersetzen konnte, als in spektakulären Gruppenausstellungen wie vom Blauem Reiter, von der Brücke oder neuerdings dem Sonderbund.

Der Pressekrieg um Pauli dauerte im Übrigen weiter an. Pauli hat sich nicht entmutigen lassen und noch im selben Jahr eine Einzelausstellung van Goghs in der Kunsthalle durchgeführt, die wiederum ein Wortgefecht in der Presse nach sich zog, das in einer rechtlichen Auseinandersetzung zwischen Pauli und dem Mannheimer Rechtsanwalt und Kunstschriftsteller Theodor Alt gipfelte, in die erneut Kalckreuth, Klinger und Lichtwark als Sachverständige eingebunden

975 Vgl. dazu Nierhoff 2002a, S. 152f.

976 Die verdeckten Andeutungen im Protest brachte Slevogt auf den Punkt: „Man ärgert sich über die Berliner Secession und den Berliner Kunstsalon Cassirer […]." Aus: Slevogt, in: Deutsche und französische Kunst 1922, S. 32.

waren.[977] Ob die Drei in dieser Angelegenheit im Namen des Deutschen Künstlerbundes aufgetreten sind, geht aus den derzeitigen Ermittlungen nicht hervor. Auf jeden Fall waren ihre Verhandlungen, die sich bis zum Sommer 1912 hinzogen, erfolgreich und gingen zu Paulis Gunsten aus. Damit war der Museumsmann dem Gefecht aber noch immer nicht entkommen. Die 1912 stattgefundene Wanderausstellung des Blauen Reiter, deren vierte Station die Bremer Kunsthalle war, bot weiteren Zündstoff gegen ihn. Von seinem modernen Kurs brachte auch dies Pauli nicht ab. Bis zu seiner Berufung an die Hamburger Kunsthalle 1914 zeigte er weiterhin van Gogh in seinem Haus und strebte auch weitere Erwerbungen des Künstlers an.[978] Wie Klinger bei der Leipziger Ausstellung den Künstlerbund für seine Zwecke einzubinden versuchte, so hat es Pauli in Bremen getan. Auch darin liegt der Sinn einer Vereinigung: einzelnen Kräften den notwendigen Rückhalt zu geben, wie es nur ein großer Zusammenschluss leisten kann um seinerseits von der daraus resultierenden Wirkung zu profitieren, die seinen Aktionsradius weiterhin ausdehnt. Dass sich der Bund in all diesen Angelegenheiten bedeckt hielt, entspricht nur seiner zur Vorsicht neigenden Art, seine Bemühungen nicht durch übereilte Affronts gegenüber einer Seite zu gefährden.

1912: 7. Jahresausstellung in Bremen

Die Spannungen des Bremer Kunststreits lagen noch in der Luft, da fand in der Hansestadt die nächste Jahresausstellung des Deutschen Künstlerbundes statt. Der Künstlerbund konnte als vermittelnde, stets den Ausgleich suchende, renommierte Ausstellungsvereinigung die Sachlage vielleicht etwas beruhigen. Zumindest schien das im Interesse Paulis gelegen zu haben, auf dessen Betreiben der Bund in der Bremer Kunsthalle zu Gast war, wenn er sich mit seiner Einladung „an die angesehenste Organisation der deutschen Künstlerschaft“[979] wandte. Pauli, der dem Künstlerbund seit dessen Gründung angehörte, wollte durchaus in der Ausstellung „die jungen Kräfte der deutschen Künstlerschaft zu Wort kommen“ lassen und dem Bremer Publikum eine „Übersicht über die Arbeit der Werdenden“ offerieren.[980] Er versprach sich einiges davon, schließlich wurden die Exponate „von der Hand der berufensten deutschen Künstler gesichtet“.[981] Ein erneuter Skandal war vom stets moderat agierenden Künstlerbund nicht zu erwarten.

Die Schau fand dieses Jahr nicht im Sommer, sondern bereits im Februar und März statt und war mit einer Laufzeit von nur zwei Monaten noch kürzer als die Ausstellung im Jahr zuvor. Daraus ergab sich denn auch eine vergleichsweise nied-

977 Vgl. Herzogenrath 2002, S. 16.
978 Vgl. Herzogenrath 2002, S. 16f.
979 Gustav Pauli, Die Aufgaben des modernen Kunstmuseums, Vortrag vom 29.3.1912, Bremen 1912, zit. nach: Lyra-Wex 1987, S. 188.
980 Ebd.
981 Ebd.

rige Besucherzahl von 13.500.[982] Mit einem Verkauf von „über M 57.000" aber war die Leitung des Künstlerbundes „sehr zufrieden".[983]

Aufgrund erhaltener Korrespondenz lassen sich für diese Ausstellung einige Absprachen und Bedingungen rekonstruieren, die im Herbst/Winter 1911 zwischen Pauli, Kalckreuth und dem Sekretär des Künstlerbundes Theodor Brodersen getroffen worden sind. Pauli zeigte sich darin als straffer Organisator, der durch regen Briefkontakt die Vorbereitungen vorantrieb – den Qualitätsanspruch dabei nie aus den Augen verlierend. Sechs Wochen vor Ausstellungsbeginn musste er den Künstlerbund auf verstrichene Fristen hinweisen, mit denen es der Bund offensichtlich nicht so genau nahm:

> „Sehr geehrter Herr Hofrat, Indem ich Ihnen beifolgend eine Anzahl Ausstellungspapiere übersende, bemerke ich dazu, dass der Anmeldetermin für die Künstlerbundausstellung bereits abgelaufen ist und ein sachliches Interesse nun daran besteht, dass mit hervorragenden Künstlern, an deren Mitwirkung uns viel gelegen ist, eine Ausnahme gemacht werde. Im übrigen aber empfiehlt es sich, allen, die jetzt noch um Ausstellungspapiere einkommen, abschlägigen Bescheid zu erteilen, wie wir es auch bereits so gehalten haben. Durch das fortgesetzte Annehmen nachträglicher Anmeldungen von mehr oder minder gleichgültigen Persönlichkeiten erschweren wir in der unerwünschtesten Weise die Führung der Ausstellungsgeschäfte. Bei dieser Gelegenheit erlaube ich mir zu bemerken, dass heute von Breslau aus noch zwei Gemälde von Haider eingetroffen sind, obwohl wir am 29. November Sie darum ersucht hatten, die Absendung der Bilder, die für unsere Ausstellung zu spät kommen, zu verhindern. Wir lassen die Kisten in unserem Depot lagern und bitten um weitere Verfügung."[984]

Und Pauli hatte noch etwas nachzusetzen:

> „Soeben erfahre ich von der Neuen Künstlervereinigung München, dass Sie die sämtlichen Mitglieder derselben zur Beteiligung an unserer Künstlerbund-Ausstellung aufgefordert haben. Demgemäss sind wir genötigt, noch einmal die Ausstellungspapiere den Herren zu senden, obwohl ich gestehen muss, dass uns dadurch nur vermehrte Umstände erwachsen, da die allermeisten dieser Einsendungen nach menschlicher Voraussicht abgelehnt werden und der Charakter derselben zu dem Gesamtbild der zu erwartenden Ausstellung wenig passen wird. Auf alle Fälle möchte ich Sie, verehrter Herr Hofrat, bitten, von weiteren Einladungen, soweit es sich nicht um anerkannte

---

982 Vgl. Pauli an die Kunsthalle Mannheim, 21.12.1912, in: Archiv Kunsthalle Mannheim, Bestand Altakten, Ordner „Künstlerbund 1913, V". Dass auch die Darmstädter Ausstellung 1910 nur knapp 13.500 Besucher zählte, obwohl sie ganze fünf Monate dauerte, zeigt erneut die vergleichsweise geringe Resonanz dieser Veranstaltung.

983 Pauli an Wichert, 15.5.1912, ms. Manuskript mit hs. Korrekturen, in: Archiv Kunsthalle Mannheim, Bestand Altakten, Ordner „Künstlerbund 1913, V".

984 Pauli an Brodersen, 15.12.1911, Abschrift, ms., in: Archiv Kunsthalle Bremen, Akte No. 108, Bl. 28.

> Grössen handelt, doch absehen zu wollen. Wir haben jetzt schon eine solche Unmasse von Ausstellungsmaterial angemeldet bekommen, dass dreiviertel der Einsendungen jedenfalls refüsiert werden müssen und wir kaum wissen, wie wir in der verhältnismässig kurzen Zeit die Unmenge von Kisten expedieren sollen."[985]

Pauli war besonders alarmiert, weil es sich ausgerechnet um Vertreter der Neuen Künstlervereinigung München handelte, für die hier eine Ausnahme gemacht werden sollte, auf die er in seinem Haus aber gerne verzichtet hätte. Noch nachdem die Bremer Ausstellung längst vorbei gewesen war, hatte er mehr Hohn denn Achtung für die stilisierte Flächenmalerei der Künstler um Marianne von Werefkin, die künstlerisch eigentlich gerade denen folgte, die Pauli überaus schätzte, van Gogh und Gauguin. In einem Reisebericht an den Vorsitzenden des Bremer Kunstvereins Carl Schütte schilderte er seinen Eindruck von der Werefkin nach einer Begegnung mit ihr in München:

> „Interessant und spasshaft war es, zu bemerken, wie diese Künstler, namentlich die Werefkin für die alten Deutschen, besonders für Cranach schwärmen. In der Pinakothek sagte sie vor einem Cranach zu mir: ‚Sehen Sie, das bewundern und vergöttern nun die Deutschen und wenn wir ‚auch so etwas' machen (– sie dachte an die naiven Stilisierungen der Natur –) dann werden wir beschimpft.' Ja, ja, das ist es ja grade! Cranach gedachte die Natur nachzubilden und wusste gewiss nicht, in welchem Maasse er späteren Jahrhunderten als naiver Stilist erscheinen würde. Diese intelligenten Russen setzen sich aber an die Arbeit mit dem Vorsatz recht naiv zu sein. Ich möchte sie nicht beschimpfen – sie meinen es ja ernst und ehrlich – aber bewundern kann ich sie auch nicht und halte es für einen grossen Unsinn, wenn ein Museumsdirektor wie Reiche[986] in Barmen, ihre höchst problematischen Leistungen für sein Museum kauft."[987]

Zwar sah er im Umgang mit der modernen Kunst durchaus einen Unterschied zwischen Ankäufen für das Museum und der Präsentation auf Ausstellungen, wo dem Experimentieren mit neuen Dingen mehr Raum gegeben werden konnte: „Am Museum muss man konservativ sein, in den Ausstellungen kann und soll man zeigen, was der Tag neues bringt."[988] Den extravaganten Münchnern wollte Pauli aber nicht mal das temporäre Ausstellen erlauben und versuchte, der grundsätzlich liberalen

985 Pauli an Brodersen, 18.12.1911, Abschrift, ms., in: Archiv Kunsthalle Bremen, Akte No. 108, Bl. 30.

986 Richard Reiche (1876–1943) war Kurator und künstlerischer Leiter des Barmer Kunstvereins. Zeitweise gehörte er dem Vorstand des Sonderbundes westdeutscher Kunstfreunde und Künstler an. Er war ein Verfechter des Expressionismus und hat viel zu dessen Verbreitung im westdeutschen Raum getan. Neben der Werefkin wurden unter anderen auch Macke und Marc, Jawlensky, Nolde und Erbslöh durch ihn gefördert.

987 Pauli an Schütte, 3.7.1912, Abschrift, in: Archiv Kunsthalle Bremen, Akte Pauli, Korrespondenzen von 1911–1920, B. 3, 4.

988 Ebd.

Haltung des Künstlerbundes entgegenzuwirken. Zeitgleich mit seiner Ermahnung an Brodersen schrieb dieser wiederum an Pauli, genau entgegen dessen Sinne:

> „Sehr geehrter Herr Direktor! Gestern bin ich von meiner Reise zurückgekehrt. Ich war in München, um dort noch im Auftrage des Herrn Grafen von Kalckreuth eine Anzahl Künstler persönlich aufzufordern, die Ausstellung des D.K.B. gut zu beschicken. Ich habe von mehreren Herren Zusagen bekommen. Die Bilder werden wahrscheinlich erst in der ersten Hälfte des Monats Januar eingehen. Ich bitte also, der Annahme dieser Bilder keine Schwierigkeiten zu bereiten. Auch werden Sie die Anmeldungen wahrscheinlich jetzt erst erhalten. Es handelt sich um folgende Künstler: von Stuck, Benno Becker, Albert von Keller, Toni Stadler, Herm. Hahn, Flossmann, Kanoldt, Carl Caspar, Maria Caspar-Filser, Riemerschmied, Weissgerber, Erbslöh, von Jawlensky, von Bechtejeff, von Werefkin. Herr von Habermann wird wahrscheinlich 10–12 Bilder senden. Dass die beiden Bilder von Haider Ihnen noch nachgesandt wurden, geschah ohne unsere Schuld. Wir haben Arnold-Breslau wahrhaftig deutlich genug gesagt, dass er sie nach Hamburg zu senden hat. Bitte haben Sie die Freundlichkeit, sie mit den andern Bildern zusammen zu Commeter gehen zu lassen. Mit den besten Empfehlungen Ihr ergebener Theodor Brodersen [...] An die Künstler, welche jetzt noch Aufnahmeformulare erbeten, werden wir in Ihrem Sinne schreiben."[989]

Abgesehen von den organisatorischen Unannehmlichkeiten störte sich Pauli natürlich vor allem an den Namen Erbslöh, Jawlensky, Kanoldt, Bechtejeff und Werefkin. Da er bei Brodersen kein Glück hatte, die Nachsendungen zu verhindern, versuchte er es bei Kalckreuth:

> „Lieber verehrter Herr Graf, Zu meiner Ueberraschung bekam ich neulich auf Veranlassung von Hofrat Brodersen eine korporative Anmeldung der Neuen Künstlervereinigung München für unsere Ausstellung. Da diese Gäste doch nur zum allergeringsten Teil erwünscht sind, so schrieb ich Hofrat Brodersen wieder, dass ich ihn dringend bäte, von derartigen Aufforderungen abzusehen, die lediglich unsere Ausstellungsarbeiten erschweren. Heute schickt er mir darauf den einliegenden Brief um dessen Rücksendung ich bitte. Hier ist etwa die Hälfte der Neuen Münchner Vereinigung persönlich aufgeführt. Ich habe der Neuen Vereinigung sofort geschrieben, dass diese Aufforderung selbstverständlich keine Juryfreiheit involviere, meine aber, dass Brodersen in seiner Propaganda zu weit gegangen ist. Ich schreibe Ihnen dieses weniger, um Sie zu irgendeinem Vorgehen gegen unseren Geschäftsführer zu veranlassen, als um Sie für künftige Fälle zu avertieren."[990]

Durchgesetzt hat sich Pauli nicht. Nur Bechtejeff wurde in Bremen nicht ausgestellt – auch auf keiner anderen Künstlerbundausstellung. Erbslöh, Jawlensky,

---

989 Brodersen an Pauli, 18.12.1911, ms., in: Archiv Kunsthalle Bremen, Akte No. 108, Bl. 31.

990 Pauli an Kalckreuth, 19.12.1911, Abschrift, ms., in: Archiv Kunsthalle Bremen, Akte No. 108, Bl. 32.

Kanoldt und Werefkin waren mit jeweils einem Bild in der Bremer Künstlerbundausstellung präsent, Erma Bossi gar mit zweien. Ebenso die weiteren „ganz Modernen, die Anhänger der Pariser ‚Fauves', die sich auf Gauguin, Van Gogh und Cézanne berufen (ob mit Recht oder Unrecht wird später zu erörtern sein)", wie die *Weser Zeitung* abschätzig berichtete.[991] Paulis Opposition gegen die Münchner Vereinigung war, was er nicht wissen konnte, kaum noch von Bedeutung, da die Gruppe gerade dabei war, sich aufzulösen.[992] Umstritten waren die Münchner aber nicht nur bei Pauli. Die drei Ausstellungen, die sie zwischen 1909 und 1911 veranstaltet haben, wurden in der Presse überwiegend verrissen. Umso bemerkenswerter, dass sich der Künstlerbund um Kalckreuth davon nicht hat abbringen lassen und die abstrakten Münchner in die Reihe der ausstellungswürdigen Neulinge einzugliedern bereit war.

Der Künstlerbund war sicherlich etwas spät mit seiner letzten Akquise in München. Doch hatte es vor allem diplomatische Gründe, Münchner Künstler aller Couleur zu einer regeren Beteiligung aufzufordern, wie Brodersen Pauli entschuldigend zu verstehen gab:

> „Ich fuhr im Auftrage des Herrn Grafen von Kalckreuth nach München, um für eine reichere Beschickung der Bremer Ausstellung dort tätig zu sein. Der Graf hatte mir aufgegeben mich besonders an die namhaften Künstler zu wenden, aber auch die Jüngeren, und er nannte mir dabei u.a. die Namen v. Jawlensky, Bechtejeff [...]. Der Graf hatte Bilder dieser Künstler kürzlich in Bremen gesehen, die ihm besonders gut gefallen haben. München hatte unsere letzten Künstlerbundausstellungen sehr schlecht beschickt, und das war der Grund, dort persönlich zur Einsendung aufzufordern."[993]

Und auch Kalckreuth lenkte nochmal ein und versicherte, er habe „sehr schöne Sachen von Bechtejeff, Jawlensky ec. gesehen. Aber selbstverständlich kann bei der Beschränktheit der Räume davon nicht zu viel aufgenommen werden. Die Jury wird das schon deichseln", war er sich sicher.[994] Kalckreuths Interesse an diesen Künstlern zeigt seine Offenheit und Weitsicht gegenüber auch extremeren künstlerischen Positionen. Mit seiner Absicht, die Münchner wieder stärker in die Künstlerbundreihen einzugliedern, ist er allerdings nicht weit gekommen. Sie waren kaum besser vertreten als sonst. Aus Berlin kamen nach wie vor doppelt so viele Künstler. Profitiert hat davon der Münchner Maler Ferdinand Staeger, dem „ausnahmsweise die Einsendung von 16 Zeichnungen gestattet worden ist"[995], ohne dass dies unter künstlerischen Aspekten besonders gerechtfertigt gewesen wäre. Vielleicht sollte

---

991 Ausstellung des Deutschen Künstlerbundes 1912.

992 Kandinsky, Münter und Marc hatten sich bereits im Dezember 1911 von der Gruppe distanziert und zeitgleich mit deren dritter Ausstellung und am selben Ort in der Galerie Tannhauser die erste Ausstellung des Blauen Reiters durchgeführt. Zur Geschichte der Neuen Künstlervereinigung München vgl. München 1999.

993 Brodersen an Pauli, 20.12.1911, in: Archiv Kunsthalle Bremen, Akte No. 108, Bl. 33, 34.

994 Kalckreuth an Pauli, 20.12.1911, hs., in: Kunsthalle Bremen, Akte No. 108, Bl. 35.

995 Brodersen an Pauli, 11.12.1911, ms., in: Archiv Kunsthalle Bremen, Akte No 108, Bl. 26.

aber die Menge der Exponate ein wenig über die schwache Teilnehmerschaft der Münchner hinwegtäuschen.

Die zwölf Mann starke Jury bestand zum größten Teil aus den bewährten Juroren der vorangegangenen Jahre. Nur zwei von ihnen traten hier zum ersten Mal auf, Gustav Klimt, der die wie üblich ältere Generation der Stammjuroren ergänzte, und Max Clarenbach, mit dem erstmals in der Geschichte des Künstlerbundes eine junge – Clarenbach war gerade 32 Jahre alt –, noch nach Idealen strebende Kraft in die Geschicke einer Ausstellung eingreifen durfte. Das Pikante an Clarenbachs Juryteilnahme war, dass er zu den Mitbegründern des Düsseldorfer Sonderbundes gehörte, der im vergangenen Jahr Gegenstand des Bremer Kunststreits war. Die beiden Sonderbundausstellungen 1910 und 1911 haben zu einer Auseinandersetzung mit den expressionistischen Tendenzen in Deutschland und Frankreich aufgerufen und damit nicht wenig Aufregung verursacht. Die wichtigste Schau des Sonderbundes sollte in diesem Jahr 1912, von Ende Mai bis Ende September, in Köln stattfinden. Vielleicht war das genau der Grund, warum der Künstlerbund seine Schau in diesem Jahr so früh abhielt. Clarenbachs Mitwirkung blieb nicht ohne Folgen. Der Anteil avantgardistischer Stilweisen war auf der Bremer Ausstellung höher denn je. Auch unter den Neuzugängen waren zahlreiche dem Expressionismus nahestehende Künstler zu verzeichnen: Erma Barrera-Bossi, Otto Beyer, Erbslöh, Paul William Henle, Bernhard Hoetger, Jawlensky, Moissey Kogan, Ernst Odefey, Heinrich Richter-Berlin, Carl Schwalbach, Paul Vahrenhorst, Evarist Weber und Marianne Werefkin.

Paulis Einwände wurden vom Künstlerbund überstimmt. Vielleicht wollte der Bund sich nach den schlechten Erfahrungen in Leipzig ein Jahr zuvor nie wieder derart in die Sache reden lassen. Denn auch Paulis Idee, „kleinere Kollektivausstellungen" in die Schau einzubringen, „damit wir unserer Künstlerbund-Ausstellung ein Gesicht geben"[996], wie er erklärte, wurde am Ende nach den Vorstellungen des Bundes umgesetzt. Pauli wollte auf Nummer sicher gehen und schlug die Berliner Liebermann und Slevogt vor. „Für Slevogt würde es sprechen, dass wir in Bremen noch nie eine wichtige Kollektivausstellung seiner Bilder hatten." Mit sechs, bzw. fünf Bildern waren Liebermann und Slevogt auf die Bitte von Kalckreuth tatsächlich überdurchschnittlich präsent.[997] Von einer Kollektivausstellung kann man aber bei diesen Zahlen noch nicht sprechen. Des Weiteren dachte Pauli an einen Münchner Künstler, „der aus sozusagen politischen Gründen erwünscht wäre." Doch wusste er diesbezüglich „gar keine Vorschläge zu machen. Vielleicht sind Sie in der Lage"[998], gab er die Entscheidung an Kalckreuth weiter. Der Künstlerbund hat sich

996 Pauli an Kalckreuth, 7.12.1911, Abschrift, ms., in: Kunsthalle Bremen, Akte No. 108, Bl. 21.

997 „Die Bitte um reichere Beschickung ist auch an Herrn Professor Slevogt und Liebermann gerichtet." Aus: Brodersen an Pauli, 20.12.1911, in: Archiv Kunsthalle Bremen, Akte No. 108, Bl. 33, 34.

998 Pauli an Kalckreuth, 7.12.1911, Abschrift, ms., in: Archiv Kunsthalle Bremen, Akte No. 108, Bl. 21

für den Präsidenten der Münchner Sezession Habermann entschieden – der im Übrigen eben noch den *Protest deutscher Künstler* unterschrieben hatte. Viel Phantasie hat der Künstlerbund bei dieser Wahl nicht gezeigt, nicht nur wegen Habermanns ohnehin unbestrittener Popularität. Dem Künstler wurde außerdem gerade erst ein Jahr zuvor bei der Berliner Sezession mit einer großen Sonderausstellung gehuldigt.[999] Dass Kalckreuth „besonders die alten Habermanns"[1000] interessierten, könnte seinen moderaten Kurs spiegeln. Vielleicht wollte er aber auch erneut ein deutliches Gegengewicht zu der zweiten Sonderschau schaffen, bei der man sich für den Expressionisten Bernhard Hoetger entschieden hatte.

Im Vergleich zum Vorjahr wurden zur Bremer Ausstellung einhundert Künstler weniger eingeladen. Die Anzahl der Exponate dagegen war genauso hoch, was sich daraus ergab, dass hier manche Künstler ausgiebiger präsentiert wurden: Habermann, Hoetger und Staeger, aber auch Elkan (13 Plastiken), Kogan (acht Plastiken), Zille (sieben Grafiken) sowie Liebermann und Graef (je sechs Arbeiten), Slevogt und Gaul (je fünf Arbeiten).

Anders als bei den letzten Künstlerbundausstellungen wurde der ortsansässigen Künstlerschaft keine überdurchschnittliche Präsenz gewährt. Aus Bremen und der näherren Umgebung kamen überhaupt nur sechs Künstler. Darunter nicht gerade die bekanntesten.[1001] Vogeler, Overbeck oder Mackensen suchte man vergeblich auf der Ausstellung. In dieser Hinsicht ist die Ausstellung aus dem üblichen Schema der letzten Jahre herausgefallen und es überwog der Anspruch, eine aus rein künstlerischer Sicht gute Ausstellung zu veranstalten. Der seriöse Teil der Schau war geprägt durch die immer wiederkehrenden Teilnehmer der älteren Generation Corinth, Philipp Franck, Habermann, Hagen, Dora Hitz, Kalckreuth, Klinger, Liebermann, Trübner, Cauer, H. am Ende, Hahn, H. und U. Hübner, Linde-Walther, Slevogt, Sterl, Stuck und Volkmann. Bemerkenswert ist, dass 22 Künstler an der Schau teilgenommen haben, die ein Jahr zuvor Vinnens Protestschrift unterschrieben hatten. Darunter auch diejenigen, die dem Bund bisher treu zur Seite standen wie Bermann, am Ende, Habermann, Th. Th. Heine, Landenberger, Liesegang, Linde-Walther, Oppler, Pietzsch, Stuck, Alice und Wilhelm Trübner und Volkmann. Selbst Vertreter des progressiven Lagers müssen hier genannt werden: Laage, R. Müller und sogar der Sonderbündler Schmurr hatte die Schrift befürwortet. Auch dies zeigt erneut, wie unschlüssig die ganze Unternehmung war. Von einer nachdrücklichen Haltung der einzelnen Beteiligten kann keinesfalls die Rede sein. Wie der Künstlerbund als solcher dazu stand, erklärt sich durch

999 Vgl. Berliner Sezession 1910.

1000 Kalckreuth an Pauli, 9.12.1911, hs., in: Archiv Kunsthalle Bremen, Akte No. 108, Bl. 22.

1001 Aus Bremen waren dabei: Margarete Hamens (geb. 1880), Elisabeth Hausmann (1881–1961), O. Modersohn (1865–1943), Clara Reinken (1877–1962), Edmund Schaefer (1880–1959) und Carl Windels (1869–1954).

die künstlerische Ausrichtung dieser Schau, in der sich der Bund deutlicher denn je zur aktuellsten Moderne bekannte.[1002]

Deusser, Gaul, Ida Gerhardi, Nolde, Tuaillon, Wolfthorn, Behmer, Berend-Corinth, Caspar, Caspar-Fisler, Clarenbach, Elkan, Hofer, Kirchner, Melzer, Pechstein, Rhein, Rösler, Schocken, Tappert, Beckmann, Buchwald-Zinnwald, Büttner, Hamm, Heckel, Klemm hatte man beim Künstlerbund schon wiederholt gesehen. Viele Neuzugänge gab es in Bremen nicht. Nur ein Viertel der Teilnehmer hatte noch nie beim Bund ausgestellt. Auf den ersten Ausstellungen des Künstlerbundes kam stets fast die Hälfte der Teilnehmer neu hinzu. Mit der Zeit ging der Anteil der Neuen zurück, der Bund hatte offenbar eine Linie gefunden. In diesem Jahr hatte er sich vorwiegend auf seine bekannten Mitwirkenden verlassen. Allerdings waren es insbesondere die Neuzugänge, die der Schau ihr auffallend modernes Gepräge verliehen. Bossi, Beyer, Erbslöh, Henle, Hoetger, Jawlensky, Kogan, Odefey, Richter-Berlin, Schwalbach, Vahrenhorst, Weber und Werefkin haben alle neue Tendenzen eingebracht. Nie zuvor – und auch später nicht mehr– wurden auf einer Jahresschau des Deutschen Künstlerbundes so viele progressive Künstler eingeführt.

Der Bund konnte sich den Entwicklungen auch nicht verschließen, wenn er nicht ins Abseits geraten wollte. Nachdem die zweite Ausstellung des Sonderbunds Westdeutscher Kunstfreunde und Künstler 1910 in Düsseldorf neben dem französischen Fauvismus den deutschen Expressionismus salonfähig zu machen versucht hatte, begann auch der Deutsche Künstlerbund, die neuesten Strömungen kenntlich zu repräsentieren und vereinte die entsprechenden Künstler erstmals in einem Raum.[1003] Eine solch drastische Präsentationsweise hatte der Bund zuvor nicht umgesetzt. Dass dies nun durch die nach wie vor überwiegend konservative Jury geschehen ist, zeichnet ihre Liberalität und Weitsicht aus. Trotz der überwiegend guten Gesamtkritik in der Presse, war man nach den Ereignissen des Vorjahres, die sich nicht zuletzt auch an der Expressionismus-Schau des Sonderbunds 1910 entzündet hatten, in Bremen besonders sensibilisiert für die modernen Ausläufer der Künstlerbund-Ausstellung. Das Unverständnis gegenüber den unkonventionellen Kunsterzeugnissen schlug sich in der überholten Ansicht nieder, dass „keine Kunst [...] jemals um ihrer selbst willen dagewesen“[1004] wäre. Pauli berichtete seinem Mannheimer Kollegen Fritz Wichert, der die nachfolgende Künstlerbundausstellung als Gastgeber betreuen wollte, von dem aufsehenerregendsten Raum der Bremer Veranstaltung,

---

1002 Fast 30 % der Teilnehmer können einer modernen Richtung zugeordnet werden, die sich deutlich von Impressionismus und Spätimpressionismus abhob. Dass der Bund dennoch auf eine bestimmte Gewichtung der gegensätzlichen Richtungen geachtet hat, lässt sich abermals vermuten, da der Anteil moderner Künstler unter den Neuzugängen prozentual wieder genau dem Verhältnis der Modernen unter allen Teilnehmern entsprach: knapp 30 %.

1003 Der Raum war bezeichnet als Raum „0“. Vgl. Brand 1912 (Teil V).

1004 Brand 1912 (Teil I), o. S. Die zusammenhängende Präsentation der Expressionisten ein Jahr zuvor war noch wesentlich unscheinbarer geschehen. Vgl. dazu oben, S. 212-220.

der „mit Gemälden der neuen Sezession und ihrer Gesinnungsgenossen (Pechstein, Melzer, Jawlensky, Erbslöh u. A.) […] als ‚Schreckenskammer' verschrien" wurde.[1005] Dabei war es in den meisten Fällen nicht das erste Mal, dass diese Künstler beim Künstlerbund ausgestellt haben. Aber Sie wurden noch nie geschlossen in einem Raum präsentiert, was die Wirkung der Bilder in ein für Künstlerbundverhältnisse neues Licht warf. Aufregung verursachte weniger die Präsenz dieser Werke an sich, sondern die Art ihrer Präsentation, „daß man sie isolierte; daß man mit Fingern auf sie wies"[1006]. Anders als mit dieser Wucht aber wäre ihre Wirkung nur halb so stark gewesen. Hier präsentierte sich eine neue Künstlergeneration, die sich mit denselben Vorbehalten auseinanderzusetzen hatte, wie alle ihre Vorgänge auch einst:

> „Alte Sezession – neue Sezession: diesen als äußere Lostrennung vielleicht nicht nötigen, innerlich geschichtsnotwendigen Schritt kann man beim Durchwandeln unserer Ausstellungsräume miterleben. Alle Entwicklung ist ja eine Sezession der Sezessionen. Freilich bedeutet Weiterentwicklung noch keine Höherentwicklung, sie stellt nur ein Anders-Sein dar, das den jüngsten Regungen des Zeitgeistes, Zeitwillens entspricht. Vorläufig halten wir uns freilich lieber bei den Meistern der alten, als bei denen der neuen Sezession und bei den Wildfängen der Dangaster Malerkolonie auf. Aber wir wissen, daß auch jene ‚neuesten', die sich heute so ‚grenzenlos erdreysten', einst mit Kopfschütteln die Jüngsten betrachten werden, die ihrerseits als die dreistesten von allen von ihren dreisten Geistesvätern sezessioni ert werden."[1007]

Nur wenige waren in der Lage, der „Schreckenskammer" sachlich zu begegnen und den dort gezeigten Künstlern zuzugestehen, „sie haben den Mut, neue Wege zu suchen".[1008]

Wilhelm Schölermann, der bereits den Ausstellungen 1906 in Weimar und 1910 in Darmstadt eine allzu nachgiebige Auswahl der Exponate attestiert hatte, störte sich nach wie vor an der zu unbestimmten Juryarbeit des Bundes. Auch wenn er

---

1005 Pauli an Wichert, 15.5.1912, ms. Manuskript mit hs. Korrekturen, in: Archiv Kunsthalle Mannheim, Bestand Altakten, Ordner „Künstlerbund 1913, V". Der Begriff „Schreckenskammer" wurde schon vor offizieller Ausstellungseröffnung von der Presse geprägt, wie den *Bremer Nachrichten* zu entnehmen ist: „Neben Werken von hervorragendem künstlerischen Werte finden sich auch nicht wenig, das heftigem Widerspruch begegnen wird, und das Kabinett 0 wurde bei der Vorbesichtigung schon vielfach als ‚Schreckenskammer' bezeichnet." Aus: Bremer Angelegenheiten 1912. Auch die linksorientierte *Bremer Bürgerzeitung* ließ verlauten, nicht frei von Ironie: "Ueber dem Eingang steht mit großen unsichtbaren Buchstaben: Schreckenskammer." Aus: Brand 1912 (Teil V), o. S.

1006 Brand 1912 (Teil V), o. S.

1007 H.[artlaub] 1912. Im nahe Bremen gelegenen Dangast hielten sich unter anderen um 1910 Schmidt-Rottlluff und Heckel auf. Bekannt wurde das Nordseebad vor allem später durch Franz Radziwill, der sich fast den größten Teil seines Lebens dort aufhielt.

1008 Brand 1912 (Teil V), o. S.

der diesjährigen Schau zuschrieb, „die bisher beste in der Malerei“[1009] gewesen zu sein, müsste nach seinem Sinn die Jury noch strenger arbeiten. Das Problem der Massenproduktion, gegen das die Ausstellungen der modernen Veranstalter seit den Sezessionsanfängen zu wirken versuchten, war für Schölermann noch nicht überwunden. Der Autor störte sich aber nicht an der Masse der Exponate, die man mit den Akademieausstellungen auch keinesfalls vergleichen konnte. Das Übel sah er in der Häufigkeit der Veranstaltungen. Jedes Jahr mit neuen Werken aufwarten zu müssen, überstiegen die künstlerischen Kräfte, denn ein Kunstwerk brauchte „Zeit und Ruhe zur Reife“. Unter Druck könne das auf Dauer nicht gelingen. Sein Vorwurf lautete: „Gerade das, was heute der Kunst und den Künstlern so sehr schädlich ist, das für jede Ausstellung etwas ‚fertig haben' müssen, das muß der Deutsche Künstlerbund mitmachen [...]“.[1010] Allerdings muss man Schölermann entgegenhalten, dass er sich den neuen Dingen, die diese Ausstellung vor allem ausmachten, in seinem Aufsatz kaum gewidmet hat. Nicht mal über die „Schreckenskammer“ allgemein hat er sich geäußert. Und wenn er in Bezug auf Habermann der Meinung war: „je älter desto besser“[1011], und: „ja, diese Alten, sie haben doch ‚auch' malen gekonnt!“[1012], dann gab er sich endgültig als Traditionalist zu erkennen. Den Jungen unterstellte er dagegen eine krampfhafte Suche nach Eigenart und argwöhnte: „Müssen wirklich alle Maler [...] Individualitäten sein?“ Wer nach Persönlichkeit erst suchen muss, der „wird sie sehr selten finden“.[1013]

Pauli, der sich von der inhaltlichen Konzeption der Schau klar distanzierte,[1014] hat sie selbst in *Kunst und Künstler* rezensiert und sogleich die Schwierigkeit beschrieben, die grundsätzlich in der Kritik einer Ausstellung liege, die „unter allen Aufgaben der Kunstschriftstellerei [...] die fatalste“ sei: „Sie mutet dem Mann der Feder ernstlich genommen Übermenschliches zu“, denn „sein Lob sagt dem Gelobten nichts Neues [...] und sein Tadel sagt dem Getadelten immer etwas Verkehrtes“.[1015] Bezüglich der Bremer Ausstellung sah sich Pauli denn auch einem entscheidenden Zwiespalt ausgesetzt. Eine Ausstellung hatte für ihn anregenden wie informativen Zweck, was sich in der Bremer Ausstellung stark widersprach. Denn anregend sei eine Ausstellung vor allem durch „eine planvolle Zusammensetzung einer bestimmten künstlerischen Absicht“, während der Informationsgehalt umso größer sei, wenn eine Ausstellung „das Nebeneinander der verschiedenartigen Bestrebungen ihrer

1009 Schölermann 1911/12a, S. 287.
1010 Schölermann 1911/12a, S. 286.
1011 Schölermann 1911/12a, S. 288.
1012 Ebd.
1013 Schölermann 1911/12a, S. 287.
1014 Paulis Distanzierung geschah nicht etwa „um von [der Ausstellung] mit dem Ausdruck des Missfallens abzurücken, durchaus nicht! Sondern um auf die Bedeutung dieser wertvollen und lehrreichen Ausstellung um so lebhafter hinweisen zu können.“ Aus: Gustav Pauli, Die Aufgaben des modernen Kunstmuseums, Vortrag vom 29.3.1912, Bremen 1912, zit. nach: Lyra-Wex 1987, S. 188.
1015 Pauli 1912, S. 411.

Zeit“ aufweise.[1016] Für die Künstlerbundausstellungen war seit jeher letzteres ausschlaggebend. Da die Verschiedenartigkeit der künstlerischen Bestrebungen inzwischen aber ins Unermessliche gestiegen ist, musste der anregende Aspekt mehr und mehr in die Ferne rücken, da eine überschaubare Orientierung kaum mehr möglich war.

Pauli erkannte den Umbruch, den die Bremer Künstlerbundausstellung aufzeigte. Die angewachsene Schar von Expressionisten bezeichnete er noch etwas skeptisch als „ein Grüppchen jener Neuesten, die sehnsüchtig und unbeholfen die ersten Worte einer neuen Formensprache stammeln“.[1017] Die starken etablierten Künstler hatten aber weiterhin ihre Berechtigung, da am Ende sie es waren, die „der Hebung des Niveaus zu statten“ kamen.[1018] Pauli machte aus seinem Argwohn gegen „einiges Schlimme“ keinen Hehl. Aber „trotz dieser Uebelstände und trotz der Uneinheitlichkeit des Gesamtbildes musste die Ausstellung ihrer Qualität nach als eine gute sogar als eine der besten des Künstlerbundes bezeichnet werden“, wie er dem Direktor der Mannheimer Kunsthalle bestätigen konnte.[1019]

Nicht nur durch die Sonderbundausstellungen in Düsseldorf haben die expressionistischen Strömungen in Deutschland ein eigenes Forum bekommen. Auch die Berliner Neue Sezession hatte sich spätestens seit ihrer vierten Ausstellung von November 1911 bis Januar 1912 konkret den allerneuesten Kunstströmungen verschrieben. Der Bund konnte sich diesen Entwicklungen nicht mehr verschließen. Der Anteil avantgardistischer Teilnehmer war höher als je zuvor. Ein Großteil der Künstler, die gerade bei der Neuen Sezession und beim Sonderbund ausgestellt hatten, wurde auch vom Künstlerbund gezeigt. Das Konzept des Bundes, auf den guten Teil gebührlicher Arbeiten der älteren Generation weiterhin nicht zu verzichten, hat zudem seit der letzten Ausstellung in Leipzig eine neue Berechtigung erfahren. Pfefferkorn bemerkte dazu: „Was durch den Bruch mit den ‚Jungen' in Berlin zunächst nicht möglich war – eine gemeinsame Ausstellung der Impressionisten mit den im Aufbruch befindlichen Expressionisten –, ereignete sich in Bremen in der Ausstellung des Deutschen Künstlerbundes.“[1020]

Pauli konnte dem Geschehen bis zum Schluss nicht trauen, wie sein Resümee der Ausstellung offenbart: „Unsere Künstlerbundausstellung zeigte ein etwas verworrenes Antlitz wie Sie es sich wohl denken können angesichts der Zusammensetzung einer so großen Künstlergemeinschaft.“[1021] Seine Aufgeschlossenheit als Museumsmann zeigte sich hier allein darin, dass er dem Künstlerbund trotz erheblicher persönlicher Zweifel freie Hand in der künstlerischen Konzeption der

1016 Ebd.

1017 Pauli 1912, S. 412.

1018 Ebd.

1019 Pauli an Wichert, 15.5.1912, ms. Manuskript mit hs. Korrekturen, in: Archiv Kunsthalle Mannheim, Bestand Altakten, Ordner „Künstlerbund 1913, V“.

1020 Pfefferkorn 1972, S. 49.

1021 Pauli an Wichert, 15.5.1912, ms. Manuskript mit hs. Korrekturen, in: Archiv Kunsthalle Mannheim, Bestand Altakten, Ordner „Künstlerbund 1913, V“.

Ausstellung gewährte. Das war gewagt, denn das Bremer Publikum war durch die Ereignisse des Vorjahres noch äußerst aufgeschreckt. Der *Protest deutscher Künstler* hatte zudem gezeigt, dass auch innerhalb des Künstlerbundes inzwischen zwei Lager aufeinandertrafen. Damit den Bund nicht das gleiche Schicksal traf wie die Berliner Sezession, musste die Einigkeit innerhalb des entscheidungstragenden Vorstands umso größer sein. Diese ist dem Bund gelungen, indem er von seinem grundsätzlichen Programm nicht abgerückt ist, die neuen Tendenzen aber noch mehr berücksichtigt und sich auch dem Expressionismus nun endgültig geöffnet hat. Dieses äußerst heterogene Stilgebilde war allein Ausdruck seiner Zeit, wie Pauli die Ausstellung treffend charakterisierte:

> „Hier hängt Stuck neben Liebermann, Trübner neben Brockhusen und Richard Müller nicht weit von Max Pechstein. Man wird es wieder einmal gewahr, wie merkwürdig zerrissen die künstlerische Tätigkeit unserer Zeit ist. Wann wohnten jemals so scharfe Gegensätze nebeneinander? Wohl nur in Zeiten grosser kultureller Krisen, in denen die Mächte der Vergangenheit und der Zukunft in tausend Umklammerungen mit einander rangen."[1022]

Der Künstlerbund musste den Kompromiss in Kauf nehmen, Struktur und Übersichtlichkeit aufs Spiel zu setzen zugunsten der Vielseitigkeit, der er sich schließlich von Anfang an verschrieben hatte. Mit der Zeit hat er sich mehr und mehr dem aktuellen Geschehen geöffnet. Zuvor aber hatte er sich ein Renommee erarbeitet, dass ihm diesen Kurs erlaubte. Mit der Bremer Ausstellung hat der Deutsche Künstlerbund eine seiner wichtigsten Veranstaltungen erlebt. Der Bund zeigte sich absolut zeitgemäß in der geschlossenen Präsentation des Expressionismus, an die er sich zuvor derart deutlich noch nicht herangewagt hatte. Der Kunstverein Bremen hat sich nach Sichtung der fertigen Ausstellung entschieden von jeder künstlerischen Verantwortung distanziert:

> „Wir wollen [...] nicht unterlassen, alle Freunde und Gegner unserer Ausstellungen darauf aufmerksam zu machen, daß mit dieser Ausstellung die Leitung unseres Kunstvereins nichts zu tun, sondern nur die Räume zur Verfügung gestellt hat. Der Künstlerbund, der die besten Namen deutscher Kunst in sich vereint, trägt also für diese Ausstellung die alleinige Verantwortung."[1023]

Das Verdienst dieser Ausstellung kam demgemäß allein dem Künstlerbund zu.

1912: 4. Grafikausstellung in Chemnitz

Einen Monat nach dem Ende der Bremer Ausstellung, hat der Deutsche Künstlerbund auf Einladung der Kunsthütte zu Chemnitz eine Grafikausstellung im Chem-

---

1022 Pauli 1912, S. 411.
1023 Ausstellung in der Kunsthalle 1912.

nitzer König-Albert-Museum veranstaltet.[1024] Von weit über 2.000 eingereichten Arbeiten musste wieder mehr als die Hälfte ausjuriert werden. Mit annähernd 1200 Arbeiten von 279 Künstlern war diese im Umfang die bislang größte Künstlerbundausstellung. Es wurden ausschließlich grafische Arbeiten gezeigt. Die Gegebenheiten des Veranstaltungsortes waren hier wieder optimal für den Künstlerbund. Die Räume waren noch so gut wie neu, denn das König-Albert-Museum war erst 1909 eröffnet worden. Die Lichtverhältnisse in den „schönen Räumen" entsprachen daher mit „Oberlicht und teilweise Seitenlicht" den Anforderungen eines modernen Kunstmuseums.[1025]

Dem Ausstellungskatalog ist erneut eine Art Vorwort vorangestellt. Wie schon im Katalog zur Hamburger Grafikausstellung 1910 äußerte sich Lichtwark nochmals zum „Werte der Sammeltätigkeit".[1026] Während er sich aber im Hamburger Katalog noch bemühte, die Sammeltätigkeit bis zu ihrer gesellschaftsrelevanten Rolle zu erheben, hielt er sich im Chemnitzer Vorwort außerordentlich kurz. Die knappen Zeilen sind eine schlichte Aufforderung zum Kaufen: „Wer sich ein inhaltsreiches Alter schaffen will, beginne früh oder zur rechten Zeit zu sammeln."[1027]. Sicher vermutete der Künstlerbund in der damals reichen Industriestadt – Chemnitz galt seit der Mitte des neunzehnten Jahrhunderts als Zentrum des Maschinenbaus – eine potentielle Käuferschaft. Viel Mühe hat sich Lichtwark mit seinem Aufsatz jedoch nicht gegeben. Die extreme Sachlichkeit und Kürze muten etwas halbherzig an. Um vielleicht auch noch den letzten Skeptiker zu überzeugen, endet der Text mit dem ökonomischen Argument: „Wer mit Kenntnis und Bildung sammelt, macht eine gute Kapital-Anlage."[1028] Erfolg hatte die Ausstellung in jedem Fall. Es wurden Werke im Wert von 22.000 Mark verkauft.[1029]

Die acht Jurymitglieder der diesjährigen Ausstellung waren wie immer aus den wichtigsten Kunstzentren Deutschlands zusammengestellt.[1030] Insgesamt war der Osten des Landes mit Vertretern aus Berlin, Dresden, Leipzig und Weimar wie üblich etwas besser vertreten als der Süden mit München, Stuttgart und Karlsruhe. Kalckreuth vertrat seit seinem Umzug nach Eddelsen den Norden. Die Juroren waren alle nicht zum ersten Mal für den Künstlerbund tätig. Ein junger Geist wie Clarenbach in Bremen war der Jury in Chemnitz nicht beigestellt. Das war aber vielleicht auch gar nicht nötig, da sich der Bund bei Grafikausstellungen ohnehin offener für die junge Generation zeigte.

1024 Die Kunsthütte Chemnitz war ein 1860 gegründeter Trägerverein der Kunstsammlungen Chemnitz. Die Kunsthütte legte den Grundstein für die heutige umfassende Gemäldesammlung der Klassischen Moderne, die unter anderem mit ca. 300 Werken die zweitgrößte Sammlung von Werken Schmidt-Rottluffs besitzt.

1025 Sch.[ölermann] 1911/12b, S. 432.

1026 Lichtwark 1912.

1027 Ebd.

1028 Ebd.

1029 Vgl. Kunstchronik, N. F. Jg. 23, 1912, Sp. 572.

1030 Die Zusammensetzung der Jury siehe im Anhang.

In Chemnitz verwundert es nicht, dass auch unter den Teilnehmern weit über die Hälfte der Aussteller aus Ostdeutschland kam. An der Seite Berlins haben sich Dresden, Leipzig und Weimar für die Künstlerbundausstellungen inzwischen zu einem Hauptzentrum der zeitgenössischen Kunst entwickelt, das den süddeutschen Raum um München weit hinter sich gelassen hatte. Münchens Untergewicht ist nicht unbemerkt geblieben: „Merkwürdig schwach ist München vertreten."[1031] Die Isar-Metropole hatte an Einfluss verloren, weil das Münchner Publikum den neuen Tendenzen überwiegend nicht mehr folgen wollte. Hans Goltz, der gerade zeitgleich mit der Bremer Künstlerbundausstellung in seiner kleinen Münchner Kunsthandlung die zweite Ausstellung des Blauen Reiters beherbergt hatte, beschrieb die Schwierigkeiten, unter denen die modernsten Strömungen in München Einzug hielten, aus Sicht aller an der Avantgarde Beteiligten:

> „Wir haben Jahr für Jahr alle Anfeindungen, alle persönlichen Verunglimpfungen durch offene und anonyme Briefe, durch Denunziationen und geschäftlichen Boykott, alle die unendlich törichten ‚Kritiken', die in ihrer Dummheit bemitleidenswert waren, all das hilflose, aber ach so geistvolle Gestammel, welchem München zu einem großen Teil den gegenwärtigen Tiefstand der Einschätzung verdankt, gelassen in die Schulmappe gelegt."[1032]

Die verbreitete Abneigung gegen die progressiven Stilrichtungen legte sich in München aber auch in den nächsten Jahren nicht. Gute zehn Jahre nach der Eröffnung seiner Kunsthandlung, musste Goltz, der mit seiner Arbeit als Kunsthändler in München zu den Pionieren der modernen Kunst gehörte, noch immer die schlimmste Kritik einstecken:

> „Seit zehn Jahren wütet eine eigenartige Geistesseuche in unserer Stadt, Neue Kunst, Expressionismus, von uns Kunstpest genannt. [...] Dabei ist erfreulich, dass diese Pest nicht zu einer allgemeinen septischen Verseuchung führte, sondern sich in Abszessen sammelte, die man nur aufzuschneiden braucht. So ein Abszess ist die Kunsthandlung ‚Goltz', Herr Goltz feiert gegenwärtig das zehnjährige Jubiläum der Kunstpest durch eine Ausstellung. Sie zeigt an Werten der bildenden Kunst die ganze pestilentische Entzündung, phosphoreszierende Fäulnis und den starren Todeskampf des verlogenen, von der Natur abgeirrten Geistern in allen Varianten – von der ungehemmten Tollwut bis zur hohlen Idiotie –, von der schamlosesten Gemeinheit bis zum religiösen Wahnsinn."[1033]

Für den Kolumnisten W. Balzer existierte München als Kunststadt gar nicht. Er sah eine absolute Berechtigung darin, dass sich die Berliner zahlenmäßig immer wieder bei den Künstlerbundausstellungen hervortaten, denn er vertrat die Ansicht, dass

1031 IV. Graphische Ausstellung 1912, Sp. 429.
1032 Hans Goltz, [ohne Titel], in: Der Ararat. Ein Flugblatt, Nr. 3, München 1919. Zit. aus: Lochmaier 1992, S. 107.
1033 Völkischer Beobachter, 29.3.1923.

es in Deutschland überhaupt nur zwei Kunstzentren gäbe: Berlin und das übrige Deutschland. Er meinte damit simpel

> „den Gegensatz zwischen einer Kunst, die in der Atmosphäre der modernen Großstadt wächst und in der sich die verschiedensten Anregungen zu neuen Resultaten verbinden, und jener anderen, die in stillerer Umgebung und bedächtigerem Tempo lebt und gewisse nationale Charakterzüge deutlicher an der Stirn trägt."[1034]

Die Berliner Künstler wurden auf dieser Ausstellung zusätzlich in Szene gesetzt, indem sie – obwohl die Schau grundsätzlich keiner Regionalen Ordnung folgte – "in einem Oberlichtsaale und zwei Seitenräumen [als] ein geschlossenes Ganzes" präsentiert worden sind.[1035] Teilweise wurden sie auch stilistisch zusammengebracht. In einem Saal wurden Lierbermann, Corinth und Slevogt gezeigt, in einem anderen Beckmann und Rösler.[1036] Zille wurde von jeder stilistischen Zuordnung ausgenommen. Er beherrschte „an anderer Stelle einen Raum" und hatte mit seinen volksnahen Szenerien „die Lacher auf seiner Seite."[1037] Auch die Münchner Staeger und Preetorius wurden in einem kleinen Raum zusammen gezeigt.[1038]

Wie üblich bei Grafikschauen war der Anteil der unter Dreißigjährigen mehr als zehn Prozent höher als auf Jahresausstellungen. Zum ersten Mal aber überwogen die jungen Künstler gegenüber der Generation zwischen vierzig und fünfzig deutlich.[1039] Auch bei den Neuzugängen wurden, wie bei den vorherigen Grafikschauen gleichfalls beobachtet werden konnte, die jungen Künstler auffallend gut bedacht.[1040] Die Schau hat dennoch eine klare Gewichtung der alten Größen erhalten, indem Liebermann und Kalckreuth mit 28, bzw. 60 Arbeiten ganz außerordentlich inszeniert worden sind. Überhaupt ist der Anteil progressiver Künstler im Vergleich zu den vorherigen Grafikausstellungen, vor allem aber auch im Vergleich zu der kurz zuvor stattgehabten Ausstellung in Bremen auffallend gering ausgefallen. Die inzwischen gewohnten jüngeren wie älteren anerkannten Teilnehmer Bantzer, Cissarz, Corinth, am Ende, Franck, Gallhof, Gerbig, Giese, Graef, Greiner, Grethe, Greve-Lindau, Höger, Hofmann, H. Hübner, Illies, Kalckreuth, Klinger, Klein-Diepold, Landenberger, Liebermann, Mackensen, Meid, Obier, Olbricht, Olde, Schinnerer, Slevogt, Sterl, Struck, Stuck, Uhl, Meta Voigt, Volkmann oder Waentig überwogen den Ge-

---

1034 Balzer 1912, S. 486.

1035 IV. Graphische Ausstellung 1912, Sp. 429.

1036 Ebd.

1037 Ebd.

1038 Ebd.

1039 Während die Vierzig- bis Fünfzigjährigen auf den Jahresausstellungen immer wesentlich besser vertreten waren als die unter Dreißigjährigen, war der Anteil beider Gruppen bei allen vorangegangenen Grafikausstellungen stets fast gleichauf. Mit Abstand am besten vertreten waren immer die Dreißig- bis Vierzigjährigen.

1040 Bei den Neuzugängen spielten die Vierzig- bis Fünfzigjährigen meist eine untergeordnete Rolle.

samteindruck der Schau gegenüber ihren deutlich progressiveren Kollegen Bach, Buhe, Caspar, Caspar-Filser, Dreher, Geiger, Deusser, Gerliczy, Großmann, Kolb, Laage, Melzer, Nadler, Ophey, Pechstein, Rösler, Schocken, Martha Schrag, Tappert, Julie Wolfthorn sowie den jüngsten unter ihnen Beckmann, Beyer, Büttner, Hamm, Heckel, Klemm, O. Möller oder Scharff.

Mit den Neuzugängen Feininger, William Straube, Erich Kleinhempel, Lehmbruck, Arthur Segal, Otto Herbig oder Hans Keller hat der Bund aber interessante fortschrittliche Künstler in seine Reihen eingegliedert.

Wie in Bremen finden sich auch bei der Chemnitzer Schau wieder einige Namen, die ein Jahr zuvor Vinnens Protestschrift zugestimmt hatten: am Ende, Faure, Laage, Landenberger, Stuck und Volkmann, die gleichfalls in Bremen teilgenommen hatten, sowie Greiner, Hayek, Mackensen, Olde und Püttner, die hier erstmals beim Künstlerbund ausstellten. Dieser vermeintliche Widerspruch erklärt sich vielleicht aus der Tatsache, dass diese Künstler alle nicht mehr zur jüngsten Generation gehörten und bei ihnen Existenzangst und Skepsis bereits stärker wogen als Idealismus und Selbstbewusstsein.

Die Gegensätze zwischen konventionellen und fortschrittlichen Parteien waren auf dieser Ausstellung deutlicher denn je. Auf der einen Seite standen die alten Impressionisten. Vor allem Liebermann und Kalckreuth beherrschten diese Abteilung. „In einem trotz aller Schlichtheit einheitlich gestimmten Raum“[1041] wurden zu Ehren Kalckreuths „60 Zeichnungen und ebenso viele Radierungen“ des Künstlers gezeigt.[1042] Schölermann sah in der Kalckreuth-Schau die vielleicht „bedeutendste und wertvollste“ Abteilung der Ausstellung, „in ihrer Mannigfaltigkeit und schlichten Tiefe [...], von jener strengen Einfachheit und stillen, verhaltenen Kraft, die heute so selten geworden sind.“[1043] Schölermann war ein konservativer Autor und sicher nicht der einzige, der auf den Künstlerbundausstellungen weiterhin vor allem den älteren Teilnehmern den Vorzug gab. Im Falle Kalckreuths wurde aber nicht nur der Künstler geehrt, sondern auch der Präsident der Künstlerbundes. Die weithin geschätzte Persönlichkeit Kalckreuths kam der Arbeit des Bundes unbedingt zugute. Nicht allein wegen seines Engagements und seiner Liberalität, sondern auch wegen des Respekts, den man ihm allseits entgegenbrachte.

Kalckreuths Sonderschau stand für die Beständigkeit und Nachhaltigkeit des Bundes. Seiner Präsentation gegenüber stand ein in jeder Hinsicht extremer Gegenpol. „In der Nähe des Saales“ zu Ehren Kalckreuths herrschte „ein buntes Leben. Die Leute von der ‚Brücke‘ und Genossen haben Einkehr gehalten.“[1044] Das Konzept, die

1041 IV. Graphische Ausstellung 1912, Sp. 428.

1042 Ebd. Radierungen von Kalckreuth sind im Ausstellungskatalog allerdings nicht aufgeführt.

1043 Sch.[ölermann] 1911/12b, S. 432.

1044 IV. Graphische Ausstellung 1912, Sp. 428f. Siehe auch Balzer 1912, S. 486: „Ein eigenes Kabinett gehört den Mitgliedern der ‚Brücke‘.“

Expressionisten stilistisch zusammenzufassen, wurde auch in Chemnitz umgesetzt. Dabei sind die

> „Vorzüge ihrer Kunst, gerade im Graphischen, [...] vielleicht noch nie so überzeugend herausgekommen wie hier. Das Bizarre verschwindet bei dem kleineren Format der Blätter zugunsten der Prägnanz und Bewegtheit der Zeichnung; und während ihren Gemälden sehr oft die stumpfe Rohheit der Farbe schadet, findet man hier echte Leuchtkraft und eine zuweilen raffinierte Schwarzweißbehandlung."[1045]

Ihre Arbeiten waren „auf gelbem Grund raffiniert gehängt"[1046], was die Farbpalette der grafischen Arbeiten sicher gut in Szene gesetzt hat. Die Präsentation war wieder auffällig, so dass die Zusammengehörigkeit dieser Exponate niemandem entgehen konnte.[1047]

Der Künstlerbund hat seine künstlerische Position, die nachdrücklich Moderne neben Tradition stellen wollte, auf dieser Ausstellung beispielhaft zur Geltung gebracht. Trotz der enormen Größe der Schau, ist diese Aussage nicht untergegangen. Mit fast 1.200 Arbeiten hat die Veranstaltung ein Ausmaß erreicht, wie es für den Künstlerbund eigentlich nicht mehr vertretbar war. „600 oder 800 Blätter anstelle von 1200 wäre besser", wie Balzer bemerkte. „Zumal", so der Autor weiter, „wenn man an die kunsterzieherischen Absichten dieser Veranstaltungen denkt."[1048] Die Übersichtlichkeit ging durch Fülle naturgemäß verloren und die Schau war „im ganzen [...] nicht leicht zu übersehen".[1049] Vieles konnte „in dem bunten, beängstigend raschen Wechsel der Eindrücke nicht haften [...]"[1050], bemängelte Schölermann, der der Jury des Künstlerbundes seit jeher eine zu unkritische Selektion vorwarf. „Im einzelnen", wie er resümierend festhielt, „wieder viel Eigenartiges und Unternehmungslustiges – im ganzen, wie überall heute, ein Durcheinander von nach allen ‚Richtungen' strebenden Versuchen und Einfällen, von denen niemand weiß, wohin die Reise gehen soll."[1051] Damit beschrieb der strenge Kritiker natürlich genau die Absicht des Künstlerbundes. Bald darauf schon analysierte derselbe Schölermann schließlich auch treffend, es sei „eine Eigentümlichkeit der Kunst, daß das Wesen eines Stils nicht im Augenblick seiner Entstehung, sondern erst hinterher offenbar wird".[1052] So hat die Ausstellung darum auch nicht nur „an Umfang und äußerer

---

1045 Balzer 1912, S. 486.
1046 IV. Graphische Ausstellung 1912, Sp. 428.
1047 Dass Gelb eine geeignete Hintergrundfarbe für moderne Bilder war, hatte Konrad Lange, seit 1901 Inspekteur der Stuttgarter Gemäldegalerie, bereits 1903 festgestellt: „Für sehr viele moderne Bilder dürfte ein gedämpftes Gelb eine angemessene Farbe sein." Aus: Lange 1903/04, S. 501.
1048 Balzer 1912, S. 486.
1049 Sch.[ölermann] 1911/12b, S. 432.
1050 Sch.[ölermann] 1911/12b, S. 433.
1051 Sch.[ölermann] 1911/12b, S. 433 f.
1052 Nucleus 1911/12, S. 527. Gelegentlich schrieb Schölermann unter dem Pseudonym „Nucleus".

Gestaltung", sondern „vielleicht auch an Qualität ihre Vorgängerinnen in Leipzig, Dresden und Hamburg" übertroffen, wie an anderer Stelle überlegt worden ist.[1053]

Die Ausstellung hat schließlich „mit vollem Erfolge" geschlossen.[1054] Es wurden Verkäufe in Höhe von insgesamt 22.000 Mark erzielt. Dieses Ergebnis übertraf „die Verkaufsresultate der gleichen Unternehmungen in Leipzig, Dresden, Hamburg zum Teil über das Doppelte".[1055] Die Stadt Chemnitz hat Arbeiten im Wert von 3.000 Mark gekauft und „dadurch den Grundstock für eine graphische Sammlung" gelegt.[1056] Für Chemnitz war die Ausstellung ein großer Gewinn. Bislang ist die reiche Industriestadt mit Kunst generell, geschweige denn mit moderner Kunst kaum in Berührung gekommen. Die Stadt hatte zuvor noch keine Ausstellung dieser Größenordnung erlebt. Die Veranstaltung ließ hoffen, „daß sich auch die nüchternen Städte der Arbeit rühren und deutscher Kunst eine Stätte bereiten"[1057] und die Pflege der bildenden Kunst nicht allein den großen Kunstzentren vorbehalten blieb. Der Künstlerbund seinerseits hat mit dieser Ortswahl seine Absicht, das ganze Land bis in künstlerische Provinzstädte zu erreichen, erfolgreich umgesetzt. Die Stadt Chemnitz und vor allem die Kunsthütte haben davon unbedingt profitiert:

> „Durch die Veranstaltung der graphischen Ausstellung des Deutschen Künstlerbundes ist die Kunsthütte weitesten Kreisen bekannt geworden. Und sie darf sich jetzt gratulieren, daß sie das in ihrer Geschichte bedeutungsvolle Jahr 1912 mit einer Ausstellung beschloß, die jedem großen Kunstzentrum Ehre machen würde."[1058]

1920 gastierte der Künstlerbund noch einmal bei der Kunsthütte in Chemnitz. Dann mit einer Jahresausstellung.[1059]

Konzeptionell knüpfte der Künstlerbund an seine vorangegangene Jahresausstellung in Bremen an und präsentierte die Expressionisten geschlossen in einem eigenen Raum. Da die grafischen Arbeiten der Expressionisten zumeist wesentlich gemäßigter in ihrer Expressivität waren, löste diese Abteilung hier keinen Skandal aus wie im ohnehin vorbelasteten Bremen. Mit der wiederholten Ordnung wurden diese Arbeiten aber auch stilistisch greifbarer. Der Künstlerbund befand sich, dank der Vorarbeit von Neuer Sezession und Sonderbund, auf dem Weg einer Stilbestimmung, die man tatsächlich von ihm erwartet hatte: Schölermann forderte polemisch überspitzt (was allerdings zum großen Teil der besonderen Textart des Dialogs zwischen Künstler und Kritiker, die er für seinen Aufsatz gewählt hatte, geschuldet war): „Ihr vom *Deutschen Künstlerbunde* habt die Verpflichtung dazu, uns den deutschen Stil zu schaffen, den wir alle herbeisehnen. Ans Werk! Wir

---

1053 IV. Graphische Ausstellung 1912, Sp. 428.
1054 Kunstchronik, N. F. Jg. 23, 1912, Sp. 572.
1055 Ebd.
1056 Ebd.
1057 IV. Graphische Ausstellung 1912, Sp. 430.
1058 Kunstchronik, N. F. Jg. 24, 1912/13, Sp. 199.
1059 Vgl. dazu später, S. 285–291.

warten ja schon darauf. Wir werden euch dankbar sein. Wir brauchen Taten."[1060] Diese überzogene Forderung eines konservativen Kritikers beinhaltet bei genauer Betrachtung aber keine Kritik am Künstlerbund. Sie unterstreicht vielmehr den Stellenwert, den sich die Vereinigung als Ausstellungsorgan inzwischen erarbeitet hat. Nicht ohne Grund hat sich der Autor so ausgiebig und immer wieder mit dem Bund auseinandergesetzt und seine Unschlüssigkeit gegenüber den modernen Kunstrichtungen gerade an seinem Beispiel diskutiert.

1913: 8. Jahresausstellung in Mannheim

Die letzte Jahresausstellung des Deutschen Künstlerbundes vor Ausbruch des Ersten Weltkriegs wurde 1913 in der Mannheimer Kunsthalle ausgerichtet. Neben Mannheim hatte sich auch die Stadt Kassel um eine Künstlerbundausstellung für das Jahr 1913 beworben. Kassel wollte sogar, einer Aussage Wicherts zufolge, die Mannheimer Ankaufsgarantie von 60.000 Mark um 20.000 Mark überbieten.[1061] Der *Cicerone* bestätigte damals das Vorhaben des Künstlerbundes, „anlässlich der Hundertjahrfeier der Stadt Cassel 1913 [...] im Orangerieschloß eine allgemeine deutsche Kunstausstellung zu veranstalten".[1062] Auch wurde schon konkret über Zahlen gesprochen, denn „die Stadtverordneten bewilligten bereits eine Summe von 10 000 M., während die königl. Staatsregierung und der Bezirksverband die gleichen Summen zur Verfügung stellten. Außerdem wurden zum Ankauf von Bildern bereits 100 000 M. gezeichnet."[1063] Warum sich der Künstlerbund am Ende für Mannheim entschieden hat, konnte bislang nicht näher ermittelt werden. Am 6. Juli 1912 ließ Kalckreuth Wichert jedenfalls wissen, Kassel habe er „abgeschrieben".[1064] Die *Neue Badische Landeszeitung* vermutete als Grund der Entscheidung für Mannheim, dass „die Ausstellungsräume hier besonders günstig zu sein schienen".[1065]

Auch die Mannheimer Ausstellung lässt sich besser rekonstruieren als die meisten Künstlerbundausstellungen, da zahlreiche Unterlagen, die die Vorbereitung der Schau dokumentieren, im Archiv der Kunsthalle Mannheim erhalten sind.[1066]

1060 Nucleus 1911/12, S. 527 (Hervorhebung im Orig.).

1061 Vgl. Wichert an Oberbürgermeister Martin, 19.6.1913, in: Archiv Kunsthalle Mannheim, Bestand Altakten, Ordner „Künstlerbund 1913, VI".

1062 Der Cicerone, Jg. 4, 1912, S. 485.

1063 Ebd.

1064 Kalckreuth an Wichert, 1.7.1912, in: Archiv Kunsthalle Mannheim, Bestand Altakten, Ordner „Künstlerbund 1913, VI".

1065 Wesen und Bedeutung des Deutschen Künstlerbundes 1913.

1066 Archiv Kunsthalle Mannheim, Bestand Altakten, Ordner „Künstlerbund 1913, I–VII". Der Inhalt der sieben Aktenordner ist nur grob thematisch sortiert. Paginierungen liegen nicht vor. Angaben können daher nur zu den Ordnern gemacht werden, denen die jeweiligen Dokumente entnommen wurden.
Ein Dank sei an dieser Stelle an Inge Herold und Claudia Dausch von der Kunsthalle Mannheim gerichtet, die mich vor Ort sehr hilfreich unterstützt haben.

Die 1907 eröffnete Kunsthalle wurde seit 1909 von dem damals erst 34-jährigen Fritz Wichert geleitet. Inhaltlich hatte die Mannheimer Kunsthalle zum Zeitpunkt von Wicherts Einstieg noch kein dezidiertes Profil.[1067] Die Aufgabe an den neuen Galeriedirektor war daher keine leichte. Andererseits hatte Mannheim, wie Gustav Pauli bei der Gründung des neuen Hauses bemerkte, „bei seinen neuen künstlerischen Unternehmungen vor allen historischen Städten wie Bremen voraus, daß es kühner vorangehen kann, weil es weniger mit Traditionen belastet ist."[1068] Wichert war bestrebt, diese Voraussetzungen zu nutzen und ein lebendiges Museum zu schaffen, dass nicht nur der Kunst huldigte, sondern auch den Standpunkt der Besucher berücksichtigte. Zu diesem Zweck hat er 1911 den Freien Bund zur Einbürgerung der bildenden Kunst in Mannheim gegründet.[1069] Eine Künstlerbundausstellung konnte die Aktivitäten des Hauses nur bereichern und vor allem Wicherts Bestreben, gerade die junge Kunst in seinem Haus zu fördern, vorantreiben.

Anfang des Jahres 1912 hatte Wichert damit begonnen, „die Künstlerbund-Ausstellung hierherzubekommen"[1070], wie er seinem Kollegen Pauli mitteilte und ihn um einen Erfahrungsbericht bat, wovon verschiedene Briefe Paulis an Wichert und das Sekretariat der Mannheimer Kunsthalle zeugen.[1071] Neben sachlichen Auskünften zur Bremer Künstlerbundausstellung hat Pauli auch eine ganz persönliche Erkenntnis weitergegeben: „Wenn ich einen Rat mir erlauben dürfte, so wäre es der, den Umfang der Ausstellung zu beschränken."[1072] Mit einer Größenordnung von gut 450 Exponaten waren die Ausstellungen in Leipzig und Bremen die bislang größten Jahresausstellungen des Bundes. In Anbetracht der Stilvielfalt konnte leicht der Eindruck der Überfrachtung und Unübersichtlichkeit entstehen. Berücksichtigt wurde Paulis Empfehlung nicht. Die Mannheimer Schau war um nochmal sechzig Werke größer.

Pauli stellte, obwohl er mit dem progressiven Teil seiner Ausstellung wenig einverstanden war, Wichert gegenüber die Bremer Ausstellung kurz nach deren Ende insgesamt in ein gutes Licht. Die Diskussionen, die die Bremer Schau aufgrund der starken Präsenz expressionistischer Werke auslöste, hielt er sogar für förderlich:

1067 Vgl. Roeschel 2002, S. 224.

1068 Pauli an Schütte, 26.5.1907, hs., in: Archiv Kunsthalle Bremen, Akte Pauli, Korrespondenz 1902–1909, unpaginiert.

1069 Zu Wicherts museologischen Bestrebungen siehe Wichert 1911/12, besonders S. 115 u. 119. Zum „Freien Bund" siehe: Howoldt 1982. Hier auch ein kurzer Beitrag zur Mannheimer Künstlerbundausstellung, S. 103–105.

1070 Vgl. Wichert an Pauli, 13.5.1912, in: Archiv Kunsthalle Mannheim, Bestand Altakten, Ordner „Künstlerbund 1913, V".

1071 Diverse Briefe in: Archiv Kunsthalle Mannheim, Bestand Altakten, Ordner „Künstlerbund 1913, V".

1072 Pauli an das Sekretariat der Mannheimer Kunsthalle, 18.12.1912, in: Archiv Kunsthalle Mannheim, Bestand Altakten, Ordner „Künstlerbund 1913, V".

> „Immerhin wird der gegenwärtige Kampf zu einer erwünschten Klärung führen und wenn wir auch nicht zu früh frohlocken wollen, dürfen wir doch sagen, dass wir alle Aussichten auf einen günstigen Ausgang für die Kunsthalle haben. Aehnliches wird sich höchstwahrscheinlich auch bei Ihnen abspielen."[1073]

Dass der Deutsche Künstlerbund nach wie vor in gutem Ruf stand, verdeutlicht Paulis Bestätigung gegenüber Wichert, mit dem Künstlerbund einen adäquaten Gast zu haben: „Dabei sichern Sie sich schon durch den Namen des Künstlerbundes und seiner Jurymitglieder für das weitere Kartenspiel einige Trümpfe."[1074]

Im Juni 1912 warb Wichert beim Mannheimer Oberbürgermeister Paul Martin, der ein bekennender Förderer von Kunst und Kultur war und Wichert im Laufe seiner Amtszeit oft unterstützt hat, um die Genehmigung der Ausstellung und betonte die Dringlichkeit für die Kunsthalle, sich mit den modernen Bestrebungen in der Kunst auseinanderzusetzen. Denn „wenn Mannheim sich nicht regt, so wird es seinen jungen Ruhm bald wieder dahinschwinden sehen".[1075] Ein ganz wesentliches Argument gegenüber Martin waren die Verkaufsresultate der beiden vorangegangenen Ausstellungen: „[...] in Darmstadt wurde für 90 000 Mark, in Bremen für 60 000 Mark verkauft. Ausgestellt waren etwa 1500–2000 Kunstwerke".[1076] Mit den letztgenannten Angaben hat er ziemlich übertrieben. Nie wurden auf einer Künstlerbundausstellung 1.500 Werke gezeigt. In Bremen wurden nicht mal so viele eingesandt. Und auch die beiden genannten Verkaufssummen hat er großzügig nach oben aufgerundet. Im Falle Bremens um 3.000 Mark, denn die Verkaufssumme betrug tatsächlich 57.000 Mark. Im Falle Darmstadts ist Wichert sehr wahrscheinlich bei der damals angegebenen erzielten Verkaufsprovision in Höhe von 8.583,65 Mark von einer Provision von zehn Prozent anstelle der üblichen fünf Prozent, ausgegangen und hat sich so die Summe von annähernd 90.000 errechnet.[1077] Im Hinblick dessen, dass die Ausstellung „für Mannheim sicher eine grosse Bedeutung gewinnen wird", schlug Wichert die Zusammenarbeit der Kunsthalle mit der Stadt Mannheim vor, wobei die Kunsthalle die Räumlichkeiten zur Verfügung stellte und die Stadtgemeinde als Veranstalter auftreten sollte.[1078] Am 27. Juni 1912 erging schließlich auch die

---

1073 Pauli an Wichert, 15.5.1912, ms. Manuskript mit hs. Korrekturen, in: Archiv Kunsthalle Mannheim, Bestand Altakten, Ordner „Künstlerbund 1913, V".

1074 Ebd.

1075 Wichert an Oberbürgermeister Martin, 19.6.1913, in: Archiv Kunsthalle Mannheim, Bestand Altakten, Ordner „Künstlerbund 1913, VI".

1076 Ebd.

1077 Großherzogliche Kabinetts-Direktion Darmstadt an das Sekretariat der Kunsthalle Mannheim, 4.1.1910, in: Archiv Kunsthalle Mannheim, Bestand Altakten, Ordner „Künstlerbund 1913, VI".

1078 Vgl. Wichert an Oberbürgermeister Martin, 19.6.1913, in: Archiv Kunsthalle Mannheim, Bestand Altakten, Ordner „Künstlerbund 1913, VI".

offizielle Einladung der Stadt Mannheim an den Künstlerbund zur Durchführung der Ausstellung.[1079]

Wichert war völlig euphorisiert von dem Gedanken einer grandiosen Ausstellung in seinem Haus. Kalckreuth versprach er, „die Eröffnung, die in der Mannheimer Maiwoche stattfindet (Rennen etc. Sie wissen ja!) wird ein großes Fest werden. Eine Art gewaltiger Künstlerehrung mit Bankett etc. Wir müssen sorgen, daß Alle da sind."[1080] In einer Notiz Brodersens, Geschäftsführer des Künstlerbundes, an Stenzel, dem die Geschäftsführung der Ausstellung oblag, sind die Pressevertreter vermerkt, die der Künstlerbund zur Eröffnung einzuladen wünschte:

> „Berliner Tageblatt (Fritz Stahl), Der Tag (Hans Rosenhagen), B.Z. am Mittag (Dr. Max Osborn), Kunst & Künstler, Vossische Zeitung, Tägliche Rundschau, Kölnische Ztg., Frankfurter Ztg., Hamburger Nachrichten, Hamburger Fremdenblatt, Münchener Neueste Nachrichten, ‚Die Kunst', Kunst & Dekoration A. Koch Darmstadt. Ausserdem bitten wir nicht zu vergessen, dass die Herleiher von Bildern zu der Eröffnung eingeladen werden, ebenso auch Cassirer, Gurlitt, Tannhauser."[1081]

Seiner Bestimmung als überregionale Vereinigung entsprechend wollte der Künstlerbund das Ereignis im ganzen Land annoncieren. Wer bei der Eröffnung allerdings fehlte, war Brodersen, der noch mit den Vorbereitungen mit der nur wenige Tage nach Mannheim eröffneten Hamburger Grafikausstellung des Bundes beschäftigt war.[1082]

Neben der Stadt Mannheim trat auch der Kunstverein Mannheim als Veranstalter auf, den Wichert dahingehend verpflichten wollte, „für die Dauer der Ausstellung seine Räume", die ihm in der Kunsthalle zur Verfügung standen,

> „an die Ausstellung abzugeben, ferner ein sechstel der erforderlichen Ankäufe, also 10 000 Mark zu garantieren, seine Beamten und Hilfskräfte der Ausstellungsleitung zur Verfügung zu stellen und endlich einen bestimmten kleinen Betrag der Unkosten zu tragen. Dafür fallen dem Kunstverein die Hälfte der Einnahmen zu, ein Anteil

---

1079 Vgl. Oberbürgermeister Martin an Brodersen, 27.6.1912, Abschrift, in: Archiv Kunsthalle Mannheim, Bestand Altakten, Ordner „Künstlerbund 1913, VI".

1080 Wichert an Kalckreuth, 1.7.1912, in: Archiv Kunsthalle Mannheim, Bestand Altakten, Ordner „Künstlerbund 1913, VI". Wichert sprach hier das traditionelle Pferderennen anlässlich des Mannheimer Maimarktes an, das jährlich an die 10.000 Besucher anzog und einen wahren Volksfestcharakter hatte.

1081 Brodersen an Stenzel, 28.4.1913, in: Archiv Kunsthalle Mannheim, Bestand Altakten, Ordner „Künstlerbund 1913, III". Ob die eingeladenen Redaktionen alle einen Mitarbeiter zur Eröffnungsfeier geschickt haben, kann nicht gesagt werden. Geschrieben hat jedenfalls nicht jedes Blatt über die Ausstellung. *Kunst und Künstler* etwa hat zwar die im gleichen Jahr stattgehabte Grafikausstellung in Hamburg besprochen. Die Mannheimer Schau aber wurde von der Zeitschrift nicht gewürdigt.

1082 Vgl. Brodersen an Wichert am 8.5.1913, in: Archiv Kunsthalle Mannheim, Bestand Altakten, Ordner „Künstlerbund 1913, VI".

an der Ausstellungsleitung und freier Eintritt für sämtliche Mitglieder des Kunstvereins."[1083]

Grundsätzlich erklärte sich der Kunstverein mit einer Beteiligung an der Ausstellung einverstanden.[1084] Bis auf zwei Säle, die für ausgewählte Neuerwerbungen, die Wichert bisher für die Kunsthalle getätigt hatte, reserviert blieben, konnte der Künstlerbund die gesamte Ausstellungsfläche der Kunsthalle bespielen. Wie in Chemnitz war auch das Mannheimer Haus erst wenige Jahre alt und „nach modernen Grundsätzen" eingerichtet, wie Wichert in einem „Besonderen Hinweis" in der Einladung an die Künstler betonte. Auch die Lichtverhältnisse beschrieb der Direktor als „vorzüglich".[1085] Wieder einmal boten die örtlichen Gegebenheiten optimale Voraussetzungen für die Präsentation des Bundes.

Die Vertragsverhandlungen zwischen den Veranstaltern und dem Künstlerbund zogen sich ziemlich hin. Im Spätsommer 1912 wurde Brodersen bereits ein wenig unruhig und bat Wichert Anfang September

> „im Auftrage des Herrn Grafen von Kalckreuth [...] dringend, nunmehr den Abschluss des notwendigen Vertrages zwischen Mannheim und dem Deutschen Künstlerbund möglichst umgehend zu Ende zu führen. Der Vertrag ist Ihnen sr. Zt. zugegangen und ich bitte, falls Sie mit allen Punkten einverstanden sind, ihn zu unterschreiben und auch von dem Herrn Oberbürgermeister unterzeichnen zu lassen und alsdann Herrn Grafen Kalckreuth zuzustellen, damit wir unverzüglich mit unserer Arbeit für diese Ausstellung beginnen können."[1086]

Wenige Tage später versprach Wichert, der gerade erst aus den Ferien zurückkam, nun „mit größter Eile die Fertigstellung des Vertrages."[1087] Die Geschäftsbedingungen sahen vor, dass die Stadt dem Deutschen Künstlerbund eine Verkaufssumme von 60.000 Mark garantierte. Bis zu diesem Betrag floss dem Künstlerbund eine Provision von fünf Prozent der erzielten Verkaufspreise zu. Würde die Verkaufssumme über 60.000 Mark steigen, sollte dem Künstlerbund für den entsprechenden Überschuss eine neun prozentige Provision zufallen. „10 % wie ich ursprünglich wollte", versicherte Wichert Brodersen, „konnte man Ihnen nicht bewilligen, weil der Kunst-

1083 Wichert an Oberbürgermeister Martin, 19.6.1913, Archiv Kunsthalle Mannheim, Bestand Altakten, Ordner „Künstlerbund 1913, VI".

1084 Vgl. Eckhard an Oberbürgermeister Martin, 27.6.1912, Abschrift, in: Archiv Kunsthalle Mannheim, Bestand Altakten, Ordner „Künstlerbund 1913, VI". Vgl. auch: Zur Bürgerausschusssitzung, 29.10.1912, in: Archiv Kunsthalle Mannheim, Bestand Altakten, Ordner „Künstlerbund 1913, VI".

1085 Vgl. Einladung an die Künstler, 15.2.1913, in: Archiv Kunsthalle Mannheim, Bestand Altakten, Ordner „Künstlerbund 1913, VI".

1086 Brodersen an Wichert, 9.9.1912, in: Archiv Kunsthalle Mannheim, Bestand Altakten, Ordner „Künstlerbund 1913, VI".

1087 Wichert an Brodersen, 13.9.1912, in: Archiv Kunsthalle Mannheim, Bestand Altakten, Ordner „Künstlerbund 1913, VI".

verein auch noch auf einen Teil der Einnahmen Anspruch hat."[1088] Die Kunsthalle erhielt eine Provision von 15 Prozent.[1089]

Große Abweichungen zu der Bremer Ausstellung scheint der Künstlerbund nicht angestrebt zu haben. So heißt es in einem Schreiben: „Beiliegend erlaube ich mir, Ihnen ein Ausstellungsprogramm, wie wir es mit Bremen hatten und wie ich es auch mit Ihnen besprochen habe, zu übersenden. Mit einigen kleinen Änderungen kann dies, glaub ich, auch für Mannheim gelten."[1090]

Wichert war von Anfang an bestrebt, mit dem Künstlerbund eine ganz außerordentliche Veranstaltung durchzuführen, da „die Mannheimer Ausstellung an vielen Orten in Deutschland mit ähnlichen Veranstaltungen in Konkurrenz treten" musste.[1091] Doch nun zeigte sich der Künstlerbund etwas nachlässig, wie es auch Pauli im vergangenen Jahr erfahren hatte. Zum Jahreswechsel ermahnte Wichert den Bund, nun doch „mit ganz besonderem Nachdruck an der Erreichung einer möglichst hohen Qualität zu arbeiten" und er scheute sich nicht, seiner Kritik gegenüber dem Bund Ausdruck zu verleihen:

> „Graf Kalckreuth war hier, aber viel ist bei unserer Besprechung nicht herausgekommen. Es wäre mir sehr lieb, wenn ich in nächster Zeit auch mit Ihnen alles Nötige mündlich vereinbaren könnte. Die Ausstellung muss einen ganz bestimmten Charakter erhalten, sie darf nicht jenes gleichgiltige [sic!] Gemisch von Qualitäten und Manieren aufweisen, das langsam das Kennzeichen der Künstlerbundausstellungen geworden ist. Wie dies zu vermeiden wäre, und wie wir überhaupt dafür sorgen könnten, das Mannheim 1913 kein Fehlschlag wird und über noch so manches Andere muss ich unbedingt mit Ihnen sprechen."[1092]

Auch Kalckreuth rekapitulierte noch einmal sein Gespräch mit Wichert und fragte bei ihm nach:

> „Wie denken Sie sich den bestimmten Charakter unserer Künstlerbundausstellung, den Sie wünschen? Unsere Ausstellungen können nichts anderes sein, als ein Produkt der Einsendungen, da wir kein eigenes Ausstellungsgebäude besitzen, in welchem wir zu verschiedenen Zeiten die verschiedenen Strömungen im Künstlerbund zur Geltung bringen können. Wir würden selbstverständlich, wenn wir hier einseitig vorgingen, mit Recht den größten Krach kriegen. Sie machten bei meiner Anwesenheit den Vorschlag, dass wir eine ausgiebige Kollektivausstellung von Liebermann, Thoma und Trübner

1088 Wichert an Brodersen vom 28.2.1913, in: Archiv Kunsthalle Mannheim, Bestand Altakten, Ordner „Künstlerbund 1913, VI".

1089 Vgl. Einladung an die Künstler, Ausstellungsbedingungen, 15.2.1913, in: Archiv Kunsthalle Mannheim, Bestand Altakten, Ordner „Künstlerbund 1913, VI".

1090 Brodersen an Wichert, 1.11.1912, in: Archiv Kunsthalle Mannheim, Bestand Altakten, Ordner „Künstlerbund 1913, VI".

1091 Wichert an Brodersen, 31.12.1912, in: Archiv Kunsthalle Mannheim, Bestand Altakten, Ordner „Künstlerbund 1913, VI".

1092 Ebd.

machen sollten. Mit Liebermann hab ich schon gesprochen. Er ist einverstanden, aber es wird schwer sein, die Bilder zusammenzubringen. Thoma und Trübner bekamen sofort einen dementsprechenden Brief von mir."[1093]

Die etwas halbherzige Entschuldigung Kalckreuths unter dem Vorwand eines nicht ganz freien Handlungsspielraums aufgrund seiner Abhängigkeit von den erhaltenen Einsendungen, konnte Wichert natürlich nicht befriedigen und wirft überdies ein fragwürdiges Bild auf den Bund. Es ist kaum vorstellbar, dass sich der Bund mit seinem selbst auferlegten Auftrag für die Kunst unter irgendeinen Scheffel gestellt und die Gestalt der Ausstellungen mehr oder weniger sich selber überlassen hätte.

Große Hoffnung hatte Wichert in die Zusammensetzung der Jury gesetzt. Paulis vermeintliche Garantie, sich „schon durch den Namen des Künstlerbundes und seiner Jurymitglieder für das weitere Kartenspiel einige Trümpfe"[1094] zu sichern, schien für Wichert aber nicht ganz aufzugehen. Einige wichtige Namen haben ihre disponierte Juryteilnahme nicht wahrgenommen. Enttäuscht stellte Wichert kurz vor Zusammenkunft der Jury fest: „Nun haben auch Liebermann und Slevogt abgesagt, ausser ihnen bekanntlich noch Hodler und Stuck; auch Klinger und Trübner werden wohl kaum zu verwerten sein. So fällt die ganze Namenskraft in Nichts zusammen."[1095] Für Klinger und Trübner traf Wicherts Befürchtung nicht ein. Dafür haben aber Habermann, Hahn, Klimt, Kuehl und Moll abgesagt.[1096] Neben den inzwischen üblichen Stammjuroren Corinth (der erst ersatzweise in die Mannheimer Jury gelangte), Grethe, Kalckreuth, Klinger, Sterl und Tuaillon wurden schließlich noch Bermann, Grethe, Robert Breyer, Hagen, Schramm-Zittau, sowie Weisgerber und erneut Clarenbach in die Jury gewählt.[1097] Eine schlechte Jury war das sicher nicht. Durch den Zuwachs der beiden noch relativ jungen Kräfte Clarenbach und Weisgerber war sie auf jeden Fall zeitgemäßer als in Bremen ein Jahr zuvor. Aus etwa 2.500 eingereichten Arbeiten konnte die 13-köpfige Jury nur 516 Werke auswählen und hat damit doch erheblich „ausgesiebt".[1098]

Wie schwierig und dadurch auch inkonsequent die Juryarbeit sein konnte, zeigt ein Vorfall, der sich bei der Vorbereitung der Mannheimer Ausstellung zugetragen hat. Der Mannheimer Künstler Peter Bayer, der sich mit drei Bildern beworben hatte,

---

1093 Kalckreuth an Wichert, 8.1.1913, in: Archiv Kunsthalle Mannheim, Bestand Altakten, Ordner „Künstlerbund 1913, VI".

1094 Pauli an Wichert, 15.5.1912, ms. Manuskript mit hs. Korrekturen, in: Archiv Kunsthalle Mannheim, Bestand Altakten, Ordner „Künstlerbund 1913, V".

1095 Wichert an Kalckreuth, 16.4.1913, in: Archiv Kunsthalle Mannheim, Bestand Altakten, Ordner „Künstlerbund 1913, VI".

1096 Vgl. Kalckreuth an Wichert, 28.3.1913, in: Archiv Kunsthalle Mannheim, Bestand Altakten, Ordner „Künstlerbund 1913, VII" sowie Brodersen an Wichert, 31.3.1913 u. 14.4.1913, in: Archiv Kunsthalle Mannheim, Bestand Altakten, Ordner „Künstlerbund 1913, VI".

1097 Die Juryzusammensetzung siehe im Anhang.

1098 Dr. Schmidt [?] an Fritz Hellwag, 23.4.1913, in: Archiv Kunsthalle Mannheim, Bestand Altakten, Ordner „Künstlerbund 1913, VI".

wurde von der Jury komplett ausjuriert, obwohl er mit seinem Bild *Kuh in der Tränke* 1911 auf der Leipziger Künstlerbundausstellung erfolgreich ausgestellt worden ist. Dasselbe Bild ist nun abgewiesen worden, was Bayer nicht unkommentiert ließ. Er schrieb an Kalckreuth:

> „Sehr geehrter Herr Graf! Soeben 3ten Mai, erhalte ich Ihren vom 24ten April datierten Brief, dass die Jury meine drei eingesandten Arbeiten zurückgewiesen. – Ich protestiere gegen diesen Beschluss besonders wegen des Bildes ‚Kuh in der Tränke" (Fotografie inliegend) das in der Secession Berlin 1906 (reproduziert im Katalog) ausgestellt war, ebenso hatte es die Jury der Deutschen Künstlerbundausstellung Leipzig 1911 mit solchem Erfolge passiert, dass mir Herr Hofrat Brodersen schrieb: Sie hätten auf Ihre vorzügliche Studie beinahe den Villa Romana Preis bekommen es war ein harter Kampf. – Weiter kommt nun die gleiche Jury (da sowohl in Berlin wie Leipzig ein grosser Teil der gleichen Juroren wie hier tätig war) die das Bild 1911 für den Villa Romana Preis in Vorschlag brachte, 1913 dazu, es nicht einmal zur Ausstellung zuzulassen? Künstlerische Gründe sind doch da, nach dem eignen vorausgegangenen Urteil der gleichen Jury ausgeschlossen!"[1099]

Kalckreuth, Klinger, Sterl und Tuaillon saßen tatsächlich auch 1911 in der Jury, die Bayers Bild hat durchgehen lassen. Offensichtlich konnten sie sich daran nicht mehr erinnern. Denn der Grund der diesjährigen Ablehnung war offensichtlich nicht, dass ein Werk nicht hätte wiederholt beim Bund ausgestellt werden dürfen. Also trug Bayers Einwand Früchte. Nur wenige Tage später antwortete ihm Brodersen:

> „Im Auftrage des Herrn Grafen von Kalckreuth teilen wir Ihnen ergebenst mit, dass Ihr Bild ‚Kuh in der Tränke' infolge eines Versehens nicht gehängt worden ist. – Wir haben das Gemälde jetzt an guter Stelle platziert und es wird bei Herstellung der zweiten Auflage in den Katalog aufgenommen werden."[1100]

Für ein großes Selbstbewusstsein der Jury spricht dieser Vorfall nicht. Man hätte sicher eine sachliche Begründung finden können, warum das Bild nicht wiederholt zur Ausstellung gebracht werden sollte. Aber dies entsprach nur einem oftmals etwas indifferenten Verhalten des Bundes, das, wie bereits in Bremen, nun auch Wichert um das nötige Engagement der Künstlerbundes bangen ließ. Kurz vor Ausstellungsbeginn, der für den 4. Mai angesetzt war, zeigte sich die Zusammensetzung der Künstler noch nicht sehr vielversprechend. Für Wichert, der alle Hoffnung in diese Ausstellung gesetzt hatte, muss die Ungewissheit qualvoll gewesen sein. Immer wieder musste er den Künstlerbund zu einer strikteren Vorgehensweise auffordern. Knapp drei Wochen vor Ausstellungsbeginn wurde er von Seiten des Künstlerbundes lapidar zu beruhigen versucht: „Im übrigen glaube ich nicht", so

1099 Bayer an Kalckreuth, 3.5.1913, in: Archiv Kunsthalle Mannheim, Bestand Altakten, Ordner „Künstlerbund 1913, III".

1100 Brodersen an Bayer, 8.5.1913, in: Archiv Kunsthalle Mannheim, Bestand Altakten, Ordner „Künstlerbund 1913, III".

Brodersen, „dass Sie Anlass haben, so besorgt zu sein. Die Werke der bedeutendsten Künstler kommen immer erst in den letzten Tagen."[1101] Ein Erfahrungswert, den Wichert notgedrungen glauben musste. Die Anmeldefrist vom 15. März 1913 hatten viele Künstler nicht eingehalten.[1102] Bis zum 10. April sollten alle zur Ausstellung gewünschten Werke eingesandt sein. Vielleicht lag die mangelnde Initiative der Künstler darin begründet, dass dies nun bereits die vierte Künstlerbundausstellung in Folge war und es Vielen schwer viel, wieder und wieder neue und gute Sachen zu liefern. Dass manche Künstler die Einsendefrist nicht eingehalten haben, lag aber nicht immer an einer Nachlässigkeit ihrerseits. Im Fall Lehmbrucks etwa hatte dieser, der sich damals gerade in Paris aufhielt, offenbar gar keine Einladung bekommen. Erst auf eine Nachfrage Kalckreuths hin habe der Bildhauer überhaupt von der anstehenden Mannheimer Ausstellung erfahren.[1103] Natürlich kam man ihm daraufhin weitestgehend entgegen und bat ihn eindringlich:

> „Tun Sie bitte alles, damit noch Sachen von Ihnen ausgestellt werden können. Vielleicht schicken Sie nur Photographien, wenn Sie meinen, daß das Original nicht bis zum Tage der Jury (19. und 20. ds. Mts.) hier eintreffen wird. Jedenfalls kann man bewirken, dass Werke Ihrer Hand auch bei zu spätem Eintreffen noch Ausstellung finden."[1104]

Dem Wunsch der Veranstalter kam Lehmbruck, der drei Jahre später durch Wichert seine erste Einzelausstellung an der Mannheimer Kunsthalle erhalten sollte, unverzüglich nach. Auf Kalckreuths Schreiben hin konnte er der Mannheimer Kunsthalle gleich mitteilen: „Die Arbeiten, die ich für Sie bestimmt habe, sind zum Versandt bereit."[1105]

Auch bei Klinger, der zwar in der Jury saß, selbst aber nicht ausstellen wollte, war die nachträgliche Akquise notwendig. Aufgrund vermehrter Nachfragen wurde er im Nachhinein gebeten, doch noch etwas einzureichen:

> „Hochgeehrter Herr Geheimrat! Wir werden hier mit Anfragen aus dem Publikum geradezu bestürmt, ob und warum Sie nicht auf der Deutschen Künstlerbundausstellung

---

1101 Broderssen an Wichert, 16.4.1913, in: Archiv Kunsthalle Mannheim, Bestand Altakten, Ordner „Künstlerbund 1913, VI".

1102 Eine gute Woche nach Ablauf der Anmeldefrist ließ Kalckreuth Wichert wissen: „An die Künstler, von denen Anmeldungen noch fehlen, habe ich dringende Ermahnungen gerichtet. Bis jetzt hat nur Haug erklärt, dass er nichts hat." Aus: Kalckreuth an Wichert, 23.3.1913, in: Archiv Kunsthalle Mannheim, Bestand Altakten, Ordner „Künstlerbund 1913, VII". Zum genannten Anmeldeschluss siehe: Ausstellungsbedingungen, in: Archiv Kunsthalle Mannheim, Bestand Altakten, Ordner „Künstlerbund 1913, VI".

1103 Vgl. Lehmbruck an die Direktion der Kunsthalle Mannheim, 6.4.1913, in: Archiv Kunsthalle Mannheim, Bestand Altakten, Ordner „Künstlerbund 1913, VII".

1104 Direktion der Kunsthalle Mannheim an Lehmbruck, 7.4.1913, in: Archiv Kunsthalle Mannheim, Bestand Altakten, Ordner „Künstlerbund 1913, VII".

1105 Lehmbruck an die Direktion der Kunsthalle Mannheim, 6.4.1913, in: Archiv Kunsthalle Mannheim, Bestand Altakten, Ordner „Künstlerbund 1913, VII".

vertreten sind und würden wir es deshalb dankbar begrüssen, wenn Sie uns doch noch eins oder mehrere Werke Ihrer Hand zur Ausstellung schicken könnten."[1106]

Von Rom aus sandte er schließlich drei Arbeiten nach Mannheim, deren Erhalt Mitte August bestätigt werden konnte.[1107]

In anderen Fällen war die kurzfristige Beschaffung guter Arbeiten nicht so einfach zu bewerkstelligen. Die Anmeldungen der Künstler gingen nach der Einladung durch die Mannheimer Kunsthalle vom 15.2.1913 nur schleppend ein.[1108] Trotz großer Werbung von Seiten Wicherts („Vielleicht gibt diese allgemeine Kunstvorführung den Mitgliedern des deutschen Künstlerbundes auch Gelegenheit, zur kaufkräftigen Bewohnerschaft Mannheims und des ganzen Oberrheins dauernde Beziehungen zu gewinnen, ein nicht zu unterschätzender wirtschaftlicher Gesichtspunkt."[1109]), wartete der Künstlerbund eine Woche nach Anmeldeschluss noch immer auf zahlreiche Zusagen. Um den Prozess etwas voranzutreiben, wollten sich Kalckreuth und Brodersen selbst engagieren und „an alle wichtigen Künstler, die noch nicht angemeldet haben, Telegramme" senden, „die die Unterschrift des Grafen tragen", so Brodersen an Wichert. Wieder galt das Interesse des Künstlerbundes vor allem in einer besseren Beteiligung der Münchner Kollegen. „Wer jetzt nicht darauf reagiert, wird von mir persönlich nocheinmal angegangen. Ich fahre gleich nach Ostern nach München, um auch dort zu sehen, was ich erreichen kann."[1110]

Erinnerungen von Kalckreuth sind, außer an Klinger, an Liebermann, Beckmann, Kolbe, Hölzel, Sterl und Kuehl, außerdem an Cassirer gegangen.[1111] Auch Brodersen versuchte das ihm mögliche: „An Cassirer habe ich gleich nach meiner Rückkehr geschrieben und ihn dringend gebeten, Graphik von Liebermann, Slevogt, Beckmann, Meid, Barlach und Großmann einzusenden; auch habe ich noch

1106 Stenzel an Klinger, [o. D.], in: Archiv Kunsthalle Mannheim, Bestand Altakten, Ordner „Künstlerbund 1913, IV".

1107 „Ihre uns für die Künstlerbundausstellung liebenswürdigst versprochenen drei Arbeiten sind hier wohlbehalten eingetroffen und gelangen heute zur Ausstellung." Aus: Stenzel an Klinger, 13.8.1913, in: Archiv Kunsthalle Mannheim, Bestand Altakten, Ordner „Künstlerbund 1913, IV". Klinger schickte eine lebensgroße Bronze *Badende*, die er für 2.000 Mark zum Verkauf anbot, einen „Kopf mit Alabaster Sockel" des *Geh. R. Prof. Dr. Lamprecht* sowie einen „Kopf mit Marmorsockel" vom *General Musik Direktor Steinbrecher*, beide unverkäuflich. Vgl. Klinger an Wichert, 8.7.1913, in: Stadtarchiv Mannheim, NL Wichert, 22/1980, 49.

1108 Einladung an die Künstler, in: Archiv Kunsthalle Mannheim, Bestand Altakten, Ordner „Künstlerbund 1913, VI".

1109 Ebd.

1110 Brodersen an Wichert, 22.3.1913, in: Archiv Kunsthalle Mannheim, Bestand Altakten, Ordner „Künstlerbund 1913, VII".

1111 Abschrift von Telegrammen an Klinger, Liebermann, Beckmann, Kolbe, Hölzel und Cassirer vom 18.4.1913 in: Archiv Kunsthalle Mannheim, Bestand Altakten, Ordner „Künstlerbund 1913, VI". Abschrift von Briefen an Sterl und Kuehl in: Archiv Kunsthalle Mannheim, Bestand Altakten, Ordner „Künstlerbund 1913, VI.

Aussicht, ein paar weitere Hodlerbilder zu bekommen."[1112] Die Qualität wurde dabei nie außer Acht gelassen. Nach Ablauf der Einlieferungsfrist vergewisserte sich Brodersen bei Wichert, ob die Beschickung vor allem der bekannten Größen auch den Anforderungen des Künstlerbundes genügte und bat ihn um Mitteilung,

> „und zwar möglichst umgehend, was von Trübner und Thoma für die Ausstellung zugesagt wurde. Wenn Thoma selbst nicht viel hat, müssen wir eventl. uns etwas von ihm aus dem Kunsthandel besorgen. Ich habe sehr schöne Sachen in München gesehen. Ich reise noch in dieser Woche nach Berlin, um mir dort Material für Mannheim zu sichern."[1113]

Brodersens Reisen scheinen nicht besonders erfolgreich gewesen zu sein. Drei Wochen vor Ausstellungsbeginn zeichnete sich eine traurige Lage für Wichert ab. Cassirer musste dem Mannheimer Gastgeber auf dessen Nachfrage über den Stand der Dinge telegrafieren: „Lieber Herr Direktor ich bin ratlos wir haben keine bilder werde mich aber in den nächsten Tagen anstrengen und alles zusammenraffen was es gibt wenn es irgend geht verschieben sie die eröffnung da eine entscheidung vor dem 20. hier nicht möglich besten gruß. cassirer".[1114] Noch am selben Tag antwortete Wichert empört:

> „Lieber Herr Cassirer! Meine Notschreie haben Sie erhalten und darauf nicht gerade tröstlich geantwortet. Zu verschieben ist die Ausstellung nicht mehr und schliesslich ist ja auch noch fast 3 Wochen Zeit, aber ich muss ehrlich gestehen: Hätte ich gewusst, dass der Künstlerbund eine so unglaublich lockere Organisation besitzt, ich hätte mich niemals auf diese Sache eingelassen. Mannheim ist begierig, die Produktion der deutschen Meister zu sehen, ist obendrein ungeheuer kauflustig (woraus nicht zum Geringsten die Neugierde und Spannung auf die Ausstellung entstanden ist) und nun kommt eine Unmenge Unausgegorenes, Sachen zweiter Klasse u.s.w. und die Meister fehlen. Das geht auf keinen Fall. Ich habe mir gesagt, den Ansturm reaktionär Gesinnter auf eine Ausstellung, die charaktervolle Wildheit zeigt, kann man ertragen, wenn es sich wirklich um Qualität handelt, aber Wildheit ohne Qualität und das ohne die Begleitung der nüchternen und soliden Talente und ohne Werke der Meister ist so ziemlich das unvorteilhafteste Ausstellungsniveau, was man sich denken kann. Da hat man weder die Banausen, noch die Kenner, noch die Käufer, also weder einen echten, noch scheinbar ideellen, noch materiellen Erfolg. Es ist deshalb nötig, den Ausstellungsgedanken etwas zu verschieben. Mir ist es jetzt gleich, woher die guten Bilder kommen und wenn sie der Kunsthandel liefert. Sorgen Sie mir doch um Gottes willen dafür, dass bis zum 20. April, schlimmsten Falls 1. Mai, gute Sachen der Ihnen nahe

1112 Brodersen an Wichert am 23.4.1913, in: Archiv Kunsthalle Mannheim, Bestand Altakten, Ordner „Künstlerbund 1913, VI".

1113 Brodersen an Wichert, 31.3.1913, in: Archiv Kunsthalle Mannheim, Bestand Altakten, Ordner „Künstlerbund 1913, VI".

1114 Cassirer an Wichert, 14.4.1913, in: Archiv Kunsthalle Mannheim, Bestand Altakten, Ordner „Künstlerbund 1913, VI".

stehenden Berliner Leute kommen. (Corinth, Gaul, Beckmann, Liebermann, Slevogt, Brockhusen, Kolbe, Hodler, Mosson, Leopold von König, Barlach, Rössler [sic] kurzum die ganze Sezession). Es muss doch auch etwas für mich zum Kaufen da sein. Ich kann mir nicht denken, dass Ihre sehr gut geratene Sezessionsausstellung alles verschlingen wird. Auf alle Fälle schreiben Sie mir bitte gleich. Sorgen Sie vor allen Dingen auch, dass kaufbare Liebermannbilder kommen."[1115]

Aus Wicherts Schreiben geht vor allem hervor, dass das Konzept des Künstlerbundes, die fortschrittlichen Kräfte den etablierten Größen gegenüberzustellen, inzwischen allgemein überzeugt zu haben scheint. Wichert berief sich geradezu darauf. Kurz bevor die Jury zu tagen begann, wandte sich der besorgte Museumsmann erneut an Kalckreuth und schlug ihm einen letzten Rettungsversuch vor:

„Hochverehrter Herr Graf! Gestatten Sie mir, dass ich mich einmal grundsätzlich und zusammenfassend über die bevorstehende Ausstellung des Künstlerbundes äussere. Die grosse Zahl der Einsendungen lässt sich jetzt ungefähr übersehen und auch ein wenig auf ihre Bedeutung hin prüfen. Ich muss Ihnen gestehen, dass ich bis heute in Folge dieser Vorprüfung unter einer schweren Verstimmung zu leiden habe, denn ich kann mir die verhältnismässige Minderwertigkeit des grössten Teiles der Eingänge gar nicht anders erklären, als damit, dass die Organisation des Künstlerbundes offenbar nicht mehr in der wünschenswerten Weise funktioniert. Eine Reihe von Künstlern hat ganz alte Dinge geschickt, Sachen, die man schon hundert Mal auf Kunstvereinsausstellungen gesehen hat, wie denn überhaupt das ganze Niveau stark an den Anblick der Kunstvereine und besonders des unsrigen erinnert. Neue und interessante Werke der grossen lebenden deutschen Meister sind überhaupt keine gekommen. Wenn ich mir vor Augen führe, dass unsere Stadt für eine solche Ausstellung alle möglichen Verpflichtungen und Unkosten auf sich genommen hat, dass ausserdem das kaufkräftige Publikum Mannheims mit Spannung der Eröffnung dieser Ausstellung entgegenharrt, weil es der Meinung ist, nun einmal wirklich eine Übersicht der Produktion der Tüchtigsten zu erhalten und wenn ich mir fernerhin vergegenwärtige, dass die Kunsthalle sich durch Übernahme der Ausstellung für den ganzen Sommer jeder Möglichkeit zur Veranstaltung freiwilliger eigener Kunstvorführungen beraubt hat, so kann ich mich des Bedauerns nicht erwehren. Zum mindesten hätte ich wissen müssen, dass man eine solche Ausstellung nur dann wirklich interessant und in ihrem Niveau nicht gleichgültig gestalten kann, wenn man die Arbeit für die Beschickung bei den Künstlern mindestens ein Jahr vor der Eröffnung [...] beginnen kann. Hätte ich das gewusst, wie gesagt, ich hätte den Künstlerbund zu einer so späten Frist gewiss nicht mehr eingeladen, hätte jetzt auch nicht unter quälenden Selbstvorwürfen zu leiden, wenn ich mir vorstelle, wie viel versäumt worden ist, um diese Ausstellungsgelegenheit zu einem Triumph der deutschen Kunst und der Mannheimer Kunstpflege zu machen. Statt dessen werden wir diesmal aller Voraussicht nach mit ziemlichen Gleichgültigkeiten oder

1115 Wichert an Cassirer, 14.4.1913, in: Archiv Kunsthalle Mannheim, Bestand Altakten, Ordner „Künstlerbund 1913, VI".

mit ‚ollen Kamellen' und vor allem ohne jeden einheitgebenden Akzent abschneiden und sehr wahrscheinlich von allen auswärtigen Kritikern zu unserm Nachteil mit den anderen grossen Ausstellungen dieses Jahres verglichen werden. Ich bin weit davon entfernt, jetzt noch nachträglich eine Anklage oder einen Vorwurf an irgendeine Person zu richten, ich konstatiere nur und möchte vor allem retten was zu retten ist. Vor allem müssen wir für einen Clou sorgen, die Gelegenheit zur Erlangung eines solchen scheint sich mir zu bieten. Schon seit langer Zeit hatte ich mit einem Schweizer Unternehmer wegen einer grossen Ausstellung der ganzen modernen Schweizer Kunst unterhandelt. Ich sollte diese Ausstellung im Sommer in Mannheim zeigen, konnte indessen auf die mir gemachten Vorschläge nicht eingehen, weil ich mich dem Künstlerbund verpflichtet hatte. Diese Ausstellung geht jetzt in einer Auslese nach Wiesbaden von Mai bis Mitte Juni. Ich glaube es wäre mir nicht schwer, diese in ergänzter und bereicherter Form nach Mannheim zu bringen, frägt sich nur, wie sich der Künstlerbund dazu stellen würde. Meines Erachtens könnte sich der Künstlerbund nur freuen, so wie er Hodler zu den Seinigen zählt, einmal die ganzen um Hodler gruppierten modernen Schweizer vorübergehend als Gast bei sich zu sehen. Sollte dieser Gedanke freundliche Aufnahme finden, so müsste man die ganze Gruppe einfach einladen [...]. Ich glaube der Plan wäre sehr zum Vorteil unserer Ausstellung indem sie dann gerade um die Reisezeit noch einmal einen gewaltigen Anziehungspunkt bekäme, auch hat Mannheim in der Schweiz ein ganz anderes Ansehen als Wiesbaden. Ich bitte Sie mit herzlicher Dringlichkeit auf das Projekt einzugehen und es um jeden Preis möglich zu machen."[1116]

Und Wichert machte noch einer anderen Sorge Luft:

„Von der Jury haben bis jetzt auch sehr wenige zugesagt. Es wäre doch sehr kränkend für mich, wenn die Jury vollzählig nach Bremen kommt, um für Pauli ein Votum abzugeben und wenn sie sich von Mannheim fernhielte. Im übrigen haben auswärtige Kritiker u.a. auch Fritz Stahl aus Berlin ihren Besuch zugesagt, was wiederum verpflichtet."[1117]

Brodersen versuchte Wicherts Bedenken zu entschärfen und hatte diesem noch unmittelbar vor Erhalt dessen Briefs geschrieben:

„Soeben bekomme ich von Herrn Stenzel einen Brief, in dem er mir sagt, dass Sie von den bisher angemeldeten Werken stark enttäuscht seien und einen Reinfall befürchteten. Er hat mir dann eine Reihe Namen genannt, von denen noch Bilder fehlen. Ich kann Sie nun dahin beruhigen, dass von all diesen Künstlern: Rössler [sic], Beckmann, Klimt, Tewes[1118], Brockhusen Bilder kommen werden, dass überhaupt mit andern Worten

1116 Wichert an Kalckreuth, 15.4.1913, in: Archiv Kunsthalle Mannheim, Bestand Altakten, Ordner „Künstlerbund 1913, VI".

1117 Ebd. Fritz Stahl, eigentl. Siegfried Lilienthal (1864–1928), hat im *Berliner Tageblatt* über die Ausstellung berichtet, die von ihm keine gute Kritik bekam. Vgl. Stahl 1913.

1118 Rudolf Tewes (1879–1965) ist in der Erstausgabe des Kataloges der Mannheimer Künstlerbundausstellung, die zu dieser Untersuchung vorlag, nicht als Teilnehmer

alle wichtigen Künstler, soweit sie Mitglieder des Bundes sind, sich beteiligen werden. Slevogt hat heute noch ein zweites Bild angemeldet. Wenn Sie bedenken, dass von den angemeldeten 2000 Sachen nicht einmal der vierte Teil zur Annahme gelangt, dann zeigt sich das Resultat ganz anders, als jetzt die Menge der Bilder erraten lässt. Die Beschaffung der Liebermannkollektion stösst auf Schwierigkeiten, wie Ihnen Cassirer wohl schon mitgeteilt hat und er sagt mir eben, dass er Ihnen die Verschiebung des Ausstellungsbeginnes empfohlen hat, aber auch was diesen Punkt angeht, dürfen Sie beruhigt sein. Wir beschaffen auf alle Fälle gute Bilder von Liebermann. Betreffs Hodler habe ich mich jetzt schon an die verschiedensten Besitzer gewandt und hoffe auch da Gutes zusammenzubringen. Für die Jury haben bisher die Herren Professor Sterl, Professor Grethe, Weissgerber [sic], Clarenbach, Hagen zugesagt, von den übrigen Herren steht der endgültige Bescheid noch aus. Professor Slevogt weiß noch nicht genau, ob er kommen kann und wir haben heute nochmals an die Herren depeschiert. Nach Eingang der Antworten – also Morgen – erhalten Sie genauen Bescheid."[1119]

Kurz vor Ausstellungsbeginn konnte Wichert noch keiner Erfolg versprechenden Veranstaltung entgegensehen. Er unterstellte dem Künstlerbund große Nachlässigkeit. Ob der Vorwurf berechtigt war oder nicht – hier zeigt sich doch zumindest, dass die Ausstellungen des Künstlerbundes trotz seines immer wieder von allen Seiten bestätigten Renommees keine Selbstläufer waren.

Auch in Mannheim gab es einige Künstler der Stammbesetzung, auf die der Bund verzichten musste. So hatte etwa Hofer von seiner Teilnahme strikt abgesehen. Brodersen berichtete Wichert: „Graf Kalckreuth meinte, daß die Teilnahme Hofers sehr schwer zu erlangen sei. Er hat bittend und ausführlich an ihn geschrieben, aber Hofer hat abgelehnt. Er hat scheinbar die Zurückweisung in Bremen damals noch nicht verschmerzt."[1120] Und Franz von Stuck hat nicht nur darauf verzichtet, etwas einzusenden, sondern beschwerte sich sogar über die ungefragte Hängung eines seiner Bilder. Er telegrafierte kurz und knapp: „ich verlange entfernung des kleinen bildes aus ausstellung das ohne meine erlaubnis ausgestellt wurde."[1121] Stuck war schon von seinem Amt des Jurors zurückgetreten, das er bisher bereits fünf Mal ausgeübt hatte und dies auch im kommenden Jahr wieder tun sollte. Warum er sich hier vollkommen distanziert verhielt, ist bislang nicht ersichtlich.

---

verzeichnet. 1910 wurde dem Künstler in der Kunsthalle Bremen eine kleine Ausstellung seiner Werke in Gegenüberstellung zu van Gogh gewidmet. Beim Künstlerbund ist Tewes nur nnur in einem Katalog, der Bremer Schau 1912, ausgestellt.

1119 Brodersen an Wichert, 14.4.1913, in: Archiv Kunsthalle Mannheim, Bestand Altakten, Ordner „Künstlerbund 1913, VI"

1120 Brodersen an Wichert am 24.1.1913, in: Archiv Kunsthalle Mannheim, Bestand Altakten, Ordner „Künstlerbund 1913, VI". Von Hofer wurden in Bremen nur Zeichnungen gezeigt.

1121 Stuck an Kunstausstellung Mannheim, 12.4.1913, in: Archiv Kunsthalle Mannheim, Bestand Altakten, Ordner „Künstlerbund 1913, III".

285 Künstler haben in Mannheim schließlich insgesamt 516 Werke ausgestellt. Nur 67 von ihnen haben in diesem Jahr beim Bund debütiert. Dass sich in der Teilnehmerschaft, vor allem unter den Künstlern, die sich inzwischen als Stammbelegschaft des Bundes herausgebildet haben, eine merkliche Überalterung breit machte, überrascht kaum. Und obwohl die Schau den Eindruck erweckt hat, dass der „breiteste Raum […] eigentlich dem jungen Nachwuchs eingeräumt“[1122] worden wäre, war dies eigentlich eine Schau der Klassiker. 37 Teilnehmer waren bereits über fünfzig Jahre alt, so viele wie noch nie. Die Namen Becker, Bermann, Corinth, Dill, Flossmann, Grete, Habermann, Hagen, Adolf von Hildebrand, Dora Hitz, Hofmann, Kalckreuth, Klimt, Klinger, Kuehl, Landenberger, Liebermann, Moll, Schlittgen, Stremel, Thedy, Thoma, Trübner und Tuaillon konnten immer noch überzeugen und belegten den Qualitätsanspruch des Bundes. Hodler und Hölzel waren die progressiven Geister unter den älteren Herren.

Aber ungeachtet des Alters, ungeachtet der stilistischen Richtung – auf dieser Schau gab es außerordentlich viele prominente Künstler, die sich auch innerhalb des Künstlerbundes bereits als verlässliche Kräfte etabliert hatten. An soliden Künstlern zwischen vierzig und fünfzig Jahren sind Eckener, Nikolaus Friedrich, Hahn, Haueisen, Hayek, Hegenbarth, H. Hübner, Hummel, Illies, Klein-Diepold, Klimsch, Linde-Walther, Mackensen, Oppler, Pottner, Riemerschmid, Slevogt, Sterl, Strathmann, Stuck, Tooby, Unger und Volkmann zu nennen. Desgleichen wusste der Bund bereits, was er an den noch etwas jüngeren Behn, Berneis, Bondy, W. Claus, Dietze, Gallhof, Gerbig, Gerstel, A. Grimm, Kardorff, Meid, Missfeld, Paeschke, Schinnerer, Schmoll von Eisenwerth, Schramm-Zittau, O. Sohn-Rethel, Spiro, A. Trübner oder Waentig hatte.[1123]

Auch die fortschrittlich Gesinnteren entstammten nicht mehr vornehmlich dem jungen Lager. Deusser, Helene Funke, Gerliczy, Gudden, A. Kraus, Laage, Paul Peterich, Rhein und Straube gingen schon alle auf die Fünfzig zu. Am längsten jedoch war die Liste der prominenten fortschrittlichen Kräfte unter den Dreißig- bis Vierzigjährigen: Ahlers-Hestermann, Albiker, Berend-Corinth, Berlit, Brockhusen, Caspar, Caspar-Filser, Clarenbach, Dreher, Eberz, Elkan, Erbslöh, Feigerl, W. Gross, Heckel, Hettner, Hoetger, Kirchner, Klemm, Lehmbruck, Lörcher, Melzer, O. Möller, Nadler, Ophey, Pechstein, Rösler, Schmurr, Schocken, Segal, Tappert, Tuch, Vahrenhorst, Weisgerber und E. R. Weiss – um nur die Bekanntesten zu nennen.

Desgleichen waren unter den Neuerscheinungen zukunftsweisende Namen zu entdecken. Zum ersten Mal stellten hier Heinrich Altherr, Emil Bizer, César Klein, Erich Kuithan, Josef Bato, Hans Dornbach, Heinrich Heuser, Alfred Partikel und Max Rappaport. Die jüngste Gruppe moderner Künstler wurde nach wie vor durch O. Beyer, Buchwald-Zinnwald, Büttner, Hamm, Heckendorf, Henle, Richter-Berlin, Scharff, Schwalbach, Vollmer, Weber und Beckmann repräsentiert.

1122 Deutsche Künstlerbundausstellung Mannheim 1913b.

1123 Alle zwischen dreißig und vierzig Jahre alt.

Beckmanns *Amazonenschlacht* war eine der eindringlichsten Arbeiten der Schau.[1124] Nicht nur wegen der beachtlichen Maße von 250 x 220 cm. Das Bild war zudem repräsentativ gehängt im „weiten Eingangs- und Längssaal des Kunstvereins“[1125]. Beckmanns Leistung teilte die Meinungen. Die *Kunstchronik* bescheinigte dem Bild „ein gewaltiges Können, einen sicheren Drang nach Komposition und einen energischen farbigen Ausdruck“.[1126] In der *Kunst für Alle* wurde das positive Urteil relativiert, indem der Autor Willy Storck das Bild als „farbig und kompositionell interessanten, aber wohl doch nicht ganz gelungenen [...] Wurf“ bezeichnete.[1127]

Heckendorf, der gleichfalls allmählich einen progressiveren Stil entwickelte, stieß damit auf positive Resonanz. Bei ihm ließ sich verfolgen, „wie eine neue, glühende Leidenschaft den Weg weiter“ führte.[1128] In den Arbeiten Heckendorfs, der bislang überwiegend impressionistisch auftrat, zeigten sich „im Fühlen und Ausdruck Beispiele einer rein expressionistischen Kunst“.[1129] Dass man von der älteren Generation derartige Stilentwicklungen nicht mehr sehen wollte, zeigt sich etwa in dem Einwand über die „etwas giftige Farbigkeit, die manchen Bildern Grethes nicht gut“ stand, oder „den energischen Ruck nach der Seite des Expressionismus, den die Kunst des klugen und besonnenen Hölzel genommen“ hatte.[1130]

Die fortschrittlichen Werke wurden nach wie vor zwiespältig aufgenommen. In der Presse wurde der Begriff „Modemalerei“ geprägt, als Anspielung auf die zu erwartende Kurzlebigkeit dieser Experimente.[1131] Die Auflösung der Brücke, die sich gerade vollzog, deutete diese vermeintliche Kurzlebigkeit extremer Positionierungen an. Als Gruppe wurden die Brücke-Künstler, mittlerweile alle nach Berlin übergesiedelt, hier nicht mehr präsentiert.

Wie Pauli in Bremen war auch Wichert nicht von allen progressiven Beiträgen seiner Ausstellung überzeugt. Beide Männer, und das zeichnet ihre Museums- und Ausstellungsarbeit aus, ließen dem Künstlerbund aber absolut freie Hand in der Juryarbeit. „Daß ich keine Bedingungen in Bezug auf die Grenzen der Modernität stelle“, ließ Wichert wissen, „ist selbstverständlich. Im Gegenteil je mehr neues, desto lieber soll es mir sein.“[1132] Auch Pauli maß dem progressiven Beitrag der Künstlerbundausstellungen unbedingte Notwendigkeit bei:

1124 Max Beckmann, *Amazonenschlacht*, 1909, Öl auf Leinwand, 250 x 220 cm.

1125 Führer durch die Deutsche Künstlerbundausstellung 1913.

1126 Kunstchronik, N. F. Jg. 24, 1913, Sp. 624.

1127 Storck 1912/13, S. 484. Storck hat neben dem Artikel in der *Kunst für Alle* noch eine Rezension der Ausstellung für die *Deutsche Kunst und Dekoration* verfasst. Da sich inhaltlich der Artikel in der *Kunstchronik* den beiden Besprechungen von Storck sehr ähnelt, kann dieser auch als Autor des dritten Textes vermutet werden.

1128 Kunstchronik, N. F. Jg. 24, 1912/13, Sp. 624.

1129 Storck 1912/13, S. 484.

1130 Kunstchronik, N. F. Jg. 24, 1912/13, Sp. 624. Vgl. auch Storck 1912/13, S. 482.

1131 Vgl. Deutsche Künstlerbundausstellung Mannheim 1913b u. Thumann 1913.

1132 Wichert an Kalckreuth, 1.7.1912, in: Archiv Kunsthalle Mannheim, Bestand Altakten, Ordner „Künstlerbund 1913, VI“.

„Wenn es mir auch nicht möglich ist, zu derartigen Arbeiten ein persönlich sympathisches Verhältnis zu gewinnen, so halte ich es doch nicht für richtig, sie von unseren Ausstellungen auszuschliessen. Die Verbreitung dieser Kunstrichtung, der Beifall älterer Künstler, der Anklang, den sie bei der Jugend vielfach findet, zwingt uns, auch dieser Erscheinung Beachtung zu schenken. Und da wir uns zu dem Standpunkt bekannt haben, dass unsere Ausstellungen nicht als Verkaufsläden, sondern als Stätten der Anregung und der Information über den Stand der künstlerischen Produktion der Gegenwart zu dienen haben, so sollen wir daraus die Konsequenz ziehen, das, was eine erweisliche Beachtung findet und Wirkung ausübt, aufzunehmen. Damit ist natürlich nicht gesagt, dass wir es auch für unsere Sammlungen erwerben sollen."[1133]

Überdies hat der Künstlerbund sehr darauf geachtet, sich nach den schlechten Erfahrungen in Leipzig 1911 nie wieder durch eine gastgebende Institution derart das Zepter aus der Hand nehmen zu lassen. So ging der Bund auch nicht weiter auf die Bemühungen des Mannheimer Kunstvereins ein, die eigene Künstlerschaft hier einem großen Publikum vorzustellen. Der Kunstverein hatte dem Künstlerbund eine Liste mit 25 Namen, darunter sieben Frauen, zukommen lassen, die mit einem Anmeldeformular versorgt werden sollten. Von der Liste haben sich nur drei Künstler qualifiziert, Ballmann, Koch und Weih. Eine Frau kam nicht zur Auswahl.[1134] Anstelle der Mannheimer wurden wesentlich mehr Künstler aus dem nahe gelegenen Karlsruhe eingeladen. Neben den dortigen Größen Dill, Thoma, Trübner und Volkmann, die hier wieder allesamt auftraten, wurden auch progressivere Geister wie Albiker oder Heinrich Altherr, der in diesem Jahr erstmals beim Künstlerbund ausstellte, aus der badischen Nachbarstadt eingeladen.

Wie sich schon Pauli „kleinere Kollektivausstellungen"[1135] für seine Schau gewünscht hatte, um der Veranstaltung mehr Profil zu verleihen, versprach sich auch Wichert einiges von einer Sonderausstellung. Dabei gab er sich ganz konventionell und zeigte sich mit seinen Vorschlägen von Liebermann, Thoma und Trübner nicht gerade einfallsreich. Sein Rückgriff auf altbekannte Größen diente aber sicherlich auch dem Zweck, den radikalen Eindruck der jungen Avantgardisten ein wenig abzumildern. Grundsätzlich hatte der Bund gegen Wicherts Vorschläge nichts einzuwenden. Doch ließ sich der Plan schwer in die Tat umsetzen. Von Liebermann konnten am Ende nur vier Bilder zusammengebracht werden und Thoma, der bereits „in Baden-Baden kollektiv ausgestellt" hatte, war mit zwei Werken noch dürftiger

1133 Pauli an Schütte, 3.6.1913, Abschrift, in: Archiv Kunsthalle Bremen, Akte Pauli, Korrespondenz 1911–1920, Bl. 6.

1134 Die Mitteilung über die Ablehnung der eingesandten Werke erfolgte sehr unpersönlich und nüchtern. Ein vorgedrucktes Formular musste lediglich um den Namen des Künstlers ergänzt werden. Es wurde nicht mal persönlich unterschrieben. Vgl. Schreiben Deutscher Künstlerbund, 24.4.1913, in: Archiv Kunsthalle Mannheim, Bestand Altakten, Ordner „Künstlerbund 1913, V".

1135 Pauli an Kalckreuth, 7.12.1911, Abschrift, ms., in: Kunsthalle Bremen, Akte No. 108, Bl. 21.

präsentiert.[1136] Trübner lehnte eine Kollektivausstellung zunächst ab, zum großen Bedauern Kalckreuths:

> „Die Antwort, die ich plötzlich von Trübner erhalten habe, war einfach bedauernswert. Nachdem er mir zunächst eine Kollektiv-Ausstellung für Mannheim versprochen hat, will er jetzt davon absehen, wenn ihm seine sogenannten Spesen nicht ersetzt werden, und auch dann noch scheint er unwichtige Dinge schicken zu wollen, während er in der Berliner Secession kollektiv ausstellt. Ich kann für dies Vorgehn keine Worte finden."[1137]

Trotz Trübners anfänglichem Unwillen, kam es am Ende doch zu einer kleinen Sonderschau des Karlsruhers. Zusammen mit drei Bildern seiner Frau Alice wurde er in einem eigenen Saal im Obergeschoss gezeigt. Besonders zur Geltung kam der Maler hier nicht. Abgesehen davon, dass die ausgestellten Werke allesamt bekannt waren, wirkten sie „etwas eingequetscht".[1138] Nichtsdestotrotz war die Trübner-Schau in ihrer Auswahl durch „den stärksten und vitalsten Naturalismus" gekennzeichnet.[1139]

Im letzten Moment nahm der Künstlerbund noch eine Kollektivausstellung Hodlers in Angriff und ist damit eventuell doch Wicherts Vorschlag nachgekommen. Auch damit aber zeigte sich der Bund nicht besonders kreativ, denn Hodler wurde vom Künstlerbund bereits öfter gebührlich herausgehoben. Eine besondere Würdigung seines Schaffens scheint der Künstler selbst hierin überdies nicht gesehen zu haben, denn auch bei Hodler rannte man nicht gerade offene Türen ein. In seinem Fall war es besonders schwer, genug Arbeiten für eine Sonderschau zusammenzutragen. Christian Adolf Bruhn, der vom Künstlerbund damit beauftragt wurde, Hodler-Sammler in Hannover, Frankfurt und der Schweiz aufzusuchen und Bilder für die Ausstellung zusammenzubringen, berichtete von einer regelrechten „Abneigung, Bilder herzugeben", denn überall klagte man wohl, so Bruhn, „dass die Rahmen zerstossen zurückkommen" und befürchtete eine ausbleibende Verantwortung im Schadensfall von Seiten der Ausstellungsorganisation. „Schreiben Sie mir bitte deutlich, wie ich auf die Zumutung ‚vollständiger Garantie' zu reagieren habe", bat Bruhn. „Die Formulierung der Haftungs-Bedingungen in der Drucksache schreckt direkt ab."[1140]

1136 Vgl. Wichert an Kalckreuth, 1.4.1913, in: Archiv Kunsthalle Mannheim, Bestand Altakten, Ordner „Künstlerbund 1913, VII".

1137 Kalckreuth an Wichert, 28.3.1913, in: Archiv Kunsthalle Mannheim, Bestand Altakten, Ordner „Künstlerbund 1913, VII".

1138 Kunstchronik, N. F. Jg. 24, 1912/13, Sp. 623.

1139 Storck 1913/14, S. 10.

1140 Bruhn an Brodersen, 17.4.1913, in: Archiv Kunsthalle Mannheim, Bestand Altakten, Ordner „Künstlerbund 1913, III". In den Ausstellungsbedingungen wurde angegeben, dass die Kunsthalle Mannheim die Kunstwerke allein „gegen Feuersgefahr" und auch das nur in den eigenen Räumen versicherte. „Dagegen übernimmt die Kunsthalle keinerlei Haftung für etwaige Beschädigungen und Verluste anderer Art". Aus: Ausstellungs-Bedingungen vom 15.2.1913, in: Archiv Kunsthalle Mannheim, Bestand Altakten, Ordner „Künstlerbund 1913, VI". In verschiedenen Briefen ließ Bruhn Brodersen wissen, mit welchen Bildern von welchen Besitzern

Hodler selbst war überdies nicht bereit, die aus seinem eigenen Bestand versprochenen Bilder für die volle Dauer der Ausstellung zur Verfügung zu stellen.[1141] Und auch die übrigen Sammler stellten ihren Besitz wohl eher ungern für eine allzu lange Zeit zur Verfügung: „Weitere Bilder für 5 Monate! aus der Schweiz zu erhalten, hielt Hodler für wenig wahrscheinlich", kündigte Bruhn bereits an. „Natürlich versuche ich es."[1142]

Mit Unterstützung Cassirers mussten diverse Sammler des Künstlers angeschrieben werden.[1143] Zu den schleppenden Einsendungen kamen auch nachträgliche Absagen:

> „Auf Veranlassung des Herrn Dr. Bruhn von der Kunsthalle in Hamburg habe ich in diesen Tagen zu Ihrer Ausstellung ein Bild von Hodler ‚Buchenwald' angemeldet und sollte ich dasselbe gestern zur Absendung bringen. – Nun muss ich Ihnen aber zu meinem grossen Bedauern mittheilen, dass sich meine Gattin von dem bilde nicht zu trennen vermag und ich mich daher genöthigt sehe die Anmeldung zurückzuziehen."[1144]

Andererseits waren zwei Bilder Hodlers, die das Kestner-Museum in Hannover zur Verfügung stellte, plötzlich wieder entbehrlich: „Zu unserem grossen Bedauern war es jedoch wegen Raummangels unmöglich, die beiden Hodler („Studienkopf" und „Eingeschlafener Jüngling") zu placieren"[1145], ließ Stenzel den Direktor des Kestner-Museums Albert Brinckmann[1146] wissen, der darüber nur erstaunt sein konnte: „Im Besitz Ihres Schreibens vom 15 Mai können wir nur unser größtes Befremden darüber ausdrücken, daß unsere beiden kleinen Hodlerschen Bilder wegen Raummangels nicht zu plazieren sind [...]."[1147] Dass der Künstlerbund die allergrößten Schwierigkeiten hatte, genügend Hodler-Bilder zusammenzubringen, konnte Brinckmann nicht wissen. Allein, dass der Bund selbst um die Bilder gebeten hatte und sie nun gar nicht hängen wollte, verärgerte Brinckmann derart, dass er dem Deutschen Künstlerbund

---

der Bund rechnen könne. Brief-Abschriften Bruhn an Brodersen in: Archiv Kunsthalle Mannheim, Bestand Altakten, Ordner „Künstlerbund 1913, III u. IV".

1141 Vgl. Bruhn an Brodersen, 19.4.1913, in: Archiv Kunsthalle Mannheim, Bestand Altakten, Ordner „Künstlerbund 1913, III".

1142 Ebd.

1143 Abschriften der Briefe in: Archiv Kunsthalle Mannheim, Bestand Altakten, Ordner „Künstlerbund 1913, VI".

1144 Oscar Schmidt (Zürich) an die Direction der Deutschen Künstlerbund-Ausstellung, 25.4.1913, in: Archiv Kunsthalle Mannheim, Bestand Altakten, Ordner „Künstlerbund 1913, II".

1145 Stenzel an Brinckmann, 15.5.1913, in: Archiv Kunsthalle Mannheim, Bestand Altakten, Ordner „Künstlerbund 1913, IV".

1146 Albert Gideon Brinckmann (1877–1924) war der Sohn des Direktors des Hamburger Kunstgewerbemuseums Justus Brinckmann. Der junge Brinckmann war ein Verfechter der modernen Strömungen.

1147 Brinckmann an die Geschäftsstelle der Deutschen Künstlerbund Ausstellung Mannheim, 16.5.1913, in: Archiv Kunsthalle Mannheim, Bestand Altakten, Ordner „Künstlerbund 1913, V".

für die Zukunft keine Leihgaben mehr versprechen wollte. Denn „dieses Verfahren“, so Brinckmann in seinem Brief weiter,

> „erscheint um so eigentümlicher als der Künstlerbund selber ohne irgend ein Zuthun unserer Seite diese Bilder zur Ausstellung erbeten und vorher durch seinen Vertreter selber ausgewählt hat. Wir ersuchen Sie deshalb umgehend, nicht nur die 2 Hodlers sondern auch den kleinen L. von Hofmann an unsere Adresse zurückgehen zu lassen. Gleichzeitig teilen wir Ihnen im Auftrage des Magistrats mit, daß derselbe in Zukunft etwaigen Bitten um Entsendung von Bildern zu Ausstellungen des Deutschen Künstlerbundes kein Gehör geben wird. Hochachtungsvoll, der Direktor A. Brinckmann“[1148]

Diese Drohung des Hannoverschen Direktors musste dem Künstlerbund eine Warnung sein. Auf keinen Fall konnte er es sich mit einem der wenigen deutschen Institute, die der Moderne aufgeschlossen gegenüberstanden, verderben. Also ruderte man schnell zurück und stellte das Ganze als Missverständnis dar: „Sehr geehrte Herr Direktor! Es hat sich herausgestellt, dass das Nicht-Ausstellen Ihrer beiden Hodler-Bilder durch das Missverstehen einer Anordnung des Herrn Direktors verantwortet wurde“, ließ man Brinckmann über die Kunsthalle Mannheim schnell wissen. „Ich hoffe“, so weiter, „Sie haben auch heute noch nichts dagegen, die beiden Bilder, die bereits an sehr günstigem Platze in der Ausstellung hängen, der Künstlerbund-Ausstellung über den Sommer zu leihen.“[1149] Man bat Brinckmann um Entschuldigung, die dieser unverzüglich annahm, die „drei Bilder auf der Künstlerbund-Ausstellung“ verbleiben ließ und damit zudem „die Angelegenheit für erledigt“ erklärte.[1150]

Dass das Ganze alles andere als ein bloßes Missverständnis innerhalb der Kunsthalle Mannheim gewesen ist, belegt ein Brief Brodersens an Wichert:

> „Graf Kalckreuth lässt Sie freundlichst bitten, doch die vom Kester [sic!] Museum – Hannover geliehenen Bilder von Hodler noch für die Dauer der letzten Ausstellungshälfte mit unterzubringen, und zwar zusammen mit der Skizze des Hannoverschen Bildes, die ja auch noch im Juli eintreffen wird. Die Ablehnung ist dem Direktor Dr. Brinkmann [sic] natürlich sehr peinlich, besonders der Stadtverwaltung gegenüber, da diese in der Ablehnung eine Kritik erblickte. Die angegebene Begründung wegen Mangel an Platz glauben die Herren natürlich nicht recht, da zur gleichen Zeit gebeten war, das grosse, für das Hannoversche Rathaus bestimmte Bild herzuleihen. Graf Kalckreuth bittet, und ich schliesse mich dieser Bitte an, den Wunsch zu erfüllen,

---

1148 Brinckmann an die Geschäftsstelle der Ausstellung des Deutschen Künstlerbundes, 16.5.13, in: Archiv Kunsthalle Mannheim, Bestand Altakten, Ordner „Künstlerbund 1913, V“.

1149 Direktion der Kunsthalle Mannheim an Brinckmann, 26.5.1913, in: Archiv Kunsthalle Mannheim, Bestand Altakten, Ordner „Künstlerbund 1913, V“.

1150 Brinckmann an die Direktion der Kunsthalle zu Mannheim, 29.5.1913, in: Archiv Kunsthalle Mannheim, Bestand Altakten, Ordner „Künstlerbund 1913, V“.

damit wir keine Ungelegenheiten haben. Es ist für den Deutschen Künstlerbund sonst für spätere Verhandlungen in Hannover viel verdorben."[1151]

Schlussendlich konnten zwanzig Bilder des Schweizer Künstlers in einem „besonders günstigen Saal" präsentiert werden.[1152] Zwar war Hodlers Schaffen fast in seinem ganzen Spektrum aus den Jahren 1874 bis 1912 wiedergegeben.[1153] Dass die Werke aufgrund der Schwierigkeiten ihrer Zusammenstellung aber doch eher dem Zufall nach in die Schau gelangt sind, blieb nicht unbemerkt. So vermisste Pauli sehr wohl „die Akzente von Hauptbildern, die man an dieser Stelle erwartete".[1154]

Eines aber ist dem Künstlerbund erneut gelungen. Mit Trübner und Hodler hat er zum wiederholten Mal geschickt zwei vollkommen gegensätzliche Künstlerpersönlichkeiten einander gegenübergestellt und damit sein Programm unterstrichen, solide, traditionelle Errungenschaften neben progressiven Weisen aufzustellen. Auf diese Weise wurde der Schau ein stilistischer Rahmen verliehen, wie Storck erkannt hatte: „Hier sind gewissermaßen zwei Angelpunkte geschaffen, zwischen deren sachlichem Inhalt sich die gesamte Ausstellung bewegt."[1155]

Anhand der Rezensionen lassen sich zur Mannheimer Ausstellung ausnahmsweise Details zur Ordnung der Ausstellung erfahren. „Fünf Akzente" wurden gesetzt mit einem Hodlersaal, einem Trübnersaal, einem „Saal der Juroren", einer Klimtwand und schließlich wieder in geschlossener Präsentation die „expressionistischen ‚Outsider'".[1156]

Interessant ist der „Saal der Juroren", mit dem der Künstlerbund wohl mit Nachdruck auf seine innere Struktur verweisen wollte. In einem „Hauptsaal" waren diese „Leute von Namen" zusammen untergebracht, zu denen die eingesetzten wie auch die ursprünglich angedachten Juroren gehörten. Kalckreuth, Liebermann, Slevogt, Corinth, Thoma, Sterl, Kuehl und Habermann hingen hier, außerdem die jüngeren Repräsentanten des Bundes Clarenbach, Weisgerber und Caspar.[1157] Vielleicht schien es dem Bund angesichts der immer avantgardistischer werdenden Ausrichtung seiner Ausstellungen geboten, an den soliden Kern seiner Basis zu erinnern.

Die „Klimtwand" fiel mit lediglich drei Arbeiten wohl deshalb besonders auf, als dass die „märchenhaft schönen Sonnenblumen, die tief innerliche ‚Familie' und

---

1151 Brodersen an Wichert, 26.5.1913, in: Archiv Kunsthalle Mannheim, Bestand Altakten, Ordner „Künstlerbund 1913, V".

1152 Vgl. Kunstchronik, N. F. Jg. 24, 1912/13, Sp. 623.

1153 Vgl. Thumann 1913.

1154 Pauli an Schütte, 3.6.1913, Abschrift, in: Archiv Kunsthalle Bremen, Akte Pauli, Korrespondenz 1911–1920, S. 6.

1155 Storck 1913/14, S. 10.

1156 Kunstchronik, N. F. Jg. 24, 1912/13, Sp. 623. Dieselbe Schilderung auch bei Storck 1912/13, S. 481.

1157 Vgl. Kunstchronik, N. F. Jg. 24, 1912/13, Sp. 623 u. Storck 1912/13, S. 481.

das in rauschenden Farben und Linien erklingende Tableau des ,Todes und der Liebe'"[1158] in „herrlichem Zusammenklang" wirkten.[1159] Überdies aber zeigten gerade diese drei Bilder des Künstlers exemplarisch „die drei Seiten seines Wesens: das psychologische, seelenbloßlegende (in der ,Familie'), das bunte, kunstgewerbliche, wienerische (in dem großen Bild, ,Die Liebe und der Tod'), zuletzt das märchenhafte, erdenferne, weltentrückte (in diesen ,Sonnenblumen')."[1160] Die Klimtwand zeichnete sich also dadurch besonders aus, dass hier ein Künstler mit nur drei Werken ganz umfassend vorgestellt werden konnte. Mit der *Familie* wurde sogar eines der wenigen expressionistischen Werke des Künstlers gezeigt.[1161]

Über die grobe Akzentsetzung der fünf genannten Abteilungen hinaus aber ließ sich keine hilfreiche Ordnung erkennen, die man sich angesichts der „beklemmenden Wirkung durch die Menge"[1162] zur besseren Orientierung gerade hier gewünscht hätte. Geradezu „willkürlich"[1163] wirkte die Platzierung der Werke. „So trifft man denn in der Ausstellung auf die krassesten Gegensätze", wie Storck feststellte.

> „Vielleicht würden sie nicht so (manchmal peinlich) fühlbar, wenn man sich entschlossen hätte, die einzelnen Bezirke deutlich gegeneinander abzugrenzen, statt eine bunte Reihe (dem Format nach) zu gruppieren. So kommt es, daß man an einer Stelle von einer kubistischen Landschaft Erbslöhs zu einer religiösen stilisierten Sohn-Rethels, und weiter zu einer farbenglühenden Landschaft Heckendorfs schreitet, neben der ein rein impressionistischer Frauenakt Haueisens hängt, dem dann wieder der graphisch empfindende Meid mit einer Lukrezia begegnet. Eine reinliche Scheidung und sachgemäße Gruppierung dürfte wohl doch für die Gesamtwirkung einer Ausstellung erstes Erfordernis sein."[1164]

Einer systematischen oder regionalen Ordnung ist der Künstlerbund hier nicht konsequent gefolgt. Auch wurden mehrere Werke eines Künstlers nun wieder auseinandergerissen und in verschiedenen Räumen gezeigt, wie es der Bund auf seinen ersten Ausstellungen praktiziert hatte. Vielleicht war es Absicht, verwandte Bilder nicht vergleichbar zu machen. Die drei Klimt-Bilder beispielsweise hingen in einem Saal mit Dora Hitz, Unger, Sterl, Hofmann, Grethe, Berneis, Scharff, Rappaport, Tuch, Nölken und Klemm. In einem anderen Saal wurden Breyer, Slevogt, Hagemann, Else Klossowski, Hettner, Beckmann, Landenberger, Rösler, Hasler, Spiro und Otto

1158 Storck 1912/13, S. 491 f.
1159 Vgl. Kunstchronik, N. F. Jg. 24, 1912/13, Sp. 623.
1160 Storck 1913/14, S. 11.
1161 Gustav Klimt, *Familie*, 1909/10, Öl auf Leinwand, 90 x 90 cm, Österreichische Galerie Belvedere; ders., *Die Liebe und der Tod*, nicht eindeutig identifiziert; ders., *Sonnenblume*, 1907/08, Öl auf Leinwand, 110 x 110 cm, Österreichische Galerie Belvedere.
1162 Deutsche Künstlerbundausstellung Mannheim 1913b.
1163 Ebd. u. Thumann 1913.
1164 Storck 1913/14, S. 10.

Möller gezeigt. Ein anderer Raum zeigte Dill, Caspar, Hagen, Kardorff, Bato, Meid, Pottner und Heckendorf.[1165]

Ein eifriger, und überdies der einzige Rezensent der Ausstellung in den großen Kunstperiodika war Wicherts Assistent an der Mannheimer Kunsthalle Willy F. Storck, der damals gerade mit der Einrichtung der Museumsbibliothek beauftragt war.[1166] Bemerkenswert ist, dass sich Storck bei der älteren Generation auf den Hinweis der Anwesenheit der Herren beschränkte. Er nannte C. Herrmann, U. Hübner, Pottner, Weiss, Rhein, Hagen, Hofmann, Mackensen, Faure, Grethe, Landenberger, Dill, Hellwag, Volkmann, Stadler, Stuck, Tooby, Sieck, bemerkte aber nur kurz dazu: „Überraschungen bieten sie dem Besucher kaum."[1167] Stattdessen konzentrierte sich der Autor auf die avantgardistischen Erscheinungen der Schau.[1168] Einige der progressiven Vertreter wie Heckel, Heuser oder Möller sah Storck in Mannheim „nicht sehr günstig vertreten" und hätte sich auch eine strengere Auswahl gewünscht.[1169] „Von den reinen Expressionisten", soviel stand hingegen für ihn fest, war Pechstein am besten vertreten: „Er bleibt neben Heckel und Schmidt-Rottluff doch der stärkste der jungen Künstler. Kirchner, Segal, Dornbach und die anderen fallen doch merklich neben ihnen ab [...]."[1170] Ansonsten waren ihm Heckendorf, Weisgerber, Caspar, Clarenbach, Soldenhoff, Scharff, Schwalbach, Beecke und Altherr nähere Beschreibungen wert. Schließlich analysierte er den Stellenwert der Expressionisten noch genauer: „Und wenn man auch nicht sagen kann, der Akzent liege auf der jüngsten expressionistischen Kunst, so sind es doch sicher die Werke dieser Art, die den fortgeschrittenen wie den ungebildeten Betrachter am meisten fesseln."[1171]

Nach der Auflösung der Brücke, nach den wichtigen Ausstellungen von Sonderbund, Sturm, und Neuer Sezession sowie den Bekenntnissen des Blauen Reiters bescheinigte Ewald Bender in seinen Überlegungen zur *Deutschen Kunst um 1913*

1165 Vgl. die Angaben in Stilleben, Landschaft und Figurenbild 1913, in: Archiv Kunsthalle Mannheim, Bibliothek.

1166 Vgl. Storck 1912/13, Storck 1913/14 u. vermutlich auch: Kunstchronik, N. F. Jg. 24, 1912/13, Sp. 623–625.

1167 Kunstchronik, N. F. Jg. 24, 1912/13, Sp. 624. Vgl. auch Storck 1912/13, S. 482.

1168 Auch hierin offenbart sich Storcks Autorschaft des Artikels in der *Kunstchronik*. Storcks Interesse an den modernen Vertretern der Schau zeigt sich in seinem Aufsatz in der *Kunst für Alle* auch im Abbildungsteil, in dem bis auf die Bilder von Liebermann, Rösler und Hofmann ausschließlich Expressionisten abgebildet sind. Vgl. Storck 1912/13, S. 480–499.

1169 Storck 1913/14, S. 22.

1170 Kunstchronik, N. F. Jg. 24, 1912/13, Sp. 625. Vgl. hierzu auch Storck 1912/13, S. 488–490, wo zudem noch Richter-Berlin als Negativbeispiel und Hugo Krayn positiv erwähnt sind. Wenn Schmitd-Rottluff auf der Ausstellung zu sehen gewesen sein sollte – das geht aus Storcks Formulierung nicht eindeutig hervor –, dann muss er überdies nachträglich hinzugekommen sein. In der ersten Ausgabe des Katalogs, die für diese Arbeit zur Verfügung stand, ist er als Teilnehmer nicht aufgeführt.

1171 Storck 1913/14, S. 9.

der expressionistischen Kunst nun ihren Durchbruch. Nicht nur, „daß Pechstein und seine Freunde die Geschichte der nächsten Malerei machen werden".[1172] Für Bender hat sich „aus dem gestaltlosen Urbrei anfänglicher Schöpfung" längst ein „Stil" herausgebildet. Das brachten seiner Meinung nach die Ausstellungen, die sich 1913 mit der modernen Kunst in Deutschland auseinandergesetzt haben, allesamt zu Tage – auch die Mannheimer Künstlerbundausstellung.[1173] 1913 war die Übergangszeit, wie sie so oft bezeichnet worden ist, überwunden. Zu allgemein konnte man von den neuen Kunstströmungen nicht mehr sprechen. Das zeigt auch die überwiegend positive Resonanz ganz unterschiedlicher Stimmen auf Pechstein. Der Expressionismus ist angekommen. Seine Revolution war im Auflösen begriffen.

Man kann nur wiederholen, dass gemäß dem Charakter der Künstlerbundausstellungen seine Veranstaltungen gar kein einheitliches Urteil erhalten konnten. Was dem einen „wild, bunt zerfahren und unklar"[1174] erschien, war dem anderen großartig, bunt, vielseitig und „nie langweilig"[1175] und ließ durchaus „achtbare Qualität"[1176] erkennen. Storck ging noch darüber hinaus, indem er überlegte, dass „vielleicht nirgends vorher – weder in Weimar, Darmstadt oder Bremen – [...] die Buntheit des Ensembles so hervorstechend" gewesen wäre.[1177] Die Mannheimer Schau habe letztlich „die gesamte Zeitlage"[1178] der damaligen deutschen Kunst wiedergegeben: „alt und neu treffen sich hier; Naturalismus, Impressionismus und Expressionismus zeigen ihre Wirkungsmöglichkeiten".[1179] Die damit einhergehende Gefahr, „auf den ersten Blick etwas verwirrend, durcheinander" zu erscheinen, verschaffte der Schau jedoch „durch die wiederholte Betrachtung umsomehr Fesselndes und durch das Problematische der Erscheinungen Reizvolles".[1180] Niemals konnte behauptet werden, die Künstlerbundausstellungen wären von vornherein leicht begreifbar gewesen. Man musste sich das Verständnis erarbeiten und die Ausstellungen bestenfalls mehr als einmal besuchen. Auch dazu bemerkte Storck treffend: „Diese jüngste Kunst", und dazu zählte der Autor auch das Werk des sechzigjährigen Hodler,

> „setzt den Durchschnittsbesucher der Ausstellung noch immer in Erstaunen, bringt sein Blut in Wallung, treibt ihn gar zu Äußerungen übertriebener Entrüstung. Und was der Laie immer wieder vor diesen Werken vergißt, ist der Wertmaßstab, der im einzelnen an die Dinge anzulegen ist. Es ist keine Frage, dem Laien wird der Genuß

1172 Bender 1913, S. 293.
1173 Bender 1913, S. 294.
1174 Deutsche Künstlerbundausstellung Mannheim 1913b.
1175 Führer durch die Deutsche Künstlerbundausstellung 1913.
1176 Peters 1913.
1177 Storck 1912/13, S. 481.
1178 Vorwort, in: Stilleben, Landschaft und Figurenbild 1913, S. 3f., in: Archiv Kunsthalle Mannheim, Bibliothek.
1179 Storck 1912/13, S. 481. Vgl. auch Storck 1913/14, S. 9.
1180 Storck 1913/14, S. 9.

und das Urteil nicht leicht gemacht: unter der bunten Menge gleichwertig aussehender Bilder soll er die qualitätvollen auslesen, Gutes von Schlechtem scheiden. Nie hat sich so viel unbedeutendes Mitläufertum breit gemacht, wie gerade bei den Erzeugnissen der Malerei der letzten Jahre."[1181]

Mit dieser Analyse hat Storck dem Künstlerbund geradezu einen großen Dienst erwiesen. Was der Bund nie bereit war zu tun, Hinweise auf sein Ausstellungskonzept oder Hilfestellung zur Betrachtung der modernsten Kunsterzeugnisse anzubieten, das hat Storck hier versucht, in Worte zu fassen. Nicht ganz uneigennützig, denn es lag auch im Sinn der Mannheimer Kunsthalle, die Ausstellung dem Publikum bestmöglich zugänglich zu machen.

Der Künstlerbund hatte in der Tat zu tun, die Mannheimer Ausstellung mit qualitätvollen Arbeiten zu bestücken. Dabei hat er sich manch vielversprechendem Künstler noch verschlossen. Kokoschka, der 1913 zweifellos schon zu den wichtigen Nachwuchskünstlern gehörte und bereits vielfach Anerkennung gefunden hatte, wurde vom Künstlerbund aus gänzlich lapidaren Gründen abgelehnt. Der junge Wiener wollte an der Ausstellung teilnehmen. Nachdem er aber den Einsendeschuss knapp verpasst hat, weil er sich bis Mitte April in Neapel aufgehalten hatte, wollte man ihm die Teilnahme nicht mehr gewähren: „Die Jury hat bereits getagt, sodaß es zur Einsendung von Bildern leider zu spät ist."[1182] Auch Pechstein fiel einer unnötig strengen Politik des Bundes zum Opfer. Wichert hätte den jungen Expressionisten, der bei der Ausstellung tatsächlich überwiegend positive Resonanz erfahren hat, gerne besser präsentiert, stieß dabei aber beim Künstlerbund an Grenzen. „Eine Kollektiv-Ausstellung Pechmanns [sic!] wird wohl besser unterbleiben müssen", erklärte Kalckreuth, „weil ich mich davon überzeugt habe, dass sie innerhalb des Künstlerbundes als eine einseitige Bevorzugung eines einzelnen aufgefasst werden würde." Und nach dem Motto Weniger ist Mehr wäre es „dabei nicht ausgeschlossen, dass wir eine geringere Anzahl guter Sachen von ihm zur Ausstellung bringen."[1183] Brodersen drückte seine Bedenken wesentlich deutlicher aus: „Von einer Kollektion Pechstein glaube ich aus politischen Gründen doch abraten [handschriftl. Korrektur, vorher: absehen; Anm. der Verf.] zu müssen. Wir würden die wichtigsten Berliner Mitglieder verlieren."[1184]

In der Beschränkung der Pechstein-Präsentation zeigt sich einmal mehr die Strategie des Bundes, der seine Schauen nie unter eine andere Idee als die des Überblicks gestellt hat. Deshalb waren die Ausstellungen nicht konzeptlos. Unter der Prämisse, einen umfassenden Überblick über das aktuelle deutsche Kunstschaffen

---

1181 Ebd.

1182 Wichert an Kokoschka, 22.4.1913, in: Archiv Kunsthalle Mannheim, Bestand Altakten, Ordner „Künstlerbund 1913, VI".

1183 Kalckreuth an Wichert am 14.2.1913, in: Archiv Kunsthalle Mannheim, Bestand Altakten, Ordner „Künstlerbund 1913, VI".

1184 Brodersen an Wichert, 17.3.1913, in: Archiv Kunsthalle Mannheim, Bestand Altakten, Ordner „Künstlerbund 1913, VII".

zu bieten, konnte ein roter Faden aber kaum gesponnen werden. Der Bund folgte bewusst keinem inhaltlichen oder stilistischen Thema, keiner „Generalidee, wie man sie jetzt für gewöhnlich bei ähnlichen Veranstaltungen aufzuwerfen pflegt", wie Wichert ganz richtig bemerkte.[1185] Denn darin lag die Besonderheit der Künstlerbundausstellungen, die vielmehr das große Spektrum der Möglichkeiten demonstrieren sollten. Die damit einhergehende mutmaßliche „Unordnung" stieß im Laufe der Jahre auf immer weniger Kritik. „Wir durchwandern die Ausstellung jetzt kritikloser, genießen sie unbekümmerter, genießen die Kunst und verzichten – auf allzu geflissentliche Bereicherung unseres Wissens, auf allzu reinliche Orientierung über die Tendenzen einzelner ‚Richtungen', auf Stellungnahme, Streit und Verfechtung."[1186] Das Programm wurde mehr und mehr verstanden. Und es hatte Erfolg, weil der Bund dabei seinen Qualitätsanspruch nicht aus den Augen verloren hat. Auch in Mannheim war dies wieder gelungen. Indem die Exponate „alle Dokumente einer starken Individualität" waren, wie Kalckreuth erklärte, „tun sie sich nicht weh, sondern stärken sich gegenseitig."[1187] Dass die avantgardistische Nachwuchsgeneration bewusst in Grenzen gehalten worden ist, spiegelt indessen den konservativen Grundcharakter des engeren Vorstandes, der dem Bund die allgemeine Anerkennung gesichert hat.

Eine Aufgabe, für die sich der Bund nie verpflichtet sah, wurde auch in Mannheim durch den Gastgeber erfüllt: die Aufklärung des Publikums. Nachdem Wichert wohl selber der Überblick über die Schau etwas verlorengegangen war, veranlasste er seinen Freien Bund zur Einbürgerung der bildenden Kunst in Mannheim nachträglich, einen *Kurzen Führer durch die Ausstellung* zu verfassen.[1188] Dieser „didaktische Führer" bot im Gegensatz zu den rein dokumentarischen Katalogen des Künstlerbundes einen wirklichen Leitfaden. Der Band führte „den Besucher [...] zur Vertiefung an und fordert zum liebevollen und toleranten Erleben all dieser durcheinander und nebeneinander wirkenden Bilder an."[1189] Der Katalog war nicht darauf ausgelegt, die Teilnehmer in ihrer Vollständigkeit zu dokumentieren, er fasste die Exponate vielmehr zu Gattungsgruppen zusammen und ordnete sie systematisch nach Stillleben, Landschaft und Figurenbild. Zweck dieser Anleitung war es, vor allem die neuen Stilfindungen zu erklären. Die Problemstellungen von Naturalismus und Impressionismus „sind geklärt", wie der Führer betonte. „Von der neuen Art des Expressionismus ist aber [...] noch das Gegenteil zu beobachten. Erstens sind die Fragen, die Problemstellungen selber noch durchaus im Werden; schon gar die Formungen, die diese Probleme bisher gefunden haben. Zweitens aber", und das

---

1185 Einladung an die Künstler, 15.2.1913, in: Archiv Kunsthalle Mannheim, Bestand Altakten, Ordner „Künstlerbund 1913, VI".

1186 Führer durch die Deutsche Künstlerbundausstellung 1913.

1187 Zitat Kalckreuth in: Kunstchronik, N. F. Jg. 24, 1912/13, Sp. 623.

1188 Vgl. Stilleben, Landschaft und Figurenbild 1913, in: Archiv Kunsthalle Mannheim, Bibliothek.

1189 Kunstchronik, N. F. Jg. 24, 1912/13, Sp. 625.

ist die Quintessenz des Kataloges, „steht auch das Publikum dieser neuen Art noch durchaus abwartend und misstrauisch gegenüber."[1190]

Die hohe Besucherfrequenz, die die Ausstellung verzeichnen konnte, war vielleicht nicht zuletzt dieser nachträglichen Publikation zu verdanken. Mit 29.545 Besuchern war die Mannheimer Schau, im Vergleich mit den übrigen vorliegenden Besucherzahlen, die bestbesuchte Künstlerbundausstellung.[1191] Finanziell hingegen blieb der Erfolg aus. Nach den sehr guten Verkaufsergebnissen in Bremen – die von der Kunsthalle Bremen garantierte Verkaufssumme in Höhe von 30.000 Mark wurde um 27.000 Mark überschritten[1192] – war Wichert etwas übermotiviert und hatte seinerseits dem Bund eine Verkaufssumme von 60.000 Mark garantiert. Trotz der hervorragenden Besucherzahlen wurden in Mannheim lediglich Arbeiten im Wert von 37.988 Mark verkauft.[1193] Wichert konnte den Bremer Erfolg nicht wiederholen, obwohl die ersten Reaktionen zu Beginn der Ausstellung durchaus positiv waren, wie Brodersen dem Mannheimer Direktor vier Tage nach der Eröffnung mitteilen konnte: „Aus den Zeitungsnachrichten habe ich mit Freude ersehen, dass die Presse sich sehr freundlich über das Gebotene ausspricht, und auch Graf Kalckreuth hat mir bestätigt, dass der Gesamteindruck der Ausstellung ein durchaus guter sei."[1194] Noch drei Wochen später konnte er berichten:

> „Mit grosser Freude höre ich durch Herrn Stenzel von dem grossen Besuch, den die Ausstellung hat, und den guten Verkaufsresultaten. Es freut mich besonders, dass Sie selbst jetzt mit der Ausstellung zufrieden sind, und geäussert haben, dass sie sich neben der Berliner Secession sehr wohl sehen lassen kann."[1195]

Dann aber stagnierte der Verkauf und kam erst gegen Ende der Schau nochmal in Gang:

> „Der Verkauf in der Deutschen Künstlerbundausstellung hat sich in den letzten Tagen ausserordentlich gesteigert, was wohl auf den bevorstehenden nahen Schluss der Veranstaltung zurückzuführen ist. Ausser dem interessanten, allgemeine Bewunderung erregenden Kolossalgemälde von Max Beckmann ‚Die Amazonenschlacht' gingen noch

---

1190 Vorwort, in: Stilleben, Landschaft und Figurenbild 1913, S. 3, in: Archiv Kunsthalle Mannheim, Bibliothek

1191 Vgl. Wichert an den Oberbürgermeister Ritter, 1.10.1913, in: Archiv Kunsthalle Mannheim, Bestand Altakten, Ordner „Künstlerbund 1913, VI".

1192 „Es wurde für M 57 000 verkauft." Aus: Pauli an das Sekretariat der Städtischen Kunsthalle Mannheim, 18.12.1912 u. Pauli an Wichert 15.5.1912, beide in: Archiv Kunsthalle Mannheim, Bestand Altakten, Ordner „Künstlerbund 1913, V".

1193 Vgl. Wichert an Oberbürgermeister Martin, 1.10.1913 u. Kunstverein Mannheim an Martin, 7.5.1914, beide in: Archiv Kunsthalle Mannheim, Bestand Altakten, Ordner „Künstlerbund 1913, VI".

1194 Brodersen an Wichert, 8.5.1913, in: Archiv Kunsthalle Mannheim, Bestand Altakten, Ordner „Künstlerbund 1913, V".

1195 Brodersen an Wichert, 26.5.1913, in: Archiv Kunsthalle Mannheim, Bestand Altakten, Ordner „Künstlerbund 1913, V".

folgende Werke in letzter Zeit in Privatbesitz über: Hans Meid ‚Lukretia', Franz Heckendorf ‚Rennbahn', Paul Vahrenhorst ‚Das Meer bei Reval', Josef Bato ‚Hafen', Eugen Feiks ‚Eisplatz', Max Pechstein ‚Stilleben mit Akt' und andere mehr."[1196]

Um das Defizit der garantierten Verkaufssumme von „ungefähr 22.000 M" auszugleichen, schlug Wichert dem Oberbürgermeister vor, dass die Stadt Arbeiten im Wert dieses Fehlbetrags aus der Ausstellung kaufen sollte. Er hatte diesbezüglich einige Not, das schlechte Verkaufsergebnis der Schau zu rechtfertigen, zumal sein bisheriger Ansprechpartner im Bürgermeisteramt Paul Martin im August überraschend verstorben ist und Wichert seine Position nun gegenüber dessen übergangsweisen Nachfolger Ritter neu aufstellen musste.[1197] Brodersen kam der Stadt Mannheim insofern entgegen, als dass er „mit Rücksicht auf das wenig günstige finanzielle Ergebnis der Ausstellung" auf einen Teil der dem Bund zukommenden Provision verzichtet hat.[1198]

Der finanzielle Misserfolg der Ausstellung wog so viel, dass Wichert den künstlerischen Ausgang der Schau gar nicht mehr wahrzunehmen schien. Er war fixiert darauf, „aus dieser Künstlerbundausstellung das schönste, größte und beste zu machen, was der Künstlerbund bis dahin zu Wege gebracht hat."[1199] Er hatte sich rechtzeitig darum bemüht, von den Erfahrungswerten seiner Kollegen zu lernen. Im Mai 1912 bat er Pauli bereits um Auskunft über seine „ganz frischen Erfahrungen – geschäftliche, museologische, kunstpolitische u. s. f."[1200] Und er verlieh seinem Anliegen noch Nachdruck: „Nicht wahr, Sie schreiben mir allerhand über die Bremer Künstlerbund-Ausstellung und was ich vermeiden muss."[1201] Vom „Museumsstandpunkt aus" konnte Pauli seine Ausstellung nur als Erfolg verbuchen. Das Verkaufsergebnis von 57.000 Mark war höher als erwartet und auch die Erwerbungen für die Kunsthalle Bremen konnte Pauli als „glückliche Fischzüge" betrachten.[1202] Nicht weniger trieben die Auflistungen der Einnahmen und Ausgaben aus Darmstadt, die einen Gewinn in Höhe von 8.327,77 Mark aufzeigten, Wicherts Erwartungen in die Höhe.[1203] Wiederholt ermahnte er den Künstlerbund, „alle Hebel in Bewegung

1196 Presseentwurf, 16.9.1913, in: Archiv Kunsthalle Mannheim, Bestand Altakten, Ordner „Künstlerbund 1913, IV".

1197 Vgl. Wichert an Oberbürgermeister Ritter, 3.10.1913, in: Archiv Kunsthalle Mannheim, Bestand Altakten, Ordner „Künstlerbund 1913, VI".

1198 Wichert an das Rechnungsamt, 25.1.1914, in: Archiv Kunsthalle Mannheim, Bestand Altakten, Ordner „Künstlerbund 1913, VI".

1199 Wichert an Kalckreuth, 1.7.1912, in: Archiv Kunsthalle Mannheim, Bestand Altakten, Ordner „Künstlerbund 1913, VI".

1200 Wichert an Pauli, 13.5.1912, in: Archiv Kunsthalle Mannheim, Bestand Altakten, Ordner „Künstlerbund 1913, V".

1201 Ebd.

1202 Pauli an Wichert, 15.5.1912, in: Archiv Kunsthalle Mannheim, Bestand Altakten, Ordner „Künstlerbund 1913, V".

1203 Die Großherzogliche Kabinetts-Direktion Darmstadt an das Sekretariat der Kunsthalle Mannheim, 4.1.1913 (Auszug aus dem Handbuch über Einnahme und

zu setzen, dass wir etwas ganz Grandioses zu Stande bekommen".[1204] Dies ist finanziell gesehen nicht geschehen, wobei nicht zu vergessen ist, dass aufgrund der schleppenden Einsendungen zahlreiche Werke aus Privatbesitz hergeliehen werden mussten, die gar nicht zum Verkauf standen.

Dennoch, die Austragung einer Künstlerbundausstellung bedeutete für die Stadt Mannheim als eine im Werden begriffene Kunststadt, „frei von Engherzigkeit und Spießbürgertum"[1205], viel. Der Künstlerbund konnte seinen Ruf als „größte allgemein-deutsche Künstlervereinigung, die um den Fortschritt ringt und sich wie ein flammender Protest allem hinwurstelndem Akademikertum gegenüber behauptet"[1206], noch immer standhalten. Auch die Rolle der Kunsthalle als fortschrittliches Haus wollte Wichert mit der Ausstellung festigen. Insofern bedeutete Wichert die Austragung der Künstlerbundausstellung im eigenen Haus die Anerkennung der Mannheimer Kunsthalle als modernes Kunstmuseum. Die so erlangte überregionale Aufmerksamkeit unterstrich das „rasch gewachsene Ansehen der Mannheimer Kunstbewegung"[1207], die Wichert nicht zuletzt mit seinem Freien Bund voranzutreiben suchte.[1208] Dennoch distanzierte sich Wichert, wie es auch Pauli in Bremen getan hatte, ausdrücklich von der Inszenierung der Veranstaltung. Mit seinem nachträglich verfassten Führer durch die Ausstellung wollte er ganz ausdrücklich die Schwachstellen der Schau aus der Verantwortung der Kunsthalle nehmen.

Gleichwohl kann die Mannheimer Schau zusammen mit ihrer Vorgängerveranstaltung in Bremen als die wichtigste Künstlerbundausstellung bis zur Zwangsauflösung 1936 bezeichnet werden. Das lag nicht zuletzt an den Ausstellungsquartieren. Denn auch wenn Pauli und Wichert nicht allen fortschrittlichen Erscheinungen vorbehaltlos gegenüberstanden, gehörten sie doch damals zu den weitsichtigsten Museumsleitern. Vor allem Wicherts belegbares Engagement, die Ausstellung trotz nicht unerheblicher inhaltlicher Vorbehalte umfassend zu bewerben und didaktisch zu begleiten, hat die Arbeit des Künstlerbundes wesentlich unterstützt. Pauli war selbstverständlich der Meinung, die Mannheimer „Ausstellung des Künstlerbundes erhebt sich keineswegs über das Niveau der unseren im vorigen Jahre".[1209] Denn in Anbetracht der Tatsache, dass „Dreiviertel der Einsendungen" in Mannheim abge-

---

Ausgabe der Kasse der Ausstellung des Deutschen Künstlerbundes Darmstadt 1910), in: Archiv Kunsthalle Mannheim, Bestand Altakten, Ordner „Künstlerbund 1913, VI".

1204 Wichert an Brodersen, 28.2.1913, in: Archiv Kunsthalle Mannheim, Bestand Altakten, Ordner „Künstlerbund 1913, VI".

1205 Eröffnung 1913.

1206 Deutsche Künstlerbund-Ausstellung Mannheim 1913a.

1207 Storck 1912/13, S. 493.

1208 Howoldt nannte als „allgemeine Begründung Wicherts" sogar die „Demonstration Mannheims als Kunststadt". Aus: Howoldt 1982, S. 103.

1209 Pauli an Schütte, 3.6.1913, Abschrift, in: Archiv Kunsthalle Bremen, Akte Pauli, Korrespondenz 1911–1920, Bl. 4.

lehnt worden seien, „hätte man vielleicht eine noch gewähltere Zusammenstellung erwarten dürfen".[1210] Paulis wissenschaftlicher Assistent an der Bremer Kunsthalle Wilken von Alten erinnerte ein Jahr später wesentlich einsichtiger:

> „Den Werken der neuesten Kunst gegenüber musste naturgemäß eine weniger scharfe Sichtung eintreten, da es ganz prinzipielle Schwierigkeiten bereiten würde, bei einer Bewegung so junger und so widerspruchsvoller Art, das Bleibende von den Tageswerten zu unterscheiden."[1211]

Eins aber war sicher, wie Michael Thumann am Ende seiner ausführlichen Besprechung im *Mannheimer Tagblatt* festhielt: „anregend und lehrreich ist die Künstlerbundausstellung 1913. Sie bleibt jedenfalls ein wichtiges Dokument in der Geschichte und Entwicklung der deutschen Malerei."[1212]

In seinem Programm, Altes gegen Neues aufzustellen, hat sich der Bund im Laufe der Jahre weiterentwickelt und die Rezeption des Expressionismus voll berücksichtigt. Eine Weichenstellung diesbezüglich hat die vierte Sonderbundausstellung geleistet, die 1912 aufgrund von Protesten gegen die übermäßige Präsenz avantgardistischer deutscher und ausländischer Künstler erstmals in Köln statt in Düsseldorf veranstaltet worden ist. Die Schau hatte sich den neuesten europäischen Kunstströmungen verschrieben und diese Werke auf anschauliche Weise neben die etablierten modernen Künstler des Impressionismus gestellt, wodurch sich der deutsche Expressionismus neu deuten und aus seinem französischen Kontext herauslösen ließ. Damit waren alle Vorwürfe der vorangegangenen Jahre, die Expressionisten seien nur schlechte Kopien der französischen Neoimpressionisten und Fauvisten, widerlegt und der Expressionismus hat sich als eine deutsche Stilart durchgesetzt. Der Künstlerbund hat die Gewichtung des deutschen Expressionismus schon 1912 in Bremen neu eingeschätzt, indem er den Expressionisten einen eigenen Raum zur Verfügung gestellt hat. Folgt man Willy Storck, der den Stellenwert der Sonderbundausstellung von 1912 nicht in Frage stellte, so hat der Bund dann ein Jahr später in Mannheim durch eine gezielte Juryarbeit und die Beschränkung auf deutsche Künstler den deutschen Expressionismus endgültig auf freie Füße gestellt und seine Bedeutung auch international untermauert. Denn

> „die zur Klärung und Wertung der Moderne eminent bedeutende Sonderbund-Ausstellung des letzten Jahres hat es bewiesen; es war kein geringer Prozentsatz (meist ausländischer Werke), deren Epigonentum angesichts der wahren Werte an den Tag trat. Wer aber wollte leugnen, dass jene Kokoschka, Marc, Nauen, um einige Namen zu nennen, von wesentlich anderer Art sind als jene Stümper und Mitläufer,– deren Namen nichts zur Sache tun. Es ist sicher ein Zeichen von Vorurteilslosigkeit, wenn

1210 Ebd.
1211 Alten 1914, S. 384.
1212 Thumann 1913.

der Künstlerbund sich entschlossen hat, den jungen Stürmern und Drängern seine Pforten zu öffnen."[1213]

Dem Künstlerbund ist es gelungen, seinem Programmstil treu zu bleiben und dennoch die Entwicklungen der Zeit nicht aus den Augen zu verlieren. Das hat ihn von den Sezessionen unterschieden. Die Berliner haben sich gespalten und die Münchner eklatant rückwärts bewegt:

„Die Frühjahrsausstellung der Münchner Sezession ist wie alljährlich den Jungen gewidmet, doch hat man diesmal im Gegensatz zum vorigen Jahre alle revolutionären Elemente ferngehalten, so daß man den Kampf um die jüngste Malerei vollständig ausgeschaltet hat. Wenn in früheren Jahren die Sezession der Sammelplatz aller derjenigen gewesen ist, die etwas Neues zu sagen glaubten, sehen wir sie jetzt in bekannten und bewährten Bahnen wandeln und das Hauptverdienst ihrer Aussteller besteht im günstigsten Falle darin, daß sie die gewonnenen Erfahrungen, meist die des französischen Impressionismus in einer anständigen Weise zum Vortrag bringen. Das kleine Bächlein der neueren Kunst ist zum breiten Strom geworden. Die einst bekämpften Vorkämpfer sind Lehrer und Akademieprofessoren geworden und haben ihre Anschauungen zum Allgemeingut gemacht, und so wird diese Kunst in ihren Schülern nun selbst wieder akademisch."[1214]

Kurz nach der Eröffnung der Mannheimer Ausstellung berichtete Pauli von der Befürchtung Cassirers, dass auch

„der deutsche Künstlerbund auffliegen würde, da die Berliner nicht mehr mittun wollten. Das wäre bedauerlich, denn als Organisation der besseren deutschen Künstler bildet der Bund doch ein erfreuliches Gegengewicht gegenüber der ausschliesslich und im gewöhnlichsten Sinne wirtschaftlich gesinnten deutschen Kunstgenossenschaft."[1215]

Worauf Cassirer damals anspielte, ist nicht klar. Die Streitigkeiten innerhalb der Sezession unter seinem Vorsitz aber haben sich auf den Künstlerbund nicht übertragen. Unter der Präsidentschaft Kalckreuths wurde der Bund äußerst liberal geführt. Persönlichen Animositäten wurde hier kein Platz geboten. So kam es selbst während der Kriegsjahre zu keiner Auflösung des Bundes. Vielleicht war diese Zwangspause gerade ein Segen für sein Weiterbestehen. Ein unprofessionelles Handeln wie im Falle der beiden Hodler-Bilder, die der Bund vom Kestner-Museum leihen

---

1213 Storck 1913/14, S. 9. Noch konsequenter als die Kölner Sonderbundausstellung hat gegen Ende der Mannheimer Ausstellung Herwarth Waldens Erster Deutscher Herbstsalon die internationale Avantgarde präsentiert, die, mit Ausnahme von 22 Bildern des 1910 verstorbenen Rousseaus, eine rein expressionistische Angelegenheit war. Vgl. den Katalog zur Ausstellung: Erster Deutscher Herbstsalon 1913.

1214 Der Cicerone, Jg. 5, 1913, S. 296.

1215 Pauli an Schütte, 19.5.1913, Abschrift, in: Archiv Kunsthalle Bremen, Akte Pauli, Korrespondenz 1911–1920, Bl. 4, 5.

wollte, dann aber zurückgab, zeigt, dass der Bund an Grenzen gestoßen ist. Bis zum Krieg wurden nur noch zwei Grafikausstellungen veranstaltet. Während des Krieges setzte der Bund seine Ausstellungstätigkeit vollkommen aus und brauchte noch eine Weile, bis er diese 1920 endlich mit einer Jahresschau in Chemnitz wieder aufnehmen konnte.

Ohne Zweifel aber kann man sagen, dass der Ausbruch des Ersten Weltkriegs wohl einen nicht hoch genug zu bewertenden Einschnitt in der Ausstellungsgeschichte des Deutschen Künstlerbundes bedeutet hat. An die Erfolge in Bremen und Mannheim konnte der Bund bis zur Zwangsauflösung 1936 nicht mehr anknüpfen.

1913: 5. Grafikausstellung in Hamburg

Nach nur drei Jahren wurde 1913 eine weitere Grafikausstellung in der Hamburger Galerie Commeter veranstaltet. Außer in Leipzig, wo bisher eine graphische (1907) und eine Jahresausstellung (1911) durchgeführt worden sind, hat der Künstlerbund bisher an keinem Veranstaltungsort wiederholt ausgestellt. Dass dies nun der Fall war, wurde vom Vorstand des Künstlerbundes mit dem Erfolg der letzten Hamburger Grafikschau sowie dem Interesse von Seiten „Hamburger Sammler und Kunstfreunde“ begründet.[1216] Ein kunstinteressiertes Publikum hat Hamburg zweifelsfrei geboten. Der Künstlerbund konnte sich berechtigte Hoffnungen auf einen finanziellen Erfolg machen. Vier Jahre nach dieser Grafikausstellung, anlässlich einer Ausstellung des gerade von Rosa Schapire und Ida Dehmel gegründeten „Frauenbundes zur Förderung deutscher bildender Kunst“, die 134 Werke neuerer deutscher Kunst aus Hamburger Privatbesitz zeigte, darunter eine große Zahl avantgardistischer Künstler („Beckmann, Otto Freundlich, van Gogh, Heckel, Hodler, Hofer, Jawlensky, Kanoldt, Kirchner, Kandinsky, Kokoschka, Marc, Modersohn-Becker, Munch, Nauen, Nölken, Nolde, Pechstein, Picasso, Rohlfs“[1217]), konnte Gustav Schiefler feststellen, „daß Hamburg ganz außerordentlich reich an Werken der neuesten Kunst geworden war“[1218].

Eine Jahresausstellung konnte der Bund im aufgeschlossenen Hamburg noch immer nicht durchführen, weil sich nach wie vor kein Platz dafür bot. Der Neubau der Kunsthalle war noch nicht fertiggestellt. Erst nach dem Krieg konnte der Bund dort ausstellen. Dies geschah dann aber auch zwei Mal, 1921 und 1936. Die Hamburger Grafikschau 1913 begann fast zeitgleich mit der Mannheimer Ausstellung, dauerte aber nur knapp zwei Monate, wie es für die Grafikausstellungen des Künstlerbundes üblich war.

Die Zusammenstellung der Jury gestaltete sich in Hamburg nicht weniger problematisch als in Mannheim. Am 10. März 1913 gab der Künstlerbund offiziell die Wahl der Juroren für beide Ausstellungen bekannt. Für Hamburg wurden elf

1216 Vorwort, in: Deutscher Künstlerbund 1913b.
1217 Schiefler 1985, S. 528.
1218 Ebd. Zu Schapires Frauenbund siehe Bruhns 1992.

Männer bestimmt. Die meisten von ihnen sollten auch die Mannheimer Ausstellung jurieren. Der Katalog zur Hamburger Ausstellung verzeichnet allerdings nur sechs Namen, was darauf schließen lässt, dass auch für Hamburg die meisten gewählten Herren ihr Amt nicht wahrnehmen konnten oder wollten. Von den ursprünglich bestimmten Juroren waren schließlich auch nur Grethe, Kalckreuth, Klinger – alle drei jurierten auch in Mannheim – sowie Volkmann dabei.[1219] Hodler, Klimt, Slevogt und Stuck haben wie für Mannheim auch für Hamburg ihre Juryteilnahme annulliert. Außerdem abgesagt haben Hofmann und Clarenbach, mit dem dieser Jury das einzig vorgesehene junge Mitglied verloren ging. Für die sieben abgesprungenen Herren sind nur zwei nachgerückt, Mackensen und Sterl – auch sie bereits geübte Künstlerbundjuroren.[1220]

Die Jury war bei dieser Ausstellung außerordentlich gefordert. Im Vorwort des Ausstellungskatalogs ist von 4.500 eingereichten Werken die Rede.[1221] Aus dieser Unmenge von Papier-Arbeiten mussten die Juroren mehr als drei Viertel aussondern. Am Ende blieben 1018 Arbeiten übrig.[1222] Natürlich wurde der große Umfang dem Bund nachteilig ausgelegt. Ein Verdienst hätte er sich „mit solch riesigen Graphik-Ausstellungen" nicht erworben, wie in *Kunst und Künstler* festgehalten wurde.[1223]

Präsentiert wurden insgesamt 321 Künstlern, von denen die meisten ein oder zwei, manche auch ein paar Arbeiten mehr zeigen konnten. Zu den Ausnahmen, die mit über zehn Blättern präsentiert wurden, gehörten ausschließlich renommierte Künstler, die sich auch innerhalb des Künstlerbundes bereits etabliert hatten: Corinth, Greve-Lindau, Klemm, Meid, Paeschke, Slevogt, Sterl und Volkmann. Liebermann durfte zwanzig Arbeiten zeigen, was schon einer Sonderausstellung nahekam. Offiziell wurde Liebermanns Präsentation so aber nicht bezeichnet.

Aus Hamburg kamen bei dieser Ausstellung mehr Künstler denn je. Knapp die Hälfte von ihnen hat hier zum ersten Mal ausgestellt, die meisten auch das einzige Mal. Dennoch zeigte sich die Jury im Vergleich zu den vorangegangenen Grafikschauen des Bundes weniger offen für die Aufnahme neuer Künstler. Auch was den Anteil fortschrittlicher Kräfte betrifft, offenbarte der Bund hier weniger Mut als auf manch bisheriger Schau. Desgleichen ist die Reihe etablierter großer Namen im Vergleich zur Mannheimer Schau deutlich reduziert. Nur ein Drittel der Mannheimer Teilnehmer trat auch in Hamburg an. Hier fehlten etwa Becker, Behn, Berend-Corinth, Bermann, Berneis, Bondy, Dill, Eckener, Gallhof, Gerbig, Gerstel,

---

1219 Für Grethe, der seit 1907 bis auf die Leipziger Schau 1911 alle Künstlerbundausstellungen juriert hatte, war dies der letzte Auftrag des Bundes. Er starb ein halbes Jahr später.

1220 Die Zusammensetzung der Jury siehe im Anhang.

1221 Vorwort, in: Deutscher Künstlerbund 1913b.

1222 Die *Kunstchronik* berichtete von 998 Arbeiten (vgl. Kunstchronik N. F. Jg. 24, 1912/13, Sp. 526). Eine Differenz in der Zählung ergibt sich dadurch, dass zusammengehörige Blätter in den Katalogen oftmals unter einer Nummer aufgeführt sind, hier aber die Blätter einzeln gezählt wurden.

1223 Hakon. 1913.

Habermann, Hagen, Hahn, Haueisen, Hayek, Hegenbarth, Hellwag, C. Herrmann, Hildebrand, Hitz, Hofmann, H. Hübner, , Kardorff, Hummel Klimsch, Klimt, Kuehl, Landenberger, Mackensen, C. Moll, Riemerschmid, Schlittgen, Schmoll von Eisenwerth, Schramm-Zittau, O. Sohn-Rethel, Spiro, Stremel, Stuck, Thedy, Thoma, W. Trübner, Tuaillon und Tuch.

Auch die Namen einiger fortschrittlicher Stilsucher, die teilweise noch zu den neuen Errungenschaften des Bundes gehörten, waren zu vermissen: Altherr, Bato, Brasch, Büttner, Maria Caspar-Filser, Deusser, Dornbach, Dreher, Elkan, Erbslöh, Feigerl, W. Gross, Gudden, Hettner, Hoetger, Hölzel, C. Klein, Lörcher, Richter-Berlin, Schmurr, Schocken, Straube, Weisgerber oder E. R. Weiss. Stattdessen hat der Bund, wie üblich bei seinen Grafikausstellungen, mehr auf Künstler gesetzt, die sich vor allem im grafischen Metier einen Namen gemacht haben, wie Luigi Kasimir, der sich gerade durch die Präsentation einer eigenen Technik der Farbradierung hervorgetan hatte, oder Emil Preetorius, der als Bühnenbildner gänzlich klassizistisch vorging, in seinen Buchillustrationen aber Einflüsse des japanischen Holzschnitts zeigte, wie es seinerzeit hoch im Kurs stand.

Unter den fortschrittlichen Künstlern überwogen inzwischen die jüngeren Kräfte wie Ahlers-Hestermann, Albiker, Baumann, Beckmann, Behmer, Berlit, Bizer, Brockhusen, Buchwald-Zinnwald, Caspar, Clarenbach, Eberz, Geiger, Großmann, Heckel, Heckendorf, Herbig, Heuser, Kirchner, Kogan, Kolb, Krayn, Lehmbruck, Leistner, Melzer, O. Möller, Nadler, Ophey, Partikel, Pechstein, Rösler, Scharff, Schwalbach, Segal, Tappert oder Weber. Und auch mit einigen Neuzugängen hat das progressive Lager interessante junge Künstler dazugewonnen: Paul Kottenkamp, Alfred Kubin, Ivo Hauptmann, Ludwig Kainer, Anton Kerschbaumer, Otto Neumann, Max Oppenheimer und Hans Richter. Insgesamt aber hat die Hamburger Schau gegenüber der Mannheimer und auch der Vorjahresschau in Bremen an Modernität verloren. Das ist für eine Grafikausstellung eher ungewöhnlich, zeichneten diese sich doch bislang als insgesamt fortschrittlich orientierter aus gegenüber den Jahresausstellungen. Und so brillierte wieder die alte Riege mit Corinth, Grethe, Kalckreuth, Klinger, Liebermann, Olde und Hodler. Daneben begegnete man W. Altheim, Bischoff-Culm, Cissarz, Conz, Eckener, H. Hübner, Illies, Kaul, Klein-Diepold, Kollwitz, Linde-Walther, Mohrbutter, Oppler, Orlik, Pottner, Reifferscheid, Slevogt, Sterl, Vogeler, Volkmann, Greve-Lindau, Höger, Meid, Obier, Paeschke, Schinnerer oder Waentig.

Dass der Gesamtcharakter der Schau etwas gemäßigter ausgefallen ist als der ihrer Vorgängerinnen wurde durchaus auch mit Erleichterung festgestellt: „Es wird doch wieder mit Herz und Verstand gezeichnet, die lotterig hingewischte Skizze zählt zu den Ausnahmen."[1224] Und trotz des großen Umfangs der Schau konnte Wallsee festhalten, es wäre doch „nur wenig da, von dem man wünschte, es wäre weggeblieben".[1225] Wer aber dem moderneren Kurs der letzten Jahre beim Künstlerbund folgen wollte, hatte einiges an Struktur zu vermissen: „Die Gesamtstimmung

1224 Wallsee 1912/13, Sp. 526.
1225 Ebd.

der Ausstellung zeigt ein qualvolles Suchen, nach neuen Ausdrucksmöglichkeiten, ein forciertes Wollen ohne die Fülle der quellenden Inspiration. [...] Man sollte einschränken und zurückhalten, statt zu ermuntern und hervorzulocken, was unreif und richtungslos umherirrt."[1226]

Zwar hat die Teilnehmerschaft insgesamt eine deutliche Verjüngung erfahren. Doch ist zugleich das Maß an Modernität zurückgegangen. Überwogen hat wieder der „gediegene Gesamteindruck"[1227], den der Künstlerbund bei seinen letzten Veranstaltungen bereits im Ablegen begriffen war. Bei einer Menge von 4.500 eingereichten Werken ist tatsächlich wenig einsichtig, warum die Jury mehrheitlich wieder auf vergleichsweise gemäßigte Stücke zurückgegriffen hat, anstatt nach den Erfolgen in Bremen und Mannheim weiterhin auf Neues zu setzen. Die Konstante in der Ausstellungspraxis des Deutschen Künstlerbundes war offensichtlich vielmehr die „Toleranz gegen alle Richtungen", an die Kalckreuth in seiner Eröffnungsrede wieder einmal erinnerte.[1228] Keine andere moderne Ausstellungsgemeinschaft hat ein vergleichbar breites Spektrum an Stilarten angeboten.

1914: 6. Grafikausstellung in Leipzig

Die letzte Ausstellung des Deutschen Künstlerbundes vor Ausbruch des Ersten Weltkriegs fand im Frühjahr 1914 in Leipzig statt. Nach der ersten Grafikausstellung des Künstlerbundes 1907 und einer Jahresausstellung 1911 war Leipzig nun schon zum dritten Mal Austragungsort einer Künstlerbundausstellung. Die beiden ersten Leipziger Schauen unterschieden sich bereits in ihren Rahmenbedingungen von den üblichen Künstlerbundveranstaltungen, indem der Bund als Veranstalter jeweils in einen größeren Zusammenhang eingebettet worden ist und seine Präsentation nicht isoliert zutage trat.[1229] 1914 wurde der Deutsche Künstlerbund nun vom Deutschen Buchgewerbeverein eingeladen, im Rahmen der ersten *Internationalen Ausstellung für Buchgewerbe und Graphik* in Leipzig teilzunehmen.[1230]

Auch diese Veranstaltung stellte organisatorisch wieder eine Besonderheit dar, ähnlich der Jahresschau 1908 in Dresden, denn es kam erneut zu einer Parallelausstellung mit der Allgemeinen Deutschen Kunstgenossenschaft. Diesmal aber waren die Abteilungen der beiden Organisatoren deutlich voneinander getrennt und auch entsprechend bezeichnet, sowohl im begleitenden Ausstellungskatalog

1226 Hakon. 1913.
1227 Wallsee 1912/13, Sp. 526.
1228 Vgl. Hakon. 1913.
1229 1907 erfolgte die Einladung durch das Leipziger Buchgewerbemuseum. 1911 war die Schau Teil der Leipziger Jahresausstellung, zu der die Leipziger Sezession, der Leipziger Künstlerbund und der Leipziger Künstlerverein eingeladen hatten. Vgl. dazu oben, Kap. IV.2, S. 175 u. 212.
1230 Die Veranstaltung lief als erste *Weltausstellung für Buchgewerbe und Graphik*, die unter der Abkürzung *BUGRA* bis zum Jahr 1993 regelmäßig im Rahmen der Leipziger Messe durchgeführt worden ist. Zur BUGRA siehe: Leipzig 2014.

als auch innerhalb der Raumordnung. Beide Verbände waren gleichermaßen für die Abteilung der deutschen zeitgenössischen Graphik verantwortlich. Ihnen standen aber jeweils eigene Räume zur Verfügung, die sie vollkommen getrennt voneinander gestaltet haben, mit je einer eigenen „Ausstellungsleitung“, „Aufnahmekommission“, und „Anordnungskommission“.[1231] Gegen Ende ihrer Laufzeit stand die Ausstellung bereits merklich im Zeichen des Krieges. So wurden die Abteilungen der mit Deutschland und Österreich im Krieg befindlichen Staaten Russland, England, Frankreich, Belgien und Japan ab August geschlossen und auch bei der Prämierung nicht mehr berücksichtig.[1232]

Die Jury des Deutschen Künstlerbundes bestand aus neun Mitgliedern.[1233] Mit Kalckreuth, Klinger, Liebermann, Mackensen, Sterl und Stuck war wieder die alte Garde versammelt. An ihre Seite traten jedoch erstmals Orlik und B. Pankok sowie Weisgerber, der bereits in Mannheim juriert hatte. Mit diesen Dreien hielt endlich wieder ein aktueller Blickwinkel Einzug in die Jury.

Bis auf Pankok und Weisgerber, die hier nicht selber ausgestellt haben, waren die Jurymitglieder außerordentlich gut auf dieser Schau vertreten. Die Präsentationen von Stuck mit 17, Kalckreuth mit 18, Orlik mit 23, Liebermann mit 53 Arbeiten kamen Sonderschauen gleich, auch wenn sie als solche nicht offiziell bezeichnet worden sind. Einzig Max Klinger, der als Ehrenvorsitzender der Künstlerbund-Abteilung amtierte, wurde durch eine „Ehrenausstellung“ hervorgehoben. Mit 86 Werken, die in einem eigenen Saal gezeigt worden sind, kam ihm, dem Leipziger, die beste Präsentation zu.

Auch Liebermann, Hodler und Slevogt stand ein eigener Saal zur Verfügung. Das avantgardistische Lager wurde durch Partikel, Beckmann und den Grafiker Reinhold Hoberg bestimmt, die je um die zwanzig Arbeiten zeigen durften. Dominiert haben aber wieder einmal, allein durch die enorme Anzahl ihrer Arbeiten, die renommierten Impressionisten.

Insgesamt wurden 15 Säle vom Künstlerbund bespielt. Eine bestimmte Ordnung lässt sich nicht ausmachen. Stile und Schulen wurden gemischt. In Saal 14 überwogen die Berliner, in Saal 17 dominierten Impressionisten und in Saal 24 Expressionisten. In Saal 16a waren die meisten Neuzugänge untergebracht. Einem strikten System scheint diese Ordnung aber nicht gefolgt zu sein.

Im Kunstfeuilleton hat die Ausstellung keine Würdigung mehr erfahren. Vielleicht war dies bereits ein Zeugnis der Kriegsstimmung. Karl Scheffler hat in einem kurzen Aufsatz in der Zeitschrift *Kunst und Künstler* Artikel angekündigt, die sich mit der Leipziger Ausstellung befassen sollten. Er selbst hat zunächst nur die BUGRA als solche resümiert und ist noch gar nicht auf die Grafikabteilung zu sprechen gekommen. Die versprochenen Berichte aber sind nicht mehr erschienen, vermut-

1231 Vgl. Erste Internationale Graphische Kunst-Ausstellung Leipzig 1914, S. 9.
1232 Vgl. Kunstchronik, N. F. Jg. 26, 1914/15, Sp. 256.
1233 Die Zusammensetzung der Jury siehe im Anhang.

lich ebenfalls bedingt durch den baldigen Ausbruch des Krieges.[1234] So lässt sich allein anhand des Ausstellungskatalogs und der Zusammensetzung der Künstler ein ungefähres Bild der Schau ermitteln.

Die Kritik der Überfrachtung, die dem Bund im Jahr zuvor bezüglich der Hamburger Grafikschau zukam, schien den Künstlerbund nicht sehr beeindruckt zu haben. 343 Künstler haben 1914 in Leipzig ausgestellt und insgesamt 1.500 Arbeiten gezeigt.[1235] Aus dieser Menge ergibt es sich, dass viele Künstler mit einer größeren Zahl von Arbeiten präsentiert waren, was der Würdigung der einzelnen Künstler nur zugutekommen konnte. Bemerkenswert an dieser Größenordnung ist aber vor allem, dass die Kunstgenossenschaft sich mit etwa einhundert Künstlern weniger präsentiert und zwei Räume weniger in Anspruch genommen hat. Hier hat sich das Verhältnis also umgekehrt und der Künstlerbund hat die Ausstellungspraxis der Massenpräsentation, die er an der Kunstgenossenschaft immer kritisiert hat, nun selbst angewendet. An Teilnehmern wie Exponaten war dies bis 1936 die größte Schau des Künstlerbundes überhaupt.

Die Zahl der Neuzugänge ist im Vergleich zur Vorjahres-Grafikschau noch einmal zurückgegangen. Allerdings kam in diesem Jahr kein neuer Künstler mehr dazu, der bereits über fünfzig Jahre alt war. Die meisten Ersttteilnehmer waren tatsächlich unter dreißig. Insgesamt hat sich dies hingegen etwas verloren und man kann nicht sagen, dass sich die Teilnehmerschaft verjüngt hätte. Das Gegenteil ist der Fall. Denn die Zahl der Teilnehmer hat insgesamt zugenommen, in allen Altersgruppen.

Nicht allein durch die starke Präsenz der Jurymitglieder unter den ausstellenden Künstlern weist auch diese Schau wieder einen deutlich gemäßigteren Charakter auf. Auch Baum, Bermann, Corinth, Franck, Hofmann, Stremel, Thedy, Zille, Bischoff-Culm, Cissarz, Conz, Doris und Hans am Ende, Greiner, H. und U. Hübner, Illies, Klein-Diepold, Linde-Walther, Mackensen, Oppler, Pietzsch, Pottner, Slevogt, Sterl, Volkmann, Einschlag, Greve-Lindau, Kardorff, Schinnerer, Schmoll von Eisenwerth und Waentig haben dieses Bild geprägt. Die Liste der fortschrittlichen Künstler ist dagegen etwas überschaubarer geworden mit Albiker, Alma del Banco, Bach, Baluschek, Beckmann, Berlit, Berndt, Bizer, Buchwald-Zinnwald, Büttner, Buhe, Caspar, Caspar-Filser, W. Geiger, Großmann, Heckel, Heckendorf, Heuser, Kerschbaumer, E. L. Kirchner, Klemm, Kogan, Krayn, Laage, Lehmbruck, Meid, Melzer, Nadler, Ophey, Oppenheimer, Partikel, Pechstein, Rösler, Scharff, Schmidt-Rottluff, Schwalbach oder Segal. Zu vermissen waren besonders Ahlers-Hestermann, Behmer, Brockhusen, Clarenbach, Eberz, Hauptmann, Kleinhempel, Kolb, Kubin, H. Richter, Tappert und Weber. Stattdessen gab der Bund aber in-

1234 Angekündigt wurde „eine Reihe von Aufsätzen (die erste Abhandlung erscheint im Oktoberheft) aus der Feder von Georg Witkowsky“ über die Entwicklungen in der Buchkunst, die unmittelbar an die Leipziger Ausstellung anknüpfen und somit zugleich „ein Bericht der Ausstellung“ sein sollten. Vgl. Sch.[effler] 1914. Weder der nachfolgende noch ein späterer Band der Zeitschrift enthält einen weiteren Bericht zu der Ausstellung.

1235 Neben der grafischen Kunst wurden 31 Bildhauerarbeiten gezeigt.

teressanten Neuerscheinungen Gelegenheit, beim Künstlerbund zu debütieren, wie Franz Domscheit, Josef Hegenbarth, Paul Kuhfuß, Hans Màgr, Walter Jacob oder Paula Deppe.

Nach den großen Höhepunkten der Ausstellungen 1912 in Bremen und 1913 in Mannheim hat der Künstlerbund in seinen letzten beiden Grafikausstellungen vor Kriegsausbruch seinen progressiven Kurs erheblich abgebremst. Für sein Ansehen spielten die wechselhaften Tendenzen der Ausstellungen jedoch keine Rolle. Dass die Leipziger immer wieder auf den Künstlerbund zukamen, um ihn für eine Ausstellungsteilnahme zu gewinnen, zeugt von beständiger Anerkennung. Nach der Dresdner Schau 1908 war dies zudem das zweite Zusammentreffen mit der Allgemeinen Deutschen Kunstgenossenschaft auf überregionaler Ebene. Der Künstlerbund hatte längst eine Gleichstellung mit der Kunstgenossenschaft erreicht. Was seit 1904 auch von politischer Seite gefordert wurde, die Zusammenfügung beider großer Organisationen bei internationalen Ausstellungen, hat sich in diesen beiden Fällen bewahrheitet.[1236] Im Katalogvorwort 1914 ist die Rede von den „beiden großen deutschen Künstlerkooperationen“[1237]. Eine weitere vergleichbare Vereinigung gab es nicht. Die Abteilung, die die beiden Verbände auf der *Weltausstellung für Buchgewerbe und Graphik* gestalten sollten, war die erste internationale Grafikschau in Deutschland, die ausschließlich Arbeiten zeitgenössischer Künstler zeigte. Anders als bei der Organisation der Kunstabteilung für die Weltausstellung in St. Louis, aus deren Querelen der Künstlerbund damals entstanden ist, haben die Organisatoren dieser Schau von Anfang an beide künstlerischen Lager gleichermaßen verpflichtet. Die Parteien dabei frei walten zu lassen, war eine kluge Strategie, neue Streitigkeiten zu vermeiden. Mit dieser Ausstellung ließ sich beweisen, dass es tatsächlich möglich war, dass Kunstgenossenschaft und Künstlerbund zusammen auftraten und damit einen umfangreichen Überblick über das deutsche Kunstschaffen darzubieten.[1238]

Von „Zusammenarbeit“ im wörtlichen Sinn kann bei der Leipziger Ausstellung 1914 nicht gesprochen werden. Die Ausstellung fiel dennoch aus dem Rahmen der üblichen Künstlerbundausstellungen, denn der Bund musste sich unmittelbar neben der Kunstgenossenschaft behaupten. Vielleicht hat er sich hier ganz bewusst weniger

---

1236 Vgl. Stenographische Berichte über die Verhandlungen im Reichstag, 88. Sitzung, 10.05.1904, S. 2832. Zur Reichstagsdebatte vgl. auch hier: Kap. III.1.4.

1237 Erste Internationale Graphische Kunst-Ausstellung Leipzig 1914, S. 11.

1238 Für die Kollegen aus München war die Kooperation mit der Kunstgenossenschaft nichts Ungewöhnliches, denn die Münchener Sezession war an den alle vier Jahre stattfindenden Internationalen Kunstausstellungen im Glaspalast beteiligt. Vgl. etwa Kunstchronik, N. F. Jg. 17, 1906, Sp. 73: „Die nächstfolgende der in vierjährigen Intervallen von der ‚Münchener Künstlergenossenschaft‘ und der Münchener ‚Sezession‘ gemeinsam veranstalteten großen Internationalen Kunstausstellungen wird im Münchener Glaspalast im Jahr 1909 stattfinden.“ Zwischen 1917 und 1931 hat die Münchener Sezession zudem ganz offiziell zusammen mit der Münchener Künstlergenossenschaft die *Große Münchener Kunstausstellung* durchgeführt. Vgl. dazu Marr 2010a, S. 176 u. Anm. 162.

progressiv gegeben. Wichtiger als die künstlerische Ausrichtung war inzwischen ohnehin der innere Zusammenhalt, den der Bund signalisieren musste, um glaubwürdig und handlungsfähig zu bleiben. Die Berliner Sezession ist genau daran gerade wieder gescheitert. Die Spannungen unter den Mitgliedern haben sich nach der Abspaltung der Neuen Sezession im Jahr 1910 seit einiger Zeit erneut zugespitzt. Unter dem Vorsitz von Paul Cassirer ist der Berliner Sezession 1913 auf den ersten Blick zwar noch eine erfolgreiche Ausstellung gelungen, indem sie diesmal auch der nachrückenden Generation mehr Raum gewährte.[1239] Cassirer wollte damit die Öffnung der Berliner Sezession zum Expressionismus demonstrieren, obwohl er diese Generation selbst nicht mehr sonderlich schätzte. Gegenüber Leo von König hat er wenige Jahre zuvor bereits die Befürchtung hinsichtlich der Expressionisten geäußert: „[...] siegt ihre Art zu denken, so geht die Secession zu Grunde [...]".[1240] Dass sich Cassirer dennoch zu einem „Bündnis zwischen der jungen und der älteren Generation der Avantgarde", mit dem er „eine neue Phase des Kampfes für die Moderne in Deutschland einzuleiten schien",[1241] durchgerungen hat, war für die Berliner Sezession unumgänglich, wenn sie den Anschluss ans Geschehen nicht vollständig verlieren wollte. Cassirer machte damit auch durchaus Eindruck und stellte sich als neue Konkurrenz in der avantgardistischen Kunstszene auf. Macke, der als Mitarbeiter des Blauen Reiters einen großen Anteil am Ersten Deutschen Herbstsalon hatte und zusammen mit Marc dort für die Hängung verantwortlich war, mahnte bestimmt: „Keiner, der in diesem Berliner Herbstsalon ausstellt, darf bei Cassirer ausstellen. [...] Das Wichtigste ist, daß wir sofort die Hauptkräfte auf unserer Seite haben [...]."[1242] Nur so erklärt es sich, dass die Brücke-Künstler, Beckmann sowie die französischen Fauvisten im Herbstsalon fehlten, obwohl alle diese Künstler vormals bereits mit Waldens Galerie Sturm in Verbindung standen.[1243]

Innerhalb der Berliner Sezession haben Cassirer vor allem die für diese 26. Ausstellung abgewiesenen Künstler die Erweiterung des Spektrums übel genommen, unter ihnen nicht wenig altgediente Sezessionisten wie Bischoff-Culm, Linde-

---

1239 So den Künstlern der ehemaligen Brücke, die Gruppe hatte sich gerade ein Jahr zuvor aufgelöst, außerdem Oppenheimer, Kokoschka, Heuser, Großmann, Heckendorf, O. Moll, Erbslöh, Segal und Hettner, die zuvor nur vereinzelt Zugang zu den Ausstellungen der Berliner Sezession hatten. Vgl. Berliner Secession 1913.

1240 Cassirer an Leo von König, 10.2.1910, zit. aus: Doede 1977, S. 66, Anm. 132.

1241 Paret 1981, S. 267 f.

1242 Macke an Walden, 21.3.1913, zit. aus: Berlin 1961, S. 16.

1243 Vgl. das Ausstellerverzeichnis in: Erster Deutscher Herbstsalon 1913. In der Literatur zu dieser Ausstellung wird das Fehlen der genannten Künstler mit geschäftlichen Verpflichtungen gegenüber dem Galeristen Cassirer begründet. Vgl. Selz 1991, S. 59 f. Die Bemerkung Mackes lässt aber auch eigene Ambitionen des Sturm-Ensembles heraushören, Cassirer in Bezug auf die Expressionisten möglichst zu blockieren. Kokoschka war der einzige, der in diesem Jahr bei Walden *und* Cassirer ausgestellt hat.

Walther, Alexander und Ernst Oppler, Pottner und Spiro.[1244] Da die refüsierten Künstler trotz ihrer verbalen Angriffe auf den Vorstand nicht bereit waren, den Verein zu verlassen, hat dies schließlich der ursprüngliche Kern der Gruppe getan, zu dem neben Slevogt, Liebermann, Cassirer auch Barlach, Beckmann, Crodel, Kolbe, Kollwitz, Lehmbruck, Otto Mueller, Purrmann und van de Velde gehörten. Ab März 1914 sind sie unter dem Namen „Freie Sezession" in eigenen Räumen aufgetreten.[1245] Sowohl unter den in der Berliner Sezession verbliebenen als auch in der neuen Gruppe der Freien Sezession waren aber nach wie vor junge, avantgardistische Künstler, die durchaus von der älteren Generation toleriert wurden. Es ging also bei diesen Auseinandersetzungen innerhalb der Berliner Sezession weniger um Stilfragen als um persönliche Rivalitäten. Dass sich diese noch immer nicht nach außen sichtbar auf den Künstlerbund übertragen haben, muss der toleranten Führung unter Kalckreuth und seinen engsten Mitstreitern zugeschrieben werden.

1920: 9. Jahresausstellung in Chemnitz

Die erste Veranstaltung des Deutschen Künstlerbundes nach dem Ersten Weltkrieg fand 1920 im König-Albert-Museum Chemnitz statt, wo der Bund bereits 1912 mit seiner vierten grafischen Ausstellung zu Gast gewesen ist.[1246] 1920 wurden Gemälde, Bildhauerarbeiten und noch einmal Kunstgewerbearbeiten aus der Sächsischen Porzellan-Manufaktur gezeigt.

Seit dieser Ausstellung in Chemnitz hat der Bund die Zählung seiner Ausstellungen verändert. Jahresschauen und Grafikschauen wurden nun zusammengerechnet, wodurch sich die Veranstaltung in Chemnitz als „15. Ausstellung des Deutschen Künstlerbundes"[1247] kennzeichnen ließ. Diese Zählung impliziert nun auch die Dresdner Schau von 1908, die darum tatsächlich zu den Jahresschauen des Künstlerbundes zu rechnen ist.[1248]

1244 Vgl. Kunstchronik, N. F. Jg. 24, 1912/13, Sp. 550f. Innerhalb des Künstlerbundes wurde die Öffnung zum Expressionismus hingegen immer akzeptiert. Die genannten Künstler haben alle regelmäßig beim Bund ausgestellt.

1245 Die neue Unterkunft der Freie Sezession befand sich wie das Haus der Berliner Sezession am Kurfürstendamm Ecke Joachimsthaler Straße. Das Gebäude ist nicht erhalten. Vgl. dazu Matelowski 1998. Zur Abspaltung der Freien Sezession vgl. auch: Doede 1977.

1246 Die Webseite des Deutschen Künstlerbundes verzeichnet unter Vorbehalt für das Jahr 1919 die „7. Graphische Ausstellung des Deutschen Künstlerbundes" in Stuttgart. Siehe: Deutscher Künstlerbund, Historie (Archiv 1903 bis 1936). http://www.kuenstlerbund.de/deutsch/historie/archiv-1903-bis-1936/ausstellungen/index.html (abgerufen am 1.9.2015). Ein Nachweis für diese Ausstellung ist bislang nicht gegeben.

1247 So der Titel des Katalogs. Vgl. Deutscher Künstlerbund 1920. Auch daraus ergibt sich, dass ein Jahr zuvor keine Ausstellung in Stuttgart stattgefunden hat.

1248 Vgl. dazu oben, Kap. IV.2, S. 183-193.

Die angesetzte dreimonatige Laufzeit der Ausstellung von Mitte Mai bis Mitte August war für eine Jahresausstellung des Künstlerbundes eher kurz. Zum ersten Mal gibt es allerdings eine Mitteilung über die Verlängerung einer Künstlerbundausstellung um zwei Wochen.[1249]

Die 15-köpfige Jury, die im Katalog aufgeführt ist, lässt im Vergleich zu den letzten Ausstellungen vor dem Krieg, bei denen der Bund immer wieder Absagen der aufgestellten Juroren hinnehmen musste, annehmen, dass das Interesse nun wieder größer war, sich in die Ausstellungsvorbereitungen einzubringen.[1250] Nach der Kriegspause macht sich bei dieser Juryzusammensetzung ein behutsamer Generationswechsel bemerkbar. Grethe, Hagen, Olde, Trübner und Tuaillon, die zum alten Stamm der Jury gehörten, waren inzwischen verstorben. Desgleichen Weisgerber, der in den letzten beiden Jahren vor dem Krieg einen fortschrittlichen Akzent in die Jury eingebracht hatte. Mit Habermann, Kalckreuth, Klinger, Liebermann und Sterl stand dem Bund aber weiterhin ein beachtlicher Kern der Anfangsjahre zur Verfügung. Zum ersten Mal wurden Albiker, Caspar, Deusser, Haueisen und Leo von König eingesetzt. Deusser, Haueisen und König waren nicht mehr jung, Haueisen und König auch in keiner Weise progressive Künstler. Mit Albiker, Caspar und Deusser aber zeigte der Bund seine Bereitschaft, dem avantgardistischen Lager eine Stimme zu geben. Dass Habermann, Hahn, Klinger und Slevogt 1920 nicht mehr selber ausgestellt haben, zeigt ebenfalls, dass sich der alte Kern, der den Bund über die Jahre geprägt hat, allmählich zurückzog. Insgesamt aber wurde weiterhin auf ein Miteinander von anerkannten und sich progressiv herausbildenden Künstlern gesetzt, wobei die Mehrheit noch immer bei den etablierten Namen lag. Eine grundlegend neue, betont fortschrittlichere Ausrichtung des Bundes ließ sich nicht erkennen.

142 Künstler haben an dieser ersten Nachkriegsschau teilgenommen und insgesamt knapp 340 Werke gezeigt. Damit ist der Künstlerbund zur Größenordnung seiner allerersten Ausstellungen zurückgekehrt. Dass nach dem Krieg wieder klein angefangen werden musste überrascht nicht. Zahlreiche Künstler sind inzwischen verstorben. Sieben von ihnen wurden in Chemnitz noch einmal gewürdigt: Hagen, Otto Höger, F. Kraus, Paula Modersohn, Rösler, Trübner und Weisgerber. Dass vergleichsweise vielen Verstorbenen noch einmal die Ehre einer Ausstellung zukam war sicherlich der relativ langen Ausstellungspause und dem Umstand des Krieges, dessen Opfer Höger, Rösler und Weisgerber waren, zuzuschreiben. Dementsprechend ist auch der Anteil der Neuzugänge im Vergleich zu den Vorkriegsjahren merklich angestiegen. Ein Drittel der Teilnehmer hat 1920 in Chemnitz zum ersten Mal beim Bund ausgestellt.

Stilistisch hat der Künstlerbund mit dieser Ausstellung zwar eine deutliche Hinwendung zum Expressionismus vollzogen. Insgesamt ist fast die Hälfte der Teilnehmer – und gleichfalls fast die Hälfte der Neuzugänge – einer nicht mehr

---

1249 Vgl. Kunstchronik und Kunstmarkt, Jg. N. F. 31, 1919/20, S. 846.
1250 Die Zusammensetzung der Jury siehe im Anhang.

impressionistischen oder naturalistischen Richtung zuzuordnen. Allein unter den über Fünfzigjährigen finden sich nun namhafte expressionistische Künstlerinnen und Künstler wie Alma del Banco, Feldbauer, Helene Funke, Gussmann, Jawlensky oder Rohlfs. Neben der noch immer beachtlichen Zahl ihrer impressionistischen Kollegen nahmen sie sich dennoch gering aus. Bermann, Breyer, Corinth, Hagen, C. Herrmann, Hitz, Hofmann, H. und U. Hübner, Kalckreuth, Liebermann, O. Modersohn, Schlittgen, Sterl, Trübner, Volkmann, Dietze, Graef, Greve-Lindau, Illies, Paeschke, Pankok, Schinnerer, Spiro und der noch etwas jüngere Höger bekräftigten den nach wie vor moderaten Kurs des Bundes. Der Krieg hat überdies seine Spuren auch in der Kunstbewegung hinterlassen. Was einst gewöhnungsbedürftig war und vielfach auf Kritik stieß, hat nach den Erlebnissen des Krieges an Sensation verloren. So begannen Leute wie Albiker, Charlotte Berend-Corinth, Kolbe oder Orlik nun, den etablierten Kern des Bundes zu ergänzen. Das fortschrittliche Lager wurde von nicht mehr minder prominenten Namen präsentiert, von Büttner, Caspar, Caspar-Filser, Eberz, Erbslöh, Gerliczy, Hamm, Heckel, Heckendorf, Hegenbarth, Heitmüller, Heuser, Hettner, Hofer, Kanoldt, Kuhfuß, Mackowsky, Moll, Nauen, Ophey, Partikel, Rösler, Scharff, Schmidt-Rottluff, Weisgerber und Evarist Weber. Bereichert wurden die Avantgardisten durch Böckstiegel, Drescher, Hans Gerson, Ludwig ten Hompel, Kokoschka, Marcks, Seewald und die beiden Bildhauer Scheibe und Schreitmüller.

Dass sich die Neuzugänge im Vergleich zur Mannheimer Schau 1913 prozentual nahezu verdoppelt haben, wird durch die Tatsache der eher geringen Teilnehmerzahl allerdings relativiert. Insgesamt setzte der Bund auch hier wieder auf vertraute Namen. So erklärt sich, dass die Zahl der über Fünfzigjährigen doppelt so hoch war als die der unter Dreißigjährigen. In der Vorkriegsgeschichte des Bundes kam es nur zweimal vor, dass die jüngsten Teilnehmer derart unterrepräsentiert waren, 1904 in München und 1908 in Dresden. Beide Veranstaltungen waren keine exemplarischen Künstlerbundausstellungen.[1251] Auch in dieser Hinsicht ist mit der Chemnitzer Ausstellung ein Neuanfang markiert, bei dem sich der Bund erst wieder vorsichtig an die aktuell fortschrittlichen Strömungen heranarbeiten musste.

Durch die Angabe der Raumverteilung im Katalog ist für diese Ausstellung wieder eine Rekonstruktion der Hängung, die durch Hofmann, Sterl und Brodersen erfolgte, möglich. Dem Künstlerbund standen dreißig Säle unterschiedlicher Größe zur Verfügung. Einige Räume waren so klein, dass sie nur eine Handvoll Arbeiten aufnehmen konnten und daher nur einen Künstler zeigten, ohne diesem eine besondere Bewertung zukommen zu lassen. Im Großen und Ganzen wurde eine vornehmlich stilistische Ordnung vorgenommen, wobei es keinen Raum gab, der auf eine eindeutige Richtung beschränkt war. Saal 2 war überschaubar modern bis expressionistisch ausgerichtet mit Charlotte Berend-Corinth, Gussmann und

1251 Die Münchner Schau war noch zu sehr von der Münchner Künstlerschaft geprägt und auf der Dresdner Schau war der Handlungsspielraum des Bundes durch dic Beteiligung der Allgemeinen Deutschen Künstlergenossenschaft eingeschränkt.

Kolbe sowie dem Ehepaar Caspar, das den Raum mit sieben (Karl) beziehungsweise neun Arbeiten (Maria) charakterlich bestimmte. Es gab auch Säle, die gänzlich gemischte Stilrichtungen zusammenbrachten wie Saal 8, in dem H. Hübner neben Hofer hing, oder Saal 23, wo man auf Faure, Graef, J. Hegenbarth, Hübner, Schinnerer, Volkmann wie auch auf O. Moll, Partikel und Rohlfs traf. Saal 22 vereinte wiederum die Expressionisten Eberz, Heckendorf, H. Heuser, Nauen, Scharff sowie die Neuzugänge Franz Gelb, Ludwig ten Hompel, Willy Lammert, Gerhard Marcks, Richard Scheibe und August Schreitmüller. Dazwischen aber wurden Arthur Illies und Richard Luksch untergebracht. Einzig bei dem ebenfalls stilistisch recht durchmischten Saal 1 lässt sich ein System erkennen, denn hier haben sich abermals die ausstellenden Juroren Hofer, Kalckreuth, Liebermann, Pankok und Sterl zusammengetan, die eine seltsame Ergänzung durch Kokoschka erfahren haben, was dessen Wirkung gerade zugutekam. Von Kokoschka wurde nur ein einziges Bild gezeigt, das aber hing derart günstig „zwischen zwei matten Kalckreuths“[1252], dass es dem Kokoschka zur allerbesten Wirkung gereichte.

Obwohl der Deutsche Künstlerbund mit seiner ersten Ausstellung nach dem Krieg einen sehr vorsichtigen Wiedereinstieg ins Ausstellungswesen tat und seinen moderaten Kurs der ersten Jahre fortgeführt hat, wurde der Schau dennoch attestiert „Werke der modernsten Malerei, der modernen Plastik und der Keramik“ präsentiert zu haben.[1253] Zumindest ein „anständiges Niveau“ war der Schau nicht abzusprechen.[1254] Die Gelegenheit, sich auf dem Ausstellungsmarkt neu zu positionieren hat der Bund dagegen nicht genutzt. „Die Künstlerbund-Ausstellungen waren stets Kompromisse; die heutige in Chemnitz macht davon keine Ausnahme“[1255], wie im *Cicerone* zu lesen war. Die neuen Juryteilnehmer Albiker, Caspar und Deusser hatten offensichtlich noch keine große Stimme. Der Bund hat seine solide Ausstellungsarbeit fortgeführt und ist nach wie vor gemäßigt vorgegangen. Beckmann, Clarenbach, Kirchner, Nolde, Pechstein, Segal, Tappert oder Tuch fehlten auf dieser Veranstaltung, „von der radikalen Jugend zu schweigen“[1256], wobei man an Mitglieder der zwei Jahre zuvor gegründeten Novembergruppe oder auch Anhänger der aufstrebenden Dada-Bewegung denken kann. Baumeister, Belling, Dix, Max Ernst, Grosz, Mataré, Melzer, Mense, Schrimpf oder Stegemann haben erst später beim Künstlerbund debütiert. Hans Arp aber, Walter Dexel, Otto Freundlich, Hannah Höch, Johannes Itten, Christian Schad, Egon Schiele, Rudolf Schlichter oder Kurt Schwitters beispielsweise haben auch später nie beim Bund ausgestellt.

Den Qualitätsanspruch hat die Jury nicht aus den Augen verloren. Aber es ließ sich nicht leugnen, „daß der Künstlerbund keine fortreißende Macht“ mehr dar-

---

1252 Die Künstlerbund-Ausstellung in Chemnitz 1920, S. 450.
1253 Kunstchronik und Kunstmarkt, Jg. N. F. 31, 1919/20, S. 656.
1254 Vgl. Die Künstlerbund-Ausstellung in Chemnitz 1920, S. 450.
1255 Ebd.
1256 Ebd.

stellte,[1257] die man offensichtlich immer noch in ihm erwartete. Auch die wenig konsequente stilistische Ordnung gereichte der Ausstellung sicherlich nicht zum Vorteil. Ausgerechnet Waldemar Rösler, der nach seinem Freitod 1916 mit zwölf Arbeiten am besten vertreten war, wurde derart „verstreut" präsentiert, „daß der doch sicher beabsichtigte Eindruck einer Ehrung durch eine treffliche Gesamtschau nicht aufkommen" konnte.[1258] Neben Rösler wurde auch Schmidt-Rottluff mit zehn Bildern aus der Menge hervorgehoben. Doch auch seine Arbeiten wurden auf zwei Säle aufgeteilt. Solchermaßen „als Farbflecke an die Wände verteilt", verloren die expressionistischen Werke gänzlich ihre Wirkung und stellten nicht das „Sinnbild der Opposition" dar, wie sie es noch immer hätten können und sollen.[1259]

Ein geschlossener Eindruck wurde auch in den einzelnen Räumen nicht erreicht. Die stilistische Ordnung, die der Bund 1912 in Bremen und Hamburg mit ziemlichem Erfolg vorgenommen hatte, wollte er nicht wiederholen. Einen alternativen Schwerpunkt hat er nicht angeboten. Gleichfalls ist der Anteil impressionistischer Arbeiten merklich zurückgegangen und war zudem nicht gerade durch Meisterwerke repräsentiert.[1260] Eine entschiedene Haltung hat der Künstlerbund mit dieser Ausstellung nicht zum Ausdruck gebracht.

Nach dem Krieg hatte sich das Charakterbild der Moderne gewandelt. Der Kampf um die avantgardistische Kunst hatte seine Schlagkraft verloren, weil er seinen Gegner verloren hat. Der Kaiser und sein konservativer Verwaltungsapparat existierten nicht mehr. Von offizieller Seite stand der Kunst nun niemand mehr im Wege. Was war zu erwarten von den neuen Wegen der Kunst? „Mit zwingender Notwendigkeit werden sich die Formen der künstlerischen Produktion der neuen Gesellschaftsordnung anpassen müssen", waren die realistischen Überlegungen des Malers Arthur Degner.[1261] „Die revolutionäre Bewegung des Geistes ist nicht neu", resümierte Degner, „und man darf sie nicht nur als Folgeerscheinung der politisch-wirtschaftlichen Umwälzung werten. Auf dem Gebiete der Kunst entstand sie als Reaktion auf den akademisch-bürokratischen Kunstbetrieb, der vielfach kunstfremden, dynastischen Zwecken diente und seinen niederhaltenden Druck jeder freien Kunstübung gegenüber ausübte."[1262] Die Zukunft würde neue Hürden bergen. Ganz gleich, welche dies sein mochten, hoffte der Künstler einzig, dass zumindest „die unumschränkte Alleinherrschaft des abgewirtschafteten bürgerlichen Ästhetizismus, der über die Beurteilung der Oberfläche nicht hinausdrang",

1257 Ebd.

1258 Ebd.

1259 Vgl. ebd.

1260 „Zwei mittelmäßige Corinths, und unter verschiedenen Liebermanns nur ein erträgliches Bild, zwei durchschnittliche Trübners, drei Kalckreuths desgleichen und kein Slevogt [...]." Aus: Die Künstlerbund-Ausstellung in Chemnitz 1920, S. 450.

1261 Degner 1918/19, S. 148. Arthur Degner (1888–1972) hat ab 1921 regelmäßig beim Deutschen Künstlerbund ausgestellt und war auch Mitglied im Bund.

1262 Degner 1918/19, S. 148.

nun ein Ende hätte.[1263] Denn auch in der neuen gesellschaftlichen Ordnung musste die Kunst in all ihrer Stilvielfalt ihren Platz finden. Gegner der expressionistischen Kunst gab es nach wie vor. 1920 erklärte Karl Scheffler, der alte Verfechter der einst modernen deutschen Impressionisten, dass der derzeitige Ausstellungsbetrieb die Kunst „ruinierte".[1264] Scheffler kritisierte insbesondere sie Art und Weise, wie die Freie Sezession ihre Ausstellungen gestaltete. „Die Künstler, die noch an Tradition und Handwerk glauben, [...] haben kampflos das Schlachtfeld den Traditionslosen, den Sensationisten überlassen. [...] Es ist trostlos!"[1265] Scheffler konnte der neuen Kunst nichts mehr abgewinnen, weil er ihr vorwarf, allein der kühnen Wirkung nachzustreben, statt dem inneren Schaffensdrang zu folgen. Er sah nicht die Kunstbewegung an einem neuen Punkt angekommen, sondern gab allein dem modifizierten Ausstellungswesen Schuld an der überhandnehmenden Hinwendung zur progressiven Kunst. Der altgediente Kritiker bestand auf seiner unzweifelhaften Kenntnis und Objektivität. Die Zukunft würde sein Urteil beweisen: „Die Kunst stirbt am Ausstellungswesen".[1266] Scheffler zeigte sich hier konservativer als sein alter Weggefährte Max Liebermann. Dieser hatte gerade das Amt des Präsidenten der Berliner Akademie der Künste übernommen und tatsächlich eine neue Ära eingeleitet.[1267] Liebermann war der erste Präsident, der versucht hatte, trotz seiner persönlichen Vorbehalte sämtliche moderne Strömungen in die Akademieausstellungen zu integrieren. Zumindest in der Theorie hatte er verstanden:

> „Wer selbst in seiner Jugend die Ablehnung des Impressionismus erfahren hat, wird sich ängstlich hüten, gegen eine Bewegung, die er nicht oder noch nicht versteht, das Verdammungsurteil zu sprechen, besonders als Leiter der Akademie, die wiewohl ihrem Wesen nach konservativ, erstarren würde, wenn sie sich der Jugend gegenüber rein negativ verhalten würde."[1268]

Mit einer regelrechten Altersweisheit stellte sich Liebermann seiner neuen Aufgabe, die ehemalige kaiserliche Institution in eine demokratische, liberale und moderne Organisation zu führen. Durch ihn kamen schließlich auch Expressionisten wie Dix, Hofer, Pechstein oder Schmidt-Rottluff in die einst ausgeprägt konservative Einrichtung.

Ein ganz anderes Problem war, dass die wirtschaftlichen Auswirkungen des Krieges und der Revolution noch nicht absehbar waren und es zu befürchten stand, der Kunst könnte ihr kapitaler Nährboden entzogen werden, sollte „die Sozialisierung des Wirtschaftslebens so rücksichtslos vollzogen" werden wie es „die Extremsten"

1263 Degner 1918/19, S. 149.
1264 Vgl. Scheffler 1920.
1265 Ebd.
1266 Ebd.
1267 Liebermann wurde am 2.6.1920 zum Präsidenten der Berliner Akademie der Künste gewählt.
1268 Zit. aus: Küster 1988, S. 197.

versuchten.[1269] Bei dieser Ausstellung konnte der Bund noch recht gute Verkäufe erzielen. Zwar waren etliche Bilder aus Sammlungen oder Privatbesitz geliehen, denn auch die künstlerische Produktion war in den Jahren der Revolution eingeschränkt. Doch trotz der erschwerten nachkriegszeitlichen Bedingungen konnte lange vor Ende der Veranstaltung „eine große Zahl Verkäufe abgeschlossen werden."[1270]

Gerade im Vergleich mit dieser Chemnitzer Schau wird umso ersichtlicher, dass der Deutsche Künstlerbund in Bremen und Mannheim seine fortschrittlichsten, und man muss auch sagen zeitgemäßesten Ausstellungen umgesetzt hat. Und das, obwohl sich die Gastgeber Pauli und Wichert den avantgardistischen Gedanken in dieser Weise keinesfalls gewünscht hatten. Der Bund konnte sich dort mit seinen Vorstellungen durchsetzen. Vielleicht war dies ein Verdienst des Sonderbündlers Clarenbach, der beide Ausstellungen – und nur diese beiden Ausstellungen – juriert hatte. Clarenbachs älterer Weggenosse Deusser, aber auch die jüngeren Albiker und Caspar haben Clarenbachs Versuch, den Künstlerbund endgültig in die Moderne zu führen, nicht fortgesetzt.

1921: 10. Jahresausstellung in Hamburg

1921 konnte, nach zwei Grafikausstellungen 1910 und 1913, tatsächlich die erste Jahresausstellung in Hamburg abgehalten werden. Auf Einladung des Hamburger Kunstvereins wurde die Künstlerbundausstellung in der oberen Etage des Altbaus der Kunsthalle eingerichtet.[1271] Obwohl der Umfang der Schau den der vorangegangenen Ausstellung in Chemnitz übertraf, gehört die Hamburger Ausstellung mit 214 Teilnehmern und 389 Exponaten zu den kleineren Veranstaltungen des Deutschen Künstlerbundes. Der Verein musste seinen Ausstellungsbetrieb nach und nach erst wieder aufbauen.

Die Zusammensetzung der zehnköpfigen Jury unterschied sich nun deutlich von den Jurys der vorangegangenen Jahre.[1272] Kalckreuth und Sterl waren die einzig Verbliebenen der wirklich alten Besetzung. Grethe und Olde waren bereits verstorben, Klinger folgte ihnen 1920. Liebermann hatte 1920 zum letzten Mal beim Künstlerbund juriert, vielleicht aufgrund seiner neuen Verpflichtungen als Akademiepräsident. Auch Stuck und Volkmann standen nicht mehr zur Verfügung. Kalckreuth war nun mit 66 Jahren der mit Abstand Älteste, und auch stilistisch neben Sterl der Traditionellste. Sie beide waren die letzten Impressionisten unter den diesjährigen Juroren. Mit Caspar, Melzer, Scharff und Otto Mueller, der hier auch als Teilnehmer zum ersten Mal beim Deutschen Künstlerbund auftrat, hat endgültig die expressionistische Moderne Einzug in die Jury des Bundes gehalten.

Die neue Jurykonstellation hat sich insofern ausgewirkt, als dass die Zahl der Neuzugänge im Vergleich zum Vorjahr um das Doppelte angestiegen ist. Über

1269 Vgl. Glaser 1918/19, S. 206.
1270 Kunstchronik und Kunstmarkt, Jg. 55 (N. F. 31), 1919/20, S. 846.
1271 Vgl. Kunstchronik und Kunstmarkt, Jg. N. F. 33, 1921/22, S. 162.
1272 Die Zusammensetzung der Jury siehe im Anhang.

die Hälfte der Erstteilnehmer war dem progressiven Lager zuzuordnen, darunter Heinrich Maria Davringhausen, Ernesto de Fiori, Arthur Degner, Paul Klee, Carlo Mense, Otto Mueller, Hans Purrmann, Franz Radziwill, Georg Schrimpf, Heinrich Stegemann und Max Unold. Erst jetzt hat sich ein vollständiger Generationswechsel vollzogen. In Purrmann und Stegemann hat der Bund zudem seine zukünftigen Streiter gefunden.

Überdies war die Zusammensetzung der Teilnehmer außerordentlich hamburgisch geprägt. Fast ein Viertel von ihnen kam aus der Hansestadt. Die Hamburger Künstlerschaft war nahezu gleich stark vertreten wie die Berliner, die sonst das Feld mit großem Abstand anführten. Nie zuvor hatte sich auf einer Künstlerbundausstellung die Gastgeberstadt derart in Szene gesetzt. Vor allem moderne Künstler waren unter den Hamburgern, auch Expressionisten wie Alma del Banco, die bereits vor dem Krieg beim Bund ausgestellt hatte, oder Franz Breest, Erich Hartmann, Alfred Heinsohn, Otto Illies (ein Vetter Arthur Illies), Heinrich Jaaks, Maximilian Jahns, Emil Maetzel, Karl Opfermann, Stegemann, Gretchen Wohlwill, Johannes Wüsten, die alle hier zum ersten Mal beim Künstlerbund ausgestellt haben. Dominiert haben die Berliner dennoch, denn von ihnen wurden wesentlich mehr Werke ausgestellt als von den Hamburgern.[1273] Unter den Berlinern waren noch mehr progressive bis expressive Künstler zu finden als unter den Hamburgern. Die meisten von ihnen waren beim Bund jedoch keine unbeschriebenen Blätter mehr. Domscheit, Heckel, Heckendorf, Hofer, Kerschbaumer, Kirchner, C. Klein, Kuhfuß, Melzer, Segal oder Weiss, ergänzt durch die Neuzugänge Martin Bloch, Hans Brass, Davringhausen, Oswald Herzog, Purrmann oder Jakob Steinhardt.

Auffallend dürftig war dagegen das Rheinland vertreten, deren Künstlerschaft seit den Sonderbundausstellungen ihre Aktualität nicht mehr abgesprochen werden konnte. W. Heuser und Kottenkamp, die beide schon vor dem Krieg beim Bund ausgestellt hatten, waren hier erneut zu sehen. Außerdem die Neuzugänge Bretz, Gleichmann, Mense und Waetjen. Campendonk aber, Max Ernst oder Otto Feldmann wurden nicht berücksichtigt, ebenso wenig Helmuth Macke, Nauen, Ophey oder Straube, die beim Bund bereits ausgestellt hatten.

Dennoch, die Liste der etablierten, altbekannten Künstlerbundgrößen wird immer kürzer. Zwar ist die Zahl der über Fünfzigjährigen noch einmal angestiegen. Doch finden sich nun auch in dieser Altersgruppe vermehrt Künstler, die einen fortschrittlichen Weg gingen wie Alma del Banco, Feldbauer, Gussmann, Hofmann, Laage, Maria Slavona oder der Neuzugang Julius Bretz. Die etablierten Künstler, die jahrelang das Niveau des Bundes garantiert haben und hier noch durch Becker, Breyer, Cissarz, Corinth, Dietze, Faure, Greve-Lindau, Haueisen, C. Herrmann, Hitz, Hummel, Kalckreuth, Kardorff, Liebermann, W. Püttner, Schaper, Schinnerer, Schlittgen, Siebelist, Slevogt, Spiro, Sterl, Volkmann sowie die verstorbenen Gaul und Hagen präsent waren, traten mehr und mehr in den Hintergrund. Auch die

1273 Von 53 Berliner Künstlern wurden 100 Werke ausgestellt. Die 50 Hamburger Teilnehmer haben insgesamt 66 Arbeiten gezeigt.

stilistisch nachfolgende Generation hatte sich bereits Ruhm und Ehre erstritten und wurde durch Peter Böckstiegel, Caspar, Caspar-Filser, Domscheit, Eberz, Gerliczy, Hettner, W. Heuser, Hofer, Kirchner, C. Klein, Melzer, O. Moll, Nauen, Pechstein, Segal, Tuch, E. R. Weiss, den verstorbenen Brockhusen, Delavilla, Drescher, Hamm, Hartig, Hauptmann, Heckel, Heckendorf, Kerschbaumer, Kottenkamp, Kuhfuß oder Weber repräsentiert. Die fortschrittlichen Künstler, zu denen auch immer noch die Expressionisten gerechnet werden sollen, haben auf dieser Hamburger Ausstellung nun deutlich überwogen. Unter den Neuzugängen war das Verhältnis ähnlich. Mit Klee, Rudolf Levy, O. Mueller, Purrmann oder Julius Wolfgang Schülein, die nicht mehr zu den Jüngsten gehörten, sowie Davringhausen, Degner, de Fiori, Gleichmann, E, Hartmann, Jahns, Mense, Jules Pascin, Alexandra Povórina-Hestermann, Radziwill, Georg Schrimpf, Renée Sintenis, Stegemann oder Max Unold hatte der Bund wichtige zukunftsträchtige Namen zu verzeichnen. Allerdings waren auch einige zu vermissen, die oft genug bei Ausstellungen des Künstlerbundes das fortschrittliche Lager repräsentiert haben wie Nolde und Schmidt-Rottluff, „sehr zum Schaden der ganzen Abteilung“[1274], oder auch Beckmann, Berlit, Bizer, Buchwald-Zinnwald, Büttner, Clarenbach, Deusser, Dreher, Erbslöh, Feininger, Hasler, Hoetger, Hölzel, Kokoschka, Lehmbruck, Meid, Ophey, Richter-Berlin, Schmurr, Schocken, Schmidt-Rottluff, Straube oder Tappert.

Dennoch, beklagte die Fürsprecherin und Kennerin der modernen Kunstszene Rosa Schapire, wären die fortschrittlichsten Künstler bei dieser Ausstellung nicht ihrer Bedeutung entsprechend präsentiert gewesen. Otto Mueller, der hier erstmals beim Bund ausstellte, war „nur mit einem älteren Bild, ‚Akte im Freien‘, vertreten“.[1275] Auch von Kirchner und Heckel sah man nur zwei ältere Bilder.[1276] Franz Radziwill, mit 25 Jahren einer der Jüngsten und von Schapire als „große Hoffnung“ ausgewiesen, war ebenso wenig mit seinen besten Arbeiten ausgestellt, „er hat schon viel Größeres geschaffen“.[1277] Und auch von den modernen Bildhauern wie Albiker, Kolbe, Renée Sintenis oder Milly Steger waren „vielfach [...] bereits bekannte Werke“ zu sehen.[1278] Die alte Kritik an den Künstlerbundausstellungen griff noch immer, nun bezogen auf die nächste Generation. So konnte Rosa Schapire der Ausstellung auch keinen Erfolg bescheinigen. „Gibt sie wirklich einen Querschnitt durch das Schaffen des letzten Jahres?“[1279] Auf ein vorangegangenes Jahr allein bezogen sich die Künstlerbundausstellungen zwar nie. Mit ihren Einwänden war Schapire allerdings nicht allein. Auch an anderer Stelle wurde bedauert, dass die Schau, trotz eines allgemein zu verzeichnenden „guten Niveaus“, keine herausragenden und auch nur wenig aktuelle Arbeiten gezeigt hätte, sowohl von den „arrivierten Meistern“ als

1274 Kunstchronik und Kunstmarkt, Jg. N. F. 33, 1921/22, S. 162.
1275 Schapire 1921, S. 500.
1276 Von Kirchner waren *Zwei Frauen*, u. *Weibliche Akte*, beide undatiert, ausgestellt, von Heckel ein Werk von 1908, ein anderes von 1913. Vgl. Schapire 1921, S. 500.
1277 Ebd.
1278 Ebd.
1279 Ebd.

auch von der „jungen Generation".[1280] Das könnte man der geringeren Produktivität der Künstler in diesen Nachkriegsjahren zuschreiben, wenn es nicht schon immer der größte Kritikpunkt an den Künstlerbundausstellungen gewesen wäre. Vor allem das Fehlen von Nolde und Schmidt-Rottluff musste Schapire, die mit den früheren Brücke-Künstler, insbesondere Schmidt-Rottluff, eine enge Freundschaft pflegte, in höchstem Maße bedauern: „die besten Namen fehlen"[1281]. Das gab der Autorin den Anlass zur Abwertung der Künstlerbundschauen überhaupt, die „in Künstlerkreisen nicht mehr ernst genommen" würden. Die „Träger der Zukunft"[1282] hätte man auf dieser Ausstellung jedenfalls vergeblich gesucht.

Dabei war der Anteil an fortschrittlichen Kräften in diesem Jahr so hoch wie nie. Allein ein Drittel der Teilnehmer waren Expressionisten. Und zweifellos zeigte die Ausstellung eine Auswahl der damals bedeutendsten deutschen Künstler, was ihr eine wie immer insgesamt solide Qualität bescherte. Schlussendlich, das hat auch Schapire erkannt, hat der Künstlerbund Kontinuität gezeigt, denn er ließ nach wie vor „seinem Programm getreu alle Begabungen zu Wort kommen. Alte und neue Richtung, ‚gegenständliche' und ‚gegenstandslose' Kunst"[1283].

Der Gewinn für den örtlichen Veranstalter musste auch hier nicht in Frage gestellt werden. „Der Wert der Ausstellung", so urteilte die *Kunstchronik*, „scheint uns im wesentlichen lokaler Natur zu sein. Für den Hamburger, der selten große Ausstellungen in seiner Stadt sieht, war die Möglichkeit, eine Übersicht über die moderne Malerei Deutschlands zu gewinnen, von erheblichem Nutzen."[1284] Die Ausstellung konnte mit über 16.000 Besuchern einen beachtlichen Publikumserfolg erzielen.[1285] 1910 in Darmstadt und 1912 in Bremen wurden nur um die 13.500 Besucher gezählt. Das Verkaufsergebnis zeigte sich dafür weniger zufriedenstellend. „Leider konnten trotz der großen Menge ausgestellter Kunstwerke nur 15 Künstler an eine, z. T. an zwei ihrer Arbeiten ein ‚Verkauft' hängen [...]"[1286], musste am Ende resümiert werden. Damit war natürlich „nichts über den künstlerischen Erfolg oder Misserfolg gesagt [...], denn gerade die Kreise, die am ehesten Verständnis und Freude am Besitz von Kunstwerken haben, sind nicht mehr in der Lage, sich diesen ‚Luxus' zu leisten."[1287]

Den wirtschaftlichen Folgen des Krieges konnte der Künstlerbund nicht entgegenwirken. Mit dieser Ausstellung ist ihm aber zweifelsfrei, seinen Absichten entsprechend, der Anschluss an die Veranstaltungen 1912 in Bremen und 1913 in Mannheim gelungen. Zahlreiche wichtige Vertreter der damals aktuellen Kunstszene wurden vom Bund berücksichtigt. Revolutionäre Namen wie Arp, Dexel, Dix,

---

1280 Kunstchronik und Kunstmarkt, Jg. N. F. 33, 1921/22, S. 162.
1281 Schapire 1921, S. 500.
1282 Ebd.
1283 Ebd.
1284 Kunstchronik und Kunstmarkt, Jg. N. F. 33, 1921/22, S. 162.
1285 Vgl. ebd.
1286 Ebd.
1287 Ebd.

Ernst, Freundlich, Grosz, Höch, Itten, Schiele, Schlichter oder Schwitters suchte man hingegen nach wie vor vergeblich beim Künstlerbund.

1927: 7. Grafikausstellung in Dresden

Nach den beiden aufeinanderfolgenden Jahresschauen 1920 in Chemnitz und 1921 in Hamburg erfolgte erneut eine längere Ausstellungspause des Deutschen Künstlerbundes. Erst 1927 fand in Dresden eine nächste Grafikschau statt, die nach derzeitigem Wissen die 7. ihrer Art und die 17. Ausstellung insgesamt war.[1288] Abgesehen von der *Internationalen Kunstausstellung*, an der sich der Bund 1908 beteiligt hatte, war Dresden bereits 1909 Austragungsort einer Grafikschau des Bundes. Im Gegensatz zur damaligen autonomen Schau in der Galerie Ernst Arnold war die Ausstellung 1927 als Teil der *Jahresschau Deutscher Arbeit* erneut in einen größeren Rahmen eingebettet und fand im Städtischen Kunstausstellungsgebäude statt.[1289] Neben grafischen Arbeiten wurde, ähnlich wie 1910 in Hamburg und 1914 in Leipzig und eigentlich „alter Tradition solcher Ausstellungen gemäß“[1290], auch Kleinplastik gezeigt. Durch die Einbindung in die Dresdner Jahresschau musste der Künstlerbund deren Programm folgen, allein Arbeiten zu zeigen, die „auf Herstellung und Verwendung des Papiers Bezug“ nahmen.[1291] So ist eine reine Druckgrafikschau entstanden, die sowohl die Handzeichnung, „weil sie heute in der Regel nur Vorbereitung oder Entwurf ist“[1292] – wie erstaunlicherweise im Katalog erklärt worden ist –, als auch das Aquarellbild ausschloss, „weil die Bedeutung des Malgrundes bei ihm nicht ausschlaggebend ist“[1293]. Zugelassen waren Holzschnitte, Kupferstiche, Radierungen und Steinzeichnungen.[1294]

Nachdem bereits 1921 ein Generationswechsel innerhalb der Zusammensetzung der Jurymitglieder zu verzeichnen gewesen war, hatte sich dieser sechs Jahre später deutlich fortgesetzt.[1295] Die 17 Personen zählende Jury war die größte Jury, die der Künstlerbund jemals aufgestellt hat. Gerade für eine Grafikausstellung ist das

---

1288 Auf der Webseite des Deutschen Künstlerbundes ist eine Ausstellung 1926 in Chemnitz und Hamburg verzeichnet. Siehe: Deutscher Künstlerbund, Historie (Archiv 1903 bis 1936). http://www.kuenstlerbund.de/deutsch/historie/archiv-1903-bis-1936/ausstellungen/index.html (abgerufen am 1.9.2015). Ein entsprechender Katalog liegt dem Künstlerbund nicht vor. Bislang ließ sich die Ausstellung nicht nachweisen.

1289 Vgl. Einladung zur Ausstellung des Deutschen Künstlerbundes 1927 in Dresden, in: AdK, Robert-Sterl-Archiv, 106, 34.

1290 Die bildhauerischen Zugaben sollten „den Gesamteindruck beleben, einer Ermüdung des Betrachters vorbeugen“. Aus: Vorrede der Ausstellungsleitung, in: Deutscher Künstlerbund 1927, S. 5.

1291 Vgl. Vorrede der Ausstellungsleitung, in: Deutscher Künstlerbund 1927, S. 4f.

1292 Vorrede der Ausstellungsleitung, in: Deutscher Künstlerbund 1927, S. 5.

1293 Ebd.

1294 Vgl. Deutscher Künstlerbund 1927, S. 8.

1295 Die Zusammensetzung der Jury siehe im Anhang.

erstaunlich. Auch darin zeigt sich der Wille zu einem Neuanfang, der sich noch demokratischer und breiter angelegt gestalten sollte. Die Hälfte der diesjährigen Juroren trat dieses Amt zum ersten Mal an. So offen hat sich der Bund nie zuvor gezeigt, denn neue Köpfe bedeuten viele neue Meinungen, die am Ende zu einer konformen Einigung zusammengeführt werden müssen. Die Neuen waren zudem allesamt, bis auf Käthe Kollwitz und Schinnerer, Vertreter expressionistischer oder neusachlicher Arbeitsweisen.[1296] Besonders hervorzuheben ist Käthe Kollwitz als erstes weibliches Jurymitglied des Künstlerbundes.[1297] Mit nun sechzig Jahren zählte sie längst zur alten Generation – nur Kalckreuth war mit 72 Jahren älter als sie – und ergänzte den prominenten Kern des Bundes um dessen Präsidenten sowie Pankok, Slevogt und Sterl.

Stilistisch war das Feld der Juroren nach damaligen, und speziell künstlerbündlerischen Gesichtspunkten relativ ausgeglichen, was Vertreter von Impressionismus[1298], der Moderne im weitesten Sinne[1299] und Expressionismus im speziellen[1300] betrifft. Dass sich die Jury deswegen insgesamt nicht verjüngt hat, ist der Tatsache geschuldet, dass auch die nachgerückte Generation inzwischen nicht mehr zu den jungen Kräften gehörte, sondern zur anerkannten Künstlerschaft wie es für die Impressionisten in den ersten Jahren des Künstlerbundes zutraf. Strukturell hat sich nichts geändert.

Von 157 Teilnehmern wurden 551 Grafiken und 89 Kleinplastiken gezeigt. Das Volumen dieser Ausstellung war kleiner als das jeder anderen Grafikausstellungen des Künstlerbundes. Vor allem im Vergleich zu den letzten Grafikschauen vor dem Krieg 1912 in Chemnitz, 1913 in Hamburg und 1914 in Leipzig, die jeweils über 1.000 Arbeiten präsentiert hatten, muss sich diese überschaubare Menge ganz wohltutend ausgemacht haben.

Die Gruppe der Vertreter von Impressionismus, Spätimpressionismus, Jugendstil und Symbolismus ist inzwischen erwartungsgemäß erheblich zusammengeschrumpft. Kalckreuth war mit acht Arbeiten noch sehr gut zugegen, Liebermann sogar mit zwölf, obwohl laut Einladung „nicht mehr als 10 graphische oder 5 kleinplastische Werke eingeliefert werden“[1301] durften. Cissarz, Corinth, Eckener, Faure, Greve-Lindau, Klimsch, Kollwitz, Schinnerer, Slevogt oder Zille können noch als Vertreter der prominenten ersten modernen Generation genannt werden. Slevogt und Corinth waren mit zehn, beziehungsweise elf Arbeiten nach wie vor besonders gut vertreten. Habermann, Stuck, Hahn sowie die Jurymitglieder Haueisen und Sterl stellten hier nicht mehr aus, desgleichen ehemals übliche Teilnehmer wie Baum,

---

1296 Beckmann, Dix, Feldbauer, Heckel, Kokoschka, Schmidt-Rottluff.

1297 Die Berliner Sezession hat sich in dieser Hinsicht fortschrittlicher gezeigt, als sie die Kollwitz bereits 1913 jurieren ließ. Vgl. Katalog Berliner Sezession 1913, S. 5.

1298 Haueisen, Kalckreuth, Schinnerer, Slevogt, Sterl.

1299 Albiker, Beckmann, Dix, Kolbe, Kollwitz, Pankok, Scharff.

1300 Caspar, Feldbauer, Heckel, Kokoschka, Schmidt-Rottluff.

1301 Einladung zur Ausstellung des Deutschen Künstlerbundes 1927 in Dresden, in: AdK, Robert-Sterl-Archiv, 106, 34.

Becker, Bermann, Bochmann, Diez, Dill, Franck, Graef, H. und U. Hübner, A. Illies, Kardorff, Klein-Diepold, König, Linde-Walther, Mackensen, C. Moll, Olbricht, Samberger, Schlittgen, Schmoll von Eisenwerth, Schramm-Zittau oder Spiro.

Die Künstlerschaft hat sich deswegen aber ebenso wenig verjüngt wie die Zusammensetzung der Jury. Ganz im Gegenteil. Weit über die Hälfte der Teilnehmer war in diesem Jahr bereits über vierzig Jahre alt. Selbst Barlach, Feininger, Feldbauer, Hettner, Hofmann, Kandinsky, A. Kraus, Laage, Lörcher, Otto Mueller, Richard Müller, Rohlfs und Martha Schrag waren inzwischen schon alle über fünfzig.

Überdurchschnittlich gut vertreten waren die expressionistischen Stile durch Beckmann, Berlit, Böckstiegel, Caspar, Degner, Eberz, Erbslöh, Geiger, Heckel, Hegenbarth, Herbig, Hofer, Kerschbaumer, Kirchner, Kokoschka, Klee, Kubin, Melzer, Pechstein, Purrmann, Schmidt-Rottluff, Stegemann oder Tappert. Jussuff Abbo, Josef Achmann und August Wilhelm Dressler waren die großen Bereicherungen unter den Neuzugängen. Nach der beachtenswerten Ausstellung der Neuen Sachlichkeit, die 1925 von Gustav Friedrich Hartlaub in der Mannheimer Kunsthalle durchgeführt worden ist, war nun auch ein Begriff für die nachexpressionistischen Stilarten gefunden, die auch der Künstlerbund fortan nicht mehr übergehen konnte.[1302] Mit Dix wurde ein wichtiger Vertreter dieser neuen Richtung sogar in die Jury aufgenommen. Bereichert wurde das Feld vor allem durch die Neuzugänge Campendonk, Pol Cassel, Felixmüller, Grosz, Max Kaus und Bernhard Kretzschmar, die die Bandbreite der neusachlichen Strömungen zeigten. Entgehen konnte man ihnen nicht. Campendonk, Dix, Grosz sowie Kanoldt und Meid, die bereits zuvor beim Bund ausgestellt hatten, waren mit neun und zehn Arbeiten bestmöglich präsentiert.

Die jüngere Generation der Teilnehmer bestand fast ausschließlich aus Neuzugängen. Von den unter Dreißigjährigen hat niemand je zuvor beim Bund ausgestellt. Auch wenn diese Altersgruppe zahlenmäßig nicht gut aufgestellt war, zeigte der Bund doch den Willen, die nächste Generation zu Wort kommen zu lassen und stellte sich sogleich jungen Herausforderern wie Walter Gramatté, Willem Grimm, Walter Heisig und dem gebürtigen Ungarn Lazlo Moholy-Nagy, der bereits seit 1923 am Bauhaus lehrte.

Dem üblichen Programm des Künstlerbundes entsprechend waren nach wie vor Vertreter vieler stilistischer Richtungen vertreten. Die Richtungen selbst aber waren inzwischen andere als in den Anfangsjahren. Impressionismus, Jugendstil oder Symbolismus spielten keine entscheidende Rolle mehr, auch wenn es noch vereinzelte traditionelle Repräsentanten gab. Dem Expressionismus wurden neue Schlagworte an die Seite gestellt, Bauhaus oder Neue Sachlichkeit mit ihrerseits verschiedenen Strömungen wie Verismus, Klassizismus oder Magischem Realismus.[1303] Nun hingen „neben den Führern der alten Generation [...] die Meister des Bauhauses: Klee, Kandinsky, Moholy-Nagy, neben den Malern der ehemaligen ‚Brücke' die wesentlichen

---

1302 Vgl. Mannheim 1925.
1303 Vgl. ebd. u. Roh 1925.

Vertreter des Verismus, neben den Professoren der Dresdner Akademie die jungen Dresdener Cassel, Otto Lange, Kretzschmar, Rudolph, Spank".[1304]

Der Kunstkritiker und Sammler moderner Malerei Curt Glaser sah in dieser Schau „eine der besten ihrer Art".[1305] Die Reduzierung der Exponate, die vielleicht allein Platzgründen geschuldet war, kam der Ausstellung unbedingt zugute. So war es gelungen, „in kluger Beschränkung auf eine übersehbare Zahl von Blättern nur Wesentliches zu zeigen".[1306] Auch konnte sich die Jury diesmal nicht den Vorwurf machen lassen, überwiegend bekannte Arbeiten ausgewählt zu haben. Vielmehr brachte die Schau „manches Neue und Überraschende".[1307] So sah man etwa von Kokoschka zwar ältere, dennoch „unbekannte Radierungen zu ‚Orpheus und Eurydike' (1918)" und auch von Hofer „seltene Radierungen".[1308] Die längere Ausstellungspause hat offensichtlich Früchte getragen. Eine neue Jury-Konstellation hat sich bemüht, die ausgetretenen Pfade zu verlassen, sich auf das aktuelle Kunstgeschehen einzulassen und das verblassende Interesse am Künstlerbund neu zu wecken. Hinzu kam, dass die Schau angeordnet war, „ohne zu ermüden" und das Niveau „sehr beachtlich".[1309]

Somit haben sich die modifizierten Bemühungen des Bundes gelohnt. Sie zeigen sich auch in zwei Texten, die dem Katalog zur Ausstellung vorangestellt wurden, einer von dem Jurymitglied Adolf Schinnerer verfasst, der andere von der Ausstellungsleitung unterschrieben.[1310] Während die letzten Katalogvorworte zu den Grafikschauen in Hamburg (1910 und 1913) und Leipzig (1914) die Absichten des Künstlerbundes nie thematisiert hatten, gab Schinnerer 1927 zu verstehen, wie sich Sinn und Zweck der Vereinigung inzwischen gebündelt hätten. Die Bemühungen um die Kunst bestünden nun nicht mehr im Kampf um die pure Akzeptanz fortschrittlicher Stilrichtungen. Diese Kämpfe waren weitestgehend ausgefochten. Die Vorgänge in der Vergangenheit hätten vielmehr gezeigt, wie schädlich sich der politische Missbrauch der Devise „Freiheit für die Kunst" ausgenommen hatte. Neben der nach wie vor gültigen Wahrung von Qualität und Individualität[1311] läge die zukünftige Aufgabe des Bundes nun vorrangig darin, „zu verhüten, daß eine neue Art von Unsachlichkeit, daß Partei und Dogmenwesen den Sinn der Kunst fälsche. Es besteht die Gefahr, daß das Parteiprogramm an die Stelle des

1304 Der Cicerone, Jg. 19, 1927, Bd. 2, S. 454.
1305 Glaser 1927, S. 440.
1306 Ebd.
1307 Ebd.
1308 Vgl. Der Cicerone, Jg. 19, 1927, Bd. 2, S. 454.
1309 Ebd.
1310 Beide Texte ohne Titel. Vgl. Deutscher Künstlerbund 1927, S. 3–5.
1311 „Wir haben die Aufgabe, die originale Leistung von der Nachahmung, das Müssen vom Machen zu unterscheiden, damit nicht Gesinnungstüchtigkeit an die Stelle der Leistung trete, und Wege verschüttet werden, auf denen eine neue Generation marschieren will." Aus: A. Schinnerer, in: Deutscher Künstlerbund 1927, S. 4.

Bekenntnisses tritt, das allein Kunst hervorbringt."[1312] Damit zeigte sich der Bund sehr weitsichtig. Er reflektierte die Geschehnisse der jüngsten Vergangenheit, aus der er zu lernen bereit war. Er überdachte seine Aufgaben neu und war bestrebt, diese dem Moment anzupassen. Vor allem aber bewies der Deutsche Künstlerbund damit seine nach wie vor liberale Haltung und einen in jeder Hinsicht fortschrittlichen Leitgedanken. Zum ersten Mal seit seinen Anfängen positionierte sich der Künstlerbund öffentlich und verteidigte die Gültigkeit seiner Stellung im Kunstbetrieb der neuen Republik.

In diesem Sinne ist zu fragen, wie aufsehenerregend diese Ausstellung noch war? Wie aufsehenerregend konnte in den späteren zwanziger Jahren eine Ausstellung überhaupt noch sein? Die Zeit der künstlerischen Skandale war vorbei. „Es kann heute an der Tatsache nicht mehr vorübergegangen werden", so der Kunsthistoriker Alfred Kuhn 1923, „daß die Eindruckskraft der radikalen Kunst ungemein nachgelassen hat. Sie hat es eben in dem Maße getan, wie es bei dem blutigen Expressionismus der Fall ist. Allgemein geht eine Beruhigung durch die Kunstwelt."[1313] Moser erklärte es noch unverblümter und konstatierte als „altbekannt, daß der Expressionismus ‚tot'" wäre.[1314]

Dementsprechend hat sich die Ausstellungslandschaft in den zwanziger Jahren verändert. In Berlin zeigte sich dies am deutlichsten bei der Akademie der Künste, in der spätestens seit der Präsidentschaft Liebermanns nun endgültig die Moderne Einzug gehalten hatte.[1315] Auch die Große Berliner Kunstausstellung hat ihre traditionelle Linie verlassen, indem sie etwa ab 1919 der Novembergruppe ein Forum bot.[1316]

Ohne großes Risiko konnte der Künstlerbund auch nach dem Krieg seinem Prinzip treu bleiben, eine weite Stilvielfalt zuzulassen und sich damit „erfreulich vorurteilslos"[1317] zeigen. Auch zahlreichen Neuzugängen hat der Bund wieder ein Forum geboten: „Eine Menge unbekannter Namen tauchen aus allen Gegenden Deutschlands auf, ohne dass das sehr beachtliche Niveau gedrückt würde."[1318] Ein vergleichbares Aufsehen wie die letzten großen Veranstaltungen vor dem Krieg haben die Nachkriegsschauen bisher nicht hervorgerufen. Darum musste es auch nicht mehr gehen. Entscheidend war, dass der Bund hier den Willen bewiesen hat, Anschluss an das aktuelle Kunstgeschehen zu halten.

1312 A. Schinnerer, in: Deutscher Künstlerbund 1927, S. 4.

1313 Kuhn 1922/23, S. 737.

1314 Moser 1925.

1315 Liebermann hat die Institution „vom eigentlich ‚Akademischen' im fatalen Sinne des Wortes weitgehend befreit". Aus: Der Cicerone, Jg. 15, 1923, S. 482.

1316 1925 ist die Novembergruppe aus dem Rahmen der Großen Berliner Kunstausstellung wieder ausgegliedert worden. Vgl. dazu: Der Cicerone, Jg. 17, 1925 Bd. 1, S. 607 u. Bd. 2, S. 702.

1317 Der Cicerone, Jg. 19, 1927, Bd. 2, S. 454.

1318 Ebd.

1928: 11. Jahresausstellung in Hannover

Die 11. Jahresausstellung des Deutschen Künstlerbundes, insgesamt war es die 18. Ausstellung, wurde 1928 in Hannover veranstaltet. Die Schau wurde als 96. Große Ausstellung des Kunstvereins Hannover im Künstlerhaus ausgeführt. Eine relativ kurze Laufzeit von zwei Monaten ist seit dem Kriegsende für die Veranstaltungen des Künstlerbundes schon üblich geworden. Mit 253 Teilnehmern und knapp 490 Exponaten war diese Schau aber zumindest die bislang größte Jahresausstellung nach dem Krieg.

In einem knappen Katalogvorwort wurde auf das 25-jährige Jubiläum, das der Bund in diesem Jahr beging, hingewiesen:

> „Gegründet vor 25 Jahren als Kampforganisation für alle lebendige Kunst hat der Deutsche Künstlerbund in einer Reihe erfolgreicher Ausstellungen der jungen Kunst die Wege geebnet. Dieses Eintreten für die talentvolle Jugend und die Abwehr Unberufener und Unzulänglicher ist heute wichtiger denn je. Nach den letzten Ausstellungen in Hamburg, Chemnitz und Dresden bedeutet die gegenwärtige in Hannover einen weiteren Schritt in diesem Sinne."[1319]

Die Schlagworte „Kampforganisation" und „Abwehr Unberufener und Unzulänglicher" klingen etwas zu gewaltig und beschreiben sicher nicht das bislang stets liberale, gemäßigte und respektvolle Vorgehen des Bundes. Die neue Künstlerbundgeneration wollte offenbar resoluter auftreten, so wie sie auch die Ausstellungen avantgardistischer zu gestalten begann. Dass der Bund der „jungen Kunst die Wege geebnet hätte" und das „Eintreten für die talentvolle Jugend [...] heute wichtiger denn je" wäre, kann jedoch nur als Floskel gelesen werden, denn die Bedingungen für junge, außergewöhnliche Künstler waren vor dem Krieg ungleich schwerer als nun in den Jahren der Weimarer Republik. Auf aktuelle Belange wurde in dem Text nicht eingegangen, der keinesfalls 25 Jahren Ausstellungsarbeit gerecht wird. Wieder stellt sich die Frage, warum sich der Deutsche Künstlerbund stets unterrepräsentiert und selbst besondere Gelegenheiten nicht zu einer Selbstdarstellung genutzt hat.

Der Jury gehörten in diesem Jahr elf Männer an, unter denen nun die Expressionisten dominierten.[1320] Allmählich begann sich mit Albiker, Caspar, Kolbe und Scharff eine neue Stammjury herauszukristallisieren, die den alten verbliebenen Kern durch Kalckreuth und B. Pankok nun schon zum dritten beziehungsweise vierten Mal unterstützte. Auch Heckel, O. Mueller und Schmidt-Rottluff waren wiederholt dabei. Neu hinzugekommen sind Hofer und Nauen. Strukturell war die Jury nicht anders zusammengesetzt als es für den Bund üblich war. Zwar hat inzwischen ein deutlicher Generationswechsel stattgefunden. Nach wie vor aber bestand die Jury aus gestandenen Künstlerpersönlichkeiten, die sich längst einen Namen

---

1319 Vorwort, in: Deutscher Künstlerbund 1928, S. 9.

1320 Die Zusammensetzung der Jury siehe im Anhang.

gemacht hatten. Allein die stilistische Ausrichtung hat sich der Zeit entsprechend gewandelt. Kalckreuth fiel sowohl stilistisch als auch mit seinem Alter von bereits 73 Jahren mehr und mehr aus dem Rahmen und scheint nur noch ehrenhalber der Jury beigesessen zu haben. Liebermann oder Slevogt haben fortan nicht mehr für den Künstlerbund juriert. Corinth, Stuck und Volkmann waren inzwischen tot. Die Jury ist eine expressionistische geworden, deren Mitglieder dennoch wie ehedem die nötige Seriosität und langjährige Erfahrung im Kunstbetrieb aufwiesen, die man von einem liberalen Verein erwarten durfte.

Auch in diesem Jahr war knapp die Hälfte der Teilnehmer zum ersten Mal beim Bund zu sehen. Das Prinzip, zur Hälfte Neuzugänge einzuladen, hat der Bund seit seinem Neuanfang nach dem Krieg konsequent beibehalten. Das kann als Reaktion auf die Kritik, nicht genug Neues zu zeigen verstanden werden. Es kann aber ebenso auf eine grundsätzliche Neuausrichtung hinweisen, die sich stärker dem aktuellen Zeitgeschehen annäherte. Der größere Blickwinkel der neuen Künstlerbundgeneration zeigte sich auch darin, dass neben den nach wie vor dominanten Kunstmetropolen Berlin, München und Dresden auch den kleineren, aufstrebenden Zentren mehr Raum geboten worden ist. Wie in Hamburg 1921 war auch in Hannover die örtliche Künstlerschaft außerordentlich gut vertreten. Heitmüller hat schon seit 1910 regelmäßig beim Bund ausgestellt und Gleichmann war bereits 1921 in Hamburg dabei. Die übrigen 23 Teilnehmer aus Hannover aber haben dieses Mal beim Bund debütiert. Darunter waren allerdings nur Wenige, deren Teilnahme sich wiederholen sollte, wie im Fall von Hermann Scheuernstuhl oder Richard Seiffert-Wattenberg. Auch Düsseldorf und das übrige Rheinland waren endlich angemessen vertreten. Auch an damals noch wenig bekannte Namen hat sich der Bund herangewagt und damit tatsächlich Qualitätsbewusstsein und Weitblick bewiesen, denn Max Kaus, Anton Kerschbaumer, Theo Champion, Rudolf Kuhn, Anita Rée, Wilhelm Rudolph oder Johannes Sass sind keine Unbekannten geblieben.[1321]

Insgesamt ist das Feld der Künstler auch in diesem Jahr eher älter als jünger geworden. Der Anteil der über Fünfzigjährigen lag immer noch bei fast zwanzig Prozent. Ein Teil der Namen dieser Gruppe liest sich wie aus vergangenen Tagen. Mit Greve-Lindau, Habermann, Hahn, Haueisen, Th. Th. Heine, H. Hübner, Kalckreuth, Klinger, König, Liebermann, Mosson, Pietzsch, Schinnerer, Slevogt, Spiro, Sterl und Stuck war der Künstlerbund mit seinen treuesten Mitstreitern repräsentiert. Inzwischen gehörten aber auch schon fortschrittlich orientierte Künstler zu den Etablierten dieser Altersgruppe wie Kolbe, Kraus, Pankok oder die Expressionisten Feldbauer, Kandinsky, Laage, Levy, Lörcher, Melzer, O. Moll, O. Mueller oder der wirklich alte Rohlfs. Mit Heitmüller, Hofmann, Seiffert-Wattenberg oder Gustav Wiethüchter hat sich der Bund sogar noch auf neue Namen aus der älteren Künstlergeneration eingelassen.

1321 Vgl. Deutsche Künstlerbundausstellung Hannover 1928, S. 245.

Die expressionistischen Strömungen haben dennoch deutlich überwogen mit Achmann, Altherr, Bizer, Böckstiegel, Campendonk, Caspar, Caspar-Filser, Clarenbach, Degner, Domscheit, Geiger, Gramatté, Heckel, Hekendorf, Herbig, Heuser, Hofer, Kaus, Kerschbaumer, Kirchner, Kogan, Kokoschka, Marcks, Nauen, Pechstein, Purrmann, Emy Roeder, Schmidt-Rottluff, Stegemann oder Tappert. Inzwischen war auch die Neue Sachlichkeit beachtlich präsentiert mit de Fiori, Cassel, Dressler, Felixmüller, Grosz, Kanoldt, Kretzschmar, Meid, Schrimpf, Seewald oder Unold sowie den Neuzugängen Jankel Adler, Erna Dinklage und Wilhelm Schnarrenberger. Obgleich noch immer einige Namen zu vermissen waren, wie Wilhelm Heise, Karl Hubbuch, Curt Querner, Christian Schad, Rudolf Schlichter, Walter Schulz-Matan oder Josef Wedewer.

Zwar wurden auch neue Künstler eingeladen, deren Stil man als konventionell bezeichnen muss wie Max Beringer, Kurt Haase-Jastrow, Ludwig Alfred Jonas, Agnes Sander-Plump oder Paul Wilhelm. Das aber waren Ausnahmen. Die meisten Künstler traten expressionistisch oder neusachlich auf. Mit einigen Neuzugängen hat der Bund in diesem Jahr großen Gewinn gemacht, so mit Theo Champion, Willy Jaeckel, Anita Rée, Oskar Schlemmer, Annot, Willi Baumeister, Charles Crodel, Hermann Glöckner, Helmuth Macke, Georg Muche, Johannes Sass, Hermann Scheuernstuhl, Erich Waske, Werner Laves oder Ernst Wilhelm Nay.

Die jüngsten Künstler, diese Konstante lässt sich inzwischen erkennen, waren meist Neuzugänge auf den Ausstellungen. Der Bund unterstützte die jungen Kräfte, sich einem größeren Publikum vorzustellen. Auffällig ist aber auch, dass es für die meisten von ihnen bei einer einmaligen Teilnahme geblieben ist.

Dass eben auch nicht die Jüngsten zwangsläufig die Modernsten oder Extravagantesten waren, wusste Johann Frerking[1322] am Beispiel des 79-jährigen Christian Rohlfs zu veranschaulichen, der erst im Alter von sechzig Jahren (um 1910) seinen bis dahin impressionistischen Weg für den Expressionismus verlassen hatte und damit auch von Anfang an erfolgreich war: „An der Spitze der Jungen erscheint mit Recht der alte Christian Rohlfs [...].“[1323] Auch an anderer Stelle wurde bestätigt: „sein eigentümlicher Expressionismus packt immer wieder“.[1324] Der Kunsthistoriker Victor Curt Habicht wählte für Rohlfs gar das Attribut „jugendfrisch“[1325]. Die anderen Expressionisten konnten Frerking nicht mehr beeindruckt, am wenigsten Pechstein, der „sich diesmal in einer entschlossenen Wendung zur eleganten Konvention“ dargestellt hätte.[1326] Kokoschkas *Liebespaar mit Katze* sah der Autor „in der inneren Haltung verkrampft und

1322 Johann Frerking (1884–1971) war ein deutscher Schriftsteller sowie Literatur- und Theaterkritiker. Er war im Umfeld der Kestner-Gesellschaft tätig und Mitarbeiter der spätexpressionistischen literarischen Zeitschrift *Das Hohe Ufer*.

1323 Frerking 1927/28, S. 256.

1324 Ausstellung des Deutschen Künstlerbundes 1928/29, S. 12.

1325 Habicht 1928, S. 120–122, hier 120.

1326 Frerking 1927/28, S. 258.

seltsam starr", die drei Bilder von Kirchner fand er „stumpf und ohne rechtes Wesen" und Heckel unterstellte er eine „müde Resignation".[1327]

Im Hinblick darauf, dass im Provinzialmuseum Hannover gerade unter der Leitung von Alexander Dorner El Lissitzkys *Abstraktes Kabinett* eingerichtet worden war, ist sehr wohl bemerkt worden, dass „Kandinsky als einziger ‚Abstrakter'"[1328] zugegen war. Mit den nachexpressionistischen Strömungen neben der Neuen Sachlichkeit tat sich der Künstlerbund nach wie vor schwer. Auf die Dada-Bewegung etwa wollte er sich noch immer nicht einlassen. Hans Arp, Raoul Hausmann, Hannah Höch oder Kurt Schwitters ist man auf einer Künstlerbundausstellung bisher nicht begegnet.

17 Säle standen dem Künstlerbund in Hannover zur Verfügung, wie den Angaben im Katalog zu entnehmen ist.[1329] (Abb. 4) Nach den schlechten Kritiken, die der Bund für seine zuweilen unsystematische Hängung in der jüngsten Vergangenheit erfahren musste, hat er sich hier erneut um eine zusammenhängende Ordnung bemüht und die Werke eines Künstlers nicht mehr in verschiedenen Sälen angeordnet, sondern fast ausnahmslos beieinander belassen. „Die Arbeiten der einzelnen Künstler haben alle geschlossen nebeneinander Platz gefunden, wodurch dem Besucher ermüdendes Suchen erspart wird"[1330], wurde denn auch wohlwollende bemerkt. Lediglich einzelne Bildhauer waren mit ihren Werken auf zwei Säle aufgeteilt. So herrschte in Bezug auf die Ordnung ein vorwiegend übereinstimmendes Echo, die Exponate seien „übersichtlich und geschmackvoll verteilt"[1331], die „Aufstellung kann vorbildlich genannt werden".[1332] Dass auch die geschlossene Präsentation nicht immer optimal war, zeigte sich ausgerechnet am Beispiel Rohlfs, von dem nicht nur überdurchschnittlich viele Arbeiten, sondern außerdem zu ähnliche gezeigt wurden.[1333] In seinem Fall störte nämlich „das allzu dichte Beieinander von zehn gleichgroßen Temperagemälden den Eindruck des Einzelnen."[1334] Dieser Einwand richtete sich allerdings eher an die Auswahl der Arbeiten, nicht an die Anordnung der Werke.

1327 Ebd. Von Kirchner wurden die Bilder *Dresden, Eine Künstlergruppe* u. *Bauerntanz* gezeigt. Heckel war mit den Bildern *Asta Nielsen, Chocolat und Atoff* sowie *Ostender Hafen* vertreten. Vgl. Deutscher Künstlerbund 1928.
1328 Deutsche Künstlerbundausstellung Hannover 1928, S. 245.
1329 Vgl. Deutscher Künstlerbund 1928.
1330 Deutsche Künstlerbundausstellung Hannover 1928, S. 244.
1331 P[reetorius] 1928, S. 357.
1332 Deutsche Künstlerbundausstellung Hannover 1928, S. 244.
1333 Rohlfs war neben Otto Mueller mit zehn Bildern am besten vertreten.
1334 Frerking 1927/28, S. 256. Von Rohlfs wurden folgende Bilder gezeigt: *Acegno, Zwei weibliche Akte, Kloster Andechs, Mädchen im Teich, Nelken und Rosen, Mädchen mit Blume, Zwei Figuren, Bauer mit Goldmünze, Der Onkel* u. *Die Anprobe*. Vgl. Deutscher Künstlerbund 1928.

Abb. 4: Hannover, Künstlerhaus, Sophienstraße, Grundriss, in: Deutscher Künstlerbund 1928

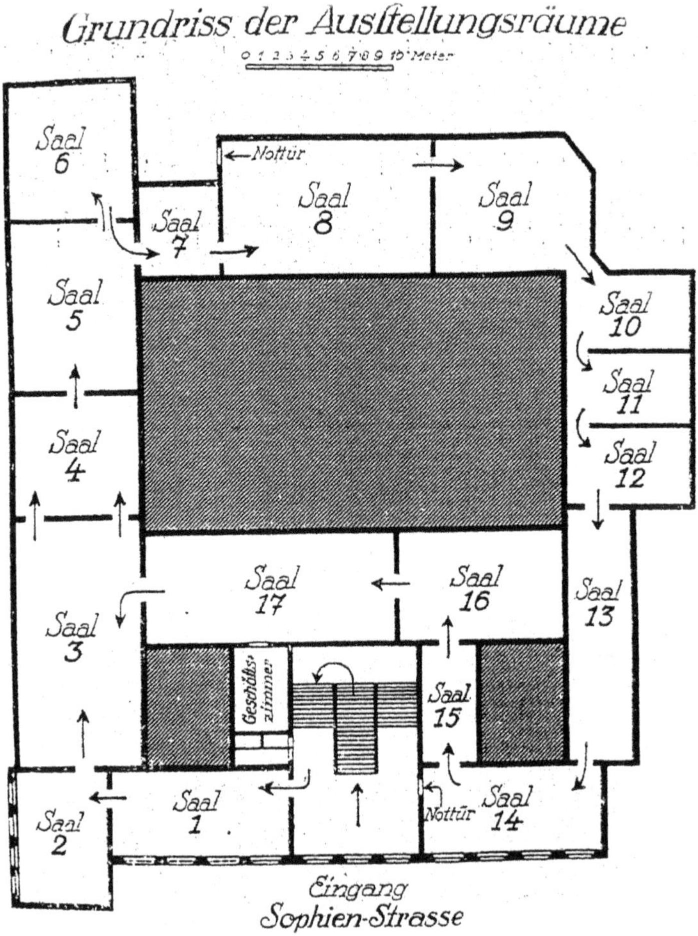

Über die geschlossene Künstlerpräsentation hinaus aber lässt sich keine konkrete Ordnung feststellen. Weder lokal, noch stilistisch. Die einzig thematisch zusammenhängende Einrichtung hat Saal 3 erfahren, in dem wieder einmal der alte Kern des Bundes vereint präsentiert wurde. Liebermann, Slevogt, Leo von König, Habermann, U. Hübner, Sterl und der längst verstorbene Klinger demonstrierten hier

„die Tradition des Deutschen Künstlerbundes“[1335]. Diese gesonderte Präsentation der ersten Künstlerbundgeneration kommt einer historischen Rückschau gleich, die in diesem Jahr geradezu seine Berechtigung hatte in Anbetracht des 25-jährigen Bestehens des Bundes. Kalckreuth, der zweifelsfrei ebenfalls in diesen Saal gehört hätte, wurde indessen zusammen mit den Caspar, Caspar-Filser und den Neuzugängen Champion und Troendle in Saal 4 untergebracht. Da Kalckreuth bei der Hängung ein Mitspracherecht hatte, wird dies kaum über seinen Kopf hinweg entschieden worden sein. Die Gegenüberstellung mit seinen expressionistischen Kollegen sollte offensichtlich vielmehr Kalckreuths aktuelle Hinwendung zu „neuster Kunstauffassung“[1336] anerkennend zur Geltung bringen.

Vereinzelt fanden sich in fast allen Räumen ältere, solide Künstler zwischen ihren avantgardistischen Kollegen. So etwa Haueisen und Partikel gemeinsam mit Felixmüller, Kandinsky, Adler und Sass; Th. Th. Heine, Stuck und Pankok neben Grosz und Kanoldt; Greve-Lindau, Schinnerer und Spiro zusammen mit Großmann und O. Moll. Die Schau war klar avantgardistisch geprägt, doch eine deutliche Trennung zwischen Expressionismus und Neuer Sachlichkeit ist der Ordnung nicht zu entnehmen. Hier wurde frei gemischt, Geiger und Hofer zusammen mit Unold; Schmidt-Rottluff neben Schrimpf; Campendonk, Clarenbach, Feldbauer und Kerschbaumer neben Meid, Seewald und Siebert. Einzig für Saal 5 findet sich ein thematischer Zusammenhang: Waske und Heckendorf zeigten beide „große Hafenbilder aus Marseille und Genua“[1337].

Auch in diesem Jahr wurde der Ausstellung des Deutschen Künstlerbundes ein „ziemlich vollständige[r] Querschnitt des derzeitigen künstlerischen Schaffens“ bescheinigt.[1338] Doch wäre es auch gerade das, ergänzte der Autor Preetorius, der selbst mehrfach an Künstlerbundausstellungen teilgenommen hatte, „was den nachdenklichen Beschauer so verzweifelt stimmen mußte“.[1339] Das Angebot war sehr umfangreich, sehr verschieden, und daher unübersichtlich. Nur Wenige wussten eben dies zu schätzen und bestätigten der Überblicksschau, dass sie „das Bild des deutschen Kunstschaffens [...] vollkommen in sich abgerundet“[1340] hätte. Gerade in dieser gebotenen Übersicht und mit der damit gegebenen „Möglichkeit des Abwägens einzelner Persönlichkeiten gegeneinander“ lägen „Wert und Sinn der Ausstellung“.[1341] Ein in sich geschlossenes Bild konnte mit einer Kunst, die erst im Werden war, auch gar nicht geleistet werden. Die Schauen lebten vielmehr davon, eine Idee von der Entstehungsgeschichte einer kommenden großen Kunstepoche

---

1335 Deutsche Künstlerbundausstellung Hannover 1928, S. 244.
1336 Ebd. Von Kalckreuth waren die Bilder *Morgendämmerung im Walde*, *Gutshof im Regen* u. ein *Herrenbildnis* zu sehen.
1337 Deutsche Künstlerbundausstellung Hannover 1928, S. 245.
1338 P[reetorius] 1928, S. 358.
1339 P[reetorius] 1928, S. 357.
1340 Deutsche Künstlerbundausstellung Hannover 1928, S. 245.
1341 Ebd.

zu vermitteln. „Wohin die Fahrt geht“, hat Habicht erkannt, „ist mit aller Deutlichkeit noch nicht zu fassen, und ein Generalnenner bleibt – zum Glück – versagt.“[1342]

Für Frerking stand fest, dass die Ausstellung „gewiß als eine gültige Gesamtdarstellung der augenblicklichen Situation des deutschen Kunstschaffens angesehen werden darf“.[1343] Von anderer Seite hingegen wurde dem Bund vorgeworfen, dass dies alles andere als eine vollständige Gesamtdarstellung gewesen wäre, denn „alles Zukunftsweisende fehlt leider“[1344]. Dass der Expressionismus 1928 nicht mehr als fortschrittlich angesehen wurden, erklärte Luise Straus-Ernst mit der „neu erwachten Freude an der Gegenständlichkeit“.[1345] Die Neue Sachlichkeit hatte den Expressionismus als anerkannte Avantgarde abgelöst.

Am Renommee des Deutschen Künstlerbundes konnte das immer wieder zweigeteilte Urteil über die Künstlerbundausstellungen nicht rütteln. Auch für die Provinzstadt Hannover, die dank einer innovativen Museumsarbeit Alexander Dorners gerade als neue Adresse der modernen Kunstbewegung auf sich aufmerksam machte, war die „Tatsache, daß der Deutsche Künstlerbund hier zu Gast“[1346] weilte, ein Gewinn. Dies schlug sich auch in der Wahrnehmung durch das Kunstfeuilleton nieder. Eine vergleichbare Resonanz hatte der Bund seit 1910 nicht mehr erfahren.[1347]

1929: 12. Jahresausstellung in Köln

Bereits ein Jahr nach der Hannoverschen Schau folgte die nächste Jahresausstellung in Köln. Veranstaltungsort war das Staatenhaus am Rheinpark.[1348] Auch hier waren dem Künstlerbund wieder ganz neue Räume geboten. Das Staatenhaus ist als Ergänzung der Kölner Messehallen anlässlich der Internationalen Presse-Ausstellung *Pressa* 1928 gerade erst errichtet worden.[1349]

In einem kurzen Katalogvorwort hat der Bund ein Dankeswort an die Gastgeber und finanziellen Unterstützer der Veranstaltung gerichtet. Der Dank ging an die Stadt Köln und ihren Oberbürgermeister Konrad Adenauer sowie ans Reich, an Preußen und alle Kunstfreunde „für die Stiftung von Medaillen und Preisen“.[1350] Zudem hat der Bund noch einmal an sein 25-jähriges Gründungsjubiläum erinnert, mit äußerst

1342 Habicht 1928, S. 120.
1343 Frerking 1927/28, S. 252.
1344 Ausstellung des Deutschen Künstlerbundes 1928/29, S. 11.
1345 Straus-Ernst 1928/29, S. 382.
1346 Habicht 1928, S. 120.
1347 Detailliertere Berichte brachten *Der Cicerone*, die *Deutschen Kunst und Dekoration*, die *Kunst für Alle*, *Kunst und Künstler* sowie die *Kunstchronik*. Vgl. Deutsche Künstlerbundausstellung Hannover 1928, Ausstellung des Deutschen Künstlerbundes 1928/29, Frerking 1927/28, Habicht 1928, P[reetorius] 1928.
1348 Vgl. St.[raus]-E.[rnst] 1929/30, S. 50.
1349 Vgl. Der Cicerone, Jg. 21, 1929, S. 389.
1350 Vgl. Vorwort, in: Deutscher Künstlerbund 1929, S. 3.

knappen Worten, wie es seiner Art entsprach.[1351] Der Bund hätte in diesem Jahr ebenso gut seiner ersten Ausstellung genau 25 Jahre zuvor gedenken können. Doch hätte dies dann wohl auch nach einem besonderen Programm der Schau verlangt. So aber hat sich der Bund auf den Hinweis beschränkt, dass dies zwar „eine Jubiläumsausstellung sein könnte", der Künstlerbund sich aber seinem Leitgedanken folgend „nicht rückblickend, sondern gegenwartsbejahend und vorwärtsweisend" geben wolle.[1352]

Eine viel einschneidendere Begebenheit ist dem Bund mit dem Tod Kalckreuths im Dezember des vergangenen Jahres wiederfahren. Ihm zu Ehren wurde in Köln eine Sonderausstellung eingerichtet. Mit zehn Bildern ist diese allerdings recht überschaubar ausgefallen, ganz im Sinne der „nicht rückblickenden, sondern gegenwartsbejahenden und vorwärtsweisenden" Natur der Vereinigung. Rückblickend auf seine bisherigen Ausstellungen, die stets getragen worden sind von den altgedienten Größen, wirkt dieses Bekenntnis allerdings wenig glaubwürdig.

Im Gedenken an den bislang treuesten und engagiertesten Streiter des Bundes wurde die Trauerrede abgedruckt, die der Reichskunstwart Edwin Redslob im Namen von Reichsregierung und Künstlerbund, dessen Mitglied er war, gehalten hatte. Auch wenn uns die Rede heute stilistisch etwas befremdlich und übertrieben rührig erscheint, stellte Redslob doch eine ganz wesentliche Besonderheit der Person Kalckreuths in seiner Funktion als Präsident des Bundes, der er immerhin durchgehend von der Gründung bis zu seinem Tod nachkam, heraus. Kalckreuth vereinte quasi die Kernpunkte des Bundes in seiner Person. An erster Stelle die Überregionalität. Denn im Gegensatz zu den meisten seiner Vorstands-Kollegen vertrat er durch seine mehrmaligen Lehramtswechsel im Laufe der Jahre verschiedene Kunstzentren: Weimar, wo er sein Studium begann und seine erste Lehrerfahrung machte, später Karlsruhe, Stuttgart und Breslau, bis er sich 1910 endgültig im Norden niederließ. Schon immer war er sehr bemüht, sich der Belange der Künstlerschaft anzunehmen und war, noch vor der Gründung des Deutschen Künstlerbundes, bereits an der Gründung des Karlsruher und Stuttgarter Künstlerbundes beteiligt.[1353] Desgleichen wiederholte sich, als er 1908 in Breslau den Künstlerbund Schlesien mitbegründet hatte. Aber auch standesmäßig war er vielschichtig und verkörperte den traditionsreichen Aristokraten ebenso wie den liberalen, vorbehaltlosen Künstler. Kalckreuth verband auf ideale Weise den elitären Grundcharakter des Vorstandes mit den Interessen der allgemeinen Künstlerschaft.

Zum ersten Mal seit 1907 blieb das Urteil Kalckreuths in der Jury aus. Trotzdem gab es noch immer einen alten Stamm von drei Leuten, die bereits vor dem Krieg zu den engsten Mitarbeitern des Bundes gehörten: Hahn, Pankok und Sterl. Stilistisch waren sie längst als konventionell zu bezeichnen. Keinesfalls aber wollte man im Bund auf die Mitsprache der alten, erfahrenen Kollegen verzichten. Mit Campendonk, Seewald und Unold wurde das Feld der Juroren nicht nur merklich verjüngt,

1351 Vgl. ebd. Vgl. auch St.[raus]-E.[rnst] 1929/30. u. Straus-Ernst 1928/29, S. 376.
1352 Vorwort, in: Deutscher Künstlerbund 1929, S. 3.
1353 Vgl. oben: Kap. III.2.1, S. 98f.

sondern auch um Vertreter der Neuen Sachlichkeit ergänzt. Avantgardistisch im Sinne einer Vorreitergeneration konnte aber auch diese, insgesamt 16 Mann starke Kommission nicht erscheinen.[1354] Hier wirkte auch ohne Kalckreuth der konservative Grundgedanke des Künstlerbundes weiter.

Entgegen der leicht steigenden Tendenz von Teilnehmerschaft und Exponaten der vorangegangenen Schauen fiel diese Ausstellung vergleichsweise klein aus. 165 Künstler zeigten insgesamt 326 Arbeiten. Extrem zurückgegangen ist auch die Zahl der Neuzugänge. Offensichtlich hatte der Bund mit seiner Vorjahresschau seine grundlegend neue Tendenz gefunden. Auffallend waren die Städte Köln und Düsseldorf sowie das übrige Rheinland vertreten, bei denen man sich zur Hälfte auf bewährte Kräfte wie Adler, Champion, Clarenbach, Davringhausen, Heuser, Nauen oder Seewald verließ, zur anderen Hälfte aber neue Namen präsentierte, unter denen Alfred Dupré, Joseph Fassbender, Werner Gilles, Ferdinand Macketanz und sogar noch der alte, aber ganz und gar nicht altmodische Jan Thorn-Prikker hervorstachen. Nach den Berliner Künstlern stellten die Rheinländer die größte regionale Gruppe dar und man kann beinahe sagen, dies war die Schau der Rheinländer. Die Würdigung der gastgebenden Region war allerdings längst obligatorisch geworden.

Die Liste der großen Künstler vergangener Tage hat sich hingegen zunehmend verkürzt. Neben dem verstorbenen Kalckreuth wurden noch einmal Hahn, Haueisen, Th. Th. Heine, C. Herrmann, H. Hübner, Klimsch, Mosson, Nagel, Orlik, Schinnerer, Slevogt und Sterl gezeigt. Inzwischen musste die Einbindung dieser alten Meister mehr als Akt des Respekts denn als Ergänzung des aktuellen Kunstgeschehens interpretiert werden. Und „bei aller Bewunderung, die wir diesen stillen und ausgeglichenen Kunstwerken entgegenbringen", bekannte Straus-Ernst in Bezug auf die Kalckreuth-Schau, „empfinden wir doch, daß dies nicht mehr die Kunst unserer Zeit sein kann; ebensowenig wie die letzten Ausläufer impressionistischer Malerei, die verschiedene Künstler darbieten."[1355] Trotz der fast vollständig neuen Besetzung in Vorstand und Jury konnte der Bund noch immer nicht von seinem ursprünglichen Prinzip der Würdigung der Gründergeneration ablassen. Dabei hat sich längst eine neue Generation anerkannter Größen im Bund herausgebildet, zu denen Albiker, Kolbe, Pankok sowie die Expressionisten Altherr, Caspar-Filser, Feininger, Feldbauer, Geiger, Hofer, Kandinsky, Mueller, Rohlfs oder Weiss gehörten. Aber auch unter den noch etwas jüngeren Künstlern haben sich inzwischen zahlreiche treue Mitstreiter bewiesen, die immer wieder auf den Schauen in Erscheinung traten: Abbo, Ahlers-Hestermann, Sintenis, Steger, Klee, Schlemmer, Scheuernstuhl, die Expressionisten Baumeister, Beckmann, Caspar, Clarenbach, Crodel, Degner, Gleichmann, Hauptmann, Heckel, Herbig, Kerschbaumer, Kirchner, Laves, H. Macke, Marcks, Mense, Nauen, Pechstein, Purrmann, Roeder, Sass und Schmidt-Rottluff sowie Vertreter der Neuen Sachlichkeit wie Adler, Cassel, Champion, Davringhausen, de Fiori, Gramatté, Grosz, Heuser, Kanoldt, Kaus, Kretzschmer, Meid, Schrimpf, Seewald, Radziwill oder Unold.

1354 Die Zusammensetzung der Jury siehe im Anhang.
1355 Straus-Ernst 1928/29, S. 380.

Auch unter den Neuzugängen finden sich Namen, die zeigen, dass der Bund das aktuelle Geschehen aufmerksam verfolgte. Neben dem nicht mehr jungen Rudolf Belling kamen Hermann Blumenthal, Werner Gilles, Johannes Molzahn, Friedrich Vordemberge[1356] und Arno Breker dazu. Die Gruppe der neusachlichen Künstler wurde etwa durch Xaver Fuhr, A. Dupré, Joseph Fassbender und Ferdinand Macketanz ergänzt. Und die ersten surrealistischen Tendenzen, die im vergangenen Jahr durch Nay in den Künstlerbund getragen worden sind, wurden in diesem Jahr mit drei Arbeiten von Max Ernst ergänzt.

Der Bund hat seinen Radius noch einmal erweitert und mit Klee und Schlemmer – Feininger und Kandinsky waren schon lange Mitglieder im Bund und auch Marcks, der in Köln allerdings fehlte, wurde im vorigen Jahr ausgestellt – nun auch die Leistungen des Bauhaus stärker gewürdigt. So konnte es zumindest wahrgenommen werden: „Der Bedeutung entsprechend, die sie für das deutsche Kunstschaffen zweifellos haben", so Straus-Ernst, „hat man den Künstlern des Bauhauses einen breiten Platz eingeräumt."[1357] Neben diesen positiven Entwicklungen wusste die Journalistin hingegen zu bemerken, wie erstaunlich es doch gewesen sei,

> „daß auch die Meister, die noch vor kurzem als Vertreter gegenwärtiger Malerei galten, [...] heute fast fremd und zeitfern erscheinen können. Es ist da z.B. interessant, zu beobachten, wie einige von den Künstlern des früheren ‚Brücke'-Kreises sich bemühen, innerhalb der selbstgezogenen Grenze neue Möglichkeiten der Bildrhythmisierung zu finden, ohne uns zunächst von dem Erfolg dieser Anstrengungen recht überzeugen zu können. Interessant ist auch der Weg, den Karl Hofer zu nehmen scheint; im Grunde schreitet er so fort, wie wir ihn längst kennen: das Dumpfe, Maskenhafte menschlichen Zusammenlebens in wenigen Figuren mit malerischer Kraft zusammenballend; aber er kommt dabei neuerdings zu Lösungen, die den Versuchen der Bauhauskünstler – Baumeister, Schlemmer – überraschend verwandt sind. Hofer hat es natürlich nicht nötig, sich irgendwo Anregungen zu holen; dieser Wechsel der künstlerischen Auffassung, der Wille zu stärkster Typisierung der Einzelform zugunsten einer innerlich geschlossenen Gesamtgestaltung liegt eben in der Luft und läßt keinen unberührt, der dem Wesen der Zeit nachgeht."[1358]

Die Neue Sachlichkeit betrachtete Straus-Ernst bereits wieder als überholt. Diese sei,

> „erstaunlich – und erfreulich! – schnell in der Versenkung verschwunden. [...] Sie war offenbar nichts weiter als der Übergang zu einer Kunst, die zwar gegenständlich bleibt, dabei aber den ganzen sinnlichen Reiz hat, der von jeher wichtigste Eigenschaft aller Malerei gewesen ist."[1359]

1356 Nicht zu verwechseln mit dessen gleichnamigen Cousin, der sich zur Unterscheidung Vordemberge-Gildewart nannte.
1357 Straus-Ernst 1928/29, S. 380.
1358 Ebd.
1359 Ebd.

An anderer Stelle wurde sie diesbezüglich deutlicher:

> „Die Gefahren, die offenbar in der ‚Neuen Sachlichkeit' lagen, scheinen überwunden. Sie war, wie jetzt, und gerade in Köln, deutlich wird, kein Vorbote für kümmerlichen Photoersatz; sie war vielmehr Übergang zu einer dem ursprünglichen Sinn aller Malerei angenäherten Gestaltungsform, die manchmal dekorativ im guten Sinne ist."[1360]

Straus-Ernst, die selbst zuweilen künstlerisch tätig war und zusammen mit ihrem Ex-Mann Max Ernst zum Kreis der frühen Kölner Dadaisten gehörte, hatte sicherlich ganz spezielle Erwartungen an eine moderne Kunstausstellung. Zwar räumte sie ein, dass wieder „ungefähr die wichtigsten malerischen und bildhauerischen Begabungen Deutschlands vertreten" waren. Aus ihrer Sicht aber zeigte sich auch: „Die wirkliche neue Generation aber läßt immer noch auf sich warten."[1361] Vollkommen ignoriert hat der Bund das Umfeld von Straus-Ernst aber nicht. Auch wenn der Künstlerbund etwa Hans Arp, Raoul Hausmann, Hannah Höch oder Kurt Schwitters auch in Zukunft nicht einladen sollte, hat er auf der Kölner Ausstellung mit Marta Hegemann und Heinrich Hoerle die Dada-Bewegung zumindest im Ansatz aufgenommen. Und auch Max Ernst wurde in Köln dem Künstlerbund-Publikum vorgestellt.

Auch mit dieser Ausstellung hat sich der Künstlerbund ein Stück weiter ins aktuelle Kunstgeschehen gearbeitet. Dass er sich überwiegend auf bereits gereifte Künstler verließ, war wohl in erster Linie seinem Qualitätsanspruch geschuldet, den junge, unbekannte Künstler selten zweifelsfrei erfüllen konnten. Gerade bei dieser Ausstellung stellt sich weiterhin die Frage, nach welchem Prinzip die Veranstaltungsorte ausgewählt worden sind. Dies war die erste Ausstellung des Künstlerbundes im Rheinland. Wenn der Künstlerbund die avantgardistische Kunstbewegung tatsächlich begleiten wollte, muss das eigentlich verwundern, da diese Region seit der Sonderbundausstellung 1912 für die moderne Kunstszene enorm an Bedeutung gewonnen hat. Aber es entsprach eben dem Charakter des Bundes, nicht vorne an zu gehen, sondern die Entwicklungen aus einer gewissen Distanz zu dokumentieren. Das solide Auftreten des Bundes ließ ihn schließlich als „gültige Vertretung fast der gesamten deutschen Künstlerschaft"[1362] erscheinen. Somit sah Straus-Ernst die Ziele des Künstlerbundes nach 25 Jahren dann doch erreicht: „Man kann dem Deutschen Künstlerbund nur wünschen, daß er am Ende seines zweiten Vierteljahrhunderts ebenso jung und zeitnah dastehen möge wie heute; […]".[1363] Ihre Prognose aber: „dann werden seine jährlichen Ausstellungen sich zu einer Einrichtung auswachsen, die aus dem deutschen Kunstleben gar nicht mehr wegzudenken ist"[1364], dachte der Bund 1929 sicherlich bereits erreicht zu haben. Mit dem bewussten Verzicht,

---

1360 S[traus] E[rnst] 1929, S. 219 f.
1361 St.[raus]-E.[rnst] 1929/30.
1362 Straus-Ernst 1928/29, S. 378.
1363 Straus-Ernst 1928/29, S. 383.
1364 Ebd.

„der Ausstellung aus Anlaß des Jubiläums etwa einen retrospektiven oder auch nur konservativen Anstrich zu geben“[1365], wie es auch weithin verstanden worden ist, hat die neue Künstlerbund-Generation jedenfalls die Absicht des Bundes erneuert, sich auf das aktuelle Kunstgeschehen zu konzentrieren. Das konnte durch die immer noch währende Präsenz der ersten Künstlerbundgeneration zuweilen in Vergessenheit geraten.

1930: 13. Jahresausstellung in Stuttgart

Die nächste Ausstellungsstation war 1930 Stuttgart. Veranstalter war die Stuttgarter Handelshof AG, Ausstellungs- und Tagungsstelle, Vorläufer der heutigen Messe Stuttgart. Die Schau fand in den Städtischen Ausstellungshallen auf dem Interimtheaterplatz beim Neuen Schloss statt.

Auch in Stuttgart war die städtische Beteiligung an der Schau groß, indem nicht nur der Oberbürgermeister Karl Lautenschläger sondern auch der württembergische Staatspräsident Eugen Bolz der Veranstaltung als Ehrenpräsident vorstand. Zudem ist dem Katalog eine Liste mit den Namen von 83 Bürgern der Stadt Stuttgart oder des übrigen Baden Württemberg beigefügt, die Fördermittel für Preisgelder zur Verfügung gestellt haben.[1366] Neben dem Direktor der Stuttgarter Kunstakademie Arnold Waldschmidt und dem Kunstschriftsteller und Journalisten Karl Konrad Düssel als einzige Vertreter aus der Kunstszene finden sich unter den Förderern hauptsächlich Unternehmer und Politiker.[1367] Nie zuvor wurden die Mäzene einer Künstlerbundausstellung einzeln benannt. Auch das war wohl dem Wirken der Stadt zu verdanken.

Innerhalb der 14 Mann starken Jury überwog bei Weitem in diesem Jahr der Expressionismus.[1368] Haueisen war der letzte verbliebene Spätimpressionist, Pankok der einzige, der bereits vor dem Ersten Weltkrieg eine Künstlerbundausstellung juriert hatte. Pankok war in Stuttgart natürlich der Repräsentant schlechthin, zumal der Veranstaltungsort von ihm geschaffen worden ist.[1369] Heinrich Altherr und Joseph Henselmann waren als einzige neu hinzugekommen. Henselmann konnte das Amt allerdings nicht bis zu Ende wahrnehmen, weil ihm bereits der

---

1365 Straus-Ernst 1928/29, S. 380.

1366 Vgl. Deutscher Künstlerbund 1930, S. 6f.

1367 Arnold Waldschmidt (1873–1958) gehörte 1923 zu den Gründungsmitgliedern der Stuttgarter Sezession. Waldschmidt hatte nur einmal beim Künstlerbund ausgestellt, 1910 in Darmstadt. Hier in Stuttgart hat er nicht teilgenommen, dafür aber seine sehr viel jüngere Frau, die Malerin und Bildhauerin Olga, genannt „Olly“, Waldschmidt (1898–1972). Ob die Stuttgarter Sezession als Institution an der Veranstaltung beteiligt gewesen ist, lässt sich nach derzeitigem Wissen nicht erkennen. Genannt ist sie nirgendwo.

1368 Die Zusammensetzung der Jury siehe im Anhang.

1369 Vgl. Stuttgarter Neues Tagblatt, Wochen-Ausgabe, 22.5.1930, S. 8 u. 31.5./1.6.1930, S. 2, in: AdK, Deutscher Künstlerbund, 704.

Villa-Romana-Preis verliehen worden ist, wie er später einmal in gegenüber Dix zu erinnern gab.[1370] Die übrigen Juroren hatten bereits alle schon einmal für eine Künstlerbundausstellung juriert. Albiker, Caspar, Haueisen, Heckel, Mueller, Pankok und Scharff bildeten inzwischen die neue Stammjury. Mit Dix, Seewald und Unold war nun auch die Nachfolgegeneration der Expressionisten stärker vertreten. Insgesamt repräsentierte die Jury wie immer das Gesamtfeld der Teilnehmer und bewahrte durch Albiker, Haueisen und Pankok, aber auch durch die längst nicht mehr revolutionären Expressionisten Caspar, Hofer oder Nauen zuverlässig den soliden Charakter des Bundes.[1371]

Eingereicht wurden zwischen 800 und 900 Werke von etwa 350 Künstlern.[1372] Davon wurden jeweils zwei Drittel aussortiert und schließlich 338 Exponate von 203 Künstlern präsentiert. Das waren kaum mehr Arbeiten als im Vorjahr, dafür umso mehr Teilnehmer. Keiner hat mehr als drei Arbeiten ausgestellt. Diese Höchstzahl wurde zudem nur Künstlern gewährt, die bereits wiederholt beim Bund ausgestellt haben.[1373] Kein Künstler wurde also besonders hervorgehoben. So muss ein vollkommen ausgeglichenes Gesamterscheinungsbild entstanden sein.

Die Zahl der Neuzugänge war auch in diesem Jahr nicht sehr hoch. Der süddeutsche Raum war aufgrund einer erneut herausragenden Präsentation der örtlichen Künstlerschaft gleich stark vertreten wie die ostdeutschen Zentren. Darüber hinaus war auch das Rheinland mit vor allem Düsseldorfer und Kölner Künstlern wieder sehr präsent. Insgesamt hat der Bund an seinem Kurs festgehalten – und der war expressionistisch. Altherr, Annot, Barlach, Baumeister, Beckmann, Belling, Blumenthal, Breker, Caspar, Caspar-Filser, Crodel, Degner, Domscheit, Feininger, Feldbauer, Gilles, Gleichmann, Heckel, Herbig, Hettner, Hofer, Jawlensky, Kandinsky, Kerschbaumer, Kirchner, Klee, Kokoschka, Laves, H. Macke, Marcks, Mense, O. Moll, O. Mueller, Nay, Pechstein, Josef Pieper, Purrmann, Roeder, Schmidt-Rottluff, E. R. Weiss, Wiethüchter waren die Protagonisten. Die alten Impressionisten Hahn, Haueisen, U. Hübner, König, Liebermann, Mosson, Nagel, Orlik, Schinnerer waren die respektablen Rudimente vergangener Tage. Der Künstlerbund hat seinen Weg in die Gegenwart gefunden. Dass er aber auch auf dem Weg in die Zukunft war, konnte man bei dieser Besetzung nicht sagen. Die Expressionisten überwogen deutlich gegenüber den Vertretern der Neuen Sachlichkeit, auch wenn sich unter ihnen bedeutende Namen finden wie de Fiori, Dressler, Heuser, Kretzschmar, Schrimpf, Seewald, Unold, Adler, Dix, Fuhr oder Grosz. Nach Karl Hubbuch etwa, Felix Nussbaum, Curt Querner, Christian Schad oder Rudolf Schlichter aber suchte man weiterhin vergeblich.

1370 Henselmann an Dix, Feb. 1951, Kopie in: AdK, Deutscher Künstlerbund, 702.

1371 Schmidt-Rottluff und Sterl hatten die Wahl in die Jury nicht angenommen. Vgl. Stuttgarter Neues Tagblatt, Wochen-Ausgabe, 22.5.1930, S. 8.

1372 Die Angaben zur Anzahl der eingereichten Arbeiten variieren zwischen 800 (Der Cicerone, Jg. 22, 1930, S. 285) und 900 (Stuttgarter Neues Tagblatt, Wochen-Ausgabe, 22.5.1930, S. 8).

1373 Einzige Ausnahmen waren Ewald Mataré und Walter Meyer-Vax.

Bei der Konzeption der Ausstellung behielt der Künstlerbund sein Programm dahingehend bei, alle Arbeiten eines Künstlers beieinander zu lassen und nicht mehr auf verschiedene Räume zu verteilen. Bei der relativ geringen Anzahl von Werken, die jeder Künstler zeigen durfte, war dies nicht schwer umzusetzen. Ansonsten war die Ordnung auch in Stuttgart weder regional noch stilistisch konsequent angelegt. Saal 1 war den Bildhauerarbeiten vorbehalten. Einzig eine Plastik von Alexandra Povórina-Hestermann wurde in Saal 9 untergebracht, wo sie ihren Kollegen aus dem Rheinland zur Seite gestellt wurde. Regional ausgerichtet war auch Saal 4, in dem Purrmann als einziger Berliner unter sonst nur Münchnern präsentiert wurde. Die meisten traditionelleren Künstler wurden in Saal 3 zusammengeführt: Haueisen, U. Hübner, König, Liebermann, Orlik und Pankok. Sie hingen hier zwischen Degner, Dressler, Feldbauer, Gleichmann, Großmann und Hettner. Auch Mosson und Paul Wilhelm wurden in Saal 10 zwischen den Expressionisten Domscheit, H. Macke, Waske, Wiethüchter und F. Winkler platziert. Saal 5 war der einzige rein expressionistische Raum. Heckel, Herbig, Kaus, Kerschbaumer, O. Mueller, Nauen, Schmidt-Rottluff und E. R. Weiss waren hier zu sehen. In den übrigen Sälen waren Expressionisten und neusachliche Künstler wieder vollkommen gemischt untergebracht. So hingen die frühen Expressionisten Beckmann, Hofer, Jawlensky, Kandinsky, Klee und Kokoschka neben Brockmann, Crodel, Fuhr und Grosz (Saal 11) oder Baumeister, Kirchner und Molzahn zwischen Adler, Mangold und Seewald. Auch die Vertreter des Bauhauses Feininger, Klee, Marcks und Schlemmer wurden nicht zusammen präsentiert. Sie hingen jeder in einem anderen Saal.

Die künstlerische Ausrichtung des Deutschen Künstlerbundes lag inzwischen klar auf dem Expressionismus. Die spektakuläre Zeit des Expressionismus aber war 1930 lange vorbei. Und so zeichnete sich nach wie vor die grundlegende Struktur der Künstlerbundausstellungen als solide Übersichtsschauen der Gegenwart ab. Die Zahl der Neuzugänge war in Stuttgart mit einem Viertel der Teilnehmer auch wie bereits ein Jahr zuvor in Köln nicht mehr besonders hoch. In Hamburg (1921), Dresden (1927) und Hannover (1928) bestand noch fast die Hälfte der Aussteller aus Neuzugängen. So kam es bald erneut zu einer ziemlichen Überalterung der Teilnehmerschaft. Dennoch, und darauf kam es nicht minder an, wurde „eine Reihe bedeutender Kunstwerke [...] in Stuttgart zum ersten Mal gezeigt".[1374] Und in den drei gezeigten Werken des 52-jährigen Hofer kündigte sich sogar noch „ein neues Formgefühl" an.[1375]

Der Deutsche Künstlerbund blieb seinem Tenor der Gegenüberstellung etablierter und progressiver Künstler treu. Er hat dabei keinesfalls eine Vorreiterrolle gespielt, denn der Anteil bewährter Exponate war stets ungleich höher gegenüber Neuheiten. Der Preis dafür war in diesem Jahr die Einbuße der Anteilnahme durch das Kunstfeuilleton. Der *Cicerone* und das *Kunstblatt* brachten lediglich kurze Notizen über

1374 Der Cicerone, Jg. 22, 1930, S. 285.
1375 Vgl. Stuttgarter Neues Tageblatt, 31.5./1.6.1930, S. 2.

die Schau.[1376] Eine Berichterstattung blieb in den gängigen Kunstzeitschriften aus. Dennoch hat der Bund auch 1930 nicht an Ansehen verloren. Eine entscheidende Rolle hierfür spielte nicht zuletzt seine überregionale Ausrichtung, auch in Bezug auf die Austragungsorte. Vor allem, dass sich der Bund während der letzten Jahre in künstlerisch eher unbedeutenderen Städten präsentierte – in Chemnitz, Hannover, Köln und nun in Stuttgart – kam seiner, als auch der Reputation des Austragungsortes zugute. So hieß es auch bezüglich der Stuttgarter Schau wieder, die Stadt würde „in diesem Sommer die größte und wichtigste aller deutschen Kunstausstellungen beherbergen".[1377] Schließlich handele es sich beim Deutschen Künstlerbund um „die repräsentative Künstlervereinigung Deutschlands".[1378] Und man war in guter Erwartung, „daß die Ausstellung des Deutschen Künstlerbundes seinen vorangegangenen Ausstellungen in Hannover und Köln künstlerisch nicht nachstehen"[1379] würde. Für Stuttgart sollte die Ausstellung ein großes Event werden, an dem sich die ganze Stadt beteiligte. „Denn die lokalen Organisationen haben es sich zur Aufgabe gemacht, die zentrale Ausstellung würdig zu umrahmen. Und die Behörden haben auf diesen Termin die Neuorganisation ihrer Sammlungen vorbereitet."[1380] Vom Staat Württemberg wie auch von der Reichsregierung wurde die Schau zudem durch die Stiftung von Preisen gewürdigt.[1381] Stuttgart versprach sich von der Ausstellung eine Wahrnehmung weit über die Grenzen der Stadt hinaus. Zugleich wurde der Künstlerbund durch die große Zahl an Förderern sowie die Repräsentation durch die Ehrenpräsidentschaft des Staatsministers gebührend in Stuttgart empfangen. Zur Eröffnung der Ausstellung zeigten sich zahlreiche Honoratioren aus Stadt und Staat. Auch das unterstreicht den Stellenwert, den der Deutsche Künstlerbund nach wie vor genossen hat.

Vor allem mit dem Reichskunstwart Redslob, inzwischen selbst Mitglied im Bund, hatte der Deutsche Künstlerbund nun auch einen wichtigen politischen Repräsentanten in den eigenen Reihen gewonnen. Redslob hielt 1930 die Eröffnungsrede, in der sich ein aufschlussreicher Aspekt findet.[1382] Denn Redslob betonte den unbedingten Zusammenhang, in dem alle bisherigen Künstlerbundausstellungen gesehen werden müssten. Sie waren „keine Einzelveranstaltungen", wie die *Stuttgarter Neuesten Nachrichten* Redslob wiedergaben,

> „sie seien wie die Glieder einer Kette und sollen sich zu einem Ganzen zusammenfügen. Zu einem Ganzen mit dem Ziel der künstlerischen Auslese, der Auswahl oder wenn man schon ein Fremdwort wolle, der Selektion. Eine Auswahl, die durch Vergleich,

1376 Der Cicerone, Jg. 22, 1930, S. 285 u. Das Kunstblatt, Jg. 14, 1930, S. 379.
1377 Stuttgarter Neues Tagblatt, Wochen-Ausgabe, 22.5.1930, S. 8.
1378 Ebd.
1379 Ebd.
1380 Ebd.
1381 Ebd.
1382 Die Eröffnungsrede abgedruckt in: Stuttgarter Neues Tageblatt, 31.5./1.6.1930, S. 2.

durch kameradschaftlichen Wettbewerb das Niveau der Kunst unserer Zeit einhalten und zeigen wolle. Dies sei das eigentliche Ziel und Thema dieser Ausstellungen."[1383]

Das ist natürlich ein interessanter Ansatz, die Künstlerbundausstellungen rückblickend neu zu interpretieren. Daraus erklären sich aber vor allem die durchweg hohen Erwartungen, die jeder lokale Veranstalter mit einer Künstlerbundausstellung für das eigene Haus und die Stadt verbunden hat. So wäre zusammenfassend auch nicht ausschlaggebend, wie die Ausstellungen im Einzelnen ausgefallen sind, welche besonders erfolgreich, welche weniger der Rede wert waren. Versprochen hat sich Redslob von seiner Interpretation viel, denn er verwies in seiner Rede auf den zukunftsweisenden Charakter der Schauen, den sich die neue Künstlerbundgeneration auf die Fahne geschrieben hatte. Die künstlerische Auswahl geschähe schließlich je im Hinblick der „Vorbereitung auf die Zukunft".[1384]

Aus heutiger Sicht kann man Redslob Recht geben. Es finden sich zahlreiche Namen bedeutender Künstler unter den Ausstellungsteilnehmern des Bundes. Dennoch ist der Bund in seiner Zukunftsweisung eher verhalten vorgegangen. Die großen Auftritte waren den Künstler meist erst beschert, nachdem sie sich bereits einen Namen gemacht hatten. Die wirklichen Herausforderungen standen dem Bund ohnehin erst bevor. In den kommenden Jahren musste sich die fortschrittliche und konsequente Haltung des Bundes gegen einen neuen politischen Gegner beweisen. In Weimar begannen sich bereits in diesem Jahr die ersten Zeichen der Verfemung abzuzeichnen. Nachdem schon 1925 das Bauhaus nach Dessau hatte umziehen müssen, wurde die Moderne nun endgültig aus dem repräsentativen Kulturbetrieb der thüringischen Stadt verbannt:

> „Armes Weimar. Aus Weimar teilt man uns mit, daß auf Anordnung des thüringischen Volksbildungsministeriums die moderne Abteilung im Schlossmuseum magaziniert werden musste. Es handelt sich um Gemälde, Graphik und Plastik von Barlach, Carrà, Crodel, Dexel, Dix, Feininger, Klee, Kirchner, Kokoschka, Lehmbruck, Marc, Marcks, Metzinger, Moltzahn, Schlemmer, Schmidt-Rottluff. Kulturelle Selbstentmannung!"[1385]

Auch Schlemmers Treppenhausfresken im Weimarer Bauhausgebäude wurden durch Übermalung entfernt.[1386] Am 1. April wurde Hildebrand Gurlitt die Leitung des König-Albert-Museums in Zwickau entzogen. Offiziell geschah dies unter dem Vorwand fehlender Gelder. Der tatsächliche Grund aber war Gurlitts avantgardistische Ankaufspolitik.[1387] Gurlitt war der erste Museumsdirektor in der ausgehenden Weimarer Republik, der aus politischen Gründen entlassen worden ist.

1383 Stuttgarter Neues Tageblatt, 31.5./1.6.1930, S. 2.

1384 Ebd.

1385 Der Cicerone, Jg. 22, 1930, S. 624. Thüringischer Staatsminister für Inneres und Volksbildung war seit dem 23.1.1930 Wilhelm Frick. Er war der erste von der NSDAP gestellte Minister in der Weimarer Republik.

1386 Vgl. Das Kunstblatt, Jg. 14, 1930, S. 379.

1387 Vgl. dazu Bruhns 2001, Bd. 1.

1931: 14. Jahresausstellung in Essen

Die 14. Jahresausstellung des Deutschen Künstlerbundes fand 1931 in Essen statt. Nach Köln 1929 wiederholte der Bund nun nach relativ kurzer Zeit seine Präsenz im Rheinland. Überhaupt hat sich mit Hannover (1928), Köln (1929), Stuttgart (1930) und in diesem Jahr Essen eine Hinwendung des Bundes nach Westdeutschland gezeigt. Bislang hatte sich die Wahl der Veranstaltungsorte auf ost- und norddeutsche Regionen konzentriert. Der Künstlerbund trug der Entstehung neuer moderner Kunstzentren Rechnung.

Die Ausstellung fand von Mai bis August in den Ausstellungshallen in der Norbertstraße statt. Parallel zur Künstlerbundschau wurden dort zwei weitere Ausstellungen unter den Titeln *Kunst der Werbung* und *Das Lichtbild* gezeigt, was sicherlich dem Zulauf der Künstlerbundausstellung zugutekam. Mit der Eintrittskarte für die Künstlerbundausstellung konnte außerdem zugleich das nicht weit entfernte Museum Folkwang besucht werden, was sicherlich eine kluge Werbestrategie war. Wie in Stuttgart stand auch hier ein größerer Veranstalter hinter der Exposition. Ausgerichtet wurde die Schau vom Verein zur Veranstaltung kultureller Ausstellungen in Essen e. V.

Die Zusammensetzung der Jury hat sich im Vergleich zum Vorjahr kaum verändert.[1388] Im Gegensatz zu seinem Altersgenossen Pankok, der in diesem Jahr zum letzten Mal für den Künstlerbund jurierte, war Haueisen nun nicht mehr dabei. Verzichten musste der Bund auch auf Otto Mueller, der im vergangenen Jahr im Alter von 55 Jahren verstorben war. Wieder ist eine Generation Schritt für Schritt ausgeschieden. Jünger wurde die Jury darum auch 1931 nicht. Mit Albiker, Caspar, Hofer, Klee und Pankok war immer noch fast die Hälfte der Juroren bereits über fünfzig Jahre alt. Die Übrigen, auch nicht wesentlich Jüngeren deckten das inzwischen übliche Feld der Expressionisten ab. Dix und Seewald vertraten nach wie vor das Lager der Neuen Sachlichkeit. Gerhard Marcks war der einzig neue Juror, der Klee als Repräsentant des Bauhauses unterstützte.

Nach der Kriegspause zeigte sich die Jury des Künstlerbundes in ihrer Zusammensetzung wesentlich stabiler als vor dem Krieg. Albiker, Caspar, Heckel, Hofer, Klee, Kolbe (der nur 1930 und 1931 nicht dabei war), Pankok, Scharff und Schmidt-Rottluff bildeten den Stamm der Kommission.

Mit 412 Exponaten von 243 Teilnehmern ist diese Ausstellung wieder etwas größer ausgefallen als die beiden vorangegangen in Köln und Stuttgart. Mehr denn je ist auf dieser Essener Schau das Rheinland hervorgetreten. Aus Essen kamen fast genauso viele Teilnehmer wie aus Dresden. Zusammen mit den Kollegen aus Düsseldorf, Köln und dem übrigen Rheinland stellten die Rheinländer erneut die größte regionale Gruppe nach den Berlinern dar. Dresden ist als Kunstzentrum, das lange Jahre neben Berlin und München das Erscheinungsbild des Künstlerbundes immer mitbestimmt hatte, mehr und mehr in den Hintergrund getreten. Auch hierin zeigt

1388 Die Zusammensetzung der Jury siehe im Anhang.

sich der Generationswechsel, denn die Essener Teilnehmer waren durchweg jung, nur zwei von ihnen, Josef Enseling und Josef Urbach, waren bereits jenseits der Vierzig. Die junge Essener Künstlerschaft konnte sich hier bemerkenswert zwischen den verdienten Künstlerbündlern platzieren. Es ist inzwischen zu einem typischen Merkmal der Künstlerbundausstellungen geworden, dass vor allem aus der Veranstaltungsstadt auffallend junge Künstler eingeladen wurden, die sonst wohl kaum die Gelegenheit gehabt hätten, den Bund auf sich aufmerksam zu machen.

Eine rudimentäre Gruppe impressionistischer Altmeister ist auf eine Handvoll zusammengeschrumpft. Hahn, U. Hübner, Th. Th. Heine, König, Mosson, Nagel und Orlik waren in Essen die verbliebenen Repräsentanten der Anfangszeit. Ahlers-Hestermann, Albiker, Baumeister, Beckmann, Belling, Kolbe, Kraus, Mataré, Modersohn, Pankok, Sintenis und Steger gehörten nun zu den moderateren Protagonisten des Bundes. Tonangebend waren noch immer die Expressionisten. Die ehemaligen Brücke-Künstler waren, bis auf Nolde, auf allen Künstlerbundausstellungen gut vertreten. Aber auch Altherr, Annot, Breker, Caspar, Caspar-Filser, Crodel, Davringhausen, Feldbauer, Gilles, Hegenbarth, Herbig, Heuser, Hofer, Jawlensky, Kandinsky, Karsch, Kerschbaumer, Kogan, Mense, O. Moll, Nauen, Purrmann, Rohlfs, Sass, Scharl, Wiethüchter und die ganz jungen Blumenthal und Laves haben sich zum neuen Kern der Vereinigung herausgebildet. Sie dominierten weiterhin gegenüber den neusachlichen Strömungen von Kretzschmar, Schrimpf, Seewald, Unold, Adler, Cassel, Dix, Fuhr oder Grosz, die in diesem Jahr Unterstützung durch Wilhelm Heise, Anton Räderscheidt, Walter Schulz-Matan und Paul Strecker fanden.

Die Bauhaus-Meister Kandinsky, Klee, Marcks und Schlemmer bekamen Zuwachs durch ihre Schüler Egon Engelien, Max Peiffer-Watenphul und Margarete Schall. Mit Nay und den beiden Neuzugängen Edgar Jené und Artur Ressel wurden nun auch vermehrt surrealistische Versuche zugelassen. Und mit Marta Hegemann, die zumindest im Umkreis von Köln gerade einen künstlerischen Höhepunkt erlebte, war abermals eine Verbindung zur Dada-Bewegung hergestellt.

Dass nach langen Jahren nun plötzlich Edvard Munch wieder eingeladen wurde, gibt dieser Künstlerbundausstellung eine besondere Note.[1389] Munchs künstlerisches Wirken, das noch im vergangenen Jahrhundert begonnen hatte, stand für die Abkehr von einer lange gültigen Wirklichkeitsdarstellung. Die Proteste um seine Ausstellung im Verein Berliner Künstler und deren baldige Auflösung durch Anton von Werner im Herbst 1892 legten den Grundstein für die Spaltung der Berliner Künstlerschaft, die schließlich, wenn auch erst acht Jahre später, in die Gründung der

---

1389 Obwohl Munch seit spätestens 1906 Mitglied im Künstlerbund war, hatte er bisher nur ein einziges Mal beim Bund ausgestellt, auf der Grafikausstellung in Lepzig1907. Das war insofern konsequent, als dass er 1909 in sein Heimatland Norwegen zurückgekehrt ist und somit seinen Wohnsitz nicht mehr in Deutschland hatte. Warum sich der Bund 1931 dazu entschlossen hat, Munch noch einmal einzuladen, ist bislang nicht ersichtlich. Zumal das Einladen von Ausländern, außer Österreichern und Schweizern, seit der Kriegspause nahezu vollständig zum Erliegen gekommen ist.

Berliner Sezession mündete.[1390] Mit den Auseinandersetzungen um Munch begann überhaupt erst die Bewegung, für neue, andersartige, ungewohnte künstlerische Ausdrucksmöglichkeiten zu streiten, Gestalt anzunehmen. Auf der Ausstellung in Essen 1931 konnte man in Munch quasi den Beginn der modernen Kunstentwicklung in Deutschland markiert sehen, deren weiterer Verlauf sich mit allem übrigen Dargebotenen verfolgen ließ.

Auch der Essener Schau blieb nicht der Vorwurf erspart, zu milde und großzügig sondiert zu haben. Der zweifelsfrei große Dienst, den die Künstlerbundausstellungen der deutschen Kunst erwiesen, könnte ein noch größerer sein, „wenn alles Zufällige ausgemerzt würde“, schätzte Walter Cohen die Sache ein.[1391] Max Osborn stellte diesbezüglich die Größe der Jury in Frage. Eine Ausstellung im Frankfurter Städel, die von Wichert fast im Alleingang organisiert worden war, hätte gezeigt, „wie nützlich es sein kann, zumal in Übergangszeiten an Stelle der üblichen vielköpfigen Ausstellungskommission die diktatorische Vollmacht eines einzelnen Mannes von Geschmack und Verantwortungsgefühl zu setzen. Der Künstlerbund sollte sich einmal überlegen, ob das nicht auch ihm nützlich wäre.“[1392] Doch das hätte vollkommen dem demokratischen Grundgedanken des Bundes widersprochen.

Was sich der Künstlerbund von Anfang an auf die Fahne geschrieben hat, die Qualität zu achten und allein Talente zu fördern, wurde von außen immer wieder angezweifelt. Denn Aufgabe des Künstlerbundes war es ja nicht, „die Produktion zu sammeln“, worauf Cohen hinwies, sondern vielmehr „die Herausstellung des Wesentlichen“.[1393] Osborn schätzte den Deutschen Künstlerbund in den dreißiger Jahren dennoch mehr als zuvor als „einflußreiches und tatkräftiges Gebilde“.[1394] Im Gegensatz zu den Sezessionen, die ihre „ursprüngliche Stellung und Rolle nicht behaupten“ konnten, hätte der Deutsche Künstlerbund „gerade in den letzten Jahren seine „Wirksamkeit gesteigert“ und sein „Ansehen gekräftigt“.[1395] Osborn sah tatsächlich den von Redslob beteuerten vorausschauenden Blick des Künstlerbundes, der aufzeigte, „was an führenden Talenten vorliegt und wie sich der Bildausdruck fortentwickelt.“[1396] Die dabei bewiesene Beständigkeit in „Charakter und Zielsetzung“[1397] machte die Besonderheit des Deutschen Künstlerbundes aus, der nach

---

1390 Vgl. hier: Kap. II.1.3 u. Kap. II.2.1.

1391 Cohen 1931/32, S. 44. Cohen waren die Notwendigkeiten einer modernen Kunstausstellung nicht fremd. Er hatte 1918 im Kölnischen Kunstverein die Ausstellung *Das junge Rheinland* organisiert.

1392 Osborn 1931, S. 288. Denselben Vergleich zog auch Walter Cohen in: Cohen 1931/32, S. 46. Die Rede war hier von der Ausstellung *Vom Abbild zum Sinnbild*, die im Juni 1931 im Frankfurter Städel stattgefunden hat. Siehe: Frankfurt a. M. 1931.

1393 Cohen 1931/32, S. 46.

1394 Osborn 1931, S. 287.

1395 Ebd.

1396 Osborn 1931, S. 288.

1397 Osborn 1931, S. 287.

wie vor der einzige Ausstellungsveranstalter wäre, der weitestgehend alle aktuell relevanten Kunstzentren aus den deutschsprachigen Ländern berücksichtigt hätte. „Das wird in so breiter Entfaltung seit Jahren an keiner anderen Stelle geboten", wie Osborn registrierte.[1398] Die stilistische oder ideelle Herkunft eines Künstlers spielte für den Künstlerbund grundsätzlich keine Rolle, ungeachtet der persönlichen künstlerischen Präferenzen der Entscheidungsträger.

Für Glaser traf dieses Verdienst nur eingeschränkt zu. In ihrer „Gesamtheit" sei die deutsche Künstlerschaft hier nicht präsentiert. Auch war die Schau „nicht frei von örtlichen Einflüssen und persönlichen Interessen", korrigierte Glaser seinen Kollegen Osborn.[1399] Vor allem aber warnte Glaser vor der „Gefahr schulmäßig akademischer Wertung"[1400], die das Resultat einer allzu gesetzten Jury wäre. Viele der Juroren waren durch Lehrtätigkeiten an Unterrichtsanstalten gebunden. Wenn sie auch im Alter ihre grundsätzlich fortschrittliche und liberale Kunstauffassung beibehalten hatten, waren sie doch nicht unwesentlich eingebunden in einen ordentlichen Hochschulalltag. Natürlich stellte sich die Frage, ob diese etablierten Herren immer noch nah genug am Zeitgeschehen waren, um die nachrückende Generation völlig vorbehaltlos zu betrachten und motiviert für sie einzutreten. Die guten Absichten wurden dem Bund von Glaser insofern nicht abgesprochen, als dass er „den jungen Kräften freigebig Einlaß gewährt"[1401] hätte. Gerade die Essener Schau hatte dies wieder gezeigt. Der Anteil junger Künstler war hier höher als bei jeder anderen Ausstellung seit Kriegsende, was als frischer und lebendiger Zug wahrgenommen worden ist.[1402] Die jungen Berliner Arnold Bode, Laves, Nay, Kurt Roesch, Hermann Teuber oder Clemens Wieschebrink etwa waren „der Ausstellung stärkere Stützen als manche bekannten Namen", wie Curt Glaser feststellte.[1403] Dass viele Nachwuchskünstler aus dem Veranstaltungsort Essen und dem übrigen Rheinland kamen, war durchaus mehr als ein höfliches Zugeständnis an den Gastgeber. Denn längst war klar, dass „Ausstellungen junger Kunst" nunmehr „vornehmlich in Berlin und im Rheinlande stattzufinden" pflegten.[1404]

Nach wie vor ist der Künstlerbund nicht von seinem Konzept abgewichen, der älteren Genration ihren Raum zu lassen. Inzwischen bestand diese Generation aus den progressiven Geistern von damals. Die ehemaligen Brücke-Künstler, Jawlensky, Hofer, Kandinsky, Klee, Purrmann und sogar noch der alte Rohlfs gaben der Schau ihr „Gewicht".[1405] Unter den Jüngeren hatten inzwischen Cassel, Davringhausen, Fritsch, Grosz, Walter Jacob, Keudell, Scheuernstuhl, Schrimpf, Seewald, Teuber und F. Winkler ihre regelmäßige Präsenz behauptet.

1398 Osborn 1931, S. 288.
1399 Glaser 1931, S. 403.
1400 Ebd.
1401 Ebd.
1402 Vgl. P. W. 1931, S. 222.
1403 Glaser 1931, S. 403.
1404 Cohen 1931/32, S. 46.
1405 Vgl. Glaser 1931 u. Cohen 1931/32.

Das konsequente Programm, immer wieder auf die erste Künstlerbundgeneration zu verweisen, war vielleicht das Erfolgsgeheimnis der Künstlerbundausstellungen, denn es garantierte einen umfangreicheren Überblick als ihn andere Ausstellungen zeitgenössischer Kunst vermittelt haben, die vielmehr auf bestimmte Gruppen, Schulen oder Regionen beschränkt waren. Überwogen hat beim Bund lange Zeit die populärste aktuelle Tendenz, anfangs der Impressionismus, dann der Expressionismus. Darauf ist die Aktualität des Bundes zu beschränken. Er war liberal genug, zahlreichen Nachwuchskünstlern eine Chance zu geben, und zuverlässig solide, um nicht an Glaubwürdigkeit zu verlieren. Zwischen diesen Polen von Nachwuchs und Meistern lag eine große Bandbreite namhafter Künstlerpersönlichkeiten. Den Wert seiner Ausstellungen konnte der Bund gerade durch die wieder eingeführte kontinuierliche Ausstellungstätigkeit der vorangegangenen Jahre unter Beweis stellen. Im Gemenge der zeitgenössischen Ausstellungen bot er immer noch den zusammenführenden „Sammelbund“[1406] des Kunstgeschehens der vergangenen dreißig Jahre in Deutschland. Der Künstlerbund hatte „eine Mission zu erfüllen, die keine andere Organisation ihm abzunehmen gewillt“ war.[1407] Vielseitigkeit war den Künstlerbundausstellungen ohnehin gegeben durch ihre Überregionalität. Es war ein großes Verdienst des Bundes, „sich von [...] lokalen Einseitigkeiten fernzuhalten und damit die wichtigste und interessanteste Ausstellung des Jahres zu bieten“[1408], wie sich wohl sagen ließ. Und auch wenn noch immer Arbeiten gezeigt wurden, die zuvor bereits andernorts ausgestellt waren, so hat der Künstlerbund dem Publikum doch den Vorzug geboten, diese Arbeiten „nun im größeren Zusammenhang zu sehen“.[1409]

Lange sollte der Bund seinen liberalen Kurs nicht mehr fortsetzen können. Schlemmer, dem ein Jahr zuvor mit der Übermalung seiner Treppenhausfresken im Weimarer Werkstadtgebäude eine große politische Demütigung widerfahren ist, sah sich bereits der Überlegung ausgesetzt: „Wird man sich, wenn die Nazis regieren, in die böhmischen Wälder zurückziehen müssen, oder directement in den nächsten Krieg?“[1410] Andere waren von politischen Diffamierungen noch nicht betroffen. So gelang es noch in diesem Jahr 1931 dem damaligen Kultusminister Adolf Grimme „gegen den Protest konservativer Kreise mit Ernst Ludwig Kirchner, Emil Nolde, Karl Schmidt-Rottluff und Otto Dix einige der beutendsten Repräsentanten des deutschen Expressionismus als Ordentliche Mitglieder in die Preußische Akademie der Künste zu berufen.“[1411]

Die außerkünstlerischen Umstände machten aber auch vor dem Künstlerbund nicht halt. Sicherlich in erster Linie aus wirtschaftlichen Gründen endete die fortlaufende Ausstellungsreihe des Deutschen Künstlerbundes mit der diesjährigen

---

1406 Cohen 1931/32, S. 44.
1407 Ebd.
1408 P. W 1931, S. 222.
1409 Glaser 1931, S. 403.
1410 Zit. aus: März 2001b, S. 261.
1411 März 2001a, S. 42.

Vorstellung in Essen. Neben zwei Grafikausstellungen in den nächsten beiden Jahren sollte nur noch eine weitere Jahresschau erfolgen, bevor auch der Bund den Zwängen des neuen Regimes nachgeben musste.

1932: 8. Grafikausstellung in Königsberg, Danzig, Rostock, Hannover, Kiel

1932 hat der Künstlerbund zum ersten Mal eine richtiggehende Wanderausstellung veranstaltet. Fünf Orte wurden bespielt, an denen die Ausstellung jeweils vier bis sechs Wochen gastierte. Begonnen wurde im Sommer 1932 in der Königsberger Kunsthalle am Wrangelturm. Die Schau zog weiter ins Museum Danzig, dann zum Kunstverein Rostock ins Städtische Museum, anschließend nach Hannover, diesmal nicht wie 1928 zum Kunstverein, sondern als Gast der Kestner-Gesellschaft im Rahmen deren 124. Ausstellung, und machte schließlich – mehr Stationen jedenfalls sind nicht bekannt – Anfang 1933 noch Halt in der Kunsthalle Kiel, auf Einladung des Schleswig-Holsteinischen Kunstvereins.[1412] Offenbar hat jeder lokale Veranstalter einen eigenen Katalog gedruckt. Drei Kataloge lagen der Autorin vor, die in der Zusammensetzung der Teilnehmer auch kleine Differenzen zeigen.[1413] Der Hannoversche Katalog ist im Vergleich zum Königsberg-Danziger sehr knapp gehalten und enthält nur die Namen der ausgestellten Künstler. Dafür wurden hier in einer kurzen Einführung die Ziele des Bundes skizziert. Einen „Querschnitt durch die deutsche Kunst der Gegenwart" sollten die Ausstellungen bieten, und zwar, wie es für den Künstlerbund üblich war, „durch alle Generationen", von den Zwanzigjährigen bis zu den Achtzigjährigen.[1414] Nie zuvor hat der Bund sein Programm in solcher Deutlichkeit kommuniziert.

Nach drei Veranstaltungen in West-, bzw. Süddeutschland erweiterte der Künstlerbund nun seinen Wirkungskreis auf den äußersten Osten und Norden und betrat lediglich in Hannover bekanntes Terrain. Die Wahl der Veranstaltungsorte hatte vielleicht auch strategische Gründe. Begonnen hat die Schau auf seinerzeit liberalem

1412 Vgl. die Auflistung auf der Webseite des Deutschen Künstlerbundes, in: Deutscher Künstlerbund, Historie (Archiv 1903 bis 1936). http://www.kuenstlerbund.de/deutsch/historie/archiv-1903-bis-1936/ausstellungen/index.html (abgerufen am 2.9.2015). Die Ausstellungsorte gehen auch aus einem Schreiben des Künstlerbundes an Karl Hofer hervor. Vgl. Deutscher Künstlerbund an Hofer, 29.9.1932, Kopie in: AdK, Deutscher Künstlerbund, 705.

1413 Einer der eingesehenen Kataloge fasst die Schauen in Königsberg und Danzig zusammen (Deutscher Künstlerbund 1932a). Danzig hatte zudem einen eigenen Katalog (Deutscher Künstlerbund 1932b). Außerdem konnte der Hannoversche Katalog eingesehen werden (Deutscher Künstlerbund 1932c). Im Stadtarchiv Rostock gibt es den Hinweis auf einen Rostocker Katalog, der dort aber nicht vorliegt. Vgl. Stadtarchiv Rostock, Kunstverein zu Rostock, 1.3.2, Sig. 37.

1414 Vgl. Deutscher Künstlerbund 1932c, [o. S.].

Boden. Königsberg war seit 1923 von Litauen annektiert und unterlag vermutlich weniger der beginnenden staatlichen Beobachtung.

Die Bezeichnung „Grafikausstellung" ist nicht ganz präzise, denn es wurden Zeichnungen und Aquarelle gezeigt. Letztere gehören nicht wirklich zu den grafischen Künsten und wurden auch bei vorangegangenen Künstlerbundausstellungen immer zu den Gemälden gerechnet. Bei dieser Ausstellung war vielmehr der Malgrund ausschlaggebend. Es ging um Arbeiten auf Papier, aber auch wiederum nicht so streng wie bei der Dresdner Grafikschau 1927, auf der das Aquarell bewusst ausgenommen wurde, weil es das Papier als Malgrund nicht voraussetzt.[1415] Die hier gewählte Klassifizierung sollte die Ausstellung aber deutlich absetzen von den Gemäldeschauen. Vor dem Hintergrund der Weltwirtschaftskrise, die 1932 ihren Höhepunkt hatte, kann wohl angenommen werden, dass der Künstlerbund aus wirtschaftlichen Gründen keine Jahresausstellung durchführen konnte. In diesem Sinn kann auch eine Notiz im Kunstblatt verstanden werden: „Der Deutsche Künstlerbund muß in diesem Jahr seine Ausstellung auf Aquarelle und Zeichnungen beschränken."[1416] Und tatsächlich waren dieses Mal auch keine Bildhauerarbeiten integriert, wie es bei den letzten Grafikschauen 1910, 1914 und 1927 der Fall gewesen ist. Die geringe Zahl von 365 ausgestellten Arbeiten wiederum entspricht der Handhabung einer Jahresausstellung mit Gemälden. Für den Zweck einer Wanderausstellung war die Beschränkung auf Papierarbeiten natürlich vor allem organisationsfreundlich. Und der Vorteil einer Wanderausstellung, sich mit einer einmal vorbereiteten Schau an verschiedenen Orten über einen insgesamt langen Zeitraum zu präsentieren, liegt ohnehin auf der Hand. Zudem war, wenn überhaupt, nur noch mit grafischen Arbeiten an ein gutes Verkaufsergebnis zu denken, da sie wesentlich bezahlbarer waren als Gemälde oder Bildhauerarbeiten. So wurde auch hier noch einmal an die Kaufkraft des Publikums appelliert, weil es, wie der Bund ermahnte, „die Pflicht eines jeden ist, der am Leben der Kunst Anteil nimmt, durch Kauf von Kunstwerken die deutschen Künstler zu unterstützen."[1417] Zu diesem Zweck wurde die Schau in Hannover von einer kleinen Werkauswahl der Hannoverschen Sezessionisten ergänzt.[1418]

Die Jury ist in den vorliegenden Katalogen identisch aufgelistet.[1419] Es ist wohl anzunehmen, dass sie nicht jedes Mal neu wirken musste, zumal die Variationen der Teilnehmerlisten in einem überschaubaren Maß gehalten waren, wie sich aus den vorliegenden Katalogen herauslesen lässt. Die Gruppe von sieben Juroren spiegelt das gewohnte Bild des Künstlerbundes der zwanziger Jahre. Wohl aus der Vorsicht heraus hatte sich der Bund in diesem Jahr auf seine beständigsten Kräfte der letzten Jahre verlassen. Auf unbekannte Inspirationen neuer Jurymitglieder hat der Bund

1415 Vgl. oben: Kap. IV.2, S. 295.
1416 Das Kunstblatt, Jg. 16, 1932, S. 48.
1417 Deutscher Künstlerbund 1932c, [o. S.].
1418 Vgl. ebd.
1419 Die Zusammensetzung der Jury siehe im Anhang.

bewusst verzichtet. Bis auf Otto Dix war hier die erste Generation von Expressionisten zusammengekommen. Die Juroren waren alle bereits um die fünfzig Jahre alt. Dix war mit 41 Jahren der Jüngste. Vom Nachkriegs-Stammpersonal fehlten Hofer, Pankok und Scharff.

Die Teilnehmerschaft variierte von Ort zu Ort leicht. In den vorliegenden Katalogen waren zwischen 170 und 180 Künstler verzeichnet. Der Umfang von je knapp 370 ausgestellten Arbeiten zeugt von einer vergleichsweise kleinen Veranstaltung, vor allem im Hinblick darauf, dass es sich um eine reine Grafikschau handelte.

Auch in der Auswahl der Künstler ist der Bund auf Nummer Sicher gegangen. Die Zahl der Neuzugänge war in diesem Jahr so niedrig wie nie zuvor in der Geschichte der Künstlerbundausstellungen. Desgleichen wurde weniger gewagt in der Präsentation junger, noch unbekannter Künstler. Der Anteil der älteren Künstler hingegen ist merklich gestiegen. Offensichtlich wollte sich der Bund nicht allzu sehr überraschen lassen und setzte stattdessen mehr denn je auf seine treuen Gefährten. Am besten vertreten waren Crodel, Hofmann, Klee und sogar noch Sterl, aber auch Albiker, Dix, Drexel und Scheibe sowie die ehemaligen Brücke-Künstler und die Bildhauer Barlach, Kolbe und Scharff. An gewohnten Teilnehmern lassen sich über die Altmeister U. Hübner, Mosson, Nagel und Orlik hinaus wieder Ahlers-Hestermann, Beckmann, Caspar, Caspar-Filser, Hofer, Purrmann, Rohlfs, Kollwitz, Kraus, Mataré, Modersohn und Scheibe hinzufügen. Aber auch mit den übrigen Ausstellern eckte der Bund in diesem Jahr sicherlich noch nicht an. Dada wurde wieder allein von Marta Hegemann angedeutet. Und auch dem Surrealismus wurde nur durch einen Künstler, Artur Ressel, eine Stimme gegeben. Mit Erwin Graumann, Hans Jüchser, Karl Kluth und Hans Theo Richter waren vielversprechende Neuzugänge gewonnen.

Auffallend gut aufgestellt war in diesem Jahr auch das Bauhaus mit Feininger, Kandinsky, Klee, Marcks, Margarete Schall und Schlemmer, die üblicherweise nur vereinzelt beim Bund eingesetzt worden sind. Hinzu kamen ihre Schüler, Vincent Weber-Montjoie und Franz Rudolf Wildenhain. Der Künstlerbund hat damit einen ersten, vorsichtigen politischen Widerstand versucht. Denn das Bauhaus musste in diesem Jahr zum zweiten Mal in seiner noch nicht langen Geschichte den Standort räumen. Nach den von der NSDAP gewonnenen Gemeinderatswahlen in Dessau wurde die moderne Hochschule auch dort nicht mehr geduldet und zog nun weiter nach Berlin. Genutzt hat der Institution der Rückhalt des Bundes nichts. Schon ein Jahr später wurde von der neuen Regierung die Selbstauflösung der Schule erzwungen. Dennoch muss man dem Künstlerbund zugestehen, hier Haltung gezeigt zu haben.

Darüber hinaus hat der Bund nicht viel gewagt in diesem Jahr. Stattdessen aber hat er die Gelegenheit genutzt, sich mit vergleichsweise wenig Aufwand großflächig zu präsentieren. Vom Kunstfeuilleton wurde das nicht honoriert. Keine der großen Zeitschriften hat eine Besprechung zu dieser Ausstellung abgedruckt. Zudem gestaltete sich der Verkauf bei Weitem nicht so wie erhofft. In Rostock etwa wurden durch den Verkauf der Kataloge und die erzielten Eintrittspreise 146,70 RM eingenommen.

Die Ausgaben betrugen hingegen 329,55 RM.[1420] Dem Kunstverein Rostock ist ein Defizit von 182,75 RM entstanden, was sicherlich nicht erwartete wurde. Auch die in Rostock ermittelte Besucherzahl von 1235 Personen kann selbst bei Berücksichtigung einer vergleichsweise kurzen Ausstellungsdauer nur als bescheiden bezeichnet werden. Zumal die meisten Besucher aus den Reihen des Kunstvereins waren.[1421]

1933: 9. Grafikausstellung in Magdeburg, Kassel, Saarbrücken

Das Konzept der Wanderausstellung wurde gleich im nächsten Jahr wiederholt. Magdeburg, Kassel und Saarbrücken waren 1933 die Stationen.[1422] An allen drei Orten hat sich der Künstlerbund zum ersten Mal präsentiert. Eingeladen hatte zuerst der Kunstverein Magdeburg, in dessen Räumlichkeiten die Schau im Sommer für sechs Wochen stattfand. Die zweite Station war Kassel, wo der Bund von Mitte August bis Mitte September Gast des Kunstvereins im Orangerieschloss war. Im Oktober und November gastierte die Ausstellung schließlich noch im Heimatmuseum Saarbrücken. Der Saarbrücker Ausstellungskatalog trägt denselben Titel wie sein Magdeburger Pendant und unterscheidet sich lediglich in der Ortsangabe, was darauf schließen lässt, dass die drei Ausstellungen in Magdeburg, Kassel und Saarbrücken in sich geschlossen zusammengehörten und nicht als Fortsetzung der vorangegangenen Schauen in Königsberg, Danzig, Rostock, Hannover und Kiel zu verstehen sind.[1423] In diesem Jahr zog der Künstlerbund nun seine Spur von Osten weiter nach Südwesten. Durch die Wanderausstellungen der letzten beiden Jahre erweiterte der Künstlerbund seinen Wirkungsradius schlagartig. Die kurze Dauer der einzelnen Veranstaltungen war dabei vielleicht auch taktisch begründet, um die Gefahr einer Zwangsschließung zu verringern.

In diesem Jahr waren es ganz sicher finanzielle Gründe, die eine weitere Jahresausstellung nicht zuließen. Im offiziellen Einladungsschreiben an die Mitglieder war noch die Rede von einer „Bilder- und Plastik-Ausstellung", die eventuell durch eine „Wanderausstellung von Aquarellen, Zeichnungen und Grafik" ergänzt werden sollte.[1424] Am Ende zwangen aber doch die „Gründe der Sparsamkeit und auch die

---

1420 Die Ergebnisse der Rostocker Ausstellung sind zusammengestellt in einem Schreiben des Stadtarchivs an Marianne Lyra-Wex, Kopie in: AdK, Deutscher Künstlerbund 542/2.

1421 Unter allen Besuchern wurden 832 Mitglieder des Kunstvereins Rostock gezählt. Vgl. Schreiben des Stadtarchivs, Kopie in: AdK, Deutscher Künstlerbund 542/2.

1422 Zu den Veranstaltungsorten vgl. die Auflistung auf der Homepage des Deutschen Künstlerbundes in: Deutscher Künstlerbund, Historie (Archiv 1903 bis 1936). http://www.kuenstlerbund.de/deutsch/historie/archiv-1903-bis-1936/ausstellungen/index.html (abgerufen am 2.9.2015).

1423 Vgl. die beiden vorliegenden Kataloge zur Ausstellung: Deutscher Künstlerbund 1933a u. Deutscher Künstlerbund 1933b.

1424 Vgl. Einladung zur Ausstellungsteilnahme 1933, in: GKM, Nachlass Georg Kolbe, GK.447.

Raumfrage“ dazu, „keine Bilder und keine Großplastik zur Ausstellung zu bringen, sondern Zeichnungen, Aquarelle und kleinere Bildhauerwerke“.[1425] Die wirtschaftliche Situation in Deutschland war nach wie vor desolat, worauf der Künstlerbund reagieren musste und ausschließlich Arbeiten annahm, die sich gerade in Deutschland befanden, um teure Versandkosten zu umgehen.[1426] Wie ernst die finanzielle Lage für den Bund war, wird auch aus der ausdrücklichen Zahlungsaufforderung an die Mitglieder ersichtlich, die in der Einladung zur Ausstellung enthalten war:

> „Um das Bestehen des Deutschen Künstlerbundes zu gewährleisten, ist es in diesem Jahr besonders wichtig, dass der Mitgliedsbeitrag in Höhe von 10,- RM ohne erneute Aufforderung auf beiliegender Zahlkarte möglichst umgehend entrichtet wird. Diejenigen Künstler, die in der Tat außerstande sind, den Mitgliedsbeitrag zu begleichen, werden gebeten, sofort einen Antrag auf Stundung oder Erlaß einzureichen, damit dem Deutschen Künstlerbund durch die Zusendung der Nachnahme, (die am 5. April erfolgt) kein unnötiger Geld- und Zeitverlust entsteht. Jede Nachnahme kostet 0,50 RM Porto, wenn 200 Mitglieder die Nachnahme nicht einlösen, ist dies ein Verlust von 100,- RM, Papier und Arbeitszeit nicht eingerechnet.“[1427]

Heckel, der seit 1928 dem engeren Vorstand des Bundes angehörte und inzwischen zum ersten Vorsitzenden avanciert ist, hielt in Saarbrücken die Eröffnungsrede und ließ nicht aus, auf die Notwendigkeit der künstlerischen Freiheit und die Gefahren einer diktatorischen Kunstpolitik, die sich mit der von der NSDAP gewonnenen Reichstagswahl im Januar diesen Jahres dunkel ankündigte, hinzuweisen.

> „Es gibt manche Länder, wo die sogenannte offizielle Kunst ohne jede Verbundenheit mit dem Volke in akademischem Leerlauf und mit Setzung hoher Aufgaben alles beherrscht, und wo die starken Persönlichkeiten abseits aller Aufträge und staatlichen Aufgaben ihre Werke schaffen, die erst nach ihrem Tode als die großen Attraktionen im Staatsmuseum hängen. Das kann dort nicht mehr möglich sein, wo eine enge Verbundenheit und Teilnahme der Führer und des Volkes an jedem öffentlichen Ereignis besteht, überall da, wo im Realen oder Geistigen gearbeitet wurde und gelernt wird. Die Ausstellung neuer Kunstwerke ist ein solches Ereignis von gleicher Bedeutung wie die Uraufführung einer dramatischen Dichtung oder eines Musikstückes. Geht doch von ihr, ihren geglückten und wohl auch ihren mutig gewagten, neue Wege versuchenden Werken eine Fülle von belebenden, freien ideellen Wirkungen aus. Welche Bedeutung die Bildenden Künste im Volksstaat haben sollen, hat unser Führer am vorigen Sonntag

1425 Die Ausstellung des Deutschen Künstlerbundes im Heimatmuseum 1933.

1426 „Da Werke aus dem Ausland große Kosten für Transport und Zoll verursachen, können diesmal nur in Deutschland befindliche Werke eingesandt werden, wenn nicht der Künstler selbst die Unkosten tragen will.“ Aus: Einladung zur Ausstellungsteilnahme 1933, in: GKM, Nachlass Georg Kolbe, GK.447.

1427 Einladung zur Ausstellungsteilnahme 1933, in: GKM, Nachlass Georg Kolbe, GK.447.

> in München durch die Grundsteinlegung zum neuen Hause der Deutschen Kunst und seine Worte verheißungsvoll betont."[1428]

Heckel sprach nicht hinter vorgehaltener Hand. Der Staatsrat Alois Spaniol, ein treuer Anhänger der NSDAP, die im Saargebiet als Mandatsgebiet des Völkerbundes jedoch kein Zuständigkeitsrecht hatte, war als höchster deutscher politischer Repräsentant des Saargebietes anwesend.[1429] Natürlich vertraten Spaniol wie auch der Saarbrücker Oberbürgermeister Hans Neikes künstlerisch eine ganz andere Position als der Künstlerbund.[1430] Aber Heckel appellierte an ihre Anteilnahme am aktuellen Kunstgeschehen, das sie mit keinem geringeren als Adolf Hitler teilten. Ihre Zustimmung damit vorausgesetzt, konnte Heckel schließlich noch auf die künstlerischen Kernpunkte zu sprechen kommen, nicht ohne seine Worte am Ende diplomatisch patriotisch ausklingen zu lassen:

> „Nicht alles in dieser Ausstellung wird ohne weiteres der jetzigen Sehweise entsprechen. Manches Blatt wird vielleicht auf den ersten Blick befremden und erst allmählich bei öfterem Betrachten den Besucher in seinen Bann ziehen. Verlangen wir nicht immer die gewohnte Seite und Sicht. Der Schaffende unternimmt ja nicht willkürlich, um neu oder anders zu sein, die Verwirklichung seines künstlerischen Erlebnisses weder in der Skizze noch im fertigen Werk. Er denkt sich nicht neue Malweisen aus, ihn zwingt das persönliche, einmalige, anregende Erlebnis vor der Natur oder in seiner Vorstellung zu der knappsten, nächsten, eindeutigsten Darstellungsart, die unmittelbar zu halten er ständig bei jeder neuen Arbeit seine ganze Kraft einsetzen muß. Deshalb wird auch bei jedem Künstler im Laufe seines Lebens mit dem Wandel seiner Erlebnisfähigkeit

---

1428 Die Ausstellung des Deutschen Künstlerbundes im Heimatmuseum 1933. Die Grundsteinlegung des Hauses der Deutschen Kunst (heute nur noch: Haus der Kunst) durch Adolf Hitler in München hatte gerade eine Woche zuvor, am 15.10.1933, stattgefunden.

1429 Alois Spaniol (1904–1959) hatte erst wenige Monate vor Beginn der Künstlerbundausstellung die Landesleitung der NSDAP im Saargebiet übernommen. Bereits im Februar des darauffolgenden Jahres wurde ihm dieses Amt aufgrund interner Machtfrage wieder genommen. Später wurde er als Saar-Referent im Reichswirtschaftsministerium eingesetzt und nach dem Anschluss des Saargebiets an das Deutsche Reich 1935 schließlich Bürgermeister von Adernach, was er bis bis zum Ende des Zweiten Weltkriegs auch blieb.

1430 Spaniol wurde in der *Saarbrücker Zeitung* mit den Worten zitiert: „Der Künstler müsse rückschauend die alten Werte zu gewinnen trachten [...]". Neikes wies in seiner Rede darauf hin, „daß politische Revolutionen das Kunstschaffen der Völker immer beeinflußt haben. Im November 1918 habe sich diese Erscheinung sehr ungünstig ausgewirkt im Sinne eines unerträglichen Radikalismus. Die Kunst sei immer abstrakter geworden. Jetzt aber habe sich die Revolution Gott sei Dank nicht im Sinne des Radikalismus, sondern in dem Sinne ausgewirkt, daß man wieder zur Bodenständigkeit, zur Volksverbundenheit zurückgefunden habe." Beide Zitate aus: Die Ausstellung des Deutschen Künstlerbundes im Heimatmuseum 1933.

und Erlebniswelt seine Weise sich ändern. Das war bei Rembrandt wie bei Thoma, bei Cranach wie bei Holbein. Es gibt keine Formung der erfahrbaren Wirklichkeit ohne Erschütterung des menschlichen Herzens, ohne innerste Ergriffenheit und ohne Ueberschwang des Ausdrucks. Auf die Unbedingtheit der inneren Haltung kommt es an. Das ist ein Grundzug deutscher Kunst, ja deutschen Wesens überhaupt, der auf anderem Gebiete hier an Deutschlands Grenze immer wieder unter Beweis gestellt wird. Der Schlag des Blutes, nicht kalte Rechnung bestimmen Tag und Werk."[1431]

Die Wahl des letzten Ausstellungsortes fiel sicherlich gerade wegen dessen politischer Unabhängigkeit auf Saarbrücken. Auf der Hut musste der Künstlerbund dennoch sein, wie sich am Interesse einflussreicher Funktionäre wie Spaniol zeigte.

Die Jury bestand 1933 nur noch aus Caspar, Heckel, Kolbe, Scharff, Schmidt-Rottluff und dem neu hinzugekommenen Richard Knecht. Mit Knecht wollte sich der Bund wohl neutral halten, denn der Münchner Bildhauer stand mit der neuen Regierung auf gutem Fuße.[1432] Die Tradition des Künstlerbundes konnte dennoch weiter aufrechterhalten bleiben. Ein Kern von verdienten Künstlern repräsentierte den Grundzug der Vereinigung und versuchte so liberal wie möglich und so streng wie nötig den Überblick über das aktuelle Kunstgeschehen zusammenzustellen – so gut es eben 1933 noch ging.

Im Umfang unterschied sich diese Ausstellung nicht wesentlich von der vorjährigen. Mit 372 Exponaten von 170 Künstler war auch dies eine eher kleine Veranstaltung. In diesem Jahr ist die Zahl der Neuzugänge noch einmal mehr zurückgegangen als schon im vergangenen. Nur 14 neue Künstler wurden zur Teilnahme eingeladen, die meisten von ihnen waren Berliner. Auch waren diese Debütanten nicht mehr so jung wie es in den letzten Jahren üblich war. Nur drei von ihnen waren dreißig oder jünger, Friedrich Rudolf Eriksdun und die Bildhauer Rietschel und Walter Schelenz. Stattdessen wurden nun wieder ältere Neuzugänge präsentiert. Hans Braun, Egon von Kameke und Ernst Wolff-Malm waren um die fünfzig oder älter und ließen wohl nichts Brisantes mehr erwarten. Extravaganzen wollte der Bund nicht mehr riskieren. Dafür griff er sogar weit zurück in die Vergangenheit, indem etwa Erler-Samaden eingeladen wurde, der seit 1908 an keiner Künstlerbundausstellung mehr teilgenommen hatte und sich 1911 mit seiner Unterschrift für Vinnens *Protest Deutscher Künstler* auf die konservative Seite geschlagen hatte.

Weit über die Hälfte der Teilnehmer war bereits im vergangenen Jahr dabei. Vielleicht wähnte sich der Bund mit ihnen in Sicherheit. Wer im letzten Jahr noch keinen Anstoß erregt hatte, mit dem ließ sich wohl auch 1933 noch arbeiten. Auf jeden Fall verließ sich der Bund hier auf bekannte Namen, die keine überraschenden Re-

1431 Die Ausstellung des Deutschen Künstlerbundes im Heimatmuseum 1933.

1432 1933 wurde Knecht von der Partei damit beauftragt, die Münchner Festumzüge am Tag der Deutschen Kunst zu gestalten. Vgl. dazu: Schweizer 2007. Im Künstlerbund war Knecht aber kein Unbekannter mehr. Er hatte bereits 1928 in Hannover und 1931 in Essen ausgestellt. Auf den diesjährigen von ihm mitjurierten Schauen stellte der Künstler nicht selber aus.

aktionen des Publikums erwarten ließen. Max Beringer, Birnstengel, Fritz Burmann, Eugen Croissant, Erler-Samaden, H. Hübner, Ernst Huber oder Paeschke garantierten die solide Basis des Bundes. Auch Albiker, Kolbe, Kraus, Beckmann oder Scheuernstuhl waren inzwischen zu anerkannten Größen herangereift. Nach wie vor beherrschte der Expressionismus den Gesamteindruck der Schau. Barlach, Bizer, Böckstiegel, Bräckle, Caspar, Crodel, Degner, Drexel, Eberz, Fritsch, Fuchs, Garbe, Glöckner, Heckel, Hegenbarth, Herbig, Hofer, Karsch, Kluth, Kubin, Kuhfuß, Macke, Mueller, Nolde, Purrmann, H. T. Richter, Rohlfs, Sass, Scharl, Schmidt-Rottluff und Winkler waren die üblichen Teilnehmer. Auch die Neue Sachlichkeit war noch gut vertreten mit Brockman, Cassel, Dix, Fassbender, Fuhr, de Fiori, Heuser, Hofmann, Jüchser, Kaus, Kanoldt, Kretzschmar, Schrimpf, Schulz-Matan, Seewald und Unold.

Was sich über diese Richtungen aber bereits hinwegbewegte wurde mit Vorsicht genossen. Auf die konkrete Malerei Bräckles, die surrealistischen Anklänge von Fuchs, Glöckners Konstruktivismus oder die lyrischen Abstraktionen von Nay hat sich der Bund auch weiterhin eingelassen. Viele andere progressive Geister aber wurde nicht mehr ausgestellt. So etwa die Kölner Progressiven Esser und Hoerle und die einzige je vom Bund gezeigte Dada-Künstlerin Marta Hegemann. Auch auf die Abstraktionen von Baumeister, Bissier, Griebel, Nesch, Povórina-Hestermann, Hans Reichel oder Roesch sowie auf die Surrealisten Max Ernst, Jené, Ressel und Christian Theunert hat der Bund fortan verzichtet.

Auch wenn wirtschaftliche Gründe zum zweiten Mal in Folge eine Gemäldeschau des Künstlerbundes verhindert haben, sollte die Schau nicht den Charakter einer Notlösung zeigen. In seiner Eröffnungsrede hob der Vorsitzende Heckel denn auch das Aquarellbild als Äquivalent zur Gemäldekunst hervor. Denn unter Aquarell, wusste Heckel zu verdeutlichen,

> „ist dabei nicht nur das Wasserfarbenbild zu verstehen, das früher besonders auch in England bis zur Virtuosenleistung entwickelt wurde, sondern ebenso das Deckfarbenbild und die mit Farbe getönte Zeichnung. Diese Art Aquarell stellt sich mehr und mehr gleichberechtigt neben das Oelbild in wandbeherrschender und raumbestimmender Kraft. Es lebt in den besten Arbeiten eine klare Ordnung, selten im Sinne reiner Symmetrie und angewandter Perspektive, sondern in einem freien Rhythmus, mit einem für den ersten Blick vielleicht verborgenen Aufbau, darum aber nicht weniger gebunden in der Haltung der Flächen zueinander, in zarter Schwingung oder kühner Winkelung der Linien. Es ist ein gefühlsmäßiges Gleichgewicht in dem männlichen Kontrast des Hell-Dunkel oder der Farbe und es ist eine neue Vorstellung vom Raum, die gewonnen wird. Die Gesetze des Wandbildes gelten in ihnen stärker als in den Oelmalereien der vergangenen Jahrzehnte. Wir dürfen hoffen, daß sie in dieser höchsten Gemeinschaftskunst neue und starke Werke vorbereiten helfen für kommende Aufträge […].“[1433]

So versuchte der Künstlerbund aus der Not eine Tugend zu machen und das Aquarell grundsätzlich aufzuwerten. Zudem hat der Bund 1933 sein Terrain im Westen und

---

1433 Die Ausstellung des Deutschen Künstlerbundes im Heimatmuseum 1933.

Süden des Landes noch weiter abgesteckt. Die Grafikausstellungen boten eine gute Gelegenheit, möglichst viele Regionen zu bedienen. In den letzten sechs Jahren hat der Bund sein Wirkungsspektrum weiter ausgedehnt als in all den Jahren zuvor. Der Auftritt des Bundes in Saarbrücken war für die Stadt im Grenzgebiet zu Frankreich überdies nicht nur auf künstlerischer Ebene relevant, sondern mehr noch auf politischer. Das Saargebiet unterstand infolge des Versailler Vertrages noch dem Völkerbund und gehörte nicht zum Deutschen Reich. Dem lokalen Veranstalter bot die Schau Anlass, die potentielle Zugehörigkeit des Saargebiets zum Deutschen Reich zu proklamieren:

> „Die nationale Bedeutung dieser Ausstellung sei dadurch betont, daß der politische Führer an der Saar, Staatsrat Spaniol, zur Eröffnung erschienen sei und selbst gesprochen habe. Die Ausstellung, die Werke aus allen deutschen Gauen aufweise, sei in der Tat ein wichtiger Stein zum nationalen Aufbau in der Saar."[1434]

Der Künstlerbund seinerseits war in Saarbrücken einem nationalsozialistischen Eingreifen weniger ausgesetzt, wenn auch nicht der Beobachtung, wie die Anteilnahme Spaniols zeigte. Doch war dessen Interesse auch ein Beleg des weitläufigen Wirkungsgrads des Bundes.

In Magdeburg konnte der Bund dafür ein Zeichen in seinem Sinne setzen. Mit der Teilnahme Karl Kluths, der auf der Schau mit zwei Arbeiten vertreten war, bewies er, dass er nicht bereit war, sich vom neuen Regime reglementieren zu lassen. Denn auf der Frühjahrsausstellung der Hamburger Sezession im selben Jahr hatten zwei Bilder Kluths gerade zur ersten Ausstellungsschließung überhaupt durch nationalsozialistische Hand in Deutschland geführt.[1435] Dass sich der Künstlerbund hiervon nicht hat beeindrucken lassen, spricht für einen starken Vorstand.

Derartiges politisches Eingreifen war natürlich erst der Anfang. Mit der Gründung des Reichsministeriums für Volksaufklärung und Propaganda am 11. März des Jahres ist die nationalsozialistische Kunstpolitik dann offiziell geworden. Es folgte eine große Entlassungswelle an den modernen Kunstmuseen. Justi (Nationalgalerie Berlin), Pauli (Kunsthalle Hamburg), Max Sauerlandt (Museum für Kunst und Gewerbe, Hamburg), Carl Georg Heise (St.-Annen-Museum Lübeck), Georg Swarzenski (Städel Museum und Städtische Galerie Liebighaus, Frankfurt am Main), Hartlaub (Kunsthalle Mannheim) und Lilli Fischel (Konservatorin der Kunsthalle Karlsruhe) mussten ihre leitenden Ämter aufgeben. Ein Jahr später folgte die Entlassung Ernst Gosebruchs am Museum Folkwang in Essen.

1434 Wiedergabe der Rede des Oberbürgermeisters der Stadt Saarbrücken Hans Neikes, in: Die Ausstellung des Deutschen Künstlerbundes im Heimatmuseum 1933.

1435 Einem Bild wurde sein vermeintlich pornografischer Inhalt zur Last gelegt, dem anderen ein kulturbolschiwistischer. Es handelt sich um die Bilder *Akt auf rotem Sofa*, 1933, Öl auf Leinwand, 75 x 100 cm, Kunsthalle Hamburg und *Wegespuren II*, 1933, Öl auf Leinwand, 80 x 100 cm, Sammlung Hermann-Josef-Bunte, Hamburg. Vgl. dazu auch Bonn 1986, S. 54 u. Bruhns 2001, Bd. I, S. 178 f.

Zudem begann eine Reihe von Ausstellungen, die sich der Diskreditierung verschiedenster, vom Kampfbund für deutsche Kultur als entartet bezeichneter Kunstwerke verschrieben haben – alles Vorboten der späteren Femeschauen in Folge der Aktion „Entartete Kunst" 1937. Eine der ersten Ausstellungen dieser Art fand durch Hans Adolf Bühler in Karlsruhe statt.[1436] Bühler, der 1910 noch an der Künstlerbundausstellung in Darmstadt teilgenommen hatte und 1929 als Mitglied des Bundes verzeichnet war, stellte in seiner neuen Funktion als Direktor der Karlsruher Kunsthalle unter dem Titel *Regierungskunst von 1918 bis 1933* eine Exposition zusammen, die zahlreiche Künstler diffamierte, die zum festen Ensemble des Künstlerbundes gehörten.[1437] Bühler hatte sich dabei nicht allein auf Expressionisten oder noch progressivere Künstler konzentriert. Ernst Klee zufolge wurden hier auch Corinth, Liebermann und Slevogt gezeigt.[1438] Etwa zeitgleich wurde in der Mannheimer Kunsthalle die Ausstellung *Kulturbolschewistische Bilder* veranstaltet, die derart erfolgreich war, dass sie nach München und Erlagen weiterzog.[1439] In Nürnberg wurde eine *Schreckenskammer der Kunst* vom Maler und Direktor der Kunstsammlungen Emil Stahl eingerichtet. In Stuttgart lief eine ähnliche Ausstellung unter dem Titel *Novembergeist, Kunst im Dienste der Zersetzung*, die ebenfalls eine weitere Station in Bielefeld bereiste.[1440] Im September des Jahres folgte schließlich in Dresden eine große Ausstellung unter dem Namen *Entartete Kunst*.[1441] Weitere Vorläufer der großen Schandausstellung von 1937 fanden 1934 in Hagen, 1935 in Nürnberg und Dortmund, 1936 in Regensburg, München, Ingolstadt, Darmstadt, Frankfurt, Mainz und 1937 noch in Koblenz, Worms und Wiesbaden statt.[1442] Alle

1436 Hans Adolf Bühler (1877–1951), einst Meisterschüler von Hans Thoma in Karlsruhe, machte später als nationalsozialistischer Kulturpolitiker von sich Reden. Seit 1932 leitete er die Karlsruher Badische Landeskunstschule. 1933 übernahm er zusätzlich die Leitung der Karlsruher Kunsthalle. Nach der Regierungsübernahme der Nationalsozialisten begann Bühler unverzüglich mit einer Aufräumaktion an Kunstschule und Kunsthalle im Sinne der neuen Regierung.

1437 Zur Ausstellung in Karlsruhe siehe: Zuschlag 1995, S. 78–86.

1438 Vgl. Klee 2007, S. 78.

1439 Vgl. dazu Zuschlag 1999, S. 235.

1440 Vgl. Aschaffenburg 2012, S. 22. Als weitere Veranstaltungsorte früher Schandausstellungen werden hier Dessau, Chemnitz, Ulm, Breslau und Halle an der Saale genannt.

1441 Die Schau ist heute bekannter unter dem Namen *Spiegelbilder des Verfalls*, der erst später durch Paul Ortwin Rave Verbreitung fand. Rave seinerseits hat den Titel einem Aufsatz des Künstlers Richard Müller im *Dresdner Anzeiger* vom 29.9.1933 entliehen. Müller hatte vor dem Ersten Weltkrieg noch regelmäßig beim Deutschen Künstlerbund ausgestellt, das letzte Mal 1927 auf der Dresdner Grafikschau. Seit 1933 Mitglied der NSDAP, hat Müller in besagtem Artikel die Entlassung von Otto Dix aus seinem Lehramt an der Akademie, deren Direktor Müller inzwischen war, befürwortet. Vgl. dazu Zuschlag 1995, Seite 123–131.

1442 Eine detaillierte Auflistung dieser frühen Schandausstellungen bei Zuschlag 1995, S. 58–168. Siehe auch: Engelhardt 2007a.

diese Ausstellungen waren lieblos gestaltet, in Dresden etwa war „das gesamte Material auf rasch zusammengeschlagene und mit Sackleinen bespannte Wände so schlecht als möglich gehängt“[1443] oder „in entstellender Aufmachung, absichtlich ohne Rahmen gezeigt“.[1444] Auch in Mannheim wurden die Bilder „aus ihren Rahmen genommen, um sie als derer unwürdig zu brandmarken. Sie standen gleichsam ‚nackt' am Pranger.“[1445] Oft wurden Preise angegeben, die aus der Inflationszeit stammten und daher ungeheuerlich hoch ausfielen.[1446] Gelegentliche Angaben zur „Rasse“ des Künstlers sollten weitere Vorurteile schüren.[1447]

Zwischen all diesen nationalsozialistischen „Wut“-Ausstellungen noch eine ernstzunehmende Veranstaltung durchzuführen wurde immer unmöglicher.

1936: 15. Jahresausstellung in Hamburg

Ursprünglich lag dem Deutschen Künstlerbund für 1935 eine weitere Einladung vom Kunstverein Magdeburg vor, diesmal zu einer Jahresausstellung, die aufgrund von unüberbrückbaren Differenzen zwischen dem Kunstverein und dem Künstlerbund jedoch nicht zustande kam. Seit Hitlers Machtergreifung im Januar 1933 waren jegliche autoritäre, politisch bestimmte Interventionen salonfähig. Auch am Künstlerbund gingen diese beginnenden Repressalien nicht spurlos vorüber. So war Heckel 1935 als Vorsitzender des Künstlerbundes offiziell nicht mehr haltbar, „weil von Kunstkammer wegen ein verantwortlicher Name verlangt“[1448] wurde. Die Vorsitzenden, Schriftführer und Schatzmeister des Künstlerbundes bedurften nun der Zustimmung des Präsidenten der Reichskunstkammer. Diese wurde erteilt für Kolbe als ersten Vorsitzenden, Leo von König als stellvertretenden Vorsitzenden, Max Kaus als Schriftführer und Richard Scheibe als Schatzmeister.[1449] Die vier Männer mussten durchaus nicht als Notlösung betrachtet werden. Mit Kolbe und König standen dem Bund noch immer zwei treue Vorstandsmitglieder vor. Und auch Kaus und Scheibe gehörten lange schon zum Stammpersonal der Künstlerbundausstellungen. Zwar begannen 1933 bereits nationalsozialistische Agitationen gegen Kolbe. Er hatte jedoch das Glück, in der Gunst Goebbels gestanden zu haben.[1450] Und Leo von König wurde ohnehin von manchen Nazigrößen als Porträtmaler geschätzt.

Kolbes erste Amtstat war denn auch gleich eine prekäre, da sie die geplante Ausstellung in Magdeburg scheitern ließ. Der Vorsitzende des Magdeburger Kunst-

---

1443 Fritz Löffler, Otto Dix. Leben und Werk, Dresden 1960, zit. aus: Claus 1986, S. 11.
1444 Paul Ortwin Rave, zit. aus: Claus 1986, S. 10.
1445 Zuschlag 1999, S. 226.
1446 Siehe dazu: Claus 1986, S. 10 f.
1447 Vgl. Zuschlag 1999, S. 226.
1448 Kolbe an Hofer, handschriftlicher Entwurf, Februar 1935, Kopie in: AdK, Deutscher Künstlerbund, 703.
1449 Deutscher Künstlerbund an seine Mitglieder, 5.2.1936, Kopie in: AdK, Deutscher Künstlerbund, 703.
1450 Vgl. Grzimek 1969, S. 85.

vereins Wilhelm-Adolf Farenholtz versuchte Carl Hofer als Jurymitglied zurückzuweisen. Hofer, der im In- und Ausland ein höchst anerkannter Künstler war, musste den Nationalsozialisten ein besonderer Dorn im Auge gewesen sein, denn er scheute auch öffentlich nicht, seiner Kritik gegen die neue Kulturpolitik Ausdruck zu geben. Nicht ohne Grund war Hofer einer der ersten Hochschullehrer, die unter dem neuen Regime entlassen worden sind.[1451] Der Künstlerbund aber stellte sich hinter ihn. Kolbe drohte mit der sofortigen Wiederaufgabe seines Amtes, würde die Anweisung vom Kunstverein nicht zurückgewiesen. Möglichst diplomatisch aber unmissverständlich ließ er Farenholtz wissen,

> „dass wir uns leider Ihre persönliche Einstellung zur getroffenen Wahl des Herrn C.[arl] H.[ofer] als Mitglied der Jury nicht zu eigen machen können. [...] Sollte diese (unsere) Stellungnahme für Ihre so wohlwollende und von uns Künstlern so sehr begrüßte Absicht zur Verwirklichung der geplanten Ausstellung hinderlich sein, so bin ich selbstverständlich bereit, umgehend als Leiter zurückzutreten, damit Sie als Betreuer der Angelegenheit freie Hand haben."[1452]

In den eigenen Reihen äußerte er sich deutlicher, vielleicht, um die Kollegen zu einem notwendig geschlossenen Auftreten zu bewegen:

> „Die seitens des Herrn Farenholtz geäusserte Bitte, die bereits getroffene Wahl des Herrn Carl Hofer zum Juror Mitglied, rückgängig zu machen, erleuchtet blitzartig die Gefahr solch privater Einstellungen, der ich nicht folgen kann. Und es sei auch keine Kritik an der ‚Linie' des Magdeburger Kunstvereins, wenn ich Ihrem Verlangen nicht nachkomme. Denn es könnte passieren, dass in einer nächsten Stadt eine andere Linie gehalten wird, die sich sagen wir z. B. gegen Schmidt-Rottluffs Kunst wendet. Solchen Mächten zu dienen bin ich nicht in der Lage und nehme nach reiflicher Prüfung meine Zusage, den Vorsitz zu führen, zurück. Dem Künstlerbund wünsche ich einen neutralen Leiter, damit die so sehr begrüßte und von Herrn F. in ideellster Aufopferung geplante Ausstellung verwirklicht werde."[1453]

Kolbe musste nicht vom Amt des Vorsitzenden zurücktreten. Der Vorstand des Künstlerbundes stand voll und ganz hinter ihm. Damit zeigte der Bund tatsächlich Haltung. Dem Eingreifen von Farenholtz in grundlegende Entscheidungen des Künstlerbundes trotzte Kolbe mit bedingungsloser Solidarität gegenüber seinem Kollegen Hofer und riskierte das Scheitern der Ausstellung, die in den Jahren des

---

1451 Vgl. Hofer 1953, S. 222.

1452 Kolbe an Farenholtz, handschriftlicher Entwurf, Februar 1935, Kopie in: AdK, Deutscher Künstlerbund, 703.

1453 Kolbe an Gertrud Gall, Februar 1933, Kopie in: AdK, Deutscher Künstlerbund, 704. Gertrud Gall war die letzte Schriftführerin des Deutschen Künstlerbundes. Die Briefe an sie waren an die Geschäftsstelle des Bundes in der Normannenstraße 11, Berlin adressiert.

politischen Umschwungs ohnehin schwer genug zu bekommen war. In einem Schreiben an die Mitglieder vom 11. April 1935 wurde mitgeteilt:

> „Der Kunstverein in Magdeburg hatte den Deutschen Künstlerbund eingeladen, eine Ausstellung von Bildern und Bildhauerwerken in den Ausstellungshallen am Adolf-Mittagsee in Magdeburg zu veranstalten, die auch noch im Staatenhaus in Köln gezeigt werden sollte; trotz eifrigster Bemühungen war eine Einigung über die Jury und die ausstellenden Künstler nicht zu erzielen, sodass wir zu unserm größten Bedauern aus künstlerischen und kameradschaftlichen Gründen auf die Ausstellung verzichten mussten."[1454]

In Erinnerung an die Hintergründe seiner Gründung war der Bund seinen Mitgliedern diese bedingungslose Haltung regelrecht schuldig. Die Motive von einst, sich einer Kulturdiktatur nicht zu beugen, kehrten nun wieder. Für die nahe Zukunft aber sah der Deutsche Künstlerbund kaum eine Möglichkeit der Wiederaufnahme seiner Ausstellungsaktivitäten und schloss wohl auch sein mögliches Ende nicht aus. An seine Mitglieder schrieb der Vorstand:

> „Da vorläufig keine Ausstellung stattfindet, wollen wir von der allgemeinen Erhebung des Mitgliedsbeitrages absehen und übersenden in der Anlage die Mitgliedskarte. Wir würden aber sehr dankbar sein, wenn die Künstler, denen die Übersendung von 10,- RM möglich ist, diese Summe auf unser Postscheckkonto Berlin 191 94 einsenden wollten, damit die geringen laufenden Unkosten davon bestritten werden können und der Deutsche Künstlerbund dadurch in absehbarer Zeit in die Lage versetzt wird, aus eigenen Mitteln eine Ausstellung zu bestreiten."[1455]

Ein Jahr später wurde die Befreiung von der Zahlung des Mitgliederbeitrags wieder aufgehoben, als der Künstlerbund bestrebt war, seine Ausstellungstätigkeit wieder aufzunehmen.[1456] Obwohl bereits für das Frühjahr 1936 geplant, kam es erst im Spätsommer zu einer nächsten – und letzten – Veranstaltung, die gemeinsam mit dem Hamburger Kunstverein durchgeführt wurde. Die Schau war für die Zeit von Ende Juli bis Ende August in den Räumen des Kunstvereins in der Neuen Rabenstraße unter dem Titel *Malerei und Plastik in Deutschland 1936* anberaumt.[1457] Sicherlich

---

1454 Deutscher Künstlerbund an seine Mitglieder, 11.4.1935, Kopie in: AdK, Deutscher Künstlerbund, 703.

1455 Ebd.

1456 Im Februar 1936 war die Rede davon, der Künstlerbund wäre „für die Frühjahrsmonate zu einer Ausstellung von Bildern und Bildhauerwerken eingeladen, zu der die Ausstellungspapiere sofort versandt" werden sollten. Vgl. Deutscher Künstlerbund an seine Mitglieder, 5.2.1936, Kopie in: AdK, Deutscher Künstlerbund, 703. Mitte März wurde die Bekanntgabe des tatsächlichen Termins der geplanten Ausstellung für „Anfang April" in Aussicht gestellt. Vgl. Deutscher Künstlerbund an seine Mitglieder, 11.3.1936, Kopie in: AdK, Deutscher Künstlerbund, 703.

1457 Lyra-Wex ging davon aus, dass der Termin zur Ausstellung, die nun parallel zu den in Berlin stattfindenden Olympischen Spiele lief, „taktisch gewählt" worden wäre,

wurde nicht ohne Grund im Titel der Ausstellung auf die Erwähnung des Deutschen Künstlerbundes verzichtet. Dieser sollte bei der ganzen Angelegenheit offensichtlich möglichst wenig in Erscheinung treten. So sah der Bund auch bei der Katalogherstellung von den sonst üblichen Angaben zu Vorstand und Jury ab. Lediglich im Vorwort wurde die „Zusammenarbeit des Kunstvereins in Hamburg mit dem Deutschen Künstlerbund" erwähnt.[1458] Es ist vielleicht bezeichnend, dass der Katalog zu dieser Ausstellung der vom Format größte, inhaltlich dagegen der spärlichste unter den Künstlerbundkatalogen ist.

Die Anmeldungen zur Ausstellung hielten sich 1936 merklich in Grenzen. Von nicht einmal 600 eingereichten Werken musste die Jury nur etwas mehr als die Hälfte aussondern. Am Ende wurden 245 Arbeiten von 175 Künstlern gezeigt. 108 von ihnen waren auch Mitglied im Künstlerbund. Wie bereits auf der Hamburger Schau 1921 wurde auch hier der Hamburger Künstlerschaft ein großes Forum geboten. Sie stellten allein zehn Prozent der Teilnehmer. Damit waren sie nach den Berlinern und den Rheinländern die drittgrößte regionale Gruppe.[1459]

Auch in diesem Jahr wurden nicht viele neue Künstler hinzugeholt. Die meisten von ihnen waren Hamburger, darunter Eduard Bargheer, Arnold Fiedler, Fritz Kronenberg, Hans Martin Ruwoldt und Albert Woebcke. Insgesamt aber war die Teilnehmerschaft so alt wie nie zuvor auf einer Künstlerbundausstellung. Die meisten Künstler waren bereits über fünfzig Jahre alt. Der älteste war Rohlfs mit 87 Jahren. Für einen gemäßigten Ausgleich innerhalb der sonst wieder stark expressionistisch geprägten Schau sorgten Kurt Haase-Jastrow, Hegenbarth, H. Hübner, König, Nagel, Paeschke, Schinnerer und Paul Wilhelm. Die Namen ließen sich inzwischen an einer Hand abzählen.

Dass der Expressionismus nach fast dreißig Jahren noch immer nicht an Schlagkraft verloren hatte, zeigte sich nun darin, dass er die Stilrichtung war, die den Nationalsozialisten die größte Angriffsfläche bot. Barlach, Beckmann, Caspar, Crodel, Feininger, Fuchs, Hauptmann, Heckel, Hofer, Jawlensky, Kaus, Kirchner, Kuhfuß, H. Macke, Munch, Nauen, Nolde, Pechstein, Purrmann, Rohlfs, Scharl, Schmidt-Rottluff, Stegemann, Weiss waren keine jungen Wilden mehr. Und doch waren sie für die nationalsozialistischen Kulturwächter die Steine des Anstoßes. Was seit Jahren schon bei einer Zusammenstellung dieser Künstler nicht mehr galt, musste man der Jury von 1936 nun zugestehen: Sie hat in der Auswahl der Künstler viel Mut bewiesen. Einige der Teilnehmer hatten bereits Ausstellungverbot wie etwa Dix, Hofer, Heckel, Jawlensky, Pechstein, Werner Scholz oder Adolf de Haer. Ahlers-

---

„da man kaum damit rechnete, daß es die NS-Regierung während der Olympischen Spiele zu einem Eklat vor vielen ausländischen Gästen kommen lassen würde". Vgl. Lyra-Wex 1986, S. 63. Ob dies tatsächlich der Grund für die Verschiebung der Schau war, ließ sich bislang nicht bestätigen.

1458 Vgl. Deutscher Künstlerbund 1936, [o. S.]

1459 Das Verhältnis war allerdings weniger ausgewogen denn je. Die Gruppe der Berliner Künstler war so groß wie die Rheinländer, Dresdner und Münchner zusammen.

Hestermann, Beckmann, Crodel, Dix, Franz Frank, Hofer, Marcks, Schlemmer und sogar Franz Radziwill, der 1933 noch den Lehrstuhl Klees in Düsseldorf übernommen hatte und Mitglied der NSDAP war, sind inzwischen aus ihren Lehrämtern entlassen worden. Bereits 1930 waren in Weimar die Bilder von Barlach, Crodel, Dexel, Feininger, Kandinsky, Kirchner, Klee, Kokoschka, Lehmbruck, Marc, Marcks, Moltzahn, Rohlfs, Schlemmer und Schmidt-Rottluff den Säuberungsaktionen des thüringischen Bildungsministers Frick zum Opfer gefallen und wurden aus dem Weimarer Schlossmuseum entfernt, Schlemmers Wandgestaltung im Weimarer Werkstattgebäude wurde übermalt. Crodel musste seit 1933 wiederholt die Vernichtung verschiedener seiner Wandmalereien im öffentlichen Raum hinnehmen. Otto Pankok wurde 1933 aufgefordert, seine für die Essener Ausstellung *Westfront 1933* eingereichten Christus-Arbeiten gegen neutrale Landschaftsbilder auszutauschen.[1460] Im Januar 1936 wurde Maria Caspar-Filsers Bild *Septembermorgen (September im Inntal)* in der Ausstellung *50 Jahre Münchner Landschaftsmalerei* in der Neuen Pinakothek gezeigt, aber schon bald auf Befehl des Gauleiters Adolf Wagner[1461] als entartet abgehängt. Ein halbes Jahr später hat der Künstlerbund es gewagt, dasselbe Bild in Hamburg noch einmal zu präsentieren.[1462] Auch Josef Scharl war politisch bereits aufgefallen durch eine offensichtliche Antihaltung gegenüber dem neuen Regime sowohl in seinen künstlerischen Arbeiten wie mündlichen Äußerungen.[1463] Und Otto Andreas Schreiber trat vielleicht künstlerisch auf der Ausstellung nicht besonders hervor, war aber in Hamburg für zahlreiche schriftstellerische Bekenntnisse zur modernen Kunst bekannt.[1464]

All diese vorbelasteten Künstler scheuten Hamburger Kunstverein und Deutscher Künstlerbund nicht, noch einmal auszustellen. Obwohl der Bund im Frühjahr des Jahres der Reichskunstkammer beitreten musste und von nun an verpflichtet war, auch bei seinen Mitgliedern eine Zugehörigkeit zu dieser Institution sicherzustellen,[1465] waren auf der Hamburger Ausstellung Künstler zu finden, die diese Voraussetzung nicht erfüllten. Desgleichen wurden zahlreiche ehemalige Mitglieder

---

1460 Pankok sollte die Bilder *Einzug in Jerusalem, Christus in Gethsemane, Christus wird gegeißelt, Kreuzabnahme* und *Pietà* zurücknehmen. Vgl. Düsseldorf 1978, S. 5.

1461 Adolf Wagner (1890–1944) war ein sehr ehrgeiziger Nationalsozialist. Im Laufe seiner NSDAP-Karriere hatte er verschiedene Ministerposten in Bayern inne. Im Dezember 1936 wurde er bayerischer Kultusminister. Zuvor war er kommissarischer Innenminister. Aus diesem Amt heraus legte er gemeinsam mit Heinrich Himmler 1933 den Grundstein für das Konzentrationslager Dachau.

1462 Vgl. Deutscher Künstlerbund 1936, S. 11.

1463 Vgl. München 1982, S. 72.

1464 Vgl. Bruhns 2001, Bd. I, S. 173f.

1465 Vgl. Bedingungen für die Mitglieder im Zuge der Aufnahme des Bundes in die Reichskunstkammer, in: Deutscher Künstlerbund an seine Mitglieder, 5.2.1936, Kopie in: AdK, Deutscher Künstlerbund, 703. Die Aufnahme des Bundes in die Reichskunstkammer erfolgte am 6.3.1936. Vgl. Deutscher Künstlerbund an seine Mitglieder, 11.3.1936, Kopie in: AdK, Deutscher Künstlerbund, 703.

der Hamburger Sezession eingeladen, deren letzte Ausstellung drei Jahre zuvor die erste nationalsozialistische Ausstellungsschließung erfahren hatte. Die Gruppe wurde daraufhin zur Auflösung gezwungen. Ahlers-Hestermann, W. Grimm, E. Hartmann, I. Hauptmann, Kluth, Karl Opfermann, Stegemann und die Neuzugänge Eduard Bargheer, Arnold Fiedler, Fritz Flinte, Fritz Kronenberg, Ruwoldt und Woebcke gehörten dazu. Auch dass Schlemmer auf der Hamburger Schau noch ausgestellt wurde, zeigt die nun eingetretene Bestimmtheit des Bundes. Der Bauhaus-Meister wurde schon seit 1933 mehrfach von Ausstellungen ausgeschlossen. Eine erste große Retrospektive, mit der die Staatsgalerie Stuttgart den Künstler 1933 hatte ehren wollen, ist noch vor der Eröffnung durch die Nationalsozialisten verhindert worden.[1466] 1933 hatte Schlemmer überdies seine Professur an den Vereinigten Staatsschulen in Berlin verloren. Auf vergleichsweise wenig Namen ist hier verzichtet worden wie etwa auf Klee, O. Moll oder Scharff, die ebenfalls bereits ihre Lehrämter verloren hatten. Rolf Nesch, „der nach kurzer Zeit einer der am stärksten angegriffenen Künstler in Hamburg war"[1467], wäre vielleicht noch ausgestellt worden, wenn er nicht bereits nach Norwegen emigriert wäre. Von den Nazis anerkannte Künstler wie Arno Breker, Willy Habl oder Curt Beckmann hielten sich dagegen deutlich in Grenzen.

Auch bei dieser letzten Ausstellung des Deutschen Künstlerbundes wurde Edvard Munch, als einziger Ausländer, mit zwei Arbeiten gezeigt. In Anbetracht der Tatsache, dass dies die letzte Veranstaltung des Künstlerbundes war, schloss sich hier ein Kreis. Munch hatte seinerzeit einen entscheidenden Anstoß für die Entwicklungen der modernen Kunst in Deutschland gegeben und war nun, 73-jährig, auch noch Zeuge von deren vermeintlichem Ende. Da Munch insgesamt nur drei Mal an einer Künstlerbundausstellung teilgenommen hatte – 1907 auf der Grafikausstellung in Leipzig, 1931 in Essen und 1936 in Hamburg – kann diese letzte Einladung als demonstratives Zeichen verstanden werden.

Dass Hamburg als Ausstellungsort gewählt worden ist, weil dort noch vergleichsweise liberale Verhältnisse herrschten und die seit 1933 geltenden nationalsozialistischen Richtlinien die Bildende Kunst betreffend hier eher gemäßigt ausgelegt wurden, stellt die Vorgänge kaum ins rechte Licht.[1468] Sicherlich mag die Tatsache, dass sich Hamburgs Regierender Bürgermeister Carl Vincent Krogmann und der Leiter der Kulturverwaltung Kleinschmit[1469] immer wieder für die moderne Kunst, in der sie keinerlei Gefahr für Volk und Vaterland sahen, eingesetzt haben und manche Maßnahme gegen einzelne Künstler oder Ausstellungen abgewehrt haben, zu der

---

1466 Vgl. Stuttgart 1977, S. 282f.

1467 Bruhns 2001, Bd. 1, S. 67.

1468 So etwa die Darstellung bei Wehlte-Höschele 1987 u. Lyra-Wex 1986, S. 17. Zur Legendenbildung um ein vermeintlich liberales Hamburg im nationalsozialistischen Deutschland s. Bruhns 2001, Bd. I, S. 469–471.

1469 Wilhelm Freiherr Kleinschmit von Lengefeld (1888–1970) war damals Hamburgs oberster Kulturbeamter und seit 1934 kommissarischer Leiter der Hamburger Kunsthalle und des Museums für Kunst und Gewerbe. Vgl. M. Werner 2011, S. 294.

Auslegung einer besonders liberalen Kunstpolitik in Hamburg verleiten.[1470] Kleinschmit war nicht mal Parteimitglied.[1471] Darüber darf man aber nicht den mächtigen Apparat vergessen, der über diesen beiden Mitspielern des Hamburger Kulturalltags stand. Zumal drei Jahre zuvor in Hamburg die überhaupt erste von den Nazis durchgeführte Ausstellungsschließung erfolgt war.[1472]

Auch der Hamburger Kunstverein, in dessen Räumlichkeiten die Sezessionsausstellung damals stattgefunden hatte, bekam infolge dieses Ereignisses die Konsequenzen der nationalsozialistischen Gleichschaltung zu spüren, die einen Austausch des gesamten Vorstands nach den Ansprüchen der neuen Regierung nach sich zog. Zudem war auch Hamburg nicht frei von eifrigen Denunzianten, die ihrem Neid und persönlichem Misserfolg nicht anders Luft zu machen wussten. Wie der Kunsthistoriker und Verfechter expressionistischer Kunst Wilhelm Niemeyer die Auflösung der Künstlerbundausstellung erlebt hat, berichtete er Anfang August 1936 seinem Freund Franz Radziwill:

> „Sofort als diese Ausstellung angekündigt wurde, ging die Befeindung los, weil die Auswahl dem Maler Stegemann übertragen wurde, weil die Brückemaler aufgenommen waren wie auch die Leute der Hamburger Sezession, die Herren Spanier, Pi[e]per, und andere Gralshüter der echt deutschen Unterkunst aber nicht. Am Tag der Eröffnung kam der Angriff. Pi[e]per, der Leiter der Verkaufssäle Bock, bestürmte die Hamburger Reichskunstkammer und den Gau. Der Staatsrat Dr. Becker, derselbe, der in Deiner Sache im November so einsichtig und sachgerecht war, aber von Kunst an sich nichts versteht, wurde wirr gemacht und wollte die Ausstellung schließen. Unterredungen aber mit Stegemann und Muthmann, auch mit einem ihm befreundeten jüngeren Maler stimmten ihn um."[1473]

1470 Ivo Hauptmann konnte noch nach dem Krieg in dieser Hinsicht Gutes über Krogmann sagen: „Im April 1933 waren wir [Hauptmann und Rolf Nesch, Anm. d. Verf.] gemeinsam beim Regierenden Bürgermeister Vincent Krogmann gewesen, weil unsere Ausstellung der Hamburgischen Sezession polizeilich geschlossen worden war, und hatten von ihm erreicht, daß wir nicht als kriminelle Verbrecher behandelt wurden. Die Ausstellung konnte nicht wieder eröffnet werden, aber es sei hinzugefügt, daß wir bei Vincent Krogmann eine durchaus verständnisvolle Aufnahme fanden." Aus: Ivo Hauptmann, Die Reise nach Oslo, 1948, zit aus: Bruhns 2001, Bd. I, S. 637 f.

1471 Vgl. Bruhns 2001, Bd. I, S. 594.

1472 Gemeint ist die Frühjahrsausstellung der Hamburger Sezession im Jahr 1933. Vgl. dazu auch oben, S. 336. Zu den Vorgängen um die Schließung der Ausstellung siehe auch: Bruhns 2001, Bd. I, S. 179.

1473 Zit. aus Bruhns 2001, Bd. I, S. 613. Die Rede ist hier von dem Künstler Will Spanier, außerdem von Otto P*ie*per, Mitarbeiter der Kunsthandlung Bock (nicht zu verwechseln mit Carl Anton P*i*per, konservativer Kunstkritiker der Hamburger Nachrichten, der seit 1933 nicht mehr in Hamburg tätig war) und Staatsrat Hellmuth Becker. Zu diesen Herren und ihre Verstrickung in die Ausstellungsschließung vgl. auch Bruhns 2001, Bd. I, S. 174–177, 182.

Das Vorgehen, den Künstlerbund nicht weiter in Erscheinung treten zu lassen, zeigte sich zunächst als erfolgreich. Der Reichskunstkammer ist die Beteiligung des Künstlerbundes scheinbar völlig entgangen und Eugen Hönig, Präsident der Reichskulturkammer, machte allein den Ausstellungsleiter Stegemann für die Konzeption der Schau verantwortlich.[1474] Dass die Ausstellung überhaupt eröffnen durfte, war nicht selbstverständlich. Denn seit April 1935 benötigte jede Ausstellung eine Genehmigung durch den Präsidenten der Reichskulturkammer.[1475] Zwei Vorbesichtigungen hatte die Schau überstanden und wurde schließlich zur Eröffnung freigegeben. Es scheint aber hartnäckige Widersacher gegeben haben, die es nicht dabei bewenden lassen wollten.[1476]

Dass die Künstlerbundausstellung nicht bereits im Vorfeld von den nationalsozialistischen Entscheidungsträgern verhindert worden ist, war sicher durch den Umstand begünstigt, dass der Expressionismus innerhalb der Regierungspartei bis dahin vollkommen uneinig aufgenommen und die „moderne Kunst“, worauf Reinhard Bollmus hinweist, „noch bis in den Herbst 1936 hinein geduldet“[1477] worden ist – nicht nur in Hamburg. Auf der Hut war man seit der Schließung der Sezessionsausstellung in Hamburg dennoch. Der damalige Schatzmeister des Hamburger Kunstvereins Kurt Hartwig Siemers erinnerte sich 1986 an das brisante Vorhaben der Ausstellung:

> „Als dem Verein die Künstlerbundausstellung angeboten wurde, war es dem Vorstand natürlich klar, daß bei der kunstfeindlichen Einstellung des 3. Reiches eine Ausstellung moderner Kunst ein Risiko bedeutete. Es handelte sich fast nur um Künstler, die von den Nazis mißbilligt und verfolgt waren. Es wurde im engeren Kreise, besonders aber zwischen Dr. Biermann-Ratjen und mir überlegt, ob man die Ausstellung wagen solle oder nicht. Wir entschieden uns dafür, ein Bekenntnis zu unserer künstlerischen Einstellung trotz der zu erwartenden Unannehmlichkeiten abzulegen. Es tauchte noch der Gedanke auf, ob man vielleicht eine Auswahl treffen sollte (die Ausstellung entschärfen). Das wurde aber verworfen und es wurde die ganze Ausstellung eröffnet und gezeigt. Da wir eine gewaltsame Schließung durch die nationalsozialistischen Behörden einkalkulieren mußten, erklärte sich der Maler Stegemann bereit, die Ausstellung persönlich zu schützen. Er legte sich nachts mitten unter den Bildern auf eine Matratze, um im Falle einer Schließung persönlich die

---

Friedrich Muthmann (1901–1981) hatte im August 1933 als Nachfolger des gerade abgesetzten Hildebrand Gurlitt die Leitung des Hamburger Kunstvereins übernommen.

1474 Vgl. auch Zieglers Erklärung zur Auflösung des Bundes in: Deutscher Künstlerbund an seine Mitglieder, 10.10.1936, Kopie in: AdK, Deutscher Künstlerbund, 703.

1475 Vgl. Lyra-Wex 1986, S. 17.

1476 Zu den eventuellen Drahtziehern hinter den Kulissen vgl. Bruhns 2001, Bd. 1, S. 181.

1477 Bollmus 1970, S. 276, Anm. 90.

Bilder zu verteidigen und nur der Gewalt zu weichen. Diese ließ dann auch nicht lange auf sich warten. Inzwischen war ich nach München umgezogen. Da las ich dann einige Tage später in der Frankfurter Zeitung, daß sich der namentlich genannte Vorstand, besonders Biermann-Ratjen und ich uns in gröbster Weise gegen Führer, Partei und Volk vergangen hätten und daß die Ausstellung geschlossen und der Verein nach Rücktritt des Vorstandes aufgelöst werden würde. Ich erinnere mich noch, daß der empörte Biermann-Ratjen überlegte, ob er nicht als angesehener Hamburger Notar ein Ehrengerichtsverfahren gegen sich beantragen sollte."[1478]

Biermann-Ratjen ging sogar so weit, dass er sich in seiner Eröffnungsrede zu einer kleinen Agitation gegen die jüdische Kunst hat hinreißen lassen, um an der Konformität der Veranstaltung mit der nationalsozialistischen Kunstpolitik keinen Zweifel aufkommen zu lassen.[1479] Man war sich dem Ernst der Lage bewusst. Selbst in der Nacht wurde die Schau nicht aus den Augen gelassen.

Nur zehn Tage nach der Eröffnung wurde die Ausstellung durch die Nationalsozialisten geschlossen. Hönig begründete die Schließung mit den Worten:

> „Nachdem ich nunmehr die Veranstaltung besichtigt habe, stelle ich fest, daß der größte Teil der durch den Ausstellungsleiter zusammengestellten Erzeugnisse jene Verfallskunst darstellt, die mit dem künstlerischen Wollen des neuen Deutschland unvereinbar ist und eine Provokation gegen Partei und Staat darstellt."[1480]

Aus Sicht der Behörde für Volkstum, Kirche und Kunst scheint die Ausstellung tatsächlich nicht politisch auffällig gewesen zu sein. In der Pressemitteilung für die Ankündigung der Ausstellung wurde der Deutsche Künstlerbund sogar als Mitveranstalter genannt, was Kunstverein und Künstlerbund versucht hatten, weitgehend zu vermeiden.[1481] Kleinschmit verteidigte seine erteilte Genehmigung auch noch nach der Ausstellungseröffnung: „Nach meiner Durchsicht der Bilder fand ich mehr oder weniger alle Richtungen oder besser Malweisen vertreten. Die Zu-

---

1478 K. H. Siemers, zit. aus: Dokumente der Verfolgung 1935–1937, in: Bonn 1986, S. 99f. Der Jurist und Schriftsteller Hans Harder Biermann-Ratjen (1901–1969) ist 1934 in den Vorstand des Hamburger Kunstvereins gewählt worden. Damit stand dem Verein erneut ein liberaler und der Moderne gegenüber aufgeschlossener Vorsitzenden vor (vgl. Bruhns 2001, S. 102–104). 1936 wurde auch er durch die Nationalsozialisten von diesem Amt enthoben. Nach dem Zweiten Weltkrieg trat Biermann-Ratjen der FDP bei und wurde später Kultursenator in Hamburg.

1479 Biermann-Ratjens Eröffnungsrede wiedergegeben in: Hamburger Tageblatt, Nr. 198, 22.7.1936: „Denn gerade in der deutschen Kunst ist von jeher bezeichnend gewesen, daß sie im Gegensatz zur jüdischen weniger nach dem Naturbild als aus den Tiefen des eigenen Innern die Gesichte und Phantasien formt."

1480 E. Hönig, zit. aus: Heinrich Stegemann, Zerstörte Bilder, Typoskript, Text von Ingeborg Stegemann S. 20f., Kopie in: AdK, Deutscher Künstlerbund, 703.

1481 „[...] veranstaltet der Kunstverein in Verbindung mit dem Deutschen Künstlerbund [...]". Aus: Behörde für Volkstum, Kirche und Kunst an das Hamburgische Staatsamt, 6.7.1936, Kopie in: Adk, Deutscher Künstlerbund, 703.

sammenstellung entsprach der schönen Hannoverschen Ausstellung der Kestner Gesellschaft, die ich vor einem Vierteljahr besuchte."[1482]

Auch Bürgermeister Krogmann stand weiterhin hinter der Ausstellung. Als bereits unmittelbar nach Ausstellungsbeginn der Presse jegliche Berichterstattung untersagt worden war,[1483] fragte er selbst bei der Landesstelle Hamburg von Goebbels Reichspropagandaministerium nach,

> „ob eine derartige Anweisung von der Landesstelle tatsächlich an die Presse gegangen" sei und erinnerte daran, dass die Ausstellung doch sowohl vom Senat finanziell unterstützt würde „und ebenfalls das Reichsministerium für Volksaufklärung und Propaganda für die Ausstellung einen Zuschuß geleistet hat".[1484]

Durch diese schriftlichen Einwände wurde der Fall schließlich auf reichspolitische Ebene getragen. Denn nun kam der stellvertretende Präsident der Reichskunstkammer Adolf Ziegler persönlich nach Hamburg. Mit der Erklärung, die erteilte Genehmigung der Ausstellung sei ein Versehen des Ministeriums gewesen, ließ er die Schau unverzüglich schließen.[1485] Den Hamburger Bürgermeister Krogmann bat er, sich fortan „aus der Angelegenheit herauszuhalten", denn nun galt es, den verantwortlichen Beamten sowie den Vorsitzenden des Kunstvereins Stegemann aus ihren Ämtern zu entlassen und den „Bund deutscher Künstler" aufzulösen.[1486] Kleinschmit wurde entlassen, außerdem der Leiter der Landesstelle der Reichkunstkammer Gerhard Langmaack. Die Behörde für Volkstum, Kirche und Kunst wurde geschlossen.[1487]

Am Ende ging die Sache für niemanden gut aus. Die Ausstellung wurde geschlossen, der Künstlerbund zur Auflösung gezwungen, seine Mitglieder wurden einer staatlichen Überprüfung unterzogen.[1488] Die Vorsitzenden des Kunstvereins

---

1482 Behörde für Volkstum, Kirche und Kultur an Oberregierungsrat Lindemann, 24.7.1936, Kopie in: AdK, Deutscher Künstlerbund, 703. Im März/April 1936 wurde von der Kestner Gesellschaft eine Franz Marc Gedächtnisausstellung arrangiert, von der Kleinschmit hier eventuell spricht. Die Ausstellung war ein großer Erfolg, obwohl Marc bereits als entartet diffamiert war. Vgl. die Webseite der Kestner Gesellschaft: Kestner Gesellschaft, Ausstellungen, Franz Marc Gedächtnisausstellung, 4.3–19.4.1936. http://kestnergesellschaft.de/#!/ausstellung/franz-marc/ (abgerufen am 2.9.2015).

1483 Vgl. Die Behörde für Volkstum, Kirche und Kunst an Oberregierungsrat Lindemann, 23.7.1936, Kopie in: AdK, Deutscher Künstlerbund, 703.

1484 Krogmann an die Landesstelle Hamburg des Reichsministeriums für Volksaufklärung und Propaganda, 24.7.1936, Kopie in: AdK, Deutscher Künstlerbund, 703.

1485 Vgl. Heydorn 1974, Bd. 1, S. 174.

1486 Ebd.

1487 Zu den Vorgängen um die Hamburger Kulturbehörde vgl. Bruhns 2001, Bd. I, S. 68–70. Zu den Entlassungen vgl. ebda., S. 181.

1488 Nach Schließung der Ausstellung wurde der Deutsche Künstlerbund offenbar aufgefordert, Informationen über seine Mitglieder einzuholen. Im Falle Ludwig von Hofmanns sind die erhobenen Fragen dokumentiert, die allesamt politisch

wurden abermals ihrer Ämter enthoben, Stegemann sollte einem Ehrengericht vorgeführt werden.[1489] In einem Brief an seinen Freund Karl Henke umriss Stegemann die Geschehnisse abgekürzt:

> „Ja, in Hamburg haben wir betrübende Dinge erlebt, und wie es nun endgültig ausgeht, weiß ich immer noch nicht. Die Ausstellung, 170 Künstler etwa waren beteiligt, – ist genau genommen eine Ausstellung des Deutschen Künstlerbundes, nur nicht unter seinem Namen, sondern der Künstlerverein in Hamburg war der Veranstalter und ich zum künstlerischen Leiter ernannt. Acht Tage vor der Eröffnung bekommen wir Nachricht, daß man die Ausstellung vorher sehen wolle, sie wurde zwei Male besichtigt, vom Leiter der Reichskammer und auch vom Gauvertreter, – nach einigen Aufregungen dann auch zur Eröffnung freigegeben."[1490]

Die Aufregungen hielten tatsächlich bis zuletzt an. Kurz vor Ausstellungsbeginn wurde noch der Titel der Schau geändert, der ursprünglich lauten sollte *Deutsche Kunst im Olympiajahr*. Begründet wurde der Änderungswunsch damit, dass nicht der Eindruck entstehen sollte, es würde sich hier um eine vollkommen ausgereifte deutsche Kunst handeln, die die Ausstellung nach Ansicht der politischen Stellen nicht geboten hätte. Die kurzfristige Änderung des Titels in *Malerei und Plastik in Deutschland 1936* hatte schließlich die benötigte Zustimmung der Behörden erwirkt und den Eröffnungstermin gerettet.[1491] Auch dies geschah aus reiner Schikane gegenüber dem Veranstalter Kunstverein, denn an der Ausstellung änderte sich deswegen nichts. „Der Name ‚Deutsche Kunst' wurde, um die Macht zu zeigen, auf den Plakaten und auf dem Katalog in ‚Malerei und Plastik in Deutschland' verändert, der Spaß machte 1.000 Mark Unkosten [...]", resümierte Niemeyer später.[1492] Dennoch, „am 21. Juli war die Eröffnung," berichtete Stegemann damals,

> „und die Ausstellung vom Publikum und von der Presse freudig, zum Teil begeistert, aufgenommen, wie auch aus leider nur drei erschienenen Besprechungen hervor-

---

orientiert waren: welches öffentliche Amt er bekleidete, ob er Mitglied der Preußischen Akademie der Künste war, welche öffentlichen Sammlungen seine Werke zeigten, ob er seit 1933 Staatspreise oder Staatsaufträge bekommen hätte, ob er am Krieg teilgenommen und dabei Auszeichnungen oder Beförderungen erfahren hätte und schließlich, ob er Mitglied der Partei, oder sogar der SS wäre. Vgl. Leo von König an die Mitglieder des Deutschen Künstlerbund, 27.8.1936, Kopie in: AdK, Deutscher Künstlerbund, 703.

1489 Vgl. Stegemann an Henke, August 1936, in: Städtisches Museum Flensburg, Nachlass Heinrich Stegemann, Briefe von 1920–1945, Kopie in: AdK, Deutscher Künstlerbund, 703.

1490 Ebd.

1491 Vgl. Behörde für Volkstum, Kirche und Kunst an Oberregierungsrat Lindemann, 24.7.1936, Kopie in: AdK, Deutscher Künstlerbund, 703.

1492 Zit. aus Bruhns 2001, Bd. I, S. 613.

> ging.[1493] Die eigentlichen Treiber aber ruhten nicht, – mit den Hamburger Stellen war ihnen die Schließung der Ausstellung nicht geglückt, jetzt wurde Berlin mobil gemacht, und nach neuerlichen viermaligen Besichtigungen schloß der stellvertretende Präsident der Reichskammer, Professor Ziegler, die Schau. Warum? ‚Der größte Teil der ausgestellten Werke sind Kunst der Verfallszeit'. Dr. Muthmann und Dr. Biermann-Rathjen wurden beide als Geschäftsführer und Vorsitzender des Kunstvereins ihres Postens enthoben. Mir selbst nach einigen Tagen ein Ehrengericht in Aussicht gestellt (bis jetzt nicht geschehen) und der Deutsche Künstlerbund, dessen Präsident und Vicepräsident Georg Kolbe und Leo von König sind, soll aufgelöst werden. Die beiden Herren haben sofort, ich war deswegen auch mit ihnen zusammen in Berlin, ein Protestschreiben an den Minister Dr. Goebbels gerichtet, und ich habe von mir aus auch ein Schreiben beigefügt. Der Kunstverein selbst hat natürlich auch Schritte unternommen und die Wiedereröffnung beantragt. [...] Mit der verschiedentlich angekündigten künstlerischen Freiheit ist es also recht eigenartig."[1494]

Den Brief der beiden Künstlerbundvorsitzenden Kolbe und König vom 7. August hat Goebbels nicht beantwortet.[1495] Auf das Schreiben von Stegemann aber ließ der Reichsminister kurz und knapp erwidern: „Ich habe keinen Anlaß, das Vorgehen des Herrn Präsidenten der Reichskammer der bildenden Künste anläßlich der Schließung der Kunstausstellung in Hamburg ‚Malerei und Plastik in Deutschland' gegen Sie zu beanstanden."[1496] Goebbels hat innerhalb von zweieinhalb Jahren eine eklatante Sinneswandlung durchgemacht. Im Februar 1934 konnte er noch mit folgenden Worten zitiert werden:

> „Wir garantieren die Freiheit der Kunst. Grundsätzlich muß auch für den nationalsozialistischen Staat der Standpunkt aufrechterhalten werden, daß die Kunst frei ist und daß man niemals den Versuch unternehmen darf, durch Organisation den Mangel an Intuition zu ersetzen. [...] Die Kunst an sich kann nur gedeihen, wenn man ihr größtmögliche Entwicklungsfreiheit gibt. Und diejenigen, die die Kunst und überhaupt die ganze Kultur glauben einengen und beschneiden zu können, versündigen sich damit an der Kunst und an der Kultur."[1497]

1493 Berichtet wurde in folgenden Blättern: Hamburger Fremdenblatt, 21.7.1936; Hamburger Anzeiger, 22.7.1936; Hamburger Tageblatt, Nr. 198, 22.7.1936. Weitere Artikel zur Ausstellung in: Lübecker Generalanzeiger, 25.7.1936; Niederdeutsche Warte, 26.7.1936; Altonaer Tageblatt, 27.7.1936 u. Altonaer Nachrichten, 29.7.1936.

1494 Stegemann an Henke, August 1936, in: Städtisches Museum Flensburg, Nachlass Heinrich Stegemann, Briefe von 1920–1945, Kopie in: AdK, Deutscher Künstlerbund, 703.

1495 Vgl. Deutscher Künstlerbund an seine Mitglieder 10.10.1936, Kopie in: AdK, Deutscher Künstlerbund, 703.

1496 Zit. aus: Bonn 1986, S. 98.

1497 Rede Goebbels auf einer Tagung der Reichskulturkammer, 7.2.1934, zit. aus: Claus 1986, 13.

Am 10. Oktober musste der Künstlerbund seine Mitglieder über die Auflösung des Bundes in Kenntnis setzen und zitierte die Begründung der Reichskulturkammer durch deren stellvertretenden Präsidenten Adolf Ziegler:

> „Ich habe festgestellt, dass Sie neben dem Hamburger Kunstverein an der Zusammenstellung der dort gezeigten Ausstellung mitgewirkt haben. Die Veranstaltung lässt jegliche Verantwortung gegenüber Volk und Reich vermissen und erfüllt somit in keiner Weise das von mir [...] geforderte Ziel. Der Künstlerbund hat damit bewiesen, dass er nicht in der Lage ist, die ihm durch das Reichskulturkammergesetz als Mitglied der Reichskammer der bildenden Künste auferlegte Verantwortung als Träger einer öffentlichen Aufgabe zu erfüllen. Er muss als unzuverlässig angesehen werden. Ich schliesse ihn [...] aus der Kammer aus und untersage ihm jede weitere Betätigung auf dem Gebiete der bildenden Kunst. [...].“[1498]

Stegemann wurde tatsächlich am 12. Oktober 1936 vor das angekündigte Ehrengericht gestellt. Von Seiten des Künstlerbundes hat er hierbei keine Unterstützung gefunden, wie er ernüchtert feststellen musste:

> „[...] Barlach ist fast der einzige Mensch gewesen, der besorgt und teilnehmend in mehreren Briefen sich über meine Angelegenheit äußerte. Gegen das Ehrengericht, das man mir gemacht, – es war am 12. Oktober, habe ich protestiert (wegen seiner groben Formfehler), tatsächlich hat die Reichskammer in Berlin alles zu nochmaliger Verhandlung an die hiesige Landesstelle zurückgegeben, – und nun geht's von vorne wieder an [...].“[1499]

Für Hofer hatte sich der Vorstand des Bundes ein Jahr zuvor noch stark gemacht. Dass er sich in diesem Fall nun gänzlich zurückhielt, muss für Stegemann sehr betrüblich gewesen sein. Bezüglich der Androhung eines Ehrengerichts gegen Stegemann setzte Barlach ein Einschreiten des Künstlerbundes regelrecht voraus: „Das müßte ja nun doch wohl den ganzen Künstlerbund ‚mobil' machen von Rechts wegen. Soll mich doch wundern, ob er den Maulkorb nicht abtut. Wenn alles blind und lahm ist, dürfte es zu spät sein.“[1500] Tatsache ist aber auch, dass der Bund am 3. August 1936 zur sofortigen Auflösung aufgefordert worden ist, unter Androhung polizeilicher Maßnahmen.[1501] Als Verein hatte der Bund also gar keinen Handlungsspielraum mehr.

1498 Deutscher Künstlerbund an seine Mitglieder 10.10.10936, Kopie in: AdK, Deutscher Künstlerbund, 703.

1499 Stegemann an Henke, 30.12.1936, in: Städtisches Museum Flensburg, Nachlass Heinrich Stegemann, Briefe von 1920–1945, Kopie in: AdK, Deutscher Künstlerbund, 703. Ob das Verfahren nach der Beschwerde von Stegemann tatsächlich noch einmal aufgerollt wurde, ließ sich bislang nicht nachweisen. Vgl. dazu Bruhns 2001, Bd. I, S. 181 f.

1500 Barlach an P. Schurek, 16.9.1936, in: Barlach 1962, S. 150.

1501 Vgl. Deutscher Künstlerbunde an seine Mitglieder, 10.10.1936, Kopie in: AdK, Deutscher Künstlerbund, 703.

Den Künstlern selbst war die rigorose Reaktion der rechtspolitischen Beobachter natürlich gar nicht einsichtig. Der ehemalige Hamburger Sezessionist Ivo Hauptman, selbst mit zwei Bildern auf der Ausstellung präsent, berichtete seinem ehemaligen Lehrer Ludwig von Hofmann, von dem ebenfalls zwei Bilder in der Schau zu sehen waren: „Ich selber hatte mir die Ausstellung auch angesehen und konnte nicht bemerken, dass irgendwie Dinge ausgestellt worden waren, die einen Menschen wie mich, der dieses und jenes gesehen hat, irgendwie beunruhigen könnte."[1502] Allein Feiningers Bildern traute er die eine oder andere Provokation zu: „Es waren da u. a. einige Bilder von Feininger, die vielleicht das Herz der Maler von bestem Schrot und Korn wegen der kubistischen Anwandlungen hätten aufregen können; [...]."[1503]

Welche Folgen die ganze Angelegenheit für die Künstler haben konnte, war zunächst nicht abzusehen. Aber die Angst vor einem Berufs- und Ausstellungsverbot war groß und nicht unberechtigt. Kirchner, der an der Hamburger Ausstellung zwar nicht mehr teilgenommen hatte, war dennoch sehr besorgt, wie er seinen Förderer und Freund Carl Hagemann wissen ließ:

> „Soeben kommt mir der Auflösungsbefehl des deutschen Künstlerbundes zu, wahrscheinlich folgt dann für jedes Mitglied noch das Verbot künstlerisch zu arbeiten. Was die armen Betroffenen machen sollen, darüber zerbricht man sich den Kopf nicht [...]. Wäre ich noch jung, so würde es wohl weniger was machen, aber jetzt, wo ein Werk da ist unter tausend Opfern geschaffen und dieses so kaputt gemacht werden soll, da ist es schwer, sich dagegen innerlich kalt zu machen [...]."[1504]

Kirchner gehörte 1936 nicht mehr zu den jungen Streitern. Doch war ein Künstlerleben mit 56 Jahren auch noch längst nicht zu Ende. Kirchners Befürchtungen blieben nicht aus. Im Juli des folgenden Jahres wurde er aus der Akademie der Künste ausgeschlossen. Und die Aktion „Entartete Kunst" traf ihn schwer: Mehr als siebenhundert seiner Arbeiten wurden deutschlandweit beschlagnahmt, über dreißig davon auf der Münchner Schandausstellung zur Schau gebracht. Seines Lebenswerks beraubt, ging er im Juni 1938 in den Freitod. Auch wenn man Kirchners Tod sicherlich nicht allein den demütigenden Ereignissen um 1937 anlasten kann, ist sein Schicksal doch ein sehr tragisches Beispiel für die Folgen dieser Ereignisse.

Mehr als die Hälfte der Teilnehmer der Hamburger Ausstellung von 1936 war von den nationalsozialistischen Beschlagnahmungen betroffen.[1505] Überraschen mag, dass nur 29 von ihnen 1937 auf der Schandausstellung in München diffamiert

---

1502 Hauptmann an Hofmann, 26.8.1936, Kopie in: Adk, Deutscher Künstlerbund, 703.

1503 Ebd.

1504 Kirchner an Hagemann, 30.10.1936, zit. aus: Bonn 1986, S. 52.

1505 Im Sommer 2016 waren bei der Forschungsstelle „Entartete Kunst" am Kunsthistorischen Institut der Freien Universität Berlin 103 Künstler der Hamburger Künstlerbundausstellung im Beschlagnahmeinventar verzeichnet. Vgl. die Datenbank zum Beschlagnahmeinventar der Aktion „Entartete Kunst", Forschungsstelle „Entartete Kunst", FU Berlin. http://emuseum.campus.fu-berlin.de (abgerufen am 4.7.2016). Siehe auch bei Rave 1949, S. 85–90.

worden sind.[1506] „Nur“ 44 weitere dort gezeigte Künstler hatten zuvor irgendwann einmal beim Bund ausgestellt. In Anbetracht der Tatsache, dass sich der Künstlerbund bis zuletzt den aufstrebenden Randströmungen widmen wollte, ließen sich hier eigentlich höhere Zahlen erwarten. Die meisten der verfemten Künstler entstammten der ersten Generation von Expressionisten, die der Künstlerbund bis 1914 regelmäßig auf seinen Schauen gezeigt hatte. Einmal mehr zeigt sich hier, dass die letzten Jahre vor der Kriegspause die Höhepunkte in der zukunftsweisenden Ausstellungsaktivität des Bundes markieren. Es wird aber auch erneut deutlich, dass der Bund seine Schauen nie auf die neuen Entwicklungen in der Kunst reduzieren wollte. Ein adäquates Gegengewicht durch weithin anerkannte Künstler sicherte ihm eine beständige Anerkennung.

Aufschlussreich ist in dieser Hinsicht, dass umso mehr Künstlerbündler herhalten mussten für Hitlers demonstrative Gegendarstellung auf der *Großen Deutschen Kunstausstellung*, die parallel zur Münchner Schau der sogenannten „Entarteten Kunst“ 1937 im benachbarten Haus der Kunst präsentiert worden ist. 105 Künstler, die irgendwann einmal beim Deutschen Künstlerbund ausgestellt hatten, sind hier eingereiht worden. Darunter nicht nur solche, die zweifellos konventionelle Stilarten vertraten, sondern auch Albiker, Clarenbach, Hegenbarth, Meid sowie die Bildhauer H. Geibel, Hahn oder Scheibe. Einige von ihnen waren sogar noch auf der Hamburger Schau präsent: A. Breker, H. Breker-Rekerb, Haase-Jastrow, L. Kasper, O. Modersohn, Scheuernstuhl und Milly Steger. Und mit Belling fand sich hier sogar ein Künstler, der gleichfalls in der Femeschau zu sehen war.[1507]

Man kann wohl sagen, dass die Hamburger Künstlerbundausstellung während der nationalsozialistischen Herrschaft einen letzten unzensierten Überblick der damaligen deutschen Gegenwartskunst vermittelt hat. Die Altonaer Nachrichten haben das Gebot des Presseverbots insofern unterlaufen, als sie am 29.7.1936 zumindest noch einmal dazu angeregt haben „die Ausstellung recht bald zu besichtigen, denn eine ähnlich aufschlußreiche Veranstaltung, eine so vollständige Übersicht über die mehr in der Stille wirkenden künstlerischen Kräfte wird sicher so leicht nicht wieder zustande kommen.“[1508] Zwei Tage später wurde die Ausstellung geschlossen. Bis dahin aber ist sie gut besucht worden.[1509] Dass diejenigen, die die Ausstellungsschließung verurteilten, die Schau nicht zwangsläufig für gut befanden, reflektiert einmal mehr den Kern, um den sich die ganze Kunstdebatte bezüglich der der modernen Kunst in Deutschland drehte: um die Freiheit der Kunst, die immer

1506 Vgl. die Datenbank zum Beschlagnahmeinventar der Aktion „Entartete Kunst“, Forschungsstelle „Entartete Kunst“, FU Berlin. http://emuseum.campus.fu-berlin.de (abgerufen am 4.7.2016).

1507 Vgl. den Katalog zur Ausstellung: München 1937. Eine Gegenüberstellung beider Münchner Schauen bei: Engelhardt 2007b.

1508 Altonaer Nachrichten, 29.7.1936.

1509 Vgl. Lyra-Wex 1986, S. 18 u. Niemeyer an Radziwill, 7.8.1936, zit. aus Bruhns 2001, Bd. I, S. 613.

auch den Spiegel vorsetzte und mit der Wahrheit konfrontierte. Die einen setzten diese Freiheit voraus, die anderen ängstigte sie. Niemeyer urteilte nüchtern über die Schau:

> „Natürlich war der Gesamteindruck der Sache wie bei jeder Ausstellung heutiger Kunst zunächst häßlich. 250 Bilder und Figuren miteinander, Sachen von 150 verschiedenen Leuten, machen immer eine Wirrnis, das Hilflose überwiegt. Aber es gab etwa 30 gute Werke, und schon um 10 Gerechter willen wollte Gott Sodom und Gomorrha schonen. Anstößig war unbedingt nichts, Nacktes war vermieden, brave Landschaften und bunte Schatten von Menschen."[1510]

Dass eine einzige Kunstaustellung, vom Umfang nicht mal besonders groß, eine derartige Schlagkraft haben konnte, dass sie unter anderem eine ganze Behörde sprengte, markiert wohl eher die Absurdität der nationalsozialistischen Kunstdiktatur als die Besonderheit der Ausstellung. Der Fall zeigt die Bandbreite in der Auslegung nationalsozialistischer Direktiven, die von den Hamburger Kulturträgern 1936 noch immer aus künstlerischer statt aus politischer Sicht angegangen worden sind. Krogmann und Kleinschmit waren selbst überrascht über die Folgen ihrer aus Überzeugung erteilten Genehmigung der Veranstaltung. Dass sich der Angelegenheit die höchste deutsche Kulturbehörde angenommen hat und es nicht bei Strafmaßnahmen allein gegen die beiden Veranstalter Kunstverein und Künstlerbund blieb, bezeichnete Maike Bruhns als einen „Einschnitt [...] für das gesamte kulturelle Klima der Hansestadt".[1511] Der Hamburger Kunstverein verlor nicht nur seinen Vorstand und seine alte Satzung, sondern auch sein Domizil in der Neuen Rabenstraße. Ihm war seine komplette Basis genommen. Ein Weiterarbeiten im eigentlichen Sinne eines Kunstvereins war ihm nicht mehr möglich.[1512] Durch die Auflösung des Künstlerbundes aber weiteten sich die Folgen auf das ganze Reich aus. Die Grenzen der Freiheit für die Kunst waren endgültig gezogen. Fortan war es nicht mehr möglich, avantgardistische Kunst auszustellen.

Von einer sachlichen Auseinandersetzung mit Kunst waren die Ausstellungsschließungen der Nationalsozialisten weit entfernt. Umso mutiger war die Veranstaltung, mit der Künstlerbund und Hamburger Kunstverein ein letztes Aufbäumen gegen die neue Staatsgewalt wagten. Dass die Veranstaltung in einen solchen Skandal münden würde, der die Kunstpolitik der neuen Machthaber erst in ihre endgültige Bahn gelenkt hat und die Grenzen nun klar absteckte, war dabei nicht abzusehen. Niemand konnte damit rechnen, dass nun ein neues Kapitel staatlicher Unterdrückung begann, dass die Repressalien der wilhelminischen Ära weit in den Schatten stellen sollte. Der neue kunstpolitische Kurs richtete sich gegen jede Form der individuellen, nonkonformen, gesellschaftskritischen Form der Kunstausübung

---

1510 Niemeyer an Radziwill, 7.8.1936, zit. aus Bruhns 2001, Bd. I, S. 613.

1511 Bruhns 2001, Bd. I, S. 103.

1512 Zu den Folgen des Ausstellungsskandals für den Kunstverein Hamburg vgl. Bruhns 2001, Bd. I, S. 102–104.

und wollte nicht zuletzt deren beste Resultate gänzlich ausmerzen. Wenn man sich klarmacht, welch große Angriffsfläche die Schau den Nazis geboten hat, muss man diese letzte Ausstellung des Deutschen Künstlerbundes als große Leistung sowohl in der Risikobereitschaft als auch der inhaltlichen Zusammenstellung honorieren.

Der Deutsche Künstlerbund wurde zum 30. November 1936 aufgelöst. In der Hoffnung, „dass die Auflösung des Bundes den persönlichen Verkehr der Künstler untereinander nicht beeinträchtigt", wurde dem Schreiben eine letzte Mitgliederliste beigelegt.[1513] Die Verhandlungen zur Auflösung zogen sich noch zwei Jahre hin.[1514] Das verbliebene Vermögen des Bundes wurde dem Villa-Romana-Verein überschrieben.

IV.3 Die Ausstellungspolitik des Deutschen Künstlerbundes

Der Einstieg des Deutschen Künstlerbundes in die deutsche Ausstellungslandschaft fiel auffallend gemäßigt aus und war zunächst sehr sezessionslastig. Der entscheidende Unterschied zu den großen Sezessionen in Berlin und München war seine rein deutsche Ausrichtung, die vor dem Hintergrund einer verbreiteten Abneigung gegen jede fremdländische, insbesondere französische Kunst von Beginn an honoriert worden ist.

Bereits mit seiner ersten Ausstellung hat der Künstlerbund sein grundlegendes Konzept vorgelegt, bekannte, durchaus ältere Künstler neben dem jungen Nachwuchs zu präsentieren. In der allgemeinen Wahrnehmung fiel die Gewichtung zwar oft genug zugunsten der Künstlerprominenz aus. Der Bund hatte damit aber zwei Fliegen mit einer Klappe geschlagen. Zum einen wurde gerade durch die etablierte Künstlerschaft der Qualitätsanspruch gewahrt. Zum anderen wurden die progressiven, oft auch dem Kunstkenner noch unverständlichen Versuche der jüngeren Teilnehmer in ihrer zum Teil provokanten Wirkung relativiert.

Auf bestimmte Richtungen wollte sich der Bund vor allem in seinen Anfangsjahren nicht reduzieren lassen. Dass ein derart weit gestecktes Programm eine ganz uneinige Resonanz hervorrief, verwundert nicht. Je nach dem Interessensschwerpunkt der Rezensenten wurde entweder die Abteilung der etablierten Künstler in den Vordergrund gestellt oder die Präsentation des Nachwuchses besonders zur Kenntnis genommen. Der Künstlerbund hat sich auf diese Weise eine allgemeine Anerkennung gesichert, denn er hat beide Seiten der im Grunde niemals endenden Kunstdebatte zwischen Anhängern von Konvention und Tradition wie progressiven Modernisten bedient. Die Wucht, mit der diese beiden Lager am Ende des neunzehnten Jahrhunderts aufeinandergetroffen waren, sollte sich so nicht wiederholen. Dass ein latenter Generationskonflikt jedoch immer vorhanden war, zeigte sich bald

1513 Deutscher Künstlerbund an seine Mitglieder, 10.10.1936, Kopie in: AdK, Deutscher Künstlerbund, 703.

1514 Vgl. Redslob 1989, S. 121.

schon in den neuen Auseinandersetzungen innerhalb der Sezessionen, die deren Handlungsspielräume deutlich einschränkten. Solchen internen Umbrüchen ist der Künstlerbund nie zum Opfer gefallen. Und während die große Zeit der Sezessionen mit der Kunst des Impressionismus einherging, konnte sich der Deutsche Künstlerbund darüber hinaus behaupten.

Mit der Einführung der ersten Generation von Expressionisten setzte sich der Künstlerbund allmählich vom Spektrum der Berliner und erst recht der Münchner Sezession ab. Und als der Expressionismus in den letzten Jahren vor Kriegsausbruch seinen Höhepunkt erreicht hatte, spielte – trotz eines letzten Bemühens Paul Cassirers – die Berliner Gruppe kaum noch eine Rolle für den fortschrittlichen Nachwuchs.[1515] Der Durchbruch der neuen Strömungen gelang vielmehr durch aufsehenerregende Veranstaltungen wie die Sonderbundausstellungen in Düsseldorf und Köln oder auch Herwarth Waldens Erstem Deutschen Herbstsalon 1913 in Berlin. Mit dem Sonderbund ging der Künstlerbund bereits relativ konform. Die meisten Teilnehmer der Kölner Schau 1912 hatte er bereits im eigenen Repertoire, viele von ihnen seit langem.[1516] Anders verhielt es sich mit dem Herbstsalon. 1913 in Mannheim oder 1914 in Leipzig hat kein Künstler beim Bund ausgestellt, der bei Walden gezeigt wurde.[1517] Erst in den zwanziger Jahren war der Bund in einer dann vollkommen neuen Vorstands- und Jurybesetzung bereit für Baumeister, Campendonk, Ehmsen, M. Ernst, Helbig, Klee, Kokoschka, H. Macke, Mense, Seewald oder Steinhardt. Ob August Macke und Franz Marc, die in der expressionistischen Kunstszene sehr engagiert waren, irgendwann einmal beim Bund ausgestellt hätten, wenn sie nicht im Krieg gefallen wären, lässt sich nicht beantworten. Auf alle Fälle kann man aber das Resumee ziehen, dass sich der Künstlerbund in der Auswahl seiner Teilnehmer weder vom Sonderbund noch von Walden wirklich hat beeinflussen lassen. Vom Sonderbund nicht, weil dieser in der Mehrheit Künstler zeigte, die beim

1515 „An dem stürmischen Aufbruch der Avantgarde zwischen 1910 und 1912 war die Berliner Secession nicht beteiligt", so Paret in: Paret 1981, S. 252.

1516 Brockhusen, Caspar, Caspar-Filser, Clarenbach, Deusser, Hofer, Heckel, Kirchner, Melzer, Nolde, Ophey, Pechstein, Rösler, Schinnerer, Tappert, Schmurr und Alfred Sohn-Rethel hatten schon vor 1910 beim Künstlerbund ausgestellt. Desgleichen gehörten bereits Großmann, Scharff und Milly Steger zu den regelmäßigen Teilnehmern. Jawlensky, Kanoldt, Richter-Berlin, Otto Beyer, Hans Keller, W. Straube sowie die Bildhauer B. Hoetger, Kogan und Lehmbruck wurden zwar 1912 in Bremen zum ersten Mal beim Künstlerbund gezeigt. Da die Bremer Ausstellung jedoch vor der Sonderbundausstellung stattgefunden hatte, kann hier nicht von einer wirklichen Beeinflussung durch den Sonderbund gesprochen werden. Allein H. Haller, Kokoschka, Klee, H. Macke, C. Mense, O. Modersohn, O. Mueller, Purrmann, R. Levy, O. von Waetjen und G. H. Wolff wurden erst in den zwanziger Jahren vom Bund berücksichtigt. Teilnehmer der Sonderbundausstellung, die niemals beim Künstlerbund aufgetreten sind, hielten sich mit Bechtejeff, O. Freundlich, A. Macke, F. Marc, W. Morgner, C. E. Sohn-Rethel, E. Schiele und H. Thuar in Grenzen.

1517 Einzig A. Kubin wurde 1913 auf der Grafikausstellung in Hamburg ausgestellt.

Bund bereits vertreten waren. Von Walden nicht, weil er den Künstlerbündlern wohl doch zu revolutionär gewesen ist. Hierin zeichnet sich schließlich der Charakter des Bundes ab: Er ging *mit* dem Fortschritt, aber nie vorne an.

Dass sich erst in den zwanziger Jahren ein eklatanter Generationswechsel innerhalb des Bundes vollzogen hat, unterstreicht sein beständiges, immer auch ein wenig konventionelles Wesen. Auch die neue Künstlerbundgeneration folgte den weiteren Entwicklungen vor allem begleitend, niemals revolutionär. Die Präsentation der Tendenzen der Neuen Sachlichkeit wiesen bereits ziemliche Lücken auf. Abstraktion, Konstruktivismus, Kubismus, Surrealismus spielten in den Ausstellungen des Künstlerbundes kaum mehr eine Rolle.

Dennoch hat sich der Bund mit seiner letzten Ausstellung 1936 in Hamburg noch einmal als *die* Instanz der deutschen Künstlerschaft erwiesen. Dass es dabei weniger um eine künstlerische als vielmehr um eine politische Haltung ging, schloss an die Umstände seiner Gründung an. Mit einem gleichfalls fulminanten Ende hat der Deutsche Künstlerbund sein Renommee als eine der wichtigsten modernen Künstlervereinigung Deutschlands bestätigt und auf lange Sicht fundiert.

V. Die Rolle des Deutschen Künstlerbundes innerhalb der Entwicklung der modernen Kunst in Deutschland im Spiegel seiner Ausstellungspraxis

Als der Deutsche Künstlerbund 1903 gegründet worden ist, war die Ausstellungssituation in Deutschland an einem desolaten Punkt angelangt. Zensur und autoritäre Bevormundung bestimmten die Darbietungen der großen Kunstschauen. Wer dies nicht länger hinnehmen wollte, schloss sich zu kleinen Ausstellungsgemeinschaften zusammen. Am nachhaltigsten sind daraus in vielen deutschen Städten lokale Sezessionsgruppen entstanden. Erst mit dem Deutschen Künstlerbund aber wurde eine Vereinigung gebildet, die es mit der, die deutsche Ausstellungslandschaft überregional dominierenden Allgemeinen Deutschen Kunstgenossenschaft aufnehmen konnte. Dies war zu keinem geringen Teil dem Hauptinitiator der Gründung des Bundes Harry Graf Kessler zu verdanken. In Kessler war ein Mann mit Idealen und großen Ambitionen gefunden. Getrieben von politischem Ehrgeiz hob er die Gründung sogleich auf kulturpolitische Ebene, indem er ein Pamphlet verfasste, das zwei Tage lang den Reichstag beschäftigt hat. Die damit geschaffene breite Wahrnehmung des Bundes begründete von Anfang an seine gleichberechtigte Stellung neben der Kunstgenossenschaft. Kesslers Einsatz für den Künstlerbund war nie so hoch wie zur Zeit der Gründung. Dieser aber war von unschätzbarem Wert, denn er sicherte dem Bund seine Stellung im offiziellen Kulturbetrieb des Kaiserreichs, die ihm nie mehr ernsthaft streitig gemacht wurde. Heiner Stachelhaus sprach Kessler auch noch achtzig Jahre später das Verdienst zu, „in seinem berühmten Aufsatz dem Deutschen Künstlerbund [...] jene Programmatik mit auf den schwierigen Weg“ gegeben zu haben, „der er sich im Wesentlichen bis heute verpflichtet fühlen kann“.[1518]

Die vorgelegte Programmatik Kesslers bestand aus fünf Punkten, die allesamt seinen ganz persönlichen Interessen entsprangen und vielleicht daher schon bald – nach Kesslers Rückzug aus der aktiven Vereinsarbeit – mehrheitlich im Sande verliefen. In der speziellen Förderung junger Talente etwa sah er *die* Gelegenheit für sich, „am Leben mitzuschaffen“[1519], wie er einmal seinem Freund Hofmannsthal gegenüber erklärte. Die Juroren der Künstlerbundausstellungen sind diesem Anliegen nur eingeschränkt nachgekommen. Der Nachwuchs hat beim Künstlerbund nie den Stellenwert der renommierten Prominenz erreicht. In den Ausstellungsrezensionen wurde er oft übergangen. Junge Künstler wurden verhältnismäßig rar gehalten. Obwohl die Talentförderung ein Kernpunkt der Arbeit des Künstlerbundes hätte sein können – was von außen teilweise auch erwartet wurde –, kann dem

---

1518 Stachelhaus 1985, S. 655.

1519 Zit. nach Easton 2005, S. 224.

Bund also keinesfalls eine Rolle als Mitgestalter der Prozesse um die Entwicklung der modernen Kunst in Deutschland zugesprochen werden.

Auch das Bestreben des Kunstsammlers Kessler, „dem Talent den Markt zu erobern“[1520], lief insgesamt ins Leere. Denn obwohl die Ausstellungen unbedingt als Verkaufsschauen angelegt waren, hielt sich ihr finanzieller Erfolg meist in Grenzen. Dies war sicherlich zu einem Großteil der oftmals schwierigen Finanzlage geschuldet, die das Land infolge der politischen Umbrüche in den ersten Jahrzehnten des zwanzigsten Jahrhunderts immer wieder erfahren hatte. Ein Mittel, das der Bund zur möglichst umfassenden Erweiterung des Kunstmarktes einsetzen wollte, nämlich die überregionale Ausrichtung seiner Veranstaltungen, hat er nicht gänzlich ausgeschöpft. Vor allem in den Jahren vor dem Krieg hatte sich der Bund vornehmlich auf ostdeutsche Städte konzentriert. Mitunter wiederholten sich die Austragungsorte mehrmals. Erst in den späten zwanziger Jahren hat er seinen Handlungsspielraum auch auf den Westen des Landes ausgestreckt.[1521]

Vor dem Hintergrund, dass der Deutsche Künstlerbund infolge der Auseinandersetzungen um eine Weltausstellung gegründet worden ist, war es zudem geboten, auch den Aspekt des internationalen Ansehens der deutschen Kunst zu berücksichtigen. Dem Weltmann Kessler fiel es nicht schwer, hierfür Argumente zu liefern. Und er erreichte auch sogleich eine offizielle Zusicherung durch den Reichstag, den Bund an internationalen Ausstellungen im In- und Ausland zu beteiligen.[1522] Die internationale Präsenz des Bundes aber erschöpfte sich, nach derzeitiger Kenntnis, in der Beteiligung an der *Leipziger Weltausstellung für Buchgewerbe und Graphik* 1914 in Leipzig. Und obwohl dieser Aspekt sogar noch im erweiterten Vereinsstatut von 1906 Aufnahme gefunden hatte, kam es zu keiner offiziellen Ausstellungsbeteiligung des Künstlerbundes im Ausland.[1523] Die Londoner Schau *Modern German Art* 1906 und die *Internationale Kunstausstellung* 1911 in Rom sind zwar mit dem

1520 Kessler 1904, S. 193.

1521 Heute spielt der Kunstmarkt für den Deutschen Künstlerbund keine Rolle mehr. Ein „großes Potenzial“ sieht der heutige Vorstand gerade „in der Tatsache, sich nicht am Kunstmarkt beteiligen zu müssen. Er schafft sich selbst, durch seine Mitglieder, durch seine Zielsetzungen die Möglichkeit, außerhalb der Beschleunigung des Marktes inhaltlich um die Belange der Kunst zu streiten und einen notwendigen Diskurs zu führen.“ Aus: Zeidler 2011, S. 18f.

1522 Vgl. hier Kap. III.1.4, S. 90f.

1523 In der 1906 geänderten Satzung des Bundes heißt es: „Bei Ausstellungen im Auslande, in denen das Deutsche Reich geschlossen auftritt, hat jedes Mal der engere Vorstand eine Entscheidung über die Frage zu treffen: a) ob sich der Deutsche Künstlerbund als solcher beteiligen will, b) ob es einzelnen Mitgliedern freigestellt sein soll auszustellen oder c) ob die Ausstellungen nicht beschickt werden soll.“ Aus: Ausführungsbestimmungen zu § 13 Vereinsstatut, 1.3.1906, in: Deutscher Künstlerbund, Historie (Archiv 1903 bis 1936). http://www.kuenstlerbund.de/deutsch/historie/archiv-1903-bis-1936/statut-1903/index.html (abgerufen am 21.9.2015).

Künstlerbund in Verbindung zu bringen. Offiziell ist dieser aber in beiden Fällen nicht in Erscheinung getreten. Und eine 1908 vom Bund geplante deutsche Kunstausstellung in Paris kam aufgrund zahlreicher Unstimmigkeiten nicht zustande.[1524]

Weder der Künstlerbund noch irgendeine andere Ausstellungsinitiative konnte der deutschen Kunst damals im Ausland zu mehr Geltung verhelfen. Noch 1928 wurde die „deutsche Malerei international nur gering bewertet", wie Purrmann nüchtern feststellte.[1525]

Im Zuge seiner damaligen Tätigkeit am Weimarer Museum schwebte Kessler schließlich noch die Schaffung eines modernen Kunstmuseums vor, wie es in den bestehenden Museen, die allesamt politischen Vorgaben unterlagen, noch lange nicht umsetzbar sein konnte. Ein Museum ist durch den Deutschen Künstlerbund nicht hervorgegangen. Auch auf eine eigene Sammlung deutet bisher nichts. Durch die zahlreichen fortschrittsorientierten Museumsdirektoren, die der Bund zu seinen Mitgliedern zählen konnte, war er aber vielleicht indirekt an den Prozessen beteiligt. Zwar hat der Bund den Kollegen am Museum in entscheidenden Momenten nicht zur Seite gestanden. Während Leuten wie Pauli oder Tschudi ihr Engagement für die moderne Kunst in diesen Jahren aber fast zum beruflichen Verhängnis geworden wäre, konnte sich der Künstlerbund wesentlich freier mit den modernen Richtungen auseinandersetzen und ihnen den Weg in ein seriöses Ausstellungsumfeld ebnen. So hat er seinen Mitstreitern am Museum zumindest den Rücken gestärkt.

Diese keinesfalls utopischen Ideen Kesslers waren ihm am Ende dennoch nicht wichtig genug, ihnen dauerhaft nachzugehen. Nach Kesslers Ausscheiden aus dem Weimarer Museumsbetrieb, mit dem gleichfalls ein Rückzug vom Künstlerbund einherging, haben sich die verbleibenden Entscheidungsträger des Bundes auf eine Sache konzentriert, auf die sie sich in Kesslers Sinn einigen konnten. Denn alles in allem hatte dieser die Ziele und Aufgaben auf „im Grunde nur verschiedene Formen einer einzigen" zusammengefasst: „dem Künstler seine Freiheit sichern".[1526] Auch wenn den Künstlerbundausstellungen in ihrer Gesamtheit keine Vollständigkeit attestiert werden kann, hat der Bund diese Aufgabe doch unbedingt erfüllt. Dies war vor allem seiner konstanten Handlungsweise zu verdanken, die er 33 Jahre lang verteidigt hat. Von seinem Konzept, neue Strömungen im Zusammenhang bewährter Zeugnisse zu zeigen, ist er nie abgerückt. Dabei lag es nicht in seiner Absicht, revolutionär gestimmten Künstlern ein Forum zu bieten. Das konnten die kleineren Interessenverbände viel besser leisten. Seinem Qualitätsanspruch entsprechend hat der Bund vielmehr auf eine zu erwartende Nachhaltigkeit gesetzt, wovon die zahlreichen Namen zeugen, die bis heute an Wirkkraft nicht verloren haben. Die Zahl der Künstler, die im Zusammenhang mit dem Künstlerbund fehlen, fällt zweifellos geringer aus als die Zahl heute bedeutender Namen, die mit dem Bund in Verbindung standen.

1524 Vgl. Jenaische Zeitung, Jg. 235, Nr. 149, 27.6.1908.

1525 Purrmann 1928, S. 387.

1526 Kessler 1904, S. 191 (abgedruckt auch hier im Anhang).

Welche Erkenntnisse lassen sich nun in Bezug auf die eingangs aufgestellten Überlegungen gewinnen? Unter vier Gesichtspunkten sollte die Untersuchung maßgeblich stehen: Talentförderung, öffentliche Wahrnehmung durch die Resonanz im Kunstfeuilleton, kulturpolitischer Stellenwert sowie institutionelle Bestimmung des Bundes.

Talentförderung: Dass die Talentförderung am Ende nicht auf der obersten Agenda des Künstlerbundes stand, heißt sich, dass es nicht einzelne Talente gab, die der Künstlerbund tatsächlich früh für sich gewinnen konnte. 1906 brachte er Beckmann, Nauen, Nolde, Meid und Weisgerber heraus. 1905 schon hat er den damals gänzlich unbekannten Hofer vorgestellt, der dem Bund bis zum Ende treu geblieben ist und sogar an dessen Wiedergründung 1950 maßgeblich beteiligt war.[1527] Ab 1907 hat der Bund seine Tür den Brücke-Künstlern geöffnet. Wesentlich aber hat sich sein Gespür in Bezug auf die frühen Expressionisten nicht von dem der Berliner Sezession unterschieden. Die Sezession ist damit bereits an ihre Grenzen gestoßen, während der Künstlerbund die expressionistischen Tendenzen weiter verfolgte. Dass der Bund aber etwa die Künstler des Blauen Reiters nicht geschlossen, Macke, Marc oder etwa Gabriele Münter niemals gezeigt hat, unterstreicht seinen Fokus auf die östlichen Regionen Deutschlands. Eine umfassende, vorbehaltlose und auch mutige Förderung der Nachwuchsgeneration hat der Bund nicht bewiesen. Dem widerspricht auch das Übergewicht der etablierten Kollegen, das die Ausstellungen immer beherrschte.

Resonanz im Kunstfeuilleton: Die wohl überraschendste Erkenntnis dieser Untersuchung ist die auffallend mäßige Berichterstattung der Künstlerbundausstellungen im Kunstfeuilleton. Die Resonanz seiner Gründungstage hat der Bund nie wieder erlebt. Dies überrascht umso mehr, da sich in seinen Reihen Leute bewegten, die oft genug selbst zur Feder gegriffen haben. Die eigenen Schauen zu bewerben aber lag ihnen fern, obwohl der Bund dadurch enorm an Wirkungskraft eingebüßt hat. Hier zeigt sich der elitäre Charakter des Bundes, der bewusst auf jegliche Vermittlungsarbeit verzichtet hat. Dem entsprach auch die Struktur seines Vorstands, der sich auf einen kleinen Kreis von Entscheidungsträgern beschränkt hat, der sich ungemein konstant halten konnte. Daraus resultiert aber auch die ernüchternde Tatsache, dass Günter Feist im Vorwort seiner Zusammenstellung von Aufsätzen aus der Zeitschrift *Kunst und Künstler* unter den wichtigsten progressiven Kräften der Zeit den Deutschen Künstlerbund nicht aufführen konnte.[1528]

Der kulturpolitische Stellenwert des Bundes: Nicht nur die Umstände seiner Gründung haben den Bund zum Politikum gemacht. Seine Absichten waren überhaupt politisch konnotiert, denn der Bund war im Begriff, den traditionellen Kunstbetrieb umzukrempeln. Diese Vorgabe wurde auch unmittelbar aufgegriffen von den Landesherren in München und Weimar, die ohne zu zögern die Schirmherrschaften über die ersten Künstlerbundausstellungen 1904, beziehungsweise 1906

1527 Vgl. dazu Maiser 2007.
1528 Vgl. Feist 1971, S. 10.

übernommen haben. Dies war in beiden Fällen weniger ein Akt der Kunstliebe als vielmehr der willkommene Anlass eines Affronts gegen den Kaiser. Dem Bund seinerseits gereichte diese Unterstützung von offizieller Seite zu einer Anerkennung, die seinen Erfolg bis heute unstrittig macht. Auch wenn sich der Bund aus allen kulturpolitischen Krisen, etwa an den Museen im Zusammenhang mit Ankäufen moderner Kunst, tunlichst heraushielt, schloss sich der politische Zirkel schließlich mit seiner erzwungenen Auflösung 1936.

Institutionelle Bestimmung: Die schnell dahingesagte Reduzierung des Deutschen Künstlerbundes auf eine Art Dachverband der Sezessionen greift in jedem Fall zu kurz. Liebermann ahnte wohl, dass diese Klassifizierung leicht getroffen werden konnte und erklärte von Anfang an: „[...]wenn wir lediglich die Sezessionisten zusammenschließen wollten, so hätten wir nicht hierher kommen brauchen. Es soll aber etwas viel Größeres, Bedeutenderes geschaffen werden; Kulturarbeit wollen wir machen, eine Organisation schaffen, die für Jahre hinaus vorhält."[1529] In seiner künstlerischen Ausrichtung wie seiner Beständigkeit ist der Künstlerbund deutlich über die Sezessionen hinausgegangen. Und mit Recht verwahrte sich der Bund auch gleich bei seiner Wiedergründung 1950 ausdrücklich vor einer erneuten Fehlinterpretation: „Um Missverständnissen vorzubeugen, sei indessen darauf hingewiesen, daß der Deutsche Künstlerbund 1950 weder eine Dachorganisation für die bestehenden regionalen Berufsverbände noch für die zahlreichen regionalen und lokalen Künstlervereinigungen darstellt."[1530]

Wie lässt sich der Bund nun in der damaligen Ausstellungslandschaft verorten? War er ein pragmatischer Berufsverband wie die Allgemeine Deutsche Kunstgenossenschaft? Kalckreuths Sohn Johannes beurteilte den Bund in der Rückschau als „keine programmatische Angelegenheit, sondern eine Organisation der Leistung".[1531] Doch auch das trifft es nicht, denn die Ausstellungen des Bundes waren ganz sicher keine Leistungsschauen wie die großen offiziellen Kunstausstellungen von Akademien und Kunstgenossenschaft. Auch als Interessenverband kann man den Bund nicht bezeichnen. Dazu hatte er mit seiner heterogenen Ausrichtung viel zu viele verschiedene künstlerische Interessen zu vertreten. Was ihn indes einte und stärkte war die gemeinsame Realisierung der künstlerischen Freiheit. Ein Anliegen, das nie an Aktualität verloren hat. In diesem Sinn hat er seine Hauptaufgabe als liberale Ausstellungsplattform verstanden. Was ihn dabei vorantrieb war die Geschlossenheit seines Vorstands, der scheinbar resistent war gegen interne Machtkämpfe. Die dadurch gesicherte Kontinuität seiner Prinzipien war bestimmend für seinen Erfolg, worauf sich der Bund auch heute noch stützt:

1529 Aus dem Gründungsprotokoll des Deutschen Künstlerbundes 1903, zit. aus: Stuttgart 1988, S. 36.

1530 Vorstand und Jury des Deutschen Künstlerbundes 1950, Aufgaben und Ziele, in: Bochum 1989, S. 33.

1531 J. Kalckreuth 1967, S. 298f.

„Überraschend ist […] die Kontinuität, mit der diese Prinzipien und Ideale bis in die Gegenwart hinein aufrechterhalten werden. Dies zeigt, dass damit offensichtlich etwas Allgemeingültiges, Übergeordnetes, die jeweilige Aktualität Überdauerndes ausgedrückt ist – eine spezifische ‚Philosophie', die es dem Künstlerbund erlaubt, alle Stürme und Krisen auszuhalten, also stabil zu bleiben."[1532]

So hat der Deutsche Künstlerbund im Kunstbetrieb des frühen zwanzigsten Jahrhunderts eine gänzlich singuläre Stellung eingenommen. In seiner Struktur ist er genau zwischen Kunstgenossenschaft und Sezessionen anzusiedeln. Die sezessionistische elitäre Idee zeigt sich in seinem konstanten und überschaubaren Stammpersonal wie auch in seinem Qualitätsanspruch. Sein künstlerisches Spektrum dagegen war weit gesteckt, in der Überregionalität ähnlich dem der Kunstgenossenschaft, und allein durch den elitären Qualitätsanspruch gerechtfertigt. So lässt sich die Besonderheit des Deutschen Künstlerbundes auf drei wesentliche Merkmale bestimmen: innere Geschlossenheit, Qualitätsanspruch und allem voran Liberalität. Dass er mit seinen Ausstellungen keine Vorreiterrolle den künstlerischen Nachwuchs betreffend eingenommen hat, mindert seine Bedeutung nicht. Ganz offensichtlich lag darin auch gar nicht sein Bestreben. Wer dies vom Künstlerbund erwartet hatte oder den Bund auch heute noch auf Grundlage der Zielsetzungen von Kesslers hochambitionierter Gründungsschrift zu betrachten versucht, hat sich von Kesslers theoretischem Überschwang in die Irre führen lassen. Zwar wurde vom Deutschen Künstlerbund bei dessen Wiedergründung 1950 explizit auf Kesslers Aufsatz zurückgegriffen. Realistischer hingegen ist Alfred Lichtwark von Beginn an mit den Möglichkeiten der neuen Vereinigung und den relevanten Anforderungen an diese umgegangen.

Lichtwark hatte sich im Vorfeld ganz ehrlich gefragt: „Soll die Veranstaltung von Ausstellungen Zweck und Ende sein […]?"[1533] Seine Überlegungen gingen dahin, ob und wie die damaligen „Kunstzustände im allgemeinen"[1534] hätten verbessert werden können. Hervortun müsste sich der neue Bund durch seine Zusammensetzung und sein „geografische[s] Wirkungsgebiet"[1535]. Der Bund sollte sich also nicht auf die üblichen Städte beschränken, die seit Jahren gut bespielt waren. Lichtwark dachte bereits an provinziellere, aber durchaus aufstrebende Orte wie „Chemnitz, Augsburg, Nürnberg, Mannheim, Leipzig, die rheinisch-westfälische Konstellation", bei denen er insbesondere Köln, Elberfeld und Barmen im Visier hatte, sowie „die großen nordischen Städte".[1536] Diesem Ansinnen ist der Bund in seiner 36-jährigen Ausstellungstätigkeit – wenn auch erst spät – annähernd nachgekommen. Die Zusammenarbeit mit kleinen Kunstvereinen an bislang kaum beachteten Nebenschauplätzen hob ihn nachhaltig aus dem Konstrukt unüberschaubar zahlreicher Ausstellungsveranstalter heraus. Dass er kein weiterer Abklatsch derer wurde, lag

1532 Stachelhaus 1985, S. 656.
1533 Lichtwark an Max Liebermann, 5.12.1903, in: Lichtwark 1957, S. 101.
1534 Ebd.
1535 Ebd.
1536 Lichtwark an Max Liebermann, 5.12.1903, in: Lichtwark 1957, S. 103.

außerdem an der guten Zahl von Museumsleuten, Kunsthändlern und -sammlern, die er in seine Reihen aufnahm. Auch das war „neu in Deutschland".[1537] Damit, so waren schon Lichtwarks Überlegungen bei Gründung des Bundes, konnte der Bund wirklich beweisen, dass er „über das Sonderinteresse des Künstlers hinaus [die] gesamte Kunstpflege im Auge"[1538] hatte. Der didaktische Anspruch dabei lag darin, den Entwicklungsverlauf der deutschen Kunst nachvollziehbar zu machen.

Die naheliegende Frage nach dem „entscheidenden Anteil"[1539] des Bundes an den Entwicklungen der modernen Kunst im frühen zwanzigsten Jahrhundert in Deutschland, wird den Leistungen des Künstlerbundes also kaum gerecht. Der Bund hat vielmehr die damaligen Entwicklungen aufmerksam begleitet und umfassend dokumentiert und war somit – trotz nicht unerheblicher Lücken in seinem Repertoire– wohl tatsächlich die repräsentativste Instanz des gesamtdeutschen Kunstschaffens.

Und was hat der Bund im Streit zwischen Tradition und Moderne ausgerichtet? Er stand auch hier genau dazwischen. Beide Seiten, die sich im Laufe der Jahre naturgemäß verschoben haben, gleichermaßen zu vertreten, war sein Mittel zum Zweck und seine Interpretation der künstlerischen Freiheit. Damit hat der Deutsche Künstlerbund seine eigentlich fortschrittliche Haltung bewiesen.

1537 Ebd. Zwar legte auch die Deutsche Allgemeine Kunstgenossenschaft schon viel Wert auf die Tatsache, dass sie auch Nichtkünstler in ihre Reihen aufnahm. (vgl. Deiters [1903], S. 61) Hierbei wird es sich aber weniger um Kunsthistoriker oder -händler gehandelt haben als vielmehr um Förderer oder Mäzene.

1538 Lichtwark 1957, S. 103.

1539 Wehlte-Höschele 1993, S. 207.

Anhang

DER DEUTSCHE KÜNSTLERBUND

VON

HARRY GRAF KESSLER

DIE öffentliche Meinung hat sich jetzt erklärt. Der Künstlerbund ist überall fast widerspruchslos begrüsst worden. Von den hunderten von Pressstimmen, die mir zugegangen sind, waren drei, genau drei, ungünstig. Man empfindet offenbar, dass es Aufgaben giebt, die erfüllt werden müssen, und vertraut, dass der Künstlerbund, so wie er ist, sie erfüllen kann.

Was sind diese Aufgaben? Im Grunde nur verschiedene Formen einer einzigen: *dem Künstler seine Freiheit sichern.*

*

Die Reichsregierung und der preussische Kultusminister haben der Kunst den Dienst geleistet, dass sie die Aufmerksamkeit gewaltsam auf die immer gefährdete Stellung persönlich eigenartiger Künstler gelenkt haben.

Denn die bekannte Gruppe, die der Regierung in Berlin die Hand führt, bekämpft nicht, wie sie gerne vorgiebt, irgend eine bestimmte Richtung, sondern im Gegenteil die Künstler, die keiner Richtung sich beugen wollen. Was diese Gruppe verfolgt, ist überall Nichts als die Eigenart, und was sie verlangt, die Unterwerfung unter die Jurys und Begutachtungen der bei der grossen Masse der Künstler gerade herrschenden Richtung, die sich immer gern die alte nennt, als ob sie die alten Meister verträte, während sie wirklich nur die alten Rezepte bewahrt, die der künstlerische Mittelstand in seiner Studienzeit auf Akademie gelernt hat.

Dass die Freiheit, und nicht eine Richtung in Frage steht, beweist diese Gruppe, indem sie ganz entgegengesetzte Kunstweisen gleichermassen ablehnt, Thoma und Liebermann, Klinger und Uhde, Kampf und Stuck. Denn diese Künstler haben nichts gemein, als dass sie Persönlichkeiten sind und ihrer Eigenart treu bleiben, statt irgend einem Dogma oder Befehl zu gehorchen.

191

Sie beweist es noch deutlicher, indem sie nicht nur bestimmte Kunstwerke sondern bestimmte Künstler verfolgen lässt, deren Unabhängigkeit sie gereizt hat.

Der preussische Kultusminister hat ein Bild von Walter Leistikow, das die Landeskunstkommission einstimmig zum Ankauf für die National-Galerie angenommen hatte, abgelehnt, ohne es überhaupt zur königlichen Genehmigung vorzuschlagen; denn er dürfe ein Werk von Leistikow nicht kaufen.

Derselbe Herr hat bei einer vom deutschen Vizekonsul in Chicago geplanten Ausstellung deutscher Bilder auf Grund eines preussischen Zuschusses die vom Organisator der Ausstellung, dem Akademie-Professor Arthur Kampf, vorgeschlagenen Secessionisten von vornherein sämtlich gestrichen. Und dieses neue Verwaltungsrecht ist dann später auch bei den Vorbereitungen für St. Louis zur Anwendung gelangt. Denn, wie bekannt, ersetzte das Reich eine Kommission, die es mit den Bundesstaaten zusammen berufen hatte, plötzlich, ohne die Einzelregierungen wieder zu fragen, durch eine andere Körperschaft, als ihm klargemacht worden war, dass die Kommission den secessionistischen Künstlern günstig sei; ein besonders feinfühlig dem Geschmack von Chicago und St. Louis angepasstes Vorgehen, wenn man weiss oder durch einfache Erkundigungen erfahren konnte, dass in den öffentlichen und privaten Galerieen Amerikas, im Metropolitan Museum in New-York, in den städtischen Museen von Chicago und Boston, in den grossen Privatsammlungen von Shaw, Vanderbilt, Havemeyer, Mrs. Palmer und den andren Milliardären, neben den alten Meistern diejenigen modernen Franzosen dominieren, welche die Kunst von der Schablone befreit haben, Millet, Corot, Puvis de Chavannes, Delacroix, Manet, Degas, Monet, Cezanne. Bekanntlich ist ja sogar Amerika das Land, von dem die Schätzung der Impressionisten in den 80er Jahren ausgegangen ist: seitdem ist der Export französischer Bilder auf jährlich 4 Millionen Mark gestiegen, der von deutschen bis auf 400,000 M. heruntergegangen. Und um diesem Geschmack entgegenzukommen und unsere Ausfuhr zu heben, schicken wir, unter Ausschluss von unseren Impressionisten, Grützner und Anton von Werner hinüber.

Die Absicht der bezeichneten berliner Gruppe ist also, so wie der preussische Kultusminister es nach ihrem Wunsche thut, die unabhängigen Künstler gänzlich auszumerzen. Aber da dies nicht immer ganz und gar möglich ist, so verfolgt sie ihr Ziel manchmal auch indirekt. Sie giebt vor, die eigenartigen Künstler dulden zu wollen; nur sollten sie wenigstens „nicht mehr“ Platz und Rechte beanspruchen als die, die ohne besondres Talent ausstellen. Und überdies sollten die Talente sich von den Erwählten der Mittelmässigen hängen lassen. Schwach vertreten und geschickt verteilt ertrinken sie dann in der Masse von selbst.

Am amüsantesten zeigt sich diese Taktik in gewissen Aeusserungen von einer nur leicht verhüllten „hochgeschätzten Seite“ in der Weserzeitung vom 31. Dezember 1903. „Die Bundesstaaten und die resp. Kunststädte können nur nach Massgabe der Zahl ihrer Künstler behandelt werden . . . . . Wenn München 1000 Künstler zählt und Berlin nur 500, so hat München Anspruch auf den doppelt so grossen Raum bei Ausstellungen, wo die deutsche Kunst vertreten sein soll, wie Berlin; das ist ein unantastbarer und loyaler Standpunkt.“ Wie würdevoll und weise! Aber unantastbar und loyal dann auch bei unseren Museen, die, wie mir scheint, ebenfalls dazu da sind, damit in ihnen „die deutsche Kunst vertreten sei“. Die Statistik der in einer Stadt bis dahin vermalten Leinewand müsste entscheiden, wie viele Quadratmeter im Museum ihr gebührten. Das wäre der Triumph dieser neuen, der statistischen Methode bei der Auswahl von Kunstwerken, und das Talent wäre endgültig an den ihm gebührenden obskuren Platz verwiesen; was für die angeführte „hochgeschätzte Seite“, deren Malerei mit ihrem litterarischen Stil eine so fatale Aehnlichkeit hat, allerdings nicht von Nachteil wäre.

Aber die Finte unter der Maske der Gerechtigkeit täuscht Keinen. Wohin die krummen wie die graden Wege führen, bleibt deutlich. Die Männer und Minister dieser Gruppe handeln im hellen Licht ihrer Stellung, wie von jeher die obskure Menge gegen Persönlichkeiten in der Kunst gehandelt hat, wie Kleons Keulenmänner gegen Phidias, wie die Pedanten, die der Aretiner verspottete, gegen Tizian, wie die reichen Krämer von Amsterdam gegen Rembrandt. Neu ist nur, die höchsten Staatsbehörden zu dieser Jagd benutzt zu sehen. Aber das Ziel ist ewig: die Persönlichkeiten in der Kunst auszumerzen, um Platz für die Andern und Vielen zu schaffen.

*

Gegenüber dieser in der menschlichen Natur fest begründeten Tendenz gilt es, eine Gegenmacht aufzurichten, die dem Talent die Möglichkeit sichert, ungefährdet seinem künstlerischen Gewissen zu folgen, und die ihm beim Kampfe hilft, den es um seinen rechten Platz vor den Vielen kämpft.

Denn es steht fest, dass in der Kunst nur die Ausnahme Wert hat; kein Fleiss, keine Gesinnung, keine Richtung, nur die Eigenart. Alles Andre ist nicht nur weniger wert, sondern Nichts wert. Es ist Nichts und hat kein Recht, wie Etwas behandelt, berücksichtigt, gehängt zu werden.

Deshalb ist die Kunst nie gefördert worden, als durch Mächte, die die Eigenart geschützt und begünstigt haben, wie die grossen Gefühlserneuerungen: die griechische Tragik, das franziskanische Christentum, die eine neue Welt von Empfindungen als Rohstoff neuer Genies schufen, oder wie die grossen Mäcene, die so weit nützten, so weit sie irgendeiner Eigenart Raum und Gelegenheit gaben, sich frei zu entfalten.

Der deutsche Künstlerbund will eine Macht dieser Art aus den verbundenen Kräften der echten und eigenartigen Künstler selber schaffen. Er soll der deutschen Kultur ein Arm, und nötigenfalls eine Faust werden, die die Eigenart in der Kunst schützt und deren rechte Geltung durchsetzt.

*

Diese Aufgaben kann die alte Kunstgenossenschaft nicht lösen. Im Gegenteil. Sie vertritt das andre Prinzip. Denn ihre Organisation beruht auf dem allgemeinen Stimmrecht Aller, und Jeder kann ihr beitreten, der irgendwie etwas Kunst macht. In ihren Beschlüssen und Massnahmen kommen also gerade die Vielen zu Wort, die von Natur der Eigenart feindlich sind; von einer Bevorzugung des noch bedrohten Talentes nicht zu reden.

Die Secessionen dagegen haben Eine von diesen Aufgaben schon seit Jahren glänzend in Angriff genommen: Ausstellungen, die nur die Eigenart aufnehmen, nicht die Masse der „anständig", aber unpersönlich, gemalten Bildware.

Die Secessionen nun sollen als lokale Vereinigungen weiterbestehen. Aber die Ausstellungen werden jetzt durch den Künstlerbund noch bedeutungsvoller und gewählter werden können.

Neue, starke Kräfte, die den Secessionen ferngeblieben waren, sind dem Künstlerbund beigetreten.

Und ausserdem umfasst der Künstlerbund ganz Deutschland; jede Secession dagegen nur eine Stadt, einen Landstrich.

Secessionsausstellungen gab es deshalb jedes Jahr gleichzeitig mehrere; der Künstlerbund wird immer nur Eine veranstalten.

Das ist bedeutungsvoll. Denn die Secessionen konnten jede nur aus den Werken der Künstler Einer Gegend wirklich frei wählen. Und diese Künstler standen leicht in ihrer Mehrzahl unter gleichen Einflüssen. So konnte manchmal der Schein entstehen, als ob eine Secession irgend eine „Richtung" verträte; während die „Richtung" in der Kunst, die Abdankung der Eigenart vor dem Rezept, gerade das ist, wogegen die Secessionen gegründet sind.

Aber auch wirklich bietet das Zusammensein verwandter Talente ohne Beimischung anders gerichteter eine Gefahr. Das Gemeinsame hallt so laut, dass das Persönliche manchmal übertönt wird und seiner selbst vergessen kann. Die Eigenart wird sich ihrer klarer bewusst, wenn sie sich an unähnlichen Talenten reiben muss. Besonders wenn sie den Kampf ernst nimmt; nicht, wie Berlin bisher in München und München in Berlin, nur die halbe Kraft einsetzt. Der Zusammenschluss alles Bedeutenden in einer Ausstellung wird deshalb das echte Talent noch mehr auf sich selbst hinweisen. Mit dem Schein der „Richtung" wird auch die wirkliche Gefahr schwinden, dass die Persönlichkeiten einander wie gewisse alte Ehepaare ähnlich werden.

Auch den materiellen Zweck von Elite-Ausstellungen: dem Talent den Markt zu erobern, wird der Künstlerbund noch besser erreichen als die Secessionen. Denn ungünstig hierfür war die Zersplitterung des Marktes durch die drei oder vier gleichzeitigen Secessions-Ausstellungen; für München noch mehr als für Berlin, weil dort das einheimische Käuferpublikum nicht so gross ist wie in Berlin. Der Künstlerbund wird dagegen die Aufmerksamkeit von ganz Deutschland auf Eine Ausstellung hinlenken. Und da diese Ausstellung zwischen Nord-, Süd- und Mitteldeutschland wechseln wird, so kommt trotzdem ein ebenso grosser, oder noch grösserer Kreis mit ihr in nahe Berührung. Der Markt wird zugleich einheitlicher und weiter werden.

*

Eine andere Aufgabe, die durch St. Louis grell beleuchtet worden ist, haben die Secessionen ohne ihre Schuld und weil sie einzeln zu schwach waren, nicht zu lösen vermocht: dem deutschen Talent auf fremden internationalen Ausstellungen seinen rechten Platz zu sichern, — zuerst gegenüber der deutschen Mittelmässigkeit und dadurch dann gegenüber der fremden Kraft. Der Künstlerbund wird dagegen diese Aufgabe bestimmt lösen. Denn die Macht ist auf seiner Seite. Gegen und ohne fast sämtliche namhaften deutschen Künstler wird eine deutsche Kunstausstellung im Ausland nicht zum zweiten Mal unternommen werden.

*

Die Bedeutung seiner Mitglieder und die Mittel, auf die er rechnen darf, erlauben dem Künstlerbund dann auch, Etwas zu planen, das seit Jahren und nicht nur in Deutschland von Allen, die innere Beziehungen zur lebenden Kunst fühlen, fast sehnsüchtig erwünscht wurde: ein ernsthaftes, nach denselben Grundsätzen wie die Sammlungen älterer Kunst zusammengestelltes modernes Museum.

Denn die modernen Galerien, die National-Galerie in Berlin, der Luxembourg in Paris, die Tate-Sammlung in London, sind, was man meistens übersieht, nach andren Prinzipien gesammelt und werden in anderer Weise verwaltet als das Alte Museum in Berlin, der Louvre oder die londoner National Gallery. Man empfindet meistens nur, dass die Sammlungen moderner Werke deprimierend hässlich sind, und macht dafür die moderne Kunst verantwortlich. Aber diese ist nicht schuld: das beweist die ebenbürtige Schönheit der gut gewählten, grossen Privatsammlungen aus dem 19. Jahrhundert, derer z. B. von Camondo, Durand-Ruel, Bernheim, Viau in Paris, und einer Anzahl ähnlicher, die jetzt auch in Deutschland geschaffen werden.

Das Grundprinzip jeder ernsthaften Kunstsammlung ist und muss sein: bei jedem Werk gilt nur die Kunst, nur die Form. Nichts Ausserkünstlerisches wie das Sujet oder des Künstlers gute Gesinnung und amtliche Stellung. Und zwar muss die Form zugleich künstlerisch hervorragend und künstlerisch persönlich sein; kein blosses Mittelgut und keine unpersönliche, einem Andern abgeguckte Manier.

Dieses Grundprinzip leidet nur eine Ausnahme: nämlich Werke, die auf die Entwicklung oder die Entwicklungsmöglichkeiten der Technik, des Stils oder der Auffassung ein besonders helles Licht werfen, werden zugelassen, auch wenn sie ästhetisch weniger ausgezeichnet sind. Aber im Grunde durchbricht auch dies nicht das Prinzip; denn auch solche Werke kommen nur deshalb herein, weil sie zur Form in einer wenn auch bloss geschichtlichen Beziehung stehen.

Die Auswahl aber der Werke liegt bei alten Museen grundsätzlich oder doch mindestens thatsächlich in einer Hand, nicht bei einer Kommission.

Diese Prinzipien sind nicht bestritten. Für die Sammlungen alter Werke aus der Zeit vor 1800 gelten sie als selbstverständlich. Man würde einen Museumsdirektor, der sie dort ausser Acht liesse, absetzen wegen Unfähigkeit. Aber doch giebt es keine öffentliche Sammlung moderner Bilder, die nach diesen Prinzipien geleitet würde; und als es einmal versucht worden ist, durch Tschudi in Berlin, da hat der Staat tragikomischer Weise selbst eingegriffen, um zu verhindern, dass seine Gelder gut angelegt statt verschwendet würden.

Bei modernen Galerien ist nämlich das Grundprinzip: in erster Linie wird jedem Künstler, der ein paar Jahre unanstössig gemalt hat und Professor ist, ein Bild abgekauft. Die Gelder, die das Parlament für moderne Kunst bewilligt, sind eine Art von Staatskrippe, von der Jeder, der zur Heerde gehört, ein Recht hat, sich sattzuessen. Was übrig bleibt, wird auf Werke verteilt, auf die eine zahlreiche Kommission älterer Künstler und Akademieprofessoren sich einig wird. Etwas ästhetisch Hervorragendes und deshalb Einseitiges wird das selten sein; Etwas künstlerisch Revolutionäres, wie Alles, was später historisch wird, ganz gewiss nie. Das Sujet, namentlich soweit es politisch und patriotisch ist, entscheidet oft den Ankauf, und auch die gesellschaftlichen Beziehungen sind von ganz bestimmtem Gewicht. Alle Grundsätze, die bei den älteren Sammlungen gelten, sind mithin in ihr Gegenteil verkehrt.

Wenn der Künstlerbund eine Galerie schafft, so wird er, schon seinem eignen Charakter und Zweck gemäss, rein ästhetisch urteilen und sich prinzipiell auf hervorragende und persönliche oder historisch bedeutsame Werke zu beschränken suchen. Und er wird nach seiner auch sonst aristokratischen Verfassung die Ausführung und Verwaltung in die Hände Weniger legen. Wahrscheinlich wird man die Verwaltung wie die der Museen alter Kunst der Sammelweise eines gut beratenen Privatmannes sehr nahe bringen. Diese Grundsätze klingen fast trivial, so selbstverständlich scheinen sie. Sie sind aber bei der Verwaltung einer öffentlichen Sammlung moderner Kunst wirklich neu.

Eine solche moderne Galerie würde denn auch fast Nichts gemein haben mit den jetzt als Museen moderner Kunst geltenden Instituten. Sie würde wie die Camondo-Sammlung in Paris die Ruhe, die Vornehmheit und das erhöhte Leben mit den Galerien alter Kunst teilen. Sie würde durch die grossen Traditionsentwicklungen, die das 19. Jahrhundert ebenso wie alle frühere Kunst durchzogen haben, organisch und lebendig werden und durch die grossen Meister, die das 19. Jahrhundert zahlreicher gehabt hat als irgend ein früheres ausser dem 15. und 17., fesseln und erheben, statt zu langweilen und ermüden.

Vor allem aber würde sie das Bild der gegenwärtigen gährenden, jeden Tag neu nachwachsenden Entwicklung so festhalten, wie noch nie vier Wände ein Stück Leben festgehalten haben. Die jungen fruchtbaren Talente, die es in Deutschland, Frankreich und auch in England giebt, können in ihren besten Werken billig gekauft werden. Hier vereinigt und aneinandergereiht würden sie mit den älteren zusammen die Brücke sein von unserer fieberhaften, weit verzweigten Entwicklung zur Tradition des 19. und der der früheren Jahrhunderte.

*

Ein solches Museum wäre für eine noch jüngere, lernende Künstlergeneration von kaum zu überschätzendem Wert.

Denn die wertvolle, die eigenartige Künstlernatur bedarf der Tradition. Sie bedarf ihrer, um sich und ihre Eigenart auszudrücken. Je mehr und je klarere Zeichen und Hieroglyphen sie zum Gebrauch vorfindet, umso voller, kühner, widerstandsloser kann sie sich offenbaren.

Und zwar bedarf sie der ganzen, unverfälschten Tradition. Sie kann sich nicht wie das unpersönliche Malbedürfnis des Durchschnittstalents mit akademischen Rezepten zufrieden geben. Sie muss die Künstler in ihren Werken selbst ausfragen. Gerade die Feinheit und Einzigkeit ihrer Ausdrucksbedürfnisse macht ihr das unnütz, was irgend ein Andrer im Groben für Durchschnittsschüler von den Werken grosser Künstler abgezogen hat.

Deshalb haben alle grossen Neuerer ältere Künstler mit Leidenschaft studiert, von Lionardo und Velazquez bis auf Runge, Constable, Delacroix und Manet. Es giebt nichts Durchdringenderes als die Kunstnotizen von Delacroix und Constable oder die Kopien von Degas nach Poussin. Cézanne, wohl der entschiedenste Neuerer, den Frankreich im 19. Jahrhundert gehabt hat, lässt in Paris keinen Tag vergehen, ohne im Louvre ein oder zwei Stunden nach Signorelli oder Delacroix zu kopieren.

Daher würde ein solches Museum, das die Verbindung zwischen der modernen Kunst und der alten klar verfolgen liesse, einem Bedürfnis der jungen Ausnahmetalente entgegenkommen. Es wäre der richtige Mittelpunkt für eine Ausbildung wie gerade sie sie brauchen. Namentlich, wenn mit Kursen, die an die technischen Eigenheiten der alten Kunst heranführten, Vorlesungen verbunden würden, die die Wissenschaften der Farben- und Formenlehre nach Helmholz, Rood, Hildebrand zugänglich machten.

So schliesst sich an den Museumsplan organisch die Möglichkeit einer neuen Art von Lehrwerkstätten an, einer deutschen, den modernen Verhältnissen angepassten Ecole de Rome.

Der Grundsatz, dem der Künstlerbund entstammt: die Eigenart in der Kunst zu schützen und zu fördern, und zwar mit Macht, aber keinen andern Einfluss auf die Kunst zu suchen oder dulden, dieser Grundsatz entspricht eben dem Wesen der Kunst. Er ist lebendig und erzeugt deshalb immer neue Erscheinungen.

*

So wird denn dieses Prinzip auch im Staatsleben zur Geltung gebracht werden müssen.

Denn der moderne Staat befasst sich mit Kunst. Er hat Galerien, macht Ausstellungen, giebt Aufträge, baut, belohnt. Und es handelt sich hier nicht, wie Politiker nur zu leicht meinen, um „kleine" Fragen, die den Gang der „grossen" Politik nicht stören sollten. Sondern hier sind in Wirklichkeit die Dinge, um derentwillen alle Politik überhaupt da ist. Im letzten Grund erfüllt Politik nämlich immer nur in verschiedenen Formen Eine Aufgabe: einem Volke, d. h. den idealen, intellektuellen oder künstlerischen Gaben eines Volkes, die höchste, mannigfaltigste und weiteste Entfaltung bahnen und sichern. Dazu sind Parlamente, Panzerschiffe, Handelskammern da. Selbst die „hohe" Politik ist nur Mittel zu diesem Zweck. Die Denker, Dichter, Künstler stehen im Mittelpunkt und alle Andren um so zentraler, je näher ihr Wirken diese lebendigen Geister berührt, die das Ewige ihres Volkes sind.

Deshalb trägt Jeder die schwerste Verantwortung, wo er in Dingen des Geistes mit beschliesst. Und da der Staat die Kunst in seinen Bereich zieht, so muss man verlangen, dass die Kunst auch in der Politik nach ihrer richtigen Bedeutung geschätzt und nach dem richtigen Prinzip, dem der Freiheit, behandelt werde.

Utopisch wie das heute scheinen mag, so glaube ich doch, dass wenn der Wert und die Grundbedingungen einer reichen Kunstentfaltung klar erkannt sein werden, ein Geschlecht von Kulturpolitikern entstehen wird, die nicht wie heute in Preussen die Kunst staatlich regeln wollen, sondern versuchen werden, die Macht des Staates zu benutzen, um die Eigenart in der Kunst vor Bedrückung zu schützen und um dem Talent Gelegenheiten zu eröffnen, frei nach seinem Gewissen zu schaffen. — Ich glaube das, weil solches Wirken im Sinne des Gebots wäre, das im modernen Bewusstsein immer deutlicher tönt und immer mehr zum Rückgrat des ethischen Wollens wird, des Kundrygebots, das auch zugleich im Zarathustragebot enthalten ist: dass Jeder immer dem Höherbegnadeten dienen soll.

Ein vorbildlicher Typus dieser Art war der grosse französische Ministerialdirektor Chennevières, der der wütendsten Opposition zum Trotz Delacroix seine epochemachenden Monumentalaufträge verschaffte und später die Wände des Pantheon nacheinander an Millet und Puvis de Chavannes vergab.

Für Deutschland ist es von guter Vorbedeutung, dass eines von seinen grossen Geschlechtern, die Wettiner, seit Jahrhunderten immer wieder Kulturpolitiker dieser freiheitlichen Art hervorbringt. Jedesmal wenn die deutsche Kultur sich neuen Zielen zuwandte, sind die neuen, eigenartigen Geister vom Haus Wettin in Thüringen gefördert und geschützt worden. Luther und Cranach, Herder und Goethe, Liszt und Wagner waren Moderne für ihre Zeit und wurden als solche in Weimar aufgenommen. Denn hier gilt schon lange die Verteidigung und Begünstigung der Eigenart ohne Einmischung in ihre Bethätigungen als Staatsgrundsatz. Dem verdankt Weimar seine lange Vorherrschaft in der deutschen Kultur; ein glänzender Beleg für die Fruchtbarkeit dieses Prinzips im Staatsleben. Und der junge Fürst, der jetzt regiert, hat bewiesen, dass er die stolzen Traditionen seines Hauses fortzuführen fest entschlossen ist.

So bedeutet denn für den Künstlerbund seine Heimat Weimar nicht blos einen Rückhalt, sondern zugleich das glänzendste Vorbild in deutschen Landen derjenigen Art der Kunstförderung, für die diese neue, starke Vereinigung gegründet ist.

Der engere Vorstand des Deutschen Künstlerbundes

	1903	1905	1906	1910	1913	1927	1928	1929	1930	1931	1932
Albiker, Karl								x	x	x	x
von Bodenhausen, Eberhard	x										
Caspar, Karl						x	x	x	x	x	x
von Habermann, Hugo						x	EP				
Hagen, Theodor	x		S	S							
Hahn, Hermann						x	x	x	x	x	x
Haueisen, Albert						x	x	x	x	x	x
Heckel, Erich							x	x	x	x	x
Herrmann, Curt						x		x			
Hirzel, Georg		S	S	S	S						
Hofer, Karl							x	x	x	x	x
von Kalckreuth, Leopold	P	P	P	EP	EP	EP	EP				
Kanoldt, Alexander											
Kessler, Harry Graf	x	x	1. VP u. S	1. VP	1. VP u. S	x	st. P	x	x	x	x
Klee, Paul								x	x	x	x
Klinger, Max	x	x	VP	VP	VP						

	1903	1905	1906	1910	1913	1927	1928	1929	1930	1931	1932
Kolbe, Georg						x	x	x	x	x	x
Leistikow, Walter	x										
Liebermann, Max	x	x	VP	VP	VP		EP	EP	EP	EP	EP
Pankok, Bernhard										x	x
Redslob, Edwin								x	x	x	x
Scharff, Edwin						st. P	st. P	x	x	x	x
Schmidt-Rottluff, Karl							x	x	x	x	x
Slevogt, Max				st. VP	st. VP	x	x	EP	EP	EP	EP
Sterl, Robert								x	x	x	
von Stuck, Franz	x	x		st. VP	VP	x	x				
Tuaillon, Louis	x			st. VP	st. VP						
von Uhde, Fritz	x	x	Vize	VP							

P = Präsident
st. P. = stellvertretender Präsident
st. VP = stellvertretender Vizepräsident
EP = Ehrenpräsident
VP = Vizepräsident
S = Schriftführer

Der Gesamtvorstand des Deutschen Künstlerbundes

	1903	1904	1910	1929
Ahlers-Hestermann, Friedrich				x
Albiker, Karl				x
Bantzer, Carl		x	x	
Barlach, Ernst				x
Beckmann, Max				x
Behrens, Peter			x	x
von Bochmann, Gregor	x	x	x	
von Bodenhausen, Eberhard	x	x	x	
Brodersen, Theodor			x	x
Caspar, Karl				x
Caspar-Filser, Maria				x
Corinth, Lovis	x	x	x	
Dr. Diez			x	
Diez, Robert			x	
Dill, Ludwig	x	x	x	
Dix, Otto				x
Dorner, Alexander				x
Dornhöffer, Friedrich				x
Erler, Fritz	x	x	x	x
de Fiori, Ernesto				x
Fischer, Eduard Jakob Otto				x
Flossmann, Joseph	x	x	x	
Gaul, August			x	
Graul, Richard		x	x	x
Grethe, Carlos	x	x	x	
Gropius, Walter				x

	1903	1904	1910	1929
von Habermann, Hugo	x	x	x	
Habich, Ludwig			x	x
Hagen, Theodor	x	x	x	
Hahn, Hermann				x
Haller, Hermann				x
Haueisen, Albert				x
von Haug, Robert	x	x	x	
Heckel, Erich				x
Heine, Thomas Theodor				x
Herrmann, Curt				x
Hirth, Georg		x	x	
Hirzel, Georg		x	x	
Hodler, Ferdinand		x	x	
Hofer, Karl				x
Hoffmann, Josef			x	x
von Hofmann, Ludwig	x	x	x	x
Justi, Ludwig				x
Kaesbach, Walter				x
von Kalckreuth, Leopold	x	x	x	
Kampf, Eugen	x	x		
Kanoldt, Alexander				x
von Keller, Albert	x	x	x	
Kessler, Harry Graf	x	x	x	x
Kirchner, Ernst Ludwig				x
Klee, Paul				x
Klimt, Gustav		x	x	
Klinger, Max	x	x	x	
Kokoschka, Oskar				x

	1903	1904	1910	1929
Kolbe, Georg				x
Kollwitz, Käthe				x
Kreis, Wilhelm				x
Kuehl, Gotthardt		x	x	
Lehmann, Wilhelm Ludwig		x		
Lehrs, Max	x	x		
Leistikow, Walter	x	x		
Lichtwark, Alfred	x	x	x	
Liebermann, Max	x	x	x	x
Mackensen, Fritz	x	x	x	x
Marcks, Gerhard				x
von Marr, Carl	x	x	x	x
Meyer, Claus	x			
Moll, Carl			x	x
Moser, Koloman			x	
Mueller, Otto				x
Muther, Richard		x		
Nauen, Heinrich				x
Nolde, Emil				x
Olde, Hans	x	x	x	
Orlik, Emil				x
Pankok, Bernhard			x	x
Paul, Bruno			x	x
Pauli, Gustav	x	x	x	x
Pechstein, Max				x
Piepho, Carl		x		
Poelzig, Hans				x
Posse, Hans				x

	1903	1904	1910	1929
Purrmann, Hans				x
Redslob, Edwin				x
Riemerschmid, Richard			x	x
Rohlfs, Christian				x
Scharff, Edwin				x
Schmidt-Rottluff, Karl				x
von Rümann, Wilhelm		x		
von Seidlitz, Woldemar	x	x	x	
Slevogt, Max	x	x	x	x
Stadler sen., Toni	x			
Sterl, Robert				x
von Stuck, Franz	x	x	x	
Tessenow, Heinrich				x
Thedy, Max				
Thoma, Hans	x	x	x	
Treu, Georg	x			
Trübner, Wilhelm	x	x	x	
Tuaillon, Louis	x	x	x	
von Uhde, Fritz	x	x	x	
Unold, Max				x
van de Velde, Henry	x	x	x	
von Volkmann, Hans		x	x	
Waetzold, Wilhelm				x
Weigand, Wilhelm	x	x	x	
Wichert, Fritz				x
Wölfflin, Heinrich	x			
Zoege von Manteuffel, Kurt				x

Juroren des Deutschen Künstlerbundes

	1904	1905	1906	1907 G	1910	1910 G	1911	1912	1912 G	1913	1913 G	1914	1920	1921	1927	1928	1929	1930	1931	1932 G	1933 G
Ahlers-Hestermann, F.														x			x				
Albiker, Karl													x		x	x	x	x	x	x	
Altherr, Heinrich																		x			
Bantzer, Carl	x			x		x			x												
Beckmann, Max															x						
Behrens, Peter				x																	
Bermann, Cipri Adolf										x											
Beyer, Adolf					x																
von Bochmann, Gregor		x	x																		
Breyer, Robert			(x)							x											
Campendonk, Heinrich																	x				
Caspar, Karl													x	x	x	x	x	x	x	x	x
Clarenbach, Max								x		x											
Corinth, Lovis		x			x					x											
Deusser, August													x								
Dix, Otto															x			x	x	x	
Feldbauer, Max															x						
Flossmann, Joseph	x																				

	1904	1905	1906	1907 G	1910	1910 G	1911	1912	1912 G	1913	1913 G	1914	1920	1921	1927	1928	1929	1930	1931	1932 G	1933 G
Friedrich, Nikolaus			x																		
Gaul, August		x											x								
Grethe, Carlos				x	x	x		x	x	x	x										
von Habermann, Hugo	(x)												x								
Habich, Ludwig			x																		
Hagen, Theodor			x					x		x											
Hahn, Hermann		x	x		x			x					x				x				
Haueisen, Albert													x	x	x			x			
Heckel, Erich															x	x	x	x	x	x	x
Henselmann, Joseph																		x			
Hodler, Ferdinand		x																			
Hofer, Karl																x	x	x	x		
von Hofmann, Ludwig			x	x	x								x								
von Kalckreuth, Leop.	x		x		x	x	x	x	x	x	x	x	x	x	x	x					
von Kardorff, Konrad							x														
Von Keller, Albert	x																				
Klee, Paul																	x	x	x	x	
Klimsch, Fritz		x																			
Klimt, Gustav								x													
Klinger, Max	x	x	x	x	x	x	x	x	x	x	x	x	x								

	1904	1905	1906	1907 G	1910	1910 G	1911	1912	1912 G	1913	1913 G	1914	1920	1921	1927	1928	1929	1930	1931	1932 G	1933 G
Knecht, Richard																					x
von König, Leo													x								
Kokoschka, Oskar															x						
Kolbe, Georg														x	x	x	x			x	x
Kollwitz, Käthe															x						
Kuehl, Gotthardt		x																			
Landenberger, Christian	x																				
Lehmann, Wilhelm L.	x																				
Leistikow, Walter		x		x																	
Liebermann, Max	x	x	x					x	x			x	x								
Mackensen, Fritz		x	x						x		x	x									
Marcks, Gerhard																			x		
Melzer, Moritz														x							
Moll, Carl		x	x																		
Mueller, Otto														x		x	x	x			
Nauen, Heinrich																x		x			
Olde, Hans	x	x	x			x	x														
Orlik, Emil												x									
Pankok, Bernhard												x	x	x	x	x	x	x	x		
Rohlfs, Christian					x																

	1904	1905	1906	1907 G	1910	1910 G	1911	1912	1912 G	1913	1913 G	1914	1920	1921	1927	1928	1929	1930	1931	1932 G	1933 G
Scharff, Edwin														x	x	x	x	x	x		x
Schinnerer, Adolf															x						
Schmidt-Rottluff, Karl															x	x	x		x	x	x
Schramm-Zittau, Rud.	x									x											
Seewald, Richard																	x	x	x		
Slevogt, Max		x											x		x						
Sohn-Rethel, Alfred						x															
Sterl, Robert			x		x		x	x		x	x	x	x	x	x		x				
von Stuck, Franz	x	x		x				x	x			x									
Trübner, Wilhelm	x	x	x					x		x											
Tuaillon, Louis	x						x	x		x											
von Uhde, Fritz	(x)		x																		
Unold, Max																	x	x			
van de Velde, Henry			x																		
von Volkmann, Hans				x	x	x			x		x										
Weisgerber, Albert										x		x									

G = Grafikausstellungen (x) = Ersatz

Mitglieder des Deutschen Künstlerbundes

			1906	1929	1935/36
Abbo, Jussuf	1880–1953	Künstler		x	
Ackermann, Otto	1872–1953	Künstler	x		
Ahlers-Hestermann, Friedrich	1883–1973	Künstler		x	x
Ahnert, Elisabeth	1885–1966	Künstlerin		x	x
Alberts, Jacob	1860–1941	Künstler	x		
Albiker, Karl	1878–1961	Künstler		x	x
Albiker-Klingenstein, Helene	1878–1952	Künstlerin		x	
Altherr, Heinrich	1878–1947	Künstler			x
Anheisser, Roland	1877–1949	Künstler		x	x
Annot	1894–1981	Künstlerin		x	
Arnheim, Clara	1865–1942	Künstlerin	x	x	
Atteslander, Zo	1874–1928	Künstlerin	x		
Auchentaller, Josef Maria	1865–1949	Künstler	x		
Aulhorn, Hans	1878–1961	Künstler	x		
Bach, Paul	1866–1919	Künstler	x		
Baden, Heinz	1887–1954	Künstler		x	
Baluschek, Hans	1870–1935	Künstler	x		
del Banco, Alma	1863–1943	Künstlerin		x	
Bantzer, Carl	1857–1941	Künstler	x		
Barlach, Ernst	1870–1938	Künstler		x	x
Bato, Josef	1888–1966	Künstler		x	
Bauer, Leopold	1872–1938	Architekt	x		
Baum, Paul	1859–1932	Künstler	x	x	
Bechler, Gustav	1870–1959	Künstler	x		
Becker, Benno	1860–1938	Künstler	x	x	
Becker, Walter	1893–1984	Künstler			x

			1906	1929	1935/36
Beckmann, Curt	1901–1970	Künstler			x
Beckmann, Max	1884–1950	Künstler		x	x
Behmer, Markus	1879–1958	Künstler	x		
Behn, Fritz	1878–1970	Künstler	x		
Behrens, Hermann	1865–1909	Künstler	x		
Behrens, Peter	1868–1940	Architekt	x	x	
Behrens-Hangeler, Hermann	1898–1991	Künstler		x	
Behrens-Ramberg, Georg	1875–1955	Künstler	x	x	
Bell, Josef	1891–1935	Künstler		x	
Benkert, Josef Albert	1900–1960	Künstler			
Berend-Corinth, Charlotte	1880–1967	Künstlerin		x	
Bergmann, Julius	1861–1940	Künstler	x	x	
Beringer, Max	1886–1961	Künstler		x	x
Berlit, Rüdiger	1883–1939	Künstler		x	x
Bermann, Cipri Adolf	1862–1942	Künstler	x		
Bernatzik, Wilhelm	1853–1906	Künstler	x		
Berner, Eugen Friedrich	1865–1948	Künstler	x		
Bernuth, Max	1872–1960	Künstler		x	
Bertelsmann, Walter	1877–1963	Künstler		x	x
Beyer, Adolf	1869–1953	Künstler	x		
Birnstengel, Richard	1881–1961	Künstler		x	x
Bischoff-Culm, Ernst	1870–1917	Künstler	x		
Bissier, Julius H.	1893–1965	Künstler		x	x
Bizer, Emil	1881–1957	Künstler		x	x
Bloch, Martin	1883–1954	Künstler		x	
Block, Josef	1863–1943	Künstler	x	x	
Blumenthal, Hermann	1905–1942	Künstler			x
von Bochmann, Gregor	1850–1930	Künstler	x		

			1906	1929	1935/36
Bock, Bernhard	1872–1946	Künstler	x		
Bode, Arnold	1900–1977	Künstler			x
von Bodenhausen, Eberhard	1868–1918	Jurist	x		
Böckstiegel, Peter August	1889–1951	Künstler		x	x
Boehm, Adolf	1861–1927	Künstler	x		
Böninger, Robert Gerhard	1869–1935	Künstler	x	x	
Bonatz, Paul	1877–1956	Architekt	x	x	
Booth, Esther	?	Künstlerin		x	
Borchardt, Hans	1865–1917	Künstler	x		
Bornemann, Walter	?	Künstler		x	x
Bräckle, Jakob	1897–1987	Künstler			x
Brandenburg, Martin	1870–1919	Künstler	x		
Brandt, Fritz	1853–1905	Künstler	x		
Brandt, Otto Adolf	1867-?	Künstler	x		
Braun, Maria	1896–1950	Künstlerin		x	
Breinlinger, Hans	1888–1963	Künstler			x
Brendel, Carl Alexander	1877–1945	Künstler		x	
Breyer, Robert	1866–1941	Künstler	x		
Britze, Marianne	1883–1980	Künstlerin		x	x
Brodersen, Theodor	1874-?	Kunsthändler		x	
Bröcker, Karl	1903–1991	Künstler			x
Bruck, Hermann	1873–1949	Künstler	x	x	
Brück, Trude	1902–1992	Künstlerin		x	x
Brühlmann, Hans	1878–1911	Künstler	x		
Brütt, Ferdinand	1849–1936	Künstler	x		
Brust, Karl Friedrich	1897–1960	Künstler			x
Buchwald-Zinnwald, Erich	1884–1972	Künstler		x	
Bühler, Hans Adolf	1877–1951	Künstler		x	

			1906	1929	1935/36
von Bülow, Agnes	1884–1972	Künstlerin		x	
von Bülow, Joachim	1877-?	Künstler		x	
Buhe, Walter	1882–1958	Künstler		x	
Burkart, Albert	1898–1982	Künstler		x	x
Burmann, Fritz	1892–1945	Künstler			x
Burnitz, Hans	1875–1929	Künstler	x		
Buttersack, Bernhard	1858–1925	Künstler	x		
Camphausen, Robert	?	Künstler			x
de Campi, Daisy Héritte	1893–1979	Künstlerin		x	
Carl, Reinhold	1864–1929	Künstler		x	
Caspar, Karl	1879–1956	Künstler	x	x	x
Caspar-Filser, Maria	1878–1968	Künstlerin		x	x
Cassel, Pol	1892–1945	Künstler		x	x
Cassirer, Paul	1871–1926	Kunsthändler	x		
Cauer, Ludwig	1866–1947	Künstler		x	x
Cauer, Stanislaus	1867–1943	Künstler		x	x
Champion, Theo	1887–1952	Künstler		x	x
Christophe, Franz	1875-?	Künstler	x		
Cilio-Jensen, Anton	1875-?	Künstler		x	x
Cissarz, Johann Vincenz	1873–1942	Künstler		x	
Clarenbach, Max	1880–1952	Künstler		x	
Claudius, Wilhelm	1854–1942	Künstler	x		
Closs, Gustav Adolf	1864–1938	Künstler	x		
Conz, Walter	1872–1947	Künstler	x		
Corinth, Lovis	1858–1925	Künstler	x		
Cornils, Hermann	1869–1956	Künstler	x		
Crodel, Charles	1894–1973	Künstler		x	x
Crodel, Paul	1862–1928	Künstler	x		

			1906	1929	1935/36
Croissant, Eugen	1898–1976	Künstler			x
Cunz, Martha	1876–1961	Künstlerin		x	
Dahlen, Paul	1881–1954	Künstler		x	
Dahlke, Arnold	1881–1933	Künstler		x	
Dannemann, Karl	1896–1945	Künstler		x	
Dautert, Karl	1875–1944	Künstler		x	x
Degner, Arthur	1888–1972	Künstler		x	x
Deibele, Karl	1869–1953	Künstler		x	x
Dekkert, Eugène	1865–1956	Künstler	x		
Deusser, August	1870–1942	Künstler		x	x
Dietsch, Ernst	1893–1963	Künstler		x	
Dietze, Ernst Richard	1880–1961	Künstler		x	
Diez, Julius	1870–1957	Künstler	x		
Dill, Ludwig	1848–1940	Künstler	x		
Dill, Otto	1884–1957	Künstler		x	
Dix, Otto	1891–1969	Künstler		x	x
Döbel, Karl	1903–1959	Künstler			x
Dörflein-Kahlke, Bertha	1875–1964	Künstlerin		x	
Domscheit, Franz	1880–1965	Künstler		x	x
Donndorf, Karl	1870–1941	Künstler	x	x	
Dornbach, Hans	1885–1952	Künstler		x	x
Dorner, Alexander	1893–1957	Museum		x	
Dornhöffer, Friedrich	1892–1986	Museum		x	
Dorsch, Ferdinand	1875–1938	Künstler		x	
Draewing, Peter Paul	1876–1940	Künstler	x		
Dreher, Richard	1875–1932	Künstler		x	
Dressler, August Wilhelm	1886–1970	Künstler		x	
Dressler, Willy Oskar	1876–1954	Museum	x		

			1906	1929	1935/36
Drexel, Christof	1886–1979	Künstler			x
Dreydorff, Johann Georg	1873–1935	Künstler	x	x	
Dülfer, Martin	1859–1942	Architekt	x	x	
Ebbinghaus, Carl	1872–1950	Künstler	x		
Ebers, Hermann E.	1881–1955	Künstler		x	
Eberz, Josef	1880–1942	Künstler		x	x
Eckener, Alexander	1870–1944	Künstler	x	x	
Eckenfelder, Friedrich	1861–1938	Künstler	x		
Edel, Edmund	1863–1934	Künstler	x		
Eggeling, Otto	1836-?	Schriftsteller	x		
Ehmsen, Heinrich	1886–1964	Künstler		x	
von Ehren, Julius	1864–1944	Künstler	x		
Ehrlich, Georg	1897–1966	Künstler		x	
Eichfeld, Hermann	1845–1917	Künstler	x		
Eichler, Reinhold Max	1872–1947	Künstler	x		
Eichwede, Marie	1875–1944	Künstlerin		x	x
Eigner-Püttner, Pauline	1872–1960	Künstlerin	x	x	
Eimer, Ernst	1881–1960	Künstler		x	
Einbeck, Georg	1870–1951	Künstler	x		
Einschlag, Eduard	1879–1932	Künstler		x	
Eitner, Ernst	1867–1955	Künstler	x		
Elkan, Benno	1877–1960	Künstler		x	
Eller, Wilhelm	1873–1951	Künstler		x	
am Ende, Doris	1857–1944	Künstlerin		x	x
am Ende, Hans	1864–1918	Künstler	x		
Engelhardt-Kyffhäuser, Otto	1884–1965	Künstler		x	x
Engelhart, Josef	1864–1941	Künstler	x		
Erler, Fritz	1868–1940	Künstler	x	x	

			1906	1929	1935/36
Erler-Samaden, Erich	1870–1946	Künstler	x	x	
Euler, Eduard	1867–1931	Künstler	x		
Euler, Hermann	1900–1970	Künstler		x	
Fabricius, Richard	1863–1923	Künstler	x		
Fahrenkrog, Ludwig	1867–1952	Künstler	x		
Faistauer, Anton	1887–1930	Künstler		x	
Fassbender, Joseph	1903–1974	Künstler		x	x
Faure, Amandus	1874–1931	Künstler	x		
Feininger, Lyonel	1871–1956	Künstler			x
Feistel, Bernhard	1898-?	Künstler		x	x
Feld, Otto	1860–1911	Künstler	x		
Feldbauer, Max Josef	1869–1949	Künstler	x	x	
Felixmüller, Conrad	1897–1977	Künstler		x	x
Fiebiger, Franz	1880–1932	Künstler		x	
von Finck, Adèle	1879–1955	Künstlerin	x		
de Fiori, Ernesto	1884–1945	Künstler		x	x
Fischer, Alexander	1903–1981	Künstler		x	
Fischer, Eduard Jakob Otto	1886–1948	Museum		x	
Fischer, Otto	1870–1947	Künstler	x		
Fischer, Paula	1878-?	Künstlerin		x	
Fischer, Theodor	1862–1938	Architekt	x		
Flad, Georg	1853–1913	Künstler	x		
Flossmann, Joseph	1862–1941	Künstler	x		
von Flotow, Mathilde	?	Künstlerin	x		
Fraass, Erich	1893–1974	Künstler		x	
Franck, Philipp	1860–1944	Künstler	x		
Frank, Erna	?	Künstlerin		x	
Fred, Alfred W.	?	Schriftsteller	x		

			1906	1929	1935/36
Freese, Hans	1886–1966	Künstler		x	
Freytag, Otto	1888–1980	Künstler		x	x
v. Freytag-Loringhoven, Mathilde	1860–1941	Künstlerin	x		
Friedmann, Vally	?	Künstlerin		x	
Friedrich, Nikolaus	1865–1914	Künstler	x		
Friedrich, Otto	1862–1937	Künstler	x		
Friedrich, Rose	1877–1953	Künstlerin		x	x
Fritsch, Ernst	1892–1965	Künstler		x	x
Fuchs, Heinz	1886–1961	Künstler		x	x
Fuchs, Hermann	1871-?	Künstler		x	
Fürst, Edmund	1874–1955	Künstler		x	
Fuhr, Xaver	1898–1973	Künstler		x	x
Funck, Theodor	1867–1919	Künstler	x		
Funke, Helene	1869–1957	Künstlerin		x	
Gabler, Ernst	1872–1937	Künstler	x		
Gärtner, Fritz	1882–1958	Künstler		x	x
Garbe, Herbert	1888–1945	Künstler		x	x
Gaudeck, Franz	1889–1946	Künstler		x	
Gaul, August	1869–1921	Künstler	x		
Gaupp, Gustav	1844–1918	Künstler	x		
Geibel, Hermann	1889–1972	Künstler		x	x
Geigenberger, Otto	1881–1946	Künstler		x	x
Geiger, Ernst	1876–1965	Künstler		x	x
Geiger, Willi	1878–1971	Künstler		x	x
Geitlinger, Ernst	1895–1972	Künstler			x
Genkel, Martha	1890-?	Künstlerin		x	
Georgi, Hanns	1901–1989	Künstler		x	x
Georgi, Walter	1871–1924	Künstler	x		

			1906	1929	1935/36
Gerbig, Alexander	1878–1948	Künstler		x	x
Gerson, Hans	1882-?	Künstler		x	
Gessner jr., Richard	1894–1989	Künstler		x	
Geyer, Wilhelm	1900–1968	Künstler			x
Gies, Ludwig	1887–1966	Künstler		x	x
Giese, Wilhelm	1883–1945	Künstler	x	x	
Gleichmann, Otto	1887–1963	Künstler		x	x
Glöckner, Hermann	1889–1987	Künstler		x	x
Godenschweg, Ludwig	1889–1947	Künstler		x	
Goepfart, Franz	1866–1926	Künstler	x		
Goeritz, Erich	1889–1955	Künstler		x	
von Gosen, Theodor	1873–1943	Künstler	x	x	
Gött, Hans	1883–1974	Künstler		x	x
Götz, Ferdinand	1874-?	Künstler	x	x	
Götz, Johannes	1865–1934	Künstler	x	x	
Gotzmann-Conrad, Emmy	1881–1942	Künstlerin		x	x
Gräf, Lilli	1897–1975	Künstlerin		x	x
Graef, Richard	1879–1945	Künstler		x	
Gräff, Arthur	1881-?	Künstler		x	
Grätz, Theodor	1859–1947	Künstler	x		
Graf, Oscar	1873–1957	Künstler	x	x	
Grassmann, Günther	1890–1993	Künstler			x
Graul, Richard	1862–1944	Museum	x		
Greiner, Otto	1869–1916	Künstler	x		
Grethe, Carlos	1846–1913	Künstler	x		
Greve-Lindau, Georg	1876–1963	Künstler		x	
Griebel, Fritz	1899–1976	Künstler		x	
Grimme, Otto	1883-?	Künstler	x		

			1906	1929	1935/36
Groeber, Hermann	1865–1935	Künstler	x	x	
Gropius, Walter	1883–1969	Architekt		x	
Gross, Karl	1869–1934	Künstler	x		
Großmann, Rudolf	1882–1941	Künstler		x	x
Grosz, George	1893–1959	Künstler		x	
Gruner, Erich	1881–1966	Künstler		x	
Gudden, Rudolf	1863–1955	Künstler	x	x	
Gugg, Hugo	1878–1956	Künstler		x	
Gussmann, Otto	1869–1926	Künstler	x		
Gutbier, Ludwig	1873–1951	Kunsthändler	x		
Guttmann, Albrecht	?	Sammler	x		
Haase-Jastrow, Kurt	1885–1958	Künstler		x	
von Habermann, Hugo	1849–1929	Künstler	x		
Habich, Ludwig	1872–1949	Künstler	x	x	
Hablik, Wenzel	1881–1934	Künstler		x	
Hänisch, Alois	1866–1937	Künstler	x		
Hänny, Karl	1879–1972	Künstler		x	
Hänsel, Karl	1868–1947	Künstler		x	
de Haer, Adolf Josef Maria	1892–1944	Künstler		x	x
Hagemeister, Karl	1848–1933	Künstler	x		
Hagen, Theodor	1842–1919	Künstler	x		
Hahn, Hermann	1868–1942	Künstler	x	x	
Haider, Karl	1846–1912	Künstler	x		
Haller, Hermann	1880–1950	Künstler		x	x
Hamann, Hermann Gustav	1868–1933	Künstler		x	
Hamens, Margarete	1880-?	Künstlerin		x	x
Hancke, Erich	1871–1954	Künstler	x		
Hannemann, Walter	1868-?	Künstler	x		

			1906	1929	1935/36
Hanner, Hanns	1883–1966	Künstler		x	
von Harrach, Hans Albrecht	1873–1963	Künstler	x		
Harth, Philipp	1887–1968	Künstler			x
Hartig, Karl Christoph	1888–1975	Künstler		x	x
Hartmann, Erich	1886–1974	Künstler		x	x
Hartmann, Hugo Friedrich	1870–1960	Künstler	x	x	
Hartmann, Johannes	1869–1952	Künstler		x	
Hartmann, Richard	1868–1924	Künstler	x	x	
Hasler, Bernhard	1884–1945	Künstler		x	
Hasse, Sella	1878–1963	Künstlerin		x	
Haueisen, Albert	1872–1954	Künstler		x	
von Haug, Robert	1857–1922	Künstler	x		
Hauptmann, Gerhart	1862–1946	Schriftsteller	x		
Hausmann, Elisabeth	1881–1961	Künstlerin		x	x
von Hayek, Hans	1869–1940	Künstler	x		
Heckel, Erich	1883–1970	Künstler		x	x
Hegenbarth, Emanuel	1868–1923	Künstler	x		
Hegenbarth, Josef	1884–1962	Künstler		x	x
von Heider, Hans	1867–1952	Künstler	x	x	
Heilemann, Ernst	1870-?	Künstler	x		
Heine, Thomas Theodor	1867–1948	Künstler	x	x	
Heinsheimer, Fritz	1897–1958	Künstler		x	
Heisig, Walter	1909–1984	Künstler		x	
Heitmüller, August	1873–1935	Künstler		x	
Heller-Ostersetzer, Hermine	1874–1909	Künstlerin	x		
Hellmer, Edmund	1850–1935	Künstler	x		
Hellwag, Rudolf	1867–1942	Künstler	x		
Hengeler, Adolf	1863–1927	Künstler	x		

			1906	1929	1935/36
Henke, Hedwig	1854-?	Künstlerin	x		
Henle, Paul William	1887–1962	Künstler		x	
Henning, Erwin	1901–1993	Künstler			x
Henselmann, Joseph	1898–1987	Künstler		x	x
Hentschel, Hans Rudolf	1869–1951	Künstler	x		
Herbig, Otto	1889–1971	Künstler		x	x
Herburger, Julius	1890–1973	Künstler			x
Herrmann, Curt	1854–1929	Künstler	x	x	
Herstein, Adolf Eduard	1869–1932	Künstler		x	
von Herterich, Ludwig	1856–1932	Künstler	x	x	
Herwig, Sophie	?	Künstlerin		x	x
Heß, Julius	1878–1957	Künstler		x	
Heuser, Werner	1880–1964	Künstler		x	
von Heyden, Hubert	1860–1911	Künstler	x		
von Heymel, Alfred Walter	1878–1911	Verleger	x		
Heyne, Heinrich	1869–1943	Künstler	x	x	
Hierl-Deronco, Otto	1859–1935	Künstler	x		
Hildenbrandt, Wilhelm A.	1874-?	Künstler	x	x	
Hilker, Reinhard	1899–1961	Künstler		x	
Hiller, Anton	1893–1985	Künstler		x	
Hinné, Charles	1854–1924	Künstler	x		
Hirth, Georg	1841–1916	Verleger	x		
Hirzel, Georg	1867–1924	Verleger	x		
Hitz, Dora	1856–1924	Künstlerin	x		
Hoberg, Reinhold	1859–1932	Künstler		x	
Hoch, Käthe	1873–1933	Künstlerin		x	
Hodler, Ferdinand	1853–1918	Künstler	x		
Hoecker, Paul	1854–1910	Künstler	x		

			1906	1929	1935/36
Hölscher, Theo	1895–1966	Künstler			x
Hölzel, Adolf	1853–1934	Künstler	x		
Hoetger, Bernhard	1874–1949	Künstler		x	
Hofer, Karl	1878–1955	Künstler	x	x	x
Hoffmann, Josef	1870–1956	Architekt	x	x	
Hoffmann, Robert	1868–1935	Künstler	x		
Hoffmann, Wolf	1898–1979	Künstler		x	x
von Hofmann, Ludwig	1861–1945	Künstler	x	x	x
Hofmann-Stollberg, Alfred	1882–1962	Künstler		x	x
Holzschuh, Rudolf	1865–1943	Künstler	x		
Hommel, Conrad	1883–1971	Künstler		x	
Horzetzky, Henning G.	1889-?	Künstler		x	
Hübner, Heinrich	1869–1945	Künstler	x	x	x
Hübner, Ulrich	1872–1932	Künstler	x	x	
von Hugo, Melchior	1873–1931	Künstler	x		
Hummel, Theodor	1864–1939	Künstler	x		
Huth, Robert W.	1890–1977	Künstler		x	
Illies, Arthur	1870–1952	Künstler	x		
Jäger, Wilhelm Franz	1861–1921	Künstler	x		
Jahn, Georg	1869–1941	Künstler	x		
Jank, Angelo	1868–1940	Künstler	x	x	
Jansen, Franz M.	1885–1958	Künstler		x	x
Janssen, Gerhard	1863–1931	Künstler	x	x	
von Jawlensky, Alexej	1865–1941	Künstler			x
Jettmar, Rudolf	1869–1939	Künstler	x		
Jobst, Heinrich	1874–1943	Künstler		x	x
von Joeden, Frieda Blanca	?	Künstlerin	x	x	
Jonas, Ludwig Alfred	1887–1942	Künstler		x	

			1906	1929	1935/36
Junker, Hermann	1867-?	Künstler	x	x	x
Justi, Ludwig	1876–1957	Museum		x	
Jutz, Adolf	1887–1945	Künstler		x	x
Kälberer, Paul	1896–1974	Künstler		x	x
Kaesbach, Walter	1879–1961	Museum		x	
Kätelhön, Hermann	1884–1940	Künstler		x	
Kaiser, Richard	1868–1941	Künstler	x		
Kalb, Wilhelm	1870–1938	Künstler	x		
von Kalckreuth, Leopold	1855–1938	Künstler	x		
Kampf, Arthur	1864–1950	Künstler	x	x	
Kandinsky, Wassily	1866–1944	Künstler	x	x	
Kanoldt, Alexander	1881–1939	Künstler		x	x
von Kardorff, Konrad	1877–1945	Künstler	x		
Karsch, Joachim	1897–1945	Künstler			x
Kaufmann, Hugo	1868–1919	Künstler	x		
Kaus, Max	1891–1977	Künstler		x	x
Kayser, Paul	1869–1942	Künstler	x	x	
von Keller, Albert	1844–1920	Künstler	x		
Keller, Friedrich	1840–1914	Künstler	x		
Keller, Laurent F.	1885–1968	Künstler			x
Keller-Reutlingen, Paul W.	1854–1920	Künstler	x		
Kerschbaumer, Anton	1885–1931	Künstler		x	
Kerschensteiner, Josef	1864–1936	Künstler	x		
Kessler, Harry Graf	1868–1937	Diplomat	x	x	
von Keudell, Kurt	1896–1978	Künstler		x	x
von Keudell-Maurach, Else	?	Künstlerin		x	
Kind, Georg	1897–1945	Künstler		x	
Kirchner, Ernst Ludwig	1880–1938	Künstler		x	x

			1906	1929	1935/36
Kirchner, Eugen	1865–1938	Künstler	x		
Klee, Paul	1879–1940	Künstler		x	x
Klein, Philipp	1871–1907	Künstler	x		
Klein-Diepold, Leo	1865–1944	Künstler	x	x	x
Kleinhempel, Erich	1874–1947	Künstler	x		
Kleinschmidt, Paul	1883–1949	Künstler		x	
Klimsch, Fritz	1870–1960	Künstler	x	x	
Klimsch, Paul	1868–1917	Künstler	x		
Klimt, Gustav	1862–1918	Künstler	x		
Klinckenberg, Eugène	1858–1942	Künstler	x		
Klingen, Richard	1873–1924	Künstler	x		
Klinger, Max	1857–1920	Künstler	x		
Kluth, Karl	1889–1972	Künstler			x
Knirr, Heinrich	1862–1944	Künstler	x	x	
Knoke, Albert	1896–1960	Künstler		x	x
König, Friedrich	1857–1941	Künstler	x		
von König, Leo	1871–1944	Künstler	x	x	x
Koenigs, Adelheid	?	Künstlerin		x	
Koertzinger, Hugo	1892–1967	Künstler		x	x
Kolbe, Georg	1877–1947	Künstler	x		x
Kollwitz, Käthe	1867–1945	Künstlerin	x		x
Kogan, Moissey	1879–1943	Künstler		x	
Kohler, Albert	1883–1946	Künstler			x
Kohlschütter, Adelheid	?	Künstlerin		x	x
Kokoschka, Oskar	1886–1980	Künstler		x	
Kopp, Otto	1879–1947	Künstler		x	
Kowalski, Ludwig Peter	1891–1967	Künstler		x	
Kowarzik, Joseph	1860–1911	Künstler	x		x

			1906	1929	1935/36
Krämer, Johann Victor	1861–1949	Künstler	x		
Kraus, August	1868–1934	Künstler		x	
Kreis, Wilhelm	1873–1955	Architekt	x	x	
Krüger, Erna	1883–1973	Künstlerin			x
Krüger, Franz A. O.	1868-?	Architekt	x	x	x
Krupp, Bertha	1886–1957	Industrielle	x		
Kruse, Max	1854–1942	Künstler	x	x	
Kruse-Lietzenburg, Oskar	1847–1919	Künstler	x		
Kubin, Alfred	1877–1955	Künstler			x
Kuehl, Gotthardt	1850–1915	Künstler	x		
Kühn jun., Josef	1872–1933	Künstler		x	
Kühne, Max Hans	1874–1942	Architekt	x	x	x
Kühne, Walter	1875–1956	Künstler		x	
Kuhfuß, Paul	1883–1960	Künstler		x	x
Kuntze, Käthe	?	Künstlerin		x	x
Kunze, Alfred	1866–1943	Künstler		x	
Kupferschmid, Hermann	1885–1975	Künstler		x	
Kurzweil, Max	1867–1916	Künstler	x		
Kuschel, Max	1862–1935	Künstler	x		
Laage, Wilhelm	1868–1930	Künstler	x	x	
Lambrecht, Carl	1878–1941	Künstler	x		
Lamprecht, Anton	1901–1984	Künstler			x
Landenberger, Christian	1862–1927	Künstler	x		
Lang, Hermann	1856–1916	Künstler	x		
Lange, Karl	1884-?	Künstler		x	
Lange, Max	1868–1949	Künstler		x	
Lasch, Hermann	1861–1926	Künstler	x		
Lasser, Hans	1891-?	Künstler		x	

			1906	1929	1935/36
Laves, Werner	1903–1972	Künstler		x	x
Lebrecht, Georg	1875–1945	Künstler	x		
Lederer, Fritz	1878–1949	Künstler		x	
Lederer-Weida, Carl F.	1863-?	Künstler	x	x	x
Legler, Wilhelm	1875–1951	Künstler	x		
Lehmann, Wilhelm Ludwig	1861–1932	Künstler	x	x	
Leistikow, Walter	1865–1908	Künstler	x		
Leistner, Albrecht	1887–1950	Künstler		x	
Lenk, Franz	1898–1968	Künstler			x
Lenz, Maximilian	1860–1948	Künstler	x		
Lepsius, Reinhold	1857–1922	Künstler	x		
Leschhorn, Paul	1876–1951	Künstler		x	x
Lesker, Hans	1879–1914	Künstler	x		
Levier, Adolf	1873-?	Künstler	x		
Levy, Rudolf	1875–1944	Künstler		x	
Licht-Graef, Sabine	1885-?	Künstlerin		x	
Lichte, Harm	1900–1957	Künstler		x	x
Lichtwark, Alfred	1852–1914	Museum	x		
Liebenwein, Maximilian	1869–1926	Künstler	x		
Liebermann, Max	1847–1935	Künstler	x	x	
Liesegang, Helmuth	1858–1945	Künstler	x		
Lindl, Hans	1885–1946	Künstler		x	x
Linde-Walther, Heinrich E.	1868–1939	Künstler	x		
Lippmann, Johannes	1858–1935	Künstler		x	
List, Wilhelm	1864–1918	Künstler	x		
Lörcher, Alfred	1875–1962	Künstler		x	
Lührig, Georg	1868–1957	Künstler	x		
Luksch, Richard	1872–1936	Künstler	x	x	

			1906	1929	1935/36
Luntz, Adolf	1875–1924	Künstler	x		
Macke, Helmuth	1891–1936	Künstler		x	
Mackensen, Fritz	1866–1953	Künstler	x	x	
Macketanz, Ferdinand	1902–1970	Künstler			x
Mackowsky, Siegfried	1878–1941	Künstler		x	x
Mader, Joseph	1905–1982	Künstler			x
von Maffei, Guido	1838–1898	Künstler	x		
Maly, Wilhelm	1894–1943	Künstler			x
Manz, Ewald	1886–1960	Künstler		x	x
Marcks, Gerhard	1889–1981	Künstler		x	x
Marcus, Edith	1888–1941	Künstlerin		x	
Marcus-Ephraim, Käthe	1892–1970	Künstlerin		x	
Mardersteig, August	1853–1939	Jurist	x		
von Marr, Carl	1858–1936	Künstler	x	x	
Mataré, Ewald	1887–1965	Künstler			x
Meeser, Leo	1860-?	Künstler	x		
Melzer, Moritz	1877–1966	Künstler		x	x
Menz, Willy	1890–1969	Künstler		x	
Menzner, Willy	1885–1932	Künstler		x	
Metzner, Franz	1870–1919	Künstler	x		
Mewes, Bruno	1886-?	Künstler		x	
Meyer-Basel, Carl Theodor	1860–1932	Künstler	x		
Meyer-Pyritz, Martin	1870–1942	Künstler		x	
Missfeld, Friedrich	1874–1969	Künstler	x		
Dr. Mittelstadt	?	Jurist	x	x	
Modersohn, Otto	1865–1943	Künstler	x	x	x
Möller, Hans	?	Künstler		x	x
Mohr, Emma	?	Künstlerin		x	

			1906	1929	1935/36
Mohrbutter, Alfred	1867–1916	Künstler	x		
Molitor, Mathieu	?	Künstler		x	
Moll, Carl	1861–1945	Künstler	x		
Mons, Karl	1890–1947	Künstler		x	
Moser, Koloman	1868–1918	Künstler	x		
Mosson, George	1851–1933	Künstler	x	x	
Mühler, Ernst Alfred	1898-?	Künstler		x	x
Mühsam, Fritz	1881-?	Künstler		x	
Müller, Karl	?	Künstler	x		
Mueller, Otto	1874–1930	Künstler		x	
Müller-Gräfe, Ernst	1879–1954	Künstler		x	
Müller-Hufschmid, Willi	1890–1966	Künstler		x	x
Müller-Werlau, Peter	1866–1945	Künstler	x		
Munch, Edvard	1863–1944	Künstler	x	x	x
Münzer, Adolf	1870–1953	Künstler	x	x	
Muther, Richard	1860–1909	Kunsthist.	x		
Mutzenbecher, Franz	1880–1968	Künstler	x	x	
Nägele, Reinhold	1884–1972	Künstler		x	
Nagel, Wilhelm	1866–1945	Künstler		x	x
Nauen, Heinrich	1880–1940	Künstler	x	x	x
Naumann, Charlotte	1880–1968	Künstlerin		x	x
Naumann, Karl	?	Künstler	x		
Nay, Ernst Wilhelm	1902–1968	Künstler		x	x
Netzer, Hubert	1865–1939	Künstler	x		
Neugebauer, Georg	1889-?	Architekt		x	x
Neuenborn, Paul	1866–1913	Künstler	x		
Neumann, Max	1885-?	Künstler			x
Niemeyer, Adalbert	1867–1932	Architekt	x		

			1906	1929	1935/36
Nissl, Rudolf	1870–1955	Künstler	x		
Nitschke, Ulrich	1879–1971	Künstler	x		
Nolde, Emil	1867–1956	Künstler		x	
Nowak, Anton	1865–1932	Künstler	x		
Oberhoff, Paul	1884–1960	Künstler		x	x
Oberländer, Hans E.	1885–1945	Künstler		x	x
Obier, Oscar	1876–1952	Künstler		x	x
Odefey, Ernst	1876–1953	Künstler		x	x
Oeltjen, Johann	1880–1968	Künstler		x	x
Ohly, William	1883–1955	Künstler		x	
Olbrich, Josef Maria	1867–1908	Architekt	x		
Olbricht, Alexander	1876–1942	Künstler	x		
Olde, Hans	1855–1917	Künstler	x		
Ophey, Walter	1882–1930	Künstler		x	
Oppler, Alexander	1869–1937	Künstler	x	x	
Oppler, Ernst	1867–1929	Künstler	x		
Orlik, Emil	1870–1932	Künstler	x	x	
Ostermayer, Walter	1897-?	Künstler		x	x
Osthoff-Harthmuth, Marie	?	Künstlerin	x		
Otto, Heinrich	1858–1923	Künstler	x		
Overbeck, Fritz	1869–1909	Künstler	x		
Paatz, Martin	1882-?	Künstler		x	
Paeschke, Paul	1875–1943	Künstler		x	x
Pankok, Bernhard	1872–1943	Künstler	x	x	x
Partikel, Alfred	1888–1945	Künstler		x	x
Paul, Bruno	1874–1968	Architekt	x	x	
Pauli, Gustav	1866–1938	Museum	x	x	
Paulsen, Ingwer	1883–1943	Künstler		x	x

			1906	1929	1935/36
Pechstein, Max	1881–1955	Künstler		x	x
Peiffer-Watenphul, Max	1896–1976	Künstler			x
Pepino, Anton Josef	1863–1921	Künstler	x		
Pfeifer, Felix	1871–1945	Künstler		x	
Pick, Emmi	1882-?	Künstlerin		x	
Pieper, Josef	1897–1977	Künstler			x
Piepho, Carl	1869–1920	Künstler	x		
Pietzsch, Richard	1872–1960	Künstler	x		
Pleuer, Hermann	1863–1911	Künstler	x		
Poelzig, Hans	1869–1936	Architekt		x	
Pöppelmann, Peter	1866–1947	Künstler	x		
Poetzelberger, Robert	1856–1930	Künstler	x	x	
Poppe, Georg	1883–1963	Künstler		x	
Posse, Hans	1879–1942	Museum		x	
Pottner, Emil	1872–1931	Künstler		x	
Prack, Wilhelm Oskar	1869–1943	Künstler		x	
Preusse, Richard	1888–1971	Künstler		x	
Primm, Werner	1904–1988	Künstler			x
Propp, Adolf	1882-?	Künstler		x	
Püttner, Walter	1871–1953	Künstler	x		
Purrmann, Hans	1880–1966	Künstler		x	x
Putz, Leo	1869–1940	Künstler	x		
Quitmann, Helene	?	Künstlerin		x	x
Radtke, Kurt	1895-?	Künstler		x	x
Rasch, Otto	1862–1952	Künstler	x		
Rath, Heine	1873–1920	Künstler	x		
Redslob, Edwin	1884–1973	Kulturpolitik.		x	
Reich, Martha	?	Künstlerin		x	x

			1906	1929	1935/36
Reifferscheid, Heinrich	1872–1945	Künstler	x		
Reiniger, Otto	1863–1909	Künstler	x		
Repsold, Wilhelm	1885–1969	Künstler		x	
Reusch, Fritz	?	Professor	x		
Reuter, Ekkehard	?	Künstler		x	
Rhades, August	1886-?	Künstler		x	x
Rhein, Fritz	1873–1948	Künstler	x	x	x
Richter, Hans Theo	1902–1969	Künstler			x
Rickert, Arnold	1889–1976	Künstler		x	
Riemerschmid, Richard	1868–1957	Künstler	x	x	x
Riemerschmid, Rudolf	1873–1953	Künstler	x	x	
Riess, Paul	1857–1933	Künstler	x		
Ritter, Wilhelm Georg	1850–1926	Künstler	x		
Rochga, Rudolf	1875–1957	Künstler	x	x	
Roeder, Emy	1890–1971	Künstlerin		x	x
Roederstein, Ottilie W.	1859–1937	Künstlerin	x		
Röhricht, Wolf	1886–1953	Künstler		x	
Rössler, Paul	1873–1957	Künstler		x	
Rohlfs, Christian	1849–1938	Künstler	x	x	x
Rose, Else	?	Künstlerin		x	
Rosenberg, Hermann	?	Politiker	x		
Rossmann, Max	1861-?	Künstler	x		
Rost, Otto	1887–1970	Künstler		x	x
Ruhoff, Heinrich	?	Künstler		x	
Rumler-Siuchninsky, Friedrich	1884-?	Künstler		x	
Ruths, Amélie	1871–1956	Künstlerin		x	x
Samberger, Leo	1861–1949	Künstler	x		
Sander-Plump, Agnes	1888–1980	Künstlerin		x	

			1906	1929	1935/36
Sandkuhl, Hermann	1872–1936	Künstler		x	
Sarmatzki, Ernst Oskar	?	Künstler		x	x
Sass, Johannes	1897–1972	Künstler		x	x
Sauter, Georg	1866–1937	Künstler	x		
Schaefer, Edmund	1880–1959	Künstler	x		
Schäfer, Gertrud	1880–1945	Künstlerin		x	x
Schäfler, Fritz	1888–1954	Künstler		x	x
Schaffer, Gustav	1881–1937	Künstler		x	x
Schaper, Friedrich	1841–1919	Künstler	x		
Scharff, Edwin	1887–1955	Künstler		x	x
Scharl, Josef	1896–1954	Künstler			x
Scheibe, Richard	1879–1964	Künstler		x	x
Scherer, Johann Baptist	1869–1910	Künstler	x		
Scheuernstuhl, Hermann	1894–1982	Künstler		x	x
Schiestl-Arding, Albert	1883–1937	Künstler		x	
Schiffmann, Bernhard	1884–1945	Künstler	x	x	
Schimkowitz, Othmar	1864–1947	Künstler	x		
Schindler, Osmar	1867–1927	Künstler	x		
Schinnerer, Adolf	1876–1949	Künstler		x	
Schlemmer, Oskar	1888–1943	Künstler		x	x
von Schlippenbach, Paul	1869–1933	Künstler	x	x	
Schlittgen, Hermann	1859–1930	Künstler	x		
Schmedes, Grete	1889–1985	Künstlerin		x	
Schmetz, Wilhelm	1890–1938	Künstler		x	
Schmidt, Alfred	1867-?	Künstler	x		
Schmidt, Gustav	1888–1972	Künstler		x	x
Schmidt-Michelsen, Alexander	1859–1908	Künstler	x		
Schmidt-Rottluff, Karl	1884–1976	Künstler		x	x

			1906	1929	1935/36
Schmitt, Balthasar	1858–1942	Künstler	x	x	
Schmoll von Eisenwerth, Karl	1879–1947	Künstler	x		
Schmurr, Wilhelm	1878–1959	Künstler	x	x	
Schneider, Sascha	1870–1927	Künstler	x		
Schneider-Didam, Wilhelm	1869–1923	Künstler	x		
Schocken, Wilhelm	1874–1948	Künstler		x	
Schönfeld, Ludwig Paul	?	Künstler		x	
Schönleber, Gustav	1851–1917	Künstler	x		
Schönleber, Hans Otto	1889–1930	Künstler		x	
Schönnenbeck, Adolf	1869–1965	Künstler	x		
Scholtz, Robert F. K.	1877–1966	Künstler		x	x
Schrag, Martha	1870–1957	Künstlerin		x	x
Schramm-Zittau, Rudolf	1874–1950	Künstler	x		
Schreiner, Carl Moritz	1889–1948	Künstler		x	x
Schreyögg, Georg	?	Künstler		x	
Schrimpf, Georg	1889–1938	Künstler		x	x
Schroeter, Paul	1866–1946	Künstler	x		
Schuchhardt, Carl	1859–1943	Museum	x		
Schülein, Julius Wolfgang	1881–1970	Künstler		x	
Schütte, Carl	1839–1917	Kaufmann	x		
Schuler, Anton	?	Künstler		x	
Schultze-Görlitz, Hans	1878–1952	Künstler		x	
Schultze-Naumburg, Paul	1869–1949	Architekt	x	x	
Schulz-Matan, Walter	1889–1965	Künstler			x
Schwarz, Heinrich	1903-?	Künstler		x	
Schwessinger, Georg	?	Künstler	x		
Seemann, Richard	1857-?	Künstler	x		
Seewald, Richard	1889–1976	Künstler			x

			1906	1929	1935/36
von Seidlitz, Nelly	1870-?	Künstlerin		x	
von Seidlitz, Woldemar	1850–1922	Museum	x		
Seiffert-Wattenberg, Richard	1874–1945	Künstler		x	x
Seliger, Max	1865–1920	Museum	x		
Selzam, Eduard	1859–1951	Künstler	x		
Senglaub, Adolf	1873-?	Künstler	x		
Siebelist, Arthur	1870–1945	Künstler	x	x	
Siebert, Georg	1896–1984	Künstler		x	
Sieck, Rudolf	1877–1957	Künstler	x		
Siewert, Clara	1862–1944	Künstlerin	x		
Sigmund, Ludwig	?	Künstler	x		
Sintenis, Renée	1888–1965	Künstlerin			x
Slavona, Maria	1865–1931	Künstlerin	x	x	
Slevogt, Max	1868–1932	Künstler	x	x	
Smith, Fritjof	1859–1917	Künstler	x		
Sohn, Karl Rudolf	1845–1908	Künstler	x		
Sohn-Rethel, Alfred	1875–1955	Künstler	x	x	
Sohn-Rethel, Otto	1877–1949	Künstler	x	x	
Spank, Hans	1893–1962	Künstler		x	
Sparkuhle, Ph. Jun.	?	Kaufmann	x		
Specht, August	1849–1923	Künstler	x		
Speier, Meta	1888-?	Künstlerin		x	
Speyer, Christian	1855–1929	Künstler	x		
Spiegel, Hans	1894–1966	Künstler		x	
Spiro, Eugen	1874–1972	Künstler	x	x	
Stadelmaier, Hugo	1901–1971	Künstler		x	x
Stadler sen., Toni	1850–1917	Künstler	x		
Stadler jun., Toni	1888–1982	Künstler		x	

			1906	1929	1935/36
Staeger, Ferdinand	1880–1976	Künstler		x	
Stammbach, Eugen	1876–1966	Künstler	x	x	x
Stattmann, C. Adolf	?	Künstler	x		
Stegemann, Heinrich	1888–1945	Künstler		x	x
Steger, Milly	1881–1948	Künstlerin		x	x
Stein, Marie	1873–1964	Künstlerin	x	x	
Steiner, Julie	?	Künstlerin		x	
Steiner-Prag, Hugo	1880–1945	Künstler		x	
Steinhardt, Jakob	1887–1968	Künstler		x	
Steppes, Edmund	1873–1968	Künstler	x		
Sterl, Robert	1867–1932	Künstler	x	x	
Stern, Ernst	1876–1954	Künstler	x	x	
Steuer, Anna	?	Künstlerin	x	x	
Stocker, Daniel	1865–1957	Künstler	x		
Stoelzer, Berthold	1881-?	Künstler		x	
Stoelzer, Irmgard	?	Künstlerin		x	
Stort, Eva	1855–1936	Künstlerin	x	x	
Strathmann, Carl	1866–1939	Künstler	x	x	
Stratmann, Emil		Künstler		x	x
Straube, William	1871–1954	Künstler		x	
Streicher, Matthias	?	Künstler	x		
Stremel, Max Arthur	1859–1928	Künstler	x		
Strobentz, Fritz	1856–1929	Künstler	x		
Struck, Hermann	1876–1944	Künstler	x		
von Stuck, Franz	1863–1928	Künstler	x		
Stutz, Ludwig	1865–1917	Künstler	x		
Suffrian, Christian	1899-?	Künstler		x	x
Sutter, Conrad	1856–1927	Künstler	x		

			1906	1929	1935/36
Tammer, Eduard	1883–1959	Künstler		x	x
Tappe, Helene	?	Künstlerin		x	x
Tappert, Georg	1880–1957	Künstler		x	
Taschner, Ignatius	1871–1913	Künstler	x		
Taucher, Konrad	1873–1950	Künstler		x	x
Teichmann, Idi	1874-?	Künstlerin		x	
Telschow, Edith	1887-?	Künstlerin		x	
Ter Hell, Willy	1883–1947	Künstler		x	
Tessenow, Heinrich	1876–1950	Architekt		x	
Teuber, Hermann	1894–1985	Künstler		x	x
Teutsch, Walter	1883–1964	Künstler		x	
Thedy, Max	1858–1924	Künstler	x		
Thiele, Alfred	1886–1957	Künstler		x	x
Thiemann, Carl	1881–1966	Künstler		x	
Thier, Paula	?	Künstlerin		x	
Thiersch-Patzki, Luise	1870–1937	Künstlerin		x	x
Thoma, Hans	1839–1924	Künstler	x		
Thomas, Victor	1854-?	Künstler	x		
Thoms, Ernst	1896–1983	Künstler			x
Thorak, Josef	1889–1952	Künstler		x	
Tichy, Hans	1861–1925	Künstler	x		
Tooby, Charles	1863–1919	Künstler	x		
Treu, Georg	1843–1921	Museum	x		
Tröger, Hans	1894-?	Künstler		x	
Troendle, Hugo	1882–1955	Künstler		x	x
Trübner, Alice	1875–1916	Künstlerin	x		
Trübner, Wilhelm	1851–1917	Künstler	x		
Trumm, Peter	1888–1966	Künstler		x	x

			1906	1929	1935/36
Trumm-Witzel, Hedwig	?	Künstlerin		x	x
Tuaillon, Louis	1862–1919	Künstler	x		
Tuch, Kurt	1877–1963	Künstler	x		
Tüpke, Heinrich	1876–1951	Künstler		x	x
Tüpke-Grande, Helene	1871–1946	Künstlerin		x	x
von Uhde, Fritz	1848–1911	Künstler	x		
Ulrich, Charles Frederic	1858–1908	Künstler	x		
Ullrich, Curt	?	Künstler		x	x
Unger, Hans	1872–1936	Künstler	x		
Unold, Max	1885–1964	Künstler		x	x
Unseld, Albert	1879–1964	Künstler			x
van de Velde, Henry	1863–1957	Architekt	x		
von den Velden, Adolf	1853-?	Künstler	x		
Vetter, Charles	1858–1936	Künstler	x		
Vinnen, Carl	1863–1922	Künstler	x		
Vogel-Gutmann, Klara	1891-?	Künstlerin		x	
Vogeler, Heinrich	1872–1942	Künstler	x		
Voigt, Franz Wilhelm	1867–1949	Künstler	x		
Voigt, Gustav	?	Künstler		x	x
Voigt, Meta	1866-?	Künstlerin	x		
Voigt, Richard Otto	1895–1971	Künstler		x	x
Völcker, Hans	1865–1944	Künstler	x		
Völckerling, Fred	?	Künstler	x		
Völlmy, Fritz	1863–1939	Künstler	x	x	
von Volkmann, Hans	1869–1927	Künstler	x		
Vollmer, Erwin	1884–1973	Künstler		x	x
Wach, Hugo	1872–1939	Architekt		x	
Waentig, Walter	1881–1962	Künstler	x	x	

			1906	1929	1935/36
von Waetjen, Otto	1881–1942	Künstler		x	x
Waetzold, Wilhelm	1880–1945	Museum		x	
Wagner, Otto	1841–1918	Architekt	x		
Walser, Karl	1877–1943	Künstler	x	x	
Walter-Kurau, Johann	1869–1932	Künstler		x	
Walther, Ernst Hermann	1851–1945	Künstler	x		
Walther, Hans	1888–1961	Künstler			x
Waske, Erich	1889–1978	Künstler		x	x
Weber-Tyrol, Hans	1874–1957	Künstler		x	x
Weigand, Wilhelm	1862–1949	Schriftsteller	x	x	
Weihrich, Elisabeth	?	Künstlerin		x	x
Weise, Robert	1870–1923	Künstler	x		
Weiss, Emil Rudolf	1875–1942	Künstler	x	x	x
Weiß, Hedwig	1860–1923	Künstlerin	x		
Werner, Heinrich	?	Künstler	x		
Werner, Selmar	1864–1953	Künstler	x		
Westphal, Hermann	1885–1954	Künstler		x	
Westphal, Otto	1878–1975	Künstler		x	x
Wichert, Fritz	1878–1951	Museum		x	
Wieland, Hans Beat	1867–1945	Künstler	x		
Wiemann, Ernst	1878–1912	Künstler	x		
Wiethüchter, Gustav	1873–1946	Künstler		x	
Wilhelm, Paul	1886–1965	Künstler		x	x
Wilm, Hubert	1887–1953	Künstler		x	
Wimmer, Franz Xaver	1881–1937	Künstler			x
Wimmer-Rochlitz, Fritz	1879–1960	Künstler		x	x
Winckel, Richard	1870–1941	Künstler	x	x	x
Winkler, Fritz	1894–1964	Künstler		x	x

			1906	1929	1935/36
Winkler, Otto	1885-?	Künstler		x	
Winternitz, Richard	1861–1929	Künstler	x		
Wissel, Hans	1897–1948	Künstler		x	x
Wölfflin, Heinrich	1864–1945	Kunsthist.	x	x	
Wohlers, Julius	1867–1953	Künstler	x	x	
Wolff, Eugen	1873–1937	Künstler	x	x	
Wolff, Gustav Heinrich	1886–1934	Künstler		x	
Wolff-Malm, Ernst	1885–1940	Künstler		x	x
Wolfsfeld, Erich	1884–1956	Künstler		x	
Wolfthorn, Julie	1864–1944	Künstlerin	x	x	
Wrba, Georg	1872–1939	Künstler	x		
Wuester, Adolf	1888-?	Künstler		x	x
Wulff, Heinrich Wilhelm	1870–1958	Künstler	x	x	x
Wynand, Paul	1879–1956	Künstler		x	
Zacharias, David	?	Künstler	x		
Zeising, Walter	1876–1933	Künstler		x	
Zerbe, Karl	1903–1972	Künstler			x
Ziegra, Curt	1878–1946	Künstler		x	
Zille, Heinrich	1858–1929	Künstler	x	x	
von Zitzewitz, Augusta	1880–1960	Künstlerin		x	x
Zoege von Manteuffel, Kurt	1881–1941	Museum		x	
Zschokke, Alexander	1894–1981	Künstler		x	x
von Zügel, Heinrich	1850–1941	Künstler	x	x	
Zürcher, Max	?	Künstler	x		
von Zumbusch, Ludwig	1861–1927	Künstler	x		
Zwintscher, Oskar	1870–1916	Künstler	x		

Archivalien

Archiv der Akademie der Künste, Berlin – Archiv Bildende Kunst (AdK)

Deutscher Künstlerbund, 542/1

Deutscher Künstlerbund, 542/2

Deutscher Künstlerbund, 702

Deutscher Künstlerbund, 703

Deutscher Künstlerbund, 704

Deutscher Künstlerbund, 705

Robert-Sterl-Archiv, 106

Ausstellungskataloge des Deutschen Künstlerbund im Original: 1905, 1906, 1912 (Grafik), 1913, 1927 (Grafik), 1928, 1929, 1930, 1931, 1936

Ausstellungskataloge des Deutschen Künstlerbundes in Kopie: 1904, 1910 (Grafik, unvollst.), 1912, 1913 (Grafik), 1920, 1932 (Grafik), 1932/33 (Grafik), 1933 (Grafik)

Archiv Kunsthalle Bremen

Akte Pauli (83), Korrespondenz 1899–1909

Akte Pauli, Korrespondenz 1902–1909

Akte Pauli, Korrespondenz 1911–1920

Akte No. 108 (Kunstverein Bremen, betrifft die Ausstellung des Deutschen Künstlerbundes im Frühjahr 1912 in der Kunsthalle)

Archiv Kunsthalle Mannheim

Bestand Altakten, Ordner „Künstlerbund 1913, I–VII“

Bibliothek

Bayerische Staatsbibliothek München (BSB München)

Kalckreuthiana II, Briefe von Leopold von Kalckreuth

Kalckreuthiana II, Dritte an Dritte

Georg-Kolbe-Museum, Berlin (GKM)

Nachlass Georg Kolbe, GK.447

Geheimes Staatsarchiv Preußischer Kulturbesitz (GStA PK)

I. HA Rep. 76 Vc, Sekt. 1, Tit. XI, Teil IV, Nr. 15, Bd. 1

I. HA Rep. 89. Geheimes Zivilkabinett, Jüngere Periode, Nr. 20572

I. HA Rep. 120 Ministerium für Handel und Gewerbe, E XVI, Nr. 482–484 u. 488

VI. HA Rep. 92, A. v. Werner, VI d

Stadtarchiv Darmstadt

ST 12/13 Nr. 001

Stadtarchiv Mannheim

NL Wichert, 22/1980, 49

Stadtarchiv München (StadtA Mü)

Chronik Jg. 1903/04, Bd. 1, Bl. 38–39, 42, 50

Chronik Jg. 1904, Bd. 3/1, Secession 356–377

Chronik Jg. 1904, Bd. 3/1, Bl. 103, Nr. 1231–1235

Chronik Jg. 1904, Bd. 3/1, Bl. 166

Stadtarchiv Rostock

Kunstverein zu Rostock, 1.3.2, Sig. 37.

Gedruckte Quellen

Ausstellungskataloge des Deutschen Künstlerbundes bis 1936

(in Klammern dahinter die Fundorte der Kataloge)

Deutscher Künstlerbund 1904

Offizieller Katalog der X. Ausstellung der Münchener Sezession: Der Deutsche Künstlerbund (in Verbindung mit einer Ausstellung erlesener Erzeugnisse der Kunst im Handwerk), München 1904. (Leipzig, Deutsche Bücherei; Kopie in: Adk, Deutscher Künstlerbund)

Deutscher Künstlerbund 1905

Katalog der zweiten Ausstellung des Deutschen Künstlerbundes, Berlin 1905. (Adk, Deutscher Künstlerbund)

Deutscher Künstlerbund 1906

3. Deutsche Künstlerbund-Ausstellung, Weimar 1906. (Adk, Deutscher Künstlerbund)

Deutscher Künstlerbund 1907

I. Graphische Ausstellung des Deutschen Künstlerbundes im Deutschen Buchgewerbemuseum zu Leipzig, Leipzig 1907. (Leipzig, Universitätsbibliothek)

Deutscher Künstlerbund 1909

II. Graphische Ausstellung des Deutschen Künstlerbundes, Dresden 1909. (Staatsbibliothek zu Berlin, Preußischer Kulturbesitz)

Deutscher Künstlerbund 1910a

Ausstellung des Deutschen Künstlerbundes Darmstadt 1910, Darmstadt 1910. (Darmstadt, Universitätsbibliothek)

Deutscher Künstlerbund 1910b
3. Graph. Ausstellung des Deutschen Künstlerbundes. Galerie Commeter, Hamburg 1910. (Hamburger Kunsthalle, Bibliothek)

Deutscher Künstlerbund 1911
Deutscher Künstlerbund. In Verbindung mit der Leipziger Jahresausstellung, Leipzig 1911. (Leipzig, Deutsche Bücherei)

Deutscher Künstlerbund 1912a
1912 Deutsche Künstlerbundausstellung Bremen. (Kunsthalle Bremen, Kopie in: AdK, Deutscher Künstlerbund)

Deutscher Künstlerbund 1912b
4. Graphische Ausstellung des Deutschen Künstlerbundes, Chemnitz 1912. (Staatsbibliothek zu Berlin, Preußischer Kulturbesitz; Kopie in: AdK, Deutscher Künstlerbund)

Deutscher Künstlerbund 1913a
Ausstellung des Deutschen Künstlerbundes Mannheim 1913. (AdK, Deutscher Künstlerbund; Hamburger Kunsthalle, Bibliothek)

Deutscher Künstlerbund 1913b
5. Graph. Ausstellung des deutschen Künstlerbundes Hamburg, 1913. (Hamburger Kunsthalle; Leipzig, Deutsche Bücherei)

Deutscher Künstlerbund 1920
15. Ausstellung des Deutschen Künstlerbundes Chemnitz 1920. (Kopie in: AdK, Deutscher Künstlerbund)

Deutscher Künstlerbund 1921
16. Ausstellung des Deutschen Künstlerbundes Hamburg 1921. (Hamburger Kunsthalle, Bibliothek)

Deutscher Künstlerbund 1927
Graphische Ausstellung des Deutschen Künstlerbundes Dresden 1927. Veranstaltet im Rahmen der Jahresschau Deutscher Arbeit. (AdK, Deutscher Künstlerbund)

Deutscher Künstlerbund 1928
Deutscher Künstlerbund. Kunstverein Hannover 1928. (AdK, Deutscher Künstlerbund)

Deutscher Künstlerbund 1929
Deutscher Künstlerbund Köln 1929. (AdK, Deutscher Künstlerbund; Staatsbibliothek zu Berlin, Preußischer Kulturbesitz)

Deutscher Künstlerbund 1930
Deutscher Künstlerbund Stuttgart 1930. (AdK, Deutscher Künstlerbund)

Deutscher Künstlerbund 1931
Deutscher Künstlerbund Essen 1931. (AdK, Deutscher Künstlerbund)

Deutscher Künstlerbund 1932a
Deutscher Künstlerbund Königsberg und Danzig 1932. Aquarelle, Zeichnungen. (Staatsbibliothek zu Berlin, Preußischer Kulturbesitz; Kopie in: AdK, Deutscher Künstlerbund)

Deutscher Künstlerbund 1932b
Deutscher Künstlerbund Danzig 1932. (Angabe aus: Deutscher Künstlerbund, Deutscher Künstlerbund, Historie (Archiv 1903 bis 1936). http://www.kuenstlerbund.de/deutsch/historie/archiv-1903-bis-1936/ausstellungen/index.html (abgerufen am 25.3.2014))

Deutscher Künstlerbund 1932c
Deutscher Künstlerbund. Aquarelle und Zeichnungen. Kestner Gesellschaft Hannover, 1932. (New York, Museum of Modern Art, Manhatten Library; Kopie in: AdK, Deutscher Künstlerbund)

Deutscher Künstlerbund 1933a
Deutscher Künstlerbund. Erste Ausstellung. Aquarelle, Zeichnungen, Bildhauerwerke. Kunstverein Magdeburg 1933. (Kopie in: AdK, Deutscher Künstlerbund)

Deutscher Künstlerbund 1933b
Deutscher Künstlerbund. Erste Ausstellung. Aquarelle, Zeichnungen, Bildhauerwerke. Kunstverein zu Kassel im Orangerieschloss. (Angabe aus: Deutscher Künstlerbund, Deutscher Künstlerbund, Historie (Archiv 1903 bis 1936). http://www.kuenstlerbund.de/deutsch/historie/archiv-1903-bis-1936/ausstellungen/index.html (abgerufen am 25.3.2014))

Deutscher Künstlerbund 1936
Malerei und Plastik in Deutschland 1936. (AdK, Deutscher Künstlerbund)

Ausstellungskataloge mit Beteiligung des Deutschen Künstlerbundes

London 1906
Catalogue of the Exhibition of Modern German Art, Ausst.-Kat. Princess Gallery South Kensington, London 1906. (Kunstbibliothek, Staatliche Museen zu Berlin)

Dresden 1908
Offizieller Katalog der Grossen Kunstausstellung Dresden 1908, Dresden 1908. (Staatsbibliothek zu Berlin, Preußischer Kulturbesitz)

Stilleben, Landschaft und Figurenbild 1913
Stilleben, Landschaft und Figurenbild auf der Künstlerbund-Ausstellung 1913 (Ausstellung des Deutschen Künstlerbundes Mannheim. Kurzer Führer durch die Ausstellung), Veröffentlichung des Freien Bundes, mit einer Einf. von K. Kipphan, Mannheim 1913. (Kunsthalle Mannheim, Bibliothek)

Leipzig 1914
Erste Internationale Graphische Kunst-Ausstellung Leipzig 1914. (Staatsbibliothek zu Berlin, Preußischer Kulturbesitz)

Ausstellungskataloge der Berliner Sezession

Berliner Sezession 1899
Katalog der Deutschen Kunstausstellung der Berliner Secession, 1899.

Berliner Sezession 1900
Katalog der zweiten Kunstausstellung der Berliner Secession, 1900.

Berliner Sezession 1901a
Katalog der dritten Kunstausstellung der Berliner Secession, 1901.

Berliner Sezession 1901b
Katalog der vierten Kunstausstellung der Berliner Secession. Zeichnende Künste, 1901.

Berliner Sezession 1907
Katalog der XIII. Kunstausstellung der Berliner Secession, 1907.

Berliner Sezession 1910
Katalog der XX. Kunstausstellung der Berliner Secession, 1910.

Berliner Sezession 1911
Katalog der XXI. Kunstausstellung der Berliner Sezession, 1911.

Berliner Sezession 1913
Katalog der XVI. Kunstausstellung der Berliner Secession, 1913.

Sonstige Ausstellungskataloge bis 1937

München 1937
Große Deutsche Kunstausstellung im Haus der Deutschen Kunst zu München. Offizieller Ausst.-Kat., München 1937.

Münchener Kunst-Ausstellung 1917
Münchener Kunstausstellung 1917 im Königlichen Glaspalast, veranstaltet von der Münchener Künstlergenossenschaft und der Secession. Offizieller Katalog, München [1917].

Wien 1910
Die Kunst der Frau, Ausst.-Kat. der 1. Ausstellung der VBKÖ in der Wiener Sezession, Wien 1910.

Literaturverzeichnis

I. Graphische Ausstellung 1907a
I. Graphische Ausstellung des Deutschen Künstlerbundes im Deutschen Buchgewerbemuseum zu Leipzig, in: Kunstchronik, N. F. Jg. 18, 1907, Sp. 107.

I. Graphische Ausstellung 1907b
I. Graphische Ausstellung des Deutschen Künstlerbundes im Deutschen Buchgewerbemuseum zu Leipzig, in: Kunstchronik, N. F. Jg. 18, 1907, Sp. 215.

IV. Graphische Ausstellung 1912
E., IV. Graphische Ausstellung des Deutschen Künstlerbundes im König-Albert-Museum zu Chemnitz, in: Kunstchronik, N. F. Jg. 23, 1912, Sp. 428–430.

Ahlers-Hestermann 1964
Friedrich Ahlers-Hestermann, Zur Geschichte des Deutschen Künstlerbundes, in: Berlin 1964, S. 10–14.

Alten 1914
Wilken von Alten, Die Internationale Ausstellung in der Bremer Kunsthalle, in: Kunst und Künstler, Jg. 12, 1914, S. 384–389.

Angriff auf die Avantgarde 2007
Angriff auf die Avantgarde. Kunst und Kunstpolitik im Nationalsozialismus, hg. von Uwe Fleckner, Berlin 2007 (Schriften der Forschungsstelle „Entartete Kunst“, Bd. 1).

Aschaffenburg 2012
Moderne am Pranger. Die NS-Aktion „Entartete Kunst“ vor 75 Jahren, hg. von Christiane Ladleif u. Gerhard Schneider, Ausst.-Kat. Museen der Stadt Aschaffenburg u. Kunsthalle Jesuitenkirche, Bönen 2012.

Assmann 1994
Peter Assmann (Hg.), Franz von Zülow. Arbeiten auf Papier aus dem Bestand des Oberösterreichischen Landesmuseums, Ausst.-Kat. Land Oberösterreich, Amt der OÖ. Landesregierung, Kulturabteilung, Linz 1994.

Ausführlicher Bericht [1905]
Ausführlicher Bericht über die Beteiligung der deutschen Künstlerschaft an der Weltausstellung in St. Louis 1904, hg. vom Hauptvorstand der Allgemeinen Deutschen Kunstgenossenschaft in Dresden, [1905].

Ausstellung in der Kunsthalle 1912
Deutscher Künstlerbund. Ausstellung in der Kunsthalle, in: Bremer Tageblatt, 4.2.1912.

Ausstellung des deutschen Künstlerbundes 1904
Ausstellung des deutschen Künstlerbundes, in: Kunstchronik, N. F. Jg. 15, 1904, Sp. 302.

Ausstellung des Deutschen Künstlerbundes 1912
Ausstellung des Deutschen Künstlerbundes, in: Weser Zeitung, 4.12.1912.

Ausstellung des Deutschen Künstlerbundes 1928/29
E. F., Ausstellung des Deutschen Künstlerbundes, in: Kunstchronik und Kunstliteratur (Beilage zur Zeitschrift für Bildende Kunst), Jg. 38 (N. F. 62), 1928/29, S. 11 f.

Avantgarde und Publikum 1992
Avantgarde und Publikum. Zur Rezeption avantgardistischer Kunst in Deutschland 1905–1933, hg. von Henrike Junge, Bonn 1992.

Avenarius 1901/02
Ferdinand Avenarius, Hofkunst und andere Kunst, in: Der Kunstwart, Jg. 15.1, 1901/02, S. 85–90.

Bahr 2003
Hermann Bahr – für eine andere Moderne, hg. von Jeanne Benay u. Alfred Pfabigan, Interdisziplinäre Bahr-Tagung am Wiener Philosophischen Institut, Wien 2003.

Balzer 1912
W.[olfgang?] Balzer, [o. T.], in: Der Cicerone, Jg. 4, 1912, S. 485–487.

Barlach 1962
Ernst Barlach. Frühe und späte Briefe, hg. von Paul Schurek u. Hugo Sieker, Hamburg 1962.

Bartmann 1985
Dominik Bartmann, Anton von Werner. Zur Kunst und Kunstpolitik im Deutschen Kaiserreich, Berlin 1985.

Behne 1913/14
Adolf Behne, Der Kaiser und die Kunst, in: Die Tat, Bd. 5, 1913/14, S. 576–587.

Bender 1909
Ewald Bender, Die zweite graphische Ausstellung des deutschen Künstlerbundes, in: Der Kunstwart, Jg. 22.4, 1909, S. 44 f.

Bender 1913
Ewald Bender, Deutsche Kunst um 1913, in: Zeitschrift für bildende Kunst, Jg. 48 (N. F. 24), 1913, S. 287–302.

Beneke 1999
Im Blick der Moderne: die „Jahrhundertausstellung Deutscher Kunst (1775–1875)“ in der Berliner Nationalgalerie 1906, Berlin 1999.

Berlin 1961
Der Sturm. Herwarth Walden und die europäische Avantgarde Berlin 1912–1932, Ausst.-Kat. Nationalgalerie Berlin, 1961.
Berlin 1964
Deutscher Künstlerbund von der Gründung 1904 bis zum Verbot 1936 (13. Jahresausstellung des Deutschen Künstlerbundes), Ausst.-Kat. Akademie der Künste, Hochschule für bildende Künste, Haus am Waldsee, Berlin 1964.
Berlin 1985
Kunst in der Bundesrepublik Deutschland 1945–1985, Ausst.-Kat. Nationalgalerie Berlin, 1985.
Berlin 1988a
Das Schicksal einer Sammlung. Aufbau und Zerstörung der Neuen Abteilung der Nationalgalerie im ehemaligen Kronprinzen-Palais Unter den Linden 1918–1945, hg. von Annegret Janda, Ausst.-Kat. Staatliche Museen zu Berlin, Nationalgalerie u. Neue Gesellschaft für Bildende Kunst (NGBK), Berlin 1988.
Berlin 1988b
Emil Nolde in Berlin 1910/11, Ausst.-Kat. Brücke-Museum, Berlin 1988.
Berlin 1991
„zusammenkommen, um von den Künsten zu räsonnieren". Materialien zur Geschichte der preussischen Akademie der Künste, Ausst.-Kat. Akademie der Künste, Berlin 1991.
Berlin 1996
„Die Kunst hat nie ein Mensch allein besessen". 300 Jahre Akademie der Künste und Hochschule der Künste Berlin, Ausst.-Kat. Akademie der Künste u. Hochschule der Künste, Berlin 1996.
Berlin 2001
Der Potsdamer Platz. Ernst Ludwig Kirchner und der Untergang Preußens, hg. von Katharina Henkel u. Roland März, Ausst.-Kat. Nationalgalerie Berlin, 2001.
Berlin 2007
Berliner Künstlerleben. Fotografien und Dokumente des Vereins Berliner Künstler seit 1841, zusammengestellt u. erarbeitet von Anke Matelowski, Ausst.-Kat. Akademie der Künste u. Galerie des Vereins Berliner Künstler, Berlin 2007 (Archiv-Blätter 16).
Berlin 2011
Liebermanns Gegner. Die Neue Sezession in Berlin und der Expressionismus, Ausst.-Kat. Max-Liebermann-Haus Berlin u. Schleswig-Holsteinische Landesmuseen, Schloss Gottorf, Berlin 2011.

Berlin/München 1996
Manet bis van Gogh. Hugo von Tschudi und der Kampf um die Moderne, hg. von Johann Georg Prinz von Hohenzollern u. Peter-Klaus Schuster, Ausst.-Kat. Neue Pinakothek München u. Nationalgalerie Berlin, München/New York 1996.

Berliner „Herbstsalon" 1909
Berliner „Herbstsalon", in: Kunstchronik, N. F. Jg. 20, 1909, Sp. 480.

B.[iermann] 1909
G.[eorg] B.[iermann], in: Der Cicerone, Jg. 1, 1909, S. 1.

Biermann 1911
Georg Biermann, Die Leipziger Jahresausstellung in Verbindung mit dem Deutschen Künstlerbunde, in: Der Cicerone, Jg. 3, 1911, S. 458 f. u. 548 f.

Bischoff 1994
Ulrich Bischoff, Munchs Einzug in die deutschen Museen bis 1937, in: Stuttgart 1994, S. 112–126.

Bie 1900
Oscar Bie in: Berliner Börsen-Courier, Nr. 216, 10.5.1900, Morgen-Ausgabe.

Bochum 1989
Aufbruch ,51. Versuch einer Rekonstruktion, Ausst.-Kat. Emschertal-Museum Herne, Märkisches Museum der Stadt Witten und Skulpturenmuseum Glaskasten in Marl, Bochum 1989.

Bodenhausen/Kessler 1978
Eberhard von Bodenhausen, Harry Graf Kessler. Ein Briefwechsel 1894–1918, hg. von Hans-Ulrich Simon, Marbach 1978 (Marbacher Schriften).

Bollmus 1970
Reinhard Bollmus, Das Amt Rosenberg und seine Gegner. Studien zum Machtkampf im nationalsozialistischen Herrschaftssystem, Stuttgart 1970.

Bonn 1986
1936 verbotene Bilder. 1986 Vielfalt der Bilder (34. Jahresausstellung des Deutschen Künstlerbundes), Ausst.-Kat. Rheinisches Landesmuseum und Wissenschaftszentrum Bonn, 1986.

Bothe 1999
Rolf Bothe, Paul Klee und Lyonel Feininger in den Ausstellungen der Weimarer Kunstsammlungen von 1920–1930, in: Weimar 1999, S. 274–307.

Brand 1912
Brand., Deutsche Künstlerbundausstellung, in: Bremer Bürgerzeitung, 3.2.1912 (Teil I), 10.2.1912 (Teil II), 17.2.1912 (Teil III), 2.3.1912 (Teil V) u. 16.3.1912 (Teil VII).

Brauneck 1974
Manfred Brauneck, Literatur und Öffentlichkeit im ausgehenden 19. Jahrhundert. Studien zur Rezeption des naturalistischen Theaters in Deutschland, Stuttgart 1974.

Bremen 1987
Deutscher Künstlerbund, (35. Jahresausstellung des Deutschen Künstlerbundes), Ausst.-Kat. Kunsthalle Bremen, Gerhard-Marcks-Haus, Ausstellungszentrum Weserburg, Berlin 1987 (Kunstreport 2 `87).

Bremen 2002
Van Gogh: Felder. Das Mohnfeld und der Künstlerstreit, hg. von Wulf Herzogenrath u. Dorothee Hansen, Ausst.-Kat. Kunsthalle Bremen, Ostfildern-Ruit 2002.

Bremer Angelegenheiten 1912
Bremer Angelegenheiten, in: Bremer Nachrichten, Jg. 170, Nr. 34, 4.2.1912.

Bringmann 1982
Michael Bringmann, Friedrich Pecht (1814–1903). Maßstäbe der deutschen Kunstkritik zwischen 1850–1900, Berlin 1982.

Bruhns 1992
Maike Bruhns, Rosa Schapire und der Frauenbund zur Förderung Deutscher Bildender Kunst, in: Avantgarde und Publikum 1992, S. 269–282.

Bruhns 2001
Maike Bruhns, Kunst in der Krise. 2 Bde., Hamburg (u. a.) 2001.

Carstanjen 1903
Friedrich Carstanjen, Kunst und Kunst-Begeisterung, in: Deutsche Kunst und Dekoration, Jg. 12, 1903, S. 470 u. 488–492.

Claus 1986
Jürgen Claus, "...und untersage Ihnen jede weitere Betätigung auf dem Gebiet der bildenden Kunst", in: Bonn 1986, S. 8–16.

Cohen 1931/32
Walter Cohen, Die Ausstellung des Deutschen Künstlerbundes in Essen, in: Die Kunst für Alle, Jg. 47, 1931/32, S. 44–51.

Corinth 1993
Lovis Corinh, Selbst Biographie (1925), neu hg. von Renate Hartleb, Leipzig 1993.

Corinth 2000
Lovis Corinth, Das Leben Walter Leistikows. Ein Stück Berliner Kulturgeschichte, neu hg. von Reimar F. Lacher, Berlin 2000.

Daemgen 2011
Anke Daemgen, Die Neue Secession in Berlin, in: Berlin 2011, S. 13–83.

Degner 1918/19
Arthur Degner, Über die Kunst im neuen Staat, in: Kunstchronik und Kunstmarkt, Jg. 54, 1918/19, S. 148–150.

Deiters [1903]
Heinrich Deiters, Geschichte der Allgemeinen Deutschen Kunstgenossenschaft von ihrer Entstehung im Jahre 1856 bis auf die Gegenwart. Nach den offiziellen Berichten, eigenen Erinnerungen und Erlebnissen aufgezeichnet, Düsseldorf [1903].

Der Blaue Reiter 1965
Der Blaue Reiter, hg. von Wassily Kandinsky u. Franz Marc, Dokumentarische Neuausgabe von Klaus Lankheit, München 1965.

Der Impressionismus in Berlin 1892
Sch. L., Der Impressionismus in Berlin, in: Frankfurter Zeitung, Nr. 319, 14.11.1892.

Deutsche Künstlerbund-Ausstellung Mannheim 1913a
Deutsche Künstlerbund-Ausstellung Mannheim, in Neue Badische Landeszeitung, 4.5.1913.

Deutsche Künstlerbundausstellung Mannheim 1913b
Deutsche Künstlerbundausstellung Mannheim 1913, in: Schwäbische Kronik, 6.5.1913.

Deutsche Künstlerbundausstellung Hannover 1928
Si., Deutsche Künstlerbundausstellung Hannover 1928, in: Der Cicerone, Jg. 20, 1928, S. 244 f.

Deutsche Kunst im Reichstage 1904
Deutsche Kunst im Reichstage: Stenogramm der Rede des Abg. Dr. Müller (Meiningen), in: Kunstchronik, N. F. Jg. 15, 1904, Sp. 257–268.

Deutsche und französische Kunst 1922
Deutsche und französische Kunst. Eine Auseinandersetzung deutscher Künstler, Galerieleiter, Sammler und Schriftsteller, München 1922.

Die Ausstellung des Deutschen Künstlerbundes im Heimatmuseum 1933
Bp., Die Ausstellung des Deutschen Künstlerbundes im Heimatmuseum. Der Eröffnungsakt am Samstag, in: Saarbrücker Zeitung, Nr. 281, 22.10.1933.

Die Ausstellung des deutschen Künstlerbundes in Weimar 1906
Die Ausstellung des deutschen Künstlerbundes in Weimar, in: Kunstchronik, N. F. Jg. 17, 1906, Sp. 495–496.

Die dritte Ausstellung 1905/06
r., Die dritte Ausstellung des Deutschen Künstlerbundes in Weimar, in: Die Kunst für Alle, Jg. 21, 1905/06, S. 466–470.

Die Graphische Ausstellung des Deutschen Künstlerbundes 1907
Die Graphische Ausstellung des Deutschen Künstlerbundes, in: Kunstchronik, N. F. Jg. 18, 1907, Sp. 398.

Die Große Kunstausstellung Dresden 1908
Die „Große Kunstausstellung Dresden 1908", in: Der Kunstwart, Jg. 21.4, 1908, S. 100–102.

Die Eröffnungsfeier 1899
Die Eröffnungsfeier, in: Berliner Tageblatt, Nr. 254, 20.5.1899, Abend-Ausgabe.

Die Frühjahrsausstellung der Münchener Sezession 1909
W. W., Die Frühjahrsausstellung der Münchener Sezession, in: Der Cicerone, Jg. 1, 1909, S. 230f.

Die Invasion französischer Kunst 1911
Die Invasion französischer Kunst, in: Süddeutsche Monatshefte, Jg. 8, 1911, S. 763–784.

Die Künstlerbund-Ausstellung in Chemnitz 1920
–m–, Die Künstlerbund-Ausstellung in Chemnitz, in: Cicerone, Jg. 12, 1920, S. 450f.

Die Kunst der Ausstellung 1991
Die Kunst der Ausstellung. Eine Dokumentation dreißig exemplarischer Kunstausstellungen dieses Jahrhunderts, hg. von Bernd Klüser u. Katharina Hegewisch, Frankfurt a.M./Leipzig 1991.

Die Kunst für Alle 2010
Die Kunst für Alle (1885–1944). Zur Kunstpublizistik vom Kaiserreich bis zum Nationalsozialismus, hg. von Iris Lauterbach, München 2010.

Die zweite Ausstellung 1905
rn., Die zweite Ausstellung des deutschen Künstlerbundes, in: Kunstchronik, N. F. Jg. 16, 1905, Sp. 412–414.

Doede 1977
Werner Doede, Die Berliner Secession, Berlin 1977.

Dülberg 1904
Franz Dülberg, Die erste Ausstellung des Deutschen Künstlerbundes in München, in: Zeitschrift für bildende Kunst, Jg. 39 (N. F. 15), 1904, S. 251–261.

Düsseldorf 1978
Otto Pankok – Kohlegemälde, Grafik, Plastik., Ausst.-Kat. Sparkassenhochhaus u. Regierungspräsidium Düsseldorf, Düsseldorf 1978.

Easton 2005
Laird M. Easton, Der Rote Graf. Harry Graf Kessler und seine Zeit, Stuttgart 2005.

Eggum 1994
Arne Eggum, Edvard Munch und die junge deutsche Kunst nach 1905, in: Stuttgart 1994, S. 104–111.

Ein Epilog zur Berliner Kunst-Ausstellung 1891
Ein Epilog zur Berliner Kunst-Ausstellung, in: Freie Bühne II, 1891, S. 963–966.

„Ein Protest deutscher Künstler“ 1910/11
„Ein Protest deutscher Künstler“, in: Die Kunst für Alle, Jg. 26, 1910/11, S. 426–428.

Engelhardt 2007a
Katrin Engelhardt, Die „Schreckenskammer“ als propagandistische Vorläufer, in: Angriff auf die Avantgarde 2007, S. 92 f.

Engelhardt 2007b
Katrin Engelhardt, Die „Große Deutsche Kunstausstellung“ und die „Entartete Kunst“ in München 1937, in: Angriff auf die Avantgarde 2007, S. 94–99.

Eröffnung 1913
Eröffnung der Ausstellung des Deutschen Künstlerbundes, in: Städtischer Theater- und Konzertanzeiger, 6.5.1913.

Erste Ausstellung des Deutschen Künstlerbundes 1903/04
Erste Ausstellung des Deutschen Künstlerbundes, in: Die Kunst für Alle, Jg. 19, 1903/04, S. 456.

Erster Deutscher Herbstsalon 1913
Erster Deutscher Herbstsalon, Berlin 1913.

Faulwasser 1921
Julius Faulwasser, Der Erweiterungsbau der Kunsthalle in Hamburg, in: Zentralblatt der Bauverwaltung, Jg. 41, Nr. 29, 9. April 1921.

Fechter 1909
Paul Fechter, Die Graphische Ausstellung des Deutschen Künstlerbundes in Dresden, in: Kunst und Künstler, Jg. 7, 1909, S. 371–372.

Fechter 1955
Paul Fechter, Menschen auf meinen Wegen. Begegnungen gestern und heute, Gütersloh 1955.

Feist 1971
Günter Feist (Hg.), Kunst und Künstler. Aus 32 Jahrgängen einer deutschen Kunstzeitschrift, Berlin 1971.

Föhl 1999
Thomas Föhl, Kunstpolitik und Lebensentwurf. Das Neue Weimar im Spiegel der Beziehungen zwischen Henry van de Velde und Harry Graf Kessler, in: Weimar 1999, S. 60–97.

Föhl 2005
Thomas Föhl, Ein Netzwerk für die Moderne. Harry Graf Kessler und die Gründung des Deutschen Künstlerbundes im Spiegel zeitgenössischer Quellen, in: Weimar 2005, S. 22–33.

Frankfurt a.M. 1931
Vom Abbild zum Sinnbild. Ausstellung von Meisterwerken moderner Malerei, Ausst.-Kat. Städelsches Kunstinstitut, Frankfurt a.M. 1931.

Frerking 1927/28
Johann Frerking, Künstlerbund-Ausstellung im Kunstverein Hannover, in: Die Kunst für Alle, Jg. 43, 1927/28, S. 249–262.

Fuchs 1893
Georg Fuchs, Erste internationale Kunstausstellung des Vereins bildender Künstler Münchens ‚Secession', in: Allgemeine Kunst-Chronik, Jg. 17, 1893, S. 396–398.

Führer durch die Deutsche Künstlerbundausstellung 1913
Führer durch die Deutsche Künstlerbundausstellung, in: Neue Badische Landeszeitung, 8.5.1913.

Gaulke 1904
Johannes Gaulke, Freiheit der Kunst, in: Die Gegenwart, Bd. 65, 1904, S. 202.

Gillen 1999
Eckhart Gillen, Die Zwischenkriegsgeneration auf der Suche nach einer Synthese aus expressionistischen ‚Ballungen' und klassizistischer Ordnung, in: Überbrückt 1999, S. 14–27.

Glaser 1918/19
Curt Glaser, Sozialismus und Kunst, in: Kunstchronik und Kunstmarkt, Jg. 54, 1918/19, S. 205–207.

Glaser 1927
[Curt] Glaser, Ausstellungen in Magdeburg, Dresden und Florenz, in: Kunst und Künstler, Jg. 25, 1927, S. 440f.

Glaser 1928
Curt Glaser, Die Geschichte der Berliner Secession, in: Kunst und Künstler, Jg. 26, 1928, S. 14–20 u. 66–70.

Glaser 1931
[Curt] Glaser, Künstlerbund-Ausstellung in Essen, in: Kunst und Künstler, Jg. 29, 1931, S. 403 f.

Gotthold 1891
Alfred Gotthold, Die Dritte Münchener Jahresausstellung, in: Kunstchronik, N. F. Jg. 3, 1891, S. 176–178.

Graul 1896
Graul, Richard, Die XI, in: Pan, Jg. 2, 1896, S. 49–53.

Graul 1907
Richard Graul, Die erste graphische Ausstellung des Deutschen Künstlerbundes im Deutschen Buchgewerbemuseum zu Leipzig, in: Zeitschrift für bildende Kunst, Jg. 42 (N. F. 18), 1907, S. 137–145.

Griewank 1952
Karl Griewank, Wissenschaft und Kunst in der Politik Kaiser Wilhelms I. und Bismarcks, in: Archiv für Kulturgeschichte, Bd. 34, 1952, S. 288–307.

Grösslein 1987
Andrea Grösslein, Die internationalen Kunstausstellungen der Münchner Künstlergenossenschaft im Glaspalast von 1869 bis 1888, München 1987 (Miscellanea Bavarica Monacensia: Dissertationen zur bayerischen Landes- und Münchner Stadtgeschichte, Bd. 137).

Große Kunstausstellung Dresden 1908
Kunstchronik, N. F. Jg. 19, 1908, Sp. 284.

Grupp 1995
Peter Grupp, Harry Graf Kessler. 1868–1937. Eine Biographie, München 1995.

Grzimek 1969
Waldemar Grzimek, Deutsche Bildhauer, Wiesbaden 1969.

Habich 1903/04
Georg Habich, Die Frühjahrsausstellung 1904 der Münchener Sezession, in: Die Kunst für Alle, Jg. 19, 1903/04, S. 345–352.

Habicht 1928
Victor Curt Habicht, Deutsche Künstlerbundausstellung in Hannover, in: Deutsche Kunst und Dekoration, Jg. 62, 1928, S. 120–122.

Haftmann 1979
Werner Haftmann, Malerei im 20. Jahrhundert. Eine Entwicklungsgeschichte, München ^{6}1979.

Hakon. 1913
Hakon., Hamburg, in: Kunst und Künstler, Jg. 11, 1913, S. 535.

Hannesen 2005
Hans Gerhard Hannesen, Die Akademie der Künste in Berlin – Facetten einer 300jährigen Geschichte, Berlin 2005.

Hardenberg 1910
Kuno von Hardenberg, Die Ausstellung des deutschen Künstler-Bundes: Darmstadt, Mai-Oktober 1910, in: Deutsche Kunst und Dekoration, Jg. 26, 1910, S. 212–235.

H.[artlaub] 1912
G.[ustav] F.[riedrich] H.[artlaub], Die Ausstellung des Deutschen Künstlerbundes in der Kunsthalle, Teil I, in: Bremer Nachrichten, 11.2.1912.

H.[eilbut] 1904
H.[eilbut], Eine Ausstellung in Chicago, in: Kunst und Künstler, Jg. 2, 1904, S. 36f.

H.[eilbut] 1905
[Emil] H.[eilbut], Die zweite Ausstellung des Deutschen Künstlerbundes, in: Kunst und Künstler, Jg. 3, 1905, S. 399–428.

H.[eilbut] 1906
H.[eilbut], [o. T.], in: Kunst und Künstler, Jg. 4, 1906, S. 315.

Heller 1993
Reinhold Heller, Anton von Werner, der Fall Munch und die Moderne im Berlin der 1890er Jahre, in: München 1993, S. 101–109.

Héroux 1935–39
B[runo] Héroux, Chronik der Allgem. Deutschen Kunstgenossenschaft und Festschrift der Ortsgruppe Leipzig 1860–1935, [o. O.] 1935–39.

Herzogenrath 2002
Wulf Herzogenrath, Van Gogh und die Kunsthalle Bremen bis 1914, in: Bremen 2002, S. 12–17.

Heydorn 1974
Volker D. Heydorn, Maler in Hamburg, 3 Bde., Hamburg 1974.

Hofer 1953
Carl Hofer, Erinnerungen eines Malers, Berlin 1953.

Howoldt 1982
Jenns Eric Howoldt, Der Freie Bund zur Einbürgerung der bildenden Kunst in Mannheim. Kommunale Kunstpolitik einer Industriestadt am Beispiel der „Mannheimer Bewegung", Frankfurt a. M./Bern 1982 (Europäische Hochschulschriften, Reihe 28, 18).

Hüneke 1999
Andreas Hüneke, „Entartete Kunst" in Weimar, in: Weimar 1999, S. 394–398.

Im Kampf um die Kunst 1911
Im Kampf um die Kunst. Die Antwort auf den „Protest deutscher Künstler“, München 1911.

Im Streit um die Moderne 2001
Im Streit um die Moderne. Max Liebermann. Der Kaiser. Die Nationalgalerie, hg. von Angelika Wesenberg u. Ruth Langenberg, Begleitbuch zur Ausst. im Max Liebermann Haus am Brandenburger Tor, Berlin 2001.

Joachimides 2001
Alexis Joachimides, Die Museumsreformbewegung in Deutschland und die Entstehung des modernen Museums 1880–1940, Dresden 2001.

Joachimides 2011
Alexis Joachimides, Museumspraxis und historische Selbstreflexion. Justis Umgestaltung der Berliner Nationalgalerie vor dem Ersten Weltkrieg, in: Justi 2011, S. 91–97.

Joachimides 2013
Alexis Joachimides, Liebermann und die Ausstellungspraxis der Berliner Secession, in: Max Liebermann. Die Kunstsammlung. Von Rembrandt bis Manet, hg. von Bärbel Hodinger, Michael Diers u. Jürgen Müller, München 2013, S. 109–114.

Johann 1977
Ernst Johann (Hg.), Reden des Kaisers. Ansprachen, Predigten und Trinksprüche Wilhelms II., München 1977.

Justi 2000
Ludwig Justi, Werden – Wirken – Wissen. Lebenserinnerungen aus fünf Jahrzehnten. Aus dem Nachlaß hg. von Thomas W. Gaehtgens u. Kurt Winkler, bearb. u. kommentiert von Tanja Baensch u. Kurt Winkler unter Mitarbeit von Tanja Moormann, 2 Bde., Berlin 2000 (Quellen zur deutschen Kunstgeschichte vom Klassizismus bis zur Gegenwart, Bd. 5).

Justi 2011
Ludwig Justi. Kunst und Öffentlichkeit. Beiträge des Symposiums aus Anlaß des 50. Todestages von Ludwig Justi (1876–1957), für die Staatlichen Museen zu Berlin u. die Richard-Schöne-Gesellschaft e. V. hg. von Kristina Kratz-Kessemeier u. Tanja Moormann-Schulz, Berlin 2011 (Jahrbuch der Berliner Museen, Beiheft, N. F. Bd. 52).

J. Kalckreuth 1967
Johannes Kalckreuth, Wesen und Werk meines Vaters. Lebensbilder des Malers Graf Leopold von Kalckreuth, Hamburg 1967.

Kalckreuth 1910
Leopold von Kalckreuth, Vorwort, in: Deutscher Künstlerbund 1910b.

Kampe 1991a

Norbert Kampe, „...daß ein jeder zu gedachter Academie gehörender Künstler privilegiret und berechtigt sein soll“. Statuten und Reformen, in: Berlin 1991, S. 33–62.

Kampe 1991b

Norbert Kampe, „...Ausführungen von Kunstwerken im allgemeinen volksthümlichen Interesse für die Gegenwart“, in: Berlin 1991, S. 63–108.

Kauffmann/Schütz 2000

Kai Kauffmann u. Erhard Schütz (Hg.), Die lange Geschichte der Kleinen Form. Beiträge zur Feuilletonforschung, Weidler/Berlin 2000.

Kayser 1902/03

Bernhard Kayser, Die Frühjahr-Ausstellung der Münchener Secession, in: Die Kunst für Alle, Jg. 18, 1902/03, S. 321–331.

Kern 1989

Josef Kern, Impressionismus im Wilhelminischen Deutschland. Studien zur Kunst- und Kulturgeschichte des Kaiserreichs, Würzburg 1989.

Kessler 1904

Harry Graf Kessler, Der Deutsche Künstlerbund, in: Kunst und Künstler, Jg. 2, 1904, S. 191–196.

Kessler 1910

Harry Graf Kessler, Vorrede, in: Deutscher Künstlerbund 1910a, S. 9–14.

Kessler 1988

Harry Graf Kessler, Der Deutsche Künstlerbund, wieder abgedruckt in: ders., Künstler und Nationen. Aufsätze und Reden 1899–1933, Gesammelte Schriften in drei Bänden, hg. von Cornelia Blasberg u. Gerhard Schuster, Bd. 2, Frankfurt a.M. 1988.

Keyserling 1904

E.[duard] von Keyserling, Ausstellung der Münchener Secession, in: Kunst und Künstler, Jg. 2, 1904, S. 446–454.

Khaynach 1893

Friedrich Frh. von Khaynach, Anton von Werner und die Berliner Hofmalerei, Zürich 1893.

Klee 2007

Ernst Klee, Das Kulturlexikon zum Dritten Reich. Wer war was vor und nach 1945, Frankfurt a.M. 2007.

Klinger 1985

Max Klinger. Malerei und Zeichnung. Tagebuchaufzeichnungen und Briefe, hg. von Anneliese Hübscher, Leipzig 1985.

Koch 1897/98
Alexander Koch, Unser Programm, in: Deutsche Kunst und Dekoration, Jg. 1, 1897/98, o. S.

Köhne-Lindenlaub 1982
Renate Köhne-Lindenlaub, Private Kunstförderung im Kaiserreich am Beispiel Krupp, in: Kunstpolitik 1982, S. 55–81.

Koetschau 1908
Karl Koetschau, Die Grosse Kunstausstellung in Dresden, in: Kunst und Künstler, Jg. 6, 1908, S. 399–410.

Krüger 1975
Arnd Krüger, Theodor Lewald. Sportführer ins Dritte Reich, Berlin 1975.

Kühns 1864
Friedrich Julius Kühns, Gesetzentwurf der deutschen Kunstgenossenschaft betreffend das Recht des Urhebers an Werken der bildenden Künste, nebst einer rechtfertigenden Denkschrift, Berlin 1864.

Küster 1988
Bernd Küster, Max Liebermann. Ein Malerleben, Hamburg 1988.

Kuhn 1922/23
Alfred Kuhn, Was hat uns die November-Gruppe heute noch zu sagen? Überlegungen anlässlich der Großen Berliner Kunstausstellung, in: Der Kunstwart, Jg. N. F. 34, 1922/23, S. 737–740.

Kuhrau 2005
Sven Kuhrau, Der Kunstsammler im Kaiserreich. Kunst und Repräsentation in der Berliner Privatsammlerkultur, Kiel 2005.

Kunstgenossenschaft und Sezession [1904]
Kunstgenossenschaft und Sezession. Ein Wort zur Aufklärung und Verständigung vom Vorstande des Vereins Berliner Künstler, Berlin [1904].

Kunstpolitik 1982
Kunstpolitik und Kunstförderung im Kaiserreich. Kunst im Wandel der Sozial- und Wirtschaftsgeschichte, hg. von Ekkehard Mai, Hans Pohl u. Stephan Waetzoldt, Berlin 1982.

Kunstverwaltung 1981
Kunstverwaltung, Bau- und Denkmalpolitik im Kaiserreich, hg. von Ekkehard Mai u. Stephan Waetzoldt, Bd. 1, Berlin 1981.

Lammert 1996
Angela Lammert, Max Liebermann und die Ausstellungen. Moderne und Antimoderne in der Akademie, in: Berlin 1996, S. 491–504.

Lange 1903/04
Konrad Lange, Über die Wandfarbe in Bildergalerien, in: Die Kunst für Alle, Jg. 19, 1903/04, S. 492–502.

Lauterbach 2010
Iris Lauterbach (Hg.), Die Kunst für Alle (1885–1944). Zur Kunstpublizistik vom Kaiserreich bis zum Nationalsozialismus, hg. von Iris Lauterbach, München 2010.

Leistikow 1903/04
Walter Leistikow, Über den Deutschen Künstlerbund und die Tage in Weimar, in: Die Kunst für Alle, Jg. 19, 1903/04, S. 201–205.

Leipzig 2014
Die Welt in Leipzig. Bugra 1914, hg. von Ernst Fischer, Ausst.-Kat. Deutsches Buch- und Schriftmuseum Leipzig, Stuttgart 2014.

Leipziger Jahresausstellung 1910/11
G-S., Leipziger Jahresausstellung 1911 in Verbindung mit dem Deutschen Künstlerbund, in: Die Kunst für Alle, Jg. 26, 1910/11, S. 451 f.

Lichtwark 1910
Alfred Lichtwark, Die Bedeutung der Sammeltätigkeit, in: Deutscher Künstlerbund 1910b.

Lichtwark 1912
Alfred Lichtwark, Vom Werte der Sammeltätigkeit, in: Deutscher Künstlerbund 1912b, S. 6.

Lichtwark 1957
Alfred Lichtwark. Briefe an Leopold Graf von Kalckreuth, hg. von Carl Schellenberg, Hamburg 1957.

Liebermann 1978
Max Liebermann, Die Phantasie in der Malerei. Schriften und Reden, hg. von Günter Busch, Frankfurt a. M. 1978.

Lochmaier 1992
Katrin Lochmaier, Die Galerie „Neue Kunst – Hans Goltz“ in München, in: Avantgarde und Publikum 1992, S. 102–110.

Lyra-Wex 1986
Marianne Lyra-Wex, Die Ausstellung des Deutschen Künstlerbundes im Hamburger Kunstverein 1936. Von der Eröffnung am 21.7.1936 bis zur Schließung am 31.7.1936, in: Bonn 1986, S. 17–20.

Lyra-Wex 1987
Marianna Lyra-Wex, Der Deutsche Künstlerbund. Die Jahre vor dem ersten Weltkrieg, in: Bremen 1987, S. 186–191.

März 2001a
Roland März, Max Liebermann – „ein Torwart der modernen Malerei“? Die Expressionisten und der Impressionismus, in: Im Streit um die Moderne 2001, S. 35–42.

März 2001b
Roland März, Metropolis. „Berlin, dein Tänzer ist der Tod“, in: Berlin 2001, S. 259–261.

Mai 1981a
Ekkehard Mai, Die Berliner Kunstakademie im 19. Jahrhundert. Kunstpolitik und Kunstpraxis, in: Kunstverwaltung 1981, S. 431–479.

Mai 1981b
Ekkehard Mai, Präsentation und Repräsentativität – interne Probleme deutscher Kunstausstellungen im Ausland (1900–1930), in: Zeitschrift für Kulturaustausch, Jg. 31, 1. Vj., 1981, S. 107–127.

Mai 1986
Ekkehard Mai, Expositionen. Geschichte und Kritik des Ausstellungswesens, München/Berlin 1986.

Mai 2010
Ekkehard Mai, Die deutschen Kunstakademien im 19. Jahrhundert. Künstlerausbildung zwischen Tradition und Avantgarde, Köln 2010.

Maiser 2007
Myriam Maiser, Der Streit um die Moderne im Deutschen Künstlerbund unter dem ersten Vorsitzenden Karl Hofer, Univ. Diss. Berlin 2007.

Malkowsky 1898/99
Georg Malkowsky, Die Berliner Secession, in: Deutsche Kunst, Jg. 3, 1898/99, S. 281 f.

Manheim 1982
Ron Manheim, Die Berliner Sezession. Eine Geschichte, in: Kritische Berichte, Jg. 10, 1982, S. 67–75.

Mannheim 1925
Neue Sachlichkeit. Deutsche Malerei seit dem Expressionismus, Ausst.-Kat. Kunsthalle Mannheim 1925, Nachdruck Köln 1988.

Marr 2010a
Thorsten Marr, Die Münchener Sezession: Aufschwung und Stillstand zwischen 1892 und 1914, in: Oberbayerisches Archiv, hg. vom Historischen Verein von Oberbayern, Bd. 134, München 2010, S. 121–193.

Marr 2010b
Thorsten Marr, Münchener Ausstellungen im Spiegel der Kunstkritik: Die Kunst für Alle von 1892–1914, in: Lauterbach 2010, S. 55–72.

Matelowski 1998
Anke Matelowski, Kunstgeschichte im Protokoll. Neue Aktenfunde zur Berliner Secession, in: Museumsjournal, Jg. 12, Nr. 3, 1998, S. 42–45.

Maucke 1899
Wilhelm Maucke, Die deutschen Kunstausstellungen 1899. II. München, in: Die Woche, 1899, H. 1, S. 549–550.

Meister 2005
Sabine Meister, Die Vereinigung der XI. Die Künstlergruppe als Keimzelle der organisierten Moderne in Berlin, Freiburg 2005.

Menke-Schwinghammer 1991
Annemarie Menke-Schwinghammer, „Attraktionen für das Publikum". Ausstellungen – Geschichte, Funktionen und Inhalte, in: Berlin 1991, S. 141–158.

Mir tanzt Florenz 2005
Mir tanzt Florenz auch im Kopfe rum. Die Villa Romana in den Briefen von Max Klinger an den Verleger Georg Hirzel, hg. u. eingeleitet von Angela Windholz, Berlin 2005.

G. Moeller 1982
Gisela Moeller, Die preußischen Kunstgewerbeschulen, in: Kunstpolitik 1982, S. 113–129.

M. Moeller 1984
Magdalena M. Moeller, Der Sonderbund. Seine Voraussetzungen und Anfänge in Düsseldorf, Köln/Bonn 1984.

Mommsen 1992a
Wolfgang J. Mommsen, Kultur und Politik im deutschen Kaiserreich, in: Mommsen 1992c, S. 257–286.

Mommsen 1992b
Wolfgang J. Mommsen, Die latente Krise des Wilhelminischen Reiches: Staat und Gesellschaft in Deutschland 1890–1914, in: Mommsen 1992c, S. 287–315.

Mommsen 1992c
Wolfgang J. Mommsen, Der autoritäre Nationalstaat. Verfassung, Gesellschaft und Kultur im deutschen Kaiserreich, Frankfurt a. M. 1992.

Moser 1925
L. Moser (Karlsruhe), Mannheim. Kunsthalle-Ausstellung: Die neue Sachlichkeit, in: Kunst und Künstler, Jg. 23, 1925, S. 474.

München 1964
Secession. Europäische Kunst um die Jahrhundertwende, Ausst.-Kat. Haus der Kunst, München 1964.

München 1982
Aloys Greither u. Armin Zweite, Josef Scharl 1896–1954, Ausst.-Kat. Städtische Galerie im Lenbachhaus, München 1982.

München 1993
Anton von Werner. Geschichte in Bildern, hg. von Dominik Bartmann, Ausst.-Kat. Berlin Museum u. Deutsches Historisches Museum Berlin, München 1993.

München 1999
Der Blaue Reiter und das Neue Bild. Von der „Neuen Künstlervereinigung München" zum „Blauen Reiter", hg. von Annegret Hoberg u. Helmut Friedel, Ausst.-Kat. Städtische Galerie im Lenbachhaus, München 1999.

Muschg 2005
Adolf Muschg, Kurzes Vorwort zur Geschichte der Akademie von H. G. H., in: Hannesen 2005, S. 7.

Muther 1914
Richard Muther, Aufsätze über Bildende Kunst, Bd. 2, Berlin 1914, S. 7 u. 195–206.

Nicolai 1787
Friedrich Nicolai, Beschreibung der königlichen Residenzstadt Berlin, (Nachdruck in einer Auswahl der Ausgabe: ders., Beschreibung der königlichen Residenzstädte Berlin und Potsdam, aller daselbst befindlicher Merkwürdigkeiten, und der umliegenden Gegend), Leipzig 1787.

Nierhoff 2002a
Barbara Nierhoff, Der Künstlerstreit 1911 – eine Chronologie, in: Bremen 2002, S. 148–153.

Nierhoff 2002b
Barbara Nierhoff, Vom Realismus zum Expressionismus – die Maler im Künstlerstreit, in: Bremen 2002, S. 154–175.

Nietzsche 1983
Friedrich Nietzsche, Der Fall Wagner, hg. u. bearb. von Dieter Borchmeyer, Frankfurt a. M. 1983.

Nolde 1934
Emil Nolde, Jahre der Kämpfe, Berlin 1934.

Norden 1905
Julius Norden, Der ‚Deutsche Künstlerbund' in Berlin, in: Die Gegenwart, Jg. 67, 1905, S. 350 f.

Nucleus 1911/12
Nucleus [Wilhelm Schölermann], Vom Deutschen Künstlerbund. Ein Gespräch, in: Die Kunst für Alle, Jg. 27, 1911/12, S. 520–527.

Ohlsen 1995
Manfred Ohlsen, Wilhelm von Bode. Zwischen Kaisermacht und Kunsttempel, Berlin 1995.

Opitz 1999
Silke Opitz, Im Schatten der Avantgarde – Hochschule für bildende Kunst und Staatliches Bauhaus Weimar 1921 bis 1925, in: Weimar 1999, S. 344–364.

Osborn 1906
Max Osborn, Der Deutsche Künstlerbund in Weimar, 2. Teil, in: Der Kunstwart, Jg. 20.1, 1906, S. 51–53 u. 107–109.

Osborn 1931
Max Osborn, Der Deutsche Künstlerbund in Essen, in: Deutsche Kunst und Dekoration, Jg. 68, 1931, S. 286–292.

Ostini 1904/05
Fritz von Ostini, Die Frühjahrsausstellung der Sezession in München, in: Die Kunst für Alle, Jg. 20, 1904/05, S. 371–382.

P. W. 1931
P. W., [o. T.], in: Das Kunstblatt, Jg. 15, 1931, S. 222 f.

Paas 1976
Sigrun Paas, Kunst und Künstler, 1902–1933. Eine Zeitschrift in der Auseinandersetzung um den Impressionismus in Deutschland, Univ. Diss. Heidelberg 1976.

Pallat 1959
Ludwig Pallat, Richard Schöne. Generaldirektor der königlichen Museen zu Berlin. Ein Beitrag zur Geschichte der preußischen Kunstverwaltung 1872–1905, Berlin 1959.

Paret 1981
Peter Paret, Die Berliner Secession. Moderne Kunst und ihre Feinde im Kaiserlichen Deutschland, Berlin 1981.

Pastor 1905
Willy Pastor, Die zweite Ausstellung des deutschen Künstlerbundes, in: Der Kunstwart, Jg. 18.2, 1905, S. 320–322.

Paul 1993
Barbara Paul, Hugo von Tschudi und die moderne französische Kunst im Deutschen Kaiserreich, Mainz 1993 (Berliner Schriften zur Kunst, Bd. 4).

Pauli 1912
Gustav Pauli, Die Ausstellung des Deutschen Künstlerbundes in Bremen, in: Kunst und Künstler, Jg. 10, 1912, S. 411–414.

Pauli 1923
Gustav Pauli, Alfred Lichtwarks Briefe an die Kommission für die Verwaltung der Kunsthalle (2. Teil), in: Kunst und Künstler, Jg. 21, 1923, S. 48–54.

Pechstein 1960
Max Pechstein, Erinnerungen, hg. von Leopold Reidemeister, Wiesbaden 1960.

Pese 1999
Claus Pese, „Der Name Schultze-Naumburg ist Programm genug!“. Paul, Schultze-Naumburg in Weimar, in: Weimar 1999, S. 386–393.

Peters 1913
Gustav Werner Peters, Die Deutsche Künstlerbundausstellung Mannheim 1913, in: Vossische Zeitung 7.5.1913.

Pfefferkorn 1972
Rudolf Pfefferkorn, Die Berliner Secession, Berlin 1972.

Pictor 1904
J. V. Pictor, Der Künstlerbund, in: Der Kunstwart, Jg. 17, 1904, S. 401–403.

Piper 1979
Reinhard Piper, Briefwechsel mit Autoren und Künstlern 1903–1953, hg. von Ulrike Buergel-Goodwin u. Wolfram Göbel, München 1979.

Poggendorf 1996a
Gabriele Poggendorf, Anton von Werner und die Geburt der Kunsthochschule, in: Berlin 1996, S. 295–299.

Poggendorf 1996b
Gabriele Poggendorf, Die akademischen Kunstausstellungen, in: Berlin 1996, S. 303–309.

P[reetorius] 1928
P[reetorius] E[mil], Die Ausstellung des Deutschen Künstlerbundes in Hannover, in: Kunst und Künstler, Jg. 26, 1928, S. 357 f.

Preise des Vereins Villa Romana 1909
Preise des Vereins Villa Romana, in: Kunstchronik, N. F. Jg. 20, 1909, Sp. 352.

Pucks 1994
Stefan Pucks, „Und die Deutschen begannen, mich kräftig zu unterstützen“. Edvard Munchs Förderer in Deutschland 1902–1912, in: Stuttgart 1994, S. 91–99.

Purrmann 1928
Hans Purrmann, Über deutsche Malerei und ihre internationale Bewertung, in: Kunst und Künstler, Jg. 26, 1928, S . 387–389.

Rave 1949
Paul Ortwin Rave, Kunstdiktatur im Dritten Reich, Hamburg 1949.

Redslob 1964
Edwin Redslob, Rückblick wird Ausblick, in: Berlin 1964, S. 15–18.

Redslob 1989
Edwin Redslob, Idee und Geschichte des Deutschen Künstlerbundes, in: Bochum 1989, S. 118–122.

Rennhofer 1987
Maria Rennhofer, Kunstzeitschriften der Jahrhundertwende in Deutschland und Österreich 1895–1914, Wien 1987.

Roeschel 2002
Charlotte Roeschel, Die Städtische Kunsthalle Mannheim, in: Bremen 2002, S. 224 f.

Roh 1925
Franz Roh, Nach-Expressionismus. Magischer Realismus. Probleme der neuesten europäischen Malerei, Leipzig 1925.

Rosenberg 1884
A[dolf] R[osenberg], Das Berliner Kunstleben, in: Kunstchronik, Jg. 19, 1884, Sp. 92–93.

Rosenberg 1899
Adolf Rosenberg, Die Ausstellung der Berliner Secession, in: Kunstchronik, N. F. Jg. 10, 1899, Sp. 417–422.

Rosenhagen 1899/1900
Hans Rosenhagen, Die zweite Ausstellung der Berliner Secession, in: Die Kunst für Alle, Jg. 15, 1899/1900, S. 458–477.

Rosenhagen 1902/03a
Hans Rosenhagen, Die siebte Ausstellung der Berliner Secession, in: Die Kunst für Alle, Jg. 18, 1902/03, S. 393–406.

Rosenhagen 1902/3b
Hans Rosenhagen, Die Große Berliner Kunstausstellung 1903, in: Die Kunst für Alle, Jg. 18, 1902/03, S. 423–430.

Rosenhagen 1903/04a
Hans Rosenhagen, Deutsche Kunstzustände, in: Die Kunst für Alle, Jg. 19, 1903/04, S. 65–67.

Rosenhagen 1903/04b
Hans Rosenhagen, Aus den Berliner Kunstsalons, in: Die Kunst für Alle, Jg. 19, 1903/04, S. 238–241.

Rosenhagen 1904/05a
Hans Rosenhagen, Die Zukunft der Kunstausstellungen, in: Die Kunst für Alle, Jg. 20, 1904/05, S. 354–361.

Rosenhagen 1904/05b
Hans Rosenhagen, Die Münchener Künstlervereinigung „Scholle“, in: Die Kunst für Alle, Jg. 20, 1904/05, S. 395–406.

Rosenhagen 1904/05c
Hans Rosenhagen, Die zweite Ausstellung des Deutschen Künstlerbundes in Berlin, in: Die Kunst für Alle, Jg. 20, 1904/05, S. 491–501 u. 515–523.

Rosenhagen 1905/06
Hans Rosenhagen, Die XI. Ausstellung der Berliner Sezession, in: Die Kunst für Alle, Jg. 21, 1905/06, S. 409–422 u. 433–446.

Salzmann 1990
Siegfried Salzmann, Gustav Paulis Ankaufspolitik und der Japonismus, in: Szenen aus dem alten Japan. Japanische Farbholzschnitte aus eigenem Besitz, Ausst.-Kat. Kunsthalle Bremen 1990.

Schapire 1921
Rosa Schapire, 16. Ausstellung des deutschen Künstlerbundes in Hamburg, in: Cicerone, Jg. 13, 1921, S. 500 f.

Scheffler 1907
Karl Scheffler, Das Museum der Lebenden, in: Kunst und Künstler, Jg. 5, 1907, S. 465–467.

Scheffler 1910
Karl Scheffler, Berlin. Ein Stadtschicksal, Berlin 1910.

S.[cheffler] 1910
K.[arl] S.[cheffler], „Neue Secession“ bei Maximilian Macht, in Kunst und Künstler, Jg. 8, 1910, S. 524 f.

Sch.[effler] 1914
K.[arl] Sch.[effler], Über die Internationale Ausstellung für Buchgewerbe und Graphik, in: Kunst und Künstler, Jg. 12, 1914, S. 607.

Scheffler 1920
Karl Scheffler, Die Freie Sezession, in: Kunst und Künstler, Jg. 18, 1920, S. 416.

Scheffler 1930
Karl Scheffler, Moderne Plastik. Ausstellung der Berliner Secession, in: Kunst und Künstler, Jg. 28, 1930, S. 234–238.

Scheffler 1931
Karl Scheffler, Berlin. Wandlungen einer Stadt, Berlin 1931.

Scheffler 1946
Karl Scheffler, Die fetten und die mageren Jahre, München 1946.

Scheuner 1981
Ulrich Scheuner, Die Kunst als Staatsaufgabe im 19. Jahrhundert, in: Kunstverwaltung 1981, S. 13–46.

Schiefler 1985
Gustav Schiefler, Eine hamburgische Kulturgeschichte 1890–1920. Beobachtungen eines Zeitgenossen, bearb. von Gerhard Ahrens, Hamburg 1985.

Schinnerer 1911
Johannes Schinnerer, Leipziger Jahresausstellung und Ausstellung des Deutschen Künstlerbundes, in: Zeitschrift für bildende Kunst, Jg. 46 (N. F. 22), 1911, S. 197–205.

Schneede 1994a
Uwe M. Schneede, „Aus der Erinnerung und mit der Phantasie". Skandinavien in Berlin – Munchs „zweite Heimat", in: Stuttgart 1994, S. 12–19.

Schneede 1994b
Uwe M. Schneede, „Eine der Säulen moderner Malerei". Munch auf der Sonderbund-Ausstellung 1912 in Köln, in: Stuttgart 1994, S. 100–103.

Schölermann 1906/07
Wilhelm Schölermann, Vom Deutschen Künstlerbunde, in: Die Kunst für Alle, Jg. 20, 1906/07, S. 256–260.

Schölermann 1910a
Wilhelm Schölermann, Die diesjährige Ausstellung des Deutschen Künstlerbundes in Darmstadt (Malerei und Plastik), in: Kunstchronik, N. F. Jg. 21, 1910, Sp. 485–488.

Schölermann 1910b
Wilhelm Schölermann, Die Ausstellungen des Deutschen Künstlerbundes, in: Kunst und Künstler, Jg. 8, 1910, S. 614–617.

Schölermann 1911/12a
Wilhelm Schölermann, Die Ausstellung des Deutschen Künstlerbundes in Bremen, in: Die Kunst für Alle, Jg. 27, 1911/12, S. 286–288.

Sch.[ölermann] 1911/12b
W.[ilhelm] Sch.[ölermann], Graphische Ausstellung des Deutschen Künstlerbundes, in: Die Kunst für Alle, Jg. 27, 1911/12, S 432–434.

W. Scholz 1907
Wilhelm von Scholz, Aus der III. Ausstellung des Deutschen Künstlerbundes, in: Kunst und Künstler, Jg. 5, 1907, S. 79–83.

D. Scholz 1999
Dieter Scholz, Otto Andreas Schreiber, die „Kunst der Nation" und die Fabrikausstellungen, in: Überbrückt 1999, S. 92–108.

Schrader 2002
Thomas Schrader, Die Teilnehmer am Künstlerstreit 1911 – Kurzbiografien, in: Bremen 2002, S. 232–240.

Schröder 1907
Wilhelm Schröder, Das persönliche Regiment. Reden und sonstige öffentliche Aeußerungen Wilhelms II., München 1907.

Schumann 1907/08
Paul Schumann, Die Große Kunstausstellung Dresden 1908, in: Die Kunst für Alle, Jg. 23, 1907/08, München 1908, S. 529–540.

Schumann 1908
Paul Schumann, Die Dresdener Kunstausstellung 1908, in: Kunstchronik, N. F. Jg. 19, 1908, Sp. 501–506.

Schumann 1908/09
Paul Schumann, Die II. graphische Ausstellung des Deutschen Künstlerbundes in Dresden, in: Die Kunst für Alle, Jg. 24, 1908/09, S. 412–414.

Schumann 1909
Paul Schumann, Ausstellung des Deutschen Künstlerbundes, in: Kunstchronik, N. F. Jg. 20, 1909, Sp. 410–412.

Schweizer 2007
Stefan Schweizer, „Unserer Weltanschauung sichtbaren Ausdruck geben". Nationalsozialistische Geschichtsbilder in historischen Festzügen, Göttingen 2007.

Selle 1909
Friedrich Selle, Von der Kunstausstellungskrankheit, in: Der Kunstwart, Jg. 22.4, 1909, S. 124–126.

Selz 1991
Peter Selz, Der „Erste Deutsche Herbstsalon", Berlin 1913, in: Die Kunst der Ausstellung 1991, S. 56–63.

Sitzmann 1904
Oskar Sitzmann, Verfehlte Kunstpolitik, in: Schlesische Zeitung, 10.2.1904 (in: GStA PK, I. HA Rep. 120 Ministerium für Handel und Gewerbe, E XVI, Nr. 483, Bl. 77, 78).

Sombart 1908
Werner Sombart, Kunstgewerbe und Kultur, Berlin 1908.

Stachelhaus 1985
Heiner Stachelhaus, Der Deutsche Künstlerbund. Moralische Instanz, Kulturpolitisches Instrument oder was? In: Berlin 1985, S. 655–661.

Stahl 1896/97
F. Stahl, Eine Berliner Secession, in: Die Kunst-Halle, 2, 1896/97, S. 68 f.

Stahl 1913
Fritz Stahl, Düsseldorf, Mannheim, Stuttgart, München. Eine Ausstellungsfahrt, in: Berliner Tageblatt, 25.6.1913.

Stather 1994
Martin Stather, Die Kunstpolitik Wilhelms II., Konstanz 1994.

Storck 1912/13
Willy F. Storck, Die Ausstellung des Deutschen Künstlerbundes in Mannheim 1913, in: Die Kunst für Alle, Jg. 28, 1912/13, S. 481–494.

Storck 1913/14
Willy F. Storck, Ausstellung des Deutschen Künstlerbundes in Mannheim 1913, in: Deutsche Kunst und Dekoration, Jg. 33, 1913/14, S. 9–27.

Straus-Ernst 1928/29
Luise Straus-Ernst, Die Ausstellung des Deutschen Künstlerbundes in Köln, in: Die Kunst für Alle, Jg. 44, 1928/29, S. 376–383.

Straus-Ernst 1928/29
Luise Straus-Ernst, Die Ausstellung des Deutschen Künstlerbundes in Köln, in: Die Kunst für Alle, Jg. 44, 1928/29, S. 376–383.

S[traus] E[rnst] 1929
L[uise] S[traus] E[rnst], [o. T.], in: Das Kunstblatt, Jg. 13, 1929, S. 219 f.

ST.[raus]-E.[rnst] 1929/30
L[uise] ST.[raus]-E[rnst], [o. T.], in: Kunstchronik und Kunstliteratur (Beilage zur Zeitschrift für bildende Kunst), Jg. 63 (N. F. 39), 1929/30, S. 50 f.

Strobl 2002
Andreas Strobl, Stimmengewirr. Positionen der Kunstkritik im Künstlerstreit von 1911, in: Bremen 2002, S. 176–185.

Stuttgart 1977
Oskar Schlemmer. Der Maler. Der Wandgestalter, Der Plastiker, Der Zeichner. Der Graphiker, Der Bühnengestalter. Der Lehrer, Ausst.-Kat. Staatsgalerie Stuttgart im Württembergischen Kunstverein, Stuttgart 1977.

Stuttgart 1988
Deutscher Künstlerbund (36. Jahresausstellung des Deutschen Künstlerbundes), Ausst.-Kat. Württembergischer Kunstverein, Galerie der Stadt Stuttgart, Galerie unterm Turm, Staatsgalerie Stuttgart (Graphisches Kabinett) u. a., Berlin 1988 (Kunstreport 2 `88).

Stuttgart 1994
Munch und Deutschland, hg. von Uwe M. Schneede u. Dorothee Hansen, Ausst.-Kat. Kunsthalle der Hypo-Kulturstiftung München, Hamburger Kunsthalle, Nationalgalerie Berlin, Stuttgart 1994.

Teeuwisse 1986
Nicolaas Teeuwisse, Vom Salon zur Secession. Berliner Kunstleben zwischen Tradition und Aufbruch zur Moderne 1871–1900, Berlin 1986.

Thumann 1913
Michael Thumann, Kunst in Mannheim. Ausstellung des Deutschen Künstlerbundes, Schluß, in: Mannheimer Tageblatt, 17.5.1913.

Überbrückt 1999
Überbrückt. Ästhetische Moderne und Nationalsozialismus. Kunsthistoriker und Künstler 1925–1937, hg. von Eugen Blume u. Dieter Scholz, Köln 1999.

Ulbricht 1999
Justus H. Ulbricht, „Wir wünschen hier kein München-Schwabing". Das staatliche Bauhaus im Spannungsfeld der politischen Kultur Weimars 1918–1925, in: Weimar 1999, S. 264–272.

Ulferts 1999
Gert-Dieter Ulferts, Edvard Munch in Thüringen – Ansichten von Menschen und Landschaften, in: Weimar 1999, S. 194–207.

Verein Berliner Künstler 1991
Verein Berliner Künstler. Versuch einer Bestandsaufnahme von 1841 bis zur Gegenwart, Berlin 1991.

Villa Massimo 2010
100 Jahre Deutsche Akademie Rom Villa Massimo 1910–2010, hg. von Joachim Blüher, Köln 2010.

Vinnen 1911a
Carl Vinnen, Ein Mahnwort an den Kunstverein, Teil I u. II, in: Bremer Nachrichten, 3. u. 4.1.1911.

Vinnen 1911b
Carl Vinnen, Ein Protest deutscher Künstler, Jena 1911.

Voll 1903
Karl Voll, Die Münchener Sommerausstellungen, in: Kunst und Künstler, Jg. 1, 1903, S. 411–417.

V[oß] 1899
G[eorg] V[oß], Die Eröffnung der Ausstellung der Berliner Sezession, in: National-Zeitung, Nr. 320, 20.5.1899, Abend-Ausgabe.

V[oss] 1909
H[ermann] V[oss], Die sechzehnte Ausstellung der Berliner Sezession, in: Der Cicerone, Jg. 1, 1909, S. 63f.

Voss 1909
Hermann Voss, Die achtzehnte Ausstellung der Berliner Sezession, in: Der Cicerone, Jg. 1, 1909, S. 298–301.

Wächter 1941
Emil Wächter, Der Prestigegedanke in der deutschen Politik von 1890–1914, Aarau 1941.

Waetzold 1910
Wilhelm Waetzoldt, [o. T.], in: Der Cicerone, Jg. 2, 1910, S. 411.

Wallsee 1912/13
H. E. Wallsee, 5. Graphische Ausstellung des deutschen Künstlerbundes in Hamburg, in: Kunstchronik, N. F. Jg. 24, 1912/13, Sp. 526 f.

Walter 1999
Sabine Walter, Von schönen Männern und runden Frauen. Harry Graf Kessler und die Plastik von Rodin und Maillol, in: Weimar 1999, S. 138–160.

Wehlte-Höschele 1987
Martina Wehlte-Höschele, Die Fackel freier Kunst in dunkler Nacht. Der deutsche Künstlerbund in den dreißiger Jahren, in: Frankfurter Allgemeine Zeitung, Nr. 217, 19.9.1987.

Wehlte-Höschele 1993
Martina Wehlte-Höschele, Der Deutsche Künstlerbund im Spektrum von Kunst und Kulturpolitik des Wilhelminischen Kaiserreichs, Univ. Diss. Heidelberg 1993.

Weimar 1999
Aufstieg und Fall der Moderne, hg. von Rolf Bothe u. Thomas Föhl, Ausst.-Kat. Kunstsammlungen zu Weimar, Weimar 1999.

Weimar 2005
Ein Arkadien der Moderne? 100 Jahre Künstlerhaus Villa Romana in Florenz, hg. von Thomas Föhl u. Gerda Wendermann, Ausst.-Kat. Neues Museum Weimar, Berlin 2005.

Wendermann 1999
Gerda Wendermann, Wilhelm Köhler als Direktor der Staatlichen Kunstsammlungen Weimar, in: Weimar 1999, S. 308–335.

Wendland 1999
Ulrike Wendland, Überbrückungsversuche in der Provinz: Alexander Dorner in Hannover, in: Überbrückt 1999, S. 80–90.

Werner 1897
Anton von Werner, Ein Urteil über die moderne Kunst, in: Der Kunstfreund an der Saar, 1, 1897, S. 25 f.

Werner 1904
Anton von Werner, Die Kunstdebatte im Deutschen Reichstag am 16. Februar 1904, Berlin 1904.

Werner 1913
Anton von Werner, Erlebnisse und Eindrücke 1870–1890, Berlin 1913.

M. Werner 2011
Michael Werner, Stiftungsstadt und Bürgertum. Hamburgs Stiftungskultur vom Kaiserreich bis in den Nationalsozialismus, München 2011.

Wesen und Bedeutung des Deutschen Künstlerbundes 1913
dt., Wesen und Bedeutung des Deutschen Künstlerbundes, in: Neue Badische Landeszeitung, 14.4.1913.

Wesenberg 2001
Angelika Wesenberg, Das Leben Max Liebermanns. Die Entwicklung der Nationalgalerie. Eine Chronik, in: Im Streit um die Moderne 2001, S. 7–20.

Wichert 1911/12
Fritz Wichert, Die Mannheimer Kunstbewegung, in: Deutsche Kunst und Dekoration, Jg. 29, 1911/12, S. 109–120.

Wieland 1903/04
E. Wieland, Erste Ausstellung des Deutschen Künstlerbundes in der Münchener Sezession, in: Die Kunst für Alle, Jg. 19, 1903/04, S. 461–468 u. 485–492.

Willrich 1907
Erich Willrich, I. Graphische Ausstellung des Deutschen Künstler-Bundes im Deutschen Buchgewerbe-Museum Leipzig, in: Deutsche Kunst und Dekoration, Jg. 20, 1907, S. 62–83.

Windhöfel 1995
Lutz Windhöfel, Paul Westheim und Das Kunstblatt: Eine Zeitschrift und ihr Herausgeber in der Weimarer Republik, Köln 1995.

Windholz 2005
Angela Windholz, Die Villa Romana in den Briefen von Max Klinger an den Verleger Georg Hirzel, in: Mir tanzt Florenz 2005, S. 9–70.

Winkler 1999
Kurt Winkler, Max Sauerlandt – Das expressionistische Museum und die konservative Revolution, in: Überbrückt 1999, S. 65–79.

Winkler 2001
Kurt Winkler, Max Liebermann und Ludwig Justi – Zur Geschichte einer Feindschaft, in: Im Streit um die Moderne 2001, S. 43–50.

Winkler 2011
Kurt Winkler, Ludwig Justi und der Expressionismus. Zur Musealisierung der Avantgarde, in: Justi 2011, S. 81–87.

Wolf 1909/10
Georg Jacob Wolf, Die Ausstellung 1910 des Deutschen Künstlerbundes in Darmstadt, in: Kunst für Alle, Jg. 25, 1909/10, S. 553–564.

Zeidler 2011
Frank Michael Zeidler, Künstlerinnen und Künstler zwischen Gemeinsinn und Alleinstellungsmerkmal, in: Deutscher Künstlerbund. Tradition und Zukunft, Berlin 2011, S. 17–24.

Ziegler 1999
Hendrik Ziegler, „Klein Paris“ in Weimar, Die Weimarer Malerschule und der französische Impressionismus, in: Weimar 1999, S. 14–25.

Zobel 1910
Viktor Zobel, Ausstellung des Deutschen Künstlerbundes in Darmstadt 1910, in: Illustrierte Zeitschrift, Nr. 3491, 26.5.1910, S. 993–997.

Zum Beginn 1902/03
Zum Beginn, in: Kunst und Künstler, Jg. 1, 1902/03, S. 1–4.

Zuschlag 1995
Christoph Zuschlag, “Entartete Kunst“. Ausstellungsstrategien im Nazi-Deutschland, Worms 1995.

Zuschlag 1999
Christoph Zuschlag, Die Ausstellung „Kulturbolschewistische Bilder“ in Mannheim 1933 – Inszenierung und Presseberichterstellung, in: Überbrückt 1999, S. 224–236.

Personenregister

www.ingramcontent.com/pod-product-compliance
Ingram Content Group UK Ltd.
Pitfield, Milton Keynes, MK11 3LW, UK
UKHW020641041026
15590UKWH00001B/28

9 783631 71569